# The Oxford Handbook of
# CHINA INNOVATION

# 牛津
# 中国创新手册

傅晓岚 董　颖
[澳]布鲁斯·麦克恩　**主　编** 程芳芳 等　**译**
陈　劲

中国出版集团 东方出版中心

**图书在版编目（CIP）数据**

牛津中国创新手册 / 傅晓岚，（澳）布鲁斯·麦克恩，陈劲主编；董颖等译. -- 上海：东方出版中心，2025.

3. -- ISBN 978 - 7 - 5473 - 2563 - 6

Ⅰ. F124.3 - 62

中国国家版本馆 CIP 数据核字第 2024H40E86 号

上海市版权局著作权合同登记：图字09-2023-0525号

**牛津中国创新手册**

| | |
|---|---|
| 主　　编 | 傅晓岚　〔澳〕布鲁斯·麦克恩　陈　劲 |
| 译　　者 | 董　颖　等 |
| 策　　划 | 刘　忠 |
| 责任编辑 | 潘灵剑 |
| 助理编辑 | 陆　珺 |
| 封面设计 | 钟　颖 |

| | |
|---|---|
| 出 版 人 | 陈义望 |
| 出版发行 | 东方出版中心 |
| 地　　址 | 上海市仙霞路345号 |
| 邮政编码 | 200336 |
| 电　　话 | 021-62417400 |
| 印 刷 者 | 上海盛通时代印刷有限公司 |

| | |
|---|---|
| 开　　本 | 710mm × 1000mm　1/16 |
| 印　　张 | 47.5 |
| 字　　数 | 740千字 |
| 版　　次 | 2025年4月第1版 |
| 印　　次 | 2025年4月第1次印刷 |
| 定　　价 | 238.00元 |

# 目录

# 第七部分　创新能力转型与升级：构建包容和可持续的创新体系

# 第八部分　结论及政策建议

# 本书编写组

维托·阿门多拉金（Vito Amendolagine）
福贾大学经济系
意大利福贾

劳伦·勃兰特（Loren Brandt）
多伦多大学经济系
加拿大安大略省多伦多

丹·布列兹尼茨（Dan Breznitz）
多伦多大学蒙克学校
加拿大安大略省多伦多

陈光华
中国科学院科技战略咨询研究院
中国北京

陈劲
清华大学经济管理学院科技创新研究中心
中国北京

陈凯华
中国科学院科技战略咨询研究院
中国北京

陈钰芬

浙江工商大学统计与数学学院

中国杭州


李应芳（Fang Lee Cooke）

蒙纳士大学管理系

澳大利亚维多利亚州墨尔本


乔瓦尼·多西（Giovanni Dosi）

圣安娜高等学校经济学院

意大利比萨


冯泽

中国科学院大学公共政策与管理系

中国北京


傅晓岚

牛津大学国际发展系技术与管理发展中心

英国牛津


高建

清华大学创新创业与战略系

中国北京


侯俊

林肯大学商学院

英国林肯


胡志坚

中国科学技术发展战略研究院

中国北京

黄灿

浙江大学管理学院创新创业与战略学系

中国杭州


黄平

塔夫茨大学弗莱彻学院国际环境与资源政策中心

美国波士顿


加里·H. 杰斐逊（Gary H. Jefferson）

布兰迪斯大学经济系

美国马萨诸塞州沃尔瑟姆


蒋仁爱

西安交通大学经济与金融学院

中国西安


蒋希蘅

中国国际发展知识中心

中国北京


多米尼克·乔力（Dominique Jolly）

日内瓦韦伯斯特大学

瑞士日内瓦


雷李楠

浙江大学国际联合商学院

中国杭州


拉斯马斯·列马（Rasmus Lema）

奥尔堡大学商业与管理系

丹麦哥本哈根

李代天
电子科技大学经济与管理学院
中国成都

李纪珍
清华大学经济管理学院
中国北京

李平
宁波诺丁汉大学商学院
中国宁波

李拓宇
浙江大学中国科教战略研究院
中国杭州

李哲
中国科学技术发展战略研究院
中国北京

林琳
新加坡国立大学法学院
新加坡

林毅夫
北京大学新结构经济学研究院
中国北京

林娴岚
湖北大学公共管理学院
中国武汉

鲁晓

中国科学院科技战略咨询研究院

中国北京


约格尔·梅尔（Jörg Mayer）

联合国贸易和发展会议全球化与发展战略司

瑞士日内瓦


布鲁斯·麦克恩（Bruce McKern）

悉尼科技大学商学院

澳大利亚悉尼


穆荣平

中国科学院大学公共政策与管理学院

中国北京


牟睿

清华大学二十国集团创业研究中心

中国北京


迈克尔·默弗里（Michael Murphree）

南卡罗来纳大学国际商务部

美国南卡罗来纳州哥伦比亚


潘教峰

中国科学院科技战略咨询研究院

中国北京


权晓红（Xiaohong Iris Quan）

圣何塞州立大学卢卡斯学院和商学院

美国加利福尼亚州圣何塞

罗伯塔·拉贝洛蒂（Roberta Rabellotti）
帕维亚大学政治与社会科学系
意大利帕维亚

瑙巴哈尔·沙里夫（Naubahar Sharif）
香港科技大学公共政策学部
中国香港

苏布里纳·沈（Subrina Shen）
得克萨斯大学奥斯汀分校麦库姆斯商学院管理系
美国得克萨斯州奥斯汀

孙会峰
赛迪顾问股份有限公司总经理
中国北京

埃里克·图恩（Eric Thun）
牛津大学赛德商学院
英国牛津

马克斯·冯·泽德维茨（Max von Zedtwitz）
哥本哈根商学院国际经济、政府和商业系
丹麦腓特烈斯贝

苏珊·M.沃尔科特（Susan M. Walcott）
北卡罗来纳大学格林斯伯勒分校地理、环境和可持续系
美国北卡罗来纳州格林斯伯勒

王辉耀
西南财经大学发展研究院中国与全球化研究中心
中国北京

王黎莹

浙江工业大学中国中小企业研究院

中国杭州


王清

华威大学华威商学院

英国考文垂


魏江

浙江大学创新创业与战略学系

中国杭州


吕文晶

麻省理工学院数字经济项目

美国马萨诸塞州剑桥


彼得·J. 威廉森（Peter J. Williamson）

剑桥大学贾奇商学院

英国剑桥


吴庆前

清华大学经济管理学院

中国北京


吴晓波

浙江大学创新创业与战略学系

中国杭州


薛澜

清华大学公共管理学院

中国北京

杨政银（Monsol Zhengyin Yang）

汕头市发展规划研究院

中国汕头


尹西明

北京理工大学管理与经济学院

中国北京


乔治·S. 伊普（George S. Yip）

东北大学帝国理工学院商学院和达摩麦金商学院

美国马萨诸塞州波士顿


余江

中国科学院科技战略咨询研究院

中国北京


于晓丹

宁波诺丁汉大学商学院

中国宁波


余振

清华大学公共管理学院

中国北京


张礼卿

中央财经大学金融学院国际金融研究中心

中国北京


张越

中国科学院科技战略咨询研究院

中国北京

赵昌文

国务院发展研究中心产业经济研究部

中国北京

周建军

中国人民大学

中国北京

周诗豪

南京大学商学院营销与电子商务系

中国南京

朱恒源

清华大学经济管理学院创新创业与战略系

中国北京

## 本书翻译组

董　颖　浙江科技大学经济与管理学院
程芳芳　浙江科技大学经济与管理学院
毕占天　浙江科技大学经济与管理学院
牟红蕾　浙江科技大学经济与管理学院
赵之奇　浙江科技大学经济与管理学院
赵学德　浙江科技大学外国语学院

# 序言
# 中国创新历程

傅晓岚　布鲁斯·麦克恩　陈劲

自 1978 年实施以市场为导向的改革开放以来，中国经济的发展具有非凡的历史意义。决策者和学者们对中国的发展模式和推动力量都有着浓厚兴趣，并从多个角度进行研究。对改革后中国经济增长道路的解释，主要涉及宏观经济和政治环境，视角从历史到经济、社会、文化以及一小部分的商业。直到最近，学者们才开始研究中国经济增长的微观因素，而其中的关键是不断推动创新，且中国政府很早就认识到创新是经济发展的必要条件。

在其早期，中国的发展道路遵循了公认的将未充分就业的劳动力从农业转移到生产力更高的制造业的做法，这一转变为其他国家特别是东南亚国家提供了现实经验。在对生产资料国有制改革高效的反复试错中，中国实施了以市场为导向的微观经济政策。中国政府通过税收和支出政策保持发展方向，以高水平的储蓄为支持，并根据一系列五年计划中提出的重点优先事项分配资金。1978 年开始实行的市场化改革是重要一步，随着时间推移，人们认识到国有企业（SOE）部门需要为私营部门让出空间，以使市场有效运作。虽然国有企业在产出中约占 26%，在资产中约占 42%，[①] 但创新服务和产品的提供者已越来越多地转向私营部门。从改革开始的几年后，中国的首要任务就是构建国家创新生态系统。

---

[①] Fan Gang and Nicholas C. Hope, "The Role of State-Owned Enterprises in the Chinese Economy," in *US China Relations in the Next 10 Years: Towards Deeper Engagement and Mutual Benefit* , chap. 18. Hong Kong: China-United States Exchange Foundation, 2013.

对国家创新体系在国家经济增长中的作用及其在国际贸易中的竞争力的学术兴趣起源于发达国家，尤其是美国和欧洲。[①] 本手册中，学术关注宏观和微观经济环境，后者包括政府政策与国有企业和私营部门发展的相互作用。[②] 这些观点有助于理解创新系统在发展中国家特别是中国的经济增长中的重要作用。

最近，中国的创新创业发展受到学术界的高度重视，同样受到关注的还有商业部门在生产力的创新和经济增长中的重要作用。这包括大量期刊文章，但令人惊讶的是，很少有真正严肃的作品。在特别关注中国微观经济的领域中，突出学者有曾和威廉森（Zeng & Williamson，2007）,[③] 布列兹尼茨和默弗里（Breznitz & Murphree，2011）,[④] 傅（Fu，2015）、[⑤] 伊普和麦克恩（Yip & McKern，2016）。[⑥]

然而，重要的是，解释中国相对于印度等其他大国更快的创新成功速度，是否有特定的中国因素可以解释这一现象？[⑦] 中国采用完善的政策促进农业转型并鼓励储蓄和资本形成。但是，从国有生产体系向市场体系的转变是建立私营部门激励机制的关键一步，这些与文化因素相互作用，在快速扩张的私营部门中掀起了创业浪潮，但在国有部门中的影响程度较小。

虽然微观经济和商业要素对促进创新的影响是本手册的主要关注点，但只有在中国经济发展的制度环境和政府政策框架的背景下才能正确理解它们。尽管创新主要在企业层面进行，但不能脱离中国政府对国家的长期愿景、以增长

---

① Richard R. Nelson (Ed.), *National Innovation Systems: A Comparative Analysis.* Oxford: Oxford University Press, 1993. Lundvall, B‑Å. (Ed.), *National Innovation Systems: Towards a Theory of Innovation and Interactive Learning.* London: Pinter, 1992. Freeman, C. 1995. The National Innovation Systems in Historical Perspective. *Cambridge Journal of Economics,* 19(1): 5‑24.

② 波特是后经典微观经济学解释国家间竞争能力的先驱者之一，然而，波特很少强调政府的作用。见 Michael E. Porter, *The Competitive Advantage of Nations.* New York: Free Press, 1990。

③ Ming Zeng and Peter J. Williamson, *Dragons at Your Door: How Chinese Cost Innovation Is Disrupting Global Competition.* Boston: Harvard Business School Press, 2007.

④ Dan Breznitz and Michael Murphree, *Run of the Red Queen: Government, Innovation, Globalization, and Economic Growth in China.* New Haven, CT: Yale University Press, 2011.

⑤ Xiaolan Fu, *China's Path to Innovation.* Cambridge: Cambridge University Press, 2015.

⑥ George S. Yip and Bruce McKern, *China's Next Strategic Advantage: From Imitation to Innovation.* Cambridge, MA: MIT Press, 2016.

⑦ 我们感谢该书大纲的一位审稿人强调了这个问题的重要性。

为导向的宏观经济政策以及在建立实体基础设施和创新生态系统方面所发挥的不可或缺的作用，正是这些共同巩固了当今国家的经济实力。此外，由于创新取决于企业家精神和人的能力，因此关注有利于创新社会发展的其他"软"因素也很重要，包括教育、文化和人口统计。认识到本手册对其他国家的潜在意义，我们试图在几个章节中讨论这些背景因素的相互作用，包括文化和制度因素，以刺激私营企业发挥作用。

同样重要的是，私营部门的快速发展是为了应对不断增长的需求所带来的机会，进而刺激了私营部门的创造创新能力。与一开始向市场化体制转变时相比，今天的私营部门在中国经济中的重要性大大提高，因而私营部门和国有部门之间的角色平衡已发生了很大的倾斜。我们的研究涵盖了私营部门的角色演变、未来前景以及国家与市场之间不断变化的平衡。

本手册包括对涉及中国国家创新生态系统所有要素的研究讨论。具体来说，包括审查中国发展政策、创新在国家优先事项中的位置、国家创新体系的具体组成部分以及有效创新所需的资源。本手册详细关注为中国公司提供激励和支持的制度因素。由于现代创新在很大程度上依赖于科学技术（S&T），因此我们将重点聚焦在促成先进技术社会——这是自20世纪80年代以来中国政府一贯表达的目标。

对外影响和投资开放也是中国在改革开放初期发展的一个显著特征。我们也讨论了这一政策影响，以及对外国技术、专利保护、开放式创新和外国直接投资的政策演变。此外，由于部门差异很大（如上一版《牛津创新手册》中所述[1]），我们将关注重点放在展示中国特定发展方式的重要部门。其中包括数字技术、"绿色"技术、金融创新、先进制造业（后者与许多行业相关），以及中国对汽车、建筑设备和机床的私人和公共政策。在有关集群和区域集聚作用的一章中，对两个集群进行了对比：一个是传统的（纺织品）；一个是新兴的（软件）。

中国的企业已经提升了创新能力，在国内竞争和国际竞争中越来越成功。了解它们的能力和战略对于在中国市场运营的公司、中国经济和商业学者以及

---

[1] Jan Fagerberg, David C. Mowery, and Richard R. Nelson (Eds.), *The Oxford Handbook of Innovation*. Oxford: Oxford University Press, 2004. 这本书从整体上对创新进行了深入探讨，是阅读本手册值得推荐的背景资料。

全球政策制定者都至关重要。有几个章节包含了一些成功企业的例子，这些企业已经成为世界级的创新者。

在构思《牛津中国创新手册》时，我们坚信它应该为创新在中国崛起中的作用提供全面而权威的先进研究观点，包括前面概述的广泛的主题。因此，该手册由高校和研究机构的专家撰写的章节组成，他们对特定领域的最新技术进行阐述，并对进一步的研究提出批评和建议。没有特别要求进行新的研究，但是一些作者选择了阐述新的著作，并且所有作者都提供了其主题的原创观点。

# 手册大纲

本书分为七个部分：宏观经济发展战略与微观经济政策的理论和进展；制度、扶持政策及其他因素；对外开放；中国特色自主创新；近年来的政策演变；环境、社会和人口方面的挑战；以及中国科学、技术和创新未来可能的发展轨迹。

七个部分如下：

第一部分　中国创新的发展：理论、政策与实践

第二部分　培育中国的创新能力

第三部分　国家对创新驱动式经济的激励措施

第四部分　发展创新型的机构和生态系统

第五部分　技术和能力的开放与获取

第六部分　中国特色创新

第七部分　创新能力转型与升级：构建包容和可持续的创新体系

在接下来的内容中，我们提供了每个部分的概述和章节大纲。这些概述并不是深入讨论作者的观点，实际上，它们是为读者提供每章研究主题的指南。

## 第一部分　中国创新的发展：理论、政策与实践

本部分概述了手册的主题，对创新概念作了理论介绍，强调了将创新视为一种多维现象的必要性。其次，基于王朝时期的中国在许多科学技术领域居于世界领先地位，从历史的角度对创新在中国近代工业化中的重要性及其对经济增长的影响作了比较分析，阐述了宏观经济和微观经济发展战略的演变以及政策关键要素，同时还探究了创新研究的演变历程。此外，通过中国在专利方面的显著绩效，评估了当前中国相对于其他国家的创新地位及其效率。

# 第 1.1 章　能力的积累和发展：历史讲述了什么理论

乔瓦尼·多西　于晓丹

在本章中，作者从能力的角度为创新是经济发展的关键因素这一概念提供了理论基础。按照本文观点，从综合考量经济发展的历史教训来看，中国的成就是最引人注目的。中国的发展是一个大变革，这一变革包含了知识和能力的积累过程，并且深入到个人和机构的层面。这一变革，也是技术范式的重大转变；作者解释了这一概念，认为产业政策和制度建设努力对其发展起到"整体性"重要作用，因为政策和制度建设促进了能力积累和产业发展。

作者从三个子系统或领域来解释国家层面的范式演变：

1. 科学知识和技术的体系。

2. "经济机器"，包括决定生产、投资、收入分配和结构变化的机制。

3. 社会关系和制度体系，包括管理劳动力、金融和商品市场，公共机构和政策的制度。

这意味着国家创新体系的路径依赖，对于任何寻求进行重大而快速的范式转变的国家实现范式转变是困难的。在理解中国发展方面，作者提出了一个重要的问题：在这些限制因素存在的情况下，中国如何能够转向一种新的技术变革范式，以及这三个领域在这种转变中是如何相互作用的？

作者认同这种能力部分地来源于教育和正式的技能学习。然而，他们认为这些能力与体现在组织中的能够解决问题的知识有关，如生产技术、技术和社会分工、劳动关系以及搜索和学习的"动态能力"。

作者发展了技术范式的概念和"最佳实践"的流行范式的概念。他们用图形化的例子，描述中国与法国和意大利（作为相对发达的经济体）相比，劳动生产率分布的变化。这说明了他们的观点，即该理论预测了各国在他们能够掌握的生产过程中持续存在的不对称。

此外，国家的发展和工业化进程，与"优越"技术在国家间和国家内部的扩散密切相关。在任何时候，都可能只有一种或极少数符合技术前沿的最佳实践生产技术。因此，就发展中经济体而言，获取、模仿和适应来自先进经济体的现有技术，与该经济体的工业化过程密切相关。各国复制新产品能力的差异，以及生产和追赶新产品的不同程度的时间滞后，都体现了这种不对称性。作者描述了历史上其他国家在追赶过程中使用的机制和制度，包括改变市场信号，以促进一个行业优于另一个行业发展。

作者考虑了在中国的具体案例与他们的理论方法有关，并且认为，中国的发展似乎与这种做法一致，但是中国的经验又有所不同。他们对未来提出了有趣的挑战，并指出"迎头赶上与维持、利用技术领导能力是截然不同的"。

# 第 1.2 章　中国产业发展战略与政策

林毅夫　周建军

在本章中，作者提出了一个核心问题：与 1949 年前中国的工业化努力相比，1949 年后，特别是 1978 年改革开放后，中国在工业化方面做对了什么？他们指出，在中央计划经济向市场经济过渡期间，中国并没有像苏联和东欧那样，经济遭受系统性危机，这主要是由于中国采取了务实的改革方式。作者概述了中国经济发展及其政策方针的演变，重点介绍了 1978 年后的经济发展，描述了以市场为导向的开放，介绍了外国直接投资的早期作用、产业政策和"干中学"模式，以及相应的挑战以及政策应对措施。

作者认为，一个国家从低收入向小康发展，工业化是至关重要的，特别是产业结构升级和产业技术进步。这一观点与前一章作者提出的理论方法是一致的。他们批评"华盛顿共识"提出的转型政策，认为这导致俄罗斯和东欧国家陷入"中等收入陷阱"。中国采取了市场自由化，但不是政治自由化。作者指出，中国的做法允许市场体系在没有社会动荡的情况下蓬勃发展。这是因为，中国采取了谨慎和渐进的方法，通过这种方法进行改革，可以根据获得的经验进行应用、测试和修订。从 1980 年代开始，政府广泛使用产业政策作为干预市场活动的手段。"五年计划"的产业战略和对特定产业的研发支持是其产业政策的组成部分。作者详细描述了相关政策及其影响，尤其是在创建创新生态系统方面。他们指出，产业政策的使用并非中国独有：发达国家和发展中国家在不同时期都广泛使用产业政策。结论认为，中国采用的有控制的、渐进式的市场经济方式把转型风险降到了最低。

# 第1.3章　中国创新研究的发展历程

穆荣平　陈劲　吕文晶

本章讨论和回顾了中国创新研究的学术方法，以及它们对理解21世纪初以来中国社会和经济发展政策的贡献。作者认为，由于中国独特的文化和社会背景，不能简单地用西方创新理论来理解国内企业的管理和创新实践。因此，从"中国特色"的创新理论出发，中国学者一直在尝试对创新研究作贡献，但其中一些创新研究并非"中国特色"，而是"中国情境"。虽然这些研究不是突破性的，但它们为该领域提供了一个全面的框架，从系统或宏观层面，到行业和区域（中观）层面，再到企业和个人创造力层面。

# 第1.4章　专利视角下的中国科技进步

加里·H. 杰斐逊　蒋仁爱

本章通过专利活动来探讨创新在中国的意义，认为专利统计是创新绩效有意义的指标。本章总结并分析了关于中国技术创新能力和绩效的适当措施的现有研究。作者仔细调查了现有的研究，并调查了以下基本问题：

- 是什么导致了中国专利权的激增，它对专利质量的影响是什么？
- 专利的性质是否揭示了中国的科技发展方向及其比较优势？
- 国际部门如何影响了中国的专利产量？
- 中央、省级和地方政府在塑造专利生产方面扮演了什么角色？
- 中国不同区域专利产量有多大的异质性，申请专利的能力是否在中国各地扩散？

本章详细介绍了中国的专利活动及其近年来专利激增的原因。他们通过审查特定部门的引文和专利申请，以及国际层面（国际机构驻中国办事处、国际研究合作所包括的中国来源专利备案）来评估专利质量。他们分析了地方大学和政府的作用，并评估了专利权对区域差异和技术扩散的影响。

# 第二部分　培育中国的创新能力

本部分更深入地研究了影响中国创新生态系统发展的重要因素，从分析中国将中央计划经济转向市场导向经济的作用开始，包括政府在创建国家实体基础设施及其创新系统方面的作用，及其不断发展的科技政策，还考虑了中国迅速扩张的国内市场在刺激小型私营企业发展方面的重要作用。其中有两个关键因素：教育和金融。（这些主题将在手册的后面章节中有更深入的讨论。）

## 第2.1章　中国国家和区域创新体系

薛澜　李代天　余振

本章作者详细介绍了中国国家创新生态系统的演变历程，覆盖了改革前时期到当前创新驱动发展时代。在中国采取以市场导向的发展战略时，科技政策改革是面临重大困难的。在这一过程中，中央政府部门、各省市、市政府以及国有和私营的公共研究机构、大学和公司，都发生了角色变化。作者对中国今天在科技方面的进展进行了批判性的评估，在考虑未来时，他们提出了改进其政府管理的问题，以及增强中国在科技治理的国际化作用。

## 第2.2章　大辩论：中国的国家与市场

劳伦·勃兰特　埃里克·图恩

在本章中，作者提出了一个关于这本手册主题的核心问题：是应该由国家在指导和塑造创新努力方面发挥主导作用，还是应该以市场力量作为主要驱动因素？正如本书的许多章节所讨论的，在中国，大多数学者认为国家作用是批判性的。本章分析了中国经济改革历程，从而了解了最快经济增长点。

作者试图解释为什么对竞争更开放的行业产生了更有活力和创新的中国企业。他们关注了中国国内市场的作用，对比了不同条件下的不同行业。他们指出，在全球金融危机之前的十年至十五年里，中国企业生产率的提高占了全国产出和价值增长的一半。导致这些差异的因素，包括私营公司与国有企业的流行程度，国内外市场的关注，以及供应侧的因素，如金融。作者同时还比较分析了不同行业差异。例如，对比分析了汽车和建筑设备行业的成功和失败的案例，对比了风力涡轮机和移动电话行业的行业结构及其性能。

在本章的后面几个部分中，作者根据前面讨论的研究证据，讨论了中国最近对独立能力的关注，并为政策提供了令人感兴趣的结论。

## 第 2.3 章　中国中小企业的创业与创新

陈劲　王黎莹

本章汇集了一些长期被忽视的——中国中小企业（SMEs）的创新方面的现有研究，并概述了有待进一步研究的领域，描述了中国新中小企业的形成，强调了它们对就业的重要性。本章涵盖了为培育中小企业而制定的政策及其对促进中小企业成长的贡献；中小企业的创新能力；以及中小企业成功率和中小企业对经济的贡献。本章详细分析了为加强中小企业知识产权（IP）而制定的政策，最后提出了进一步改进的建议。

## 第 2.4 章　中国的创新融资

赵昌文　蒋希蘅

本章关注中国的金融体系，特别是国家和私人融资在创新中的作用、国有银行的传统主导地位，以及新的机构和融资机制的发展。本章详细描述了中国金融实体，既包括公立实体也包括私人实体。正如作者所指出的，科技创新是基于公共和商业金融的结合，是财政、税收和金融政策的混合。

作者探讨了中国广泛的财政政策、工具和新金融机构，新金融机构包括风险投资和私募股权，并解释了它们在促进科技和创新型新企业发展中的作用。他们认为，中国通过将财税政策与市场资本相结合，建立了自己的科技创新投融资体系，有效地改善了传统金融服务的风险回报结构。

## 第 2.5 章　创新创业教育及其对中国人力资本发展的意义

李应芳

本章探讨了中国的教育体系是如何应对国家对创业和创造力的需求问题。本章讨论了教育政策的发展，作为创新驱动发展道路的一个组成部分，并详细介绍了随着时间推移的方法变化；提出了创造力在教育中的重要问题，解释了中小学的"创造力教育"方法，以及高等教育机构的"创新教育"和"创业教育"。

本章对中国中小学教育中的"创客"运动，强调实用性，以及大学层面的企业家精神和"大众创业、万众创新"战略进行了深入的阐述和评判（详见第 3.2 章）。本章最后提出了改进政策的问题和建议。

# 第三部分　国家对创新驱动式经济的激励措施

本部分分别从自上而下和自下而上的两个过程来探讨中国当前的创新激励措施。主要关注国家建设创新社会的微观经济基础设施和生态系统方面，还探讨了以市场为基础的激励措施、政府主导的经济和社会政策的两种选择及其运行的制度背景。在经济形式变得越来越复杂的情况下，评估了它们的相对有效性，同时研究了最近的改革、竞争政策、工业和部门政策以及鼓励更广泛参与的战略。

## 第 3.1 章　科技管理体制改革

胡志坚　李哲　林娴岚

本章在微观层面上介绍了政府对于科技生态系统的管理和相应政策。作者描述了旨在促进科学技术发展的各种机构和项目，详细介绍了国有研究机构和大学的管理改革，包括对研究人员和机构的激励，特别是促进研发的商业化。本文概述了三个成功领域：优化科技资源配置、调动研究人员的积极性、完善治理体系。作者认为，科技管理体制改革已经取得了重大突破，但也看到了进一步变革的机遇。

# 第3.2章　中国的大众创业与万众创新
## 高建　牟睿

本章回顾了有关中国创业的文献，以及大众创业和万众创新概念的社会经济背景。作者概述了中国小企业制度环境的重大变化，从放松限制到积极鼓励；同时阐述了中国政府实施的促进大众创业的政策措施，并从创业生态系统的角度分析了这些措施和政策。他们认为，万众创新理念是制度机制的一次重要演进，自实施以来已经发生了重大变化。

# 第四部分　发展创新型的机构和生态系统

本部分更深入地研究了创新生态系统的关键要素以及促进生态系统有效实施的因素。它涵盖产业集群和集聚、科技知识来源与产业之间的联系、高科技园区和工业区的影响、非传统资金来源、知识产权保护以及中国文化在促进创业中的作用。

# 第4.1章　集群在中国创新能力发展中的作用
## 李拓宇　魏江

产业集群长期以来被认为是创新体系的重要组成部分，产业集群在中国也非常普遍，中国的三大城市群由 3.6 亿人口组成，占国内生产总值的 40% 以上。本章更准确地关注产业集群，而不是区域集聚，并从两个角度考察它们：价值链（供应商、客户和其他资源在一个地区的作用）和"知识和实践社区"（从公司内部延伸到相关行业相邻公司）。

本章着眼于中国集群的发展、促进其成功的力量，探讨集群对经济的贡献，以及对长期提高创新能力的贡献；通过对特定集群的实证研究，描述了集群运作的主要特征，并分析了提高集群企业学习能力的必要性。作者提出了一个创新系统的概念框架，旨在把握产业集群内的联系。

# 第4.2章　全球背景下中国基于科学的创新与技术转移

李纪珍　尹西明　苏布里纳·沈

本章评估了在全球化的背景下，中国在激励和促进高校的以科学为基础的创新向产业扩散的相关政策和经验。作者提出了三个问题：

- 中国企业和中国总体的创新表现如何？
- 基于科学的创新现状如何，尤其是中国的大学技术转移（UTT）和创新商业化方面？
- 是什么因素促进了 21 世纪创新和技术转移的发展，以及中国要实现其成为世界创新强国的梦想还有哪些挑战和机遇？

作者首先从多个维度对中国目前在全球科技排名进行了评估，并注意到近年来中国排名快速提高。然后，作者分析了从大学（研发领域的主要参与者）到市场的国家技术转移系统，包括该系统早期的弱点，以及提质增效的应对措施。他们将本地大学的商业化经历与几所外国大学进行对比，进一步分析了五个主要驱动因素，并认为这些因素将有助于中国未来的商业化成功。最后，他们为中国技术和创新转移的未来发展方向提供了新的视角。

# 第4.3章　科技园和高新区

苏珊·M.沃尔科特

本章回顾了中国科技园和高新区（SPHZs）的发展及其对区域和国家创新的影响。作者首先讨论 SPHZs 作为经济发展机构的作用、成本和效益。然后介绍了 1978 年后中国 SPHZs 发展政策的演变、所采取的方法和基本原理。她还强调地理维度和科学维度上的专业化分工，并从这两个维度对 SPHZ 主要项目进行分类。在第三部分中，她给出了许多著名 SPHZ 的具体示例，为所采取的各种方法提供了有用的经验证据。

作者提出了一个关键问题：中国的 SPHZ 是否完成了其设计目的？本章提供了一些评估适用性的标准，同时也认为科学评价是困难的。本章最后提出了一些需要考虑的问题。

# 第 4.4 章　风险投资、天使投资和其他融资、首次公开募股和收购

林琳

本章重点介绍非银行金融机构的发展，特别是风险投资，以及它们在为创业型新企业提供资金方面的作用。内容既涵盖了这些机构在中国发展的基本路径、私募股权和外国资金来源的作用，也包括通过首次公开募股（IPOs）和收购进行清算的市场；评估了改革小企业融资渠道的制度变革和政策行动，包括启动创业板和其他金融支持机制。

作者首先介绍了风险投资的概念，对比私募股权，然后讨论了风险投资在中国的演变；分析了法律框架、规章制度和相应的市场反应；介绍了外国风险投资的作用，并讨论了从 IPO 到并购（贸易销售）各种退出形式。在这里，还描述了各种交易所的作用，包括深圳证券交易所（SZSE）的创业板和场外交易市场全国中小企业股份转让系统（NEEQ）。最后，作者指出，股票市场仍然存在可能阻碍中国风险投资行业发展的制度性障碍。

# 第 4.5 章　知识产权保护

黄灿　瑙巴哈尔·沙里夫

本章关注中国知识产权的发展及其在激励本土企业创新方面的作用，以及知识产权对跨国公司（MNCs）向中国转移知识的影响。作者描述了中国知识产权保护制度的演变，以及 2015 年颁布的旨在保护并鼓励转移的知识产权的四项重大法规变化。

在回顾这些变化的早期结果时，他们注意到，大学和公共研究机构的技术转移办公室尚未发挥出西方机构中常见的商业化作用。另一方面，作者提供的证据表明，新的特别专利法院对法律案件的起诉有了很大改善，外国专利持有者似乎在这些法院没有受到歧视。其结论是，尽管中国大学和公共研究机构在知识产权管理和专利许可方面仍存在挑战，但近年来该体系得到了显著改善。

# 第4.6章  中国传统文化中的创新要素

陈劲  吴庆前

本章深入探讨了一个根植于中国历史和哲学深处的问题，即中国社会是否具备成为创新领导者的文化先决条件。作者首先将"局部的、静态的、分析的、简化的思维模式"与中国传统文化进行了对比，并认为"这是当代西方科学文化的特征，中国传统文化具有'动态、平衡、全面和整体'的特点"。他们认为，整体思维模式有助于对中国的创新管理采取独立而全面的方法。

借鉴儒家、佛教和道教的观点，作者表明，这些价值观和戒律是中国社会和领导力的许多方面的基础要素，包括科学和创新。针对新兴的重大科技问题，他们认为整体思维将对中国具有优势。在一个充满复杂问题的世界中，技术的相互关联性越来越强，系统的、整体的方法将是有利的。正如他们所总结的那样，"现代化的道路具有多样性，其中蕴含着影响深远的传统'文化基因'……中国文化和创新资源无疑将极大地促进东方智慧和中国文化元素的吸收……为世界科技作出更多更好的贡献"。

# 第五部分  技术和能力的开放与获取

本部分关注的是中国对技术的开放程度以及其与世界其他地区的创新流动。首先考虑了跨国公司通过直接投资和其他外来技术转让方式向中国转让技术方面的作用，然后讨论了知识和经验的一个重要来源，即海归向中国传授外国教育和经验。接下来对有关中国企业全球扩张的政策和实践进行评估，重点是它们对中国创新能力的影响。同样地，本部分也回顾了中国企业一个相对较新的战略——在中国境外建立研发中心。然后，作者着眼于国际技术合作以及在科技领域的国际机构合作。

最后，作者考虑了一种新的机构间合作形式——开放式创新——这是中国迅速接受的一种现象。

## 第5.1章　跨国公司在华创新战略及其对国家生态系统的贡献

布鲁斯·麦克恩　乔治·S. 伊普　多米尼克·乔力

本章回顾了跨国公司的外国智力资本在中国的建立及其向中国转移，包括对自主创新的激励和政策影响。作者还讨论了跨国公司在中国研发战略的演变，以及中国对外国研发活动和外国知识产权的政策。本章最后提出了改变政策以增强对外国智力资本的吸引力的建议。

## 第5.2章　外国技术在中国的转让

傅晓岚　侯俊

在本章中，作者深入研究了国际技术转让对于中国的作用，重点关注其对技术升级与自主创新的相互作用。通过进出口贸易的开放、外国对内直接投资和中国企业对外直接投资，仔细探讨了外国技术对当地经济的影响。作者得出结论，中国融入全球经济，使中国企业获得有形和无形的知识资产。虽然这些都很重要，但作者认为，它们必须辅之以本土创新，以提高国家技术能力。依靠双源的中国模式是一种使发展中国家利益最大化的战略。

## 第5.3章　中国国际移民：现状和特征

王辉耀

本章论述了中国吸引华侨回国的政策，作为知识产权转移和吸收的过程，以及对创新和新业务的刺激。作者详细介绍了进出中国的移民模式，讨论了中国对内和对外移民的地位、数量和特征，并进行了国际比较。比较数据表明，中国是前往其他国家移民的主要来源，同时有外国汇款进入中国（全球第二大汇款接收方），但中国本身是一个非常小的对内移民目的地。

作者指出，现在出国的中国移民越来越少，而越来越多的海外华人回国谋生。后一种趋势有利于中国增加技能先进的劳动力数量。然而，中国只有 0.07％ 的人口是外国出生的，这一比例在世界上是最低的。作者指出，中国认识到外国人进入中国，增加其高素质人才库的潜力，并采取了一系列政策措施来吸引外籍人才。作者也提出了进一步改进的建议。

## 第 5.4 章　中国对外直接投资与创新

维托·阿门多拉金　傅晓岚　罗伯塔·拉贝洛蒂

　　本章考察了中国在全球发展方面的政策、企业实践及其对本土企业创新的影响。首先提出了一个主题框架，涵盖对外直接投资（OFDI）现象的性质及其最近的地理和部门影响的数据解析，以及寻求增值的外国直接投资等主题。然后考虑 OFDI 对中国企业创新能力影响的重要问题，提供了现有相关研究的链接和评估，并评估了其重要性和仍然存在的不确定性。作者探讨了 OFDI 在多大程度上增强了中国企业的创新能力这一重要问题，总结了关于该问题的研究，提出了进一步研究的建议。

## 第 5.5 章　中国研发国际化

马克斯·冯·泽德维茨　权晓红

　　寻求新知识是先进公司对外直接投资的动机之一。本章回顾了中国企业最近的战略方向，特别是在中国境外建立研发中心。作者指出，中国研发在国际上的崛起之所以引人注目，是因为它与印度同为发展中国家，一起成为最早进行此类努力的国家之一，中国建立了最庞大的全球研发版图，覆盖了 450 多个已知的外国地区。

　　本章通过相对较少的文献分析这一现象，解释了中国企业在中国境外设立研发中心的动机。就已确立的所有权、位置和内部化（OLI）理论而言，他们认为过去发达国家的跨国公司在海外研发中心的扩张与日本最近在这条道路上的经验相似。作者讨论了中国企业在此过程中遇到的障碍、对企业能力的影响、中国的国家政策以及东道国的反应。

# 第 5.6 章　中国国际创新合作

陈凯华　冯泽　傅晓岚

国际研究合作在发展中国的科技能力方面发挥了重要作用，在过去的二十年里，这种活动呈指数式增长。尽管国际创新合作有不同于国内研究合作的显著特点，但这一重要的研究领域还没有得到广泛研究。

在本章中，作者讨论了国际创新合作的必要性，详细介绍了中国的合作政策、合作协议的经验、不断发展的方法以及目前的状况。他们展示了所涉及的主要科学领域，以及中国与以美国为首的主要合作者之间合作活动的急剧增加。他们指出，由国际合作产生的科学出版物现在占到了中国所有研究论文的25%。作者给出了处理当前问题的实际建议，并对未来的研究领域提出了建议。

# 第 5.7 章　开放式创新促进中国发展

陈劲　陈钰芬

公司的开放式创新涉及从公司自身资源之外的价值链和更广泛环境中的许多其他参与者中寻求新想法。这些包括公司的供应商和客户、本地和外国公司、政府机构、大学、研究所和咨询公司。中国的开放式创新非常发达，在本章中，作者通过企业间技术来源的数据，以及使用这些来源的企业的具体例子，详细说明了开放式创新的范围。他们认为，整合全球研发资源和市场资源的开放视野极大地提升了中国企业的创新能力；并认为，开放式创新是中国企业适应全球化的必然选择，是对创新的有效激励。

# 第六部分　中国特色创新

本部分阐述了中国企业创新战略和实践的独特性。相关证据证明中国在创建创新生态系统方面的经验的独一无二，以及其他快速发展的经济体（以及发达国家）可以在多大程度上学习相关经验。

第一章解释了中国企业的能力如何从早期依赖劳动力成本优势和复制外国

创意开始，通过山寨和"加速创新"商业模式，发展到当今世界级的数字业务。

作者从市场环境下与公司创建相关的多个角度考虑了这些主题。他们讨论了在影响并最适合在中国取得成功的能力方面，全球供应链所起到的早期作用，以及随后在大规模和快速变化的客户需求压力下激烈的国内竞争。需求变量被视为创新研究中一个重要但被忽视的因素，通常排在供应因素之后。

一个核心问题是中国政府与私营部门在培育创新型公司方面所起到的作用。其中一章详细介绍了几个特定行业在国内与国外参与方面的结构和绩效，并提供了有关国有企业作用的有趣证据。

数字技术已成为中国的商业优势之一，部分原因在于其快速的市场推广和新颖性，与外国创新者相比，中国并不处于很大的劣势。这一点在中国数字业务发展到全球竞争前沿的那一章中进行了深入探讨。

金融改革是中国私营部门蓬勃发展的关键因素，政策、制度、工具和市场的变化极大地影响了转型。本部分讨论了这种演变的原因、进程、演变对公司的影响及其未来。

最后，本部分讨论了另一个有趣的问题——在中国早期改革时，资源受限环境下的新企业创建。这个明显矛盾的问题来自"拼凑"的概念。

## 第6.1章　中国成本创新、山寨现象和加速创新
### 彼得·J. 威廉森

本章解释了中国创新战略分三个阶段的演变，作者将其描述为从最初关注低成本劳动力的比较优势，到复制外国消费产品和服务，再到强调快速变化的新产品的引入——山寨现象和"加速创新"。

作者讨论了每个阶段，包括许多中国企业利用成本优势所使用的各种方法。随着劳动力成本优势的削弱，企业希望在降低成本的同时提高创新速度，作者称之为"加速创新"策略。作者解释了中国企业在引入加速创新、挑战公认的西方惯例方面，实现了许多设计和开发方面的创新，产生了覆盖全创新过程的新方法。

在谈到最近的阶段，即数字创新领域时，作者解释了中国企业如何在政府

政策和庞大且蓬勃发展的国内市场的支持下实施并加速创新战略。数字创新被视为当今中国创新的前沿。

## 第6.2章 全球供应链作为中国创新的驱动力

迈克尔·默弗里 丹·布列兹尼茨

中国企业创新的重要初始驱动力是参与全球供应链。本章详细介绍了在融入跨国公司供应链后的中国企业能力增长，并详细介绍了它们的早期发展、特定类型的公司及其随后的演变。本章首先对全球价值链（GVC）现象进行了调查，然后讨论了更多强调全球价值链在知识和技术的转移和传播中发挥作用的最新研究。

作者相当重视中国环境中的"结构性不确定性"，他们认为这是对中国发展出何种创新能力的主要影响因素。这种"奈特式"的不确定性对本土企业的创新类型（海外华人企业在其中发挥了重要的早期作用）及其盈利能力产生了深远的影响。其结果是一种强调速度、快速回报和政治关系以防范风险的创业企业文化。今天仍然是影响短期和中期的回报和实践的焦点。

本章指出，企业很难从创新中发展，这些创新虽然是渐进式的并且对国内市场有反应，但通常不是激进的或开创性的。尽管这种批评呼应了对中国企业模仿的传统批评，但作者们一致认为，许多中国企业已经远远超越了早期的创新能力水平。

## 第6.3章 市场需求、消费者特征和中国企业的创新

朱恒源 王清

本章讨论的问题是市场需求作为创新主要刺激因素，这与传统的、更狭隘的供应方是主要驱动力（强调技术）是不同的。作者的目的是将消费者的异质性和市场动态解释为价值创造的来源以及对中国企业创新决策和能力的关键影响。尽管国内市场需求在中国经济增长中起着至关重要的作用，但在促进中国创新方面缺乏一致且完善的需求侧方法。

作者分析了国内市场的规模、多样性和增长率如何影响创新能力和绩效。

使用"创新扩散"理论来检验中国消费者的特征及其随时间变化的需求。一家知名公司的案例研究说明了这些概念。

作者超越了供需是创新动力的这种一般性观点，探讨了发展中国家的公司如何发展创新能力并在全球市场上与老牌跨国企业（MNE）竞争的重要问题；并批评了用企业特定优势的这一传统概念来解释新兴市场跨国企业（EMME）兴起时的局限性，指出存在特定背景的优势，例如消费者需求，使 EMME 能够将当地因素转化为竞争优势的来源。作者提供了支持这一论断的证据，并进一步阐明了中国企业成为全球参与者的能力，为进一步研究市场需求的重要性提出了建议。

## 第 6.4 章　中国企业走在数字技术前沿

余江　张越

本章作者指出，中国领先的战略企业家正在寻找超越"全球工厂"模式的方法。正如本手册的几位作者所承认的那样，中国打算最大限度地减少对外国技术和知识产权的依赖，并培育自己的技术密集型产业和自主创新专业知识。一批中国企业已达到国际水平，在多个领域处于技术前沿，信息通信技术（ICT）行业是典型代表。

本章详细概述了中国数字创新的过去、现在和未来，并调查了这一令人印象深刻的演变的原因，特别强调了政府的作用；探讨了制度支持、关键技术领域和相关产业、全球市场和竞争以及政策问题等主题。作者调查了若干关键因素，如技术能力、合作与联盟、竞争、进入和退出策略、生态系统建设和治理，以及宏观环境因素，如监管、政策和标准化；还讨论了相关机制以促进企业从生存到创新和市场领导的战略转变。最后，作者就中国未来数字创新的潜在挑战提出了建议。

## 第 6.5 章　中国的金融创新：历程、驱动力和影响

张礼卿

本章作者认为，自 1978 年以来，政府、企业和个人对现代金融服务的强

烈需求是中国经济快速增长和向市场导向型经济转型的最重要动力。迟迟没有放开金融管制，以及互联网和其他先进信息技术的广泛运用，对引发金融创新起到了重要作用。作者在本章的第一节中总结了四十年来，从中国人民银行转变为现代中央银行开始，中国建立现代金融体系过程中政策、机构、工具和市场的变化。本节涉及国内银行的改革、发展金融、互联网金融、影子银行、人民币国际化、货币政策工具和金融监管。

在本章的第二部分，作者解释了这些变化的驱动力，首先是1970年代末中国发展模式的转变。他详细介绍了促使变革的主要需求和供应力量。在第三部分，他考虑了这些变化的影响，并解释了现代金融体系如何改变了金融资源的配置方式以及对金融效率、增长和社会福利的影响。本章最后对若干仍然存在重要问题的主题进行进一步研究和建议。

## 第6.6章　失败者的胜利之谜：中国企业如何通过探索性拼凑实现延伸目标

李平　周诗豪　杨政银

在本章中，作者探讨了一个关于中国创新企业发展的重要问题：一些发展中国家的那些面临资源限制的新公司，如何能够制定战略，使它们能够成功地对抗国内（有时甚至是国外）的竞争对手？作者将这个问题置于"拼凑"（bricolage）概念的框架中，即"用有限的资源制作"，并在此基础上增加了弹性目标的影响。

作者认为，根据传统的创新理论，企业不能使用本土搜索或本土资源来实现拓展目标，他们需要来自当前领域之外的陌生资源来实现突破性创新——这往往需要非本土化搜索，昂贵且困难。此外，发展中国家的小公司认为可以实现的目标是由于它们对资源限制的认识。因此，这样的公司不能有可以拓展的目标，因为资源限制被认为太有限了。

本章挑战了这一观点，并认为新公司能够在有限的资源环境中通过局部搜索找到实现扩展目标的方法。作者通过四个中国公司的案例研究来探讨这个问题。他们认为"拼凑"使用了当地资源，但方式新颖。这些公司采用的是探索型战略，而不是开发型战略。这四个案例为他们的论点提供了支持，也为进一步的研究提出了问题。

作者回答了在这样的背景下，哪些因素或过程能使拼凑成功的问题。与战略文献一致，他们关注组织和领导问题，并认为这是调节变量。在进一步的研究中发现，这些变量非常重要，有助于解释基于拼凑的创新的某种矛盾性质，并确定是否具有普遍适用性。

# 第七部分　创新能力转型与升级：构建包容和可持续的创新体系

本部分展望未来，关注新兴的社会、人口和经济挑战，这些挑战影响了中国组织创新的方式方法。这些挑战部分是由快速增长和人口结构——人口老龄化和劳动力萎缩——以及扩大国内消费转变和最近对消除贫困和包容性的迫切重视所推动的。本部分介绍了中国采用绿色技术，特别是可再生能源，以解决其过去能源结构对环境的影响。本部分还涉及支持"包容性创新"，通过小规模创业来解决持续存在的收入不平衡，特别是城乡差距。

一段时间以来，中国的经济学家和官员一直对中等收入陷阱的风险表示担忧，在前几章中也提出了这种担忧。随着人口老龄化和劳动力萎缩，中国关于收入停滞增长的解决办法被认为在于将工业基础转向基于先进技术的高价值制造业。"中国制造2025"倡议，现在更普遍的说法是"制造强国战略"，是这一系列正在实施政策的代表，这些政策旨在从根本上改变工业和创新的基础。这里会进一步讨论这些政策和行动以及发达国家的反应。

在本部分的最后，我们展望了中国未来技术进步的前景，并展望了在未来几年到2050年，中国科技能力的可能轨迹，届时中国致力于成为世界领先的技术强国。

## 第7.1章　中国的绿色创新

黄平　拉斯马斯·列马

中国庞大的人口数量使其快速增长导致的环境问题更加复杂，尤其是高效和可持续能源的需求。本章讲述了中国向可持续能源的转型。正如其他作者在描述中国的创新转型时所指出的那样，中国应对可持续挑战既依赖于"硬"创新（技术创新），也依赖于"软"创新（制度创新）。作者还展示了这一挑战如何为绿色经济中的工业发展和全球竞争力提供了机会之窗。最后，他们讨论了中国在这些新领域不断增强的创新能力对全球的影响。

作者同意《手册》中其他作者关于国家创新生态系统的所有要素在发展其能力方面的重要性的观点。为了应对当地环境压力，中国方法已经促进了广泛能力的形成，同时也为在一个新行业中成为全球领导者奠定了基础。

作者描述了导致中国"绿色转向"的因素以及政府启动的政策。它们提供了关于所采取的行动、所创建的能力和所涉及的投资的相当详细的信息。讨论包括风能、太阳能光伏、太阳能热能和生物能源，并与其他国家进行了比较；还讨论了新能源技术，包括新能源汽车、聚光太阳能、智能电网和节能建筑。

这一章不仅涉及创新，还涉及创新成果在经济中的扩散。对具体行业的讨论解释了当地需求差异和相应的创新——受到市场需求和政府政策的影响。与这一观点一致，作者还解释了创新的动力以及影响全国扩散的因素。即使中国的能源举措令人印象深刻，但作者仍然对未来发展提出了重要的问题。


# 第7.2章 为穷人创新：中国的包容性创新体系

吴晓波　雷李楠

正如习近平主席所强调的那样，让大量尚未加入中产阶层的中国人口的收入提高，是中国的一个重要优先事项。本章讨论了创新在提高穷人生活水平方面的作用，特别是在农村人口中，通过使用数字技术开办小企业的机会。

作者展示了中国城市人口和农村人口之间的平均收入差距，指出虽然城市和农村的收入比例已经下降，但仍然很高。该国东部地区和西部省份之间也存在类似的差异。作者还发现，正如预期的那样，相对于劳动密集型的低技术产业，与在高技术产业就业的收入之间存在差异。从第二产业向第三产业的逐渐转变应在一定程度上减少这些差异，但这需要时间。

作者讨论了社会排斥和包容性增长的概念，以及处于收入金字塔底层的人们所面临的困难。他们把重点放在低收入水平的创业上，认为这是提高收入和社会包容性的方法之一。一个令人印象深刻的例子是，通过阿里巴巴的淘宝网，许多中国农村小企业得以实现。通过这个系统建立了 3 200 多个"淘宝村"或小企业家社区，有 180 多万人就业。由于信息技术在中国广泛部署，基于数字技术的新创业理念具有相当广阔的前景。作者描述了近年来为刺激小规模创业而制定的政策，特别是在农村社会，他们还讨论了为实现更广泛应用所面临的复杂问题。

# 第 7.3 章　制造强国战略：先进制造业

约格尔·梅尔　孙会峰

在本章中，作者对中国成功的结构转型进行了反思，如前所述，在注重投资驱动和出口导向增长的政策指导下，中国的结构转型需要劳动力从农业向制造业和服务业大规模转移。随着这一战略的成功，今天人们关注的是如何避免落入中等收入陷阱。为了夯实成为先进经济体的基础，中国已经采取了一个新的和更平衡的战略，该战略赋予国内需求更大的作用，并通过关注本地技术含量高的战略产业来提高本土创新能力。"中国制造 2025"更普遍地被称为"制造强国战略"，以及纳入"十三五"规划的其他举措，如"互联网+"，是中国以创新为重点的新产业政策的战略组成部分。

作者详细介绍了"制造强国战略"和其他最近采取的加强自主创新的措施，并复盘了迄今取得的进展。在中国整体发展战略的背景下解释了这些举措，说明了现在中国面临着一个更具挑战性的外部环境。介绍了中国过去的增长路径，包括最近的增长放缓之后，他们对中国摆脱中等收入陷阱的可能性提出了各种看法。

作者还介绍了其他国家对中国先进制造业倡议的看法，以及中国在最近与美国的贸易争端中的角色。他们认为，由于贸易问题已扩大到保护主义、外国进入中国市场和知识产权等问题，贸易摩擦已被归入"技术优势的竞争"。他们提供了来自中国的关于该倡议的目的和如何管理的观点，并指出最大的挑战可能是找到国家指导和私营机构之间的正确组合方式。

# 第7.4章　应对中国科学和技术发展的未来

潘教峰　陈光华　鲁晓

本章展望未来，详细总结了中国科技能力在未来（远至 2050 年）的发展重点和可能的演变。作者指出，中国的科技实力正处于转型的关键时期，从量的积累到质的飞跃，从"点的突破"到全系统的能力提升。他们预测，到 2050 年，中国将成为世界领先的科技创新大国。

本章分三部分系统地阐述了中国未来科技创新发展的目标和规划；中国科技发展的八个社会经济基础和战略体系；以及中国现代科技创新体系的组织和治理特点。

作者对 1978 年后改革开放以来国家的整体科学发展进行了简要总结，并对未来的主要目标和具体的重点工业领域进行了详细说明。每个重点领域的计划都对未来的优先事项进行了全面介绍。本章的一个重要特点是强调总体目标以及组织和机构优先事项。

作者认为，中国在能源资源、生态和环境、人口健康、空气和海洋以及安全方面面临严峻的挑战。他们把重点放在八个社会经济基础和战略体系上，这些都是未来的基础，他们具体详细介绍了每个领域的科学重点。例如，在农业领域，他们预计到 2050 年，整个动物或植物基因组将能够被优化和组装，动物和植物生产过程的数字化和精确管理将得以实现。

第三部分讨论了作者认为在政府、国有企业和私营部门方面需要对创新生态系统进行重要变革。他们详细讨论了在知识产权保护、反垄断法、刺激基础研究、鼓励企业进行更多研发、吸引外国研发、科学教育和其他方面所需的一系列改革。他们认为，生态系统的许多要素需要和谐一致才能促进创新，这一观点与本手册中其他作者的观点一致。本章最后提出了改进创新生态系统的组织、管理、激励和资源的建议。

# 第八部分　结论及政策建议

傅晓岚　布鲁斯·麦克恩　陈劲　尹西明

我们对《手册》的结论分两章介绍。在第一章，即"第 8.1 章　中国的创新：过去、现在和未来前景"中，傅晓岚、布鲁斯·麦克恩、陈劲、尹西明总结了作者们集体思考的共同主题。我们希望，读者会理解他们关于中国走向技术和创新领导地位的思考，在对未来的挑战进行知情预测时他们会有更好的基础。

在第二章，即"第8.2章对中国和其他国家的政策和管理意义"中，傅晓岚、布鲁斯·麦克恩、陈劲从《手册》分析和其他研究中提出了一系列想法，推断其意义并提出政策和行动建议，使中国和其他国家的创新得到积极发展。

# 第一部分
## 中国创新的发展：
## 理论、政策和实践

# —— 第 1.1 章 ——
# 能力积累与发展：
# 历史讲述了什么理论

乔瓦尼·多西　于晓丹

本文极大地借鉴了西莫利、多西、斯蒂格利茨和于晓丹等人的成果（Cimoli & Dosi，1995；Cimoli，Dosi & Stiglitz，2009；Dosi，1984；Dosi & Nelson，2010；Yu et al.，2015；Yu et al.，2017），读者可参考以了解更多详情。

## 引言：工业大转型的驱动力

发展、追赶和可能的进取需要与大转型的技术、制度和政策动态相关联（Karl Polanyi，1944），引导传统的农村经济向工业活动驱动的经济（现今还有高端服务业）转型，能够系统地学习如何在动态增长的条件下实施转型并最终产生新的生产方式和新的产品（Brandt & Rawski，2008 使用相同的表达方式来指代中国奇迹）。

这样的"大转型"，无论是在个人层面还是在组织层面都需要一个主要的知识和能力积累过程。当然，这种能力部分建立在教育和正式获得技能（经济学家的行话中经常被归为"人力资本"）的基础上。然而，至少同样重要的是，能力不得不结合组织层面解决问题有关的知识：例如，生产技术、科技和劳动社会分工、劳动关系以及搜索和学习的"动态能力"（参见 Amsden，2001；Bell & Pavitt，1993；Chang，2002；Chang et al.，2002；Cimoli & Dosi，1995；Cimoli et al.，2009；Dosi et al.，1990；Mytelka，2007；Nelson，1982，2004；Reinert，2007）。

反过来，追赶过程中知识积累的速率和方向，以及伴随而来的对生产和贸易模式的影响，是由所在的经济和体制框架决定的。

虽然我们极大地简化了实际历史中的细微差别，但仍然远不及"代表性经济学家"所做的那样，这里我们区分了三个部分独立但共同发展的子系统或域（Dosi，1984）：

1. 科学知识和技术系统；

2. "经济机器"，包括决定生产、投资、收入分布和结构变化等机制；

3. 社会关系和制度的体系，包括劳动力治理、金融和商品市场，当然还有公共机构和政策。①

虽然我们依旧认为技术和组织学习是所谓居于首位的，是充分不必要的成分，但三个耦合领域之间的匹配或不匹配才应该是早期英格兰工业革命以及之后一系列追赶和砥砺前行的基础。因此，我们认为单一因素不能解释早期和最近的动态发展，而应该是一致的模式，抑或两者都不是。②

因此，这里仅举几个相关的例子：14 世纪的北部意大利人均国内生产总值（GDP）更高，金融机构更完善，等等，但它明显落后于低地国家和英格兰；中国看似技术上（甚至可能科学上）比欧洲几乎领先了一千年，但工业革命并没有发生在中国；如今中东石油资源丰富的国家在资本和财富方面是非常富有的，但他们在可以掌握的技术方面是落后的。

当然，这三个领域是相互影响的。然而，我们的分析将基于以下假设：

1. 尽管三个领域之间存在很强的互动，但是各自拥有自己的规则来形塑和约束每一种诱导和调节机制。

2. 三个领域的配置数量是有限的，这也导致了域之间相对"良好的监管"以及平滑的一致性。换句话说，"可能的世界"是存在的。

3. 不平衡、停滞或"危机"的配置对于体现转型到其他域（更加平衡或者更加平滑）的必要性来说不是必需的。

下面让我们厘清这些与"技术系统"和其他两者之间相互作用有关的观点。

---

① 这与弗里曼（Freeman, 1995）产生了密切共鸣，他进一步区分了科学与技术、制度与文化，对第一次和随后的工业革命进行了富有洞察力的解释。另见下文。

② 这里的一般猜想与法国监管学派非常吻合（参见 Boyer, 1988b；Boyer, 1988a；Boyer & Petit, 1991）。

# 技术变革的一些性质

我们坚信，用罗森伯格（Rosenberg，1982）的术语来说，"生产可能性集"或"生产函数"中的标准观念以及将技术推论为可延展和反应性黑匣子的做法，一直是经济理论向学生展现的发展过程相关中最有毒的工具之一，因为它剥夺了与知识和解决问题过程相关的任何视角分析，而这些正是技术是什么以及技术如何发展的核心。事实上，我们提出的技术观点包括（1）特定的实践主体（实现特定目标过程的形式），当然还有"投入端"所需的组件；（2）一些关于设计所需的"产出"组件的不同概念；（3）特定的理解体系，有些是相对私密的，但其中大部分在某个领域的专业人士之间共享。这些元素一起可以被视为技术范式的组成部分（Dosi，1982、1988），这在某种程度上类似于库恩（Kuhn，1962）的科学范式。① 范式体现一个外观，一种关于待解决的问题以及如何解决模式的定义。它包含潜在需求用户的看法以及他们在产品或服务方面重视的属性。这包括与完成任务相关的科学和技术原则，以及具体使用的技术。范式包含技术经济问题解决方案的特定模式（也就是具体方法和路径），这些方法和路径基于的原则是从自然科学领域严格筛选而来的，旨在获取相关新知识的特定规则。总之，该范式包括（通常是不完美的）对流行实践如何以及（在某种程度上）为什么起作用的理解。范式知识的一个重要组成部分是以设计概念的形式存在，该设计概念主要体现于任何时候都可以运行的特定组件或过程的通用配置。共享的通用设计理念是在制造特定产品系列时，它们之间经常存在强烈相似性的重要原因。例如不同飞机公司生产的大型客机、电子商店提供的不同电视机等。确实，给定技术范式的建立通常与出现的一些主导设计相关（Abernathy & Utterback，1978；Henderson & Clark，1990；Rosenbloom & Cusumano，1987；Suárez &

---

① 类似多西（Dosi, 1982）提到的，我们采用的范式概念是微技术意义上的：例如，半导体范式、内燃机范式等。这与佩雷兹（Perez, 1985,2010）以及弗里曼和佩雷兹（Freeman & Perez, 1988）使用的更"宏观"的"技术经济范式"概念不同，他们所说的是我们狭义范式的组合：例如，电力技术经济范式、ICT 等。后者与一个更广泛的由布雷斯纳汉和拉坦伯格（Bresnahan & Trajtenberg, 1995）提出的"通用技术"概念重叠。此外，这里使用的范式概念与尼尔森和温特（Nelson & Winter, 1977）提出的"机制"概念有很多重叠。

Utterback，1995；Utterback & Suárez，1993；以及 Murmann & Frenken，2006 通篇中的批判性观点）。主导设计是在组件的空间中，通过产品重大功能组件核心设计概念集和产品建筑学定义的融合方法体现出来的（Murmann & Frenken，2006；建立在 Henderson & Clark，1990 的基础之上）。然而，有时主导范式却与主导设计无关。制药技术是具有启发意义的例子，它确实涉及特定的知识基础、特定的搜索启发式等（即范式的有力标识），却没有任何主导设计的痕迹。即使针对相同的病理，分子也可能具有完全不同的结构：人们甚至不太可能找到类似于将大众甲壳虫 1937 和法拉利 2000 联系起来的相似之处。不过，"范式"的概念仍然存在于知识库和搜索过程的基本特征中。因此，在制药领域，研发新药的过程发生了从测试大量分子的潜在功效到设计具有可能有用特性分子结构的范式转变；这不是主导设计的改变，而是开发药物的主导过程的改变。

主导范式的建立是否也意味着主导设计的建立？这对于有着特定范式的行业生命周期当中行业结构动态来说很重要。因此，汽车或电视等主导设计的出现与行业的重大洗牌和相对紧密的寡头垄断有关。但是，机床或激光行业并没有产生这样的情况（详见 Klepper，1997 以及 Dosi & Nelson，2019）。

通常来说，一个领域内专业技术人员之间共享的框架决定了他们认为什么来推动技术进步（Constant，1980）。技术范式还包括规范，比如评估标准可以用来判断哪种方式更好，以及如何设定改进方案的目标。每个范式都涉及一种具体的"技术变革的技术"，这也是特定的启发式搜索。因此，在某些领域，例如有机化学品中，这些启发式是将基础科学知识与呈现所需特征的分子发展相结合的能力；而制药领域中进一步要求将分子知识与受体和病理学相匹配；在微电子学中，这一搜索关注的是进一步小型化电路的方法，开发能够以所需的小型化水平"写入"半导体芯片的合适硬件，以及进展到编程逻辑并内置入芯片中。这样的例子非常多：多西（Dosi, 1988）讨论了一些。

这里要特别注意的是，不同的（特定范式）搜索和学习程序首先意味着创造和获得新技术机会模式的不同，其次也意味着适合这种研究程序的组织形式的不同。总之，技术范式的上述特点既为推进技术努力提供了一个焦点，又引导他们沿着不同的技术轨迹前进。相当长的时间内，在工件和生产过程的技术经济特征空间内，（由许多不同代理人进行的）进步朝着某些相对不变的方向发展。由于范式识别了用户需求和技术要求，轨迹可以被理解为对这种名义需求所要求的供应反应的逐步完善和改进。越来越多的技术轨迹例子包括飞机、直升机、各种农业设备、汽车、半导体等（Dosi，1984；Gordon & Munson，1981；Grupp，1992；Sahal，1981，1985；Saviotti，1996；Saviotti & Trickett，1992，以及 Dosi & Nelson，2010）。例如，飞机技术的进步遵循两条截然不同的轨迹（一条是民用的，一条是军用的），其特点是马力、总起飞重量、巡航速度、机翼载荷和巡航距离之间的权衡对数线性改进（Frenken & Leydesdorff，2000；Frenken et al.，1999；Giuri et al.，2007；Sahal，1985；更具体地说，是在飞机发动机中，Bonaccorsi & Giuri，2000）。类似地，在微电子学中，技术进步准确地表现为电子芯片密度、计算速度和每比特信息成本之间的指数式改进轨迹（见 Dosi，1984，但这个轨迹从那时起就一直存在）。我们可以说，技术知识的范式性、累积性等属性提供了创新通道（Sahal，1985），它引导了技术演变，而重大的不连续性往往与范式的变化有关。事实上，我们通篇把那些沿着特定轨迹发生的进步称为"正常的"技术进步（不管它们有多"大"和多快），而我们将"激进创新"这一名称保留给那些与范式变化有关的创新。

范式的改变通常意味着轨迹的改变。与知识基础和工件原型的不同一样，创新的技术经济层面也有所不同。一些特征可能变得更容易实现，也可能出现新的理想特征，而其他一些特征可能变得不重要。与此相关的是，工程师们对未来技术进步的看法也会发生变化，同时对新工件特征中各种权衡的强调也会发生变化。因此，例如，无论何时，在基于热离子阀的有源电气元件技术轨迹中，热损耗真空参数、小型化和可靠性都是基本维度。随着固态元件（微电子革命的基本构件）的出现，热损耗变得相对不那么重要，而小型化的重要性却大大增加。在大多数从一个范式到另一个范式的过渡中都可以找到类似的设计空间尺寸变化的例子。

当然，人们并不总是观察到明确的范式"革命"。有时，既有知识基础上的"正常"进步与新的知识来源交织在一起。这似乎是当今以电子为基础的工业自动化与人工智能融合的情况，这也可能适用于药物和生物技术：参见霍普金斯等（Hopkins et al.，2007）。

# 技术优势、微观异质性和不可替代性

范式的概念同时包含了生产理论和创新理论的要素，并且对追赶过程的解释有着直接影响。关于生产理论，我们建议：

1. 一般来说，无论价格如何，在任何时候都存在一种或极少数支配其他技术的最佳实践技术。

2. 不同的代理人具有持续的不同（更好和更坏）技术的特征。

3. 随着时间的推移，每一个特定活动中观察到的技术系数总体动态是现有最佳实践技术的模仿/扩散过程、寻找新技术过程和异质代理人之间市场选择的共同结果。

4. 最佳实践技术本身随着时间变化，在投入系数空间和产出核心技术特征空间中都凸显了相当有规律的路径（即轨迹）（见前面关于飞机的例子）。

让我们通过一个图形示例进一步说明前面的几点（图 1.1.1）。

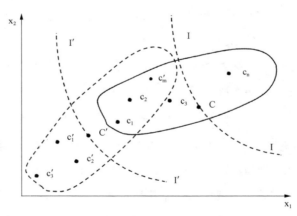

图 1.1.1　微异质性和技术轨迹

资料来源：西莫利和多西（Cimoli & Dosi, 1995）。

先从每一个微观层面的技术系数既是编码信息（类似于蓝图），也是隐含于企业特定形式的知识这一概念出发。方便起见，我们假设存在规模收益不变的同质性商品生产，其中只有两个可变的投入：$x_1$ 和 $x_2$。[①]

———————————————

① 请注意，固定投入、年份效应和规模经济只会加强这一论点。

通常来说，范式生产理论预测在单位投入空间中，微观系数的分布在某种程度上如图 1.1.1 所示。假设在 t 时期的系数是 $c_1$，…，$c_n$；其中 1，…，n 是按各种技术在 t 时期效率递减的顺序标记的。很简单，无论相对价格如何，技术 $c_1$ 都明显优于其他技术：因为它能够以更少的 $x_1$ 和 $x_2$ 来生产相同单位的产出。这同样适用于 $c_3$ 到 $c_n$ 之间的比较。

我们将此属性称为技术优势，并将异质性公司之间系数分布的某种度量称为该行业的不对称程度（例如，平均值 C 周围的标准偏差）。

第一个问题是为什么公司 n 不采用技术 $c_1$？简而言之（参见 Freeman，1982；Nelson & Winter，1982；Dosi，1988；Dosi et al.，1990；Dosi et al.，2008），答案是"因为它不知道该怎么做"。也就是说，即使它知道 $c_1$ 的存在，它也可能没有开发或使用它的能力。值得注意的是，这可能与取得 $c_1$ 合法专利的可能性关系不大。一般而言：恰恰因为技术知识存在无法用言语表达的部分，同时技术知识也体现在复杂的组织实践中，即使没有法律许可，也很可能会持续存在技术的滞后和领先。反之亦然：如果两家公司具有相似的技术能力，即使有专利保护，通过围绕一项专利的发明、逆向工程等手段，模仿也很容易。

我们准备进一步展开这一论点，并指出，即使企业 n 得到了技术 $c_1$ 的所有蓝图（或者，在更普遍的情况下，也得到了与之相关的所有资本设备），性能及其投入系数仍然可能有很大差异。用一个美食比喻来说明这一点是很容易的：尽管有现成食谱，实际上也有关于技术程序的成文规则，但大多数生产经济表述中是没有这些的（"……首先加热烤箱，然后在十分钟左右加入一些特定的面粉和黄油混合物，等等"），人们在广泛共享的食品质量标准方面得到了系统性不对称的结果。这适用于个体代理人之间的比较，也适用于有机构差异的群体：例如，我们打赌即使在相同食谱下，从世界人口中随机抽取的大多数吃货会系统性地将英国厨师的样本评为"差"，而不是法国、中国、意大利、印度等国家的厨师！如果我们接受这个比喻，那也应该更接受其在高度复杂和不透明的组织程序环境下的适用［顺便说一下，莱宾斯坦（Leibenstein）的 X -效率恰恰反映了这种普遍现象］。

现在假设在随后的某个时间点 $t'$，我们观察到微观系数 $c_1'$，…，$c_m'$ 的分布，并将他们表示为企业 $c_1$、$c_2$ 等在 $t'$ 时期的新技术或改进技术。

我们如何解释这样的变化？

所有低于最佳实践的企业都试图模仿技术领导者，并取得了不同程度的成功。此外，企业改变了市场份额，一些企业可能退出，另一些企业可能进入：所有这些显然改变了技术／企业出现的权重（即相对频率）。最后，至少有一些公司试图发现新技术，这是由对创新机会的认识所引起的，与相对价格是否变化无关。

如何从图 1.1.1 中解释相对价格？

在第一种近似情况下，企业已知蓝图之间根本没有发生与价格有关的替代。相反，相对价格的变化主要影响模仿的方向和有界理性代理人的创新搜索。然而，范式理论坚持认为，即使相对价格发生重大变化，创新搜索的方向和由此产生的轨迹仍将被限制在一些相对狭窄的路径内，这些路径由基础知识库的性质、它所利用的物理和化学原理、特定活动的技术系统所决定。更重要的是，对相对价格的持续冲击，或者说对需求条件的持续冲击，可能会对替代技术范式的选择和相对扩散产生不可逆的影响；而且从长远来看只要存在这样的替代技术，企业就会集中精力寻找新的技术范式。

在一个极端的综合案例中，基于范式的生产理论表明，短期固定系数［里昂惕夫（Leontief）型］技术，就单个公司或行业整体而言，后者在异质公司中展现了相当惯性的平均。从长期来看，我们应该观察到一定模式化的变化（即沿着相当明显的轨迹来变化），这通常只与相对价格动态松散地相关。

事实上，所有的可用证据都有力地支持了这些猜想：同一行业内的企业之间似乎存在广泛而持续的效率不对称（这些调查和讨论包括 Nelson，1981；Bartelsman & Doms，2000；Dosi，2007；Dosi & Grazzi，2006；Syverson，2011）。

现在让我们扩大技术描述空间，除了投入要求之外，还包括前面所暗示的工件核心特征：例如飞机的机翼载荷、起飞重量等；半导体的电路密度、处理速度；汽车的加速度、油耗等。越来越多的证据表明，在这个更高的维度空间中，轨迹的出现和不连续性与知识基础和搜索启发式的变化有关。事实上，证据显示，在核心产品特征空间内，变化模式有明显的规律性：例如，在商业飞机行业中，我们可以观察到一条从 DC－3 到现代模型的明确轨迹。关于这一证据的更多信息，请参见多西和尼尔森（Dosi & Nelson，2010）。

# 技术变革、国际不对称和发展

当然，对于迄今为止讨论的所有证据，还有另一种基于标准生产理论的解释。让我们再一次回到图 1.1.1，t 时期的技术系数平均值 C 来自已发布的工业统计数据；确实，工业统计数据是任何统计局都会发布的内容。根据定义我们假设一个人相信标准正式表达，即 C 是技术均衡（无论如何，平均实践技术和最佳实践技术是完全不同的）。紧接着，通过 C 绘制一些通用且不可被观察的向下倾斜曲线（例如图 1.1.1 中的 II 曲线）以及可被观察的相对价格比率。相对应地，于 t′ 时期的平均值点 C′ 做同样的处理，并再次对随后的平均观察值做同样的处理。接下来假设通过 C、C′、…平均值点的未观察曲线存在特定函数形式，并将其称为相应生产函数的等量线。最后，根据替代弹性（即沿着 II 曲线的一些名义运动，作为对相对价格变化的均衡反应）解释估计系数值之间的关系，并将剩余方差归因于技术机会集的漂移，由"等量线"之间的移动来表示。

就这个论点而言，人们可以不用太在意这种漂移是否意味着一种外生的时间相关动态（如在索洛增长模型中），抑或反过来是不是蓝图的某些更高层次生产函数的结果（如在许多新增长模型中）。任何情况下，无论出于何种原因，如果相对价格和技术搜索模式呈现出某种跨期规律性（例如，它们遵循范式驱动轨迹），那么人们可能会发现它们的统计数据与假设模型有良好的拟合，即使分配份额和要素强度之间实际上不存在因果关系。这是一个公认的观点，F. Fischer、R. Nelson、L. Pasinetti、A. Shaikh 以及 H. Simon 从不同角度对此作了令人信服的讨论（参见 Dosi & Grazzi，2005）。

根据图 1.1.1，假设相关证据并不能推出同一个国家内微观系数随着时间变化存在两个分布，但是能够推断出同一时刻两个国家的微观系数分布。毕竟套用罗伯特·卢卡斯的话，我们只要需要知情的游客认知到大多数国家是能够以平均技术差距来排名的。通过生产函数性质的一些额外假设，人们仍然可以声称 C、C′ 等依旧是国家特有的均衡分配过程。相反，进化论认为两个国家的代理之间技术替代品的最优选择与之无关，人们应该在技术能力的积累过程中以及在管理市场互动和集体学习的制度中寻找对这种国家间差异的解释。卡尔多、帕西内蒂以及更早的熊彼特确实反复强调了（不完美的）学习与资源优化配置之间的对比，但据我们所知，还没有人充分探讨过它对发展理论和政策的影响。毋庸置疑，我们是在戏剧化地描述差异。毕竟，学习与资源分配的过程是交织在一起的。但是区分谁是首要影响、谁是次要影响还是有用的。

这一切还有一个相对应的实证部分：经济学在高度可分解部门技术系数之间的国际比较中实践太少。我们的推测是，在这个层面上，人们可以观察到大量与标准生产理论相冲突的证据：欠发达国家很可能存在每单位产出对所有或大多数投入的更高利用率，甚至可能对那些理论上认为更稀缺的投入有更高的相对强度（粗略等价于超现实主义经济学者在国际贸易方面认为的里昂惕夫悖论！）。相反，进化论的解释是直截了当的：明显的技术差距能够解释投入效率的普遍差距。而且，如果技术进步涉及实物资本和熟练劳动力的保有率，人们可以观察到欠发达国家相对于技术领先国家在每单位产出和每单位劳动投入方面使用更多的资本（图 1.1.1 是一个类似的例子，例如技术 $c_3'$ 和 $c_n$）。

这种方法有着重要的影响。

首先，该理论预测各国在它们能够掌握的生产过程中存在持续的不对称性。这当然也体现在投入效率的不同（Dosi et al., 1990）。因此，在任何时候，人们都可以得出两个主要的可被检验的猜想：（1）无论相对价格如何，不同的国家很可能根据其平均生产技术效率以及在产品空间中（价格加权）的产出绩效特征进行明确排名。（2）这些差距与资本/产出比的国际差异没有任何显著关系。从根本上说，赶超过程涉及缩小"先进"国家和"赶超"国家之间系数分布的差距。图 1.1.2 描绘了中国与法国和意大利（作为相对先进的经济体）的劳动生产率分布的动态发展。

其次，进入世界经济后开发新产品的能力和生产时间的滞后也存在很大差异。事实上，新产品创新能力的国际分布至少与生产过程的分布同等不均衡。例如，如果将国际专利或离散创新的数量作为（嘈杂的）代理指标，那证据表明过去百年间，创新俱乐部仅仅含有 12 个国家，并且其中只有 3 个是新加入的，日本（Dosi et al., 1990），后来的韩国以及现在的中国。确实，加入这样排他性的俱乐部是另一种追赶。[1] 中国应该被视为该俱乐部的正式成员，因

---

① 有关追赶过程的详细讨论，请参见李和马莱巴（Lee & Malerba, 2017）以及李（Lee, 2018）。

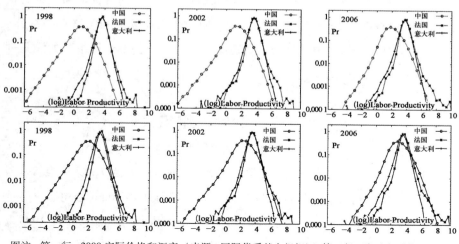

图注：第一行：2000 实际价格和汇率（来源：国际货币基金组织）；第二行：购买力平价调整后的价格（来源：世界银行）。

图 1.1.2　1998 年、2002 年和 2006 年，中国、法国和意大利制造业整体的劳动生产率实证密度
资料来源：于晓丹等（Yu et al., 2015）。

为其国际专利申请量比世界上任何其他国家都多。

更普遍的是，发展和工业化的过程与"优越"技术的国内和国际传播紧密相连。如前所述，在任何时间点，都可能只有一个或者至多有一些和技术前沿相对应的"最佳实践"生产技术。就发展中经济体而言，工业化进程与借鉴、模仿和改造较先进经济体的既定技术密切相关。这些技术的采用和改造过程，反过来又受到每个经济体国内公司具体能力的影响。

在这种情况下，进化的微观理论很适合解释技术差距和国家制度多样性在相当长的时间内共同复制的过程。然而，在其他情况下，恰恰是国家间的这种制度和技术多样性，可能会促进创新能力和人均收入的追赶（很少是跨越）。我们将在以下中国经验中简要地回顾这个问题。在这里，我们要强调的是，系统性的学习率差异可能与"市场如何运作"关系不大。相反，代理人在特定环境中所感知的激励和机会本身就是技术和制度的特定历史结果。

体制对于生产和创新进化理论的重要性应该不足为奇：毕竟，在微观层面，技术在相当程度上是与特定机构和企业塑造技术进度的速度和方向的特征、决定规则、能力以及行为相结合的。反过来，企业也嵌进了与其他企业和其他体制角色（政府、大学、银行）的丰富关系网络中。中国也不例外。在

市场机制渐进但规范的"入侵"下，在中央政府的引导和警惕但同时也制定了广泛的集体战略和未来的"愿景"中，中国令人印象深刻的增长"奇迹"就出现在这样一个以中央计划为主的现有产业结构"创造性重组"的深刻过程中（Yu et al.，2015）。

# 范式、惯例、组织

在分析技术学习和组织变革之间的盘根错节时，一个经典的案例当然是阿尔弗雷德·钱德勒（Alfred Chandler）对现代多部门（M-form）公司起源的重建及其对美国几十年来竞争领导地位的影响（Chandler，1990、1992a、1993）。而且，正如钱德勒本人最近所说，他的故事与进化论之间存在紧密的联系（Chandler，1992b）。虽然在这里不可能深入讨论钱德勒分析中的丰富内容，但我们可以只回顾其中的一个主要信息：

> 正是产品和工艺开发中涉及的学习制度化使成熟的管理公司在技术创新的商业化方面比初创公司更具优势。开发仍然是一个涉及各种产品高度特定性技能、经验和信息的简单过程。它需要职能专家之间的密切互动，比如设计师、工程师、生产经理、营销人员和经理……这些人必须协调他们的活动，尤其是在扩大规模过程中和在市场上初步推出新产品时。
>
> ……现有公司已经建立了核心业务，将留存收益作为廉价资本的来源，并且通常具有新企业所没有的组织和技术上的专业能力（Chandler，1993：p.37）。

正如钱德勒本人所透彻论证的那样，这些组织动态可以被解释为能力积累和特定组织惯例发展的进化故事（Chandler，1992b）。

看似优越的组织形式是否在全世界均匀分布？

事实上，钱德勒式的企业在其他经合组织国家也有发展，尽管速度相当缓慢（Chandler，1990；Kogut，1992）。然而，由于国体和国情的不同，组织形式、策略和控制方法的发展在不同国家也有差别（Chandler，1992b：p.283）。此外，典型的 M 型公司的扩散发展仅限于大约 6 个发达国家（即使在意大利，如果有的话也很少）。在美式工作组织原则（例如泰勒主义和福特主义）的国际传播过程中，也有类似的差异（关于日本案例分析，参见 Coriat，1990）。就本文而言，我们的主要兴趣正是他们的差异和学习模式的多样性。

举例来说，越来越多的文献指出，德国、日本或意大利的生产系统的一些特殊性来源于其早期企业历史，其影响一直延续到当代的组织和学习形式（参见 Chandler，1990；Coriat，1990；Kogut，1993；Durleifer & Kocka，1993；Dosi et al.，1993）。

更甚的是，人们可以观察到新兴国家中组织初始条件、组织历史、学习模式这些方面相当程度的不同。然而，某些模式开始显现了。（这里我们主要指的是一些例子，不包括全书专门讲的中国奇迹：我们将在最后发表一些评论。）

人们尤其能够基于企业最初的组织特征和部门的主要活动确认一些学习流程中相对不变的序列。

第一组规律是关于外部技术引进和内生性学习之间的不同组合。[①] 众所周知，向发展中经济体转让技术是随后在公司和部门层面发展学习能力的常见来源。阿姆斯丹和希基诺（Amsden & Hikino，1993）可能过于强调将外国技术的获取能力定为以下内容的核心特征：

> 晚期工业化的核心是借用更先进国家公司已经开发的技术。第一次和第二次工业革命背后的驱动是对全新产品和工艺的创新，而晚期工业化经济体没有重大的技术突破。向他人学习，然后通过渐进式的改进，在中等技术产业中实现更低成本、更高生产力和更好质量，这种必要性带给了20世纪其他各式各样的工业化国家一套共同属性（Amsden & Hikino，1993：p.37）。[②]

通常来说，学习模式可以根据企业活动的相对重要性进行分类，[③] 即发达国

---

① 流向发展中经济体的技术在20世纪60年代和70年代呈快速增长趋势；在80年代，这一过程的强度有所降低（UNCTAD，1991）。整个时期，亚洲国家一直是外国直接投资和资本货物的主要接受者。在此期间，流向拉美国家的资本货物保持稳定。
② 尽管我们同意当前他们对技术同化外部技术重要性的看法，但不应低估这种情况在过去工业化和赶超的经验中也发生过的程度，例如美国或欧陆国家对英国。
③ 类似的观点参见泰特尔（Teitel，1987）。

家既有盛行技术的引进，又有针对当地环境进行修正和适应的能力，以及建立产品和流程方面的创新能力。

这三者往往遵循一个时间顺序。对所采用技术的修改意味着学习新生产技能，通过适应当地具体情况而发展新能力。但是要注意，在边做边学过程中并没有什么必然性，相反，每一个公司和环境都需要适当的组织条件。有趣的是，公司组织的初始特征似乎对后来的动态产生了强烈的影响。例如，二战后40年间（1950—1990年）拉丁美洲国家（阿根廷、巴西、哥伦比亚、墨西哥和委内瑞拉）的证据表明，根据组织和技术学习的进化顺序可以区分为四种类型的公司，主要根据所有权性质进行分类：跨国公司的子公司、家族公司、大型国内公司和国有公司。[①]

家族企业的特点大致是高度"自给自足和自筹资金的倾向"以及"个体机械能力"，这往往源于移民企业家的特性。[②] 引进的技术往往与企业家的技术背景有关，初始阶段的特点是采用不连续的生产方式。[③] 起初，其生产模式是小规模经济生产（也是由于其在国内市场的限制和开拓出口可能性方面的困难）。

对于一家开在南美的稳定的家族公司来说，一种理想的学习轨迹或多或少会有如下情况。首先，努力集中在产品设计活动上（很可能是由于过去进口替代政策的激励），并且越来越多地集中在质量改进和产品差异化上。接下来，同时将注意力集中在工艺工程、生产组织和规模经济的利用上，直到（在一些实际不太常见的情况下）实现高度机械化生产。而且，在这个过程中可能会发生（同样不太常见）组织发展超越了原来的家族等级制度和"管理化"的现象。

学习主要涉及适应当地环境、调整产品结构和重新扩大生产线规模。在某

---

① 关于公司技术积累不同阶段的信息取自 IDB、ECLA 和 UNDP 项目的案例研究以及卡兹（Katz, 1983、1984b、1984a、1987）、贝利奇（Berlinski et al., 1982）、泰特尔（Teitel, 1984、1987）、图巴尔（Teubal, 1987）的研究结果。

② 参见卡兹（Katz, 1983）。

③ 两种可供选择的生产模式，即连续的和不连续的，似乎与学习模式的分析相关。连续模式意味着（1）沿着精确的产品线进行专业化生产；（2）根据各业务线进行计划生产；（3）相对较高的规模经济；（4）产品复杂性和生产速率灵活性相对较低。相反，不连续模式涉及（1）生产标准化程度低；（2）规模经济低下；（3）将生产组织成多产品"商店"；（4）通用且低成本的机械。值得注意的是，在许多拉丁美洲的例子中（但不是远东国家），至少直到1980年代，与连续和大规模生产活动（例如化学品、耐用消费品等）相比，增量式学习是成功的。

些情况下，这贯穿了子公司的整个历史，而在其他情况下，产品和工艺设计的自主能力得到了发展。（还请注意，在拉丁美洲，外国子公司往往集中在大规模生产活动中，如汽车、耐用消费品、食品加工等。）

国有企业展示了另一个典型学习。首先，他们集中在那些往往被认为是"战略性"的行业，而且经常集中在连续加工业，例如散装材料、钢铁、基础石化工业，此外在一些国家还包括航空航天和军工。其次，这样的策略通常来说还含有政治因素考量。然后，学习经常通过与国际设备供应商达成协议为开端。在这一"健康"设想中（这并不是规则），国际技术转让协议更复杂了，涉及厂房车间和技术在当地的适应以及将重点继续放在人才的培养和利用。最后，厂房车间升级的自主能力和程序工程得到了发展。

我们很难追踪到国内大型企业的模式。案例研究中，他们有时表现出与家族企业并没有太大区别，在一些案例中他们似乎比较像东亚商业团体（见下文），但在其他案例中，国内大型企业的学习似乎更倾向于政治利益和金融机会，而不是技术积累。

大致地将这些粗犷的拉丁美洲"企业轨迹"与其他经历（例如韩国和更早期的日本）进行比较是很有趣的。[①] 简单来说，在韩国主要是大型企业集团（财阀）在学习技术，它们能够在很早的发展阶段就实现技能内化，这里的技能内化是指选择性地将国外引进的技术有效利用并适用于当地；之后不久，他们便能够发展出令人印象深刻的机械能力。

相反，中国台湾企业的组织学习更多依赖中小企业的庞大网络，这些企业对国际市场开放，并经常开发其和世界一流企业互补的产能（Dahlman & Sananikone，1990；Ernest，1989）。

这样的各具特色的组织学习模式还有很多。基于我们的宗旨，它应该仅仅被用来展示组织学习进化路径的多样性。这里的基本观点是学习的速率和方向不全然独立于公司组织出现、变化、特定问题解决能力的发展和多样化等形式。

确实，正如于晓丹等（Yu et al.，2015）提到和深入探讨的那样，企业治

---

① 正如在阿姆斯丹（Amsden，1989）、阿姆斯丹和希基诺（Amsden & Hikino，1993、1994）、伊诺斯和帕克（Enos & Park，1988）、贝尔和帕维特（Bell & Pavitt，1993）、劳尔（Lall，1992）中更深入地讨论的那样。

理的不同形式对中国制造的进化和其生产力的动态发展产生了重大影响。

# 技术能力、组织和激励结构的
# 制度发展：协同进化动态

在 19 世纪和 20 世纪，成功追赶领先国家的一个基本要素是政府对追赶过程主动积极的支持，包括各种形式的保护以及直接和间接补贴。指导性的政策论点是保护国内产业的需要，尤其是发展过程中的关键产业不受领先国家先进公司的影响。亚历山大·汉密尔顿（Alexander Hamilton，1791）的新美国保护新生产业的论点与几十年后弗里德里奇（Friederich，1841）的德国需求论点几乎相同。格申克龙（Gershenkron，1962）的著名论文记录了欧洲大陆为赶上英国而使用的政策和新制度。日本以及稍后的韩国和中国台湾也是如此。在许多国家，这些政策并没有导致成功的追赶，而是产生了受保护的国内低效产业。然而，它们也是 20 世纪所有达成追赶目标的国家的标志。我们需要更多了解在什么情况下新生产业保护会导致一个强大的本土产业，它是在什么情况下弄巧成拙，以及解决这个难题能为这个领域做出什么贡献。

这些保护政策显然激怒了领先国家的公司和政府，尤其是当受支持的产业不仅供应其本国市场，而且开始入侵世界市场时。虽然二战后提出的自由贸易主要关注消除富裕国家的保护和补贴，并或多或少支持保护新生产业有利于发展中国家的观点，但是最近越来越多的国际条约被用于针对远远落后且寻求赶超的欠发达国家实行的进口保护和补贴。

我们相信，汉密尔顿和李斯特曾经是并将继续是正确的，产业的成功追赶需要国际贸易方面在某种程度上对新生产业的保护或其他形式的支持。

而且，在 19 世纪和 20 世纪早期，许多执行知识产权保护的发展中国家并没有严格限制其企业对先进国家技术的复制。许多案例都涉及授权协议，但我们认为在大多数情况下，技术转让是通过收费或其他考虑来实现的，而不是通过企业所在国积极的知识产权保护。

与新生产业的保护和补贴一样，在追赶企业开始蚕食世界市场甚至出口到拥有专利权的企业所在国市场时，冲突往往会发生。这种情况的增加显然促使了贸易相关知识产权条约的建立。但该条约不仅使发展中国家的出口公司容易受到起诉，而且也使得留在本国市场的公司容易受到起诉。

鉴于此，政策干预的不同领域是什么？它们如何映射到不同的政策措施和相关机构？表 1.1.1 对这些变量之间的相互作用进行了探索性的分类。

**表 1.1.1　机构和政策所依据的变量和过程分类（尤其是关于技术学习）**

| 政策干预领域 | 政策措施 | 相关机构 |
| --- | --- | --- |
| （1）科技创新机遇 | 科学政策、研究生教育、"前沿"科技项目 | 研究型大学、公共研究中心、医疗机构、太空和军事机构等 |
| （2）社会分布的学习和技术能力 | 更广泛的教育和培训政策 | 从小学教育到理工学院，再到美式的"赠地学院"等 |
| （3）有针对性的产业支持措施影响，例如公司类型等：首先是商业公司的结构、所有权和治理模式（例如国内与外国、家族与上市公司等） | 从国有企业的成立到私有化，从"国家冠军"政策到跨国公司投资政策，一直到公司治理的立法 | 国有控股、公共商业银行、公共"风险资本家"、公共事业 |
| （4）经济主体（首先是商业公司）所体现的技术知识、所寻求的新技术和组织进步的有效性和速度等方面的能力 | 参看，尤其是第（2）、（3）点以及研发政策；以及新设备采用政策等 | |
| （5）利润驱动的行为人所面临的经济信号和激励措施（包括实际和预期的价格以及利润率、创新专有条件、进入壁垒等） | 价格管制；国际贸易中的关税和配额；知识产权制度等 | 相关监管机构、管理研究和生产补贴的机构、贸易控制实体、授予和控制知识产权的机构 |
| （6）选择机制（与上述重叠） | 反垄断和竞争的政策以及立法；进入和破产；资金分配；公司所有权市场等 | 反垄断机构、破产程序管理机构等 |
| （7）不同类型机构（例如客户、供应商、银行、股东、经理、工人等）之间的信息分发和互动模式 | 劳动力市场、产品市场、银行—行业关系等的治理，一直到公司内部信息共享的流动性和控制的集体共享协议、竞争公司之间的合作和竞争形式等（参见日本公司与盎格鲁-撒克逊公司之间的历史差异） | |

最后，政策和"制度工程"的其他活动共同影响：（1）个人和公司组织的技术能力，以及他们实际学习的速度；（2）他们面临的经济信号（当然包括盈利信号和感知机会成本）；（3）它们相互之间以及与非市场机构（例如公共机构、开发银行、培训和研究实体等）之间的互动方式。

所有主要的发达国家都做了相对较高的干预（无论是否有意识地设为产

业政策），这都会影响上述所有变量。发达国家当初追赶国际领先者时也是这样。而区分这些国家的主要是工具、体制安排和干涉理念。

在另一项研究中，我们当中有人思考了日本的政策，尤其是二战后电子技术追赶政策的典型例子（Dosi，1984）。

有趣的是，日本似乎对我们上述分类法中的所有变量采取了全面行动。对信号结构进行了大量酌情干预（也包括对进口和外国投资的正式和非正式保护），重新创造了通常只有技术领先者才能享受的"真空环境"。然而，与此相匹配的是日本公司之间激烈的寡头竞争模式和严重的出口导向，而出口导向促进了技术的活力并防止了串通垄断定价的形式保护的利用。出口导向也迫使这些公司与外国公司在国际市场上竞争。

评估日本的成功经验是吸引人的，虽然最近有许多宏观经济方面的困难，而其他类似欧洲一些相对不怎么成功的国家则极度依赖于金融转移类的单一工具（尤其是研发补贴和资本账户转移），导致了国际市场上信号模式决定因素和企业反应能力的内生性。让我们将这一点简化到极致。以 1950 年代的日本电气企业为例。它是否应该生产半导体？鉴于现有的国际价格和对其自身生产能力的合理评价，以利润为目的的企业不会赞成生产半导体。而对于相信"市场魔力"的狂热信徒来说，回答是肯定的：薯片与计算机芯片一样，比较优势应该占主导地位。然而，如果这两种"片"在创新机会方面的确存在不同，那么政策的任务确实应该是扭曲国际市场信号，（最终）使任何以利润为目的的企业都致力于生产计算机芯片而不是马铃薯片。

当然，日本的例子有其特定的国家特征，很难转移。然而，这个例子，在其引人注目的结果中，指出了一个国家"比较优势"模式的重塑与国际市场内生性演变两者差异的普遍可能性。

远东国家和拉美国家的经验比较同样具有启示意义（参见 Amsden，1989，2001；Wade，1990；Kim & Nelson，2000；Dosi et al.，1994；等等）。

韩国和其他远东经济体能够"扭转"绝对价格和相对价格，并将来自"静态"比较优势的资源用于发展具有更高学习机会和需求弹性的活动（Amsden，1989）。他们以惩罚私人公司寻租行为的方式做到了这一点（参见 Kim，1993）。

这一过程得到了一系列机构和网络的进一步支持来改善人力资源

（Amsden，1989）。这一切都与拉丁美洲的经验形成了鲜明对比，在拉丁美洲，国家和私营部门之间的安排往往更加放纵低效率和租金积累，而不太重视社会上散布的技术能力以及技能积累。

最终，成功或失败似乎取决于不同制度安排和政策的组合，因为它们一方面影响个人和组织的学习过程，另一方面影响选择过程（当然包括市场竞争）。

当然，历史经验表明，特定国家和部门在上述各类政策之间的组合有很大差异。然而，一些微妙的规律还是出现了。

首先，从 19 世纪的欧洲和美国一直到当代，公共机构（如大学）和公共政策一直是新技术模式产生和建立的中心。

第二，与此相关的是，激励措施通常是不够的。政策的关键作用之一是影响参与者的能力，不仅仅在上述新技术范式下，而且在所有激励结构都不足以促使私人部门跨越巨大技术鸿沟的追赶情况时。

第三，市场可以在特定的企业群体中淘汰低绩效者，奖励高绩效者。然而，没有任何东西能保证过高的选择性冲击不会消灭整个企业群体，从而也消除了未来学习的可能性。

第四，政策，尤其是那些旨在迎头赶上的政策，通常需要在能力建设（以及保护"新生学习者"）措施与遏制惰性和寻租的机制之间取得平衡。例如，后者确实是之前拉丁美洲进口替代经历中主要缺少的两个因素，而前者则是最近许多"自由化"政策所缺少的。

第五，从历史上看，无论最初的比较优势、专业化和市场产生的信号模式是什么，人均收入和工资的成功追赶一直伴随着大多数新型动态技术范式的追赶。我们的猜想是，在其他条件不变的情况下，当经济信号（包括相对价格和相对盈利能力）在国际市场上出现时，某个国家离技术前沿越远，对相应政策的结构性需求也会更大。正如阿姆斯丹（Amsden，1989）尖锐地指出，政策是在故意"弄错价格"。相反，内生市场机制对那些正处于前沿的国家来说往往是"良性"的，尤其在最新或最有前途的技术中。历史经验大致证实了这一点：无条件的自由贸易往往恰好被技术和政治领先的国家所倡导和充分利用。

# 结论：关于中国转型的一些评论

我们认为中国在其大转型中的卓越成功，也是对共同进化观点的有力证明，这种观点通常将技术学习、组织转型和制度变革联系在一起，其特点是广泛的动态收益增加（参见 Myrdal，1957；Kaldor，1972；Cimoli et al.，2009；以及其他非正统的观点）。事实上，个人、组织和国家层面上知识和能力的积累是以收益增长为核心的。这"不受约束的普罗米修斯"式的、系统性的积累、技术改进和组织知识一直是大约三个世纪前早期工业化和后续发展中至关重要的杀戮机器（Landes，1969；Freeman，1995；Freeman & Soete，1997）。中国快速的经济追赶和工业化也不例外。中国的体制设置实际上更多的是需要国内企业的学习和"创造性重组"，而不是纯粹的"创造性破坏"，更不是由跨国公司主导和驱动（Yu et al.，2015）。与普遍看法相反，我们认为没有太多证据表明外国投资在早期驱动技术转让的作用（这可能与本手册中默弗里和布列兹尼茨的第 6.2 章存在分歧）。可以肯定的是，随后的中外合资企业一直是国内学习的主要载体。但所有这一切都是在大量的"政治道德劝说"下发生的，而这不可能发生在叶利钦时期将俄罗斯的工矿全部卖出的"开放"下。

经常被遗忘的要点是，首先，1978 年以来快速追赶的特点是调动了"前自由化"阶段积累的技术和组织能力。人们常常忘记，即使在 1949 年，中国的"重工业"在工业总产值中的份额已经达到 26.4%，而在革命之后，尽管"大跃进"失败了，这个份额在 1962 年还是增加到 53.5%（Campell，2013）。1950 年代是一个密集且相当成功的"苏联式"学习时期，尽管中苏分裂，但这仍然引导了中国原子弹（1964 年）、大规模布置的国产洲际弹道导弹（1960 年代后期）和雄心勃勃的太空计划。1961 年，研发与国民收入之比（GDP 比西方衡量的小，但差距不大）为 2%，高于今天的意大利！

中国在相当成熟的工业能力和持续政治指导下，开始了邓小平倡导的改革。经验告诉我们，单纯的"市场开放"反而会像所有由国际货币基金组织主导那样，导致戏剧性的失败［关于早期重工业的重要性，以及"中国国家生产和创新体系的建设"，见 Campbell（2013），Gu & Lundvall（2006），Hsueh

& Woo（1986），以及 Wang & Hong（2009）等研究］。

其次，通过大量投资协调和资本积累，中国工业化必然涉及各行各业的追赶，这与发展经济学创始人（Nurske，1953；Gerschenkron，1962；Rosenstein-Rodan，1943、1961；Hirschman，1958；Prebisch，1949）所建议的精神一致。

然后请注意，更重要的是，追赶与学习效应的关联远远超出与纯粹资本积累的关联，包括技术和组织能力的提高以及资本和劳动力的更有效利用（Cimoli et al.，2009；Lee，2013），当然，也伴随着正规教育和技能的普遍提高。

最后，"中国奇迹"和基本上所有其他第一次工业革命之后的现代化奇迹一样，始于工人阶级的艰苦形成，伴随着人类学当中时间感知、纪律、熟练程度、服从（可能还有一些团结和反叛）的所有变化。①

我们认为从历史来看无需太多怀疑中国是最引人注目的，各类产业政策和制度建设对培育能力积累和产业发展至关重要。然而，我们面临三个相互关联的问题。第一个问题是适用于过去的东西是否适用于未来：如果没有华盛顿共识的相关政策，这样的"全球化"自然附属产物是否仍会产生。我们在这里的主要观点是，分歧和异质性一直是并将继续是世界经济的主导趋势。事实上，在良好的动态增长收益的条件下，更多的国际资本开放和贸易流动很可能会"自然地"引起地区和国家之间的分歧（Dosi et al.，2017）；因此，在我们看来，能够触发和推动我们称之为"伟大产业转型"的酌情政策干预措施仍然很重要。显然，与美国等国家迈出追赶的第一步时相比，甚至与韩国或中国台湾进入国际舞台时相比，国际条件已经发生改变。世界贸易组织（WTO）和与贸易有关的知识产权协定（TRIPS 协议）已经对国内产业和贸易流动方面"什么可以做和什么不能做"的政策施加了新的限制（注意一些现总统的杂音）。第一世界的公司像以前一样积极地捍卫其专利技术。但是，正是中国作为一个主要产业参与者的出现，深刻地改变了其他事实上或潜在工业化国家所面临的机会和限制模式。然而，知识积累和产业发展的过程将继续需要相对大量的公共政策和制度建设，塑造一个有利于技术和组织学习的国家政治经济环

---

① 正如格申克龙（Gerschenkron, 1962）所说的：……工业劳动力，在稳定、可靠、有纪律、已切断了与土地的联系并且已经适合工厂使用的群体的意义上，在落后国家内并不丰富甚至极其稀缺。创造真正名副其实的工业劳动力是一个最困难、最漫长的过程。

境。这就引出了我们的第二个主要问题。挑衅地说，中国要花多长时间才能"扔掉梯子"，进入胜利者俱乐部，赞美自由贸易者李嘉图并驳回资本能力累积理论家李斯特？（Chang, 2002）这已经是一个强有力的世俗模式。所有取得世界产业领导地位的国家都倾向于重写历史，重建他们的自由贸易处女地：这发生在英国，其次是美国，如果它不会发生在一个胜利者中国身上，我们会感到惊讶。

无论如何，第三，一旦中国加入"创新者俱乐部"，我们在本章开头谈到的协同进化过程必然会发生深刻变化。赶超与保持和利用技术领先地位完全不同。制度和它们之间的关系也必然会发生变化，例如科学、技术和工业之间或是管理收入分配的机制。但这是一篇完全不同的文章主题。

# 参考文献

Abernathy, W. J., and J. M. Utterback. (1978). Patterns of Industrial Innovation. *Technology Review* 80(7), 40 – 47.

Amsden, A. H. (1989). *Asia's Next Giant: South Korea and the Last Industrialization.* Oxford University Press, Oxford / New York.

Amsden, A. H. (2001). *The Rise of "The Rest": Challenges to the West from Late-Industrializing Economies.* Oxford University Press, Oxford / New York.

Amsden, A. H., and T. Hikino. (1993). Staying Behind, Stumbling Back, Sneaking Up, Soaring Ahead: Late Industrialization in Historical Perspective. In W. Baumol, R. Nelson, and E. Wolff (Eds.), *International Convergence of Productivity with Some Evidence from History.* Oxford University Press, Oxford.

Amsden, A. H., and T. Hikino. (1994). Project Execution Capability, Organizational Know-how and Conglomerate Corporate Growth in Late Industrialization. *Industrial and Corporate Change* 3(1), 111 – 147.

Bartelsman, E., and M. Doms. (2000). Understanding Productivity: Lessons from Longitudinal Microdata. *Journal of Economic Literature* 38(3), 569 – 594.

Bell, M., and K. Pavitt. (1993). Technological Accumulation and Industrial Growth: Contrasts Between Developed and Developing Countries. *Industrial and Corporate Change* 2(1), 157 – 210.

Berlinski, J., d. C. H. Nogueira, D. Sandoval, and M. Turkieh. (1982). Basic Issues Emerging from Recent Research on Technological Behavior of Selected Latin American Metalworking Plants. *CEPAL Working Paper no.* 56.

Bonaccorsi, A., and P. Giuri. (2000). When shakeout doesn't occur: The evolution of the turboprop engine industry. *Research Policy* 29, 847 – 870.

Boyer, R. (1988a). Formalizing Growth Regimes. In G. Dosi, C. Freeman, R. R. Nelson, G. Silverberg, and L. Soete (Eds.), *Technical Change and Economic Theory*, 608 –

630. Pinter London and Columbia University Press, New York.

Boyer, R. (1988b). Technical Change and the Theory of Regulation. In G. Dosi, C. Freeman, R. R. Nelson, G. Silverberg, and L. Soete (Eds.), *Technical Change and Economic Theory*, 67 – 94. Pinter London and Columbia University Press, New York.

Boyer, R., and P. Petit. (1991). Technical Change, Cumulative Causation and Growth: Accounting for the Contemporary Productivity Puzzle with some Post Keynesian Theories. In *Technology and Productivity, the Challenge for Economic Policy*. OECD, Paris.

Brandt, L., and T. G. Rawski (Eds.). (2008). *China's Great Economic Transformation*. Cambridge University Press, Cambridge / New York.

Bresnahan, T. F., and M. Trajtenberg. (1995). General Purpose Technologies "Engines of Growth"? *Journal of Econometrics* 65(1), 83 – 108.

Campbell, J. (2013). Becoming a Techno-Industrial Power: Chinese Science and Technology Policy. *Issues in Technology Innovation* 23(April), 1 – 15.

Chandler, A. (1990). *Scale and Scope: The Dynamics of Industrial Capitalism*. Harvard University Press, Cambridge, MA.

Chandler, A. (1992a). Corporate Strategy, Structure and Control Methods in the United States During the 20th Century. *Industrial and Corporate Change* 1, 263 – 284.

Chandler, A. (1992b). Organizational Capabilities and the Economic History of the Industrial Enterprise. *Journal of Economic Perspectives* 6, 79 – 100.

Chandler, A. D. (1993). Learning and Technological Change: The Perspective from Business History. In R. Thomson (Ed.), *Learning and Technological Change*, 24 – 39. Springer, Heidelberg / New York.

Chang, H.– J. (2002). *Kicking Away the Ladder: Development Strategy in Historical Perspective*. Anthem Press, London.

Chang, H.–J., A. Cheema, and L. Mises. (2002). Conditions For Successful Technology Policy in Developing Countries — Learning Rents, State Structures, And institutions. *Economics of Innovation and New Technology* 11(4 – 5), 369 – 398.

Cimoli, M., and G. Dosi. (1995). Technological Paradigms, Patterns of Learning and Development: An Introductory Roadmap. *Journal of Evolutionary Economics* 5(3), 243 – 268.

Cimoli, M., G. Dosi, and J. E. Stiglitz. (2009). *Industrial Policy and Development: The Political Economy of Capabilities Accumulation*. Oxford University Press, Oxford.

Constant, E. (1980). *The Origins of the Turbojet Revolution*. Johns Hopkins University Press, Baltimore.

Coriat, B. (1990). *Penser l'envers*. Bourgeois, Paris.

Dahlman, C., and O. Sananikone. (1990). Technological Strategy in Taiwan: Exploiting Foreign Linkages and Developing Local Capabilities. Discussion Paper.

Dosi, G. (1982). Technological Paradigms and Technological Trajectories: A Suggested Interpretation of the Determinants and Directions of Technical Change. *Research Policy* 11(3), 147 – 162.

Dosi, G. (1984). Technology and Conditions of Macroeconomic Development. In C. Freeman (Ed.), *Design, Innovation and Long Cycles in Economic Development*, pp.99 – 125. Design Research Publications, London.

Dosi, G. (1988). Sources, Procedures, and Microeconomic Effects of Innovation. *Journal of Economic Literature*, 1120 – 1171.

Dosi, G. (2007). Statistical Regularities in the Evolution of Industries: A Guide through Some Evidence and Challenges for the Theory. In F. Malerba and S. Brusoni (Eds.),

*Perspectives on Innovation*, pp.153 – 186. Cambridge University Press, Cambridge.

Dosi, G., M. Faillo, and L. Marengo. (2008). Organizational Capabilities, Patterns of Knowledge Accumulation and Governance Structures in Business Firms: An Introduction. *Organization Studies* 29(8), 1110 – 1121.

Dosi, G., C. Freeman, and S. Fabiani. (1994). The Process of Economic Development: Introducing Some Stylized Facts and Theories on Technologies, Firms and Institutions. *Industrial and Corporate Change* 3, 1 – 45.

Dosi, G., R. Giannetti, and P. Toninelli. (1993). *Technology and Enterprise in a Historical Perspective*. Clarendon Press of Oxford University, Oxford.

Dosi, G., and M. Grazzi. (2006). Technology as Problem-Solving Procedures and Technology as Input-Output Relations: Some Perspectives on the Theory of Production. *Industrial and Corporate Change* 15(1), 173 – 202.

Dosi, G., and R. R. Nelson. (2010). Technical Change and Industrial Dynamics as Evolutionary Processes. In B. H. Hall and N. Rosenberg (Eds.), *Handbook of the Economics of Innovation*, Vol. 1, Chapter 4, 51 – 127. Elsevier, Amsterdam.

Dosi, G., K. Pavitt, and L. Soete. (1990). *The Economics of Technical Change and International Trade*. Harvester Wheatsheaf, London.

Dosi, G., F. Riccio, and M. E. Virgillito. (2021). Varieties of Deindustrialization and Patterns of Diversification: Why Microchips are not Potato Chips. *Structural Change and Economic Dynamics*, forthcoming.

Dosi, G., A. Roventini, and E. Russo. (2017). Endogenous Growth and Global Givergence in a multi-country agent-based model. *Journal of Economic Dynamic and Control* 101, 101 – 129.

Durleifer, B., and J. Kocka. (1993). The impact of the pre-industrial heritage. Reconsiderations on the German Patterns of Corporate Development in the Late 19th and Early 20th Centuries. *Industrial and Corporate Change* 2, 233 – 248.

Enos, J., and W. Park. (1988). *The Adoption and Diffusion of Imported Technology: The Case of Korea*. Croom Helm, London.

Ernest, D. (1989). *Technology and Global Competition*. OECD, Paris.

Freeman, C. (1982). *The Economics of Industrial Innovation* (2nd ed.). Frances Printer Publishing, London.

Freeman, C. (1995). History, Co-Evolution and Economic Growth. IISA, Luxemburg, WP –95 – 79, republished in *Industrial and Corporate Change*, 2019, 28, 1 – 44.

Freeman, C., and C. Perez. (1988). Structural Crises of Adjustment: Business Cycles and Investment Behavior. In G. Dosi, R. Freeman, R. Nelson, G. Silverberg, and L. Soete (Eds.), *Technical Change and Economic Theory*, pp. 458 – 479. Pinter Publishing, London.

Freeman, C., and L. Soete. (1997). *The Economics of Industrial Innovation*. Routledge, London.

Frenken, K., and L. Leydesdorff. (2000). Scaling Trajectories in Civil Aircraft (1913 – 1997). *Research Policy* 28, 469 – 488.

Frenken, K., P. P. Saviotti, and M. Trommetter. (1999). Variety and Niche Creation in Aircraft, Helicopters, Motorcycles and Microcomputers. *Research Policy* 28 (5), 469 – 488.

Gerschenkron, A. (1962). *Economic Backwardness in Historical Perspective*. Harvard University Press, Cambridge, MA.

Giuri, P., C. Tomasi, and G. Dosi. (2007). L'industria aerospaziale. innovazione, tecnologia e strategia economica. *Il Sole 24 Ore e Fondazione Cotec*, Milan.

Gordon, T. J., and T. R. Munson. ( 1981 ). *Research into Technology Output Measures. Futures Group*, Glastonbury, CT.

Grupp, H. ( 1992 ). *Dynamics of Science-Based Innovation*. Springer, Berlin.

Gu, S., and B. A. Lundvall. ( 2006 ). China's Innovation System and the Move Towards Harmonious Growth and Endogenous Innovation. In B. A. Lundvall ( Eds.), *The Learning Economy and the Economics of Hope*, 269 – 304. Anthem Press, London.

Hamilton, A. ( 1791 ). Report on the Subject of Manufactures. In H. C. Syrett et al., ( Eds.) ( 1966 ), *The Papers of Alexander Hamilton*, Vol. X. Columbia University Press, New York.

Henderson, R. M., and K. B. Clark. ( 1990 ). Architectural Innovation: The Reconfiguration of Existing Product Technologies and the Failure of Established Firms. *Administrative Science Quarterly*, 35, 9 – 30.

Hirschman, A. O. ( 1958 ). *The Strategy of Economic Development*. Yale University Press, New Haven / London.

Hopkins, M. M., P. A. Martin, P. Nightingale, A. Kraft, and S. Mahdi. ( 2007 ). The Myth of the Biotech Revolution: An Assessment of Technological, Clinical and Organizational Change. *Research Policy* 36( 4 ), 566 – 589.

Hsueh, T.- T., and T.- O. Woo. ( 1986 ). The Political Economy of the Heavy Industry Sector in the People's Republic of China. *Australian Journal of Chinese Affairs* 15, 57 – 82.

Kaldor, N. ( 1972 ). The Irrelevance of Equilibrium Economics. *Economic Journal* 82 ( 328 ), 1237 – 1255.

Katz, J. ( 1983 ). Technological Change in the Latin American Metalworking Industry: Results of a Programme of Case Studies. *Cepal Review*.

Katz, J. ( 1984a ). Technological Innovation, Industrial Organisation and Comparative Advantages of Latin American Metalworking Industries. In M. Fransman and K. King ( Eds.), *Technological Capability in the Third World*, pp. 113 – 136. Springer, Heidelberg / New York.

Katz, J. ( 1987 ). *Technology Generation in Latin American Manufacturing Industries*. Macmillan Press, London.

Katz, J. M. ( 1984b ). Domestic Technological Innovations and Dynamic Comparative Advantage: Further Reflections on a Comparative Case-Study Program. *Journal of Development Economics* 16( 1 – 2 ), 13 – 37.

Kim, L. ( 1993 ). National System of Industrial Innovation: Dynamics of Capability Building in Korea. In R. Nelson ( Ed.), *National Innovation Systems: A Comparative Analysis*. Oxford University Press, New York.

Kim, L., and R. Nelson. ( 2000 ). *Technology, Learning, and Innovation: Experiences of Newly Industrializing Economies*. Cambridge University Press, Cambridge.

Klepper, S. ( 1997 ). Industry Life Cycles. *Industrial and Corporate Change* 6 ( 1 ), 145 – 181.

Kogut, B. ( 1992 ). National Organizing Principles of Work and the Dominance of the American Multinational Corporation. *Industrial and Corporate Change* 1, 285 – 326.

Kogut, B. ( 1993 ). *Country Competitiveness*. Oxford University Press, Oxford.

Kuhn, T. ( 1962 ). *The Structure of Scientific Revolutions*. University of Chicago Press, Chicago.

Lall, S. ( 1992 ). Technological Capabilities and Industrialization. *World Development* 20( 2 ), 165 – 186.

Landes, D. S. ( 1969 ). *The Unbound Prometheus: Technological Change and Industrial*

*Development in Western Europe from 1750 to The Present*. Cambridge University Press, Cambridge.

Lee, K. (2013). How Can Korea be a Role Model for Catch-Up Development? A "Capability-Based" View. In A. K. Fosu (Ed.), *Achieving Development Success: Strategies and Lessons from the Developing World*, 25. Oxford University Press, Oxford.

Lee, K. (2018). *The Art of Economic Catching-Up: Barriers, Detours and Leapfrogging*. Cambridge University Press, Cambridge.

Lee, K., and F. Malerba. (2017). Catch-up Cycles and Changes in Industrial Leadership: Windows of Opportunity and Responses of Firms and Countries in the Evolution of Sectoral Systems. *Research Policy* 46(2), 338 – 351.

List, F. (1841). *The National System of Political Economy* (English ed.). Longmans, London.

Murmann, J. P., and K. Frenken. (2006). Toward a Systematic Framework for Research on Dominant Designs, Technological Innovations, and Industrial Change. *Research Policy* 35(7), 925 – 952.

Myrdal, G. (1957). *Economic Theories and Underdeveloped Regions*. Duckworth, London.

Mytelka, L. K. (Ed.). (2007). *Innovation and Economic Development*. Edward Elgar, Cheltenham, UK/Northampton, MA.

Nelson, R. (1981). Research on Productivity Growth and Productivity Differences: Dead Ends and New Departures. *Journal of Economic Literature* 19(3), 1029 – 1064.

Nelson, R. R. (1982). *Governments and Technical Progress*. Pergamon Press, New York.

Nelson, R. R. (2004). *Economic Development from the Perspective of Evolutionary Theory*. Columbia University, New York.

Nelson, R. R., and S. G. Winter. (1977). In Search of a Useful Theory of Innovation. *Research Policy* 6, 36 – 76.

Nelson, R. R., and S. G. Winter. (1982). *An Evolutionary Theory of Economic Change*. Harvard University Press, Cambridge, MA.

Nurkse, R. (1953). *Problems of Capital Formation in Underdeveloped Countries*. Oxford University Press, New York.

Perez, C. (1985). Microelectronics, Long Waves and World Structural Change: New Perspectives for Developing Countries. *World Development* 13(3), 441 – 463.

Perez, C. (2010). Technological Revolutions and Techno-Economic Paradigms. *Cambridge Journal of Economics* 34(1), 185 – 202.

Polanyi, K. (1944). *The Great Transformation: The Political and Economic Origins of Our Time*. Beacon Press, Boston.

Prebisch, R. (1949). *The Economic Development of Latin America and Its Principal Problems*. United Nations, ECLA, New York.

Reinert, E. S. (2007). *How Rich Countries Got Rich ... and Why Poor Countries Stay Poor*. Constable, London.

Rosenberg, N. (1982). *Inside the Black Box: Technology and Economics*. Cambridge University Press, Cambridge.

Rosenbloom, R. S., and M. A. Cusumano. (1987). Technological Pioneering and Competitive Advantage: The Birth of the VCR Industry. *California Management Review* 29(4), 51 – 76.

Rosenstein-Rodan, P. N. (1943). Problems of Industrialisation of Eastern and South-Eastern Europe. *Economic Journal* 53(210/211), 202 – 211.

Rosenstein-Rodan, P. N. (1961). *Notes on the Theory of the "Big Push"*. Springer, Heidelberg/New York.

Sahal, D. (1981). *Patterns of Technological Innovation. Addison-Wesley*. New York.

Sahal, D. (1985). Technological Guideposts and Innovation Avenues. *Research Policy* 14(2), 61 – 82.

Saviotti, P. P. (1996). *Technological Evolution, Variety and the Economy*. Edward Elgar Publishing, Cheltenham.

Saviotti, P. P., and A. Trickett. (1992). The Evolution of Helicopter Technology, 1940 – 1986. *Economics of Innovation and New Technology* 2(2), 111 – 130.

Suárez, F. F., and J. M. Utterback. (1995). Dominant Designs and the Survival of Firms. *Strategic Management Journal* 16(6), 415 – 430.

Syverson, C. (2011). What Determines Productivity? *Journal of Economic Literature* 49(2), 326 – 365.

Teitel, S. (1984). Technology Creation in Semi-Industrial Economies. *Journal of Development Economics* 16(1 – 2), 39 – 61.

Teitel, S. (1987). Towards Conceptualisation of Technological Development as an Evolutionary Process. In J. Dunning and U. Mikoto (Eds.), *Structural Change, Economic Interdependence and World Development*. Macmillan, London.

Teubal, M. (1987). Innovation and Development: A Review of Some Work at the IDB / ECLA / UNDP Programme. In J. Katz (Ed.), *Technology Generation in Latin American Manufacturing Industries*. Macmillan Press, London.

Utterback, J., and F. Suárez. (1993). Innovation, Competition, and Industry Structure. *Research Policy* 22(1), 1 – 21.

Wade, R. (1990). *Governing the Market: Economic Theory and the Role of Government in East Asian Industrialization*. Princeton University Press, Princeton, NJ.

Wang, H., and Y. Hong. (2009). China: Technology Development and Management in the Context of Economic Reform and Opening, *Journal of Technology Management in China*, 4(1), 4 – 25.

Yu, X., G. Dosi, M. Grazzi, and J. Lei. (2017). Inside the Virtuous Circle Between Productivity, Profitability, Investment and Corporate Growth: An Anatomy of Chinese Industrialization. *Research Policy* 46, 1020 – 1038.

Yu, X., G. Dosi, J. Lei, and A. Nuvolari. (2015). Institutional Change and Productivity Growth in China's Manufacturing: The Microeconomics of Knowledge Accumulation and "Creative Restructuring." *Industrial and Corporate Change* 24(3), 565 – 602.

# —— 第1.2章 ——
# 中国产业发展战略与政策

林毅夫　周建军

2018 年是中国值得庆祝的一年。中国从 1978 年开始实行改革开放，到那年已经过去了 40 年，改革开放初期中国是世界上最贫穷的国家之一。据世界银行统计，1978 年中国人均 GDP 仅为 156 美元，不到撒哈拉以南非洲 495 美元人均 GDP 的三分之一，比印度 204 美元低 30%。与此同时，中国 81% 的人口生活在农村，84% 的人口消费支出低于国际贫困线的每天 1.25 美元。当时中国出口仅占 GDP 的 4.1%，进口仅占 5.6%，两者合计仅 9.7%。此外，75% 以上的出口产品为农产品或农副产品。

在如此薄弱的经济基础上，从 1978 年到 2018 年，中国经济实现持续 40 年年均 9.4% 的增长。在人类历史上，没有任何一个国家或地区能在如此长的时间内取得如此高的增长率。这一时期中国对外贸易年均增长率达到 14.5%，2010 年成为世界第一大出口国，2013 年成为贸易大国，95% 以上的出口来自制造业。继工业革命后的英国、19 世纪后的美国、二战后的德国、日本之后，中国获得了"世界工厂"的美誉。2014 年，以购买力平价衡量，中国超过美国成为全球最大经济体。2018 年，中国人均 GDP 达到 9 780 美元。在这个过程中，7 亿多中国人摆脱了贫困。这不仅是中国人民福祉的一大进步，也是对世界减贫事业的一大贡献。

值得注意的是，中国的非凡表现是从农业经济向工业经济结构转型的结果。涉及 14 亿人口的大规模工业化，尤其是大规模工业化背后的战略和政策，是当代中国经济发展成败的关键。与 1949 年之前的几次工业化努力相比，中国在 1949 年以后的工业化，尤其是 1978 年改革开放之后的工业化中做对了什么？这是本文希望作出贡献的主题。

# 改革方法：务实地从现实出发

关于中国经济发展奇迹，有多种解释。过去 40 年，中国没有像苏联、东欧等其他转型经济体那样在计划经济向市场经济转型过程中遭遇系统性危机。这主要是由于中国采取了务实的改革方法。就做法而言，中国始终根据自身经济实际制定发展战略和政策，同时吸取其他发达国家和发展中国家的经验教训。这意味着中国选择性地学习了主流经济理论，拒绝了"华盛顿共识"倡导的且在许多其他转型经济体实施的新自由主义政策。

实践表明，大多数国家以主流经济学形成其发展和转型政策并不十分成功，而少数成功国家的转型和发展道路却是和主流经济学背道而驰的（Lin，2011）。将西方主流经济理论应用于发展中国家时，经常会出现"淮南为橘，淮北为枳"的问题。尤其是新自由主义改革并未给发展中国家带来经济繁荣，反而带来经济崩溃、停滞和危机。一些新自由主义经济学家认为，这些失败源于政府机构和官员缺乏西方经济学训练，无法应对经济改革的挑战。回顾历史，这种观点可能会混淆因果。一方面，经济改革的成败只能以结果来判断，任何经济理论的适用性取决于其前提条件；另一方面，由于改革的复杂性，对于经济改革来说，常识和经验将比先进理论更重要。中国、日本、韩国等发展较快的国家，总是有选择地将理论与本国国情和实际需要相结合，而不是直接套用理论。例如，东亚四小龙在二战之后的腾飞期间采取了出口战略，而不是主流的结构主义进口替代战略，中国、越南和柬埔寨采取了渐进的、零碎的过渡战略，而不是新自由主义休克疗法（Lin，2009）。

以市场化、稳定化为主要内容的"华盛顿共识"给俄罗斯和一些拉美国家带来了恶性通货膨胀和大量国有资产被侵占的问题（Hausmann，Rodrik & Velasco，2008）。过度自由化导致这些国家失去金融掌控、储蓄率急剧下降、收入分配不均、私人寡头垄断，进而使这些国家陷入"中等收入陷阱"。

从结果来看，"华盛顿共识"的许多改革都适得其反。在许多受"华盛顿共识"影响的国家中，国有企业私有化并没有导致企业补贴减少和效率提升，反而甚至给这些国家带来了"去工业化"（MacMilland & Rodrik，2011）。工业在国民经济中的比重越来越低，经济表现越来越差，经济危机也频频发生。新自由主义或"华盛顿共识"失败的原因在于它以发达国家的制度体系和发展模式为标准。它主张如果后发国家要实现经济发展和现代化，他们必须模仿发达国家的经济制度和政策安排，从而实施全面、彻底甚至过度的自由化、私有化和稳定化改革。然而，这一政策方案忽略了一个事实：经济转型中许多企业都无法生存，而转型前的许多政策干预是内生的以便保护那些无法生存的企业（Lin，2012）。

面对转型问题，世界银行和国际货币基金组织近年来开始重新思考"华盛顿共识"。佐利克（Zoellick，2010）指出，"华盛顿共识"正在淡出历史，不可能有一种政治经济共识可以应用到全世界的每一个城市。斯特劳斯·卡恩（Strauss-Kahn，2011）声称，主张资本自由流动的"华盛顿共识"已经成为历史。他坚持要对"热钱"的国际流动征税并使之规范，同时强调要增强社会凝聚力和包容性，夯实经济社会可持续发展的基础。

倡导"华盛顿共识"忽视了工业化国家中大量的产业政策和法规。尽管美国自称是世界上最大的自由市场经济体，但政府监管仍然是其经济活动的主要特征（Law & Kim，2011）。相比之下，中国实事求是、自主选择发展道路的态度是其成功的关键。世界银行驻华代表认为，这种发展方式是中国与其他发展中国家的重要区别，并赞扬中国始终把握自己的改革议程（Lin & Wang，2017）。从这个意义上说，中国自主的、渐进的改革从现实出发，对发展中国家的经济转型和社会发展有普遍意义。

## 渐进式改革与企业生存能力

1949年新中国成立以来，中国经济体制经历了漫长的转型过程。1949年以后，中国为建立独立完整的工业体系做出了很大努力。对于一个新生的、受到各种政治经济因素影响的国家来说，对其工业化成就进行批判是不现实的。与近代以来的几次工业化相比，新中国政府实施工业化的能力也在不断提高。历史不能简单做区隔。政府领导工业化的能力、完整的产业体系、各式各样的国有企业是改革开放以来中国工业化的前提和基础。从历史上看，改革开放时期发展较快的民营企业有的脱胎于早期的乡镇企业，有的源于国有企业的转型。许多新成立民营企业的技术也依赖于国有企业的技术工人或工程师。

改革开放初期，关于在中国采取什么样的经济体制有很多争论。面对各种纷争，中国领导人坚持实践导向，将经济体制从计划经济转变为现在的社会主义市场经济。在这个过程中，政府与市场的关系也发生了深刻的变化。中国采取有效市场与有为政府相结合的战略，有效发挥市场在经济发展中的作用并优化政府的作用。

由于经济转型和产业升级过程中的市场失灵现象普遍且不可避免，政府必须在克服市场失灵和促进市场有效性方面发挥作用。而有为政府的目标是使市场有效，而市场的有效性应该建立在有为政府的前提下。通过总结成功国家和不成功国家的发展实践，最显著的区别在于不成功的国家总是片面地关注政府或市场的作用（Lin，2011）。

成功的发展经验证明，政府和市场在经济活动中必须发挥各自的作用。因为在经济发展过程中，市场失灵在所难免。当市场失灵时，政府应当有所作为。① 值得注意的是，政府在经济社会发展中要积极主动，避免不作为和不负责任的行为。政府与市场的适当关系也成为中国经济改革取得成功的原因。根据增长与发展委员会的报告，包括中国在内的 13 个经济体二战后快速和可持续增长的原因是这些经济体在市场配置资源的同时拥有有效、积极的政府［增长与发展委员会（Commission on Growth and Development），2008］。积极主动的政府可以通过产业政策、公共投资、资本账户调控等实施经济发展战略，为市场经济发展提供指导和支持。

在这样的经济发展思路指导下，中国从国情出发循序渐进、双轨制、渐进式地推进改革。中国从农村和农业出发，启动了自己的市场经济体制改革。国家通过"家庭联产承包责任制"，在保留土地最终所有权的同时授予农民土地使用权和土地处分权，从而很大程度上调动农民积极性。国有企业改革的重点始终是放权，提高企业生存能力。这项改革促进了企业在市场竞争中越来越独立。从所有制来看，中国发展的是民营经济华人外资经济等多元经济，而不是国有大中型企业的私有化。这是因为委托代理问题不仅存在于国有企业，也存在于所有权和控制权分离的大型民营企业。从时序上看，1990 年代中

---

① 诺兰（Nolan, 1995）认为，即使是"自由市场"的极端案例，例如 1949 年以来的香港、工业革命中的英国和 19 世纪的美国，政府干预的参与程度也远远超出了通常的假设。

国国有企业的改革落后于 1980 年代民营经济的发展。从产业部门看，中国一方面对计划经济优先考虑的、不符合中国比较优势的资本密集型产业给予过渡性补贴；另一方面放开之前被打压的劳动密集型产业的发展路径，而这符合中国的比较优势。从技术进步看，中国作为后来者，在正在赶超的领域坚持技术引进，在涉及国家和经济安全的核心战略领域则坚持自主研发（R&D）（Lin，2017）。

中国渐进式经济改革已将企业和个人的利益视为微观主体，来调动工人、农民等市场主体积极性，调整价格体系和资源配置方式，实现多种所有制共同发展，保持中国经济社会平稳过渡。更重要的是，这次改革不是休克疗法。它并不能一次性消除所有扭曲，但可以让计划与市场并存。这种改革方式可以在政府的引导下逐步发展市场，实现从双轨制向市场体制的转变，探索社会主义市场经济的发展道路。西方主流经济理论曾认为，中国政府采取的渐进式双轨制是经济转型最糟糕的方法。但是，中国改革开放的实践证明，务实渐进的双轨制是中国经济稳定快速发展的重要原因。此外，越南、柬埔寨、毛里求斯等少数成功的发展中国家也实施了类似于中国的渐进式双轨制（Lin，2014）。

## 中国产业政策的历史演变

随着社会主义市场经济体制的改革和完善，中国逐步建立起市场驱动、开放包容的产业政策体系。工业化是一个不断创造市场和提高产业能力的过程，需要长期的培育和学习（Wen & Fortier，2016）。

1980 年代以来，作为政府在市场经济活动中促进经济发展的手段，产业政策在中国得到广泛应用。产业战略的"五年规划"和特定行业的研发支持都可以看作是产业政策的组成部分。1988 年，中国政府在国家计委等机构内设立了若干产业政策机构，负责制定产业政策。其后成立的工业和信息化部、科技部也在国务院统一领导下参与制定产业政策。1989 年，中国国务院发布了《关于当前产业政策要点的决定》，这是第一次以产业政策的名义制定国家层面的政策纲要。这一产业政策的重点是供需失衡和产业结构不合理。它致力于培养企业的有效供给能力。根据该文件，中央政府负责制定产业政策，各部委和省政府负责制定落实措施且不能偏离中央政策（国务院，1989）。因此，该文件突出了中国政府制定产业政策的初衷和原则。1994 年，在进入社会主义市场经济时期后，中国国务院颁布了《90 年代国家产业政策纲要》。该文件明确提出，在国家宏观调控下制定产业政策，充分发挥市场在资源配置中的基础性作用。它还制定了通信、建筑、电子、机械、石化等行业的一系列产业政策（国务院，1994）。2008 年国际金融危机后，发达国家纷纷实施"再工业化"战略。在此背景下，中国政府还制定了《中国制造 2025》发展规划，以解决中国制造业"大而不强"、创新能力弱等问题。

中国的产业政策，包括结构性政策、技术政策、组织政策、区域政策等，在促进产业结构升级、技术进步和提升产业组织效率方面发挥着重要作用。随着经济发展和产业结构升级，中国产业政策的内容和重点经历了很多变化。改革开放之初，产业结构调整是中国经济发展的重要目标之一。当时的产业结构政策更加注重轻工业和重工业的比重。进入 21 世纪，中国的产业结构政策以农业和工业为主，同时注重第三产业的发展。除了聚焦特定行业外，基础设施一直是中国产业结构调整的重要领域。中国的产业技术政策一直关注产业技术能力的提升，特别是资本密集型、外部性强、民间投资不足的产业技术能力。因此，近年来政府的研发支出大幅增加。由于企业规模和重复投资等问题，中国行业的过度竞争非常严重。产业组织政策也为提高产业组织效率做出了许多努力。

从振兴东北到西部大开发再到中部崛起，中国的区域产业政策一直在努力释放各区域的优势，缩小区域差距。作为中国经济发展不可或缺的参与者，中国地方政府（尤其是省级政府）在研发支持、产业集群培育等方面发挥了重要作用。产业政策的地方政府推动一直是中国产业政策的重要组成部分，尽管地方政府对于重复建设和过度竞争的问题有不同的看法。即使在经济发达的上海、深圳等城市，政府的产业政策也发挥了积极作用。这些产业政策体现在提供基础设施、吸引人才、研发资金、信贷贴息和风险投资等方面，以降低成本、促进产业孵化和发展。产业政策的有效制定取决于政府与企业对产业发展的认知和理解。产业政策的有效实施需要政府和企业的相互配合和支持。地方政府在这方面有更大的政策空间，尤其是对符合当地比较优势的产业。高铁制造、液晶显示等近年来取得成功的高新技术产业，是中国产业政策的典型代表。

规划作为产业政策的一种广泛形式，在中国产业政策体系中一直占有重要地位。新中国成立初期和改革开放时期的五年规划，都对建立比较完善的工业体系和国民经济体系发挥了重要作用。人们普遍认为，特别是对"一五""六五"等重要历史节点的规划，在特定历史时期发挥了积极作用（Liu & Yang，2009，pp.432-435）。新时期，经济社会发展规划的制定不仅仅是一个政策研究过程，更是一个社会协商、广泛动员过程。通过这样的研究动员，政府、企业和公众对经济社会发展目标和路径的共识比以往更多。

但是，与计划经济时期的计划不同，产业政策不再是强制性的，而是作为市场活动的指导和规范。从这个意义上说，当前中国的产业政策，尤其是发展规划，主要是指导性和有远见的文件。作为发展中国家，中国此类产业政策的制定也借鉴了美国、日本等发达国家的发展经验。在研发方面，特别是在基础研究方面，中国政府的研发投入总量和研发支出占全社会的比重仍低于美国政府。根据美国国家科学局的科学与工程指标，2015 年美国和中国的研发总支出分别为 4 996 亿美元和 4 088 亿美元（根据购买力平价），政府支出占研发总支出的比例分别为 25.5% 和 21.3%。

虽然中国的产业政策不一定与西方国家的产业政策相一致，但中国的产业政策目标与西方国家的产业政策目标大体趋同。类似的政策旨在弥补市场失灵和提高国内企业的技术能力。特别是对于发展中国家的企业来说，产业政策是经济发展和产业升级的必要条件之一，哪怕存在失败的风险（Stiglitz & Greenwald，2014）。尽管许多国家的产业政策都失败了，但没有一个发展中国家能够在缺少产业政策的情况下成功赶上发达国家（Chang，2003）。此外，没有哪个发达国家不使用产业政策来保持领先优势（Mazzucato，2013）。作为一个复杂的系统，中国的产业政策实施取得了巨大的成功，也面临着挑战。为提高产业政策执行效率，中国一直在学习和借鉴世界各国的有益实践和经验，使产业政策更加高效透明，让中国企业更具创新性和活力。

英国、德国、美国、日本和韩国（Chang，2003）等发达国家广泛采用产业政策实现工业化和经济发展目标。联合国贸易和发展数据库（UNCTAD，2018）表明，产业政策在过去十年再次流行起来。五年来，84 个国家制定了明确的产业发展战略，GDP 占全球 GDP 的 90% 左右。例如，金融危机后，美国制定了一系列产业政策文件，如先进制造伙伴计划，既涉及横向产业政策，也涉及选择性产业政策。过去六十年来，美国政府在研发上投入超过 40 亿美元，并通过美国小企业管理局和美国商务部的先进技术计划促进美国公司的技术开发和商业化。一些研究表明，美国有效的产业政策为经济增长提供重要支撑（Block，2018；Mazzucato，2013）。

# 市场主体日益多元化和公平竞争

回顾四十年经济发展道路，中国改革开放坚持社会主义市场经济的目标，坚持推动以多种所有制经济为基础的各类市场主体积极性，并积极参与国际分工和合作。改革开放以来，多种所有制经济共同发展，促进了中国企业的竞争和技术创新。总的来看，中国当前的国有经济和民营经济已经在发挥各自的优势，优势互补，相互融合，相互促进。

目前，中国企业的所有制日益多元化。据国家统计局规模以上工业企业统计，截至 2016 年底，中国国有工业企业 19 022 家，民营工业企业 214 309 家，外资工业企业 49 554 家，分别占比 5%、56.5% 和 13%。如图 1.2.1 所示，对应的主营业务收入分别为 2 389 902.3 亿元、4 101 880.6 亿元和 2 503 929.9 亿元，分别占全部工业企业营业收入总额的 20.6%、35.4% 和 21.6%。可以看出，中国经济发展环境正在改善，市场主体更加多元化。中国逐步走向开放、透明、包容、非歧视性的市场经济。

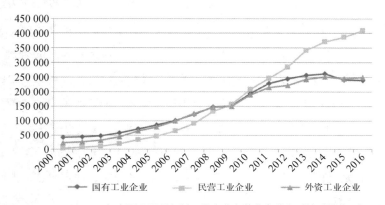

图 1.2.1　2000—2016 年中国不同所有制工业企业主营业务收入对比（单位：亿元）

资料来源：中国国家统计局。

四十年来，中国民营企业从小到大，从大到强。与苏联社会主义国家的做法不同，中国允许和鼓励非国有企业发展，同时保留国有企业。1980 年代以来，民营资本和外资进入越来越多的产业领域，并经历了前所未有的快速增长。尤其是在工业领域，目前的情况与改革开放之初相比发生了很大变化。在制造业，目前固定资产投资大部分来自民营企业。《人民日报》2018 年 11 月发布的数据显示，中国制造业固定资产投资约 80% 来自民营企业。总体而言，虽然国有经济也在增长，但民营经济和外资经济增长更快。目前，中国民营经济已占中国经济的半壁江山，已成为国民经济的重要组成部分（Lardy，2014）。制造业和服务业的龙头企业也是民营企业。

四十年来，中国吸引了大量外国直接投资（FDI）。2014 年，中国甚至成为全球最大的 FDI 接受国。受益于中国的巨大市场、训练有素的劳动力和透明的市场环境，许多外企在中国的投资中获得了丰厚的回报。中国已成为众多跨国企业全球生产、贸易和研发网络中不可或缺的一部分。就行业而言，外资企业在中国通信与电子设备、汽车制造、仪器仪表及金属制品、机械设备维修等资本和技术密集型行业占有较大的市场份额。以主营业务收入为统计指标，2016 年外资企业在通信与电子设备和汽车制造领域的市场份额分别达到 57% 和 45%。从国际贸易的角度看，外资企业一度在中国高新技术产品的出口份额中占据主导地位。但毫无疑问，外商投资企业对任何国家来说都是一把双刃剑，其带来的正外部性仍取决于诸多影响因素。

目前，国有企业仍然存在于与国民经济相关的重要行业和领域，如汽车、铁路、船舶、航空航天等关系国家安全的行业。国有固定资产投资作为经济发展的重要引擎，在最重要的产业领域始终占据主导地位。改革开放前，中国国有资本存量超过 5 000 亿元人民币，为中国工业化奠定了良好的基础（Hu，2008，p.525）。2008 年以来，国有固定资产投资在固定资产投资总额中的比重始终保持在 30% 以上。此外，国有企业仍然是中国政府税收的重要来源。2008 年至 2017 年，国有及国有控股企业（不含金融企业）缴纳的税收从 1.71 万亿元增加到 4.23 万亿元，占政府税收收入的 30% 左右。随着改革的深入，中国国有企业特别是商业型国有企业不断融入市场经济体制，涌现出许多能够参与全球竞争的创新型企业。

除了国有企业，国有银行也是中国特色社会主义市场经济的特征之一。国有开发银行和商业银行是中国企业信贷的主要来源，为中国工业化提供了重要支撑。此外，中国宪法明确规定了土地和自然资源的公有属性。土地和自然资源既是重要的资本商品，也是天然的馈赠，不依赖于个人努力。土地的公有性质为在中国开展大规模基础设施建设提供了便利条件。自然资源的公共性是获得稳定、廉价的能源和矿产资源的基础，这也与工业化密切相关。总体而言，中国国有企业的存在并没有将民间投资排除在竞争之外，而是起到了加强产业链上下游关系的作用。与西方领先的制造业跨国公司相比，无论是国有企业还是民营企业，中国企业的竞争力仍存在明显差距。

# 后发优势、技术引进与自主创新

历史和统计表明，工业化，特别是制造业推动的工业化，是拉动经济增长和就业的重要动力，也是后发国家赶超发达国家的必由之路。英国工业革命以来，许多国家抓住机遇，向制造强国转型升级。甚至在经济发展中，出现了少数后发国家超过领先国家的情况。这种后来者超过领先者的情况被经济学家称为"后来者优势"（Gershenkron，1962）。

通过技术引进、模仿或购买专利等方式，利用发达国家现有技术以较低的成本提升自身技术能力，加快赶超速度，这是工业革命以来一些发达国家和发展中国家所走的道路。二战后，日本、韩国等国家经济增长迅速。1980 年代以来，中国积极引进技术和外资。中国从基于比较优势出口劳动密集型产品开始，通过推动产业升级、参与国际经济循环，逐步积累资本和技术以增强比较优势。需要强调的是，随着中国企业技术学习能力的不断提高，中国出口构成也在不断改进。新结构经济学认为，劳动密集型和资本密集型是相对概念，禀赋和比较优势也可以动态变化（Lin，2011）。经过数十年的高速增长和资本积累，与改革开放初期不同，中国拥有了大部分资本密集型产业的比较优势。自2001 年加入世界贸易组织（WTO）以来，在新的国际政治经济环境下，中国经济在世界经济和国际贸易中的比重逐渐提高。包括中国在内的东亚经济体由于其出口导向战略，创下了"当代最快、最持续的发展赶超纪录"（UNCTAD，2016）。

不可否认，自从改革开放以来，进口技术成本低、技术变革步伐快是中国经济快速增长的原因之一。同时应该认识到，后发国家的后发优势不能自动实现，而是取决于一系列内外环境的动态调整，这既涉及政府的产业政策，也涉及企业的学习能力，以及自主创新的意志和努力。受限于后发国家的学习能力，技术引进不等于技术吸收，技术引进并不一定能带来技术能力的提升。这意味着，虽然技术引进是后发国家的一种方式，但如果后发国家缺乏自主发展战略和学习能力，提升自身能力的空间将非常有限。此外，并不总能引入最新的技术。傅（Fu, 2015）认为，虽然外国技术转让可能在早期发展阶段促进技术发展，并可能有助于二线技术的扩散，但发展中国家必须依靠产业层面的集体自主创新才能赶上世界科技前沿。

在后发国家的追赶方面，一个国家的经济越落后，特殊制度安排（政府机构、银行）在增加新兴产业资本供给方面的作用就越大（Gerschenkron, 1962）。从中国的特殊制度因素来看，中国发展了多种所有制经济，积极调动了市场主体的积极性。企业和个人的积极性得到产业政策的支持和自主创新战略的引导，使中国能够多渠道坚持自主创新。2006 年，中国政府制定了科技发展规划，明确提出要增强自主创新能力，建设创新型国家。近年来，中国更加重视自主创新，研发支出和专利申请量大幅增加。2017 年，中国研发支出1.77 万亿元，占 GDP 的比重为 2.13%；广东、江苏、山东、北京、浙江、上海的研发支出超过 1 000 亿元。

作为中等收入后来者，中国正在努力克服"中等收入陷阱"。从东北老工业基地、长三角、珠三角等制造业中心，到中西部欠发达省份，中国内部差异仍然很大。地区资源禀赋不同，技术引进与自主创新路径也是不同的。对于像中国这样的发展中国家已经达到中等收入水平的内部差异，林毅夫（Lin, 2011, 2012）认为每个地区的产业发展都需要找出本地区产业升级的瓶颈。根据现有产业技术水平与技术前沿的差距，各国政府必须差异化产业政策，才能发挥其最大效力。产业可分为五种不同类型：追赶产业、领先产业、失去比较优势的产业、弯道超车产业和战略产业。追赶行业、领先行业和弯道超车产业通常符合该地区的潜在比较优势。政府的责任在于克服产业升级的外部性和软硬基础设施等发展瓶颈。通过这种方式，企业可以将比较优势转化为竞争优势。失去比较优势的行业已经处于劣势，因此政府必须为部分企业向品牌、营销等高附加值活动转移创造条件，同时帮助大部分生产企业向低劳动力成本地区转移。战略产业由于资本密集和研究周期长，普遍不符合一个国家当前的比较优势。这些企业在竞争激烈的市场中缺乏生存能力，但这些行业关系到国防和经济安全，因此需要政府的财政支持才能维持和发展（Lin，2017）。支持前四类产业发展属于地方政府产业政策的责任，而战略产业的产业政策需要中央政府承担主体责任。由于战略产业能够对当地产业发展产生正外部性，地方政府应同时承担一部分责任，为战略产业的从业人员提供场地、良好的生活环境、医疗和子女教育等。

从这个意义上说，中国制定经济发展战略和产业政策应考虑国内的多样性和差异性，避免采取"一刀切"。在快速发展的经济体中，会有多个而不是一个产业发展战略。大多数的产业发展都应该遵循比较优势原则。一些产业（如战略产业）虽然不具备比较优势，但出于国防、经济安全和动态利益的考虑，也应予以支持。产业政策的作用也会因行业而异。[①]

## 克服"中等收入陷阱"的挑战

自提出"中等收入陷阱"（Gill et al.，2007）一词以来，政府机构和经济学家非常关注这个问题。据世界银行统计，从 1960 年到 2012 年，101 个中等收入经济体中只有 13 个经济体成功地实现从中收入向高收入转变（Agenor，Canuto & Jelenic，2012）。大多数经济体停滞在中等收入，未能实现向高收入水平的飞跃。2017 年，中国人均收入达到 8 640 美元，达到中上等收入国家水平。但与美国、欧洲等发达国家仍有较大差距。

创新和不平等通常会给中等收入国家带来社会政治问题。创新和不平等相关的问题会影响经济发展的质量和发展成果的分配。对中国来说，要实现从中收入向高收入的跨越，需要推动创新驱动经济发展和发展成果共享。在中国，影响和制约科技创新和不平等的因素很多，如地区差距、城乡差距、收入差距、实体经济与金融的关系、龙头企业缺乏、研究投入不足、教育研究质量、治理能力等。

---

[①] 斯蒂格利茨、格林沃尔德和于晓丹进一步讨论了与比较优势相关的问题。斯蒂格利茨强调了学习能力对于动态比较优势的重要性（Stiglitz & Greenwald, 2014, p.25）。于晓丹在一篇论文中强调，一个增速快的大国必须制定多种发展战略来应对不断变化的形势（Yu, 2013）。

改革开放初期，地区差距、城乡差距、收入差距等问题不像现在那么突出。据世界银行统计，衡量中国收入差距的基尼系数从 1981 年的 0.31 上升到 2005 年的 0.42，接近拉美地区的贫富差距。中国也是世界上城乡差距最大的国家之一。从实体经济与金融的关系来看，金融的过度扩张对实体经济特别是制造业的发展产生了影响。中国最大商业银行的董事长也说，中国金融业产值占 GDP 的比重从 2005 年的 4.4% 上升到 2016 年底的 8.3%，超过发达国家的比重（Yi，2017）。

就当地龙头企业而言，创新能力还很有限。中国企业的平均规模也远低于美国等发达国家的企业。人们普遍认为，中国工业尤其是制造业"大而不强"。就研究支出而言，即使近年来中国研发投入有所增加，但基础研究和应用研究的投入仍然不足，而基础研究和应用研究将影响创新潜力。中国教育质量的提高和高层次人才的培养也非常重要。这些问题与中国政府的治理能力密切相关。新时期，中国政府提出要提高治理能力。治理能力的提升将对解决技术创新和不平等这些方面的问题，以及克服"中等收入陷阱"有所帮助。

## 总结与展望

中国改革开放 40 年了，经济社会发生了翻天覆地的变化。回顾和总结中国经济发展的成就、经验和挑战，对中国自身和其他发展中国家都具有重要意义。通过坚持国情且循序渐进的改革，中国逐步从计划经济向市场经济过渡。与新自由主义的"华盛顿共识"方案不同，中国在改革市场经济的同时坚持发展政策的独立性，始终把控改革议程。这样中国才能最大限度地降低转型损失和风险并取得今天的成就。

政府与市场的关系、国企与民企的关系一直是中国经济改革的核心问题。改革开放四十年来，中国政府在经济活动中的角色发生了巨大变化。与全能政府在计划经济中的作用不同，中国政府的直接干预已大大减少。中国政府最近明确表示，要让市场在经济活动中起决定性作用而政府要发挥更好的作用。这是中国政府对政府与市场之间关系的明确定位，也为中国未来的改革指明了方向。

中国的产业政策确实在中国经济发展，特别是在产业结构升级和产业技术进步方面发挥了重要作用。即使面临一些挑战，产业政策仍是发展不可或缺的手段。历史上，发达国家和发展中国家都广泛采用产业政策。受益于中国政府的学习能力，产业政策总体在中国经济中发挥了有利作用。

从所有权角度看，中国变得越来越多样化。国有企业存在于关系国家和经济安全的重要行业和领域。在竞争性制造业中，民营和外商投资企业的市场份额最大。可见中国市场是开放的、透明的甚至竞争激烈的。中国的市场经济地位应该得到广泛承认和平等对待。

从技术学习的角度来看，中国已经占了先机。中国始终坚持自主创新，积极引进和学习先进技术。中国是一个发展中大国，内部差异很大。每个地区和行业的发展战略都需要仔细斟酌。资源禀赋和比较优势都要动态调整。学习能力一直是中国政府和企业最重要的禀赋和比较优势之一。政府和企业具有良好的盈利能力，可以利用现有的要素禀赋转化潜在要素禀赋；将比较优势转化为竞争优势，推动行业不断转型升级和可持续发展。

本文回顾中国经济发展的成就、经验和挑战。作为转型中的主要经济体，中国的发展仍面临诸多挑战和问题。它需要不断地回顾和总结自己的成功和失败，以取得更好的进步。同时，其他发展中国家也可能有类似的机遇和挑战。在全球化盛行的今天，各国之间应该鼓励思想和知识的交流。这种交流不仅在货物贸易层面，而且在意识形态层面。因此，中国经验将有助于其他发展中国家克服发展障碍，实现共同繁荣。

## 参考文献

Agénor, P. R., Canuto, O and Jelenic, M. (2012). Avoiding Middle-Income Growth Traps. *Economic Premise. No. 98.* Washington DC: World Bank.

Block, F. (2008). Swimming Against the Current: The Rise of a Hidden Developmental State in the United States. *Politics & Society*, 36(2).

Chang, H. J. (2003). *Kicking Away the Ladder: Development Strategy in Historical Perspective.* London: Anthem Press.

Commission on Growth and Development. (2008). The Growth Report Strategies for Sustained Growth and Inclusive Development. The International Bank for Reconstruction and Development / The World Bank.

Fu, X. (2015). *China's Path to Innovation.* Cambridge: Cambridge University Press.

Gerschenkron, A. (1962). *Economic Backwardness in Historical Perspective: A Book of Essays*. Cambridge, MA: Belknap Press of Harvard University Press.

Gill, I., Homi, K., Bhattasali, D et al., (2007). *An East Asian Renaissance: Ideas for Economic Growth*. Washington DC: World Bank.

Hu, A. G. (2008). *Historical Review on China's Political Economy*. Beijing: Tsinghua University Press.

Hausmann, R., D. Rodrik, and A. Velasco, (2008), "Growth Diagnostics." In N. Serra and J.E. Stiglitz (eds.), *The Washington Consensus Reconsidered: Towards a New Global Governance*, New York: Oxford University Press.

Lardy, N. R. (2014). *Markets over Mao: The Rise of Private Business in China*. Washington, DC: Peterson Institute for International Economics.

Law, M. T. and Kim, S. (2011). "The Rise of the American Regulatory State: A View from the Progressive Era." In Davis Levi-Faur (ed.), *Handbook on the Politics of Regulation*. Cheltenham, UK: Edward Elgar Publishing.

Lin, J. Y. (2009) *Economic Development and Transition: Thought, Strategy and Viability*. Cambridge, UK: Cambridge University Press.

Lin, J. Y. (2011). "New Structural Economics: A Framework for Rethinking Economic Development." *World Bank Research Observer*, 26(2), 193 – 221.

Lin, J. Y. (2012). *New Structural Economics: A Framework for Rethinking Development and Policy*. Washington, DC: World Bank.

Lin, J. Y. (2014). The Washington Consensus Revisited: A New Structural Economics Perspective. *Journal of Economic Policy Reform*, Vol. 18(2), 96 – 113.

Lin, J. Y. (2017). Industrial Policies for Avoiding the Middle-Income Trap: A New Structural Economics Perspective. *Journal of Chinese Economic and Business studies*, 15(1), 5 – 18.

Lin, J. Y. and Wang, Y. (2017). *Going Beyond Bid: Development Cooperation for Structural Transformation*. Cambridge: Cambridge University Press.

Liu, H. and Yang, W. M. (1999). *China's Industrial Policy: Theoretical Thinking and Practice*. Beijing: China Economic Publishing House.

Mazzucato, M. (2013). *The Entrepreneurial State: Debunking Public vs. Private Sector Myths*. New York: Anthem Press.

McMillan, M. and Rodrik, D. (2011). *Globalization, Structural Change and Productivity Growth*. Cambridge, MA: Kennedy School of Government, Harvard University.

National Bureau of Statistics, Ministry of Science and Technology, and Ministry of Finance. (2018). "Statistical Bulletin on National Science and Technology Funds in 2017." Available at http://www.stats.gov.cn/tjsj/zxfb/201810/t20181009_1626716.html.

Nolan, P. (1995). *China's Rise, Russia's Fall, Politics, Economics and Planning in the Transition from Stalinism*. Basingstoke: Palgrave Macmillan.

State Council. (1989). "Decisions on Key Points of Current Industrial Policies." Available at http://www.people.com.cn/item/flfgk/gwyfg/1989/112501198902.html, 2018 – 08 – 05.

State Council. (1994). "Notice on Printing and Distributing the Outline of the National Industrial Policy of the 1990s." Available at http://www.people.com.cn/item/flfgk/gwyfg/1994/112105199404.html, 2018 – 08 – 05.

Stiglitz, J. E. and Greenwald, B. (2014). *Creating a Learning Society: A New Approach to Growth, Development and Social Progress*. New York: Columbia University Press.

Strauss-Kahn, D. (2011). "*Global Challenges, Global Solutions*." An Address at George Washington University, Washington: International Monetary Fund, 4 April. Available at http://www.imf.org/external/np/speeches/2011/040411.htm.

UNCTAD. (2016). *Trade and Development Report 2016*. New York and Geneva: United Nations.

UNCTAD. (2018). *World Investment Report 2018*. Geneva: United Nations.

Wen, Y. and Fortier, G. E. (2016). The Visible Hand: The Role of Government in China's Long-Awaited Industrial Revolution. *Review Federal Reserve Bank of St. Louis*, 98(3), 189 – 226.

Yi, H. (2017). Chairman of the Industrial and Commercial Bank of China, Speech at the 2017 China Economic Forum.

Yu, Y. D. (2013). Restructure Development Economics. *China Economic Quarterly*. Vol.12, No.3.

Zoellick, R. (2010). *Democratizing Development Economics*. Presented at Georgetown University, Washington, DC, 29 September, 2010.

# —— 第 1.3 章 ——
# 中国创新研究的发展历程

穆荣平　陈劲　吕文晶

## 引　言

创新作为一个科学领域，在研究中受到越来越多的关注，并且越来越被认为是在现代社会和经济中不可或缺的重要现象。数以千计的研究人员为创新研究（以下简称 IS）领域的发展做出了巨大贡献，该领域已有半个多世纪的历史（Martin，2016），取得了一系列瞩目的学术成果，但也面临着挑战。因此，回顾主要进展和展望未来研究的方向，可谓恰逢其时。

IS 建立在对创新的性质、来源和结果的理解（Dodgson，Gann & Phillips，2014），以及对企业管理和创新实践的观察之上。本章的总体目标是系统回顾 IS 的发展历程，总结有影响力的研究成果，并提出 IS 的综合研究框架，以更好地应对其挑战，并为 IS 界的未来发展理清方向。

然而，为了实现这些目标，我们首先需要对该领域的演变和历史进行概述，因为创新本身是一个始终处于演化状态的"互动"过程（Lundvall，1992）。因此，本章的其余部分将按以下结构展开。首先明确创新的定义，讨论 IS 的跨学科性质；然后，回顾 IS 在中国的演变，聚焦中国研究者的主要理论贡献；之后，通过回顾创新体系提出一个整合的 IS 框架；最后，讨论 IS 所面临的挑战，并提出未来可能的发展方向。

# 创新的定义与创新研究的本质

作为一门学科，创新始于 1950 年代末，此后发展迅速，目前创新研究群体人数已超过数千人（Fagerberg & Verspagen，2009）。由于创新涵盖了从新产品、新工艺、新市场、新资源和新材料到新的组织形式等广泛的研究场景和应用领域（Schumpeter，1912/1934），创新成为众多学科研究者和从业者关注的对象。因此，研究者从不同的学科背景出发对创新给出了不同的定义（Damanpour & Schneider，2006）。然而，这些不同的创新定义彼此冲突，未能达成广泛接受的、明确的和权威的共识（Baregheh，Rowley & Sambrook，2009），从而在某种程度上阻碍了研究者和实践者对创新本质的理解（Cooper 1998；Zairi，2006）。因此，给创新的一个跨学科的定义迫在眉睫，它应涵盖创新的不同研究和应用场景，兼容不同的学科（Adams，Bessant & Phelps，2006）。

从熊彼特（Schumpeter，1912，1934）将创新定义为"重组现有资源，创造新的生产函数"开始，创新领域的研究者已从管理学、经济学、组织学习、创新创业、技术管理、科学与工程、知识管理和市场营销等学科角度出发提出了近 60 个创新定义（Baregheh et al.，2009）。例如，汤普森（Thompson，1971）将创新定义为"新思想、新过程、新产品或新服务的产生、接受和实施"（p.2）；这一定义已被广泛接受并成功应用于实践（Dodgson et al.，2014）。然而，金伯利（Kimberly，1981）则强调了创新的不同形式和阶段，包括过程、离散项目和组织的属性。上述这些定义大多强调创新中的"新"，而来自其他学科背景的研究者则倾向于从不同的角度定义创新。例如，诺德和塔克（Nord & Tucker，1987）从技术创新的角度将创新定义为与新技术有关的产品；普莱西（Plessis，2007）从知识管理的角度将创新定义为知识和新思想的创造。为了全面了解创新的定义并把握要点，巴雷赫等（Baregheh et al.，2009）在对这些定义进行内容分析后重新审视了创新的性质、类型、阶段、情境、手段和目的，将创新宽泛地定义为：

创新是一个多阶段的过程，即组织将思想转变为新的或改进的产品、服务或流程，以在市场中成功地发展、竞争和脱颖而出（p.1334）。

上述创新定义强调了创新的"革新和改进"性质，涵盖了不同类型的创新，如产品创新、服务创新、过程创新和技术创新等，最重要的是强调了创新的多阶段性（从创造到商业化），可适应不同学科和不同类型的创新。鉴于此，本文采用这一从多学科角度出发的创新定义。

IS，作为主要关注创新的产生及其理论模型、创新的影响因素及其经济社会后果的学科，已经成为当下的热点研究领域（Fagerberg, Fosaas & Sapprasert, 2012）。在经济进步大背景下经过半个多世纪的发展，当前 IS 主要以经济学、管理学和政策研究为主要的学科基础（Fagerberg & Verspagen, 2009）；同时，得益于其他相关学科的补充，IS 逐渐发展成为一个跨学科的研究领域（Godin, 2013）。

基于其跨学科的性质，在 IS 中需要考虑各种因素，例如制度、技术、经济、地理和其他在创新中发挥不同作用的行业因素。因此，我们研究 IS 时需要多样化的研究方法和系统化的研究思想（Fagerberg, 2005）。

简而言之，创新本身是一个将新想法转化成商业价值的多阶段过程；因此，IS 作为一个跨学科的研究领域，需要多样化的研究方法和系统的观点。

## 中国创新研究的演化史

中国的"十三五"规划中将创新驱动发展确定为国家战略，并为建设创新强国制定了"三步走"目标：第一步，到 2020 年进入创新型国家行列；第二步，到 2030 年跻身创新型国家前列；第三步，到 2049 年，即中华人民共和国成立 100 周年时，全面建成世界科技创新强国。在此背景下，IS 开始崭露头角，成为中国的一个重要研究领域。同时，中国独特的文化环境和社会背景决定了国内企业的管理和创新实践不能完全由西方创新理论来解释或指导。因此，中国学者多从发展"中国特色"的创新理论入手，试图在 IS 领域作出贡献，或强调"中国情境"下的创新研究（Tsui, 2012）。我们选择有代表性的研究，并研究它们之间的理论联系。

同时，作为国家竞争力的主要驱动力，创新已被中国政府确立为国家战略；特别是在 2006 年提出"自主创新战略"后，中国的技术创新蓬勃发展、如火如荼、全面开花。毋庸置疑，中国在技术发展方面取得了举世瞩目的成就，如高铁、载人航天、超高速计算机、深海工程、西气东输、南水北调等大型工程的技术能力"绽放出绚丽之花"。在科技研究领域同样贡献卓著，如在发现量子反常霍尔效应、青蒿素、化学诱导多能干细胞（CiPS 细胞）方面的突破，以及暗物质粒子探测卫星、超高压输变电和其他关键技术的发展。在这个过程中，中国创新领域的学者基于中国的创新实践，形成和发展了具体的 IS，并对西方的创新理论进行了修正，为中国的经济和社会发展做出了贡献。因此，很有必要对中国的 IS 进行总结并评估其对 IS 界的贡献。

中国的 IS 将面临以下挑战：它能否真正提供一套具有中国特色的理论和方法，使之能与西方创新理论相媲美？中国的 IS 最初致力于内部学科的建设。它的发展主要是为了认识国情、满足国家需求、促进国家发展。它把创新领域的理论研究成果应用于中国的国家发展，注重与经济、管理、政策制定和系统方法的联系。除了对西方创新理论的引进、应用和修改外，中国的 IS 学者还根据中国的一些独特发现，努力构建适用中国情境的理论。这也是中国式 IS 得以实现的逻辑前提。中国改革开放四十年来，中国 IS 经历了飞速发展。

在中国 IS 的发展中，创新经济学、创新管理、创新政策和创新系统方法论可以被看作是四大主流研究（如图 1.3.1 所示）。这些流派不仅反映了中国创新研究理论上的繁荣，也对中国的创新发展起到了实际指导作用。

以创新管理为例。中国学者提出的第一个有影响力的创新理论是"3I 模式"（Xu, Chen & Guo, 1998），将"引进、消化、吸收、再创新"的过程总结为"模仿—改进—创新"模式，这是中国企业，尤其是在 20 世纪，最普遍采用的创新模式。"成者为王，败者为寇"，有些企业通过此模式成功实现了创新，而有些则功亏一篑。"3I 模式"的第一步，模仿，是技术落后的中国企业基于理性考量所采取的策略，在 1980 年代得到了中国政府的广泛鼓励。通过技术获取、机械进口和先进技术引进（Levitt, 1966），中国企业的生产水平快速提高，满足了国内客户的需求。然而，许多企业在这一阶段止步不前，无法进入需要消化吸收来提高技术水平的改进阶段。而那些在技术引进中成功地理解和传递"隐性知识"的企业，将自己的知识显性化，从而为国内市场开发本土化产品，同时在技术层面进入了"创新"的最后阶段。通过 3I 模式，许多中国企业利用它们的"后发优势"（Lin, Cai & Li, 1997），具备了中等程度的技术水平，甚至在自主研发技术方面取得突破。

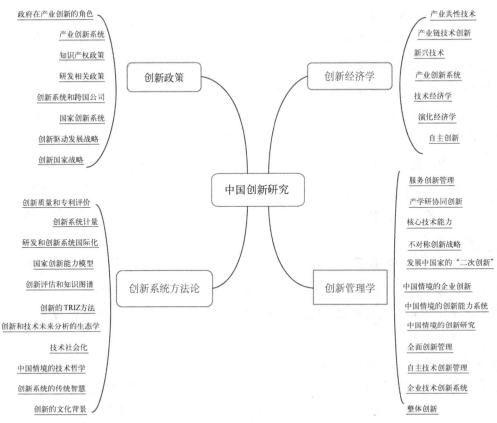

图 1.3.1　中国创新研究的知识谱系

在 3I 模式的基础上，由技术集成、知识集成和组织集成构成的集成创新（Jiang & Chen，2000），提出为了实现技术的自主发展，中国企业需要组织整合资源、工具和解决方案。这一观点还整合了伊安斯提（Iansiti）的技术集成思想（Iansiti，1998），并强调了知识和组织在实现企业各部门"有效沟通"中的作用（Chen，2002）。

无论是 3I 模式还是集成创新均未考虑到环境的作用，这在全球合作的时代显得不太适宜。因此，为了指导新世纪的创新和管理实践，许、郑和喻（Xu，Zheng & Yu，2003）提出了全面创新管理（以下简称 TIM），强调了创新中的知识外包和环境因素的重要性。根据 TIM，创新应该具备以下特点：（1）全时创新；（2）全员创新；（3）全要素创新；（4）全价值链创新；（5）全球化创新。因此，在 TIM 中，任何个体都有可能充当创新引擎，力求做到人人创新、事事创新、处处创新、时时创新。

为了实现中国企业的内生增长，陈（Chen，1994）首先提出了"自主创新"，然后推动自主创新不断发展，即从 3I 模式和集成创新出发，通过组合创新，最终实现全面创新，这就是自主创新的本质（Chen，Yu & Wang 2010）。自主创新凭借其明确的目标：即：（1）实现重大技术突破；（2）激励具有自主产权的技术发明和产品；（3）通过自主研发努力实现原创科技成果；（4）为国家发展创造巨大的经济和社会价值（Chen et al.，2010）现已被确定为中国的国家战略。自主创新也整合了上述创新理论，强调通过 3I 模式吸收国外先进技术，充分利用集成创新，然后在组合创新的平台上，进一步将外部参与者纳入 TIM。

现在，中国的"十三五"规划已将创新驱动发展确定为国家战略，并提出了"三步走"的目标，以实现中国成为创新强国的目标。因此，IS 逐渐成为中国的一个重要研究领域。同时，由于中国独特的文化环境和社会背景，无法用西方的创新理论来完美解释或指导国内企业的管理和创新实践。因此，从发展"中国特色"的创新理论出发，中国学者一直在努力为 IS 界作出贡献。

综上所述，中国学者在 IS 领域取得了举世瞩目的成就，不仅在理论发展方面有所突破，而且在指导行业的创新和管理实践方面也成绩斐然。但是，中国的 IS 研究相对其他国家仍显粗略和肤浅，没有突破性的理论贡献。我们希望这种情况能在未来几年得到改变，特别是随着中国 IS 界的迅猛发展和创新作用的日益显著。在最后一节中，我们将指出 IS 所面临的几个挑战，尤其是对中国的研究者来说，这些挑战是具有广阔前景的研究方向。

## 创新研究的研究框架

在关于创新系统的文献中，"创新是一个互动过程"这一概念应用最广（Malerba & Adams，2014）。此外，人们总是声称，创新过程是系统性的。也就是说，企业虽然是创新的主要参与者，但是如果没有与其他企业、研究机构或政府合作，企业就无法实现自主创新（Fagerberg，Mowery & Nelson，2005）。此外，创新系统中的整体观、跨学科观和演化观（Edquist，2005）也使得从述评创新系统开始理解创新变得更加容易。因此，在一个整合的研究框架中审视IS，彻底研究创新系统是首要任务。

然而，仅仅关注创新系统，通过一个框架来把握创新的本质，是不够的。

原因之一是，跨国、国家或地方的创新系统都是相互依存、相互补充的，而不是可替代或相互矛盾的，这表明创新研究框架需要将所有这些创新系统考虑在内。另一个原因是，在 IS 中，特别是在创新系统中，个人创新者的作用总是被忽视。然而，创新系统中最重要的两个因素，组织和机构（Edquist，2005），都依赖于个体创新者，因此，忽视个体在创新中的作用是不符合逻辑的，也是不合理的。此外，为了让创新起到对经济的刺激和促进作用（Schumpeter，1912，1934），了解哪些因素影响创新本身是至关重要的。但是，创新系统中的影响因素不仅在时间和空间上是演变的，它们也是相互关联的。同时，不同类型创新的影响因素也是不同的。因此，在创新研究框架中除了要对创新系统进行宏观层面的分析外，还需要中观层面和微观层面的阐释。

在本节中，我们首先从宏观层面［国家创新系统（NIS）］到中观层面［区域/产业创新系统、企业创新系统（FIS）以及中国创新系统的建设实践］全面讨论了创新系统的文献；然后，我们转向考察创新的微观基础，即个人的创造力（Anderson，Potočnik & Zhou，2014），并通过对神经科学和心理学的进一步探讨来揭示其内部机制；最后，我们整合这些评述和讨论建立一个综合研究框架。

## 宏观层面：国家创新系统（NIS）

NIS 是创新系统的起点。它是由弗里曼（Freeman，1987）提出的；伦德瓦尔（Lundvall，1992）的开创性研究侧重于创新的互动性质，并发起了从用户—生产者互动到国家创新系统的转移，而纳尔逊（Nelson，1993）的综合性研究指出，用户—生产者关系的国家特异性在创新中有着举足轻重的地位，因此需要关注国家而不是区域或全球创新系统。NIS 可能是衡量经济表现的国家间差异的最广泛方法（Acs，Audretsch，Lehmann & Licht，2016），并且还是区域创新系统（RIS）的来源。正如文献所言，NIS "是一套制度因素，它们共同在影响创新绩效方面发挥着主要作用"（Nelson & Rosenberg，1993：4 - 5）；这种制度视角仍然可以在 RIS 和产业创新系统（SIS）中得到继承。同时，NIS 也强调了情境，阐明了知识的创造和积累过程是植根于国家情境中的。

中国在 NIS 方面的实践可以分为三个时期：传统行政体制时期（1949—1978 年）、过渡时期（1979—1992 年）和市场经济时期（1993 年后）。在第一个时期，计划经济在中国占主导地位，因此，创新主要依靠政府管理；同时，中国的 NIS 也是以计划为主导，自 1978 年实施改革开放后，这种情况发生了巨大的变化。因此，在第二个时期，政府管理的 NIS 逐渐转换为政府引导，计划经济逐渐转变为市场经济。同时，科技体制改革彻底改变了 NIS。政府鼓励科学研究机构和大学采取不同的所有制形式，积极投身经济领域，促进了经济的稳定增长。1992 年邓小平视察南方谈话后，中国科技飞速发展，市场和社会需求得到了更多关注。在此期间，中国的 NIS 政策和方向是明确的，从而成功实施了科技战略和创新驱动发展战略。同时，在中国的 NIS 中，企业的作用也受到了重视，以推动创新成果的产业化。

就目前而言，中国正在根据以下原则对其 NIS 进行改革：（1）创新政策方面，完善政策体系和法律制度以保护和鼓励创新，构建创新型社会环境，激发全社会的活力；（2）创新主体方面，构建高效开放的创新网络，明确各类创新主体的定位和作用，搭建军民融合的协同创新平台；（3）创新治理方面，完善创新管理，明确政府和市场的分工，构建创新资源的配置机制。

## 中观层面：产业创新系统（SIS）与区域创新系统（RIS）

布雷斯基和马莱尔巴（Breschi & Malerba，1997）首次提出的产业创新系统，关注的是特定产业的创新和这些产业中企业的创新，并采用了一种多维、集成和动态的方法（Malerba & Adams，2014）来考察产业特征而不是地域界限对创新的影响。在产业创新系统中，三个主要元素构建了框架：知识和技术领域、行为者和网络、机构。正如所强调的那样，知识是产业创新系统的主要驱动力，它刺激了更多的行为者加入进来，更多的机构涌现在产业创新系统中，并改变了产业的界限。然而，知识在管理研究中总是被忽视（Malerba & Adams，2014）。

产业创新系统在中国也具有实际意义，尤其是在电信、汽车和交通等特定产业的赶超战略中（Malerba & Adams，2014）。正如产业创新系统所强调的，知识以及学习和能力在企业的赶超过程中起着决定性的作用（Lee & Lim，2001）。尽管在不同的产业，创新和赶超的影响因素因国家而异（Malerba & Nelson，2012），但在一个系统框架内研究产业创新及其影响因素是大有裨益的。

RIS 是在 1990 年代初问世的（Asheim & Isaksen，1997，2002；Cooke，1998，2001），源头追溯到以前对 NIS 的研究（Freeman，1987；Lundvall，1992；

Nelson 1993）以及技术轨迹和知识创造组织（Asheim & Gertler, 2006）。作为 IS 中观层面的一个主要方向，RIS 由支持创新的区域机构和基础设施组成，包括地域根植性创新系统或基层 RIS、区域产业集群或网络 RIS、区域化 NIS 或统制 RIS（Asheim & Isaksen, 1997, 2002; Cooke, 1998）。

中国在 RIS 方面的实践是非常有效的。在美国，硅谷和马萨诸塞州的 128 号公路可以在同一个国家机构下共存（Saxenian, 1994, 1995）；然而，中国的情况则不同。中关村科技园，被视为"中国的硅谷"和中国典型的 RIS，采用了"上一下"的演变路径，更像是 128 号公路而不是硅谷（Saxenian, 1994）。然而，随着 128 号公路在 1990 年代末变得更加开放，更接近硅谷（Best, 2001; Kenney & Burg, 1999; Saxenian, 1999），似乎一个更加灵活、多变和开放的 RIS 在 21 世纪将更具竞争力（Asheim & Gertler, 2006）。如今，中国正通过"大众创业空间"在许多城市推动 RIS，但只在少数城市获得了成功。

### 微观层面：企业创新系统（FIS）

基于创新生态系统（Autio & Thomas, 2014）和技术创新的进化史（Rothwell, 1992），我们在本章提出了 FIS，并回顾了 FIS 的演变模式，重点关注核心企业的创新过程和创新能力。

第一代 FIS 出现在 1950 年代至 1960 年代，只专注于内部研发。AT&T 的贝尔实验室、施乐公司的帕洛阿尔托研究中心（PARC）和 IBM 的 T. J. 沃森（Watson）实验室都是第一代 FIS 的代表。这种 FIS 试图通过内部研发工作实现新产品的生产和发布，而忽视了外部合作在创新中的重要性。第二代 FIS 兴起于 1960 年代末。随着市场竞争的加剧和生产力的蓬勃发展，企业认识到市场在创新系统中的重要作用；因此，在协同和整合的基础上，第二代 FIS 出现了，从多个源头获得潜在的想法（Mowery & Rosenberg, 1979），并开发互补性资产，如生产和营销能力（Teece, 2007）。

与第一代以内部研发为中心的 FIS 相比，第二代 FIS 不仅整合了营销、生产和其他内部资源，还整合了优势客户、研究机构等外部创新资源，以实现协同创新。海尔的举措是第二代协同/整合型 FIS 的一个例子。海尔利用五个全球研发中心，与世界一流大学、研究机构和供应商开展战略合作，实现一体化的开放式创新系统，并开发内部和外部的创新资源。

　　1980 年代末，随着战略作为科学领域的崛起（Hambrick & Chen，2008），战略管理也在 FIS 中得到了重视，从而兴起了第三代战略管理指导下的 FIS，并在 1980 年代到 1990 年代占据了主导地位，主要关注创新方面的公司治理和战略管理。

　　1990 年代末，创新生态系统问世，然后应用于各种背景下（Moore，1996，1999）。它被定义为一个动态网络，由围绕着一个核心企业或平台相互联系的组织构成，包括客户、供应商、合作伙伴、政府和其他利益相关者（Iansiti & Levien，2004；Moore，1999；Teece，2014）。此后，创新生态系统在管理实践中占据主导地位，并被视为第四代 FIS。创新生态系统，不仅考虑了企业间的生态系统，还考虑了内部创新。例如，宝钢集团有限公司（以下简称宝钢）鼓励内部研发部门与外部研究机构和技术部门开展技术合作。宝钢不再只把自己看作是钢铁行业的一员，更把自己看作"商业生态系统"的一部分，积极参与价值共创（Adner & Kapoor，2010），具体通过与其他钢铁企业共建实验室，并与国家工程研究中心合作研发。

　　总而言之，FIS 的发展是一个进化过程。在第一代 FIS 中，内部研发被视为最宝贵的战略资产和核心竞争力；但这种封闭的创新模式并不适合开放的经济。然而，在第二代 FIS 中，整合的内部研发以及开放的外部关系使企业能够在创新方面有更多的互动。在第三代 FIS 中，治理结构在创新中发挥主要作用。至于第四代 FIS 则强调了企业内部核心竞争力在创新生态系统中的重要性，这种竞争力指导开放经济中的战略设计和实施（Iyer & Venkatraman，2006），将成为企业的未来方向，指导 FIS 从线性创新转移到适应性创新以满足新时代的需求。

### 个人层面：创新、创造力、心理学和神经科学

　　工作场所中个人层面的创新和创造力都是组织绩效和其他因变量的基本决定因素。创造力被定义为产生新奇而有用的想法，总是被视为创新的第一步，因为创新本身包括第一步想法的产生和第二步想法的实施（Anderson et al.，2014；West，2002）。创造力与创新彼此相关，有许多重叠和相似之处；因此，需要考虑整合创造力（想法的产生）和创新（想法的实施），特别是在提出创新的综合研究框架时。虽然创造力大多是在个人层面上研究的，但在创造力研究中仍需要进行团队层面、组织层面，甚至多层面的研究，以便更好地与 IS 整合（Anderson et al.，2014）。

除了认识到创造力是创新的一个微观基础之外，我们还需要进一步考虑到创造力本身的学科基础，即心理学（Amabile，1980，1996，2003；Gruber & Bödeker，2005）甚至神经科学（Fink，Benedek，Grabner，Staudt & Neubauer，2007；Panksepp，2000）。作为一个多方面的复杂过程，创新涉及各个层面的各种因素，因此需要进行综合研究。在心理学方面，创造力需要从个人的思维特点来衡量；思维的新颖性、灵活性和独特性在创造力中发挥着至关重要的作用，因此发散思维会刺激创造力（Guilford，1967）。关于神经科学，IS 的研究重点是考察人类大脑的机制和创造性思维的源泉（Sawyer，2011）。我们已经讨论过，各种创新现象都是由创新者个人发起的；然而，个人的行为又是由人类的思维和大脑管理的。这就是为什么神经科学，或所谓的神经创新，需要被视为个人层面创新的核心基础，在我们的 IS 研究框架中具有重要意义。

### 小结：创新研究的集成的、综合的研究框架

总之，个人层面的创新研究为 IS 提供了微观基础，在此基础上，IS 也应该关注 FIS，因为企业在创新过程中的作用越来越重要。由某一特定产业的所有利益相关者组成的产业创新系统，以及由某一特定区域的所有行为者组成的 RIS，都在分析中观层面的创新研究框架中发挥着作用。最后，作为 IS 的宏观层面的 NIS 或跨国创新系统，是建立在上述所有的创新系统之上的。因此，从创新系统方面，我们提出了一个集成的、综合的 IS 研究框架（见图 1.3.2）。

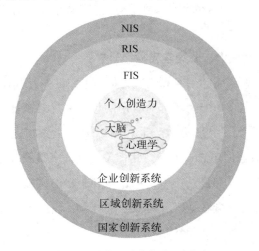

图 1.3.2　创新研究的集成研究框架

# 结论、挑战和未来展望

创新在现代经济中发挥着越来越重要的作用，"创新驱动"的发展模式在美国、英国、中国、以色列、韩国、日本和其他主要经济体等都被视为基本准则（经合组织［OECD］，2016）。人们对 IS 的热情日益高涨。作为一个相对新兴的领域，IS 发展迅速、成果显著（Martin，2016）。然而，目前 IS 仅有五十多年的历史，仍需要不断完善和补充才能成为一门科学且完整的学科。在这一章，我们回顾了 IS 的演变历史，以了解 IS 界发展的"全貌"，并在整合创新系统研究的基础上构建一个综合的研究框架。然而，在展望 IS 的未来研究方向之前，让我们首先指出 IS 正面临的一些挑战。

## 探索此前被忽视的领域和话题

目前 IS 取得了巨大成就，但是仍存在一些被忽视的问题。例如：过分强调技术创新、研发创新和高新技术产业，忽视了服务创新、金融创新、商业模式创新、低技术创新或其他类型的创新，这种现象受到了众多研究者的反复批评（Fagerberg，Martin & Andersen，2013；Martin，2016；Nelson，2013；Salter & Alexy，2014）。在创新产出方面，过分强调专利数量和新产品等可量化、可视化的创新绩效（Salter & Alexy，2014），忽视了创新的负面影响则是 IS 界正面临的另一个挑战（Martin，2016）。这种对可量化和可视化的创新产出的"迷思"，可能正是导致目前创新实践中只注重创新数量而不考虑创新质量和新颖性的根源。值得庆幸的是，近年来越来越多基于可持续发展、人类福祉和社会公平的创新在研究和实践中涌现，这些此前被忽视的研究议题与领域将是大有裨益的。

此外，动态发展的管理实践也要求 IS 必须及时更新和发展，以反映、解释并最终引导实践。例如，创新实践越来越强调环境和社会因素，而非仅仅关注个人和大企业在创业中的作用。此外，随着开放式创新和分布式创新的出现（von Hippel，1988），毋庸置疑，创新生态系统和彼此间关联的组织将占据主导地位，这对 IS 提出了新的要求。

**理论驱动的研究与更多的理论贡献**

尽管 IS 为经济发展和其他领域的研究提供了新的见解（Castellaci, Grodal, Mendonca & Wibe, 2005），但是作为一个科学领域，它还缺乏研究的协同作用和学术影响力。与其他新兴领域一样，目前 IS 仍需要借用相关学科的概念，但理论和研究成果较少推广到其他相关学科。这种现状可能部分源于其跨学科的本质和相对较短的发展历史，但这并不是主要原因。缺乏有理论贡献的理论驱动研究才是"罪魁祸首"。

**对创新实践的指导和预测**

IS 是为解决社会变革和经济发展问题而诞生的以解决问题为主导的研究领域，因此从一开始就引起了政策制定者和管理实践者的注意，而这也正是创新在社会经济中占据重要地位的原因（Fagerberg et al., 2013）。因此，创新研究者的使命是继续保持 IS 在学术研究和主导科技决策中的作用。同时，创新作为一个动态、非线性、系统的过程（Dosi, 1982），也需要我们从非线性、演化的视角进行研究，以更好地反映和预测企业的创新实践。

以上所列出的 IS 面临的挑战既不具有排他性，也并非详尽无遗，而是对创新历程和 IS 界的反映。未来的研究应该继续探索有潜力的研究议题，从而超越 IS，为通用管理学作出贡献。正如本章所述，创新在社会和经济发展中起着至关重要的作用，我们的 IS 学者有责任拓展创新的无尽前沿，使我们的研究产生重大影响力。

# 参考文献

Acs, Z. J., Audretsch, D. B., Lehmann, E. E., & Licht, G. (2016). National Systems of Innovation. *Journal of Technology Transfer*, 42(5), 997 – 1008. doi: 10.1007/s10961 – 016 – 9481 – 8.

Adams, R., Bessant, J., & Phelps, R. (2006). Innovation Management Measurement: A review. *International Journal of Management Reviews*, 8(1), 21 – 47.

Adner, R., & Kapoor, R. (2010). Value Creation in Innovation Ecosystems: How the Structure of Technological Interdependence Affects Firm Performance in New Technology Generations. *Strategic Management Journal*, 31(3), 306 – 333.

Amabile, T. M. (1980). Creativity in Context. *Nature*, 283(5750), 877.

Amabile, T. M. (1996). *Creativity in Context: Update to the Social Psychology of Creativity*. Boulder, CO: Westview Press.

Amabile, T. M. (2003). *The Social Psychology of Creativity*. Berlin: Springer.

Anderson, N., Potočnik, K., & Zhou, J. (2014). Innovation and Creativity in Organizations: A State-Of-The-Science Review, Prospective Commentary, And Guiding Framework. *Journal of Management*, 40(5), 1297 – 1333. doi: 10.1177/0149206314527128.

Asheim, B. T., & Gertler, M. (2006). The Geography of Innovation: Regional Innovation System. In J. Fagerberg, D. C. Mowery, & R. Nelson (Eds.), *The Oxford Handbook of Innovation*, 291 – 317. Oxford: Oxford University Press.

Asheim, B. T., & Isaksen, A. (1997). Location, Agglomeration and Innovation: Towards Regional Innovation Systems in Norway? *European Planning Studies*, 5(3), 299 – 330.

Asheim, B. T., & Isaksen, A. (2002). Regional Innovation Systems: The Integration of Local "Sticky" and Global "Ubiquitous" Knowledge. *Journal of Technology Transfer*, 27(1), 77 – 86.

Autio, E., & Thomas, L. D. W. (2014). Innovation Ecosystems: Implications for Innovation Management? In M. Dodgson, D. M. Gann, & N. Phillips (Eds.), *The Oxford Handbook of Innovation Management*, 204 – 228. Oxford: Oxford University Press.

Baregheh, A., Rowley, J., & Sambrook, S. (2009). Towards a Multidisciplinary Definition of Innovation. *Management Decision*, 47(8), 1323 – 1339.

Best, M. (2001). The New Competitive Advantage. *Harvard Business Review*, 89, 843.

Breschi, S., & Malerba, F. (1997). Sectoral Innovation Systems: Technological Regimes, Schumpeterian Dynamics, And Spatial Boundaries. In C. Edquist (Ed.), *Systems of Innovation: Technologies, Institutions and Organizations*, 130 – 156. East Sussex, UK: Psychology Press.

Castellaci, F., Grodal, S., Mendonca, S., & Wibe, M. (2005). Advances and Challenges in Innovation Studies. *Journal of Economic Issues*, 39(1), 91 – 121.

Chen, J. (1994). The Learning Pattern from Technology Introduction to Indigenous Innovation. *Science Research Management*, 15(2), 32 – 34.

Chen, J. (2002). The Theories Mode of Integrative Innovation. *Chinese Soft Science*, 12, 23 – 29.

Chen, J., Yu, X. Z., & Wang, S. (2010). The Pathway and Policy of Chinese indigenous innovation. *Journal of Industrial Engineering and Engineering Management*, 15, 12 – 20.

Cooke, P. (1998). Localised Innovation Networks in a Global Economy. *Comparative Social Research*, 17, 199 – 240.

Cooke, P. (2001). Regional Innovation Systems, Clusters, And the Knowledge Economy. *Industrial & Corporate Change*, 10(4), 945 – 974.

Cooper, J. R. (1998). A Multidimensional Approach to the Adoption of Innovation. *Management Decision*, 36(8), 493 – 502.

Damanpour, F., & Schneider, M. (2006). Phases of the Adoption of Innovation in Organizations: Effects of Environment, Organization and Top Managers. *British Journal of Management*, 17(3), 215 – 236.

Dodgson, M., Gann, D., & Phillips, N. (2014). *The Oxford Handbook of Innovation Management*. Oxford: Oxford University Press.

Dosi, G. (1982). Technological Paradigm and Technological Trajectories: A Suggested Interpretation of the Determinants and Directions of Technological Change. *Research Policy*, 11(3), 147 – 162.

Edquist, C. (2005). Systems of Innovation: Perspectives and Challenges. In J. Fagerberg,

D. C. Mowery, & R. Nelson (Eds.), *The Oxford Handbook of Innovation*, 181 – 208. Oxford: Oxford University Press.

Fagerberg, J. (2005). Innovation: A Guide to the Literature. In J. Fagerberg, D. C. Mowery, & R. Nelson (Eds.), *The Oxford handbook of innovation*, 1 – 27. Oxford: Oxford University Press.

Fagerberg, J., Fosaas, M., & Sapprasert, K. (2012). Innovation: Exploring the Knowledge Base.*Research Policy*, 41(7), 1132 – 1153. doi: 10.1016/j.respol.2012.03.008.

Fagerberg, J., Martin, B. R., & Andersen, E. S. (2013). Innovation Studies: Towards a New Agenda. In J. Fagerberg, B. R. Martin, & E. S. Andersen (Eds.), *Innovation Studies: Evolution and Future Challenges*, 1 – 20. New York: Oxford University Press.

Fagerberg, J., Mowery, D. C., & Nelson, R. R. (2005). *The Oxford Handbook of Innovation*. Oxford: Oxford University Press.

Fagerberg, J., & Verspagen, B. (2009). Innovation Studies — The Emerging Structure of a New Scientific Field. *Research Policy*, 38(2), 218 – 233. doi: 10.1016/j.respol.2008.12.006.

Fink, A., Benedek, M., Grabner, R., Staudt, B., & Neubauer, A. (2007). Creativity Meets Neuroscience: Experimental Tasks for the Neuroscientific Study of Creative Thinking. *Methods*, 42(1), 68 – 76. doi: 10.1016/j.ymeth.2006.12.001.

Freeman, C. (1987). Technology Policy and Economic Performance. *R & D Management*, 19(3), 278 – 279.

Godin, B. (2013). The Unintended Consequences of Innovation Studies. Paper presented at the Policy Implications Due to Unintended Consequences of Innovation, Special Track at EU-SPRI, Madrid.

Gruber, H. E., & Bödeker, K. (Eds.) (2005). Creativity, Psychology and the History of Science. Dordrecht, The Netherlands: Springer.

Guilford, J. P. (1967). Creativity: Yesterday, Today and Tomorrow. *Journal of Creative Behavior*, 1(1), 3 – 14.

Hambrick, D. C., & Chen, M. J. (2008). New Academic Fields as Admittance-Seeking Social Movements: The case of Strategic Management. *Academy of Management Review*, 33(1), 32 – 54.

Iansiti, M. (1998). *Technology Integration: Making Critical Choices in a Dynamic World*. Boston, MA: Harvard Business Press.

Iansiti, M., & Levien, R. (2004). Strategy as Ecology. *Harvard Business Review*, 82(3), 68 – 78, 126.

Iyer, B., & Venkatraman, N. (2006). Managing in a "Small World Ecosystem": Lessons from the Software Sector. *California Management Review*, 48(3), 28 – 47.

Jiang, H., & Chen, J. (2000). Integrated Innovation Patterns. *Science Research Management*, 21(5), 31 – 39.

Kenney, M., & Burg, U. V. (1999). Technology, Entrepreneurship and Path Dependence: Industrial Clustering in Silicon Valley and Route 128. *Industrial & Corporate Change*, 8(1), 67 – 103.

Kimberly, J. R. (1981). Managerial Innovation. In P. C. Nystrom & W. H. Starbuck (Eds.), *Handbook of Organization Design*, 104 – 138. New York: Oxford University Press.

Lee, K., & Lim, C. (2001). Technological Regimes, Catching Up and Leapfrogging: Findings from the Korean Industries. *Research Policy*, 30(3), 459 – 483.

Levitt, T. (1966). Innovative Imitation. *Harvard Business Review*, 44(5), 63 – 70.

Lin, J. Y., Cai, F., & Li, Z. (1997). The China Miracle: Development Strategy and

Economic reform. *China Journal*, 32(39), 233 – 235.

Lundvall, B. A. (Ed.). (1992). *National Systems of Innovation: Toward a Theory of Innovation and Interactive Learning*. London: Printer Publishers.

Malerba, F., & Adams, P. (2014). Sectoral Systems of Innovation. In M. Dodgson, D. M. Gann, & N. Phillips (Eds.), *The Oxford Handbook of Innovation Management*, 183 – 203. Oxford: Oxford University Press.

Malerba, F., & Nelson, R. R. (2012). *Economic Development as a Learning Process: Variation Across Sectoral Systems*. Cheltenham, UK: Edward Elgar Publishing.

Martin, B. R. (2016). Twenty Challenges for Innovation Studies. *Science and Public Policy*, 43(3), 432 – 450. doi: 10.1093 / scipol / scv077.

Moore, J. F. (1996). *The Death of Competition: Leadership and Strategy in the Age of Business Ecosystems*. New York: HarperCollins.

Moore, J. F. (1999). Predators and Prey: A New Ecology of Competition. *Harvard Business Review*, 71(3), 75 – 86.

Mowery, D., & Rosenberg, N. (1979). The Influence of Market Demand upon Innovation: A Critical Review of Some Recent Empirical Studies. *Research Policy*, 8(2), 102 – 153.

Nelson, R. R. (1993). *National Innovation Systems: A Comparative Analysis*. New York: Oxford University Press.

Nelson, R. R. (2013). *Reflections on the Study of Innovation and on Those Who Study It. Innovation Studies: Evolution and Future Challenges*. New York: Oxford University Press, 187 – 193.

Nelson, R. R., & Rosenberg, N. (1993). *Technical innovation and national systems*.

Nord, W., & Tucker, S. (1987). *Implementing Routine and Radical Innovations*. Lexington, MA: Lexington Books.

OECD. (2016). *OECD Innovation Strategy 2015: An Agenda for Policy Action*. Paris: OECD Publishing.

Panksepp, J. (2000). Affective Neuroscience: The Foundations of Human and Animal Emotions.*American Journal of Psychiatry*, 159(10), 1805.

Plessis, M. D. (2007). The Role of Knowledge Management in Innovation. *Journal of Knowledge Management*, 11(4), 20 – 29.

Rothwell, R. (1992). Developments Towards the Fifth Generation Model of Innovation. *Technology Analysis & Strategic Management*, 4(1), 73 – 75.

Salter, A., & Alexy, O. T. (2014). The nature of innovation. In M. Dodgson, D. M. Gann, & N. Phillips (Eds.), *The Oxford handbook of innovation management*. New York: Oxford University Press.

Sawyer, R. K. (2011). *Explaining creativity: The science of human innovation*. New York: Oxford University Press.

Saxenian, A. (1994). *Regional advantage*. Cambridge, MA: Harvard University Press.

Saxenian, A. (1999). Comment on Kenney and von Burg, "Technology, entrepreneurship and path dependence: Industrial clustering in Silicon Valley and Route 128." *Industrial & Corporate Change*, 8(1), 105 – 110.

Saxenian, A. L. (1995). Regional advantage: Culture and competition in Silicon Valley and Route 128. *Contemporary Sociology*, 32(1), 100 – 101.

Schumpeter, J. A. (1934). *The theory of economic development: An inquiry into profits, capital, credit, interest, and the business cycle*. New Brunswick, NJ: Transaction Books.

Teece, D. J. (2007). Explicating dynamic capabilities: The nature and microfoundations of (sustainable) enterprise performance. *Strategic Management Journal*, 28(13), 1319 –

1350.

Teece, D. J. (2014). Profiting from technological innovation: Implications for integration, collaboration, licensing and public policy. *Research Policy*, 15(6), 285 – 305.

Thompson, V. A. (1971). Bureaucracy and innovation. *Administrative Science Quarterly*, 16(2), 1 – 20.

Tsui, A. S. (2012). Contextualizing research in a modernizing China. In X. Huang & M. H. Bond (Eds.), *Handbook of Chinese organizational behavior: Integrating theory, research and practice*. Cheltenham, UK: Edward Elgar Publishing.

von Hippel, E. (1988). *The Sources of Innovation*. New York: Oxford University Press.

West, M. A. (2002). Sparkling fountains or stagnant ponds: An integrative model of creativity and innovation implementation in work groups. *Applied Psychology*, 51(3), 355 – 387.

Xu, Q., Chen, J., & Guo, B. (1998). Perspective of technological innovation and technology management in China. *IEEE Transactions on Engineering Management*, 45(4), 381 – 387.

Xu, Q., Zheng, G., & Yu, Z. (2003). Towards total innovation management (TIM): The emerging new trend of innovation management—A case study of Haier group. *Science Research Management*, 24(5), 1 – 7.

Zairi, M. (2006). Innovation or innovativeness? Results of a benchmarking study. *Total Quality Management*, 5(3), 27 – 44.

# 第 1.4 章
# 专利视角下的中国科技进步

加里·H. 杰斐逊　蒋仁爱

## 简　介

伴随着中国专利申请数量的激增，研究和分析在中国历史上技术创新的诸多原因和影响的论文数量也同步激增，这一趋势令人瞩目。本文的目的是，在有限的篇幅内整合和分析这些文献，以期深入了解中国从模仿经济向创新经济转型的程度。这种转型提出了有关其驱动因素的问题，包括公共政策和国际因素，以及其对专利质量、技术专业化和区域专利能力的影响。

自 1990 年以来，中国国家知识产权局（SIPO）授予中国居民的发明专利数量已从每年约 1 100 项激增至 325 000 项以上。[①] 在这些专利中，美国专利和商标局（USPTO）授予的比例相对较小，但目前正在迅速增长。我们审查的文献主要侧重于从这两个专利局获得的数据，中国国家知识产权局（SIPO）是中国居民所有专利申请的部门，USPTO 则提供了一个统一的标准来衡量各国对世界顶级发明贡献的相对能力。党和本桥（Dang & Motohashi, 2015）利用 SIPO 专利数据和中国大中型企业的合并数据集表明，SIPO 的专利授权也是中国技术进步的一个衡量标准；他们的实证结果显示，专利数量、研发投入和财务产出之间存在稳健的相关性，这表明专利统计数据是衡量创新绩效的有意

---

① 虽然中华人民共和国专利局（SIPO）已被中国国家知识产权局（CNIPA）取代，但由于本文记录的几乎所有专利审查和批准均由 SIPO 管理，因此我们始终保留对国家专利局（SIPO）的提及。

义的指标。

除了专利数量之外，本文所评论的许多论文还研究了中国专利的质量。为了衡量专利质量，我们特别关注两个广泛使用的衡量标准：专利权要求数量和专利被引次数。霍尔、贾菲和特拉伊滕贝格（Hall, Jaffe & Trajtenberg, 2001, pp.23-24）解释，授予专利的权利要求数量可以衡量专利的广度，他们声称："权利要求详细说明了专利发明的'组成部分'，或构件，因此其数量可以表明发明的'范围'或'广度'。"专利的广度与它所涉及的技术分类的数量有关；因此，广度越大，专利持有人在专利期内能够行使垄断控制的技术数量和种类就越多。

摩尔（Moore, 2005）的一项研究评估了专利权要求数量以及专利被引次数的重要性，该研究使用美国专利商标局 1991 年授权的实用专利集（该年共颁发了 96 713 项专利）来研究权利要求数量和被引次数与专利期限之间的关系。表 1.4.1 显示，在控制授权年份的情况下，随着专利期限的缩短，权利要求数量和被引次数都呈单调的下降趋势。因此，表 1.4.1 证实了拥有更多权利要求数量和被引次数的专利享有更长的专利寿命。

**表 1.4.1　过期专利的特征**

|  | 所有未到期的专利 | 12 年内到期的专利 | 专利权在 8 年内过期 | 专利权在 4 年内过期 | 所有过期的专利 |
| --- | --- | --- | --- | --- | --- |
| 权利要求数量 | 13.27 | 12.63 | 11.95 | 11.44 | 12.01 |
| 被引次数 | 7.13 | 5.49 | 4.67 | 4.03 | 4.73 |

资料来源：摩尔（Moore, 2005）。

大量的研究证明了被引次数和专利价值之间的关系，包括衡量其技术的重要性（Albert, Avery, Narin & McAllister, 1991）、支付的续展费（Harhoff, Narin, Scherer & Vopel, 1999）、社会价值（Trajtenberg, 1990）和市场价值（Hall, Jaffe & Trajtenberg, 2005）。研究还使用引文加权专利数作为创新产出的更精确指标（Bloom & Van Reenan, 2002；Hall, Thoma & Torrisi, 2007）。

霍尔、贾菲和特拉伊滕贝格（Hall, Jaffe & Trajtenberg, 2005）的研究使用了一个美国上市公司的样本来检验专利被引次数对托宾 q 值（即公司的市场价值与实物资本的重置成本的比率）的经济意义。他们研究的公司特有的创新相关特征是：（1）研发强度，（2）以公司专利数量与研发存量之比衡量的研发生产力，以及（3）公司专利组合的平均远期专利数。作者发现，这些措施中的每一项，包括专利被引次数，都对公司的托宾 q 值有积极和显著的影响。

具体来说，为了评估中国的科技进步，我们通过调查以下问题来回顾相关的专利文献。[①]

> 是什么导致了中国的专利激增？

> 这种激增对专利质量的影响是什么？

> 专利的性质是否揭示了中国的科技发展方向及其比较优势？

> 国际部门如何影响了中国的专利产量？

> 中央、省级和地方政府在塑造专利生产方面扮演了什么角色？

> 中国不同区域专利产量有多大的异质性，申请专利的能力是否在中国各地扩散？

在介绍了中国过去 25 年的专利产量概况之后，我们用一个章节的篇幅来讨论这些问题。

## 中国的专利产量概况

表 1.4.2 和表 1.4.3 显示了 1990—2017 年期间中国国家知识产权局和美国专利和商标局授予的中国专利的增长情况。在回顾这些表格之前，有必要区分中国国家知识产权局颁发的三种类型的专利。中国的"发明"专利采用最高审查标准，并获得 20 年的保护。此外，除发明专利外，中国还颁发实用新型专利和外观设计专利，各获得 10 年的保护。对于美国专利商标局来说，最高质量的专利，即"实用"专利，可以获得 20 年的保护。此外，在其授予的专利中，相对较小的一部分是设计专利，最长寿命为 14 年，植物专利为 20 年。

对表 1.4.2 中的中国国家知识产权局数据的回顾显示了以下要点：

> 中国国家知识产权局授予的专利总数从 1990 年的 22 588 项上升到 2005 年的 214 003 项和 2017 年的 1 836 434 项。括号中的数字显示了与上一报告年度相比的专利授权量的平均年增长率。就专利总量而言，该表显示从 2005 年

---

① 本文的论文总数是我们通过搜索找到的。我们向可能无意中忽略的论文的作者道歉。

到 2010 年，每年增长近 60%。数据显示，从 2005 年至 2010 年，再到 2010 年
至 2015 年，以及最近的 2015 年至 2017 年这两年期间内，专利增长大幅放缓。

➤ 表 1.4.2 中的数据还显示了发明专利的比较增长率。从 2000 年到 2017
年，专利总量增长至 17 倍，发明专利增长至 33 倍，几乎是专利总量增速的
两倍。

➤ 从 2000 到 2005 年，恰逢 2001 年中国加入世界贸易组织（WTO），表
1.4.2 显示了外国发明专利授权的显著增长——每年 80% 的增长速度。此后，
从 2005 到 2017 年，外国发明专利授权的年增长率下降到 15% 或更低，因此最
近两年的数量稳定在每年 10 万件以下，不到中国居民发明专利授权数量的三
分之一。作为发明专利授权总量的一部分，授予外国居民的份额从 2000 年的
约一半下降到 2017 年的 22%。

**表 1.4.2　中国国家知识产权局专利和授权**
（与上期相比的年平均增长率，%）

| 专利类型 | 1990 | 2000 | 2005 | 2010 | 2015 | 2017 |
|---|---|---|---|---|---|---|
| 发明 | 3 838 | 12 683（23） | 53 305（64） | 135 110（31） | 359 316（33） | 420 144（9） |
| 国内 | 1 149 | 6 177（44） | 20 705（47） | 79 767（57） | 263 436（46） | 326 970（12） |
| 外国 | 2 689 | 6 506（14） | 32 600（80） | 55 343（14） | 95 880（15） | 93 174（−1） |
| 公共事业 | 16 952 | 54 743（22） | 79 349（9） | 344 472（67） | 876 217（31） | 973 294（6） |
| 设计 | 1 798 | 37 919（201） | 81 349（23） | 335 243（62） | 482 659（9） | 442 996（−4） |
| 共计 | 22 588 | 105 345（37） | 214 003（21） | 814 825（56） | 1 718 192（22） | 1 836 434（3） |

资料来源：其中，2017 年的专利数据来源于国家知识产权局；1990 年的专利数据来源于《中国科技统计年鉴
1991》；其他年份的专利数据来源于《中国科技统计年鉴 2017》。

根据表 1.4.3，对美国专利商标局主要国家的专利授权水平和趋势进行比
较，我们可以得出以下结论：

**表 1.4.3　专利数量（美国专利商标局）2015**
美国 = 146 883；非美国 = 142 981

| 国家年份 | 1990 | 2000 | 2010 | 2015 | 2017 |
|---|---|---|---|---|---|
| 中国 | 26（0.0%） | 95（1.1%） | 2 355（2.2%） | 7 450（5.1%） | 12 309（7.1%） |
| 美国 | 37 536 | 80 313 | 109 152 | 146 883 | 162 092 |
| 日本 | 18 898 | 32 787 | 47 731 | 55 110 | 53 110 |
| 韩国 | 163 | 3 285 | 12 519 | 20 305 | 23 116 |
| 德国 | 6 520 | 9 530 | 12 431 | 16 220 | 16 927 |
| 其他经合组织国家 | 9 807 | 17 796 | 26 808 | 39 169 | 42 122 |

➢ 2000 年，中国居民获得的专利仅有 95 项，占美国专利商标局专利授权总量的比例微不足道。到 2017 年，美国专利商标局授予的专利上升到 12 309 件，占当年美国专利商标局专利授予总数的 3.5%。

➢ 作为母国，我们预计美国将在美国专利商标局的专利授权中占最大比例。其他临近国际边界的国家包括日本（53 110 件）、韩国（23 116 件）和德国（16 927 件）。按照这一标准，到 2020 年，中国美国专利商标局的专利数量应该超过德国。

我们回顾了文献中提出的中国专利激增的原因。

## 导致激增的因素

胡和杰斐逊（Hu & Jefferson，2009）使用1995—2001 年中国大中型工业企业群体的企业层面数据，探讨了中国专利活动上升的因素。虽然中国经济中的研究和开发与专利活动同步进行，但作者发现，研发只占专利激增的一小部分。几乎同样重要的是外国直接投资的增长，其能够促使中国企业提出更多的专利申请。此外，有利于专利持有人的专利法修正案和明确产权转让的企业所有制改革也是推动中国专利繁荣的重要来源。因此，本文的一个关键发现是，并非单一的因素，如研发支出，推动了中国的专利激增；[①] 而是由研发努力、外国直接投资、专利制度的扩大和加强，以及所有权改革等各种因素共同作用导致的。[②]

在《中国近期专利申请激增的背后：制度视角》中，李（Li，2012）使用中国国家知识产权局的数据来解释导致专利激增的省级条件的差异。作者制定了一个衡量各省法律环境的标准，该标准与当地大学和研究机构的专利表现有很强的关联性。此外，在法律环境得到有效控制的情况下，李（Li）发现专利

---

[①] 在《中国的专利法和创新》中，岳（Yueh, 2009）使用省级数据估计了一个模型，得出结论：专利产量的主要决定因素是研发支出和外国直接投资，但不是研究人员的数量。言下之意，人力资本水平比研究人员的数量更重要。

[②] 刘等（Liu et al., 2013）为这一观点提供了进一步的支持，即中国的专利激增是由一系列广泛的因素造成的。具体而言，他们列举的制度因素包括国家专利制度、专利补贴、高科技企业认证、专利中介服务、专利融资、政府科技计划的管理以及知识产权试点和示范项目等。他们进一步得出结论，资本（研发资金）和劳动力（科学家）的增长是高度内生的，因为它们对这些制度条件作出反应。

补贴计划显著增强了大中型企业和大学的专利倾向；虽然程度不一样，但研究机构和个人发明者也对补贴做出了积极响应，增加了专利活动。李认为，自省级举措实施以来，更多的申请被批准，除非降低专利审查的标准，否则专利申请质量的下降可能不会成为一个严重的问题。

在《龙在学习飞翔吗？中国专利激增的分析》中，埃伯哈特等人（Eberhardt et al., 2017）将中国制造业普查数据中的 374 000 家公司与 1999—2006 年期间中国国家知识产权局和美国专利和商标局的专利申请相匹配。他们的主要发现是，在这两个专利局中，中国的专利激增是由"ICT（信息和通信技术）设备行业中一小群高度精选的中国公司造成的"。作者还得出结论，中国国家知识产权局的专利申请增加主要是由直接鼓励专利申请的补贴所推动的。

最近的数据表明，中国的专利申请者队伍正在扩大。胡等人（Hu et al., 2017）根据中国国家知识产权局的数据发现，中国专利的增长大部分来自新的专利申请者，即过去未积极申请专利的公司，从而更新埃伯哈特等人（Eberhardt et al., 2017）1999—2006 年的发现。为了进一步检验"微小"数字假说的持久性，我们使用美国专利商标局的数据来分析各种中国发明人所获得的专利的优势。虽然大公司在中国国家知识产权局的专利申请集中度可能高于美国专利商标局，但我们发现，2010 年美国专利商标局授予的中国专利中，源自 10 大中国公司的比例为 6.6%；到 2017 年，这一比例降至 4.4%。因此，在美国专利商标局内，最大的 10 家专利申请公司之外的中国公司的贡献是巨大的，而且在不断增长。

普鲁德姆（Prud'homme, 2015）在《中国不断变化的专利格局和国家主导的专利战略》中，重点讨论了 2014 年数据中报告的国内发明专利年申请率的下降以及近期实用新型和外观设计专利申请负增长的现象。普鲁德姆认为，中国的技术追赶战略起初侧重于生产数量，但最近已转向强调专利质量。具体而言，普鲁德姆指出，中国政府已经从专利申请和授权总量的目标转向发明专利授权的目标。中国国务院于 2013 年 12 月 29 日颁布的《国家知识产权战略（2014—2020）》相比以前只将"专利"作为计划目标，现在的目标是在 2020 年每万人中授予 14 项发明专利，与以前的目标相比，质量和数量都有所提升。根据普鲁德姆的评估，《国家知识产权战略（2014—2020）》呈现了一种国家主导的更复杂的专利申请的方法，通过刺激专利的商业化延长专利寿命，通过特许权使用费和特许经营费产生出口收入，并促成专利合作条约（PCT）申请。[①]

杰弗逊等人（Jefferson et al., 2018）利用《中国高新技术产业年鉴》的专利和研发数据，计算了中国高新技术产业专利生产的边际产量（成本）的水平和变化。在 1999—2005 年和 2005—2012 年期间，作者发现从研发支出和研发人员两方面衡量，专利生产成本呈明显下降趋势。尽管他们只在发明专利中获得了类似的结果，并注意到发明专利申请的授权率从早期到后期都在上升；杰弗逊等人并没有直接控制质量。他们最有力的结论是，专利申请的激增在很大程度上可以由专利生产效率和研发支出的增加来解释。

效率提高的一个来源可能是建立一个全国性的通信和运输网络。在他们的论文《创新之路：来自中华人民共和国（PRC）的企业层面的证据》中，王等人（2018）关注基础设施投资对专利生产的推动作用。使用企业层面的匹配专利数据库和城市层面的道路信息来研究道路密度对企业创新的影响，实证结果显示，道路密度每提高 10%，每个企业的平均获批专利数量就会增加 0.71%。作者推测，道路发展通过促进知识溢出和扩大市场规模来刺激创新。

有两篇文章试图将中国的专利激增放在一个更广泛的历史和制度背景下。彭等人（2017）记录了这样一个事实：在 19 世纪，美国不是一个主要的知识产权（IPR）倡导者，而是一个主要的知识产权侵犯者。直到 19 世纪末美国本土的发明家、作者和组织出现，要求保护他们自己在外国的知识产权时，美国国会才在 1891 年通过了《国际版权法》，将知识产权保护扩大到外国作品。彭等人的历史分析所揭示的明确含义是，就像 19 世纪的美国一样，随着中国自主创新能力的发展，强力执行知识产权政策所带来的政治压力将会增加。

芬克等人（Fink et al., 2016）在《探索世界范围内的专利激增》一文中，将中国的专利激增置于全球视野中，除了中国的激增之外，世界范围内的专利

---

① 中国国家知识产权局于 2013 年 12 月 18 日颁布的《关于进一步提高专利申请质量的若干意见》（以下简称《意见》）。《意见》建议了一系列重要举措，例如：（1）在申请实用新型补贴的同时应提供检索报告；（2）应仅向授权的实用新型进行资助；（3）资助对象可获得的资助水平不高于资助对象支付的所有官方费用和专利代理服务费之和；（4）专利目标和绩效评估体系更好地反映专利质量；以及（5）应加强对失信行为的抑制。

申请量已经上升到历史上前所未有的水平。作者指出，世界范围内的专利激增可能意味着更快的技术进步和新的创新模式，它可能反映了公司在如何利用专利制度上的战略转变，或者它可能是这两种情况的结果。芬克等人试图评估这些不同的假设，他们发现后续的专利申请——涉及同一发明在更多国家申请的专利家族的创建——在很大程度上促进了全世界的专利申请的增长，并指出全球化是申请增长的一个重要驱动力。

总之，1995 年后中国的专利激增是由多种因素造成的。这些因素包括：研发支出和外国直接投资的激增，加入世贸组织，专利法的修订，企业改革，补贴，交通和通信的改善，效率的提高，以及专利的全球化。

# 质　量

鉴于中国专利绝对数量的显著激增，无论是中国国家知识产权局授权还是美国专利和商标局授权，许多文献质疑中国专利快速增长对质量的影响，这并不奇怪。胡等人（2017）使用中国国家知识产权局数据，发现专利与研发以及劳动生产率之间的关系，得出这些关系在统计上已经被削弱的结论。事实上，鉴于专利申请的激增——以及发明人和受让人基础的大幅拓宽——中国国家知识产权局专利的平均或中位数质量停滞或下降并不足为奇。

其他研究人员也记录和分析了低质量专利生产的情况。施密德和王（Schmid & Wang，2017）发现，"结构不良的创新激励机制和官员对基于数量的目标的关注（官本位）"共同导致了中国低质量专利的产生。其他许多研究，包括上一节所回顾的研究，均指出省级的专利补贴和奖励计划导致了中国国家知识产权局低质量的专利申请和权利要求更少的专利的授予。还有人认为，尽管有这些激励措施，中国专利的质量还是具有一定价值的，而且在不断提高，特别是那些与农业创新有关的专利。

虽然这些研究显然是相关和重要的，但本研究的核心关注点是确定中国的专利前沿与美国和其他经合组织（OECD）经济体之间的距离是否正在缩小。同样，这一重点建议我们对美国专利商标局批准的中国专利给予特别关注。接下来，我们将利用美国专利商标局的数据，回顾一下与专利权利要求和被引次数有关的数据和研究。

权利要求。表 1.4.4 显示了美国专利商标局为一系列国家授予的专利的平均权利要求数。[①] 1990 年，中国仅有 26 项专利，其专利授权的平均数为 11.73，低于美国，但高于其他国家。2000 年，在拥有 95 项专利的情况下，平均权利要求的数量下降到 9.29。10 年后的 2010 年，平均数上升到 12.22，略好于日本，但相对于其他国家而言，则处于落后状态。2015 年，相对排名基本没有变化。

**表 1.4.4　专利权利要求（美国专利商标局数据）**

| | 1990 | 2000 | 2010 | 2015 | 2017 |
|---|---|---|---|---|---|
| 中国 | 11.73 | 9.29 | 12.22 | 12.42 | 12.73 |
| 美国 | 14.31 | 17.49 | 18.08 | 17.61 | 16.83 |
| 日本 | 10.25 | 13.81 | 11.70 | 11.42 | 11.34 |
| 韩国 | 8.60 | 12.97 | 14.52 | 13.26 | 13.35 |
| 德国 | 11.44 | 13.22 | 15.28 | 14.56 | 14.20 |
| 其他经合组织国家 | 11.23 | 14.59 | 15.91 | 15.67 | 15.33 |

文献提供了各种衡量专利权利要求和专利广度的方法。马拉科夫斯基和巴尼（Malackowski & Barney, 2008）提出将专利字数作为对权利要求广度的粗略测量。他们认为，由于权利要求中的每一个字都会对专利的范围带来额外的法律限制，在像美国专利商标局专利那样足够大的样本中，每个独立权利申请书的平均字数可以作为代表专利有效范围的指标。马拉科夫斯基和巴尼发现，2007 年美国专利商标局授予中国居民的专利，每个独立专利的平均字数为 160.1 字，比 2003 年的平均字数增加了 4.4%。以此为参考，作者发现，总体而言，美国专利商标局在此期间申请的所有专利中，审查员并没有授予具有更广泛权利要求的专利；他们授予的权利要求的范围大致相同或略窄。因此，马拉科夫斯基和巴尼的结论是，有证据表明在 2003—2007 年期间，专利授权的质量似乎略有上升。这一发现似乎与表 1.4.4 中报告的 2000—2010 年中国的专利权利要求数量变化相一致。

---

[①] 党和本桥（Dang & Motohashi）强调了调整的必要性，并提供了一种利用权利要求中的名词数量来量化权利要求范围的新方法，从而克服了中国专利数据没有引证或缺乏完善的专利权利要求信息的缺点。

被引次数。表 1.4.5 显示，在 1990 年美国专利商标局授予的专利中，中国每项专利授权的转发引文数量仅次于美国排名第二。然而，在这一年，中国只有 26 项专利授权。10 年后，每年的专利授权数量增长到 95 项，转发引用的数量却急剧下降到 7.47%。在随后的十年里，随着专利授权数量在 2010 年飙升至 2 355 件，而所有国家的被引次数都随着专利期限的缩短而下降，中国的相对表现实际上有所改善，被引次数略高于日本、德国和韩国。总的来说，表 1.4.4 和表 1.4.5 中显示的专利权利权利要求和被引次数的衡量标准与 1990 年至 2000 年的下降相一致；2000 年至 2010 年有所上升；并且，除美国外，此后一直接近其他四个国家（地区）的平均水平。

**表 1.4.5　被引次数（美国专利商标局数据）**

|  | 1990 | 2000 | 2010 | 2015 | 2017 |
|---|---|---|---|---|---|
| 中国 | 22.15 | 7.47 | 4.52 | 0.80 | 0.07 |
| 美国 | 25.70 | 31.45 | 9.23 | 1.60 | 0.09 |
| 日本 | 15.89 | 16.18 | 3.75 | 0.56 | 0.03 |
| 韩国 | 11.27 | 14.41 | 4.24 | 1.33 | 0.08 |
| 德国 | 11.44 | 12.12 | 4.26 | 0.62 | 0.03 |
| 其他经合组织国家 | 15.13 | 17.92 | 5.86 | 0.86 | 0.05 |

学者普遍认为，在与专利局数据相关的权利要求和被引数据之间，更准确的专利质量衡量标准是被引次数。然而，较新专利的专利计数被截断，严重损害了使用累积专利计数来评估专利质量随时间变化的能力。为了弥补专利公布和被引次数累积之间的这种滞后，另一种可用的方法是"引文滞后"，即从申请公布到有时间限制的被引次数计数之间的时间间隔。[1] 例如，菲什等人（Fisch et al., 2017）以首次引用的日期作为他们对引用滞后的衡量标准，并使用 2000 年至 2010 年的专利数据，采用 Cox 回归模型，表明与国际专利相比，中国专利存在较大的引用滞后。[2] 这对于在国内申请的中国国家知识产权局专

---

[1] 引文滞后与正向引文非常相似，但规避了最近的数据点的损失。另外，可以采用明确能够处理右截断的 Cox 回归模型。

[2] 菲什等使用的样本包括从全球专利统计数据库（PATSTAT）（2013 年 11 月版）获得的专利数据。他们的最终数据集包含来自美国、欧洲、日本、中国和韩国五个地区的申请人所申请的 10 000 个专利族，以及 10 000 份专利合作条约（PCT）申请，从而形成了 60 000 个专利族的总样本。

利来说尤其如此。然而，菲什等人发现，在 2000—2010 年期间，后期申请的专利价值不断增加，这表明此后中国专利与国际专利之间的差距可能会缩小。

　　根据引文滞后分析原则，我们构建了针对专利授权后三年的引文滞后分析模型。这些基于美国专利商标局数据的衡量标准见表 1.4.6，显示了仅限中国受让人专利的引文滞后，以及仅限美国受让人专利、仅限经合组织专利和仅限其他国家专利的引文滞后。表 1.4.6 的前四栏显示，从 2005 年开始，中国专利的 3 年引文滞后指标稳步下降，而美国专利的引文滞后指标则上升到中国的两倍以上。同时，与中国一样，其他经合组织国家和非经合组织国家的 3 年引文滞后也在下降；不过，对于 2014 年授予的专利，中国的引文滞后指标是最低的。

表 1.4.6　三年被引次数（美国专利商标局数据）

|  | 仅限中国 | 仅限美国 | 仅限经合组织 | 仅限其他国家 | 中国—美国 | 中国—经合组织 | 中国—其他 | 美国—其他 |
|---|---|---|---|---|---|---|---|---|
| 2000 | 0.79 | 2.77 | 1.97 | 1.77 | n.a. | n.a. | n.a. | 2.65 |
| 2005 | 2.32 | 2.12 | 1.54 | 1.82 | 1.00 | n.a. | n.a. | 1.63 |
| 2010 | 1.76 | 2.62 | 1.52 | 1.77 | 2.64 | 1.69 | 2.11 | 2.01 |
| 2014 | 1.05 | 2.84 | 1.29 | 1.67 | 1.50 | 1.66 | 0.78 | 1.40 |

　　总之，大部分文献与表 1.4.6 中的数据一致，即在美国专利商标局授予的专利中，中国专利质量有所下降。数据显示，从 2005 年到 2017 年，中国的专利质量持续下降，低于美国以及其他经合组织和非经合组织国家的平均水平。

## 具体部门

　　鉴于中国专利组合的发展速度，人们可能会想到，研发和专利往往在某些技术领域是专业化的，而在其他领域保持相对落后。在文章《1986 年至 2011 年中国的技术多样化：来自专利数据的证据》中，王等人（2015）证实了以专利数量、人口和 GDP 衡量的国家技术规模与技术多样化在中国的应用之间的正相关关系。对 370 万件中国国家专利产权局的中国专利数据集进行转移-份额分析，作者发现了结构性转变，比他们早期的世界模型所预测的更大，即从传统领域向更大的技术专业化的转变，如电子和计算机等消费品。作者认为，这种转变反映了 1985 年至 2011 年间进入中国的"全球化"外国直接投资的激增。

在他们的论文《基于专利分析的中国产业演变和关键技术》中，郑等人（2011）利用美国专利商标局的专利授权来确定中国专利的关键技术。这项研究分析了六个行业的专利，包括化学（不包括药品）、计算机和通信、药品和医疗仪器、电气和电子（E&E）、机械和其他。郑等人发现，在这些快速增长的行业及其相关的专利快速增长中，这些专利的引用率一直很低并在下降。例如，在表 1.4.7 中，郑等人报告说，计算机和通信的每项专利的引用率（CPP）从 2003 年的 0.80 下降到 2005 年的 0.41，在 2008 年稳定在 0.42，而在同一年，电气和电子的 CPP 从 0.57 下降到 0.50，再到 0.43。作者发现这六个行业中发现的下降与表 1.4.6 中显示的三年被引次数的减少大致一致。

表 1.4.7  中国有国际合作的论文和专利的全球引用与总论文 / 专利引用的对比 （CPP / FCSm 指标）

| 年　份 | 论　文 | | 专　利 | |
|---|---|---|---|---|
| 论文 / 专利 | 国际合作 | 总 | 国际合作 | 总 |
| 2004 | 1.16 | 0.76 | 0.67 | 0.66 |
| 2006 | 1.19 | 0.80 | 0.56 | 0.54 |
| 2008 | 1.19 | 0.76 | 0.17 | 0.17 |

如果 CPP / FCSm 指标高于 1.0，则国家论文 / 专利被引用频率高，影响力超过世界平均水平。数据来自郑等人（Zheng et al., 2012）的表 8 和表 11。

以占技术专利总数三分之一以上的电气和电子行业为重点，郑等人报告说，2006 年以后，美国专利和商标局授予的电气系统和装置（USPC 361）中的中国专利有 90% 为富士康科技有限公司所拥有。这些数据表明，中国的机电行业存在高度集中的研发环境。[①] 富士康在中国机电行业所扮演的主导角色，也强调了总部设在中国大陆以外的公司在促进中国专利增长方面所发挥的重要作用。

---

① 使用我们的数据集将这些数字与郑（Zheng）的表 8 进行比较，我们发现富士康的专利数量要少一些。对于 2007 年和 2008 年，在 USPC 361 的分类中，我们的数据集确定了 2007 年和 2008 年的 59 项和 63 项，而不是郑等人报告的 83 项（2007 年）和 126 项（2008 年）。根据我们的数据集，随着 2006—2013 年期间 USPC 361 中国专利总数的增加，富士康在该技术分类中的专利数从 2010 年的 74 项减少到 2013 年的 15 项。

在《关于中国科学—技术联系的专利文献计量分析》中，利用美国专利商标局的数据，关和何（2007）探讨了中国专利中科学与技术之间的联系。具体来说，他们研究了科学出版物中出现的被引次数的相对比例，即"非专利参考文献"（NPR）。一般来说，人们期望非专利参考文献（NPR）能够衡量专利对科学的贡献，而不是仅仅对技术的贡献。分析的重点是 1995 年至 2004 年，在此期间，中国的专利授权从 29 项上升到 309 项。虽然电气和电子行业产生了最多的专利授权，但它只占科学 NPR 的 4.1%，与众多其他行业相比，这个水平相对较低。关和何在报告中指出，生物技术、制药和有机化学子行业与科学研究的联系更紧密，而电气和电子、信息和通信技术行业、半导体和光学领域其科学基础相对薄弱。

## 大学和研究机构的作用

年度版的《中国科技年鉴》报告显示，虽然从 2000 年到 2016 年大学占中国总研发支出的比例从约 9% 下降到 7%，但大学研发支出总额却增加了约 15 倍。也许更显著的是，大学在基础研究方面的支出份额在 2016 年上升到中国总支出的 53%。与此同时，中国的研究机构在研发总支出和基础研究方面都有相当大比例的减少，尽管在 2016 年仍占基础研发总支出的 41%。在其他类别中，非企业单位只占基础研究的极小比例，但在研发总支出中的比例却在上升，其中基础研究的比例在下降。因此，在中国，94% 的基础研究是由大学和研究机构部门进行的。[①]

在 2000—2016 年期间，虽然企业部门在总专利中的份额（包括发明专利）大幅上升，但研究机构部门的份额却在下降。虽然专利总数只下降了约 2.5%，但发明专利的份额却大幅下降，从 15% 降至仅 5%。这种快速下降的部分原因可能是 1999 年开始的重组计划，该计划将相当数量的研究企业转化为商业科技企业，从而大大减少了研究机构部门的规模。

胡和马修斯（Hu & Matthews，2008）在分析中国专利激增的来源时，强调了大学在过去 15 年中对中国国家创新能力建设所起的强大作用。然而，与前

---

① 资料来源：《中国科技年鉴》，2001 年和 2017 年。

一段的分析一致，作者发现令人困惑的是，公共研究机构在加强中国的国家创新能力方面贡献不足。他们提到了 1999 年开始的重组改革，其中包括大量研究机构的商业化，同时将政府的支持转给少数非营利性研究机构。

菲什等人（Fisch et al., 2016）利用 1991 年至 2009 年 155 所中国顶尖大学的大学专利综合数据集，研究了两个问题：中国一流大学专利申请数量和质量，以及补贴计划对中国大学专利申请的作用。针对数量和质量问题，他们的研究结果显示，在选定的大学中促进研究卓越性的补贴计划是专利数量和质量的重要驱动力。相反，降低专利申请成本的补贴计划似乎能提高专利数量，但不能提高专利质量。作者的结论是，旨在刺激高质量专利的创新政策应主要集中在增加大学的研发投入，较少一部分用于降低大学专利申请的成本。

在《中国的研究机构的重组：对中国研究方向和生产力的影响》中，蒋、托托里斯和杰斐逊（Jiang, Tortorice & Jefferson, 2016）评估了中国政府 1999 年发起的重组对全国约 3 500 家研究机构的影响。使用这些研究所的平衡样本，包括转制和未转制的研究所，时间跨度为 1998 年，即重组倡议的前一年，到 2005 年，他们的计量经济学分析发现，重组计划似乎已经实现了一个基本目标，即把政府的研究补贴从转制的商业性科技企业转移到非营利的研究型研究所。初步结果显示，专利生产的效率略有提高，但是考虑到漫长的孕育期，需要更长的时间来评估中国研究机构的专利生产将如何适应其使命的转变和政府资源的重新分配。

雷等人（2012）利用美国专利商标局的数据分析了大学—产业—政府机构（UIG）关系的三种模式，它们代表了不同的三螺旋结构。通过分析专利的授权年份，雷等人发现，中国的发明活动经历了三个发展阶段，从（i）政府过渡到（ii）大学和研究机构，然后过渡到（iii）产业，在此期间，企业，特别是外商投资企业和私营企业，占据了创新活动增长的大部分。与本节特别相关的是，在对共同专利的分析中，作者发现大学和工业界之间的合作特别有力，并在最近几年得到加强，而其他形式的 UIG 合作一直很弱。

在他们的论文《研究和所有权合作在产生专利质量方面的作用：中国与美国的比较》中，蒋等人（2018）的发现证实并阐述了这些结果。他们关于各种形式的专利合作的质量影响的论文发现，在 1990—2015 年期间美国专利商标局授予的中国专利中，涉及公司与大学合作的专利显示出最高的质量水平。

在质量水平稍低的情况下，企业与研究所的合作也表现良好。然而，大学—研究机构合作和三螺旋公司—大学—研究机构（UIG）组合的表现相当差，这可能是由于这两者的样本（不到 50 项获批专利）相当小。值得注意的是，蒋等人报告说，成功的公司—大学和公司—研究机构的组合都显示出很高的国际合作率，公司—大学合作率为 72%，公司—研究机构合作率为 22%。

正如预期的那样，中国的大学和研究机构可能会产生显著的技术溢出效应。张和罗杰斯（Zhang & Rogers，2009）在《产业研发与学术研发的互动关系》一文中，使用 1989—1999 年中国专利摘要数据库的数据来分析大学和研究机构研发的溢出效应。利用专利计数数据，他们发现单个企业的研发支出和同一区域内的大学和研究机构进行的研发活动的溢出效应是影响企业创新绩效的两个最突出的因素，这是由企业的专利奖励衡量的。大学和研究机构专门从事基础研究的趋势，占中国基础研究的 94%，很可能是这种溢出效应的主要原因。

王和关（2010）以大学部门为重点，发现来自大学的科学家在研究成果商业化方面变得更加积极主动。作者研究了专利权是否对学术研究论文产生不利影响的问题。他们的发现主要集中在中国纳米技术领域的研究，总体上支持早期的调查结论，即专利活动不会对研究产出产生不利影响。然而，当学术研究人员与作为专利受让人的公司合作，或者科学家自己成为受让人时，参与专利研究确实对大学研究人员的出版物数量和质量都有负面影响。

总之，与其他地方一样，在中国，企业在研发支出和专利审批中占主导地位，而中国大学的研究和专利却迅速增长，这表明中国研究机构的资金和人才正在转移。通过将商业化的研究机构转变为科技企业，中国的研究机构正试图将其重点放在基础研究和更高质量的专利上。

## 国际部门的作用

对中国来说，国际部门非常重要；文献集中在其中两个方面。首先，中国在国外的专利，特别是在美国专利商标局的专利，正在迅速增长，比在中国国家知识产权局的国内专利增长更快。中国专利的发生率和质量提供了对中国科技追赶国际科技前沿和其他国家科技前沿的速度和程度的一个衡量。其次，无论是在国内，还是通过外国直接投资，还是在国外，中国与外国实体的专利合作的倾向迅速增加。这种合作是技术转让的一个重要途径。

在《中国居民的国际专利申请：构建中国面向国外的同族专利数据库》中，温斯迟-文森特等人（Wunsch-Vincent et al., 2015）利用世界知识产权组织（WIPO）数据构建了一个面向国外的同族专利数据库（1970—2012），对中国的海外专利进行了分析。[①] 在探讨海外专利的动机时，作者发现，中国企业越来越倾向于在外国司法管辖区申请专利，其主要驱动力是促进合作的愿望，知识产权（IP）授权，以及进一步提高公司作为真正创新者的声誉。

在《专利倾向、竞争和中国的外国专利激增》一文中，胡（2010）研究了温斯迟-文森特等人（2015）的反面；即外国企业在中国申请专利的动机。这篇文章的重点是在最近外国专利在中国激增的背景下，竞争是专利决策的一个决定因素。通过使用由国家知识产权局和美国专利商标局授予的所有专利组成的数据库，胡发现，外国进口产品之间的竞争可以占到中国外国专利年增长的 36%。

在他们的论文《离岸研发在解释中国和印度在美国专利商标局的专利增长中的作用》中，段和孔（2008）记录了 1988—2007 年美国专利商标局申请的中国和印度专利的增长，这些专利的发明人也包括中国和印度的受让人。数据显示，在中国和印度，大多数涉及一个或多个中国或印度发明人的美国专利和商标局专利都由外国受让人拥有。段和孔发现，这些结果与这两个国家的外国直接投资和相关的外国投资研发活动的趋势相吻合，表明虽然外国公司正在扩大他们在这些国家的研发，产生更多的美国专利商标局专利，但其中大多数仅限于母国发明人的参与，而不是联合受让人所有权。几乎在同一时期，在《繁荣还是新兴？中国的技术能力和专利活动的国际合作》中，使用 1997—2007 年的数据，几乎与段和孔相同，马等人（2009）也评估了中国与其他主要工业化国家或地区之间的国际合作模式，同样发现受让人—发明人比率较低。

使用美国专利商标局的数据，蒋等人（2018）证实了段和孔在早期的发现；他们的表 3 显示，2006 年以前，30.6% 的中国专利包括一个外国发明人，而只有 3.1% 包括一个中国受让人。然而，在 2006—2015 年，由于外国发明人的份额几乎没有变化，包括中国受让人的比例上升到 27.3%。这一增长似乎表

① WIPO 的专利族数据库是以欧洲专利局的 PATSTAT（2013 年 4 月版）和 WIPO 统计数据库的组合为基础的。

明，与外国发明人合作创造的知识产权中，至少有一部分所有权被转让给中国居民的比例大幅上升。

# 政府的作用

中国政府积极推动中国的科技发展，特别是专利活动，其手段包括设定全国性的专利目标（通常反映在省级规划中），将研究资金用于创新和专利，以及在地方一级为成功的专利成果提供补贴和奖励。专利文献特别关注在地方一级启动的专利补贴或专利促进政策和计划（PPPs）。

党和本桥（2015）解释说，中国的地方政府在其补贴项目上有所不同。他们的附录 2 描述了补贴项目的省级和时间分布。一些政府只对已授权的专利进行补贴，意在促进具有较高获批概率的申请。然而，这类项目可能不会为专利申请提供强有力的激励，因为从申请专利到授予专利之间要经过三到四年的时间，而且审查结果也不确定。因此，一些政府在申请和审查阶段提供补贴，允许申请人在提出专利申请或审查请求后立即获得补贴。如果申请被审查员拒绝，申请人不需要归还补贴。补贴的数额也不同。有的政府对申请和 / 或审查费进行全额补贴，而另一些政府提供的补贴仅涵盖费用的 50%—80%。补助金的金额从 500 元（河北）到 5 000 元（西藏）不等。到 2008 年，中国有 80% 的省份启动了申请费补贴，而约有一半的省份提供审查费补贴和补助金奖励。

在"评估中国的专利促进政策：对专利数量和质量的影响"一章中，龙和王（2015）利用中国国家知识产权局 1985 年至 2010 年的省级专利数据，发现有证据表明，截至 2007 年，PPP 政策（专利促进政策）即优惠的税收政策、补贴、专利申请和维持费补贴，已经被横跨中国 29 个省份的各个政府机构所采用。[①] 作者发现，作为对这些专利促进政策的回应，专利申请有所增加，尽管他们发现发明专利的供应弹性低于实用新型和外观设计专利。专利促进政策似乎在一定程度上削弱了平均专利申请的质量——尤其是续展率的降低——但

---

① 根据龙和王的说法，表 9.1 至 9.3 所示的这些关于专利促进政策（PPPs）的数据是通过检索北大法宝（http://www.pkulaw.cn）、北大法意（http://www.lawyee.net）和《中国法律汇编》（由中国法院网站维护）（http://www.chinacourt.org/law.shtml）的相关省级法律和法规收集的，关键词包括"专利""奖励""优惠税收待遇"和"补贴"。他们报告了 29 个省在 2007 年之前（包括 2007 年）的此类专利促进政策的状况。

对发明专利的不利质量影响相对较小。

雷等人（2012）的《中国的专利申请是由政治驱动的吗？来自中国国内专利申请的证据》，研究了1986年至2007年中国专利申请数量的季节性特征。对比国内申请和国外在中国国家知识产权局的申请，作者发现国内申请的月度模式更为强烈，每年12月达到高峰。这一分析表明，较高的申请数量可能是由于企业将其发明拆散以创造更多的申请，可能是为了在年底有资格获得更多的补贴和申请增加带来的奖励。

夏皮罗等人（Shapiro et al., 2017）以浙江省的中国民营中小企业为样本，并在代理理论框架的基础上，发现有证据表明企业特定的激励措施对专利活动产生了积极的影响。更具体地说，它们的影响取决于激励的性质、激励所针对的员工以及所采用的创新措施。与他们最初的假设和其他国家的证据相反，夏皮罗等人发现管理人员的绩效工资措施对专利活动有积极的影响。具体来说，作者发现管理人员的持股和基于绩效的薪酬都与新授予的专利呈正相关。他们的结论是，对创新激励机制作用的理解可能比通常假设的更为复杂；也就是说，这种研究必须考虑到不同类型的激励机制通过不同的渠道（所有权结构、管理者与非管理者）影响企业的创新绩效，从而导致激励机制对创新产生不同的影响。

这组论文，结合上述章节中关于中国专利激增的原因及其对专利质量的影响的评论，强烈地表明，尽管政府补贴鼓励了中国专利的增长，但补贴通常扭曲了激励机制，在某种程度上削弱了专利质量。然而，某些经过精心设计和监督的补贴项目似乎同时增加了中国的专利数量而又不影响专利质量，因此值得关注。

## 部门和区域技术扩散

关于中国的科技体系及其演变（包括专利）的一个关键问题是其对地区差异的影响。[①] 虽然没有关注区域差异本身，谢恩盖尔等人（Scherngell et al.,

---

① 在《中国和美国创新活动的空间分布比较》中，刘凤朝等人比较了中国和美国的创新活动的空间分布。使用从中国国家知识产权局和美国专利和商标局收集的发明专利作为指标，他们的论文通过等级—频率、集中和分类等方法比较了中国和美国创新活动的空间分布。他们发现，虽然两个国家的创新活动都更多地集中在沿海地区，但中国专利分布的空间多样性比美国更明显。

2014）在《知识资本对中国全要素生产率的影响：空间计量经济学视角》中，调查了使用专利数作为知识资本的代理，以衡量中国制造业的全要素生产率（TFP）。他们的研究结果证实了中国的生产力增长转向更加以知识为基础，显示出 1998 年后以专利数衡量的知识资本对地区全要素生产率的影响要强大得多。关和刘还发现，1998 年之后，知识资本的区域间溢出效应比 1998 年之前要强得多，从而证实了知识资本（专利）在中国经济中越来越重要。

在《基于专利的中国八个经济区技术创新能力评估》中，陈等人（2009）利用中国国家知识产权局的数据，分析了 1999—2004 年间专利申请的区域分布。不出所料，这项研究发现，在这八个地区中，50% 以上的中国专利申请来自北部沿海和东部沿海，其中包括南部沿海地区，专利增长率超过了其他地区的增长率。最耐人寻味的是，作者发现，与专利申请的巨大差异相比，八个地区之间的研发支出差距很小，从而表明中国沿海省份的研发回报更高。这种差异可能是由于大学更集中、交通更密集的地区所产生的知识溢出效应更强。

在这一思路下，利用 2006—2010 年期间 224 个城市的中国城市数据，蒋等人（2017）探讨了影响中国跨城市研发合作的因素。文章使用中国专利数据库的共同专利数据作为研发合作的代表，研究了城市间研发合作的空间模式。研究表明，跨城市的合作研发活动主要发生在先进城市和沿海地区之间。省内跨市合作的平均合作强度为 4.74，而省际合作的发生率为 0.69，大大低于省内合作。具体来说，有高速铁路连接的城市之间更可能发生研发合作。

在《基于国家专利数据分析的中国创新能力比较》中，关和刘（2005）认为，地区间创新能力的不平等阻碍了中国整体科技的和谐发展。通过研究专利投入范围之间的互补性，作者认为相关的投入在各地区之间的分布是无效率的。具体来说，关和刘的结论是，科学家和工程师、政府对企业的研发资金、银行研发贷款以及企业对研究机构和大学的资金在中国的区域创新体系中都在不同程度上存在低效配置。相反，企业的自筹研发对区域创新能力的贡献显著，这表明更有效的创新资源配置可以同时改善区域创新能力的分布，以及中国的整体创新成就。

在他们的论文《小世界对中国专利生产率的影响》中，张等人（2014）使用中国国家知识产权局的数据来研究企业密度高的小世界网络的演变，以及它们对中国专利生产率的影响。作者证实了他们的假设，即国有企业比例较大的小型网络面临着更烦琐的传输路径，导致知识的流动效率较低。例如，他们发现在国有企业比例较高的北京，技术传播速度比国有企业比例较低的广东慢。因此，作者得出结论，为了加快知识传播和创新，中国政府应该让市场而不是管理者决定创新资源的分配。

结合 2008—2012 年期间中国国家知识产权局和欧洲专利局全球专利统计数据库（PATSTAT）的数据来源，克罗尔（Kroll，2016）从区域视角探讨了中国专利的结构。克罗尔的主要结论包括：

➢ 中国技术体系的最新发展并没有显示出在技术能力方面的地域差异有任何实质性的缓解。虽然有证据表明许多非沿海地区的地位绝对加强，但大上海地区的持续活力尤其限制了区域融合的前景。

➢ 事实上，中国只在少数技术领域具有全球竞争力，这就造成了有利于这些专业领域的地区的不平衡现象。然而，随着支持技术转让的行动和政策（以前只限于"创新岛"）在中国内地越来越普遍，大学专利的集中度已经大大降低。

并非所有的研究都集中在中国沿海和内陆地区相对研究能力的看似不可逆转的差距上。使用 1986—2006 年期间的中国国家知识产权局专利的总体数据，黄（2010）发现，中国各地区的科技能力似乎变得更加统一。具体说来，黄发现在 12 个技术分类中衡量的各种科技指数已经系统地向内扩散到各个省份，以提高中国的整体创新能力。[①] 1986 年至 2006 年期间，包括陕西、广东、上海、天津、北京、江苏、山东和其他沿海省份在内的关键地区的科技优势，与中部和内陆地区相比，随着时间的推移逐渐减弱。要使黄的研究结果与其他对区域追赶的程度和前景不那么乐观的学者的研究相协调，有一种可能，即沿海经济体的尖端技术是黄使用 1986 年的连续数据以外的 12 种技术。

## 结论与探讨

在本文中，我们借鉴了 44 篇研究论文的主要成果和美国专利商标局的数据，分析了中国最近 25 年的专利产出如何为中国从创新经济成功转型为发明

---

① 该指数在此被定义为一个地区在 12 个主要科学或技术类别中所占的中国国家知识产权局专利份额，除以该地区在所有类别中的中国国家知识产权局专利份额。

经济提供深刻的见解。

本文篇幅有限，无法整合和讨论上文总结的一系列分析和结论。尽管如此，正如本文所显示的那样，包括数量、质量、技术专业化、国际部门和中国政府的作用以及地区差异等六个不同的部分，这些文献涵盖了广泛的主题，一些论文侧重于中国的早期专利表现，而其他论文则更新到了最近五年或十年的表现。

文献中有一个焦点被认为是缺失的，主要是因为随着中国专利在国际专利局的激增，它的研究现在才变得可行。这个缺失的分析是中国在多大程度上缩小了与其他国家不断发展的前沿技术和专利的差距。我们的评估是，鉴于专利授权的快速积累，特别是美国专利商标局的专利授权，以及中国国家知识产权局和其他国家专利局的专利授权，现在有足够数量的中国的和可比较的专利数据，包括全国范围和关键行业的数据，可以对技术赶超的程度和速度进行仔细的定量分析。鉴于专利数据的可用性，包括权利要求和引用的质量和数量，通过质量措施对专利计数进行适当加权的能力，可以对国家比较进行更细致的衡量。我们可以期待应用本文所回顾的各种数据来源和分析方法的更新，来分析中国努力缩小与世界上最具创新性的经济体的技术差距的速度、优势和弱点。

# 致　谢

国家自然科学基金项目（编号 71874138，71302147），中央高校基本科研业务费（SK2018044），以及布兰戴斯大学国际商学院。

# 参考文献

Albert, M. B., Avery, D., Narin, F., & McAllister, P. (1991). Direct Validation of Citation Counts as Indicators of Industrially Important Patents. *Research Policy*, 20(3), 251－259.

Bloom, N., & Van Reenen, J. (2002). Patents, Real Options and Firm Performance. *Economic Journal*, 112(478), C97－C116.

Chen, Y., Yang, Z., Fang, S., Hu, Z., Meyer, M., & Bhattacharya, S. (2009). A Patent-Based Evaluation of Technological Innovation Capability in Eight Economic

Regions in PR China. *World Patent Information*, 31(2), 104-110.

Dang, J., & Motohashi, K. (2015). Patent Statistics: A Good Indicator for Innovation in China? Patent Subsidy Program Impacts on Patent Quality. *China Economic Review*, 35, 137-155.

Duan, Y., & Kong, Y. (2008). The Role of R&D Offshoring in Explaining the Patent Growth of China and India at USPTO. In Proceedings of the 2008 IEEE International Conference on Management of Innovation and Technology (ICMIT).

Eberhardt, M., Helmers, C., & Yu, Z. (2017). Is the Dragon Learning to Fly? An Analysis of the Chinese Patent Explosion. *Oxford Economic Papers*, 69(1), 239-262.

Fink, C., Khan, M., & Zhou, H. (2016). Exploring the Worldwide Patent Surge. *Economics of Innovation and New Technology*, 25(2), 114-142.

Fisch, C. O., Block, J. H., & Sandner, P. G. (2016). Chinese University Patents: Quantity, Quality, and the Role of Subsidy Programs. *Journal of Technology Transfer*, 41(1), 60-84.

Fisch, C., Sandner, P., & Regner, L. (2017). The Value of Chinese Patents: An Empirical Investigation of Citation Lags. *China Economic Review*, 45, 22-34.

Guan, J., & He, Y. (2007). Patent-Bibliometric Analysis on the Chinese Science-Technology Linkages. *Scientometrics*, 72(3), 403-425.

Guan, J., & Liu, S. (2005). Comparing Regional Innovative Capacities of PR China Based on Data Analysis of the National Patents. *International Journal of Technology Management*, 32(3/4), 225-245.

Hall, B. H., Jaffe, A. B., & Trajtenberg, M. (2001). The NBER Patent Citations Data File: Lessons, Insights and Methodological Tools (NBER Working Paper No. 8498).

Hall, B. H., Jaffe, A. B., & Trajtenberg, M. (2005). Market Value and Patent Citations. *RAND Journal of Economics*, 36(1), 16-38.

Hall, B. H., Thoma, G., & Torrisi, S. (2007). The Market Value of Patents and R&D: Evidence from European Firms (NBER Working Paper No. 13426).

Harhoff, D., Narin, F., Scherer, F. M., & Vopel, K. (1999). Citation Frequency and the Value of Patented Inventions. *Review of Economics and Statistics*, 81(3), 511-515.

Hu, A. G. Z., Zhang, P., & Zhao, L. (2017). China as Number One? Evidence from China's Most Recent Patenting Surge. *Journal of Development Economics*, 124, 107-119.

Hu, A. G. Z., & Jefferson, G. H. (2009). A Great Wall of Patents: What is Behind China's Recent Patent Explosion? *Journal of Development Economics*, 90(1), 57-68.

Hu, A. G. Z. (2010). Propensity to Patent, Competition and China's Foreign Patenting Surge. *Research Policy*, 39(7), 985-993.

Hu, M.-C., & Mathews, J. A. (2008). China's National Innovative Capacity. *Research Policy*, 37(9), 1465-1479. Huang, K. G. (2010). China's Innovation Landscape. *Science*, 329(5992), 632-633.

Jefferson, G. H., Jia, W., & Zhang, P. (2018). Knowledge Production in China's High-Tech Industries: The Role of R&D Spending and Personnel, 1995-2014 (Brandeis University Working Paper).

Jiang, R., Tortorice, D. L., & Jefferson, G. H. (2016). Restructuring China's Research Institutes: Impacts on China's Research Orientation and Productivity. *Economics of Transition*, 24(1), 163-208.

Jiang, R., Jefferson, G. H., Li, L., & Zucker, S. (2018). The Role of Research and Ownership Collaboration in Generating Patent Quality: China-U. S Comparisons (Brandeis University Working Paper).

Jiang, S.- q., Shi, A.- n., Peng, Z.- h., & Li, X. (2017). Major Factors Affecting Cross-City R&D Collaborations in China: Evidence from Cross-Sectional Co-Patent Data Between 224 Cities. *Scientometrics*, 111(3), 1251 – 1266.

Kroll, H. (2016). Exploring Pathways of Regional Technological Development in China through Patent Analysis. *World Patent Information*, 46, 74 – 86.

Lei, X.- P., Zhao, Z.- Y., Zhang, X., Chen, D.- Z., Huang, M.- H., & Zhao, Y.- H. (2012). The Inventive Activities and Collaboration Pattern of University-Industry-Government in China Based on Patent Analysis. *Scientometrics*, 90(1), 231 – 251.

Lei, Z., Sun, Z., & Wright, B. (2012). Are Chinese Patent Applications Politically Driven? Evidence from China's Domestic Patent Applications. Presented at the Patent Statistics for Decision Makers Conference, November 28 – 29, Paris: OECD.

Li, X. (2012). Behind the Recent Surge of Chinese Patenting: An Institutional View. *Research Policy*, 41(1), 236 – 249.

Liefner, I., Kroll, H., & Peighambari, A. (2016). Research-Driven or Party-Promoted? Factors Affecting Patent Applications of Private Small and Medium-Sized Enterprises in China's Pearl River Delta. *Science and Public Policy*, 43(6), 849 – 858.

Liu, F., & Sun, Y. (2009). A Comparison of The Spatial Distribution of Innovative Activities in China and the U.S. *Technological Forecasting and Social Change*, 76(6), 797 – 805.

Liu, Y., Tan, L., & Song, S. (2013). Chinese Patent Explosion Factors: An Empirical Analysis Based on System and Policy. IEEE. https://ieeexplore.ieee.org / document / 6641809/.

Long, C. X., & Wang, J. (2015). Chapter 9: Evaluating Patent Promotion Policies in China: Consequences for Patent Quantity and Quality. In D. Prud'homme & H. Song (Eds.), *Economic Impacts of Intellectual Property-Conditioned Government Incentives*, Springer Science+Business Media Singapore, 235 – 257.

Malackowski, J. E., & Barney, J. A. (2008). What is Patent Quality? A Merchant Bank's Perspective. *les Nouvelles*, 123 – 134.

Ma, Z., Lee, Y., & Chen, C. - F. P. (2009). Booming or Emerging? China's Technological Capability and International Collaboration in Patent Activities. *Technological Forecasting & Social Change*, 76(6), 787 – 796.

Moore, K. A. (2005). Worthless Patents. Georgetown University Law School Working Paper Series, No. 27.

Peng, M., Ahlstrom, D., Carraher, S., & Shi, W. L. (2017). History and the Debate over Intellectual Property. *Management and Organization Review*, 13(1), 15 – 38.

Prud'homme, D. (2015). China's Shifting Patent Landscape and State-Led Patenting Strategy. *Journal of Intellectual Property Law & Practice*, 10(8), 619 – 625.

Scherngell, T., Borowiecki, M., & Hu, Y. (2014). Effects of Knowledge Capital on Total Factor Productivity in China: A Spatial Econometric Perspective. *China Economic Review*, 29, 82 – 94.

Schmid, J., & Wang, F.- L. (2017). Beyond National Innovation Systems: Incentives and China's Innovation Performance. *Journal of Contemporary China*, 26(104), 280 – 296.

Shapiro, D., Tang, Y., Wang, M., & Zhang, W. (2017). Monetary Incentives and Innovation in Chinese SMEs. *Asian Business & Management*, 16, 130 – 157.

Trajtenberg, M. (1990). A Penny for your Quotes: Patent Citations and the Value of Innovations. *RAND Journal of Economics*, 21(1), 172 – 187.

Wang, G., & Guan, J. (2010). The Role of Patenting Activity for Scientific Research: A Study of Academic Inventors from China's Nanotechnology. *Journal of Informetrics*, 4,

338 – 350.

Wang, X., Xie, Z., Zhang, X., & Huang, Y. (2018). Roads to Innovation: Firm-Level Evidence from People's Republic of China (PRC). *China Economic Review*, 49, 154 – 170.

Wang, Y., Ning, L., & Prevezer, M. (2015). Technological Diversification in China from 1986 to 2011: Evidence from Patent Data. *Technological Forecasting & Social Change*, 99, 54 – 66.

Wunsch-Vincent, S., Kashcheeva, M., & Zhou, H. (2015). International Patenting by Chinese Residents: Constructing a Database of Chinese Foreign-Oriented Patent Families. *China Economic Review*, 36, 198 – 219.

Yueh, L. (2009). Patent Laws and Innovation in China. *International Review of Law and Economics*, 29(4), 304 – 313.

Zhang, G., Guan, J., & Liu, X. (2014). The Impact of Small World on Patent Productivity in China. *Scientometrics*, 98(2), 945 – 960.

Zhang, J., & Rogers, J. D. (2009). The Technological Innovation Performance of Chinese Firms: The Role of Industrial and Academic R&D, FDI and the Markets in Firm Patenting. *International Journal of Technology Management*, 48(4), 518 – 543.

Zheng, J., Zhao, Z.- Y., Zhang, X., Chen, D.- Z., Huang, M.- H., Lei, X.- P., Zhang, Z.- Y., Zhao, Y.- H., & Liu, R.- S. (2011). Industry Evolution and Key Technologies in China Based on Patent Analysis. *Scientometrics*, 87(1), 175 – 188.

Zheng, J., Zhao, Z.- Y., Zhang, X., Chen, D.- Z., Huang, M.- H., Lei, X.- P., Zhang, Z.- Y., & Zhao, Y.- H. (2012). International Scientific and Technological Collaboration of China from 2004 to 2008: A Perspective from Paper and Patent Analysis. *Scientometrics*, 91(1), 65 – 80.

第二部分
# 培育中国的创新能力

# —— 第 2.1 章 ——
# 中国国家和区域创新体系

薛澜　李代天　余振

## 引　言

国家创新体系（NIS）的概念是由弗里曼（Freeman，1987）、伦德瓦尔（Lundvall，1992）和尼尔森（Nelson，1993）在 20 世纪末提出的。自 21 世纪初以来，它已成为学者、政策制定者和行业从业者的一个流行概念。尽管一些学者质疑这一概念的相关性，并提出了替代框架，如全球创新体系（Binz & Truffer，2017），多层次视角（Geels，2011）来解决当今世界的重大挑战（Schot & Steinmueller，2018），但国家创新体系仍然是许多国家政府在国家范围内促进创新能力和能力建设的重要框架（如，中华人民共和国科技部）。为了理解中国的国家创新体系，我们首先需要对国家创新体系框架有一个明确的定义。虽然定义之间存在差异（Niosi，2002），我们还是采用了伦德瓦尔的说法，根据该定义，国家创新体系是指"在生产、传播和使用新的和经济上有用的知识中相互作用的要素和关系……并且位于或植根于民族国家的边界内"。图 2.1.1 显示了典型国家创新体系的关键要素，其中包括企业和非企业行为人［如，公共研究机构（PRI）、政府机构］、市场、科学系统、教育系统、基础设施，以及宏观经济和监管环境［经合组织（OECD），1999］。一个运作良好的国家创新体系往往需要不同要素在良性循环中相互作用。例如，教育系统培养人才，这些人才将进入科学系统并产生新的知识。科学系统产生的知识随后由市场上的公司进行商业化。企业创造的经济价值将由政府以公共基金和基础设施的形式（部分）重新分配给科学和教育系统。然而，这并不意味着国家创新体系是一个封闭的系统；相反，外国公司往往在后发国家的国家创新系统中发挥重要作用（Fu，2015）。获得外国知识对于新兴市场企业的追赶至关重要，至少在早期阶段是如此（Malerba & Nelson，2011）。上述不同行为者之间的互动应得到各种制度安排的支持（如产权保护、市场化交易）。

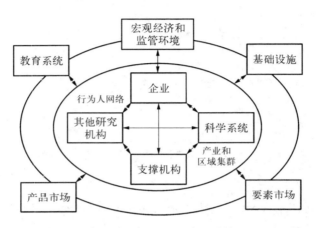

图 2.1.1　国家创新体系的典型模型

资料来源：改编自 OECD（1999）。

中国的国家创新体系有着独特的发展道路，并表现出几个有趣的特征。虽然国家创新体系的概念直到 1990 年代末才被引入中国，但自 1949 年中华人民共和国成立以来，中国已经开始系统性地按照苏联模式建立其科学和技术（S&T）能力。从 1949 年到 1966 年，中国建立了中国科学院（CAS）、1 000 多个应用研究机构和一个综合大学系统。这个科技系统在培训科技人员、进行基础研究和开发战略军事技术方面取得了显著进展。然而，在计划经济背景下，中国企业（几乎都是国有企业或集体企业）对商业创新没有什么动力。[①]

1978 年开始的改革开放对中国的国家创新体系产生了巨大的影响。"市场改革"为不同类型公司的出现和繁荣提供了大量机会。"开放"使国内企业能够获得外国的知识和技术，从而能够将其应用于产生自己的技术能力。大学和公共研究机构的改革促进了知识的创造和知识在整个社会的传播。如第一部分各章所示，经过四十年的努力，中国的整体创新能力已经有了很大的提高。例

---

① 　并不是商业化新事物那样的"发明"和"创新"（Schumpeter，2017）。

如在基础研究方面，自 2016 年以来，中国作者发表的科学论文总数一直位居世界第一。[①] 中国在高科技领域（如，电信、高速列车、互联网）的快速追赶也引起了全世界的关注，这被认为是引发中美贸易战的关键因素之一。

下面我们首先回顾了中国创新体系的演变，然后是中国国家创新体系的现状和特点，最后我们讨论了中国国家创新体系发展未来的方向。

# 中国创新体系的演变

**改革开放前的时代（1949—1978 年）。** 1949 年新中国成立后，中国基本上照搬了苏联的科技发展模式，其特点是在公司、大学和工业企业之间有明确的分工（但很少互动）（Sun，2002）。由中国科学院、中央政府各部委或地方政府管理的公共研究机构是研究与发展（R&D）中最重要的角色，几乎承担了所有研究项目。科技资金和任务是由政府集中规划和分配的（Xue，1997；Zhong & Yang，2007）。除了少数例外，大学只从事教育工作，而工业企业则专注于生产。由于当时中国的国际环境非常恶劣，中国中央政府不相称地优先考虑与军事有关的科技活动和产业。因此，中国见证了战略性军事技术的成功发展，如原子弹（1964）、氢弹（1967）和人造卫星（1970）。然而，这很大程度上忽视了民用工业，管理不善且开发和新技术应用的激励措施很少。

**新时代的开始（1978—1985 年）。** 1978 年 3 月，全国科学大会在北京召开，这是一个关键事件。在这次会议上，中国当时的主要领导人阐明了几个历史性判断：例如，"科学技术是生产力"（后来发展为"科学技术是第一生产力"）和"知识分子是工人阶级的一部分"，这显然合法化了科技在经济发展中的角色，提高了科学家和知识分子的重要性。会议还通过了《1978—1985 年全国科学技术发展规划纲要（草案）》，强调了对基础研究的投资。对于中国的科学家来说，这些变化标志着科学的春天已经到来。

同时，中国与科技管理有关的政府机构关注如何更有效地分配科技资源，以符合政府的指导原则（即科技研究必须为经济建设服务），而经济发展必须依靠科技。[②] 此外，中国在世界范围内发起了对新科技革命的广泛讨论，并发

---

① 根据爱尔思维尔（Elsevier）的 Scopus 数据库。
② 在 1982 年 9 月召开的中国共产党第十二次全国代表大会上首次阐明了这一点。

布了相应的政策文件以应对挑战，反映了国际视角在中国科技决策中的作用，并为即将到来的科技体制改革提供了依据。

**中国科技体制改革（1985—1998 年）**。1985 年 3 月，中国共产党中央委员会发布了具有里程碑意义的政策文件《中共中央关于改革科学技术体制的决定》，标志着中国开始了对国家创新体系的系统性改革（Xue，1997）。改革的基本目标是："使科学技术成果迅速地广泛地应用于生产，使科学技术人员的作用得到充分发挥，大大解放科学技术生产力，促进科技和社会的发展。"根据该决议，运行机制、体制结构和科技人员的管理是最需要进行结构性改革的三个关键领域（Xue，2018）。

在运行机制方面，该决议改变了珠三角地区科技研究经费的拨款制度。政府逐渐减少了对公共研究机构的资助金额，促使它们从产业界获得资金。尽管政府继续为从事基础研究的研究机构提供一些资金以支付基本费用，但大多数研究机构不再有资格自动获得重大研究拨款，而是必须通过公开招标制度与其他合格的研究机构竞争。此外，该决议还呼吁开放技术市场，使研发成果得以商业化。

在体制结构方面，该决议提倡研究机构和工业企业之间、民用和军用研究之间以及不同产业部门和地区的研究之间加强协调和合作。它还鼓励研究机构、大学和企业之间建立各种横向联系，包括研究机构和企业之间的合并。

在人事管理方面，许多人致力于建立一个尊重脑力工作和鼓励人才流动的良好环境。科技人员不再具有本单位就业的保证（"铁饭碗"），而是被鼓励通过各种方式向工业和农业部门流动。

同时，在国家层面上建立了一系列新的科技机制，包括国家知识产权保护制度，国家自然科学基金通过同行评议的拨款制度支持研究机构的基础研究。为了更好地利用科技能力和资源为中国的经济发展服务，还制定了各种国家研发计划，如星火计划、火炬计划、高技术研究发展计划（863 计划）和国家基础研究计划（973 计划）。[①]

为了加快新兴高科技产业的发展，决议还提出要在知识资源密集的地区

---

① 星火计划于 1986 年正式启动，旨在通过应用科技知识促进农村地区的经济发展。火炬计划更注重高新技术的商业化、产业化和内部化。

发展一批具有不同特色的新型高科技产业开发区。第一个国家高新技术开发区——中关村，于 1988 年在北京成立。1991 年，中央政府批准了 11 个政策文件，以确定高科技企业并为其提供优惠政策。到 1997 年 6 月，全国已建立了 52 个国家高新技术产业开发区，为新型高科技企业的发展提供了相对有利的物质和制度环境，从而促进了中国高科技产业发展。

**科技体制改革的扩大化（1998—2006 年）。** 随着 1985 年以来科技体制改革的深化，许多从事应用研究的科研机构通过创新和创业参与经济发展，并从中受益。然而，大量的基础研究机构却面临着非常严峻的生存挑战（Xue，2018）。本章第一作者回顾了 1997 年访问中科院系统下的一个地质研究机构的经历，该机构正试图通过建立宝石鉴定服务来参与市场。研究机构、大学和产业之间的联系也相对薄弱。随着中国市场经济改革的进行，国内民营企业由于市场的快速增长而迅速成长，但有限的创新能力仍然是它们发展的关键瓶颈。相反，许多国有企业尽管拥有大量的研究人员和资源，但主要由于缺乏有效的创新激励机制而困于低生产水平。

当中国的科技体制改革在艰难中摸索前进时，国际科技政策研究界的新概念和新理论为中国的进一步改革提供了新动力。1997 年，知识经济和国家创新体系的概念相继被中国学术界和政策制定者所接受。中国科学院利用这一势头，向当时的国家领导人江泽民主席提交了一份题为《迎接知识经济时代，建设国家创新体系》的请示报告，江泽民主席很快作出了重要批示："我认为可以支持他们搞试点，先走一步。真正搞出我们自己的创新体系。"[①] 1998 年6 月，中共中央和国务院作出了建立中国国家信息系统的重要决定。中国科学院受命启动知识创新的重大试点项目，旨在形成高效的国家知识创新体系和运行机制，并建设一批国际知名的国家创新示范中心。这些举措开启了以建设中国国家创新体系为核心的新一轮科技体制改革。

伴随着这些知识创新项目的开展，研究机构的体制结构和地位也发生了变化。1998 年，国务院开始进行机构改革和重组，取消了 15 个部委，其中大部分是专门从事行业管理的部门。经过这一努力，这些部委管理的 242 个应用研究机构开始尝试转变所有权结构，其中 131 个被企业收购，40 个被转移到地

---

① 编注：来源参见《国家科技教育领导小组举行第一次会议》，《光明日报》1998 年 6 月 10 日。

方政府，18 个变成中介机构，24 个转移到大学或其他部委，29 个被合并到中央政府管理的 12 个飞机企业。随后，改革的规模不断扩大。到 2003 年底，1 050 个应用研究机构完成了所有权结构的转变，成为独立的市场主体，99 个应用研究机构被并入大学或成为非营利组织。

同时，还实施了一系列措施以鼓励大型国有企业建立研发中心。一些技术创新项目被建立起来以支持中小型科技企业的创新。地方政府也热衷于通过提供各种优惠政策来吸引跨国公司在其管辖范围内建立研发中心。渐渐地，中国本土企业通过合资、专利许可、人才流动等方式从跨国公司的知识溢出中大大受益，跨国公司也逐渐被视为中国国家创新体系的重要组成部分。

在此期间，作为国家创新体系的重要组成部分，中国的高等教育体系也经历了几次重大改革，包括扩大大学招生规模和建设世界一流大学项目（985 工程）。为了应对 1998 年的亚洲金融危机和日益严重的失业问题，中国的大学和学院开始以前所未有的规模增加入学人数。1999 年，高等教育招生总数达到 160 万，其中新增 50 万，招生增长率为 47.4%。随后，2000 年、2001 年和 2002 年，招生人数继续扩大，增长率分别为 38.16%、21.61% 和 19.46%。2003 年，大学生总数仅超过 1 000 万，2017 年则迅速增长到 3 780 万，高等教育的毛入学率（GER）① 达到 45.7%。1998 年 5 月，在北京大学的百年校庆典礼上，当时的国家主席江泽民提出，"为了实现现代化，我国要有若干所具有世界先进水平的一流大学"。他的建议在 1999 年由教育部制定的《面向 21 世纪教育振兴行动计划》中得到落实，北京大学和清华大学是首批候选大学。

**国家科技体系的完善（2006—2013 年）**。2003 年，中国开始制定国家中长期科技发展规划，以应对中国加入世界贸易组织（WTO）后日益增长的国际竞争压力。国务院成立了一个由时任总理温家宝领导的规划工作领导小组，涉及国务院 20 个部委。这个规划过程聚集了来自自然科学、工程和社会科学各个领域的 2 000 多名专家。组织了 20 多个专业研究小组，重点研究科技发展的总体战略、科技体制改革、国家创新体系和制造业科技发展等战略问题。2006

---

① 联合国教科文组织将毛入学率定义为一个国家特定教育水平的总入学率，不分年龄，以占该教育水平对应的官方年龄组人口的百分比表示。

年，随着《国家中长期科学和技术发展规划纲要（2006—2020 年）》（以下简称《纲要》）的正式颁布，规划工作得以完成。自主创新、关键领域的跨越式发展、支持经济发展、引领未来，成为中国未来 15 年科技发展的核心主题。《纲要》旨在到 2020 年将中国建设成一个创新型国家。它确定了基础研究、应用研究和学科间研究等领域的关键研究任务。此外，还选择了 16 个具有战略意义的巨型研究项目，以获得大部分政府支持。

该《纲要》为中国国家创新系统的全面运作提供了一个巨大机会。2006 年 2 月，国务院发布了落实《纲要》的配套政策，为科技投入、减税、财政支持、政府采购、知识产权保护、人才队伍等各项配套政策提供指导原则。此外，中国还颁布了《科学技术进步法》，肯定了中国在新的中长期科技发展规划中的目标、方针和战略，加强了鼓励自主创新的配套措施。

**创新驱动的发展（2013 年至今）**。2013 年以来，中国新一届领导班子高度重视科技体制改革，强调科技创新是促进中国国家全面发展和提高发展质量的关键战略。在创新驱动发展的指导下，提出了一系列改革。2014 年，国务院发布了《关于深化中央财政科技计划（专项、基金等）管理改革的方案》。2015 年，中共中央、国务院共同发布了《关于深化体制机制改革加快实施创新驱动发展战略的若干意见》。同时，中国修订了《促进科技成果转移法》，制定了《实施〈中华人民共和国促进科技成果转化法〉若干规定》，并发布了《促进科技成果转移转化行动方案》，完成了促进技术转移的政策三部曲。2016 年，中共中央发布《国家创新驱动发展战略纲要》，对中国走向 2050 年的科技创新进行了顶层设计和系统规划。国务院还颁布了《国务院关于大力推进大众创业万众创新若干政策措施的意见》，旨在促进科技创新和大众创业。以联合办公空间为代表，各种新的企业孵化器开始涌现。2016 年，中国共举办了 17 家国家级专业联合办公空间，约 4 200 家普通联合办公空间，3 600 家科技企业孵化器，400 家企业加速器，形成了创新、孵化、创业的协调链，为 40 万家创业企业提供服务，创造了 180 多万个就业岗位。

在整个四十年的科技改革过程中，我们可以清楚地看到，中国遵循的是一种渐进主义理念（Sun，2002）。改革通常以试错开始，发布一些临时性授权，在积累了足够的经验和反馈后，再由进一步授权来修改或补充，或者由新的法律完全取代（Xue，1997）。另一个取得进步的领域是，中国越来越多地使用立法手段，而不是传统的行政指令，作为政策实施的工具。在很长一段时间里，"从起草发展政策和确定优先领域，到资助、协调和管理研发活动"（Sun，2002），国家大量参与研发活动。这种情况已经发生了巨大改变，尤其是产业部门的研究，已经占中国研发活动的四分之三以上，并且主要由市场力量驱动。

# 中国创新体系的特征

尽管中国于1997年从西方国家引进了国家创新体系的概念，但中国事实上的国家创新体系，自新中国成立以来的发展，有自己由经济和政治环境以及历史事件形成这一特点。在本节中，我们将首先说明中国创新体系的结构和组成部分，重点是两类行为者和两类互动。然后，我们简要回顾一下中国国家创新体系的整体表现和问题。

## 结构和组成部分

### 总体结构

中国的国家信息系统由不同的实体和这些实体之间的各种互动组成。这些实体包括公司、政府、大学、研究机构和用户。不同类型的实体在系统中扮演着不同的角色，他们通过与其他参与者互动来学习和发展不同类型的能力。中国创新体系的整体结构如图2.1.2所示。这里，"政府"包括中央政府、各部委和地方政府。所有的公立大学和研究机构都在中央政府或地方政府的管理之下。在1978年中国改革开放之前，大多数企业是国有制或集体所有制。如今，私营企业、合资企业和外资企业也是中国经济中的重要角色，是中国国家创新体系的重要组成部分。国家在中国国家创新体系中发挥着重要作用，制订发展计划和启动科技项目。除了通过国有企业和研究机构参与国家创新体系，国家还通过其他制度安排参与国家创新体系，如公私合营（PPP）、产业联盟和标准制定组织。

### 企业

改革开放前，中国是一个计划经济国家。国有企业在国家计划指令下进行

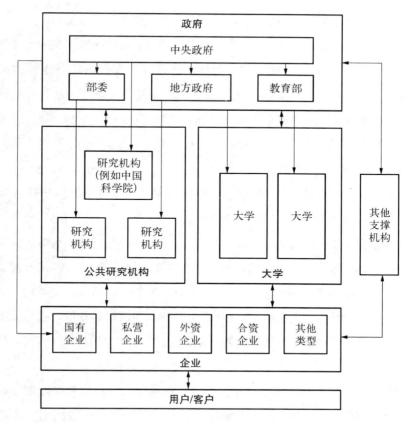

图 2.1.2　中国国家创新体系的总体结构

生产活动。这一时期的产品开发是由政府下属的研发机构进行的。当时，企业并没有开发新技术的能力，也没有这样的动机。

1978 年开始的改革开放从两个方面促进了企业的技术发展：一方面，它允许私营企业进入市场，与国有企业共享繁荣；另一方面，它允许外资企业进入市场，与国内企业竞争。随着发达国家的企业进入中国市场，他们也给中国带来了丰富的技术，给中国企业带来了积极的外溢效应。这为中国企业获得技术能力和实现快速赶超奠定了基础。

自 2001 年中国正式加入世界贸易组织以来，中国企业的创新能力在激烈的全球竞争中迅速提高。一些中国企业，如华为和海尔，在技术开发、市场拓展、组织结构和全球战略方面成功地提升了自己的能力。尽管许多中国公司在早期阶段以"模仿战略"（Xiao，Tylecote & Liu，2013）开始，但它们并不是简单地复制引进的技术。相反，它们正在进行适应其本国环境的独立研发，并创造出一条具有中国特色的发展道路。

近年来，越来越多的公司遵循自主创新的战略，并将国际化视为增强其竞争优势和扩大客户群的一种方式。例如，联想通过收购国际商业机器公司（IBM）的研发和品牌成为世界个人电脑（PC）制造巨头。吉利通过收购沃尔沃，在中国开发了关键的汽车零部件（如发动机）。同样，在制药业，许多成功的中国公司使用先进的外国生化或制药技术来升级传统中药。同时，他们开发了许多中成药，如三九胃泰、云南白药等。

在信息和通信技术（ICT）行业，中国公司开始从创造性模仿迁移到创新。他们大量投资于研发，从低端转向高端。华为和中兴等公司已经推出了与思科和爱立信等全球巨头竞争的产品。海康威视和大华已经成为全球视频监控市场的领导者。这些公司成功的原因是它们采取了独特但合适的技术发展战略，使它们能够为客户提供"适用"的产品（Yip & McKern，2016）。例如，华为坚持"针尖战略"，这意味着它在选定的技术领域比其竞争对手分配更多的资源，以实现这些领域的比较优势。随后，它将这种比较优势迁移到其他相关技术领域。

2009 年后，随着全球化的加剧，中国企业越来越多地依靠全球创新网络中的开放式创新。在全球开放式创新的范式下，企业不是孤立的个体，而是与它们所处的商业生态系统相互作用的有机体，特别是对于那些占据创新生态系统核心位置的企业。以阿里巴巴、百度和腾讯为代表的服务型商业生态系统，以及以华为、小米和中国商用飞机为代表的制造型商业生态系统，正在蓬勃发展（关于这一现象的进一步分析，见本手册第5.7章）。

尽管中国出现了一些具有全球竞争力的跨国公司（如华为、吉利），但中国企业的创新活动大多仍集中在工程层面。大多数中国企业还没有真正形成初创能力。这就迫切需要中国企业提升其创新能力。华为深知这一点，建立了"2012 实验室"，并在 2016 年将其研发支出增加到 596 亿元人民币。"2012 实验室"的主要研究领域包括下一代通信技术、云计算、音频和视频分析、数据挖掘、机器学习等。同样，阿里巴巴在 2017 年成立了达摩院（发现、冒险、动力和展望学院），宣布在未来三年投资 1 000 亿元人民币，用于开展基础科学和颠覆性技术的再搜索。达摩院的主要研究领域包括量子计算、机器学习、基础算法、网络安全、自然语言处理、人机互动等。这些一流的实验室独立于其母公司的既定研发系统，其使命是为下一个 5 年至 10 年开发未来技术。

### 大学和公共研究机构

大学是中国国家创新体系的另一个组成部分，重点是教育、人才培养和基础研究。大多数发达国家都有世界一流的大学，如美国的哈佛和斯坦福，英国的牛津和剑桥，以及日本的东京大学。这些大学对其母国的发展有重大影响。拥有享誉世界的大学也是一个国家综合国力的重要标志。因此，建设一流大学是中国创新体系发展进程中的一项重要任务。如前所述，中国在世纪之交启动了世界一流大学计划。建设一流大学的最新努力是所谓的"双一流"大学计划。

### "双一流"大学计划

建设一流大学和一流学科是中央政府近年来做出的一项重大战略决策。它旨在完善中国的教育体系，加强国家的核心竞争力，并为长期发展奠定基础。

2015 年 10 月，国务院发布了《统筹推进世界一流大学和一流学科建设总体方案》（"双一流"大学计划）。该计划旨在支持创新驱动发展战略和经济发展，以实现"两个一百年"奋斗目标和中华民族的伟大复兴。方案提出，"到 2020 年，若干所大学和一批学科进入世界一流行列，若干学科进入世界一流学科前列；到 2030 年，更多的大学和学科进入世界一流行列，若干所大学进入世界一流大学前列，一批学科进入世界一流学科前列，高等教育整体实力显著提升；到本世纪中叶，一流大学和一流学科的数量和实力进入世界前列，基本建成高等教育强国"。这意味着"建设一流师资队伍、培养拔尖创新人才、提升科学研究水平、传承创新优秀文化、着力推进成果转化"。

2017 年 1 月，教育部、财政部、国家发展改革委联合颁布了《统筹推进世界一流大学和一流学科建设实施办法（暂行）》。2017 年 9 月 21 日，教育部、财政部、国家发展和改革委员会公布了"双一流"大学名单。共有 137 所高校入围，其中 42 所高校进入"一流大学"名单，95 所高校进入"一流学科"名单。这意味着，在"985 工程"实施 18 年后，中国正在启动新一轮的世界一流大学建设。如表 2.1.1 所示，到 2018 年，中国有 6 所大学被列入 QS 百强排名。

表 2.1.1  中国大陆 QS 世界大学排名百强名单

| 国内排名 | 大　学 | 世界排名 |
|---|---|---|
| 1 | 清华大学 | 25 |
| 2 | 北京大学 | 38 |
| 3 | 复旦大学 | 40 |
| 4 | 上海交通大学 | 62 |
| 5 | 浙江大学 | 87 |
| 6 | 中国科学技术大学 | 97 |

来源：QS2018 世界大学排名，见 https：//www. topuniversities. com / university-rankings / world-university-rankings / 2018。

　　除大学外，公共研究机构也在中国的国家创新体系中发挥了重要作用，尤其是中国科学院。从 1998 年到 2010 年，中国科学院共提交了 47 119 件国内专利申请，其中 83.7% 是发明专利。自 2014 年自然出版集团首次发布自然指数榜单以来，中国科学院一直在学术机构中排名世界第一。

　　大学和公共研究机构是中国追赶的重要动力。这在人工智能（AI）等新兴技术领域尤其如此。根据清华大学中国科学技术研究院（CISTP）发布的《中国人工智能发展报告 2018》，有四家中国机构（中国科学院、清华大学、哈尔滨工业大学和上海交通大学）进入了世界人工智能论文产出前十名的机构名单（图 2.1.3）。

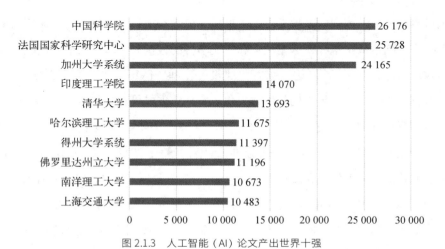

图 2.1.3　人工智能（AI）论文产出世界十强

来源：中国人工智能发展报告，2018，http://www.sppm.tsinghua.edu.cn/eWebEditor/UploadFile/20180712001.pdf。

**互动**

不同类型的行为者之间的互动促进了中国创新体系内的学习和能力建设。本书第 1.2 章讨论了这种互动的重要性。尽管在中国的国家创新体系中存在着各种类型的互动，但由于篇幅有限，我们在本章中将重点讨论两种类型的互动。第一类互动是大学和产业之间的互动（大学与产业的联系），而第二类互动是民用部门和军事部门之间的互动（军民融合）。

*产学合作*

近年来，中国科技活动中的产学合作中得到了加强。表 2.1.2 显示产业部门一直是大学科技经费的第二大来源，2016 年占总经费的比例已接近 32%。[①]

这两个部门之间这种相对紧密的联系可以追溯到 1980 年代中国国家创新体系开始形成的早期阶段。当时的工业企业严重缺乏技术和设备落后的研究资源，再加上缺乏训练有素的研发人员，这在很大程度上造成了企业创新能力的薄弱。在这种情况下，工业部门寻求外部援助以提高其技术创新能力是合理的，而大学自然成为其重要选择之一。

**表 2.1.2　高等教育研发计划经费来源（2016）**

| | 研发计划项目<br>（数量） | 人员投入<br>（人/年） | 经费投入<br>（万元） |
|---|---|---|---|
| 国家科技计划项目 | 255 744 | 131 714 | 3 747 020 |
| 当地科技计划项目 | 298 355 | 112 841 | 1 160 346 |
| 产业科技合同 | 190 701 | 68 683 | 2 470 087 |
| 自筹经费科技计划项目 | 131 839 | 38 732 | 275 886 |
| 海外科技计划项目 | 3 274 | 1 219 | 59 625 |
| 其他 | 14 366 | 6 649 | 59 262 |
| 合　　计 | 894 279 | 359 837 | 7 772 226 |

来源：中国科学技术统计年鉴，2017。

中国经济的快速增长是大学与工业部门合作比以往更多的另一个主要原因。在中国从一个低收入国家上升到中高收入国家的过程中，越来越多的中国公司已经从模仿者转变为创新者。工业部门对获得新知识的需求越来越大。因为大学与产业界的联系是新知识商业化的重要载体（Mueller，2006），随着中

---

① 来源：中国科学技术统计年鉴，2017。

国经济的增长，这种联系变得更加紧密。

### 军民融合

2016 年，中共中央、国务院、中央军委围绕国家安全和发展战略大局，出台了《关于经济建设和国防建设融合发展的意见》。它明确了新形势下军民融合发展的总体思路、重点任务和政策措施。这是一个统筹经济和国防建设的纲领性文件。同年，国务院、中央军委颁布了《经济建设和国防建设融合发展"十三五"规划》，作为"十三五"期间深入实施军民融合发展战略的顶层设计。上述文件和即将出台的《军民融合发展战略纲要》（即今天的军民融合战略），是中国军民融合发展的顶层战略规划。加上各领域的专项规划和各地区的发展规划，中国的军民融合战略规划体系已基本建立。目前，重大示范工程已经启动，一批项目正在加快推进。例如，中国启动了首批 41 家军工科研院所的改革，推进大型国防科研设备军民两用共享。目前，在取得武器装备科研生产许可证的主要企业中，民用企业已占到三分之二以上。军民融合在中国国家创新体系中发挥着重要作用。中国的许多大型项目，如"北斗三号"（卫星导航）、"嫦娥三号"和"嫦娥四号"（探月）、"天宫二号"和"天宫三号"（空间实验室）、"神舟十一号"（航天器）都涉及一定程度的军民融合。源自军事部门的北斗卫星导航系统一直在为民用部门提供导航服务。

## 整体表现和问题

通过采用创新系统方法，中国在科技活动的投入和产出都取得了令人瞩目的进展。在投入方面，中国的全职研发人员几乎增加了两倍，中国的研发支出在过去十年中增加了五倍（图 2.1.4）。在产出方面，中国的专利申请数量增加了六到七倍（图 2.1.5）。

经过几十年的创新体系发展，中国在创新能力方面取得了显著进步。中国的创新产出的数量已经超过了世界上许多国家。然而，中国要缩小与领先国家在创新质量方面的差距，还有很长的路要走。最后，我们提出一些阻碍中国高质量创新的主要问题。

首先，不同的政府机构在创新管理方面没有很好地相互联系。这导致在某些领域投资不足，但在其他领域竞争过度。中国的科技体制改革和中国的经济体制改革缺乏足够的整体设计和协调。金融、房地产、能源等领域的改革滞后

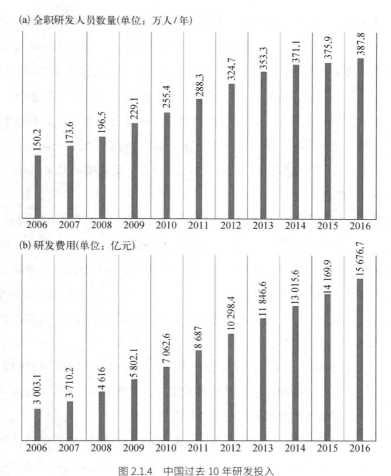

图 2.1.4　中国过去 10 年研发投入

（a）全职研发人员数量（单位：万人 / 年）；（b）研发费用（单位：亿元）
来源：中国统计年鉴。

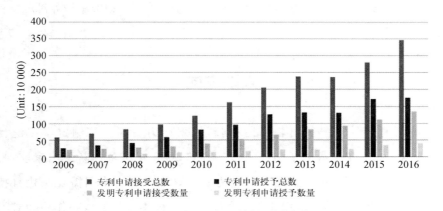

图 2.1.5　2006—2016 年中国研发产出

来源：中国统计年鉴。

于科技体制改革。目前，地方政府的收入在很大程度上依赖于与房地产有关的税收和土地转让费。这导致了房地产行业的过度增长。一方面，不断增长的房地产行业吸收了太多的资源，而这些资源本可以投资于其他创新部门。另一方面，不断上涨的房价在年轻一代中造成了普遍焦虑，阻碍了他们进行（通常是有风险的）创新活动。一个显著进展是，中国最近成立了国家科技领导小组，该小组由总理领导，各部委高级官员参与。我们希望看到更加协调的决策机制，从而改善激励结构，并在不同部门之间建立更紧密的联系（Fu & Mu，2014；Fu，2015）。

其次，中国国家创新系统的"开放性"停留在一个不太令人满意的水平。中国还没有形成足够的能力来整合和利用全球科技资源。国际顶级人士参与中国科技项目的情况比较少。此外，中国还需要面对更加严格的外国技术转让环境。四十年前中国开始改革开放时，有大量的外国技术可供中国企业学习和模仿。但现在，随着中国在更多领域追赶先行者，中国企业发挥这种追赶战略的空间越来越小。

然后，支持创业创新活动的服务还不完善。目前，在中国国家创新体系中，知识转移和资源调动还存在很多制度性障碍。现有的服务体系缺乏明确的价值导向，难以满足创业者和创新者的需求。

最后，中国的制度环境、监管环境、商业环境和知识产权保护环境也需要进一步改善。创新活动需要大量投资且不确定性高。如果个人或公司不相信他们能从创新中获得适当的回报，他们一开始就不会进行这种投资。因此，中国需要进一步改善其创新环境，培养创新文化，促进在科学研究中培养对声誉和诚信重要性的认识。

# 未来方向

最新的《"十三五"国家科技创新规划》为中国经济制定了广泛目标，即到2020年进入创新型国家行列，到2030年跻身创新型国家前列，到2050年建成世界科技创新强国。为实现这些目标，中国需要深化科技管理体制改革，继续追求创新驱动发展，发挥科技创新的核心作用和对人才发展的支撑作用，与初创企业和公众的创新努力密切互动，并为第一批创新者提供更大的激励。已经制定的到 2020 年的具体目标，如将中国的全球创新排名从 18 位提高到 15 位，研发支出占国内生产总值的比例从 2.1% 提高到 2.5%（表 2.1.3）。

**表 2.1.3　"十三五"科技创新规划目标**

| 目　　　　　标 | 2015 | 2020 |
| --- | --- | --- |
| 国家综合创新能力世界排名（位） | 18 | 15 |
| 科技进步贡献率（%对经济增长） | 55.3 | 60 |
| 研发经费投入强度（GDP 占比） | 2.1 | 2.5 |
| 每万名就业人员中研发人员数量（人/年） | 45.8 | 60 |
| 高新技术企业营业收入（万亿元） | 22.2 | 34 |
| 知识密集型服务业增加值占 GDP 比例（%） | 15.6 | 20 |
| 规模以上工业企业研发经费支出与主营业务收入之比（%） | 0.9 | 1.1 |
| 国际科技论文被引次数世界排名 | 4 | 2 |
| 每万件专利申请中 PCT* 数量 | 3.05 | 翻一番 |
| 每万人发明专利拥有量（件） | 6.3 | 12 |
| 全国技术合同成交金额（亿元） | 9 835 | 20 000 |
| 公民具备科学素质的比例（%） | 6.2 | 10 |

* 专利合作条约（PCT）为在其每个缔约国提交专利申请以保护发明提供了一个统一的程序。
来源：《"十三五"国家科技创新规划》。

　　展望未来，中国仅仅解决目前国家创新体系的弱点（如制度失灵、能力不足）是远远不够的；还应该做出巨大努力，以适应老龄化社会、中等收入陷阱、第四次工业革命和全球可持续发展等带来的挑战。

　　首先，大量的廉价劳动力是过去四十年来中国经济增长的重要推动力之一。随着中国老龄人口的迅速增长和年轻劳动人口的减少，这种人口红利已经开始缩减。根据世界卫生组织报告（WHO，2016），中国人口老龄化的速度明显快于其他中低收入国家，到 2040 年，中国超过 60 岁的人口将达到 28%。同时，由于劳动力成本上升，中国已经遭受了产业转移到其他国家的浪潮。尽管一些正在进行的倡议，如"中国制造 2025"和"一带一路"，将解决其中的一些问题，但对中国来说，转变其目前的经济结构是越来越重要的。创新有望成为中国未来经济增长的核心引擎，因此中国的国家创新系统将不得不承担比以往更多的责任。尽快提高国家创新体系的表现对中国来说至关重要。

其次，如果中国只为国家创新体系建立一个"引擎系统"，而没有一个"转向系统"或"刹车系统"，可能会导致灾难性后果的发生。随着第四次工业革命的到来，这一点尤其令人担忧。人们普遍认为，第四次工业革命会对人类社会造成前所未有的影响（Schwab，2016）。例如，生命科学和人工智能方面的技术进步大大有利于人们的生活，但也伴随着许多社会挑战，如工作替代、安全问题、社会不平等和伦理困境。在过去的几十年里，科技创新被中国社会赋予了光环，许多政策都集中在促进科技创新的发展上，但很少有人注意到它们潜在的社会风险。

以人工智能为例，中国在技术发展和产业发展方面都已稳居第一梯队，并与美国展开了竞争（CISTP，2018）。中国社会对人工智能的发展普遍持非常乐观的态度，超过80%的受访者表示支持（CISTP，2018）。欧盟的人工智能战略非常强调人工智能在隐私和人类尊严等领域可能带来的伦理挑战和社会风险，而中国的人工智能战略则强调人工智能的技术发展和工业应用，并没有对伦理问题给予应有的关注。

与过去工业革命中中国被甩在后面苦苦追赶不同，中国在第四次工业革命中占了先机；因此，中国面临的问题将是世界上的前沿问题，中国可以从其他国家学到的经验将很少。在新兴技术的治理方面，中国必须自己摸着石头过河。在这种情况下，中国迫切需要接受负责任的创新理念（Stilgoe et al.，2013），发展国家创新体系，不仅要关注创新的技术可行性（或先进性），还要关注它对经济发展的影响。它还应考虑道德和社会层面。中国的国家创新体系应该建立公众参与决策的机制，使政策能够反映和吸收社会各方面的意见。大学、研究机构和企业应在其研究活动中纳入更多的道德规范。

最后，中国需要更多地参与国际科技合作，在全球创新体系中发挥更重要的作用。科技创新的国际合作为全球社会带来了巨大的利益。在世界范围内反全球化势力抬头的背景下，美国、欧盟、中国等，应该加强科技合作以应对我们面临的一些重大挑战，如气候变化、环境恶化、减贫、食品安全、传染病、公共卫生等。在过去的四十年里，中国从国际科技合作中获益良多。中国需要积极参与科技创新的全球治理，并在技术发展、风险预防和道德规范的制定方面发挥更积极的作用，以推动科技发展为人类社会创造更美好的未来。

## 参考文献

Binz, C., & Truffer, B. (2017). Global Innovation Systems — A Conceptual Framework for Innovation Dynamics in Transnational Contexts. *Research Policy*, 46(7), 1284 – 1298.

CISTP. (2018). *China AI Development Report 2018.*

Freeman, C. (1987). *Technology Policy and Economic Performance.* London, UK：Pinter.

Fu, X. (2015). *China's Path to Innovation.* Cambridge：Cambridge University Press.

Fu, X. & Rongping M. (2014). Enhancing China's Innovation Performance：The Policy Choices. *China & World Economy* 22(2)：42 – 60.

Geels, F. W. (2011). The Multi-Level Perspective on Sustainability Transitions：Responses to Seven Criticisms. *Environmental Innovation and Societal Transitions* 1(1)：24 – 40.

Lundvall, B.– Å. (1992). *National Systems of Innovation.* London：Pinter.

Malerba, F., & Nelson, R. (2011). Learning and Catching Up in Different Sectoral Systems：Evidence from Six Industries. *Industrial and Corporate Change*, 20(6), 1645 – 1675.

Mueller, P. (2006). Exploring the Knowledge Filter：How Entrepreneurship and University-Industry Relationships Drive Economic Growth. *Research Policy*, 35(10), 1499 – 1508.

Nelson, R. R. (1993). *National Innovation Systems: A Comparative Analysis.* Oxford University Press.

Niosi, J. (2002). National Systems of Innovations Are "X-Efficient" (And X-Effective)：Why Some Are Slow Learners? *Research Policy*, 31(2), 291 – 302.

OECD. (1999). *Managing National Innovation Systems.* Paris：OECD.

Schot, J., & Steinmueller, W. E. (2018). Three Frames for Innovation Policy：R&D, Systems of Innovation and Transformative Change. *Research Policy*, 47(9), 1554 – 1567.

Schumpeter, J. A. (2017). *Theory of Economic Development.* Routledge.

Schwab, K. (2016). *The Fourth Industrial Revolution.* World Economic Forum.

Stilgoe, J., Owen, R., & Macnaghten, P. (2013). Developing a Framework for Responsible Innovation. *Research Policy*, 42(9), 1568 – 1580.

Sun, Y. (2002). China's National Innovation System in Transition. *Eurasian Geography & Economics*, 43(6), 476 – 492.

WHO. (2016). *China Country Assessment Report on Ageing and Health.* https：//apps. who.int / iris / handle / 10665 / 194271.

Xiao, Y., Tylecote, A., & Liu, J. (2013). Why Not Greater Catch-Up by Chinese Firms? The Impact of IPR, Corporate Governance and Technology Intensity on Late-Comer Strategies. *Research Policy*, 42(3), 749 – 764.

Xue, L. (1997). A Historical Perspective of China's Innovation System Reform: A Case Study. *Journal of Engineering & Technology Management*, 14(1), 67 – 81.

Xue, L. (2018). *Science and Technology in China: Development and Policy (1978 – 2018)*. Beijing: Social Sciences Academic Press.

Yip, G. S., & McKern, B. (2016). *China's Next Strategic Advantage: From Imitation to Innovation*. MIT Press.

Zhong, X., & X. Yang. (2007). Science and Technology Policy Reform and Its Impact on China's National Innovation System. *Technology in Society*, 29(3), 317 – 325.

# —— 第 2.2 章 ——
# 大辩论：中国的国家与市场

劳伦·勃兰特　埃里克·图恩

> 我们这个时代的大辩论并不是如同以往和设想的那样关于资本和劳动，而是关于经济企业和国家。
>
> ——约翰·肯尼思·加尔布雷思（John Kenneth Galbraith，1987）

## 引　言

从改革时代一开始，促进创新和技术升级就是中国领导人的首要目标。中国领导人一直认为，国家的经济和战略未来取决于中国企业站在新兴技术前沿的能力。

虽然目标很明确，但实现这一目标的最佳手段却不那么明确。尤其是政策制定者一直在争论国家相对于市场在指导和塑造创新努力中的作用。这些辩论的结果形成了监管框架和制度结构，在此过程中界定了经济行为者面临的机会和限制。其结果是，政策走向在整个改革时代是不断变化的，对国家和市场主导的大力支持在中国是并存的，两者在不同时间和不同部门都起着主导作用。

在本章中，我们将在这一辩论的背景下考察中国的升级和创新纪录。一个关键的发现是，那些始终对竞争最开放的行业，企业的进入和退出要容易得多，更普遍的是这些企业在地方和中央都没有受到中国国家"可见"的扭曲之手影响。这些行业事实上是最有活力的，行业中的中国企业也是当下在要求更高的国内和海外市场中竞争成功的。相比之下，那些仍然保有国有性质，以及/或者由国家机构严格监管的行业，通常都不能带来有活力的本土企业。

我们要解释的是，为什么那些监管壁垒较少、对竞争开放程度较高的行业（包括中国和外国企业）会产生更有活力和创新力的中国企业。我们的核心推断应是中国的国内市场如何为中国企业提供竞争优势。赞成国家支持产业政策的论点往往认为本地企业在出口市场竞争中存在技术和营销方面的"差距"。在这种情况下，国家政策被认为是培育和支持本地企业对抗更具竞争力对手的一种手段（Schmitz，2007）。然而，在中国巨大的国内市场中，外国企业通常处于劣势，因为它们无法有效竞争于对成本高度敏感的细分市场中。低端市场为国内企业提供"自然"保护，使其免受外国企业的影响，同时保持国内企业之间的高度竞争；高端市场为外国企业进入市场提供了动力；而"争夺中间"市场则为本地企业的升级和外国企业的本土化提供了动力。壁垒较多、国家干预程度较高的行业削弱了最有利于促进中国企业升级和创新的竞争互动关系。

我们的分析主要是针对 2008 年全球金融危机之前的时期。在本章的最后一节，我们将重点放在 2008 年之后，即国家作用重新抬头的时期（Lardy，2019），并考虑其对新兴技术和行业可能存在的影响。

## 国家的（不平衡）撤退

中国促进升级和创新的方式已经发生了改变，但是高度活跃企业和极度有效企业的并存现象依旧是主题。国家政策在决定这两者之间的平衡方面发挥了关键作用。

在经济改革初期，计划经济留下来的是一个高度集中和等级森严的创新体系。科学技术（S&T）体系在很大程度上是"任务主导"的：国家通常根据其上下游行业的需求来决定每个工业行业的需求；委托民用和国防相关项目来实现特定目标；并建立研究机构（部委和国家研究机构、大学，以及较小程度上在企业内部）来实现这些目标（Zhou & Liu，2016）。在这种体制下，国有企业是政府的生产单位，没有什么动力（或能力）来应对市场需求的创新。尽管有时国家会就外国技术的许可或统包设备的进口进行谈判，但是外国企业被排除在市场之外。这种"技术民族主义"的科技发展方式满足了国家的一些目标，特别是在国防部门；并促进了许多行业强大基础能力的发展，但它并没有带来具有全球竞争力的企业（Suttmeier，1997；Naughton & Segal，2003）。

在 1980 年代和 1990 年代初，国家采取了"双轨制"战略，保持对国有行业的重大控制，但降低了非战略行业（如劳动密集型轻工业）中非国有企业的门槛（Naughton，1995）。新成立经济特区的外国直接投资也受到鼓励，主要是为了出口。利用中国的比较优势，这一时期非国有行业的出口增长也很迅速，1978 年至 1995 年期间，出口占工业产出的份额从 2.5% 增长到 13.2%（Brandt，Ma & Rawski，2017）。竞争和进入也激励了这些企业的升级并为其提供了途径。

与此形成鲜明对比的是，国有行业的改革只取得了有限的成功。该行业优先获得银行信贷和外汇等资源，而这些资源经常用于获得技术许可和进口资本货物和设备。在经济特区之外，外国企业往往需要与国有企业合作建立合资企业（JVs），比如汽车行业。根据"技术交易市场"政策，外国企业被允许进入中国的国内市场，但前提是它们必须符合一系列复杂的监管要求，而合作伙伴通常是国有企业（Zhou & Liu，2016）。该机制引导了一些升级，但是新技术和资源往往被封存在效率极低的企业中。

尽管被国有企业拖累，中国制造业在这一时期的表现还是令人印象深刻的。虽然这种增长通常被描述为"投资主导"，但全要素生产率的提高尤其重要（以每单位投入的产出来衡量）。这些生产力的提高是企业层面努力降低成本，提高产品质量并向全球价值链上游发展的产物。据估计，在 2007—2008 年全球金融危机之前的十年到十五年里，企业生产力在总产出和附加值的年增长分别为 2.8% 和 8.0%，行业增长率甚至更高。[1] 这种增长是中国制造业总产出增长的一半以上，与其他成功的亚洲经济体（如日本、韩国和中国台湾）制造业在其发展的类似阶段所达到的速度相当（Brandt，Van Biesebroeck & Zhang 2012；Yu，2015）。[2]

这种活力也反映了中国出口产品的日益复杂化（Schott，2008），以及中国的制造企业（外国企业和越来越多的国内企业）在竞争激烈、要求严格的发

---

[1]　正如后面更充分解释所表明的，企业和行业层面之间的增长差异反映了企业进入和退出以及行业内企业之间资源重新分配的重要作用。

[2]　利用国家统计局 1998 年至 2007 年的年度企业调查数据所做的估计表明，工业产出增长的 57% 是生产力增长的结果。

达国家出口市场上成功占据更多的市场份额（Mandel，2013）。这里的关键是中国国内供应链的能力深化，这使得国内采购增加，从而大大增加了中国出口行业的国内附加值（Kee & Tang，2016）。到 2010 年，中国已经超越了美国，成为世界上最大的制造商。

### 生产力的提高从何而来？

推动中国经济增长的生产力提升有可能来自四个方面。首先，现有企业（在位者）可能通过创新和改进来提高全要素生产率，使其能够降低生产成本以及/或者提高产品质量，从而获得更高的价格。其次，将资源重新分配给生产力更高的企业可能也有同样的效果。合并和收购（M&A）的增加支撑这种收益，而资本市场的不完善、企业间劳动力流动的障碍，以及限制性的市场准入阻碍这种收益。然后，全要素生产率水平高于现有企业的新企业进入市场将会提高行业平均全要素生产率。在中国，现有企业主要是国有企业和集体所有制企业，而新进入企业则是私营企业和外国企业。最后，全要素生产率低于平均水平的表现不佳企业的退出，也会有利于这些收益的提升。一般来说，进入和退出的贡献将取决于流动数量以及这些企业的规模和相对生产力。进入和退出的障碍都很关键。在中国，软性预算约束可能会通过延迟企业的退出来延长生产力分布的左尾部。

在此期间，中国工业生产力增长的一个独特特征是新企业进入起到了关键作用：总体而言，行业内高达三分之二的生产力增长来自新企业的进入，其中很大一部分来自私营企业（Brandt，Van Biesebroeck & Zhang，2012）。新企业的进入率[1]可以根据 1995 年、2004 年和 2008 年中国工业普查的企业层面记录来计算。[2] 1995 年的普查显示，当年进入的新企业数量略多于 4 万家，进入率为 8%。到 2004 年普查时，新进入企业的绝对数量增加了两倍多，进入率上升到 12%。尽管 2008 年的进入率有所下降（可能因为全球金融危机），但是仍然增加了 15 万家企业。[3] 新企业对该行业生产力增长的贡献是高进入率以及它们相对于现有企业更高生产力的产物。在这一时期，私营行业企业家所面临

---

[1] 进入率的计算方法是用一年中新成立的企业数量除以之前成立的运营企业总数。
[2] 这些企业活动涵盖了 75% 至 80% 的工业活动。 被排除在外的都是规模较小的企业。
[3] 这些估计是基于 1995 年、2004 年和 2008 年中国工业普查的数据。

的制度障碍和歧视大大减少，而新进入者相对于在位者更高的生产力提高了整体生产力水平（Brandt，Kambourov & Storesletten，2020）。

虽然高水平的进入对推动生产力提高至关重要，但也忽略了资源重新分配给更有生产力的企业以及企业退出市场在其中的作用。提高效率方面的投入（资本、劳动力和中间产品）重新分配对生产力增长的贡献有限，这可能源自本市场的限制（Hsieh & Klenow，2009），以及产品市场障碍和（更普遍的）效率低下、政治优待企业享有的优惠待遇。企业退出的作用有限，这也许表示大型的、业绩不佳的国有企业并没有退出，这也与僵尸企业数量不断增加的报告相一致。[1] 当国有企业在 1990 年代末"抓大放小"的政策下开始进行私有化和重组时，它们（主要是小型国有企业）在制造业中的份额相当小，它们要么被私有化，要么允许破产。

## 行业间差异

生产力的增长速度，以及在位者的创新和升级、重新分配、进入和退出的贡献，因行业而异。图 2.2.1 显示了 1998 年至 2007 年四位数级别的全要素生产率分布情况，并揭示了这一时期各部门之间的巨大差异。[2] 全要素生产率增长特别高的行业包括电子、办公机械和设备以及家具；落后的行业包括电气设备机械、黑色和有色金属以及化学品。

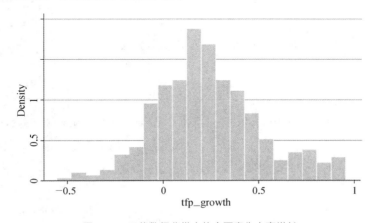

图 2.2.1　四位数行业带来的全要素生产率增长

---

① 僵尸一词是指无利可图且负债累累的企业，它们依靠银行贷款和政府救助来运营。
② 这些估计来自勃兰特等（Brandt et al., 2012）。

　　行业之间存在差异的一个关键决定因素是该行业国有企业的作用（以及创新和升级的激励措施，有关进入、重新分配和退出的相关法规）。根据中国工业普查，国有企业在工业总产值（GVIO）中的份额从1995年的53%下降到2008年的略高于36%。同一时期，国有企业的比例下降得更厉害，反映了1990年代末小型国有企业的大量抛售（私有化）和破产。[①] 但在这一时期，国有企业的撤退是不平衡的：国有企业继续存在于资本密集型的上游行业，如电力、电信、运输和金融，以及"支柱"和"战略"行业，如航空、化工、钢铁和电机，并占据主导地位（Pearson，2015）。

　　图2.2.2显示了1998年两位数级别国有企业的份额与1998年至2007年的全要素生产率增长之间的关系。这种关系显然是负相关的，1998年国有企业最突出的那些行业，在同一时期的生产力增长最低。[②] 表2.2.1报告了将1998年两位数行业分为两组的结果，即国有企业在工业总产值占比超过50%，或少于50%。[③] 此外，在国家主导的行业，在位者和新进入者对生产力增长的贡献都是负的。前者发生在既有企业的生产力增长为负数时；后者发生在新企业以低于行业平均生产力水平进入生产力分布时。按所有权进一步分类，可以发现在国家主导的行业，非国家行为者（在位者和进入者）也表现不佳，也是我们观察到的生产力做出了负面贡献。

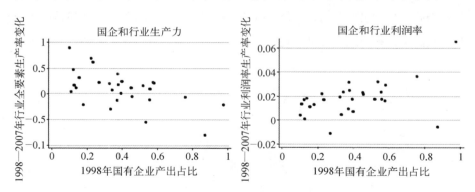

图2.2.2　国有企业的生产力和利润率
来源：勃兰特等（Brandt et al., 2016, p.158）。

---

① 国家所有权（和控制权）可以通过一些替代方式来确定，其中没有一个是完美的。之前报告的估计是基于一个相对保守的定义，包括所有国有和国控的企业。
② 在同一时期，这些部门的利润率增长最快，可能反映了市场力量增加与获得信贷和其他投入优惠的某种结合。
③ 1998年，国有比例在三分之一的行业达到或超过50%。使用稍低的国有比例分界点或在排序后再分组并不能改变情况。

**表 2.2.1　1998—2007 年国有企业的比例以及行业全要素生产率增长**

| 行　业 | 全要素生产率变化来源 | 全要素生产率的总变化 | | | |
| --- | --- | --- | --- | --- | --- |
| | | 现有企业（内部） | 企业间的重新分配（之间） | 新企业（进入） | 退出 |
| 国企比例大于 0.5 | −0.117 | −0.048 | 0.007 | −0.080 | 0.004 |
| 国企比例小于 0.5 | 0.208 | 0.050 | −0.024 | 0.175 | 0.007 |
| 所有行业 | 0.107 | 0.019 | −0.014 | 0.096 | 0.006 |

注释：
1. 全要素生产率的变化是以总产出函数的估值为基础的。以增值为基础的全要素生产率增长可以通过将这些估计值乘以 1/VA 得到，其中 VA 是增值占总产出的比例。0.25 的增值率意味着以增值为基础的全要素生产率增长是 4。
2. 行业内国有比例基于 1998 年的数据。
3. "内部"是指 1998 年和 2007 年都经营的企业的生产力增长；"之间"是指向更具生产力企业重新分配资源而导致的全要素生产率增长；"进入"是指 1998 年不在样本中但在 2007 年出现的新企业，"退出"是指在 1998 年经营但到 2007 年不再经营的企业。
来源：勃兰特等（Brandt et al., 2016, p.159）。

　　这种行为表明，不仅所有权很重要，而且整个管理环境也很重要，它制约着企业在一个行业的竞争和互动方式。事实上，最近的研究（Brandt, Kambourov & Storesletten, 2020）发现，一个省某个行业的国有规模与该行业的进入障碍程度之间存在强烈的正相关关系。表 2.2.2 显示了国有企业在三个（两位数级别）工业行业中的巨大差异，这有助于进一步说明所有权本身不是问题。显然，在一些行业国有企业似乎做得相当好。事实上，分析显示，中国加入世界贸易组织（WTO）并完成关税自由化对现有企业和进入者，以及对国有企业和非国有企业都有重要影响（Brandt, Wang, Vân Biesebroeck & Zhang, 2017）。

**表 2.2.2　国有行业异质性**

| 行　业 | 1998 年国有比例 | 2007 年国有比例 | 全要素生产率绝对变化 | 全要素生产率分解 | | | |
| --- | --- | --- | --- | --- | --- | --- | --- |
| | | | | 生产力变化来源 | | | |
| | | | | 内部 | 之间 | 进入 | 退出 |
| 特种机械 | 0.580 | 0.434 | 0.209 | 0.069 | −0.012 | 0.148 | 0.152 |
| 运输设备 | 0.518 | 0.388 | 0.163 | 0.068 | −0.021 | 0.111 | 0.116 |
| 黑色金属 | 0.757 | 0.602 | −0.062 | −0.014 | 0.004 | −0.045 | −0.053 |
| 化学品 | 0.555 | 0.406 | −0.116 | −0.055 | −0.001 | −0.061 | −0.060 |
| 有色金属 | 0.534 | 0.524 | −0.548 | −0.213 | 0.064 | −0.386 | −0.400 |
| 石　油 | 0.871 | 0.747 | −0.803 | −0.312 | 0.080 | −0.570 | −0.571 |

来源：勃兰特等（Brandt et al., 2016, p.159）。

虽然来自中国工业普查和制造业年度调查的企业级数据对于评估在位者、新企业进入、重新分配和企业退出对生产力增长的贡献是有用的，但要了解中国企业如何升级和创新，需要对企业和行业的动态进行更详细的研究。

# 利用国内市场

在改革的前三十年里，中国企业的主要重点是在相对成熟的工业行业里追赶西方企业。与发展中经济体的"后进"企业一样，中国企业在出口市场竞争中受到技术和营销"差距"的困扰：它们与领先的技术来源隔绝，缺乏对世界最先进市场上苛刻客户的了解（Hobday，1996；Schmitz，2007）。

中国企业试图追赶的背景是不寻常的，因为主要的焦点是国内市场。我们不想忽视中国出口带来的重要回报（Harrison & Rodriguez，2010；Du，2012），但中国制造业企业85%以上的产出是面向国内市场的。此外，对于非常多产品来说（如汽车、重型建筑设备、风力涡轮机、手机和网络设备、玻璃和钢铁），中国市场是世界上最大的。

对国内市场的关注从根本上改变了中国企业升级和创新的条件：目标不是试图超越先进市场上的现有企业，而是通过增量创新为高度成本敏感的国内市场调整成熟产品。企业通过"足够好"或"适合目标"的创新（即定制功能以更有效地满足消费者的需求；见 Gadiesh et al.，2007；Yip & McKern，2016）或通过"成本创新"（即通过利用制造、设计以及/或者管理方面的成本优势，以较低成本实现相同功能；见 Zeng & Williamson，2007）。这些企业的竞争优势包括企业层面的资源（如资产、能力、知识等），比如发现市场机会的技术专长和行业经验（Hang et al.，2015）、能够降低产品成本的研发（R&D）过程（如研发活动的产业化、部分加工和设计变更）（Breznitz & Murphree，2011；Yu & Hang，2011；Williamson & Yin，2014；Wan et al.，2015），以及高学习能力（Chen，2009）。

成本创新文献中隐含着这样一种观点，即企业的能力和资源在很大程度上是由它所竞争的市场决定的，正如朱恒源和王清在第6.3章所讨论的那样，需求因素（如相对收入、人口统计等）和供应方面发展的能力之间存在着微妙的相互作用（Kline & Rosenberg，1986）。鉴于中国国内市场并不缺乏成本创新的机会，那么为什么国内市场有时能提供技术升级的基础，有时却不能；以及为什么这种创新在一些部门蓬勃发展，而在另一些部门却没有，其背后的原因并不明显。

争夺"中间环节"明确关注中国创新成果的差异，以及一个产业中每个细分市场（低、中、高端）在发展过程中的独特作用。事实上，其中任何一个环节的缺失都可能抑制本土企业的上升轨迹。对成本高度敏感的低端市场为新进入者提供了"自然"保护，使其免受成本结构较高的外国企业影响，并使本土能够培养自己成本创新的能力，并在他们具有固有优势的市场中取得规模。高端市场由外国企业主导，它们有更好的机会获得人力资源、资本和技术。中间环节是发展新能力的重要途径，因为它迫使外国企业和本土企业以新的方式结合和重组他们的资源（例如，通过并购活动、采购决策和供应链），以实现"物有所值"的客户所要求的明确性价比（Brandt & Thun，2010，2016；Thun，2018）。

由于影响供需双方的一系列国家政策决定了市场细分的程度，国家可能会无意中限制了那些对能力建设过程有关键作用的细分市场的发展，从而对升级结果产生不利影响。在需求方面，广泛的国家政策，如市场限制、税收政策、关税和非关税壁垒，可能会影响价格，限制国内企业具有优势的细分市场规模。

在供应方面，国家塑造了国内经济中企业可利用的资源和机会，以及它们面临的竞争压力。同样，国有和非国有企业之间的差异也是至关重要的。非国有企业在融资（Brandt & Li，2003）、获取技术（Brandt et al.，即将出版）和并购活动等方面不能享受与国有企业一样的待遇，有时甚至不被允许进入某个行业（Huang，2008）。另一方面，国有企业往往已经在计划经济时代享有数十年的国家投资，而继续在改革时代得到了国家支持。市场自由化的速度和程度在不同行业之间有很大的差异（Brandt et al.，2008）。国家政策也通过管理进口、技术转让和外国投资方面的规则和条例，调和全球资源在国内经济中的流动。在这种情况下，外企进入的形式（即许可、合资、外商独资）往往会影响外国企业引进技术和知识产权的意愿（Hymer，1976；Dunning & Rugman，1985；Dunning，1988）。鉴于不同形式的进入会带来不同程度的外国控制，管理进入的法规会影响国内市场供应方的投入。其结果是，满足不同方面需求所需的技术、投入以及/或者技能可能被无意中排除在外，也抑制了满足不同方面需求的竞争压力。

## 行业间差异

对中国工业产业进行比较可以表明国家政策和法规如何影响市场的划分，从而影响技术升级的机会。当壁垒较低（即私营企业进入、多种形式的外资参与等）、竞争加剧、升级阶梯上的多个环节需求旺盛时，各产业就会更有活力。低端市场为企业提供了学习和获得规模的孵化空间，而高端市场既提供了创新和升级的动力，也提供了所需的知识和投入。

中国的重型建筑设备行业是一个很好的例子。说明在很长一段时间内，自由化促进了该行业的强劲增长和国家冠军的崛起（Brandt & Thun，2010，2016）。二十年前，国内市场是高度细分的，许多中国企业主导着"低端"的轮式装载机市场，而进口和在中国本土生产的跨国企业则服务于"高端"挖掘机市场。① 自 1990 年代初以来，该行业一直相对开放：重型设备机械和中间产品的关税很低；非国有企业，无论是国内的还是国外的，进入都相对不受限制；对许可技术转让的形式几乎没有限制。除了一两个明显的例外，并购也是普遍允许的。在需求方面，建筑业中小型企业一直是市场需求的主要来源。

中国低端市场的规模为外国企业提供了强大的动力，使其将供应链本地化（并在此过程中培训国内供应商），在中国发展研发能力；外企通常侧重于技术的本地化，并在某些情况下收购在生产低成本机器方面具有强大能力的中国企业。低端市场的激烈竞争和高端市场的高利润率刺激了本地企业的投资升级。

卡特彼勒、小松和沃尔沃等跨国企业仍然是高度竞争国内市场的重要参与者，但中国企业在该领域的表现也非常出色。在轮式装载机市场，前四家企业（其中三家是中国企业）现在享有 70% 以上的市场，而中国企业目前在国内挖掘机市场占有一半以上的市场份额，仅仅五年前，这个数字还不到一半。最近对该行业的深入分析将这一成功归功于中国企业（包括国有企业和私营企业）在中等市场价格和质量上的竞争能力［中信里昂证券（CLSA），2013］。CLSA

---

① 这两种产品在设计和制造要求方面有很大的不同，其中大部分与挖掘机的液压系统和传动系统的整合有关。然而，它们在关键方面是可以相互替代的。

（2013，p.23）于 2013 年在两周内对中国中型挖掘机市场（20—25 吨）的 13 个领先挖掘机品牌进行了 185 个工作时长的测试，发现"中国顶级企业和国际企业之间不存在技术差距"。中国汽车行业则相反：国内市场是世界上最大的，但国内企业追赶外资企业方面要困难得多。国内企业困难的根源在于早期政策，最明显的是在 WTO 之前，保护主义比率非常高：对进入和技术转让形式的限制；以及直到最近，明显偏向于国有的、针对国际领先跨国汽车企业的合资政策。在重型建筑中很常见的技术许可只限于一家本土国有企业：天津夏利。

虽然政策制定者希望国家干预会引导具有独立技术能力的国家冠军的发展，但结果却恰恰相反（Thun，2018）。关税保护于私营企业进入限制相结合，使价格超出了个体消费者的范围。由于低端市场的规模缩小，企业在本地市场进行创新的压力较小。合资企业中的外国伙伴转让提高了供应链能力（Thun，2006）和改善装配厂运营的必要技能（Nam，2010），但外国伙伴几乎没有动力转让设计新车型所需的设计技能（Holweg et al.，2005；Thun，2006；Nam，2010）。同时国内合作伙伴也得意扬扬。对该行业进入限制的批评者提到了"合资主义"：容易获得外国品牌和技术，加上寡头垄断带来的高利润率，意味着合资企业中的中国伙伴没有什么动力去投资和发展自主技术能力（Liu & Yang，2009）。近年来，国内品牌市场份额的增加主要是由非国有企业主导的。

虽然汽车和建筑设备提供了成功和失败的对比，但也有其他案例更为模糊的结果和政策教训。风力涡轮机行业经常被称为公共政策在促进国内企业升级方面发挥了积极作用的典型案例（Lewis，2013）。[①] 在不到十年的时间里，几乎完全是在政府主导的国内市场快速扩张的背景下，中国企业开始占据主导地位，如今除了很小一部分之外它们已经拥有了所有的国内市场。合资企业已基本消失，跨国企业通过少量的全资子企业供应当地市场。

然而，风力涡轮机行业的升级程度可能比人们通常认为的更加有限。中国企业已经能够扩大其制造的风力涡轮机的尺寸，但它们无法在全球范围内竞争，哪怕是作为该行业"面包和黄油"的 1.5 兆瓦至 2 兆瓦的风力涡轮机。

---

① 有少量国内企业，其中金风科技是最大的，通过与一些较小的欧洲制造商和设计公司签订技术许可协议进入该领域。

2016 年，出口的机组数量不到总产量的 2.5%。与汽车行业的国内同行一样，它们在设计能力和系统集成方面仍然很薄弱；它们也高度依赖外国企业的控制系统，而控制系统是风力涡轮机的"核心"。

与汽车行业的情况一样，国家政策在很大程度上影响了风力涡轮机市场的供需结构。在需求方面，中国风电场的快速扩张（本土风力涡轮机客户）一直由五大国有发电企业的子企业主导，其中两家拥有自己的风力涡轮机子企业。这抑制了对更高效风力涡轮机的需求，相比之下，独立的电力生产商面临艰难的预算限制，难以发挥更大作用。最近，有报道称，成本较高的低效风电场获得了较高的上网电价。在供应方面，采购规则和本土化要求使外国企业更难竞争，而垂直整合和国有企业在整个价值链关键部件（如发电机、齿轮箱和叶片）的主导地位阻碍了质量升级。最近，中国和美国的风力涡轮机制造商之间的比较显示了质量上的巨大差异（Lu et al.，2016）。

中国的电信行业有时被视为外国主导的例子［例如，中国企业对苹果手机（iPhone）的低附加值］（Linden et al.，2007），有时被视为私营行业创新的主要例子（例如，"山寨"模式），有时被视为国家支持有益创新的例子［例如，时分同步码分多址（TD‐SCDMA）和华为的崛起］，但该行业真正的技术升级和创新的例子展示了"争取中间"的动态。

在手机领域，1990 年代末的政策方针基本上反映了与汽车行业相同的情况，即外国企业需要与国有企业组成合资企业。结果也是一样的：合资企业主要从事进口部件的劳动密集型组装；然而，该行业的高利润率使中国的合作伙伴没有动力积极推动技术的转让以及 / 或者建立自己的品牌和能力（Fan，2010）。本土品牌的崛起只是在 2000 年代中期放宽了进入限制之后，国内市场的低端部分开始迅速增长。这得益于台湾的联发科（MTK），一家无晶圆厂半导体企业，为低端手机制造商开发了包括硬件和软件在内的综合解决方案，进一步降低了进入壁垒（Imai & Shiu，2007）。这两方面的发展都使国内企业在与全球企业的竞争中获得了优势（Kimura，2009；Brandt & Thun，2011）。随着该行业的发展，一个由超过 30 000 家企业组成的生态系统已经形成，主要是在南部城市深圳及其周边地区（Tse et al.，2009；Shih et al.，2010），它们满足了高端（即 iPhone）、低端（山寨）以及两者之间的所有需求。在这个复杂组合中，外国、国内和"混合"（Fuller，2016）企业不断结合和重组资源以满足市场需求。

在电信设备方面，中国国家花了十几年的时间和数十亿元人民币来开发本土 3G 标准，这是国家支持创新的最好例子。该行业最成功的企业，华为，不是国有企业，在企业发展的早期几乎没有得到国家支持。1990 年代，该企业被锁定在中国一线城市交互设备市场之外，因此被迫为中国内地市场开发高性价比的设备。在被排除在国内 2G 市场之外后，该企业开始进入全球市场，集中在同样要求高"性价比"的发展中国家。国家在电信领域支持的首要受益者大唐，几乎没有取得任何进展（Thun & Sturgeon，2019）。

## 国家的（不平衡）发展

前三十年的经济改革和发展从许多方面来看都非常成功，比如全要素生产率的提高（Brandt，Vân Biesebroeck & Zhang，2012；Yu，2015），中国的出口产品越来越复杂，在高要求出口市场中越来越大的份额（Schott，2008；Mandel，2013），以及国内企业进入要求更高的中国细分市场（Brandt & Thun，2010，2016；Thun，2018），这种令人瞩目的经济增长使中国成为发展中国家羡慕的对象。

尽管取得了这一成功，但中国决策层对增长放缓表示担忧，认为迫切需要进一步提高生产力。一个特别重要的问题是，中国企业未能发展自主创新能力，自主创新指的是中国企业的创新，而不是在中国经营的企业的创新。在出口导向型产业中，普遍认为中国企业的附加值相对较低，核心技术仍然由外国企业控制。在这方面，人们认为"技术交易市场"政策未能促进外国企业和国内企业之间的技术转让。尤其令人担忧的是，中国的国家冠军仍然没有出现。在中国科技界，人们普遍认为不能依靠外国企业进行技术转让，尤其是考虑到加入世贸组织后，可以用来作为筹码的、针对外国企业的政策工具受到限制。此外，中国企业被迫支付过高的专利费（Cao et al.，2006；Serger & Breidne，2007）。[①]

---

① 有一些不同的声音：经济学家认为，来自外国企业的技术转让仍然是最具成本效益的升级手段；而科学家则认为，自上而下的方法导致了有偏见和低效率的融资决定（Cao et al.，2006），但这些都是少数。

政策制定者也看到了新兴产业和新型尖端技术的机会。根据 2005 年中国科技部的说法，中国企业将能够通过"瞄准世界技术发展前沿，加大创新力度，在中国享有相对优势的关键高科技领域实现从跟跑到'跨越式'发展的阶段性转变"（转引自 Applebaum et al.，2011，p.299）。虽然中国缺乏经验是成熟产业的障碍之一，造成了技术和营销上的差距；但在新兴产业中，弱点可以成为优势：与生产规模相关的进入障碍可能不那么重要（因为生产量仍然很小）；进入所需的知识往往是公共拥有的（比如大学），而不是私人拥有（如拥有专属知识的企业）；企业不会被锁定在过时的技术上（Perez，1986；Perez & Soete，1988；Freeman，1989；Lee et al.，2005；Robertson et al.，2009；Robertson & von Tunzelmann，2009）。

2000 年代中期，一种日益自上而下的技术和创新方法再次出现，让人想起改革前的中国。中国早在 1980 年代就实施了国家产业政策，但这些政策通常覆盖面有限（即通常集中在单一产业），并且在 2004 年之前涉及很少的产业（Heilman & Shih，2013）。2006 年 1 月，时任国家主席胡锦涛宣布了一项为期 15 年的《国家中长期科学和技术发展规划纲要（2006—2020 年）》，从而使中国最高领导人认可了一种更加全面的自上而下的方法。该计划确定了两个优先事项（包括与国家需求有关的 11 个关键领域、与前沿技术有关的 8 个领域和 13 个工程大项目）、旨在改善科技政策管理和实施的体制改革，以及旨在减少中国对外国技术依赖的政策框架（Cao et al.，2006；Serger & Breidne，2007；Gu et al.，2009）。这些政策比过去更全面，投入的资源更多，对自主能力的关注也更集中。该《纲要》的目标是到 2020 年使中国成为"创新导向型社会"，到 2025 年成为世界科技的领导者。

2008 年的全球金融危机在两个关键方面加强了新的政策方向。首先，西方在危机前的失败以及危机后的混乱，使中国领导人更加相信"中国模式"比西方的自由民主模式更可取（Zhao，2017）。[①] 中国对危机的政策反应，尼古拉斯·拉蒂（Nicholas Lardy，2012，p.5）称之为"早期、大规模和精心设计的"，被广泛认为在防止更严重的全球影响方面发挥了关键作用。其次，4

---

① "中国模式"这个概念随着时间的推移不断演变，对不同的人来说其意味也不同。赵（Zhao，2017）在《当代中国》（*Journal of Contemporary China*）关于该主题的特刊导言中提供了一个很好的概述。

万亿元人民币（约 5 860 亿美元）的大规模经济刺激计划在许多情况下是通过国有行业进行的，因此相对于私营企业加强了国有企业的作用。[①]

第二波政策是在 2010 年发布的，当时《加快培育和发展战略性新兴产业》为七项新兴技术投入了1.6 万亿美元：节能环保、下一代信息技术、生物技术、先进装备制造、新能源、新材料和新能源汽车。随后在 2015 年推出了"中国制造 2025"，这是一个全面的计划，重点是促进中国在关键高科技领域的领导地位（关于该政策的进一步思考，参见梅尔和孙会峰，第 7.3 章）。通过进口替代、大规模政府支出和对外国公司更严格的限制，该政策旨在帮助中国企业努力抓住全球价值链中的高附加值活动。该计划的一个关键是"自主创新"和"基本核心部件和重要基础材料的自给自足"。与该计划有关的半官方文件概述了到 2025 年在目标行业要实现的具体本土化基准（Wubbeke et al.，2016）。

## 潜在障碍

虽然现在全面评估中国在新兴产业中的努力还为时过早，但值得根据中国早期的成功经验来思考新政策。尤其是中国过去最成功的行业，在供应方面结合了高水平竞争和高水平多样性（即企业所有权、技术转让形式），以及多个细分市场的高水平需求。前者增加了组合和重组的程度，以及作为创新本质的溢出效应；后者提供了企业投资创新所需的激励。失败和弱点往往是国家政策干预供应方（比如限制外国投资进入汽车业的合资企业，并限制私营企业的进入）以及/或者需求方（比如国家采购在风力涡轮机行业中占主导地位）的结果。

首先，专注于自给自足会有很高的成本。虽然贸易紧张和地缘战略姿态不可避免地加强了对自给自足国有企业的渴望，但重要的是要记住与外国企业交叉融合所带来的好处。例如，移动通信行业长期以来一直是中国依赖外国技术的典型代表，iPhone 的拆解分析一直显示中国企业的附加值约为 6%（Linden et al.，2007；Dedrick et al.，2009）。在 2018 年和 2019 年，当美国的出口限制威胁到中国关键企业（如华为和中兴）的生存时，它们的依赖性得到了鲜明

---

[①]　就这些论点，见拉蒂（Lardy, 2012, pp.11 - 13; Lardy, 2012, pp.33 - 41）的反驳。

印证。然而，我们很容易忽视这样一个事实，即中国和非中国的手机制造商都使用一个基本相同的供应和合约制造基地，由大深圳生态系统中的中国人和非中国人组成，这为所有人提供了强大利益。对中国企业来说，有能力的供应商可以随时提供服务，使中国品牌能够利用他们对成本敏感细分市场的卓越理解（从设计和营销的角度），迅速占领全球市场份额，然后进入更多的高端市场（Thun & Sturgeon，2019）。此外，电信部门的复杂性使微信和阿里巴巴等服务公司能够抓住核心价值（手机变得越来越商品化）。如果没有支撑其服务的全球技术，这些高度创新的技术公司不会发展得如此迅速。

在相邻领域，其他公司也采取了类似的战略并成为全球领导者。大疆创新是一家高度初创企业，它利用外国和国内技术的复杂组合以及当地供应链，成为商用无人机的世界领导者。对大疆创新的专利及其引用的分析表明，它依赖于外国技术［如，美国波音公司、法国派诺特（Parrot）公司］、中国大学和国防工业开发的国内技术（如，北京航空航天大学、浙江大学），以及大深圳生态系统的制造能力，这使得快速迭代和设计的灵活性成为可能（Suh，2017）。

因为它们的速度、灵活性和优越的市场知识，中国国内市场的规模使中国企业在国内具有固有优势，这减少了有时可能因融入全球价值链而导致的外国依赖风险。外资企业要想在中国国内市场取得成功，就必须对其能力进行调整和本土化，这就支持了中国能力的发展和交叉融合的过程。在国内的成功为中国企业提供了规模，这是全球发展的一个重要优势。

第二个令人担忧的原因是实验的减少。中国经济改革最鲜明的特点之一是分散试验，中央政府鼓励地方官员尝试其他解决问题的方法，然后利用这些地方试验的结果为国家决策提供参考（Heilmann，2008，2018）。根据赫莱曼的说法，中国在2010年有500个与政策相关的试点项目在省级层面上进行。六年后，这一数字下降到70个。虽然这种减少可能是诸多因素的结果，但其结果正是最有可能推动创新增加的那种实验的减少（Economist，2018）。

第三，竞争水平的下降很少能改善中国的成果。中国早期几十年改革和发展的一个关键教训是，新企业如何推动生产力的稳步增长。这种势头在2008年后停止了。使用2008年至2013年期间国家统计局企业层面数据进行的估算显示，生产力增长急剧下降，这种情况延伸到了大多数两位数级别的产业。这种下降有些可以归咎于在位（现有）企业生产力增长率的下降，但更重要的是新企业的贡献几乎完全消失了。这似乎是由于新公司进入的速度下降（2008年至 2013 年间下降了 3% 至 4%），以及新公司相对于现有公司的生产力优势急剧下降。

　　中国上市公司的研发活动、专利申请和生产力之间关系的数据中也有类似的动态。始于 2006 年的一系列中央政府产业政策导致中国的研发支出迅速增加（从 2001 年前占 GDP 的 1% 增加到 2013 年的 2% 以上），专利申请量激增。自 2011 年以来，中国的专利申请量一直领先于世界，但这些专利申请的质量，例如由外国专利申请中的"正向"引用数量所反映，仍然很低（Boeing & Mueller，2018）。政府对专利活动的补贴很可能以奖励数量而不是质量的方式扭曲了企业行为。一个直接的后果是，专利活动对企业生产力增长的影响减少了，尤其是在与国家有关的企业（Boeing et al.，2016）。

## 参考文献

Appelbaum, R., Parker, R., & Cao, C. (2011). Developmental State and Innovation: Nanotechnology in China. *Global Networks*, 11(3), 298 – 314.

Boeing, P., & Mueller, E.F. (2018). Measuring Patent Quality Based on ISR Citations: Development of Indices and Application to Chinese Firm-Level Data. *SRPN: Patents (Topic)*.

Boeing, P., Mueller, E. F., & Sandner, P. G. (2016). China's R&D Explosion — Analyzing Productivity Effects Across Ownership Types and Over Time. *Research Policy*, 45, 159 – 176.

Brandt, L. (2016). Policy Perspectives from the Bottom Up: What Do Firm-Level Data Tell Us China Needs to Do? In R. Glick & M. Spiegel (Eds.), *Policy Challenges in a Diverging Global Economy*. Federal Reserve Bank of San Francisco.

Brandt, L., Jiang, F., Luo, Y., & Su, Y. (2020). Ownership and Productivity in Vertically Integrated Firms: Evidence from the Chinese Steel Industry. *Review of Economics and Statistics*, 104, 101 – 115.

Brandt, L., Kambourov, G., & Storesletten, K. (2020). *Barriers To Entry and Regional Economic Growth in China*. University of Toronto Working Paper.

Brandt, L., & H. Li (2003). Bank Discrimination in Transition Economies: Ideology, Information, or Incentives? *Journal of Comparative Economics*, 31, 387 – 413.

Brandt, L., Ma, D., & Rawski, T. G. (2017). Industrialization in China. In K. H. O'Rourke & J. G. Williamson (Eds.), *The Spread of Modern Industry in the Periphery Since 1871*. Oxford University Press.

Brandt, L., Rawski, T. G., & Sutton, J. (2008). China's Industrial Development. In

L. Brandt & T. G. Rawski ( Eds. ), *China's Great Economic Transformation*. Cambridge University Press.

Brandt, L., & E. Thun ( 2010 ). The Fight for the Middle: Upgrading, Competition, and Industrial Development in China. *World Development*, 38( 11 ), 1555 – 1574.

Brandt, L., & E. Thun ( 2011 ). Going Mobile in China: Shifting Value Chains and Upgrading in the Mobile Telecom Sector. *International Journal of Technological Learning, Innovation, and Development*, 4( 1/2/3 ), 148 – 180.

Brandt, L., & E. Thun ( 2016 ). Constructing a Ladder for Growth: Policy, Markets, and Industrial Upgrading in China. *World Development*, 70, 78 – 95.

Brandt, L., J. Von Biesebroeck, & Y. Zhang ( 2012 ). Creative Accounting or Creative Destruction. *Journal of Development Economics*, 97( 2 ), 339 – 351.

Brandt, L., L. Wang, J. Von Biesebroeck, & Y. Zhang ( 2017 ). WTO and the Effect of Trade Liberalization on Productivity in Chinese Manufacturing. *American Economic Review*, 107( 9 ), 2784 – 2820.

Breznitz, D., & M. Murphree ( 2011 ). *Run of the Red Queen: Government, Innovation, Globalization and Economic Growth in China*. New Haven, CT, Yale University Press.

Cao, C., R. P. Suttmeier, & D. F. Simon ( 2006 ). China's 15 – year Science and Technology Plan. *Physics Today* December: 38 – 43.

Chen, L.- C. ( 2009 ). Learning through Informal Local and Global Linkages: The Case of Taiwan's Machine Tool Industry. *Research Policy*, 38( 3 ), 527 – 535.

CLSA ( 2013 ). *Global Machinery*. CLSA.

Dedrick, J., K. L. Kraemer, & G. Linden ( 2009 ). Who Profits from Innovation in Global Value Chains?: A Study of the iPod and Notebook PCs. *Industrial and Corporate Change*, 19( 1 ), 81 – 116.

Du, L., A. E. Harrison, & G. H. Jefferson ( 2012 ). Testing for Horizontal and Vertical Spillovers in China, 1998 – 2007. *Journal of Asian Economics*, 23( 3 ), 234 – 243.

Dunning, J. H. ( 1988 ). The Eclectic Paradigm of International Production: A Restatement and Some Possible Extensions. *Journal of International Business Studies*, 19 ( 1 ), 1 – 31.

Dunning, J. H., & A. M. Rugman ( 1985 ). The Influence of Hymer's Dissertation on the Theory of Foreign Direct Investment. *American Economic Review*, 75( 2 ), 228 – 232.

Economist ( 2018 ). Pilot Error. *The Economist*, 428( 9105 ), 11 – 12.

Fan, P. ( 2010 ). Developing Innovation-Oriented Strategies: Lessons from Chinese Mobile Phone Firms. *International Journal of Technology Management*, 51 ( 2 / 3 / 4 ), 168 – 193.

Freeman, C. ( 1989 ). New Technology and Catching Up. *The European Journal of Development Research*, 1( 1 ), 85 – 99.

Fuller, D. B. ( 2016 ). *Paper Tigers, Hidden Dragons: Firms and the Political Economy of China's Technological Development*. Oxford: Oxford University Press.

Gadiesh, O., Leung, P., & Vestring, T. ( 2007 ). The Battle for China's Good-Enough Market. *Harvard Business Review*, 85( 9 ), 80 – 89.

Galbraith, J. K. ( 1987 ). *A History of Economics: The Past as the Present*. London: Hamilton.

Gu, S., B.- Å. Lundvall, J. Liu, F. Malerba, and S. S. Serger ( 2009 ). "China's system and vision of innovation: An analysis in relation to the strategic adjustment and the medium-to long-term S&T development plan ( 2006 )." *Industry & Innovation* 16( 4/5 ): 369 – 388.

Gu, S., Lundvall, B., Liu, J., Malerba, F., & Schwaag Serger, S. ( 2009 ). China's

System and Vision of Innovation: An Analysis in Relation to the Strategic Adjustment and the Medium-to Long-Term S&T Development Plan (2006 – 20). *Industry & Innovation*, 16, 369 – 388.

Hang, C. C., Garnsey, E., & Ruan, Y. (2015). Opportunities for Disruption. *Technovation*, 39 – 40(1), 83 – 93.

Harrison, A. E., & Rodriguez, C. A. (2010). Trade, Foreign Investment, and Industrial Policy for Developing Countries. *Handbook of Developing Economies*, 5(5), 4039 – 4214.

Heilmann, S. (2008). From Local Experiments to National Policy: The Origins of China's Distinctive Policy Process. *China Journal*, 59, 1 – 30.

Heilmann, S. (2018). *Red Swan: How Unorthodox Policy Making Facilitated China's Rise*. New York: Columbia University Press.

Heilmann, S., & Shih, L. (2013). *The Rise of Industrial Policy in China, 1978 – 2012*. Harvard-Yenching Institute Working Paper Series.

Hobday, M. (1996). East Asian Latecomer Firms: Learning the Technology of Electronics. *World Development*, 23(7), 1171 – 1193.

Holweg, M., Luo, J., & Oliver, N. (2005). *The Past, Present and Future of China's Automotive Industry: A Value Chain Perspective*. Cambridge, MA: Cambridge-MIT Center for Competitiveness and Innovation.

Hsieh, C. T., & Klenow, P. (2009). Misallocation and Manufacturing TFP in China and India. *Quarterly Journal of Economics*, 124(4), 1403 – 1448.

Huang, Y. (2008). *Capitalism with Chinese Characteristics: Entrepreneurship and the State*. New York: Cambridge University Press.

Hymer, S. H. (1976). *The International Operations of National Firms*. Cambridge, MA: MIT Press.

Imai, K., & Shiu, J. M. (2007). A Divergent Path of Industrial Upgrading: Emergence and Evolution of the Mobile Handset Industry in China. *IDE Discussion Paper*.

Kee, H. L. & Tang, H. (2016). Domestic Value Added in Exports: Theory and Firm Evidence from China. *American Economic Review*, 106(6), 1402 – 1436.

Kimura, K. (2009). The Technology Gap and the Growth of the Firm: A Case Study of China's Mobile-handset Industry. *IDE Discussion Paper*.

Kline, S. J., & Rosenberg, N. (1986). An Overview of Innovation. In R. Landau & N. Rosenberg (Eds.), *The Positive Sum Strategy: Harnessing Technology for Economic Growth*, Washington, DC: National Academy Press.

Lardy, N. R. (2012). *Sustaining China's Economic Growth After the Financial Crisis*. Washington, DC: Peterson Institute for International Economics.

Lardy, N. R. (2019). *The State Strikes Back: The End of Economic Reform in China?* Washington, DC: Peterson Institute for International Economics.

Lee, K., Lim, C., & Song, W. (2005). Emerging Digital Technology as a Window of Opportunity and Technological Leapfrogging: Catch-up in Digital TV by the Korean Firms. *International Journal of Technology Management*, 29(1/2), 40 – 63.

Lewis, J. (2013). *Green Innovation in China: China's Wind Power Industry and the Global Transition to a Low-Carbon Economy*. New York: Columbia University Press.

Linden, G., Kraemer, K. L., & Dedrick, J. (2007). Who Captures Value in a Global Innovation System? The Case of Apple's iPod. *Personal Computing Industry Center Working Paper*.

Lu, X., McElroy, M. B., Peng, W., Liu, S., Nielsen, C. P., & Wang, H. (2016). Challenges Faced by China Compared with the US in Developing Wind

Power. *Nature Energy*, 1(6), 16061.

Mandel, B. (2013). *Chinese Exports and US Import Prices*. Federal Reserve Bank of New York.

Nam, K.-M. (2010). Learning Through the International Joint Venture: Lessons from the Experience of China's Automotive Sector. *Industrial and Corporate Change*, 20(3), 855-907.

Naughton, B. (2010). *Growing out of the Plan: Chinese Economic Reform*, 1978-1993. Cambridge: Cambridge University Press.

Naughton, B., & Segal, A. (2003). China in Search of a Workable Model: Technology Development in the Millennium. In W. W. Keller & R. J. Samuels (Eds.), *Crisis and Innovation in Asian Technology*, Cambridge: Cambridge University Press.

Pearson, M. (2015). State-owned Business and Party-state Regulations in China's Modern Political Economy. In B. Naughton & K. S. Tsai (Eds.), *State Capitalism, Institutional Adaptation, and the Chinese Miracle*, Cambridge: Cambridge University Press.

Perez, C. (1986). New Technologies and Development. In C. Freeman & B.-Å. Lundvall (Eds.), *Small Countries Facing the Technological Revolution* (pp.85-97). Francis Pinter.

Perez, C., & Soete, L. (1988). Catching Up in Technology: Entry Barriers and Windows of Opportunity. In G. Dosi (Ed.), *Technical Change and Economic Theory* (pp.458-479). Francis Pinter.

Robertson, P., Smith, K., & von Tunzelmann, N. (2009). Innovation in Low-and Medium-Technology industries. *Research Policy*, 38(3), 441-446.

Schmitz, H. (2007). Reducing Complexity in the Industrial Policy Debate. *Development Policy Review*, 25(4), 417-428.

Schott, P. K. (2008). The Relative Sophistication of Chinese Exports. *Economic Policy*, 25 (53), 5-49.

Serger, S. S., & Breidne, M. (2007). China's Fifteen-Year Plan for Science and Technology: An Assessment. *Asia Policy*, 4, 135-164.

Shih, W., Chien, C.-F., & Wang, J.-C. (2010). *Shanzhai! MediaTek and the "White Box" Handset Market*. Harvard Business School Case, 610-681.

Suh, J. (2017). China's Technological Rise and Its Implication for Korea. In *China's new normal and Korea's growth challenge*. East West Center and Korea Development Institute.

Suttmeier, R. P. (1997). Emerging Innovation Networks and Changing Strategies for Industrial Technology in China: Some Observations. *Technology in Society*, 19(3/4), 305-352.

Thun, E. (2006). *Changing Lanes in China: Foreign Direct Investment, Local Governments, and Auto Sector Development*. Cambridge: Cambridge University Press.

Thun, E. (2018). Innovation at the Middle of the Pyramid: State Policy, Market Segmentation, and the Chinese Automotive Sector. *Technovation*, 70-71, 7-19.

Thun, E., & Sturgeon, T. J. (2019). When Global Technology Meets Local Standards: Reassessing China's Communications Policy in the Age of Platform Innovation. In L. Brandt & T. G. Rawski (Eds.), *Policy, Regulation and Innovation in China's Electricity and Telecom Industries*, Cambridge: Cambridge University Press.

Tse, E., Ma, K., & Huang, Y. (2009). Shan Zhai: A Chinese Phenomenon. https://www.almendron.com/tribuna/wp-content/uploads/2014/10/shan-zhai-a-chinese-phenomenon.pdf.

Wan, F., Williamson, P. J., & Yin, E. (2015). Antecedents and Implications of

Disruptive Innovation: Evidence from China. *Technovation*, 39 – 40, 94 – 104.

Williamson, P. J., & Yin, E. (2014). Accelerated Innovation: The New Challenge from China. *Sloan Management Review*, 55(4), 27 – 34.

Wubbeke, J., Meissner, M., Zenglein, M. J., Ives, J., & Conrad, B. (2016). *Made in China 2025: The Making of a High-Tech Superpower and Consequences for Industrial Countries*. MERICS Papers on China.

Yip, G. S., & McKern, B. (2016). *China's Next Strategic Advantage: From Imitation to Innovation*. MIT Press.

Yu, M. (2015). Processing trade, Tariff Reductions and Firm Productivity: Evidence from Chinese firms. *Economic Journal*, 125(585), 943 – 988.

Yu, D., & Hang, C. – C. (2011). Creating Technology Candidates for Disruptive Innovation: Generally Applicable R&D Strategies. *Technovation*, 31, 401 – 410.

Zeng, M., & Williamson, P. J. (2007). *Dragons at Your Door: How Chinese Cost Innovation Is Disrupting Global Competition*. Boston: Harvard Business School Press.

Zhao, S. (2017). Whither the China Model: Revisiting the Debate. *Journal of Contemporary China*, 26(103), 1 – 17.

Zhou, Y., & Liu, X. (2016). Evolution of Chinese State Policies on Innovation. In Y. Zhou, W. Lazonick, & Y. Sun (Eds.), *China as an Innovation Nation*, Oxford: Oxford University Press.

# 中国中小企业的创业与创新

陈劲　王黎莹

　　世界经济的长期逐步复苏，为中小企业的创业创新提供了良好的国际环境。随着"大众创业、万众创新""互联网+"等改革和政策的不断深入，前所未有的政策红利惠及中小企业的创业创新。2018 年 1 月 1 日，《中华人民共和国中小企业促进法》正式实施。这对于保护中小企业的合法权益、保障公平竞争、支持创业创新具有重要意义。国务院继续出台减税措施，支持创业、创新和小微企业的发展。这些减税政策预计全年将为企业减少 600 多亿元人民币的税负。中国的经济增长有许多积极因素。特别是以"一带一路"建设为龙头的新一轮对外开放，将刺激更多的外部需求，这将为中小企业的发展提供良好的机遇。在当前世界经济复苏基础薄弱的情况下，仍有许多不确定因素。国内经济发展不充分、不平衡的问题依然突出，经济发展仍面临许多困难和挑战。总体而言，中国中小企业面临的国际国内环境正在改善。

## 中国中小企业的创业创新发展

　　2017 年以来，我国中小企业发展总体平稳，市场活力和创造力保持活跃。根据国家市场监管总局的信息，2017 年，国家在全国范围内推广"一企一照"和"多证合一"，进一步优化市场准入环境。还推进"简政放权、放管结合、优化服务"改革，缩短企业开办时间。2017 年新设立的市场主体数量为 1 924.9 万户，同比增长 16.6%，新注册企业平均数量达到 5.27 万户。新设立的企业数量为 607.4 万家，同比增长 9.9%。新办私营或个体工商户数量为

1 298.8 万户，比上年增长 20.7%。截至 2017 年底，民营企业注册资本为 165.38 万亿元人民币，员工人数为 3.41 亿人（Chi，Liu，Lin & Qin，2017）（表 2.3.1）。中小企业以近 40% 的资源创造了 60% 以上的中国国内生产总值（GDP），支付了 50% 以上的税收，贡献了 70% 以上的技术创新和新产品开发，并提供了 80% 以上的就业机会。小型和微型企业的雇员人数从每家企业 6.1 人增加到 7.3 人，其中应届毕业生和失业再就业人员分别占 12.5% 和 12.4%。小微企业的活跃度不断提高，扩大就业的作用更加明显。根据国家市场监管总局的测算，从 2013 年到 2017 年，新成立的市场主体质量持续提高。新增纳税人对税收收入的贡献率从 7.8% 提高到 30.2%。

### 表 2.3.1　2004—2017 年私企发展状况

| 年　份 | 企业数量 | | 员工数量 | | 注册资本 | |
| --- | --- | --- | --- | --- | --- | --- |
| | 数量（千） | 增长率（%） | 数量（千） | 增长率（%） | 资本（万亿元） | 增长率（%） |
| 2004 | 4 024 | 22.4 | 50 173 | 16.7 | 4.8 | 35.8 |
| 2005 | 4 720 | 17.3 | 57 240 | 16.1 | 6.1 | 28 |
| 2006 | 5 441 | 15.3 | 65 864 | 13.1 | 7.6 | 23.9 |
| 2007 | 6 031 | 10.8 | 72 531 | 10.1 | 9.4 | 23.5 |
| 2008 | 6 574 | 9 | 79 040 | 9 | 11.7 | 25 |
| 2009 | 7 432 | 13 | 86 070 | 8.9 | 14.6 | 24.8 |
| 2010 | 8 455 | 13.8 | 94 180 | 9.4 | 19.2 | 31.2 |
| 2011 | 9 677 | 14.5 | 103 536 | 9.9 | 25.8 | 34.3 |
| 2012 | 10 857 | 12.2 | 112 961.2 | 8.66 | 31.1 | 20.6 |
| 2013 | 12 538.6 | 15.5 | 125 215.6 | 10.85 | 39.31 | 26.4 |
| 2014 | 15 463.7 | 23.33 | 143 904.0 | 15.2 | 59.21 | 50.6 |
| 2015 | 19 675.7 | 27.43 | 163 948.6 | 13.89 | 90.55 | 52.93 |
| 2016 | 22 154.7 | 27.59 | 310 000 | 47.11 | — | — |
| 2017 | 27 263.0 | 18.74 | 341 000 | 9.09 | 165.38 | — |

来源：根据中国国家市场监督管理总局的资料整理。

　　截至 2018 年 3 月底，全国企业数量突破 1 亿家。其中，企业 3 131.1 万家，私营或个体工商户 6 886.9 万家（表 2.3.2）。大量新兴市场主体的出现，成为创业创新活力的重要标志，有助于经济的持续稳定和提升。初创期小微企业在新设小微企业中占比 85.8%，新设小微企业年开业率达 70%，近 80% 实现营业收入，其中创新和网络相关企业的利润较高（Chi，Liu，Lin & Qin，2018）。运输仓储业、养殖业、住宿业的小微企业开业率最高；创客空间、孵化器等服务业增长迅速，分别增长 47.3% 和 40.9%，为创业创新提供了良好的发展环境；水利、金融、发电、供应等行业由于垄断因素较多，分布最少。

表 2.3.2　2004—2017 年私营或个体工商户发展状况

| 年　份 | 企业数量 | | 员工数量 | | 注册资本 | |
|---|---|---|---|---|---|---|
| | 数量（千） | 增长率（%） | 数量（千） | 增长率（%） | 资本（亿元） | 增长率（%） |
| 2004 | 23 505 | −0.1 | 45 871 | 6.7 | 5 057.9 | 20.8 |
| 2005 | 24 639 | 4.8 | 49 005 | 6.8 | 5 809.5 | 14.9 |
| 2006 | 25 956 | 5.3 | 51 597 | 5.3 | 6 468.8 | 11.4 |
| 2007 | 27 415 | 5.6 | 54 962 | 6.5 | 7 350.8 | 13.6 |
| 2008 | 29 173 | 6.4 | 57 764 | 5.1 | 9 006 | 22.5 |
| 2009 | 37 974 | 9.6 | 65 854 | 14 | 11 900 | 20.6 |
| 2010 | 34 533 | 8 | 70 977 | 7.8 | 13 400 | 12.6 |
| 2011 | 37 565 | 8.8 | 79 453 | 11.9 | 16 200 | 20.8 |
| 2012 | 40 593 | 8.1 | 86 283.1 | 8.6 | 17 800 | 22.2 |
| 2013 | 44 362.9 | 9.3 | 93 357.4 | 8.2 | 24 300 | 23.1 |
| 2014 | 49 840.6 | 12.35 | 105 845.6 | 13.38 | 29 300 | 20.57 |
| 2015 | 59 950.6 | 20.28 | 116 822 | 10.38 | 36 997 | 26.27 |
| 2016 | 59 300 | −1.10 | 128 260.1 | 9.79 | — | — |
| 2017 | 65 794 | 9.87 | — | — | 48 744.39 | — |

来源：根据中国国家市场监督管理总局的资料整理。

中国规模以上工业中小企业发展稳定，主营业务收入均在 2 000 万元以上，具有以下特点（表 2.3.3）。

1. 中小企业的数量仍然具有绝对优势。2016 年，规模以上工业中小企业有 317 161 家，占规模以上工业企业的 87.33%。

2. 资产规模持续增长。2016 年，中国工业中小企业的资产规模为 5 849.4 亿元，比上年增长 6.78%。

3. 中小企业整体效益普遍较好。2016 年，中国工业中小企业的利润总额达到 4.459 万亿元，比上年增长 4.66%。

4. 中小企业从业人员比例较高。2016 年，中国规模以上工业中小企业从业人员数量为 650.27 万人，占规模以上工业企业从业人员的 64.7%。

表 2.3.3　2003—2016 年中国规模以上中小工业企业主要经济指标

| 年份 | 企业数量（千） | 工业产出（亿元） | 总资产（亿元） | 主营业务收入（亿元） | 总利润（亿元） | 从业人员（千） |
|---|---|---|---|---|---|---|
| 2003 | 194 238 | 93 357 | 102 530.5 | 90 619.2 | 4 501.3 | 44 419 |
| 2004 | 274 340 | 132 348.5 | 136 819.2 | 127 867.6 | 6 392 | 52 446 |
| 2005 | 269 332 | 160 355.1 | 149 705.9 | 154 855.4 | 8 001.1 | 53 135 |
| 2006 | 299 276 | 204 249.6 | 177 437.9 | 197 290.7 | 10 900.3 | 56 362 |
| 2007 | 333 858 | 264 319.1 | 214 306.2 | 254 621.1 | 15 743.3 | 60 521 |
| 2008 | 422 925 | 337 981.1 | 267 019.4 | 327 282.4 | 20 043.6 | 68 671 |
| 2009 | 431 110 | 372 498.9 | 300 568.9 | 361 821.7 | 23 644.6 | 67 877 |
| 2010 | 449 130 | 468 643.3 | 356 624.9 | 459 727.2 | 35 419.3 | 72 369 |
| 2011 | 316 498 | 492 761.5 | 332 798 | 482 937.1 | 34 962.6 | 59 357 |
| 2012 | 334 321 | — | 388 802.8 | 544 627 | 36 740.2 | 61 290 |
| 2013 | 343 000 | — | 442 657.5 | 619 277.2 | 38 154.8 | 63 763 |
| 2014 | 367 995 | 675 597.8 | 506 410.3 | 670 286.8 | 41 804.1 | 65 727 |
| 2015 | 319 445 | 691 768.9 | 547 369.9 | 688 265.6 | 42 604.6 | 64 815 |
| 2016 | 317 161 | 720 613.4 | — | 722 500 | 44 593.6 | 62 503 |

来源：根据中国国家市场监督管理总局的资料整理。

　　由于外部宏观经济环境的不断改善，中小企业的发展也呈现出稳中向好的发展态势，具体体现在以下几个方面。

　　中小企业主体稳中有升。截至 2018 年 3 月底，市场主体总量首次突破 1 亿户的标志性高点。其中，中小企业 3 131 万户，占比 31.3%。按 2017 年底全国人口计算，平均每千人拥有 72.1 个市场主体和 22.5 个企业。目前，全国有 3 304 万多家小企业和 6 579 万家私营或个体工商户。

# 中国中小企业重要政策解读与回顾

　　对中小企业的结构性减税政策得到了加强。2017 年 10 月 30 日，国务院第 191 次常务会议通过了《国务院关于废止〈中华人民共和国营业税暂行条例〉和修改〈中华人民共和国增值税暂行条例〉的决定》。2017 年 11 月 19 日公布的条例主要修订了中国的增值税征税、增值税税率和增值税抵扣方法等重要事项。从营业税到增值税的转变是促进供给侧结构性改革的一项重要措施。它是中国近年来实施的最大改革措施，也是本届政府财税体制改革的亮点。它促进了统一的简易税制的建立，消除了重复征税，有效地减轻了企业和公众的负担，延长了产业链，扩大了基础税收，实施了创新驱动发展战略，促进了新动能增长和产业升级，促进了就业。这一措施发挥了重要作用，做出了多方面的贡献，为当前的经济增长提供了强有力的支持，也为未来的可持续发展增添了强劲动力。

中小企业信用担保政策的创新模式得到了加强。2017年10月30日，国家发展改革委、中国人民银行发布《关于加强和规范守信联合激励和失信联合惩戒对象名单管理工作的指导意见》，建立守信联合激励对象和失信联合惩戒对象名单制度，完善守信奖励和失信惩戒联动机制。建议对列入"红名单"的对象建立"绿色通道"，优先提供服务便利，优化对诚信企业的行政监管安排，降低市场交易成本，大力推进市场主体诚信建设。2018年2月2日，国家发展和改革委员会发布《关于充分发挥信用服务机构作用加快推进社会信用体系建设的通知》，大力发展信用服务机构和信用服务市场。信用服务机构以信用报告和评级机构的相关资质为重点，参与社会信用体系的建设。社会信用体系建设需要从实际信用服务出发，围绕信用体系的社会要求和总体建设目标，让信用服务机构多措施、多渠道、多方式地发挥积极作用（Wang, Li, Bao & Wang, 2020）。

中小企业的创业和创新政策得到深化。继续以供给侧结构性改革政策为导向，以企业需求为政策制定的出发点，继续深化促进创业创新的各项举措。为进一步加强对创新的支持，营造有利于大众创业、万众创新的制度环境，通过国务院《关于推广支持创新相关改革举措的通知》的批准，推动形成竞争更加激烈、服务更加完善的市场环境。经国务院批准，相关改革措施将在全国范围内发布。该《通知》提出，为进一步加大对创业创新的支持力度，必须营造有利于大众创业、万众创新的制度环境和公平环境，为提供更好的服务，政府将在8个改革试点地区（京津冀、上海、广东珠三角、安徽、四川、湖北武汉、陕西西安、辽宁沈阳）推进13项创新相关改革。

## 制定知识产权战略以促进中小企业的创业和创新

为全面贯彻落实《国家中长期科学和技术发展规划纲要（2006—2020）》和《国家知识产权战略纲要》，推动《关于支持中小企业技术创新的若干政策》的实施。国家知识产权局和工业和信息化部于 2009 年 12 月 31 日联合发布了《关于实施中小企业知识产权战略推进工程的通知》，确定了中小企业知识产权战略的实施方案。各单位要按照《中小企业知识产权战略推进工程实施方案》（以下简称《实施方案》）的要求，结合本地区的实际情况。该项目是落实《国务院关于进一步促进中小企业发展的若干意见》，推动中小企业技术进步和结构调整的一项重要工作。

《实施方案》明确了在企业层面实施国家知识产权战略，全面推进中小企业知识产权状况的改善，加强和完善中小企业知识产权公共服务体系建设，引导和推动具有自主知识产权的创新技术开发和实施，促进具有自主知识产权的中小企业核心竞争力的形成，加快中小企业的转型和创新发展。

《实施方案》以城市中小企业集聚区为主要实施对象。总体目标是在五年内培育和形成 100 个具有自主知识产权优势的中小企业集聚区，建立 100 个中小企业知识产权咨询服务机构，培训 1 万名中小企业知识产权工作者和管理人员，培育 1 万家具有自主知识产权优势的中小企业。可以为广大中小企业提供各种知识产权公共服务，形成切实有效的中小企业知识产权综合服务援助机制。充分发挥中小企业集聚区示范工程的辐射和带动作用，全面提高中小企业的知识产权意识，增强中小企业的知识产权创造、运用、保护和管理能力，增加拥有自主知识产权的中小企业数量，增强中小企业的抗风险能力和自立能力。主要知识产权的核心竞争力得到明显提高。通过项目的整体实施，可以形成一批具有自主知识产权的中小企业（Wang, Wang & Bao, 2014）。

国家知识产权局在 2014 年对中小企业知识产权战略推进项目进行了绩效评估。结果显示，该项目取得了积极效果。中小企业的知识产权创造能力和创新能力得到了明显提升。第一批 32 家中小企业的专利结构得到了优化，发明专利数量和创新活力不断增强（Wang, 2010）。具体表现包括以下几个方面。（1）中小企业的创新能力得到了提升；（2）中小企业的知识产权意识有所提高；（3）一些具有知识产权的中小企业得到了发展。集聚区中小企业的软件著作权、国家驰名商标、省著名商标、国外专利申请、授权等年均增长率快速提高，参与行业标准、国家标准、国际标准制定的数量明显增加；（4）知识产权专业服务体系初步建立；（5）促进知识产权的政策取得一定成效。部分企业享受研发费用150%的税前扣除政策，部分中小企业获得各级财政资金甚至社会资金的支持。

为贯彻落实《国务院关于新形势下加快知识产权强国建设的若干意见》和《国务院关于扶持小型微型企业健康发展的意见》，国家知识产权局和工业和信息化部于 2016 年 12 月 22 日联合制定了《关于全面组织实施中小企业知识产权战略推进工程的指导意见》［中国互联网络信息中心，2018］。该工程的主要目标是：促进国家实施创新驱动发展和知识产权战略，加快形成适应当前经济形势新常态的知识产权制度和发展模式，提高中小企业知识产权创造、运用、保护和管理能力。

## 中小企业在"数字经济" 中的创业和创新成就

近年来，随着供给侧结构性改革的不断推进，在大众创业万众创新、"互联网+"、"中国制造 2025"的背景下，我国中小企业作为创新资源的作用进一步增强，创业活力不断激发，创业创新效率明显提高。

数字经济促进了中小企业的创业和创新。工业和信息化部实施了"中小企业信息化推进工程和两化融合能力提升计划" 和 "互联网+小微企业行动计划"，推动信息服务机构利用互联网、移动互联网、云计算、大数据等信息技术，为中小企业建立支撑，为研发、运营管理、营销等核心业务发展搭建信息服务平台。目前，全国已建立 5 900 多个分支服务机构，配备了近 10 万名专业服务人员，通过信息服务平台聚集了 60 多万名软件开发人员和专业合作伙伴。目前，中国国内 65% 的发明专利是由中小企业获得的，80% 的新产品是由中小企业创造的。尤其是科技型中小企业、互联网公司和中小型电子商务公司的快速增长，促使中国的中小企业迅速推进技术和信息资源的作用（Wang, Wang, Lou & Jin, 2020）。工业和信息化部正在通过支持 30 个省和 5 个计划单列市建设优质工业云服务平台网络，实现互联互通和资源共享，积极推动云计算、大数据、物联网和现代制造业的融合。电子商务、文化创意、互联网金融等行业也加快发展智能装备和智能产品，支持"草根" 小微企业的创新发展。

智能制造促进了中小企业创业创新的跨界合作。中小企业利用"互联网+传统制造业"，开展个性化定制和柔性生产，取得良好的经济效益。通过"智能工厂"，在满足客户个性化需求的同时，发现新的价值创造方式和商业模式，为初创企业和小微企业带来发展机遇，促进下游服务收益的提升。此外，新兴产业的智能化生产更加注重劳动者的设计管理能力和数字化专业技能，通过采取优化组织流程、终身学习和最佳实践示范项目延长技术工人职业寿命等措施，提升了企业的创新能力。根据调查，2014 年浙江省 46.8% 的中小企业增加或更新了智能机器设备。其中，10.9% 的企业享受了政府的智能制造相关政策，近 80% 的企业有开展智能制造的意愿。从浙江现有的实施效果来看，智能制造缓解了部分中小企业的就业状况，优化了就业结构，大幅提高了劳动效率，扩大了企业的盈利能力，节能降耗，淘汰了落后产能，促进了浙江省装备制造企业的转型升级和可持续发展。

工业化和信息化的融合，使中小企业的创业精神倍增，创新速度加快。中小企业的商业模式创新和组织创新加快，制造业和生产性服务业的融合促进了中小企业创业和创新的不断加速。中小企业从重资产向轻资产转变，在高端获得更高的产业附加值，促进生产效率的提高，"个性化"进一步深化。近年来，一些生产企业向研发、设计等价值链前端延伸，向渠道、服务等价值链后端延伸，这也是组织创新的主要形式。物联网为新兴产业中小企业产业能力的提升提供了新的思路。数据采集的简单化和生产的自动化可以弥补中小企业的不足。在受资金和技术限制的情况下，中小企业依靠物联网的发展来提高自身的管理和技术水平，促进管理过程的透明化，降低沟通交易成本。

## 中小企业创业和创新发展中的问题和挑战

阻碍创业创新发展的是融资困难和人才短缺。中国近年来不断深化金融体制改革，出台了一系列缓解中小企业融资难的政策，为中小企业获得资金提供了更多便利。但是，由于资本市场结构的限制，这些企业的融资困难仍然存在。中小企业普遍规模小，管理薄弱，抑制了对优秀人才的吸引和留用。人才短缺制约了中小企业的可持续发展（Jin, Zhang & Wang, 2019）。随着供给侧结构性改革的深入，中小企业的资金和人才短缺问题更加突出。针对中小企业面临的挑战，政府出台了一系列的扶持政策。中小企业要主动适应新经济，利用自身优势，抓住机遇，有效应对挑战。

中小企业的数字化创新能力相对较弱。当代市场经济最突出的特点是，企业必须不断创新以满足市场需求的变化。创新是企业生存的唯一途径。大企业拥有雄厚的资金和人才，其数字化创新能力总体上强于中小企业。中小企业的基础和合作能力较弱，技术水平较低，投资能力有限，多数没有技术研发机构。中小企业往往为了节省人力成本，导致人力资源知识结构不合理，人员素质不高；同时，技术人员身兼数职，难以赶上大企业的研发水平和精力投入。中小企业管理层创新意识不强，依赖特定的技术和产品，导致企业缺乏必要的科研设施和科技人员。此外，中小企业还缺乏足够的收集、整理和分析信息的能力。这限制了中小企业的创新和发展。与大企业相比，中小企业缺乏足够的创新资金，这阻碍了其数字创新能力的发展。

中小企业在数字创新和价值链控制方面的能力需要加强。中国网络购物、移动支付、共享经济等数字新经济蓬勃发展，也走在了世界前列。中小企业创业创新需要瞄准世界科技前沿，集中资源突破大数据核心技术，加快构建自主可控的大数据产业链、价值链和生态体系。中国应构建新型信息基础设施，对政府数据资源和社会数据资源进行统筹规划。重要的是，要充分发挥中国的制度优势和市场优势。因此，要重视商业创新模式，提升生产效率。中国需要注重产学研的深度融合，以数据为纽带，形成数据驱动的创新体系和发展模式，培育和带动更多的大型数据领先企业，需要一支多层次、多类型的大数据人才队伍，通过源头上的核心技术和市场渠道来把握高价值链，从而将技术创新能力和区域市场规模转化为全球价值链控制力。

中小企业融入数字化创新的生态环境尚不成熟。数字经济能够引领新一轮产业革命的核心原因在于，它深刻改变了产品的生产、组织、流通、销售方式，重塑了产业价值链的生态链。在数字经济时代，制造企业不仅要创新产品、生产技术、商业模式，更要优化企业运营和生产管理水平，以应对生产效率的市场变化。构建健康高效的制造业生态环境是实现智能制造的必要途径，无论是大规模、小批量、个性化，还是定制化的生产需求。随着数字经济时代的到来，新技术、新产品、新业态、新模式不断涌现，为创新型中小企业的发展带来了巨大机遇。然而，在数字创新生态系统中，创新型中小企业必须努力解决研发成本高、创新周期长、市场风险大等问题，以免让领先优势成为阻碍发展的陷阱。在"工业化与信息化融合"的背景下，深入推进实施数字化创新，不仅是企业单方面的事情，还需要包括平台支持、人才供给、政策支持等良性生态圈。构建数字化创新生态圈，融入大企业主导的智能制造生态圈，对中小企业来说不仅是机遇，也是挑战。

## 参考文献

Chi, R. Y., Liu, D. X., Lin, H. C., & Qin, Z. H. (2017). *Climate Index Report of Chinese SMEs 2017.* Beijing：China Social Sciences Press.

Chi, R. Y., Liu, D. X., Lin, H. C., & Qin, Z. H. (2018). *Climate Index Report of Chinese SMEs 2018.* Beijing：China Social Sciences Press.

Chi, R. Y., Liu, D. X., Lin, H. C., & Qin, Z. H. (2019). *Climate Index Report of Chinese SMEs 2019.* Beijing：China Social Sciences Press.

CNNIC. (2018). The 41st China Statistical Report on Internet Development. Retrieved from China Internet Network Information Center website.

Jin, J., Zhang, Z. Y., & Wang, L. Y. (2019). From the host to the home country：The international upgradation of EMNEs in sustainability industries — The case of a Chinese PV company. *Sustainability*, 11(19), 52 – 69.

Wang, L. Y. (2010). *SMEs' intellectual property strategy and method.* Intellectual Property Press.

Wang, L. Y., Li, P., Bao, H. B., & Wang, H. W. (2020). *Research on the innovation development path and the policy support systems of China's small and medium-sized enterprises.* Beijing：China Social Sciences Press.

Wang, L. Y., Li, P., Wang, H. W., & Bao, H. B. (2020). *Intellectual property system and regional industry innovation driven: From the perspective of promoting the manufacturing of the Yangtze River Delta.* Beijing：Economic Sciences Press.

Wang, L. Y., Wang, Y., Lou, Y., & Jin, J. (2020). Impact of different patent cooperation network models on innovation performance of technology-based SMEs. *Technology Analysis & Strategic Management*, 32(6), 724 – 738.

# —— 第 2.4 章 ——
# 中国的创新融资

赵昌文　蒋希蘅

## 引　言

　　对现代人类历史演变的全景观察表明，生产力的不断提高是以科技创新和金融服务为支撑的。技术和资本是经济增长中的两个基本重要因素。自英国第一次工业革命以来，每一次技术和工业革命都与新的金融模式和模型相伴而生。同时，自现代金融体系形成以来，更多时候新的金融模式和模型是由于新技术在金融领域的率先应用而产生的（Zhao & Zhu，2017）。中国领导人对科技和金融都给予了高度重视。邓小平在 1978 年明确表示，"科学技术是生产力"，[①] 这也是此后中国公共政策的基本指导思想。习近平强调，"金融是现代经济的核心"，[②]进一步将融资放在了经济的优先位置。

　　尽管本章没有严格区分科学发明和技术创新，但我们注意到，科学和技术既有共同属性，也有不同属性。就像一个光谱一样，科学发现和技术创新需要政府和市场角色的不同组合。普遍认为由于基础研究具有突出的公共性和正外部性，政府应该在市场力量的基础上发挥重要作用。因此，支撑科学发现和技术创新的金融活动必须是公共和商业融资工具的结合。

---

[①]　邓小平在 1978 年第一次全国科学大会上作出"科学技术是生产力"的判断，成为中国科技政策的基准。

[②]　习近平 2017 年 4 月主持中共中央政治局第四十次集体学习时强调。

发达国家在技术方面比较领先，在不同阶段实施了不同的技术创新和产业升级计划。以近期实践为例，一些发达国家在全球金融危机后的近十年间，推出了以下计划。"美国创新战略：确保我们的经济增长与繁荣"［美国国家经济委员会、白宫经济顾问委员会和白宫科技政策办公室（National Economic Council，Council of Economic Advisers and Office of Science and Technology Policy），2011］；"我们的增长计划：科学与创新"［英国商业、创新与技能部、财政部（UK Department for Business，Innovation & Skills，HM Treasury），2014］；法国"未来工业"（2015）；"德国 2020 高技术战略"［德国联邦教育和研究部（German Federal Ministry of Education and Research），2010］；以及日本"科学技术创新综合战略 2017"（2017）。这些战略或计划的主要目的是促进科技进步，提高产业的国际竞争力，在这些战略或计划中，我们可以发现财政、税收、金融政策的多种安排。

科学技术对中国的经济增长和结构转型具有重要意义。中国政府坚定地致力于科技工作，并通过金融服务的创新（包括财政和税收政策）不断促进这种创新。自 1978 年实行改革开放政策以来，中央政府推出了一系列支持科技的财政和税收政策，如 1986 年的 863 计划和 1988 年的火炬计划（建立国家高新技术产业区）。政府还出台了一系列税收方面的相关政策，例如，1996 年对研究与开发（R&D）支出的税收减免，以及 1991 年对高科技企业的政策（Guo，Fu & Zhang，2013）。根据国内外科技发展的趋势，政府继续进行改革，改善行政体系，提高执行效率。政府制订了各种计划，并对这些计划进行了整合和改进，从而形成了一个全面的、精心构思的、有远见的、有针对性的科技部门财政和税收政策体系。

同时，一个以市场为导向的创新金融服务体系已经出现了。1986 年，国有商业银行开始提供"科技贷款"。很多这样的商业服务持续到了今天，发展了无数新商业模式。国有政策性银行以不同方式参与了金融创新。1999 年是中国创业和风险投资的"元年"，见证了天使投资、风险投资和其他股权投资机构的迅速崛起。2007 年，中央政府推出了第一个面向中小企业的国家风险投资基金。在政府的引导下，股权投资已经成为国家金融创新体系中最重要的部分（Zhao，Chen & Tang，2009）。2005 年和 2009 年，深圳证券交易所分别推出的中小企业板和创业板进一步发展了多层次的资本市场，为中国的科技发展提供了支撑（Zhang et al., 2012）。2011 年①和 2016 年②，中国政府分两期批准了 25 个城市的科技金融结合创新试点方案，通过新的财政、税收和金融手段，有力地推动了地方的科技创新工作。

总之，中国和其他国家的经验表明，金融创新是科技发展的重要推动力。下面将介绍一些关键点。

# 财政和税收政策

直接融资是许多国家用来推动科技发展的方式，尤其是在基础研究、前瞻性研究和重大公益项目研究等领域。在过去的四十年里，中国推出了一系列支持科技发展的计划。它们提高了中国的科技实力、综合竞争力和社会经济发展。今天，在新的技术和工业革命中，中国政府继续优化其战略和政策。通过深化改革，推动以科技为核心的全面创新，逐步建立符合中国国情的财政支持体系。目前，政府已经实施了五大国家计划，并制定了相应的税收政策。

### 中国国家自然科学基金

国家自然科学基金委员会的建立是为了资助基础研究和前沿科学探索，支持人才培养和团队建设，并促进彻底的创新。截至 2017 年底，国家自然科学基金已批准了 20 多万个项目，有 300 万个科学解决方案。③

### 国家科技重大专项

在国家支持下，这些项目专注于国家的主要战略产品和工业化目标，并在一定时间内通过综合协作完成。迄今为止，中国共设立了 13 个重大项目，即核心电子元件、高端通用芯片和基础软件产品；超大规模集成电路制造设备和工艺；下一代宽带服务和无线移动网络；高档计算机数控机床和基础制造设备；大型油气田及煤层气开发；先进压水堆和高温气冷堆核电站；水体污染控制与治理科技；转基因生

---

① 2011 年 10 月 20 日，科技部颁布了《关于确定首批开展促进科技和金融结合试点地区的通知》。
② 2016 年 5 月 30 日，科技部颁布了《关于确定第二批促进科技和金融结合试点的通知》。
③ 来源：中国国家自然科学基金委员会，http://www.nsfc.gov.cn。

物新品种培育；重大新药创制；艾滋病和病毒性肝炎等重大传染病防治；大型飞机；高分辨率对地观测系统；载人航天与探月工程。截至"十二五"期末，这些重大民用项目共申请专利 6.19 万件，制定技术标准 1.12 万项，获得产值 1.7 万亿元。[①] 这些都促进了中国的技术、经济、综合竞争力和全球影响力发展。

## 国家重点研发计划

国家重点研发计划的目标是在农业、能源资源、生态环境和公共卫生等领域开展重大社会公益研究。这样的研究需要长期进行，对国民经济和人民生活具有重要意义。该计划还关注对工业竞争力、自主创新能力和国家安全至关重要的战略性、基础性、前瞻性的科学问题。关键技术和产品以及国际科技合作也属于该计划的范畴。通过加强研发和协调不同部门、行业和地区的创新，该计划一直不断地支持和引领社会经济发展。

## 技术创新引导专项（基金）

该专项通过风险补偿和成果补贴提供补助。引入这一市场机制是为了引导创新，以更有效的方式实现科技成果的商业化、资本化和产业化。

### 基地和人才专项

该项目有助于建设和升级技术中心，实现资源共享。通过对创新人才及其团队的研究提供支持，使国家更好地做好技术创新的准备。

除了直接融资，中国政府还出台了一系列优惠的税收政策来支持创新。2017 年，经粗略估计，相当于近 3 000 亿元人民币的税收被免除。[②] 典型的税收优惠政策将在下节讨论。

### 高科技企业政策

经过认证的高科技企业在认证后的前三年可以享受 15% 的税收减免。有资格享受这一税收优惠的是数字信息、生物医药、航空航天、新材料、高科技服务、新能源和节能、资源和环境以及先进制造和自动化等领域的企业。

### 研发费用减免政策

符合条件的公司可以在税收中扣除其实际研发支出的 75%。在当前会计期

---

① 来源：新华社，http://www.gov.cn/xinwen/2017-01/12/content_5159219.htm。
② 来源：国家税务总局，http://www.chinatax.gov.cn。

间的利润表中没有被列为无形资产的支出，可以在应税收入中扣除75%。对于无形资产，其成本的150%在税前摊销。[①]

科技成果商业化的税收递延待遇

1. 对于非上市公司来说，合格股票（股权）期权、限制性股票和股权激励的税收可以推迟到转让时，这样就可以避免税收所产生的现金流不足。

2. 对于上市公司，可以延长股权激励的缴税时间。

3. 对于将科技成果用于投资的个人或企业，也可以推迟纳税。

在这些政策的基础上，政府还提出了一系列针对软件等关键领域的税收政策，并支持科学技术，比如采取间接优惠税收措施，鼓励创业投资机构。

案例1：高科技公司政策

中国在1990年代开始对高科技企业进行认证，当时国家高新技术产业开发区刚刚成立。大量的专业人员涌入这些开发区，创办了高科技企业。1991年，为了支持这些初创企业，国务院颁布了《国家高新技术产业开发区高新技术企业认定条件和办法》（以下简称《条件和办法》）。相应的财政、税收、贸易、资金等方面的优惠政策也随之出台。1996年，该认证的范围扩大到开发区以外的公司。2000年，对《条件和办法》进行了修订。2008年4月4日，科技部、财政部和国家税务总局联合发布了《高新技术企业认定管理办法》，作为原文件的补充。2016年，为支持高新技术企业，特别是中小企业；鼓励创业和创新；服务新技术和新商业模式，上述部门对《条件和办法》进行了再次完善。这些政策大大推动了中国高科技产业的发展。它们也有助于吸引资本市场的投资。根据现有统计数据，2016年有25万家新注册的科技公司，使中国高科技企业总数达到10.4万家，免税总额达到1 150亿元人民币。[②]

以下是高科技企业认证的条件。

1. 该企业在申请认证时，应至少注册了一年。

2. 企业应通过研发、转让、赠与或收购等方式拥有支撑其主要产品（服务）技术的知识产权。

---

① 来源：国家税务总局，http://www.chinatax.gov.cn。
② 来源：国家税务总局，http://www.chinatax.gov.cn。

3. 支撑主要产品（服务）的技术应属于"国家支持的高新技术领域"中规定的领域。

4. 从事研发和科技创新的技术人员应至少占员工总数的 10%。

5. 企业最近三个会计年度的研发支出与销售收入之比应满足以下要求。

（a）对于最近一年收入不超过 5 000 万元人民币的公司，该比率应不低于 5%。

（b）最近一年收入在 5 000 万元至 2 亿元人民币的公司，该比率应至少为 4%。

（c）对于最近一年收入超过 2 亿元人民币的公司，该比例应至少为 3%。在中国进行的研发活动支出应不少于所有研发支出的 60%。

6. 高新技术产品（服务）的收入应至少占总收入的 60%。

7. 企业的创新能力达到一定标准。

8. 企业在认证前一年内没有任何与公共安全、产品质量或环境有关的非法行为。

# 私募股权基金

国内外的实践表明，天使投资、风险投资（VCI）和其他股权投资大大推动了全世界的科技发展。1985 年，中国第一家国家级风险投资机构中国新技术创业投资公司在北京成立。1998 年，中国民主建国会在中国人民政治协商会议第九届全国委员会第一次会议上提出了《关于加快发展我国风险投资事业》的提案。该提案标志着中国创业投资的开始。外国风险投资和私人资本开始进入中国市场。1999 年，科技部和其他六个部委联合发布了《关于建立风险投资机制的若干意见》。该文件明确了创业投资的意义，并规定了指导和规范其发展的基本原则。得益于日益良好的商业环境、快速的经济增长，以及中小企业板、创业板的成立和充裕的资金，许多行业已经从粗放型阶段发展到了企业更加专业化、精细化和多元化的新阶段（Fu，2012）。

中国的私募股权基金经过 30 多年的发展，已经成为新金融领域的一个组成部分。他们促进了科技成果的转化和商业化，推动了新兴产业的发展。在这个过程中，政府设立的引导基金也发挥了重要作用。中央政府设立了四个科技导向基金：2007 年设立的科技型中小企业创业投资引导基金，有 100 多个子基金；2010 年设立的国家科技成果转化引导基金，有总价值 300 亿

元的子基金；2015 年国务院同意设立 600 亿元的国家中小企业发展基金和
400 亿元的国家新兴产业创业投资引导基金。截至 2016 年，中国政府成立的
引导基金数量达 1 013 个，实际资金约 2 万亿元人民币（中国科学技术发展战
略研究院，2016）。

在政府资金的推动下，中国的私募股权基金行业蓬勃发展。截至 2017 年
底，中国成为 2 万家私募股权基金的所在地，管理总额近 6 万亿元人民币，其
中超过 3.6 万亿元是由风险投资基金管理。三分之二的投资流向中小企业和微
型企业，其余三分之一流向高科技公司。①

案例 2：科技型中小企业创业投资引导基金

科技型中小企业创业投资引导基金②（表 2.4.1）是中央政府设立的第一
个此类基金。作为科技型中小企业技术创新基金的一部分，该引导基金于
2007 年启动。该基金以市场化机制为基础，通过临时参股、风险补助、投资
担保等方式支持投资于科技型初创企业的机构。被支持的机构包括在中华人民
共和国境内注册的创业投资公司、创业投资管理公司、有投资能力的中小企业
服务机构、科技型初创企业等。

**表 2.4.1　科技型中小企业创业投资引导基金**

| 年份 | 风险补助 | | 投资担保（前、后） | | | |
|---|---|---|---|---|---|---|
| | 数量 | 资金（万元） | 数量 | 资金（万元） | 数量 | 资金（万元） |
| 2007 | 50 | 7 115 | 52 | 2 885 | 102 | 10 000 |
| 2008 | 77 | 6 590 | 75 | 3 410 | 152 | 10 000 |
| 2009 | 55 | 4 670 | 131 | 10 330 | 186 | 15 000 |
| 2010 | 66 | 4 540 | 180 | 10 460 | 246 | 15 000 |
| 2011 | 56 | 4 110 | 125 | 10 890 | 181 | 15 000 |
| 2012 | 87 | 7 033 | 199 | 12 967 | 286 | 20 000 |
| 2013 | 97 | 9 655 | 162 | 10 345 | 258 | 20 000 |
| 2014 | 142 | 13 175 | 343 | 36 825 | 485 | 50 000 |
| 总计 | 629 | 56 888 | 1267 | 98 112 | 1 896 | 155 000 |

来源：科技部火炬高技术产业开发中心。

---

① 来源：中国证券投资基金协会，http://www.amac.org.cn/index。
② 该案例根据科技部火炬高技术产业开发中心的案例研究修改而成，http://www.chinatorch.
　 gov.cn。

　　临时参股是指引导基金对创业投资公司进行的股权投资。引导基金的参股比例不超过企业募集资金总额的25%，引导基金也不是最大的出资方。临时投资通常被引导基金用来吸引创新和创业的优先资金。

　　风险补助是指基金对创业投资机构为科技型中小企业融资提供的投资奖励和损失补偿。

　　投资担保是指基金对创业投资机构投资前后的"受助企业"进行补贴。由投资机构指定的受助公司是从事高科技研发的有前途的初创企业。

　　截至2014年底，财政部和科技部设立的科技型中小企业创业投资引导基金通过风险补助、投资担保、临时股权投资等方式投入财政资金49.93亿元；通过临时参股方式向100家以科技型中小企业为主的创业投资公司投资34.43亿元，注册资本总额达到220亿元左右。风险补贴和投资担保项目共拨付1 896亿元和15.5亿元的补贴。2015年，中央财政科技投入政策进行了调整。引导基金和其他项目已被整合。自2010年起，中央政府成立了国家科技成果转化引导基金、战略性新兴产业投资计划和国家中小企业发展基金（科技部，2013）。

## 科技产业贷款

　　1980年，科技创新贷款首先在浙江、湖南和湖北等地区发放。1984年，中国工商银行开始在全国范围内逐步推行这种贷款。从那时起，许多商业银行都积极投身于这项业务。自2006年以来，国家开发银行作为一家政策性银行，极大地推动了这项业务的发展。发明了"统借统还"和其他业务模式。此外，许多地区也进行了自己的创新：2009年，成都创建了第一个"科技支行"；2010年，江苏省启动了"科技小额贷款公司"试点；2006年，在北京中关村发放了"知识产权质押贷款"（IP-backed loans）（Zhu，Zhao & Fu，2012）。

　　目前，技术创新贷款仍然是最重要的创新融资工具。许多地区都在积极创新，成立专门的技术创新信贷机构，包括科技支行、科技小额贷款公司、科技担保公司和科技金融租赁公司。推出了"知识产权质押融资""科技信贷""科技创新券"等工具。此外，财政手段与信贷相结合，改善了贷款的风险收益结构，极大地促进了科技型小微企业（SMB）的发展和科技研究的产业化。截至 2016 年底，全国中小微企业贷款余额达 24.3 万亿元，占比达四分之一。中小企业借款人达到 1 246.22 万人，中小企业贷款申请获批率为 92.47%。银行业 21 家主要金融机构的战略性新兴产业贷款余额为 2.4 万亿元（Fu & Liu，2014）。

案例 3.1：投贷联动贷款

投贷联动贷款是一种基于银行和风险投资（VC）或私募股权（PE）之间互动的贷款模式。在这种模式下，银行在风险投资或私募股权的担保下向公司贷款。这种模式在一定程度上为所有参与的三方创造了双赢的局面：借款人在不出售股权或失去公司控制权的情况下获得融资，银行降低贷款风险以纳入更有前途的客户，而风险投资和私募股权减少了股权稀释的威胁，增加了以较低成本获得股权的可能性（表 2.4.2）。

**表 2.4.2 投贷联动模式**

| 参与者 | 贷款银行（技术分行）、借款公司和股权投资机构（风投或私募基金） |
| --- | --- |
| 企业资质 | 非上市，快速增长，得到风险投资或私募基金的支持 |
| 质 押 | 股权质押 |
| 担 保 | 风投或私募基金 |
| 质押处置 | 风投或私募基金股权回购 |

来源：作者整理。

案例 3.2：银保贷

银保贷是一种基于银行和担保机构之间互动的选择贷款模式。这种模式使银行能够以公司的成长来补偿贷款风险。具体来说，在这种模式下，银行向企业贷款的同时，担保公司获得企业股票期权。银行和担保公司就期权收益的分配达成一致。

专业担保机构的引入改善了银行的风险收益比（如图 2.4.1 所示）：风险降低了（L1<L2），收益提高了（Y1>Y2）。

特别是近两年来互联网+、人工智能、大数据、云计算、区块链等前沿技术在金融领域的应用，大大提升了金融创新的模式、效率和范围。涌现了一批新的、更有效的解决方案。

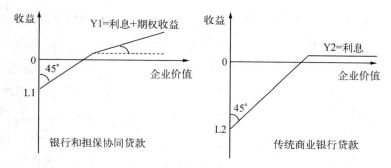

图 2.4.1　风险收益比：银行和担保协同贷款，传统商业银行贷款

来源：赵、陈和唐（2009）。

互联网融资是一种新的金融模式。传统金融机构和互联网公司利用信息和通信技术，实现资金共享、支付、投资和信息服务。互联网与金融的深度融合，对传统的金融工具、服务、组织和管理产生了深刻的影响。金融服务的成本被极大地降低，质量和效率得到提高。今天，传统的金融机构和非金融企业都在使用这种模式。传统的主要是指商业银行或非银行金融机构基于互联网的金融发明。非金融机构主要包括电子商务企业、点对点（P2P）网络借贷平台、众筹网络投资平台、第三方支付平台，以及其他利用信息技术（IT）进行金融运作的机构。截至 2017 年底，网上借款人总数为 2 亿，贷款余额为 22 073.2 亿元人民币。在这些贷款中，P2P 贷款占 39.3%；在线小额信贷占 27.2%；电子商务交易融资占 17.6%；互联网银行占 9.1% ［艾瑞咨询（iResearch），2018］。

案例 3.3：蚂蚁金服

浙江蚂蚁小微金融服务集团（蚂蚁金服）隶属于阿里巴巴集团，并以区块链、人工智能、安全技术、物联网、金融云等技术为基础。它为数以百万计的中小企业、数以千万计的企业家和数以亿计的个人消费者提供普惠金融服务。

蚂蚁金服源于 2004 年成立的支付宝。2014 年 10 月，蚂蚁金服集团正式成立。蚂蚁金服定位为一家科技公司，以"为世界带来更多平等机会"为使命。它通过建立开放共享的信用体系，与金融机构和合作伙伴合作，为全球消费者和中小企业提供安全、便捷的普惠金融服务。蚂蚁金服以支付宝、浙江网商银行、天弘基金管理公司、芝麻信用、金融云等独立子公司为基础，提供包括支付、银行、资产管理、保险、信用评级等一系列互联网金融产品和服务。

通过庞大的数据交易，可以分析在线市场参与者的长期信用评级，从而可以向不同的市场参与者提供个性化的投资和融资服务。天弘的信贷成本低于传统银行的 0.5%，而且贷款发放速度更快。每个账户的平均贷款额度低于 30 000 人民币。此外，不良贷款（NPL）率也低得多。2018 年，支付宝的不良贷款率为 0.54%，远低于中国银行业监督管理委员会 1.74% 的标准。[①]

# 科学技术保险

为了使保险能够支持高科技公司，2007 年，中国保险监督管理委员会和科技部启动了技术保险试点项目。12 个试点城市被选中。[②] 包括中国人民保险公司和中国信保在内的四家公司参与了该计划，并为技术创新创建了六种保险。在过去十年里，技术保险一直在增加。2016 年，经中国保监会批准，由太平财产保险有限公司和浙江省金融控股有限公司等 9 家公司成立了太平科技保险有限公司。它是中国第一家拥有法人执照的科技保险公司。

案例 4：首台（套）技术设备保险

2015 年 3 月 3 日，工业和信息化部、财政部、中国保监会联合组织召开了首台（套）技术装备保险补贴机制试点方案发布会。包括清洁高效发电和轨道交通在内的 14 个行业的设备被纳入该计划。装备制造业急需的主要技术设备基本被纳入其中。此次会议标志着该试点项目在中国正式启动。

该保险坚持"政府引导、市场化运作"的原则，由工信部制定《首台（套）重大技术装备推广应用指导目录》，由保险公司对列入目录的设备设计综合保险；由设备制造商投保，中央财政对保险费进行补贴。根据《首台（套）重大技术装备综合保险条款》的规定，该保险主要承保重大技术装备的

---

① 来源：支付宝发布，http://www.mpaypass.com.cn/news/201808/22084933.html。
② 2007 年 7 月 17 日，科技部颁布了《关于确定第一批科技保险创新试点城市的通知》。

质量和责任风险。在保单有效期内或保单明确规定的追溯期内，被保险人制造或销售的被保险设备因存在缺陷，导致用户在使用过程中发生事故，继而造成上述设备损坏、人身伤害或其他形式的经济损失，用户首次向被保险人提出赔偿要求时，针对应承担的经济责任，包括修理、更换、退还等，保险公司应按保险合同的规定予以赔偿。

在政府的补贴和引导下，保险建立了政策补偿。政府资金的杠杆作用可以扩大保险的应用范围，而市场化运作则分散了风险。用户购买第一套设备的信心也因此得到了提升。这对制造业和保险业都是双赢的。

以江苏省为例。2015 年，江苏成为第一个推出试点项目的省份。在接下来的三年里，有 1 108 套设备被购买和使用。制造商和用户的信心增加，主要设备的创新优势更好地转化为市场和行业的竞争优势。

# 多层次资本市场

1978 年以来，市场经济的发展和国有企业改革的深化，建立和完善了相应的金融体系。随之而来的是资本市场在推动所有制改革、优化市场资源配置方面发挥了积极作用。

1978 年，农村地区的股份制公司开始在市场经济中出现。为了促进股权流动，股票作为一种新的金融工具出现在中国金融市场。随着股份公司的增加，许多地区建立了相应的股票市场。1990 年，上海和深圳证券交易所成立并开始营业。从那时起，股票市场不断扩大。2004 年，深圳证券交易所成立了中小企业板，为更多的中小企业融资。2009 年，创业板成立，为更多快速成长的高科技中小企业提供上市机会。今天，一个由主板、中小企业板、创业板和全国中小企业股份转让系统（NEEQ）组成的多层次股票市场已经在中国形成（图 2.4.2）。

同时，包括政府债券、公司债券和金融债券在内的债务证券与期货一起继续发展，在公开市场上的交易量越来越大。这不仅增加了企业的融资工具，也优化了资金配置。同时，金融工具得以更加适合发现市场价格。特别是 2014 年以来，资本市场大幅增长。沪港通和深港通的推出，进一步惠及国内市场。2018 年 3 月 30 日，中国证监会发布了《关于开展创新企业境内发行股票或存

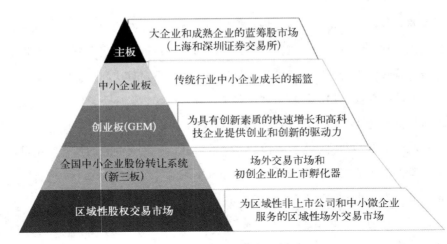

图 2.4.2　中国多层次资本市场结构

托凭证试点的若干意见》。它降低了发行要求，鼓励资本市场支持符合国家战略、掌握关键技术、在互联网、大数据、云计算、人工智能、软件和集成电路、高端装备制造、生物医药等高科技和战略性新兴产业中取得商业成功的企业。其目的是利用资本市场推进技术创新。

此外，资本市场进一步促进技术创新。"创新和创业"（I&E）债券在交易所和银行间市场发行。2017 年 3 月，中国首支银行间创新创业债券在成都成功发行，标志着债券市场开始为技术创新和中小企业提供专业化服务。

案例 5.1：创业板（GEM）

发达国家的经验表明，中小企业，特别是技术和创新型的中小企业，是经济增长的强大动力。为了更好地资助中小企业，美洲、欧洲和亚洲的国家都成立了自己的创业板，如美国的纳斯达克、英国的伦敦交易所另类投资市场（AIM）、韩国的科斯达克（KOSDAQ）和加拿大的多伦多证券创业交易所（TSX－V）。

1999 年 8 月 20 日，中共中央、国务院发布《关于加强技术创新，发展高科技，实现产业化的决定》，指出要在上海、深圳证券交易所适时设立高新技术板。2000 年 5 月，国务院原则同意中国证监会的意见，将二板市场定名为创业板市场。10 月，深圳证券交易所停止发行新股，为创业板做准备。然而，接下来网络泡沫的崩溃一再推迟了启动时间。2004 年 5 月 17 日，经国务院批准，中国证监会正式批准深圳证券交易所成立中小企业板，这是向创业板迈出的实质性一步。2006 年 2 月 7 日，《国家中长期科学和技术发展规划纲要（2006—2020 年）》发布，指出"积极推进创业板市场建设，建立加速科技产业化的多层次资本市场体系"。2009 年 10 月 30 日，首批 28 家上市公司正式开盘交易，标志着创业板的正式成立。数据显示，28 家公司的平均市盈率为 56.7，其中博德能源装备的市盈率为 81.67，远高于 A 股和中小板的市盈率。这说明市场对创业板有很高的期望。

在创业板推出后的八年里，见证了温氏集团、爱尔眼科医院和其他不同细分市场领先公司的出现。它还为中国尖端技术应用的先驱科大讯飞（iFLYTEK）和华大基因（BGI）的成长和扩张提供了资金支持。创业板也通过创业促进了私人投资的兴起、产业结构的调整和更好的就业。截至 2018 年 4 月，有 722 家企业在创业板的 14 个细分市场上市。这些企业主要来自先进制造业、信息技术和其他高科技领域，拥有 5.3 万亿元人民币的总资本额，占总数的 9.7%（表 2.4.3）。

**表 2.4.3　创业板（GEM）股票行业数据（截至 2018 年 4 月）**

| 行业名称 | 股票 | 总股数（亿） | 总资本额（亿元） | 可交易股数（亿） | 可交易股数资本额（亿元） |
|---|---|---|---|---|---|
| 制造业 | 509 | 2 066.36 | 34 037.51 | 138.4 | 20 008.09 |
| 信息技术 | 129 | 671.72 | 10 346.22 | 46.06 | 6 509.37 |
| 科研服务 | 16 | 56.56 | 1 397 | 3.54 | 422.77 |
| 环境保护 | 13 | 106.33 | 1 513.99 | 7.53 | 1 021.37 |
| 文化与传播 | 13 | 129.69 | 1 598.15 | 9.81 | 1 192.28 |
| 商务服务 | 9 | 54.89 | 592.96 | 3.67 | 356.95 |
| 建筑 | 8 | 46.17 | 612.48 | 3.49 | 446.66 |
| 农林牧渔 | 7 | 80.88 | 1 395.83 | 6.09 | 988.64 |
| 批发零售 | 7 | 31.82 | 438.35 | 1.76 | 222.94 |
| 采矿 | 4 | 18.67 | 178.66 | 1.44 | 131.42 |
| 公共健康 | 3 | 26.4 | 1 006.24 | 1.88 | 715.62 |
| 公共事业 | 2 | 12.52 | 107.44 | 0.9 | 77.55 |
| 运输与仓储 | 2 | 6.63 | 79.52 | 0.6 | 71.1 |
| 住宅服务 | 1 | 0.54 | 25.23 | 0.01 | 6.31 |
| 总　计 | 722 | 3 309.18 | 53 329.59 | 225.18 | 32 171.07 |

来源：深圳证券交易所。

案例 5.2：创新创业债券

融资的可获得性和可负担性是许多小微初创企业面临的最头痛的问题。2017年 2 月，中国银行间市场交易商协会推出了"创新创业债券"试点项目，与离岸市场的"高收益债券"相对应，使创新企业的融资更加容易。该债券有很多优点。它扩大了资金来源，使资金利用多样化，并提升了债券发行人的地位。这种由中国银行间市场交易商协会发明的三至五年期的金融工具由符合条件的平台公司发行，用于高科技园区、孵化器、创新创业示范基地等。债券买家是银行间市场的参与者，包括主要银行和信托公司。募集资金用于园区基础设施建设，或打包成委托贷款或股权投资，为值得信赖的优质创新企业或初创企业提供稳定、低成本的融资。2017 年 5 月 8 日，成都高新自贸试验区在国内首次面向银行间市场成功发行债券，募集资金 5 亿元人民币。

2017 年 7 月，中国证监会发布了《关于开展创新创业公司债券试点的指导意见》（以下简称《指导意见》），以进一步落实创新驱动发展战略，使交易所债券市场培育高科技成长型企业，服务实体经济，并探索债券市场支持企业发展的新途径。《指导意见》旨在鼓励初创企业通过债券市场融资，支持符合条件的企业发行企业债券，加强创新，丰富债券品种。这份文件为交易所提供了明确而详细的计划，以更好地利用债券市场，探索为初创企业和实体经济服务的方式，并扩大这些企业的融资渠道。《指导意见》还可以完善中小企业的融资机制，实现企业债券发行主体的多元化。

# 金融服务平台

为了促进技术创新，出现了许多中介机构和平台来提供融资解决方案。它们被称为技术导向型金融服务机构。阿里巴巴、腾讯、百度和其他互联网公司都建立了类似的平台，通过信息和资本整合，有效地连接科技型中小企业和金融资源。这些机构的关键作用之一是识别属于这些中小企业的技术资源潜在价值和风险，并在这些资源和投资之间架起桥梁。通过税收、金融和信贷工具的创新组合，这些以信息技术为基础的机构为那些几乎没有机会获得传统金融服务的小微企业提供资金和增长机会。作为政府指导的有益补充，这些平台可以防止市场失灵，从而促进创新和创业精神。在实践中，这些机构主要来自技术平台，如地方孵化器和生产力促进中心，它们作为公共服务中介机构，将技术与金融结合起来。

案例 6：盈创动力（Winpower）

成都是国家科技金融试点计划、知识产权支持融资计划、国家技术保险和专利保险计划的首批地区之一。以市场为导向，成都努力为科技型中小企业的成长撬动资金和资本，并将技术与金融更好地结合。2008 年，成都开始创建盈创动力服务平台。[①] 该平台以"资源和信息整合、政府引导、专业服务"为原则，提供信贷融资、股权融资和增值服务，为科技型中小企业提供"一站式"投融资体验。

截至 2017 年底，盈创动力为 5 000 多家中小企业提供了超过 410 亿元的信贷融资和超过 75 亿元的股权融资。为 16 000 多家中小企业提供了投融资服务，并协助 80 多家中小企业进行产权改革，实现上市。目前，盈创动力平台将模式推广到全省各市，业务覆盖遂宁、雅安、德阳、内江等八个地区的 64 个工业园区和工作站。这促进了科技金融与产业发展的融合。

盈创动力正在全力以赴地创新融资手段。其以技术为导向的金融服务现已覆盖整个四川：其债券融资工具"园保贷"和股权融资工具"创新融资基金"现已覆盖全省。其增值服务也覆盖了全省。2016 年，盈创动力入围"2016 年四川十大改革转型发展案例"。2017 年，盈创动力的"中小企业一站式投融资信息服务"被国务院推广到全国（图 2.4.3）。

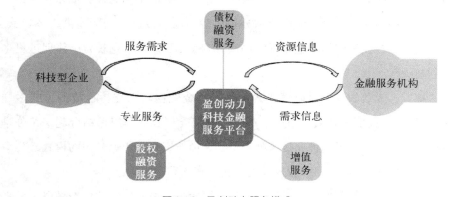

图 2.4.3　盈创动力服务模式

---

① 本案例根据四川大学金融研究所的案例研究修改而成。

# 结　论

创新和金融资本的交织发展是人类生产力进步的一个决定性特征。有利于创新的金融政策和工具是政府和市场结合的一个很好的例子。到目前为止，我们找不到一个仅靠政府支持而成为创新强国的国家。我们也找不到任何一个国家在没有某种产业政策的情况下仅靠市场力量成为创新强国（Zhao，2017）。从高速增长转向高质量增长，中国将专注于提高其产业创新能力和竞争力，以及经济增长的质量和回报。在这种情况下，回顾中国过去四十年来通过金融创新促进科技发展的政策和实践，不仅可以指导中国发展，也可以为其他发展中国家提供参考。

首先，通过将财税政策与市场机制相结合，中国已经建立了自己的科技投融资体系。从金融工具到组织结构和商业模式的全套解决方案，中国有效地改善了传统金融服务的风险收益结构。因此，更多的金融机构愿意在提供服务的同时兼顾风险和收益，更多的科技型中小企业获得了金融服务，从而带来了更多的创新、商业化和新兴产业。

第二，在一个有利于创新的金融体系中，财政和税收政策发挥着基础和引导作用。在中国的实践中，已经找到了一些有效利用财政资金的方法。例如，为了吸引更多的民间资本，设立了风险投资引导基金，与民间资本共同承担风险，以减轻高科技中小企业的投资风险和新兴产业的不确定性。地方政府也出台政策，利用财政资金与商业贷款分担风险，鼓励银行为创新提供更多贷款。由于商业银行在中国的金融体系中仍然占有突出的地位，这种冒险将促进更多的创新。

第三，无数的创新商业模式案例是通过金融创新来支持科技的方式多样化。例如，"投资—贷款—担保"产品，将投资与贷款和担保结合起来，分享收益和风险，提供了一种连接风险投资人、商业银行和担保公司的模式，为中小企业提供综合金融服务/股权投资、银行贷款和融资担保。

第四，企业内部融资已成为创新的重要角色。虽然传统的创新融资主要来自外部，但在过去十年中，越来越多的制造业企业，特别是大型企业，已经深入参与到创新的融资体系中。这些企业凭借雄厚的资金、融资能力和行业专长，建立了自己内部的风险投资部门或独立的公司和基金，在特定行业进行从上游到中游到下游的全方位、多层次投资，极大地促进了创新和技术进步。

第五，数字金融平台正发挥着越来越重要的作用，不过也带来了一些新的挑战。数字经济的崛起不仅会改变传统制造业，也会给金融和其他服务行业带来新的商业样板、模式和产业。金融科技公司为初创企业提供互联网金融服务，而阿里巴巴、腾讯和百度等互联网巨头也已经涉足这一领域。这些数字金融平台肯定为创新提供了帮助。然而，许多金融科技公司资本不足，管理风险的能力较弱，而互联网巨头由于其巨大的客户群和金融资源，存在着垄断的风险。它们也成为金融和产业生态系统中的新挑战。

第六，为资本市场在创新中发挥更大作用留下了很大空间。一个多层次的资本市场无疑有助于中国的创新和创业。主要行业的大多数旗舰企业都是上海和深圳证券交易所主板、中小企业板或创业板的上市公司。然而，对于企业来说，来自资本市场的直接融资远远小于来自银行的间接融资；资本市场的各个层次（主板、中小企业板、创业板、"新三板"和区域性股权交易市场）没有很好的联系；资本市场的上市、交易和退出应该更加市场化，并具有更好的监管。

总之，随着中国市场体系的不断完善和经济高质量发展，包括金融投资体系在内的产业政策应保持改革的势头，以适应不断变化的需求。

## 参考文献

Chinese Academy of Science and Technology for Development（CASTED）.（2016）. *Overview of Inclusive Innovation Policies in the People's Republic of China*. Chinese Academy of Science and Technology for Development.

German Federal Ministry of Education and Research.（2010）. *High-Tech Strategy 2020 for Germany*. Available at https：//www. manufacturing-policy. eng. cam. ac. uk / documents-folder / policies / germany-ideas-innovation-prosperity-high-tech-strategy-2020-for-germany.

France.（2015）. *Industry of the Future*. Available at https：//www.economie.gouv.fr / files / files / PDF / pk_industry-of-future.pdf.

Fu，J.（2012）. *A Study on State-Owned Venture Capital Development*, *China's Venture Capital Yearbook（2012）*. China Venture Capital Yearbook Committee.

Fu，J.，& Liu，T.（2014）. Innovative Practices of Sci-Tech Financing Service Institution in Supporting Sci-Tech SMEs. *China Science and Technology*，5，2014.

Guo, R., Fu, J., & Zhang, M. (2013). *China's Investment and Financing for Science and Technology Development — Analyses of Financial Market and Public Sector*. Beijing: Economic Management Press.

Japan. (2017). *Comprehensive Strategy on Science, Technology and Innovation for 2017*. Available at https://www8.cao.go.jp/cstp/english/doc/2017stistrategy_main.pdf.

iResearch. (2018). *China Internet Economy Observe 2018*. Available at http://www.199it.com/archives/791160.html.

Ministry of Science and Technology (MOST). (2013). *Annual Report of Sci-Tech SME Innovation Fund (2013)*. Beijing: Economic Management Press.

National Economic Council, Council of Economic Advisers, and Office of Science and Technology Policy. (2011). *A Strategy for American Innovation: Securing Our Economic Growth and Prosperity*. Available at https://obamawhitehouse.archives.gov.

UK Department for Business, Innovation & Skills, HM Treasury. (2014). *Our Plan for Growth: Science and Innovation*. https://www.gov.uk/government/publications/our-plan-for-growth-science-and-innovation.

Zhang, X., Wang, Y., Zhao, M., Deng, T. & Fang, H. (2012). *Chinese Sci-Tech Finance Report (2012)*. Beijing: Economic Management Press.

Zhao, C. (2017). China's Financial Mechanisms for Industrial Development. *Getting Granular in Solving Policy Issues*, HDI 2017, Vol. 1(4). African Development Bank Group.

Zhao, C., Chen, C., & Tang, Y. (2009). *Sci-Tech Finance*. Beijing: Science Press.

Zhao, C., & Zhu, H. (2017). *Financial Reform in China: The Way from Extraction to Inclusion*. London: Routledge Press.

Zhu, H., Zhao, C., & Fu, J (2012), China's Sci-Tech Credit for 30 Years: Rules of Evolution and Policy Recommendations. *China Science Forum*, 7, 2012.

# 创新创业教育及其对中国
# 人力资本发展的意义

李应芳

## 引 言

通过人力资本开发，教育在建立创新能力、可持续经济发展和国家竞争力方面发挥着根本作用（Becker，1993）。为了努力追赶并提高中国的全球竞争力，中国政府在最近几十年里开始了一项雄心勃勃的发展计划（Lewin，Kenney & Murmann，2016），并将教育转型作为中国以创新为基础的更广泛发展战略的一部分（Johnson & Weiss，2008；Chi，2018）。然而，教育系统受到社会文化规范和期望的影响。教育系统总是源于文化的预期和期望（Chen & Arunkumar，2018，p.1）。东方和西方的教育体系之间存在着诸多差异，因为它们有着不同的、可以反映出自身优点和缺点的文化。同样，创新的意义也是由一个国家的社会价值观和文化传统所决定的。例如，创新的成本和成果应该如何分享？国家在培养创新/创造型劳动力的教育改革中的作用是什么？在中国，创造力和创业教育发展的绊脚石是什么？为了回答这些问题，本章研究了创新和创业需求方面的教育改革政策和举措，以维持国家发展所需。本章讨论了小学、中学和大学的创意/创新教育和创业教育的特点和隐患，涉及教学目标、机制/技术和效果。它还为包括国家、教育部门、商业部门、家长和社会在内的主要利益相关者提出了一些建议，以发展一个综合有效的创新和创业教育系统，满足个人、社区和社会的各种需求。

# 中国的教育制度及其改革

中国的教育主要是一个由教育部管理的公共系统。它包含所有公民在内的九年义务教育，包括六年的小学教育和三年的初中教育。在大学入学考试（高考）中取得足够分数的人将接受四年的本科教育。

那些在高考中取得足够分数的学生将接受四年的教育，以获得学士学位。在文化上，中国的教育"深受儒家思想的影响，主张教育的价值、文字的传承、学术的卓越、任人唯贤和对教师的尊重"（Tan & Hairon，2016，p.315）。在过去的三十年里，基础教育系统经历了几轮由国家发起的重组，涉及课程目标、结构和内容的变化，教学方法以及评估和行政结构（Fu，2018）。2008年，教育部发布了《国家中长期教育改革和发展规划纲要（2010—2020年)》，"在长期内巩固了改革的实施"（Fu，2018，p.2）。自1980年代以来，中国的高等教育系统经历了一系列激进的改革，以发展世界级的学科和大学。具有里程碑意义的举措包括：985工程（1998年5月启动，对35所大学进行了大量投资）；建设百强大学的211工程（见Zhang，Zhao & Lei，2012）；以及2015年启动的"双一流"计划，旨在到2050年发展世界一流学科和大学（人民网，2017）。简而言之，为了实现教育的世界级地位，中国进行了一系列的改革，并在优先领域进行了大量投资。

中国政府通过各种政策倡议、计划和项目所期望的教育转型是"中国更广泛发展战略的一个组成部分"，旨在维持国家的经济增长和各方面的质量提升（Li，Whalley，Zhang & Zhao，2011，p.527）。我们在以下章节中研究了一些改革内容，重点是创新和创业教育。

# 中国的创新创业教育

对（传统）中国教育系统的一个主要批评是缺乏对创造性思维发展的关注；孩子们被迫背诵课文，没有独立思考或批判性分析（Woronov，2008）。大量的资源和精力也被花在辅导学生通过考试上，而不是提高他们的全面素质和能力。作为教育改革的一部分，创新/创意教育和创业教育正在学校和大学课程中得到推广。应该注意的是，在中国的文献和政策文件中，"创意教育"和"创新教育"这两个词经常被交替使用。同样的，"创新教育"和"创业教育"也经常被合在一起称为"创新创业教育"。对这些术语进行区分超出了本章范围。为了达成本章的目标，我们会遵循文献的做法但将尽可能地分开讨论这些教育形式。例如，我们将重点讨论中小学的"创意教育"，以及高等教育机构的"创新教育"和"创业教育"。

## 国家政策举措

创业教育的概念起源于 1940 年代的美国，自 2000 年代以来在欧盟得到了积极推广［欧盟委员会（European Commission），2009，2012，2014］。人们认识到，教育在将创业心态植入儿童并在其幼年时期塑造行为方面起着重要作用。2000 年代中期，中国正式采用创业教育，当时教育部规定每所高等院校"必须从 2016 年起为所有学生提供两学分的创业基础课程"（Ni & Ye，2017，p.1）。在推广创业教育之前，是推广创新 / 创意教育。[1] 创新教育是国家在 1998 年正式提出的（Wan & Kang，2016）。它以创新为原则，旨在培养学生的创新取向、创新思维、创新能力和创新人格。然而，如前所述，创造力教育（Pang & Plucker，2013）和创业教育（例如，Zhou & Feng，2013）经常被作为"创新和创业教育"一起推广，但没有明确定义它们是什么，也没有关于如何有效实现它们的具体准则。中国大力推动创新和创业教育，一方面是希望通过创新和技术升级来维持经济发展（Pang & Plucker，2013），另一方面是为了减轻世纪之交以来高等教育大扩招后日益增长的大学毕业生就业压力（Ma & Bai，2015；Cooke & Wang，2019）。

事实上，在中国政府追赶世界经济的过程中，大力强调创新一直是其经济发展政策的一个重要特征。根据 2017 年全球创新指数，中国已成为世界上第 22 个最具创新性的经济体（Dutta, Lanvin & Wunsch-Vincent，2017）。创新和对新项目以及高科技项目的大力支持是国家制订的五年计划中的永恒主题。"2015 年，国务院连续发布了三项政策，旨在促进公共创新和创业（Ni & Ye，2017，p.1）。"如果说过去对创新的重视体现在以地方政府和企业作为技术升

---

[1]　参见对促进中国创新和创造教育的政策改革的系统回顾（Pang & Plucker, 2013）。

级主要路径的高层国家政策中，那么 2015 年推出的源自时任总理李克强在 2014 夏季达沃斯论坛上提出的"大众创业、万众创新"举措，是一场个人直接参与创新驱动的群众运动（见中国政府网站，2015）。在中国进入增长放缓的"新常态"阶段，这一举措被视为创造就业机会和维持经济增长的重要战略。

### 创客教育举措

自 2010 年代中期以来，创客教育作为创意/创业教育的一部分，一直被国家提倡。它的基础是美国教育哲学家约翰·杜威（John Dewey）所阐述的"在实践中学习"的教育理论（Liu，2018）。《教育信息化"十三五"规划》作为教育"十三五"规划的一部分，于 2016 年发布（教育部，2016）。在该规划中，教育部明确规定，有条件的地区要积极探索信息技术在"创客空间"等新型教育模式中的应用，开展跨学科学习（即 STEAM 教育）① 和创客教育，提升学生的信息素养和创新意识与能力，培养学生的数字化学习习惯，促进学生的全面发展，为培养面向信息和未来的高素质人才发挥引领和支撑作用（Bo，2018）。

从广义上讲，创客教育是指一种旨在培养公众创客精神的教育方式；从狭义上讲，创客教育是一种以培养学习者利用各种技术（包括技术和非技术）发现和解决问题、开发创造性产品的能力为目标的教育模式（Wan & Kang，2016）。根据他们的说法，创客教育包含三个核心要素：创造、创客空间和创客（Wan & Kang，2015）。创造是以设计和生产为导向的学习活动。创客教育意在改变传统的教育理念、组织、模式和方法。创客教育融合了创新教育、体验教育、项目学习等理念，符合学生的好奇心和创造力的本质。创客教育的本质是通过开展创客活动，将科学研究、技术生产、艺术创作等融入教育教学过程。这些将激发学生提出问题、分析和解决问题、参与实践学习，进而培养学生的创造性思维和创新能力。创客教育的内容包括学科知识、创新和创造力、

---

① "STEAM"是指科学、技术、工程、艺术（和人文）和（应用）数学。STEAM 教育不仅涉及各学科知识的整合，更重要的是，不同学科实践过程和精神内涵的整合本身就是一种创新的学科整合模式。STEAM 的核心特征是学科内、开放性、趣味性、体验性、协作性和以设计为核心的教育，培养学生的创新思维和创造能力。在 STEAM 教育中，学生将体验真实世界，参与实践活动，将不同学科的知识整合到解决实际问题中，设计知识系统和创新产品（Bo，2018）。

自我意识、合作精神、有效沟通和责任感。就学习方法而言，创客教育既需要学校的正式学习，也需要伴随着学习者一生的非正式学习（即终身学习）。它是一个自发的、自我调节的、自给自足的不断学习过程。因此，创客教育不仅仅是教育部门的一项"内部业务"。相反，它是一个系统工程，需要通过创客环境、创客课程、创客学习、创客文化、创客教师团队、创客教育组织和创客教育项目来协调。换句话说，创新人才的培养需要家庭教育、社会教育、学校教育的无缝衔接。它需要企业、协会、非营利组织、研究机构等各利益相关方的参与（Liu，2018）。

然而，现有的研究证据显示，在真正融入创客教育以及更广泛的创新和创业教育方面存在相当大的挑战。接下来，我们将讨论中小学和高等教育机构所面临的一些挑战。

**中小学创客教育和创意教育的挑战**

研究发现，学校教育中存在一些不利于创客教育和创意教育的相关问题（Bo，2018；Ji，Zhou & Zhou，2016；Jin，2018；Li，2015；Lu，Cheng，Peng & Li，2018；Wang，2018）。主要的障碍是教育文化和方法的不兼容、功利性地追求成绩以及资源的限制。

首先，大多数学校仍然采用传统的教学方法，主要的授课方式是教师讲课，学生被动听课。由于课堂教学是以标准方式进行的，因此很少关注个人的学习需求和兴趣。这种方式不利于吸引学生的注意力，也不利于适应学生的具体学习方式和速度。此外，儒家教育文化希望学习者接受现有的规范和智慧而不去挑战。相比之下，创客教育和创意教育需要学生独立思考和积极参与，并采取量身定制的方法匹配个人学习特点和偏好，以获得最佳效果（Wang，2018）。事实上，发达国家的大学讲师们普遍认为，由于语言和文化的关系，中国学生在课堂和小组讨论中往往比较安静和被动。

其次，教育的内容是以学术为导向并注重传授现有的知识，而不是以实践为基础并发展学生的全面能力和独立思考能力。相比之下，创客教育和创意教育要求学生亲自动手，通过实验室的小实验和项目设计来完成实践任务，以激发学生的好奇心和创造欲望。中国的年轻一代被批评动手能力差，这是"独生子女"政策的结果（Connor，2013）。需要设计和动手的创造性活动（如手工艺）家庭作业由父母协助完成或由父母独自完成的情况并不少见（人民日报，2016）。因此，竞争是在（有竞争力的）父母之间展开，而不是他们的学童之间。此外，虽然教科书和课程正在修订和更新，但处于前沿并可以提高创客教育的技术和理论很少被纳入教科书中（Jin，2018）。

第三，过分强调学生的学术造诣（即评估和成果），而不是他们的综合技能和能力，因为前者在绩效评估和家长对学校的选择中至关重要。相比之下，在创客教育和创意教育中，学生边做边学以及培养创新意识和信心的过程很重要（Bo，2018）。

第四，基本被忽视了学生在学习过程中的心理健康。由于学校和家长都在追逐高分并将其作为高成就的标志，进而很难容忍学生不能获得高分；因此，学生不断承受压力，反复学习相同的课文和做题，直到他们得到正确的答案。相比之下，创客教育和创意教育需要高度的耐心和对不确定性以及失败的容忍。其目的是鼓励创新成果，培养学生追求创新的心理状态，并激励/奖励这种发展（Wang，2018）。

第五，在升入顶尖学校和大学的学生比例等绩效指标的驱动下，学校倾向于以功利的方式将其资源和活动分配给那些有价值的领域（Li，2015）。创客教育和创意教育并不是学生正式升学考试的一部分；这些教育活动被认为是对学生和学校不利的分心之举。创客活动通常是在学生自己的时间而不是在课堂上进行的。培养学生的跨学科知识和能力，通过代码设计团队合作来解决现实生活中的问题并不是重点（Bo，2018）。虽然独生子女综合征可能会阻碍学生的团队合作能力，但家长也可能反对学生进行脱离学习的活动，因为这不利于他们升入顶尖学校/大学。此外，还有一种误解认为创客教育是为了取得有形的成果，如奖项和专利，而不是培养学生的创新思维和能力（Li，2015）。

第六，创客教育和创意教育在基础设施/硬件和教学资源/能力方面都需要大量的资源投入。纳入 STEAM 教育将提升学校对发展创客教育的兴趣（Bo，2018）。然而，除了优质城市中资源丰富的学校外，大多数小学的资源都很匮乏。例如，上海在 656 所中小学建立了 1 141 个创新实验室，覆盖 41% 的小学、55% 的初中和 83% 的高中。它的目标是到 2020 年实现创新实验室在中小学的全面覆盖（Liu，2018）。相比之下，在一些贫困地区，教师抗议条件差和拖欠工资（Elmer & Crothall，2016）。此外，由于横跨 STEAM 领域的跨学科培训发展不足，跨学科空间的教学资源有限（Lu et al., 2018）。由于新的教育模式还没有得到系统性的发展，那些愿意实施创客教育的学校经常发现自己没有足够的教材和课程（Jin, 2018）。

最后，与许多国家推动举措的实施一样，创客教育作为一种运动变得很受欢迎。因此，一些学校推广这一举措的原因是为了展示它们的技术实力，比如在 3D 打印和机器人学习方面，而不是帮助学生取得对所学知识的深入理解（Bo, 2018）。一些学校为了响应国家的倡议，把开展创意教育活动作为一种形式（Li, 2015）。

### 高等教育中的创新创业教育

中国的高等教育机构如何应对创业和创新的需求，以满足国家发展需要？高等教育在很大程度上是由政府资助和国家管理的，因此，中国的创新创业教育也主要由国家推动。国家是大学创新创业教育的政策制定者、资源提供者和质量监督者，1998 年至 2016 年，中国各部委至少出台了 169 项与创新创业教育相关的政策、法律、法规或实施意见（Mei & Meng, 2016）。2009 年以来，这些政策的出台速度加快，显示了国家的战略意图和创新创业教育优先地位的不断提升。然而，政策效果还没有得到系统性评估。

原则上，创新创业教育有助于缓解大学毕业生的失业问题，提高科研成果向实用产品的转化率，并促进创新型国家的建设（Tang, Chen, Li & Lu, 2014）。因此，经过 21 世纪初短暂的自主试验，高等教育领域的创新创业教育在国家的大力推动下迅速起步。2002 年，9 所大学被选为创业教育的试点。2005 年，国际劳工组织的"商业知识"（KAB）项目被引入。2012 年，每所大学都被要求至少引入一门价值两个学分的必修课。2015 年，在国家宣布"大众创业、万众创新"战略后，创业学院和创客空间如雨后春笋般出现（Mei & Meng, 2016）。由于在创新和创业教育发展的早期阶段，大学和企业之间的合作联系薄弱，因此国家在推动这些举措方面的作用是不可或缺的。国家的优先权和支持有助于引导大学教育工作者关注中国以外的创新和创业教育发展，并开发创新创业课程和培训基地（Mei & Meng, 2016）。

然而，如前文所述中小学的创意教育一样，高等院校的创新创业教育也面临着挑战（Huang, Qu, Shi & Zeng, 2014）。首先，创业教育似乎只让参与创业实践的学生中相对较少的一部分人受益。尽管大学参与创业教育的事例和水平不断提高，但现有的创业课程数量非常有限，无法满足来自不同地区和学科背景的学生的需求。其次，这些创业课程大多是从其他地方采用或改编的，并不是自创的，也没有被纳入课程和教学的主流。它们的效果也没有得到充分评估。第三，创业教育的支持系统还没有完全建立起来（Huang et al.，2014）。

更广泛地说，上述由国家主导的创新创业教育举措旨在通过协同创新来促进国家的技术赶超战略（参见 Liu，Ying & Wu，2017；关于协同创新作为后发新兴经济体赶超战略的讨论）。然而，协同创新需要多个利益相关者的协调活动。作为其核心教育活动的一部分，它要求高等教育机构发展高质量和高技能的培训。由于与行业伙伴发展合作关系一直是许多高等教育机构的一大挑战，这一瓶颈制约了它们从事创新和创业教育的能力。

赵（2011）对毕业生创业的研究发现了一些个人和制度方面的挑战。在个人层面，挑战包括缺乏实践经验；缺少社会资本、金融资本和其他社会资源；缺少经营企业的管理经验；缺少创业技能；以及对困难的心理承受能力较差。在制度层面，文化和社会规范、创业教育和政府政策是有关障碍。研究显示大学生的创业成功率很低，在早期成立的 97 个学生企业中，只有 17% 是盈利的，只有 30% 的学生创办的企业存活了 5 年（Xu et al.，2015）。这是由以下几个因素造成的。

其一是与中国的创业大环境有关，包括融资机会较少。目前，毕业生创业融资主要有四个渠道：银行优惠政策贷款、政府创业专项基金、风险投资基金和自筹资金。由于风险投资基金对市场成熟度的要求较高，而自筹资金受制于家庭背景，银行政策性贷款和政府创业专项基金原则上应成为大学生创业融资的主要来源。但在实际操作中，家庭资金是大学生创业融资的主要来源。据报道，2013 年毕业的大学生创业项目中，58% 来自家庭，而 22% 来自个人储蓄，仅有 2% 分别来自风险投资和政府资助（Xu et al.，2015）。另一个原因，也是最重要的一个原因，涉及大学毕业生缺乏创业经验和能力。如前所述，这主要是由于高等教育机构和企业家之间缺乏长期合作机制。因此，高等院校的创业教育普遍注重知识而非能力，注重课堂教学而非实践经验（Xu et al.，2015）。第三个原因是缺乏支持毕业生创业的家庭创业文化（Liu，2014）。而第四个原因，还是与高等院校创业教育的功利性有关；许多人为了遵守国家的要求而开展教育（Liu，2014）。

# 利益相关方的角色和需要做出的改变

前面对创意/创新教育和创业教育情况的讨论表明，要使这些活动更有效地为创新导向型经济培养正确类型和水平的人力资源，就必须进行体制和文化变革。这些变革不能孤立地进行，而是需要所有层面利益相关者的协调努力。

对于作为战略制定者和政策制定者以及教育资助者和监管者的国家来说，有必要考虑如何动员或激励其他利益相关方（如教育部门、行业和家长）以更大的热情参与创新和创业教育。否则，高层自上而下的政策可能会引发机会主义的合规活动，而不是实地进行真正的活动和产生有效的成果。我们尤其需要提出一些问题。当中国私营企业的预期寿命短于 10 年时，期望没有任何商业经验的大学毕业生成为成功企业家是现实的吗？当贫困地区的学校在努力提供高质量基础教育和教师工资时，期望它们从事创造性教育是现实的吗？怎样才能消除各地区之间和城乡之间日益扩大的发展差距？

对于教育部门和教育系统来说，有必要对课程设计、教学风格或授课方式进行持续的改革和改进，并培养具有相关能力和态度的培训者和教育者来承担创意/创新和创业教育任务（Bian & Miao，2015；Mei & Meng，2016）。此外，创客空间、创业孵化器以及其他软件和硬件也需要投资来提供这些形式的教育。绩效管理制度也应该反映和激励这些教育活动。尤其是学习的自主性在创新教育中至关重要，以鼓励学生以更主动的方式进行学习，从而发展他们的创造性思维和创新能力（Bian & Miao，2015）。这就要求中国教育系统在文化和教学上进行根本性的改变（Ming，2016）。此外，李和黄（2014）指出，目前这一代的大学毕业生往往是高度自信和聪明的，但对失败的抵抗力不够强。他们渴望建立自己的社会身份，但不确定这种身份可能是什么，自我怀疑在遇到挫折时可能会轻易地爬上心头。因此，情商和再适应力的训练需要被纳入创新和创业教育中，为学生迎接艰难的世界做好准备。正如李和黄（2014）所言，高等教育机构的创业教育需要从促进学生与社会的经济融合的教学角度出发，走向更全面的社会融合，包括经济融合、社会资本融合、文化融合和身份融合。此外，鉴于教育部门内各地区和各分部门（如学校与大学）的资源分配不均，可以建立学校和高等教育机构之间的资源共享机制。例如，大学可以通过向学校师生开放实验室、研讨会、公开讲座等方式把学校请进来；大学也可以通过派遣大学讲师和学生到学校做客座讲座的方式进行推广，并通过帮助学校建立实验室/实验基地和指导学校教师提高研究能力的方式为学校研究能力建设作出贡献（Shu & Chen，2002）。

就商业部门而言，企业和大学之间的合作关系已经越来越多，尽管这通常只限于相对较少的精英学者和机构，因为它们拥有充足的资源来进行此类合作。促进教育与商业合作关系的一种方式是呼吁企业承担社会责任，将公共采购合同授予私营企业，条件之一是其支持教育的公民角色。与中国的许多倡议和法规一样，如果没有真正的支持，机会主义行为仍然可能发生。

正如前面所讨论的，家长和整个社会需要一种支持创业教育和创业的文化。然而，这个建议并不是一个肤浅的补救秘方。相反，有几个更深层次的问题需要解决，因为它们具有深刻的社会、经济和心理影响。对于创新和创业教育，我们已经讨论过为什么父母不愿意让他们的孩子参加课外活动，如果这些活动不能直接改善他们的孩子进入好学校或大学的前景。不能进入好的大学意味着在目前的中国劳动力市场上不能找到好的工作，这将对毕业生的职业和生活产生负面影响。对于创业来说，鉴于大学生创业失败的比例很高，而这些创业的资金大多来自他们父母的储蓄，尤其是当这些储蓄很可能成为父母晚年的补充养老金，或者可以用来补贴大学毕业生的住房（在中国很常见），创业失败将对这些家庭造成什么后果？这些创业失败对经济、社区和整个社会可能造成的更大代价是什么？如何通过政策干预将创业失败的财务风险分散到各机构？现有的研究表明，只有一小部分的大学初创企业是真正的创新创业企业。而大多数初创企业本质上是大学毕业生作为企业就业替代的自雇行为（Wang，Cooke & Lin，2016），那么如何区分这些企业以识别和促进真正的创新创业？以及如何更有力地激励创新的商业化？

简而言之，正如刘（2014）所认为的，我们需要进行一些文化建设，让各利益相关者参与进来支持创业教育。这包括发展竞争和进步导向的国家文化，振奋支持创业的家庭文化，创造实验新事物的大学文化，建立倡导创新和创造力的企业文化，以及重塑容忍失败的社会文化。考虑到个体特征和情感幸福，支撑所有这些文化变革的是更全面、更人文、更宽容的教育方法。这对中国的教育系统和强调集体主义、服从、效率和自我牺牲的社会文化是一个非常重大的挑战。

# 结　论

本章批判性地讨论了中国的教育改革举措，特别是针对在创新驱动的国家经济增长战略背景下的创新和创业教育。我们指出了一些挑战，如果要提高这些改革和教育举措的有效性，就需要解决这些挑战。就方法而言，自上而下的方法以及运动式的推广和实施改革方案，存在着因各种原因而浅薄遵守和资源浪费的隐患。目前的政府推动和供给侧驱动的创业教育需要考虑到学生和家长的需求和喜好。在课程设计方面，应将教育重点从相对狭窄的人力资本和技术能力培养扩大到 STEAM 方法的全面技能、素质和应变能力。就业能力和创业教育应该包括四个方面：技术、技能、动机和文化（Shi & Sewell，2011）。

最后，如果不考虑以下问题，就不能完全实现创新教育的益处。在哪里以及如何能够最好地发展创造力和创业技能？大学毕业生是否应该被引导到自营企业并作为创业精神的示范？这是不是对国家资源的最有效利用？对于那些进入企业工作的人来说，企业的人力资源管理（HRM）在促进教育和就业之间的平稳过渡方面发挥着怎样的作用，从而使毕业生的创造性才能得到更好地利用？例如，求职者的创新能力和创造力是不是招聘选择评估标准的一部分？中国的工作场所／管理者是否做好了充分的准备，帮助毕业生从教育到工作环境的过渡，从而使他们不至于丧失创造激情？哪些类型的人力资源管理实践有利于激发员工的创新能力和创造力？哪些数据分析技术可用于管理创新？在塑造员工的期望和创新／创造行为方面，可能存在哪些人口学差异（如性别、年龄和家庭背景）？对于个人、组织、社区和社会来说，创新和创造可能有哪些阴暗面，以及如何缓解这些阴暗面从而将负面影响降至最低？

# 参考文献

Becker, G. (1993). *Human Capital: A Theoretical and Empirical Analysis*, *with Special*

*Reference to Education* ( *Third Edition* ). Chicago and London: University of Chicago Press.

Bian, T. J., & Miao, X. J. (2015). An Exploration of the Practice of Cultivating Innovation Talents in the Secondary School Education Stage. *Foundational Education Research*, 5, 10 – 12.

Bo, L. N. (2018). An Investigation of Maker Course Teaching Mode Under the STEAM Education Ideology in Primary and Secondary Schools. *Chinese Journal of ICT in Education*, 4, 36 – 39.

Chen, J. T., & Arunkumar, N. (2018). Quantified Comparative Analysis of Innovation and Innovation Based on Multi orientation from the Perspective of Education and Culture. *Cluster Computing*. https://doi.org/10.1007/s10586-018-2317-6.

Chi, L. (August 24, 2018). China's Education Reforms and Strive for Innovation. *China Daily*. http://www.chinadaily.com.cn/a/201808/24/WS5b7fb080a310add14f387a5b.html, accessed on March 10, 2019.

Chinese Government Website. (2015). China Boosts Mass Entrepreneurship and Innovation. http://english.gov.cn/policies/latest_releases/2015/06/16/content_281475128473681.html, accessed on December 12, 2016.

Connor, S. (January 10, 2013). One-Child Policy: China's Army of Little Emperors. https://www.independent.co.uk/news/world/asia/one-child-policy-chinas-army-of-little-emperors-8446713.html, accessed on December 15, 2018.

Cooke, F. L., & Wang, M. (2019). Macro-Level Talent Management in China. In Vaiman, V., Schuler, R., Sparrow, P., and Collings, D. (eds.), *Macro Talent Management in Emerging and Emergent Markets*. London: Routledge, pp.64 – 84.

Dutta, S., Lanvin, B., & Wunsch-Vincent, S. (2017). The Global Innovation Index 2017. Cornell University, INSEAD, and the World Intellectual Property Organization. https://www.globalinnovationindex.org/gii-2017-report, accessed on November 18, 2017.

Elmer, K., & Crothall, G. (2016). Over-Worked and Under-Paid: The Long-Running Battle of China's Teachers for Decent Work. *China Labour Bulletin*. https://clb.org.hk/sites/default/files/Teachers%20final.pdf, accessed on December 2, 2018.

European Commission. (2009). Best Procedure Project: Entrepreneurship in Vocational Education and Training. http://ec.europa.eu/DocsRoom/documents/10446/attachments/1/translations/en/renditions/native, accessed on March 15, 2019.

European Commission. (2012). Effects and Impact of Entrepreneurship Programmes in Higher Education. https://ec.europa.eu/growth/content/effects-and-impact-entrepreneurship-programmes-higher-education-0_en, accessed on March 15, 2019.

European Commission. (2014). Entrepreneurship Education: A Guide for Educators. http://ec.europa.eu/DocsRoom/documents/7465, accessed on March 15, 2019.

Fu, G. P. (2018). The knowledge-Based versus Student-Centred Debate on Quality Education: Controversy in China's Curriculum Reform. *Compare: A Journal of Comparative and International Education*, DOI: 10.1080/03057925.2018.1523002.

Halstead, J. M., & Zhu, C. Y. (2009). Autonomy as an Element in Chinese Educational Reform: A Case Study of English Lessons in a Senior High School in Beijing. *Asia Pacific Journal of Education*, 29(4), 443 – 456.

Huang, Z. X., Qu, X. Y., Shi, Y. C., & Zeng, E. L. (2014). A New Model of Higher Education Institutions Entrepreneurship Education Oriented by Position Entrepreneurship: The Case of Wenzhou University. *Journal of Higher Education*, 35(8), 87 – 91.

Ji, X., Zhou, Y., & Zhou, Y. (2016). An Analysis of How to Strengthen the Development of Students' Scientific Innovation Competence. *Education Space*, 2, 161 – 162.

Jin, Y. B. ( 2018 ). The Construction of an Ecological System Model for Primary and Secondary School Creative Education. *Journal of Xinyang Normal University* ( *Philosophy and Social Sciences Edition* ), 38( 1 ), 84 – 89.

Johnson, W., & Weiss, J. ( 2008 ). A Stage Model of Education and Innovation Type in China: The Paradox of the Dragon. *Journal of Technology Management in China*, 3( 1 ), 66 – 81.

Lewin, A., Kenney, M., & Murmann, J. P. ( eds.). ( 2016 ). *Overcoming the Middle-Income Trap*. Cambridge: Cambridge University Press.

Li, Y. A., Whalley, J., Zhang, S. M., & Zhao, X. L. ( 2011 ). The Higher Educational Transformation of China and Its Global Implications. *World Economy*, 34( 4 ), 516 – 545.

Li, Y. X., & Huang, Z. X. ( 2014 ). From " blending " to " Integration ": On the Social Integration Mode of Entrepreneurship Education in Higher Education Institutions. *Higher Engineering Education Research*, 1, 76 – 80.

Li, Y. Y. ( 2015 ). An Analysis of Difficulties and Solutions of Innovation Education in Secondary Schools. *Journal of Tangshan Normal University*, 37( 2 ), 154 – 156.

Liu, H. Y. ( 2014 ). Entrepreneurship Education Should Remould University Students' Innovation Culture. *Higher Agricultural Education*, 6, 29 – 32.

Liu, Y., Ying, Y., & Wu, X. J. ( 2017 ). Catch-up through Collaborative Innovation: Evidence from China. *Thunderbird International Business Review*, July/August, 533 – 545.

Liu, Y. B., & Fang, Y. P. ( 2009 ). Basic Education Reform in China: Globalization with Chinese Characteristics. *Asia Pacific Journal of Education*, 29( 4 ), 407 – 412.

Lu, F., Cheng, Y. S., Peng, X. F., & Li, Z. ( 2018 ). An Applied Analysis of Maker Education in Primary and Secondary Education. *Journal of Hubei Normal University* ( *Philosophy and Social Science* ), 38( 2 ), 122 – 125.

Ma, Y. B., & Bai, Z. ( 2015 ). A Study and Exploration of the Practice Model of University Innovation and Entrepreneurship Education. *Tsinghua Journal of Education*, 36 ( 6 ), 99 – 103.

Mei, W. H., & Meng, Y. ( 2016 ). Innovative Entrepreneurship Education in Chinese Universities: The Role Positioning of the Government, the University and the Society and Their Action Strategies. *Journal of Higher Education*, 37( 8 ), 9 – 15.

Ming, Z. ( 2016 ). Enlightenment of Innovation Education to Secondary School Education in China. *Innovation Education*, 2, 118.

Ministry of Education. ( 2016 ). The Announcement of the " 13th Five-Year Plan of Education Informationalization ". Issued by the Ministry of Education. http://www. moe.gov.cn/srcsite/A16/s3342/201606/t20160622_269367.html.

Ni, H., & Ye, Y. H. ( 2018 ). Entrepreneurship Education Matters: Exploring Secondary Vocational School Students' Entrepreneurial Intention in China. *Asia-Pacific Education Research*, 27( 2 ), 1 – 10.

Pang, W. G., & Plucker, J. ( 2013 ). Recent Transformations in China's Economic, Social, and Education Policies for Promoting Innovation and Creativity. *Journal of Creative Behavior*, 46( 4 ), 247 – 273.

People's Daily Online. ( June 29, 2016 ). Kindergarten Homework Burdening Chinese Parents. http://en. people. cn/n3/2016/0629/c90000-9079255. html, accessed on December 15, 2018.

People's Daily Online. ( September 21, 2017 ). China to Develop 42 World-Class Universities. http://en. people. cn/n3/2017/0921/c90000-9272101. html, accessed on December 12, 2018.

Shi, J. J., & Sewell, P. J. (2011). In Search of the Entrepreneurial Spirit in China. *Journal of Chinese Entrepreneurship*, 3(1), 58 – 71.

Shu, Y. M., & Chen, J. L. (2002). A New Exploration of Developing a New Scientific Innovation Education Model through Cooperation between Universities and Primary and Secondary Schools. *Liaoning Education Research*, 11, 16 – 17.

Tan, C., & Hairon, S. (2016). Education Reform in China: Toward Classroom Communities. *Action in Teacher Education*, 38(4), 315 – 326.

Tang, M. F., Chen, X. G., Li, Q. H., & Lu, Y. (2014). Does Chinese University Entrepreneurship Education Fit Students' Needs? *Journal of Entrepreneurship in Emerging Economies*, 6(2), 163 – 178.

Wan, L. Y., & Kang C. P. (2016). Internet Plus Maker Education: The Construction of the New Ecology for Innovation and Entrepreneurship Education in Universities. *Education Development Research*, 7, 59 – 65.

Wang, C. Y. (2018). A Few Thoughts on the Reform of Primary Education Against the Background of New Curriculum Reform. *Science and Technology Industry Park of China*, 5, 124.

Wang, J., Cooke, F. L., & Lin, Z. H. (2016). Informal Employment in China: Recent Development and Human Resource Implications. *Asia Pacific Journal of Human Resources*, 54(3), 292 – 311.

Woronov, T. E. (2008). Raising Quality, Fostering "creativity": Ideologies and Practices of Education Reform in Beijing. *Anthropology & Education Quarterly*, 39(4), 401 – 422.

Xu, X. Z., Mei, W. H., & Ni, H. (2015). Dilemma of University Student Entrepreneurship and Its Institutional Innovation. *Chinese Higher Education Research*, 1, 45 – 48&53.

Zhang, G. M., Zhao, Y., & Lei, J. (2012). Between a Rock and a Hard Place: Higher Education Reform and Innovation in China. *On the Horizon*, 20(4), 263 – 273.

Zhao, J. S., & Guo, J. Y. (2002). The Restructuring of China's Higher Education: An Experience for Market Economy and Knowledge Economy. *Educational Philosophy and Theory*, 34(2), 207 – 221.

Zhao, X. Z. (2011). The Causes and Countermeasures of Chinese Graduate Entrepreneurship Dilemma: Based on the Analysis of Entrepreneurship Cases and Entrepreneurial Climate. *Journal of Chinese Entrepreneurship*, 3(3), 215 – 227.

Zhou, Y., & Feng, Q. L. (2013). The Construction of an Ecological System of Innovative Entrepreneurship Education in Higher Education Institutions: The Case of Jiangsu Province. *Journal of Higher Education Management*, 7(3), 120 – 124.

## 第三部分

# 国家对创新驱动式经济的激励措施

# 第 3.1 章
# 科技管理体制改革

胡志坚　李哲　林娴岚

科技创新（STI）的治理能力决定了科技创新资源配置的整体效率。中国注重转变治理职能，消除制约市场在资源配置中发挥决定性作用的体制弊端，以更好地支持发展现代经济体系，实现创新、协调、绿色、开放、共享发展。2018年，中国实施了一系列机构改革措施，包括重组科技部，这对提高国家科技创新治理能力产生了深远影响。科学技术部和外国专家局进行了职责整合，科学技术部现在管理着中国国家自然科学基金。新成立的科学技术部负责拟定国家创新驱动发展战略方针，组织实施科技发展和基础研究规划与政策。它将统筹推进国家创新体系的发展和改革，并将更好地组织和协调国家重大基础研究和应用基础研究。它还参与编制国家重大科技项目并监督其实施。它牵头建立统一的国家科技管理平台和科研项目资金协调、评估和监管机制。它还负责引进国外智力工作。这些都有利于从整体上推动国家创新驱动发展战略的实施。它将围绕创新链统筹和协调科技投入、科技人员、科研基地等资源，并生产和配置优质科技资源到经济活动中。

## 科技投资

在科技投入制度方面，中国的科技计划正在从无到有，从有到优，从优到统。改革开放以来，中国先后制订了星火计划、国家自然科学基金、863计划、火炬计划、973计划以及各行业的专项研究计划。这些计划的实施，凝聚了几代领导人的远见卓识和各个时期科技工作者的智慧和努力。事实证明，这些科技计划没有辜负他们的使命，取得了大量举世瞩目的重大科学探索成果，培养和凝聚了一大批高水平的创新人才和团队，解决了一大批制约经济社会发展的技术瓶颈问题。中国科技创新的整体实力有力地支持了中国改革发展的进程。然而，在不同时期设立的各项科技计划（专项、基金等），存在管理部门众多的问题，导致缺乏顶层设计和统筹规划，每个时期一个不同目标，且项目安排追求"大而全"，造成科技资源配置分散、计划目标偏离、创新链条脱节。2014 年，科技部、财政部在充分征求有关部门（单位）和专家意见的基础上，联合制定了《关于深化中央财政科技计划（专项、基金等）管理改革方案》。该《改革方案》提出要优化中央财政科技计划布局，按照新设的五大类计划，通过撤销、合并、调剂等方式对现有计划（专项、基金等）进行整合。计划的数量随之大大减少。优化整合工作通过公开竞争的方式面向所有科技计划，不包括为中央级研究机构和高校提供稳定支持的专项资金。

新形成的五大类科技计划（专项、基金等）有各自的支持重点和独特的管理方式。它们相互补充，通过统一的国家科技管理平台，形成跨计划的协调、评估和监督机制。该机制确保五类科技计划作为一个整体，既注重重点，又避免重复。国家自然科学基金主要支持基础研究和科学前沿探索，同时也支持人才和团队建设，以增强创新源泉。国家科技重大专项围绕国家重大战略产品和重大产业化目标，充分发挥全国性系统的优势，在规定的时间内通过集成研究解决关键问题。国家重点研发计划是针对农业、能源资源、生态环境、卫生等关系国计民生的重大社会公益性研究，以及战略性、基础性、前瞻性的重大科学问题；涉及重大共性关键技术和产品；涉及产业核心竞争力、整体自主创新能力和国家安全的重大国际科技合作。该计划通过重点专项组织实施来加强跨部门、跨行业、跨地区的研发布局和协同创新，支撑和引领国民经济和社会发展重大领域的增长。技术创新引导专项基金通过采用风险补偿、后补助、风险投资引导等方式，充分发挥财政资金的杠杆作用，通过市场机制来引导和支持技术创新活动，促进科技成果的转化和产业化。创新基地和人才专项重点是优化科技创新基地的布局和建设，促进科技资源的开放和共享，支持科技人才和优秀团队，从而提高我国科技创新的条件和能力。

# 研究机构

在中国，科研院所和高等院校是源头创新的主力军，根据国家生态、社会发展和国家安全的需要，开展了大量的基础研究、战略高技术研究和重大公益研究。高等教育机构还承担着培养高层次创新人才的重要使命。同时，这些机构也是公共财政支持的科技成果的主要提供者。这些机构与科研成果的转化是否能够有效实现密切相关。1949 年新中国成立后，中国通过财政投入建立了一大批公共科研机构，为中国的科技发展奠定了基础。改革开放以来，这些科研机构的更新分类成为中国科技体制改革的重要组成部分，其中的主要做法是不断调整管理体制，将科技知识配置到经济活动和社会发展中。

一般来说，中国的科研机构分为五大类（科技部，2016，p.60），即隶属于国务院和中央部委，隶属于地方政府，隶属于高校，隶属于企业，以及其他类型的科研机构。改革开放之初，中国有 5 000 多家县级以上政府所属的科研机构，其中中央级科研机构有 1 000 多家。经过几轮科技体制改革，到 2016 年，中国共有 3 611 家研发机构，[①] 其中中央 734 家，地方 2 877 家；2 596 所高校建立了 13 062 个研究机构。[②] 从发展趋势看，研发机构和高校的数量相对稳定，前者略有增加，后者略有下降。两者的内部研发经费都有大幅增长，但两者占国内研发经费总额的比重却有所下降，尤其是政府研发机构。它们在 2016 年分别为 14.4%（1995 年至 1998 年期间约为 42%）和 6.8%（见图 3.1.1）。

从研发活动的类型来看，中国的研发机构和大学都开展了基础研究和应用开发。但是，从试验性开发来看，高校的研发经费明显低于研发机构，而后者的研发经费又远远低于企业（见图 3.1.2）。

目前，中国科学院拥有 100 多个直属研究机构和 5 万多名科研人员，是中国创新体系的重要组成部分。近年来，中国科学院进一步深化知识创新工程试点工作，相继推出"创新 2020"计划和"率先行动计划"，以开展有关现代制

---

[①] 国家统计局和科技部每年出版的《中国科技统计年鉴》（中国统计出版社）采用了"研发机构"的描述。

[②] 高校的研发机构通常不是独立的法律实体，这与中央和地方的研发机构不同。

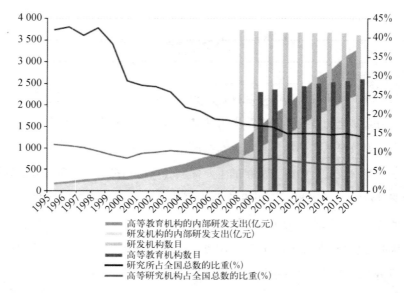

图 3.1.1　研究所和高等教育机构在数目、研发支出和占全国总数的比重方面的趋势

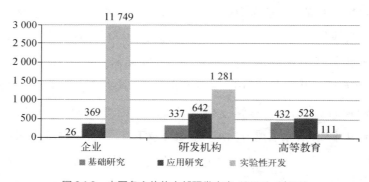

图 3.1.2　中国各主体的内部研发支出（2016）（亿元）

度建设、推进科技管理改革、完善院士制度、科技评价体系等方面的改革
（科技部，2016，p.54）。

　　近年来，中国各省市政府相继成立了一批产业技术发展机构，其体制机制
和管理创新正在成为中国科研活动中不可忽视的力量。与传统的科研机构相
比，这些机构具有以下鲜明的特点：一是投资主体的多元化，它们由企业、大
学和机构共同建立，根据协议共同出资，董事会负责决策，研究所主任负责日
常运作；二是通过市场手段配置技术、资金、人才、设备、场地等科研生产要
素，形成整合国内外创新资源和产学研结合的体系和模式；三是在用人、项目
管理、财务核算、评估、科研成果转化等方面，采取类似于企业管理制度的管

理机制；四是围绕区域经济社会发展的需求设计组织结构，明确研发任务，开展研发活动，强调用户在研发过程中的参与，使研发始终符合市场需求；五是要面向世界，通过公开竞争机制选拔人才，面向全球公开招聘。

# 研究基金

在中国，大量的科研机构是公共机构。它们的资金有的来自各种项目，有的来自政府的财政拨款（Li，2016，pp.117－121）。项目经费对于激发竞争、调动科研人员的活力非常重要，而运行经费则是维持科研队伍稳定的基础。关于各科研院所的科研经费，在1987年公布的《科研经费管理暂行规定》中已经列出。根据《中共中央关于科学技术体制改革的决定》和《国务院关于科学技术拨款管理的暂行规定》确定的原则，科研单位按其主要科技活动的特点分为技术开发、基础研究、社会公益事业、科技基金、农业科研等类型。

在经费来源方面，主要从事技术开发和应用研究并有望在短期内取得实用价值的科研机构将逐步实行技术合同制；主要从事基础研究和应用研究并不可能在短期内取得实用价值的科研单位将逐步实行基金制；主要从事医药卫生、劳动保护、计划生育、防灾、环境科学等社会公益事业的科研单位，以及主要从事信息、标准、计量、观测等技术基础工作的科研单位，或从事农业科学研究的科研单位，原则上实行费用包干制。

科研经费的比例取决于是否有其他来源的经费。各类科研单位的科研经费与其他资金来源统一计算，实行分类预算管理。以技术开发为主的科研单位实行差额预算管理；以基础研究为主的科研单位实行全额预算管理。对于以社会福利服务和其他社会服务为主的科研单位，其科研经费仍由中央财政拨款，并与任务相关，实行全额预算管理和经费包干制。对与各种活动有关的科研单位，其科研经费按照科技活动的分类和比例单独管理。各类科研单位的预算资金实行分级管理。

# 企业转型

企业转型系统的改革是从各部委下属的研究机构开始的。中国的科研院所经历了大幅调整，以调整布局和优化科技资源配置；10 个国家局所属的 242 个科研院所转为企业制。1999 年 4 月 12 日，国务院办公厅发布了《科技部等部门关于国家经贸委管理的 10 个国家局所属科研机构管理体制改革的通知》；原国家经贸委管理的内贸局、煤炭局、机械局、冶金局、石化局、轻工局、纺织局、建材局、烟草局、有色金属局等 10 个国家局所属的 242 家科研机构重新组建了管理体制。根据《通知》要求，结合产业化的总体要求和实际情况，这 242 家科研机构自主选择了改革方式，有的转型为科技型企业，有的并入其他企业，有的转为技术服务中介机构。少数经中央批准继续保留事业单位性质的科研院所也必须引入科技企业的运行机制。

近年来，科研院所和高等院校面临的一些重大问题影响了科技创新的效率（Li，2017，pp.177－182）。一方面，没有根据不同创新活动的特点进行有针对性的指导，导致定位不明确、活力不足。例如，研究所的改革政策不合适；公益性事业单位的管理比较僵化；以应用研发为主的事业单位转型后，行业定位不明确，服务功能弱化；高等院校的科研体系有待完善。另一方面，由于成果转化机制的不完善，科技成果难以有效满足市场需求。例如，由于项目的立项和研究过程没有与市场有效对接，导致研究成果的适用性不强，后期转化困难。许多高校和科研机构简单地以论文数量和项目经费来评价科技人员，对成果转化却重视不够；工作中对科技成果转化的激励政策没有得到落实，从而影响了科技人员的积极性。针对这些问题和新的需求，中国的科技管理政策应具备以下三个清晰的特征。

第一，明确不同类型科研院所的定位，提高科研院所的治理水平。对于公益性事业单位，为完善机制、激发活力，显然需要制定章程，探索以理事会制度为核心的法人治理结构，取消行政级别，规范领导干部管理，落实内部管理自主权，通过全球招聘增加研究所人员数量，建立绩效考核和合适的绩效制度。对于应用型研发机构，政策侧重于在坚持企业转型的同时进行分类改革，将"集团化"和"市场化"作为重要的改革方向。其中，承担普通行业业务的研究所可以成立产业技术集团，对行业的共性技术研究和市场经营活动进行分类管理和分类考核。对于以市场运作为主的院所，应通过引入社会资本或整体上市来深化改革。对于新型研发机构，"实施方案"提出要鼓励其社会化、非营利性运作，并制定政策进行宏观指导。

第二，完善高等学校的科研体系，建立研发和服务网络。这项改革需要从学科设置、评估、人才培养到科研基地的建设都有更广阔的视野。例如，为了发展世界一流大学和一流学科，中国高等教育机构应与国际接轨，通过设计专业设置和建立相应的动态调整机制，使学科评价的结构与国际一流标准相一致。高等院校的科研和组织改革已经开始，包括开展自主研发试点，推进科研人员就业制度改革。同时，要优化国家实验室、重点实验室、工程实验室、工程（技术）研究中心的布局，按照功能定位进行整合，从而构建开放、共享、互动的创新网络，借此由公共投资建立的研究基地可以为经济和社会提供更广泛的服务。

第三，打通成果转化渠道，借此创造财富。通过实施"三部曲"，即修改法律、出台实施方案（国务院，2016－16）、转化科研成果（国务院，2016－28），中央将完善高等院校、科研院所、国有企业、事业单位的科技成果的利用、处置和收益管理制度，并加大对科研人员转化科研成果的激励，以利于构建服务支撑体系。例如，在推进《促进科技成果转化法》修订的基础上，致力于通过系统工程的方式完善支持性政策体系和服务体系，强调对人的激励、制度的可操作性和转化的便利性。由此，系统地提出了科研成果推广、使用、处置、收益管理等方面的改革政策，并实施了股权和分红激励政策（财政部和国家税务总局，2016－101）；完善了职务发明奖励金和工资管理制度，探索了事业单位无形资产管理制度；制定技术类国有股转让豁免政策，完善高校和科研院所的技术转让制度。这些具体改革措施的实施，将使科技成果转化工作迈上新台阶。

# 科研人才

人才评价和激励是人才政策的核心，且对科技人员和科技活动起着"指挥棒"和"风向标"的作用。长期以来，人才评价和激励机制一直是中国科技界，特别是用人单位讨论最为热烈的话题。例如，最初在改革开放初期作为"尊重知识、尊重人才"的重要措施而恢复的职称评定制度，经过30多年的实践，已逐步演变成由政府人事部门和业务部门（或地方政府）主导的一套全国统一的人才评价体系。随着我国科技事业的快速发展和世界科技领域的激烈竞争，越来越难以适应用人单位的需要和科技人员的发展。

针对这些问题，一方面，实行科技人员分类评价，建立以能力和贡献为导向的评价激励机制，典型体现在 2016 年 11 月发布的《关于实行以增加知识价值为导向分配政策的若干意见》。该《意见》提出，在收入分配机制上要增加知识价值，建立绩效工资稳定增长机制，逐步实行定向应用型科研项目合同管理。对于社会科学研究机构和智库，实行政府采购服务制度。同时，扩大科研机构和高校的收入分配自主权，对从事基础研究、农业、社会公益研究的科研机构和高校，稳步提高其基本工资。对从事应用研究和技术开发的人员，主要通过市场机制和科技成果转化绩效实现激励和奖励；对从事哲学社会科学研究的人员，以理论创新、决策咨询、社会影响等为评价依据，形成合理的智力劳动报酬和激励机制。

另一方面，深化科技奖励制度改革，鼓励奖励。如逐步完善推荐提名制度，突出对有重大科技贡献的优秀创新团队和青年人才的奖励。同时引导和规范社会力量设奖，制定鼓励社会力量设立科技奖的指导意见。

# 科研基地

目前，中国的研究机构和大学都遇到了新的问题。例如，中国政府将以国家实验室建设为抓手，强化国家战略科技力量。国家实验室将围绕重大科技任务和大型科技基础设施，依托最具优势的创新领域整合国家创新资源，以建立目标导向、绩效管理、协同攻关、开放共享的新型运行机制。这样一来，国家实验室的建设就应该具有以科学原创和合作为导向的特点，这体现了为实现长期发展目标的国家科研力量布局的重大调整。

另一个例子是对科研基地的优化和整合。2017 年 8 月，科技部、财政部、国家发展改革委印发了《国家科技创新基地优化整合方案》，要求优化整合各类国家科技创新基地。[①] 国家科技创新基地按照科学与工程研究、技术创新与

---

① 该政策将国家科技创新基地定义为：根据国家战略需要、科学前沿发展和产业创新发展需要，开展基础研究、行业产业共性关键技术研发、科技成果转化及产业化、科技资源共享服务等科技创新活动的重要载体，是国家创新体系的重要组成部分。

成果转化、基础支撑与条件保障三类布局来发展。经过优化整合，还将改变现有的运行管理机制。一是制定与基地特点相适应的管理办法、评价标准和选拔机制，形成以成果和贡献为导向的人才评价体系。二是发挥评估的政策导向作用，以建立符合国家科技创新基地发展目标的评估指标体系。其动态变化将经常调整，以实现基地建设的良性循环。三是进一步完善分类稳定的配套办法和机制，加强绩效考核与财政支持的衔接。例如，国家科技创新基地在科学和工程研究、基础支撑、条件保障等方面要突出稳定的财政支持。中央预算应坚决支持国家重点实验室的运行和能力建设。关于技术创新和成果转化的国家科技创新基地应充分发挥市场在资源配置中的决定性作用。要加强政府指导和第三方评估，通过对研发活动后的支持提供补贴，支持创新基地的产能建设。

同时，在研究机构和大学的自主权方面也进行了新的探索。2017 年，科技部等七部门联合印发试点工作方案，在 44 家中央级高校和科研院所开展试点工作。通过落实和扩大试点单位在科研项目经费、科研成果转化、机构建设、干部人事、工资分配等方面的自主权，激发高校、科研院所和科技人员的积极性。

## 当前的成就与未来的方向

围绕优化科技资源配置、调动科研人员积极性、完善科技创新治理体系三项任务，中国的科技管理体制改革取得了实质性突破。例如，中央财政科技计划管理改革取得了决定性的进展。分散在 40 多个部门的近百项科技计划被纳入新的五类计划体系，建立了开放、统一的国家科技管理平台。科技资源开放共享得到了加强，7.3 万台大型科研仪器和 139 项重大科技基础设施向社会开放，10 万余份国家科技报告上网。以提高知识价值为导向的分配政策得以实施，科学再研究项目和资金管理政策得以完善，扩大高校和科研院所自主权的试点得以开展，项目、人才、机构评估程序得以简化。为优化国家科技创新治理，中国政府深化了科技奖励制度改革，完善了院士制度和国家科技预测与创新调查制度，并建立了国家重大科技决策咨询制度。此外，政府还鼓励维护科研诚信，营造良好的学术生态。随着《全民科学素质行动计划纲要》的深入实施，2018 年中国公民具备科学素质①的比率达到了 8.47%。

关于未来的挑战，中国的科技管理体制改革进程仍需加快。特别是对于科研机构的管理改革，那些应用型的科研院所应加快法制化进程。一个客观事实是，传统的科研院所长期依附于某个企业或企业集团，从事与企业直接相关的科学论证和技术研发；或依附于各级政府部门，接受行政指令开展科研活动；或由国家出资，在国家财政支持下，围绕国家和政府的执政和服务职能开展科研活动；或与公共产品的特性相关，表现为公益性质。这些事实导致研究机构以通过依附于其他机构的形式而生存。研究所制度作为一个概念，是一种不断发展的经济组织形式，被其他经济组织形式所掩盖、取代，甚至压倒（Qiao，Wang & Hao，2011，p.2）。从这个角度看，科研机构的政策法规建设仍有很长的路要走。有必要通过政策法规合理界定、调整和规范科技创新领域的权利和义务，特别是对政府资助的各类科研机构，如科技机构、社会服务机构等。

必须承认，中国的科技基础仍然薄弱，科技创新能力仍有待提高。为了完成未来的任务，中国需要加强基础研究，以便在关键技术上取得突破，从而通过发展国家实验室和科学基础设施等措施来加强创新体系的发展。中国需要加速科技创新的国际化，以进一步推进供给侧结构性改革；它还应该加快新动能的发展，培育创新文化，并培养创新人才。除非中国的科技管理体制改革继续深入，否则所有以上这些任务都无法顺利实现。

## 参考文献

Li，Zhe. *From "Bold Absorption" to "Innovation Drive"：Evolution of China Science and Technology Policy*. Beijing：Science and Technology Literature Press，2016，pp.117 - 121.

Li，Zhe. "Hotspots and Reflections on Science and Technology Innovation Policies." *Studies on Science of Science*，2017，35(2)：177 - 182.

Ministry of Finance（MOF）and State Taxation Administration（STA）（2016 - 101）. Notice on the Improvement of Equity Incentives and Technology-Related Income Tax Policies.

Ministry of Science and Technology（MOST）（2016）. Report on the National Innovation System Development 2014，Beijing：Scientific and Technical Literature Press，

---

① 根据行动计划，科学素质是指了解必要的科技知识，掌握基本的科学方法，树立科学思想，倡导科学精神，并将其运用于处理实际问题和参与公共事务的能力。

pp.54, 60.

National Bureau of Statistics (NBS) and Ministry of Science and Technology (MOST). The China Science and Technology Statistical Yearbook. Beijing: China Statistics Press, yearly published.

Qiao, Chuanfu, Wang, Laiwu, Hao, Shujun, et al., *Research on the System of Modern Scientific Research Institutes in China*. Beijing: Economy Science Press, 2011, preface, p.2.

State Council (2016 - 16). Notice of the State Council on Printing and Implementing Certain Provisions of the People's Republic of China on Promoting the Transformation of Scientific and Technological Achievements.

State Council (2016 - 28). Notice of the General Office of the State Council on Printing and Distributing Action Plan for Promoting the Transformation of Science and Technology.

# —— 第 3.2 章 ——
# 中国的大众创业与万众创新

高建　牟睿

## 引　言

"大众创业、万众创新"的概念是由中国时任总理李克强于 2014 年夏季在达沃斯论坛上首次提出的，意在通过向下级政府放权、简化管理、完善资本市场和不同类型的金融支持，为企业和个人创造更好的环境。更具体地说，大众创业万众创新的概念旨在刺激企业发展和大众的创业精神，扩大就业机会，增加个人收入，促进社会和经济流动（Liu et al., 2018）。

为了全面了解中国的大众创业和万众创新举措，本章首先回顾了关于中国创业的文献，以及创业和创新的社会经济背景。随后，本章阐述了中国政府为推动大众创业、万众创新举措而实施的政策和措施，并从创业生态系统的角度分析了这些措施和政策。最后，本章的结论是：大众创业、万众创新是中国创业创新体制和机制上的一项创新改革，且其成果自其实施以来已显而易见。我们希望读者能对什么是大众创业、万众创新以及它是如何形成的有一个大致的了解。此外，我们还希望描绘出大众创业、万众创新的具体内容以及我们对大众创业、万众创新的理解。

# 中国的大众创业与万众创新的背景

## 中国的创业：文献综述

### 中国创业活动的特点

全球创业观察（GEM）是研究中国创业活动特征的重要数据来源和分析框架，许多学者从不同角度或不同地区进行了这一研究（Ahlstrom & Ding，2014；Zhang et al.，2016；Au & Kwan，2009；Tsai et al.，2016；Meyer，2017）。根据 GEM 在中国的研究，中国的创业活动在过去十五年里一直很活跃，创业的质量也在逐步提高。创业可以分为机会驱动型和生存驱动型。那些被机会拉进创业的人之所以成为机会驱动型创业者是因为他们渴望独立或增加收入，而那些被生存推进创业的人或只为维持收入的人是生存驱动型创业者（Reynolds et al.，2001）。机会驱动型创业的比率从 2009 年的 51% 上升到了 2016 年的 71%。

同时，在中国，创业者所参与的行业领域也在发生变化。有一个明显的趋势显示，与十年前相比，更多的创业者开始在信息和通信技术（ICT）、金融和专业服务领域创业，这意味着产业结构正在升级。在创业活动的影响方面，创造就业机会、创新水平和国际化导向也得到了提高。创业有望带来就业机会（Foelster，2000）。预计在未来五年内增加 10 名或更多员工的企业家比例从 2009 年的 16% 增加到 2016 年的 23%。创新代表了一个市场和一个行业内的新意。2009 年，只有 20% 的创业者认为他们的产品或服务对至少一些客户来说是新的，并且只存在少数或没有竞争对手。这个数字在 2016 年增加到了 29%。最后，创业公司的海外客户的比率从 2009 年的 1% 增加到了 2016 年的 8%。GEM 数据显示，从创业的动机、行业参与度、创新水平、创造就业和创业的国际化导向这些方面说明中国的创业质量正在提高。

### 中国独特的社会网络

从理论上讲，社会网络是非正式机构的一部分。然而，它对于中国的创业发展来说是独特而重要的。在中国文化中，个人与家人和朋友关系密切，而人际关系对创业极为重要。关于关系的长期而活跃的文献表明，关系在中国不仅具有不同的特征，而且还影响着资源获取、投资决策、商业机会和竞争优势（He et al.，2017；Park & Luo，2001；Sorenson，2017；Wang，2016；Zhang，

2015）。在许多情况下，社会网络对于获得稀缺资源以及处理中国的官僚问题至关重要（Talavera et al.，2012）。因此，这种独特的社会网络是创业研究者应该考虑的另一个重要背景。

## 大众创业、万众创新政策的背景

伴随着中国经济的发展，创业和创新被认为是未来发展的双引擎，大众创业、万众创新被认为是"创新驱动发展"的国家战略。为什么政府如此强调大众创业、万众创新？下面的社会经济背景将为我们揭晓答案。

### 未来发展不可替代的引擎

正如中国国家主席习近平在 2016 年 G20 杭州峰会上指出的，"上一轮科技进步带来的增长动能逐渐衰减，新一轮科技和产业革命尚未形成势头"；中国需要将创业和创新作为未来发展的新引擎。随着过去几十年的快速发展，经济结构和发展模式必须从过度依赖自然资源转到依赖人力资本上来；因此，实施创新驱动的发展战略势在必行。

### 增加就业和富民的有效途径

中国拥有 14 亿人口，这给就业带来了巨大压力。然而，人口也提供了一个将丰富的人力资源转化为人力资本的机会。根据时任总理李克强在 2016 年夏季达沃斯论坛开幕式上的讲话，在 14 亿人口中，有 9 亿多人是劳动力，1.7 亿多人接受了高等教育或获得了专业技能。同时，中国每年培养 700 多万大学毕业生和 500 多万中等职业学校毕业生。此外，中国还拥有世界上数量最多的科技专业人员。所有这些数字都代表了创业和创新的一个重要来源。大众创业万众创新的本质是为以科学和技术为基础的专业人士、大学毕业生、农民工、退伍军人和失业人员创造更多的创业机会。通过创业，不仅可以提高创业者的生活质量和整体生活水平，而且还可以提升和支持他所在的社区。

### 强化创业文化的理想方法

创业和创新需要制度支持。中国是一个新兴经济体，对创业和创新的社会认知相对薄弱。大众创业万众创新通过对创新的鼓励和对失败的宽容为培养中国的创业精神和文化提供了一个理想的机会。除了社会认知外，创业者对自己创业和创新能力的自我认知也需要改进。根据 GEM 在中国的研究，创业教育，尤其是中小学的创业教育，以及研发转移是中国创业环境中最薄弱的环节。构建多层次的创业教育和培训体系、推广创业文化，将提高创业者的能力，增强创业的社会价值，并从长远上支持创业和创新的发展。

# 大众创业万众创新的政策与措施

在阐述了大众创业万众创新的背景后，我们将说明政府已经实施的政策和措施，以回答"大众创业万众创新的举措是什么"这一问题。自 2014 年首次提出大众创业万众创新举措以来，政府已经出台了数百项政策和举措。在这些政府政策中，2015 年发布的《关于大力推进大众创业万众创新若干政策措施的意见》和 2017 年发布的《关于强化实施创新驱动发展战略进一步推进大众创业万众创新深入发展的意见》是最重要、最全面、最具代表性的。

## 政府意见

《关于大力推进大众创业万众创新若干政策措施的意见》是国务院出台的第一个全面系统的推动大众创业万众创新的举措，其中的具体措施原来分为九大类，我们将其重新组合为四大方面。

首先，政府致力于创新体制机制，促进大众创业和创新。这些措施包括创造更好的公平竞争环境，深化商业体制改革，加强知识产权保护，以及建立人才培养和聘用机制。此外，该举措还要求各级政府机构加强领导，相互协调，以确保支持性政策和措施的实施。

第二，政府将优化金融政策，进一步发展金融市场，支持大众创业和创新。具体而言，财政和税收部门要加强金融支持政策，改善普惠金融措施，并实施更多的政府采购。此外，政府还将扩大各种形式的金融工具，以帮助创业公司获得资金，包括债券市场、风险投资和创新银行服务。

第三，政府旨在发展创业服务，建立一个创业的生态系统。应优先考虑创业孵化器、第三方专业机构、"互联网+"服务和其他新的公共服务，建议使用创新技术和创业的公共平台。

最后，政府希望激发创业的活力，扩大创业的渠道，从而增加就业。政府正在鼓励科研人员、大学毕业生、海外归国人员以及外籍人士在中国创业。此外，政府还将支持农村电子商务的发展，鼓励农村居民回乡创业，优化农村创业的公共服务。

总之，《关于大力推进大众创业万众创新若干政策措施的意见》是一个系统的、综合的举措，它包含了从制度、融资、相关服务、创业活力等方面促进创业创新的各种措施。

## 政府方针

作为政策组合的顶层设计，《关于强化实施创新驱动发展战略进一步推进大众创业万众创新深入发展的意见》也由国务院发布。

该意见强调了在深化供给侧结构性改革、全面实施创新驱动发展战略、以新的增长动力替代旧的增长动力的过程中，推进大众创新和创业的关键作用。为进一步推动大众创新创业，该意见要求相关部门加快科技成果转化，拓宽企业融资渠道，提升和改造实体经济，强化人才流动激励机制，加大行政改革力度。

首先，为了加快科技成果向产品的转化，应通过加强知识产权意识、专利等无形资产价值市场化、正确引导协同工作空间和创客空间，以及促进不同机构之间的研究设施、设备和资源共享来解决系统性障碍。

其次，该方针还指出要扩大初创企业的融资渠道。大型银行的县级分行将被授权向企业提供贷款，并加强融资服务；债务和股权等融资服务机制将得到改善，目的是提供更多形式的金融服务，从而覆盖到科技型中小企业的整个生命周期；将制定有关国有资产参与风险投资的标准和法规，并为风险投资和天使投资部门推出优惠的税收政策，以吸引更多的社会资本；最后，政府将建立和完善一系列由政府资助的风险投资基金，包括政府指导的国家新兴产业基金、国家中小企业发展基金和政府指导的国家科技成果转化基金。

此外，政府敦促实体经济的升级和转型。具体措施包括：加强基础研究，提高原始创新能力；整合现有创新资源，从而在战略产业领域建设一批产业创新中心；鼓励大企业全面推进大众创业万众创新，分享最佳实践，以促进跨界融合和成果转化；推动共享经济、数字经济、先进制造业等。

同时，提升人才流动的激励机制也是方针的重要组成部分。包括外国人、归国留学生、科技专家、返乡移民在内的人才都应享有激励措施，如获得工作许可和当地居留权的便利。地方政府可以根据需要发布灵活的人才招聘政策。

最后，该意见要求各部委和各级政府继续深化行政改革，形成更好的创业创新生态系统。具体而言，商业环境将得到进一步改善，公平竞争将通过法规和制度得到加强；一体化的企业注册将被推广，跨省的税收服务将得以提供；示范区和示范城市将被建立，"大众创业和创新周"活动将在全国范围内开展，以营造更好的创业和创新氛围。

综上所述，《关于强化实施创新驱动发展战略进一步推进大众创业万众创新深入发展的意见》涉及国家大部分部委和各级政府，以研发转移、创业融资、产业升级、创业人才、行政改革为重点，旨在加强实施大众创业和创新战略。

## 促进创业和创新的政策

在回顾了国务院关于大众创业万众创新最重要的意见和方针后，我们现在将对中国文献中关于大众创业万众创新若干政策和措施进行更全面的回顾。

王等（2018）总结了从 2015 年 3 月总理的政府工作报告中首次提出"大众创业、万众创新"举措到 2017 年底，国务院和国家十部委发布的创业创新相关政策。在他们的研究中，53 项政策可以从三个角度划分。首先，就目标而言，这些政策可分为供给政策、环境相关政策和需求导向型政策。其次，根据大众创业万众创新举措的进程，这些政策可以分为准备阶段、启动阶段和发展阶段。最后，这些政策的目标是不同的。企业、大学、研究机构和中介机构都是目标部门。在分析了 53 项创业和创新政策及其联系后，财政支持、公共创业服务、税负减免、创业和创新环境营造是政策关注的前四个领域。具体而言，约 60% 的政策旨在改善创业创新环境，另有 36.5% 的政策为供给型政策，如财政支持、减税、人才培养、公共平台/服务建设、制度和法规的完善。但是，只有 3.5% 的政策（只有两项）是需求导向型政策，即降低初创企业和政府采购的障碍。以需求为导向的政策在未来可以得到加强。

根据《中国创新创业发展报告》（Li & Xu，2017），2012 年至 2016 年，国务院发布了 94 个创业创新方面的政策文件。同时，国家税务总局、财政部、国家发展和改革委员会、国家工商行政管理总局、中国人民银行（中央银行）、保险监督管理委员会、银行业监督管理委员会、证券监督管理委员会、工业和信息化部、商务部、人力资源和社会保障部、教育部、国土资源部、科技部、农业农村部、民政部、国家审计署、文化和旅游部等18个国家部委发布了334份政策文件。

为了更好地理解大众创业万众创新举措的政策和措施，本报告将这些政策重新归纳为五类。第一类是创业和就业的机制，主要包括公共服务、创业教育和培训、人才流动和平台建设等方面的政策。第二类是金融环境，注重财政支持、减税、金融支持等。第三类是对中小企业的管理，包括优化制度环境，加强对科技型中小企业的支持，加强协同创新，以及进一步改善中小企业的金融资源。第四类针对科学、教育和创新的机制，加快科学成果的转化，评估创新的程度和贡献是这些政策的主要关注点。最后，第五类侧重于不同政策的协调，这类政策的目的是建立一个系统的机制，使所有的利益相关者，如政府、大学、研究机构和公司，都能从中受益并得到便利。

## 针对不同背景人群的政策

### 大学生创业

根据《2015年全球创业观察中国报告》，青年是中国创业最活跃的年龄组。时任总理李克强在讲话中指出，"大学生是实施创新驱动发展战略、推动大众创业万众创新的主力军"（Ye，2015）。自大众创业万众创新举措开展以来，政府出台了一系列优惠政策，鼓励大学生参与创业创新。

首先，高校毕业生创办的创业公司享受大学生创业专用的税收减免政策。在每户每年8 000元的限额内，可以陆续减免实际营业税、城市维护建设税、教育附加费、地方教育附加费和个人所得税。第二，政府为大学生创业者提供担保贷款和补贴，贷款额度为10万元。第三，对毕业两年内的大学生创业者，政府免收工商登记费等行政事业性收费。第四，大学生创业公司可以为其毕业生员工申请一年的社会保险补贴。第五，高校毕业生创业者可享受免费的由公共就业和人才服务机构提供的创业服务，包括政策咨询、方案制定、风险评估、开业指导、融资服务等。第六，鼓励高校设置更多的创业创新课程并授予学分，对学生的管理更加灵活，如大学生创业者可根据实际情况申请延迟毕业。最后，允许大学生创业者在企业所在地申请居住登记（户口），直辖市除外。

总之，从减税到担保贷款和补贴，从大学的创业课程到公共服务机构的专业指导，从社会保险到户籍管理，一系列政策都有利于大学生/毕业生创业者。

农民工返乡创业

越来越多的中国农民工返回农村老家创业，政府认为这是促进农村地区发展的重要途径。城市的农民工可能会面临一些限制，如缺乏当地的户口和社保（Chan & Buckingham，2008），但他们的视野已经被拓宽，技能和能力也得到了提高。因此，他们在农村老家凭借当地的社会关系创业是有优势的。鉴于这种情况，政府出台了一系列政策来鼓励农民工返乡创业。

在大众创业万众创新举措的推动下，政府出台的激励政策包括降低返乡创业的门槛，有针对性地减免税收和关税，加强地方政府的财政支持，丰富金融服务形式，以及为返乡创业者建立创新园区。具体来说，创业一年以上的返乡农民工，可以获得一次性补贴。在公共财政允许的情况下，农村创业公司也将有权获得搬迁或购买生产设备的补贴。其次，为农村创业提供的融资服务和土地使用支持，以及担保的政策也将得到加强。涵盖政府、银行和保险的融资模式将扩展到农村创业公司。此外，返乡创业者还将被允许利用农村宅基地建厂，启动小型加工项目。

## 创业生态系统的视角

创业生态系统在短时间内吸引了创业研究领域的大量关注（Isenberg，2010，2011；Stam，2015；Stangler & Bell-Masterson，2015；Spigel，2017；Stam & Spigel，2017）。创业生态系统学者声称，需要在更广泛的背景下理解创业，而不仅仅是在个人或公司的特征和行为层面上（Autio et al.，2014；Zahra et al.，2014）。同时，研究必须更全面地考虑创业，关注创业中相互关联的方面（Acs et al.，2014）。基于这些研究方向，创业生态系统文献旨在通过一系列相互依赖的行为者和因素来解释创业，这些行为者和因素相互协调，促成了生产性创业（Stam & Spigel，2017；Alvedalen & Boschma，2017）。

创业生态系统指的是影响区域创业的社会和经济环境。尽管不同的研究认为不同的组成部分或元素对当地创业生态系统具有重要意义，但大多数研究认为政策、金融、文化、支持、人力资本和市场等条件对创业活动具有影响。然而，就中国的大众创业万众创新而言，大多数政策都是为了加强大众创业万众创新的制度机制、金融、智力资本、服务和支持，如图 3.2.1 所示。

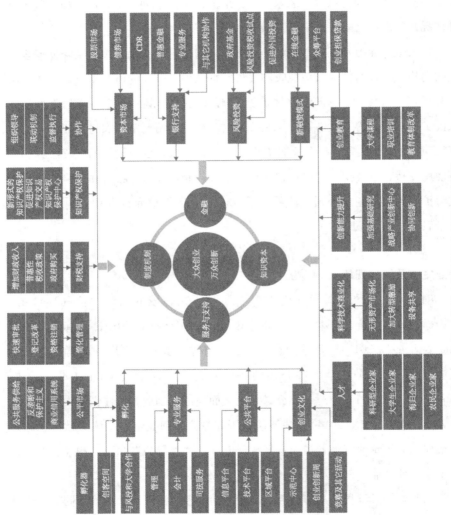

图 3.2.1 促进大众创业万众创新的政策措施

以加强制度机制为重点的政策包括：提供公平的市场、财税支持、知识产权保护；简化管理；协调不同的政策和政府部门。金融政策旨在通过资本市场、银行支持、风险投资和新的融资模式，为大众创业创新的参与者提供包容性融资。智力资本也是政府重视的一个重要领域。吸引人才、科学技术的商业化、创业教育和创新能力的提升也得到了政府的重视。最后，政府出台了密集的政策来改善对创业和创新的服务和支持，包括孵化、专业服务、公共平台和社会创业文化。在中国创业生态系统要素的四个方面中，许多具体措施已经在实施，如图 3.2.1 所示。

## 大众创业、万众创新举措作为一种创业创新的制度机制

在回顾和分析了大众创业万众创新举措的背景和政策后，我们发现，大众创业、万众创新的实质不仅仅是鼓励中国的创新，更重要的是推动创业创新的制度机制改革。通过大众创业、万众创新举措，改变了经济结构，培育了经济新动能。同时，在推动这一举措的过程中，政府大力简政放权，减少对企业不必要的干预，改善生产关系。此外，大众创业、万众创新的举措也大大改善了国家治理体系和治理能力。

### 解放和发展生产力

生产力主要由劳动力、资本和技术决定。大众创业、万众创新举措高度重视人力资本和人才，打破人才流动的诸多障碍，促进创业教育和培训。同时，通过创新和有针对性的金融手段，大众创业、万众创新举措努力为初创企业增加金融支持，丰富金融渠道。最后，大众创业、万众创新举措在社会上培育创业创新文化，鼓励科研人员将其科技成果商业化。通过这三个方面的结合，大众创业、万众创新举措构建了中国创业和创新的互动和相互促进体系。

### 大企业的繁荣之路

大众创业、万众创新举措敦促大企业和中小企业通过搭建平台进行协同创新。大企业有技术、人才、资金等方面的优势，而中小企业有新的商业模式和

更灵活的机制。这两个部门的融合将促进经济转型，为社会经济发展带来活力。海尔集团是组织结构和机制创新的一个好例子。海尔集团是全球领先的大型家用电器品牌，已经从传统的制造商转变为开放的创业平台。截至 2017 年底，海尔集团的平台已经吸引了 4 325 个组织和 2 483 个创业项目，其中 256 个进入了海尔在 9 个不同国家和地区建立的 24 个创新和创业基地的孵化队列。200 多家面向用户的微型企业、3 800 家服务和支持性微型企业以及 122 万家微型商店都吸引了资本和劳动力进入海尔平台。海尔利用其丰富的资源培育了许多微型企业，提高了小企业和自身的创新效率。

### 改善治理体系和治理能力

简政放权、加强监管、改善服务是政府为改善治理体系和治理能力所采取的综合政策。2015 年，国务院取消了 62 项原来由中央政府要求的行政审批事项，并取消了 453 项非行政审批事项。截至 2017 年 9 月底，仍然需要的行政审批事项只有 632 项，而 2013 年初则有 1 700 项。在法规方面，政府加强了对企业公平竞争和信用体系的监督。在政府服务方面，大众创业、万众创新举措敦促政府向公众提供包容性和可持续的服务。根据世界银行《2017 年营商环境报告》，与 2014 年相比，中国的营商便利度排名提高了 18 位。

### 加快政府职能的转变

大众创业、万众创新举措带来的市场活力，既是政府改革的成果，也是进一步改革的起点。一方面，由于市场主体的增加，政府的工作量大大增加，政府必须创新工作机制，以适应新的形势。另一方面，大众创业、万众创新催生的新产业、新市场对政府原有的管理体制产生了重大挑战，同时也对政府改进其制度和能力产生了激励。例如，旧的企业注册制度要求企业主从三个不同的部门——工商行政管理部门、质量技术监督部门和税务部门——获得三个许可证，而实施行政精简后，开办企业只需要一个证书，这被称为"三合一"登记制度。

### 大众创业、万众创新举措实施以来的变化

在宏观层面上，大众创业、万众创新举措改变了中国的体制机制。本小节

将详细揭示大众创业、万众创新实施以来创业和创新的变化。表 3.2.1 显示了 2014 年至 2017 年创业者、独角兽企业、前沿研究和风险投资的数量变化。由于大众创业、万众创新正式开始于 2015 年，从 2014 年开始的变化将显示该举措对创业和创新的可能影响。

表 3.2.1 大众创业、万众创新举措实施以来创业和创新方面的变化

| | 2014 | 2015 | 2016 | 2017 |
|---|---|---|---|---|
| 市场主体的数目（百万） | 12.93 | 14.8 | 16.51 | 19.25 |
| 企业的数目（百万） | 3.65 | 4.45 | 5.53 | 6.07 |
| 独角兽数目 | 19 | 60 | 131 | 164 |
| 独角兽估值（十亿美元） | 47 | 238.1 | 487.6 | 628.4 |
| 获得的发明专利数（千） | 229.7 | 359 | 404 | 420 |
| PCT 专利申请数（千） | 26.17 | 30.55 | 45 | 51 |
| 风险投资额（十亿美元） | 15.5 | 27.4 | 31 | 40 |
| 小微企业贷款余额（万亿元） | 15.46 | 17.4 | 20.84 | 24.3 |

首先，企业注册数量迅速增加，出现了大量的科技型企业和高成长型企业。中国的市场主体数量增加了 1 900 多万，2017 年日均 4.5 万。在新注册的企业中，有 600 多万家平均注册资本在 40 万元以上。此外，具有高增长潜力的企业正在中国发展。根据完整的独角兽公司名单，即估值超过 10 亿美元的私营企业，在 2018 年全球范围内约有三分之一是诞生于中国。

第二，创业创新的热情高涨，创业者的背景更加多元化。留学归国人员创业人数从 2008 年的 5 万多人增加到 2014 年的 36 万多人；留学归国人员创业比例超过 15%。同时，更多大学生也倾向于创业。2013 年只有 2.8% 的大学毕业生选择创业，而 2015 年增加到 6.3%。此外，更多的农民工在家乡创业，而不是进城就业。

第三，投资市场更具活力。政府引导基金的规模不断扩大。截至 2016 年底，已募集 901 只政府引导基金，总目标规模达 32 000 亿元。同时，风险投资和天使投资也在进一步发展。2017 年，超过 400 亿美元的风险投资产生于中国。与 2016 年及之前相比，风投项目数量和投资金额都有所增加。此外，2016 年的并购案数量增加了 40% 以上，在全国中小企业股份转让系统挂牌的企业增加了 5 034 家。

最后，创业和创新的体制机制改革进一步深化，创业和创新的生态系统得

到改善。创业公司的注册程序进一步优化，取消了433项职业资格，降低了市场准入的门槛。同时，科技成果转化也在快速发展，2016年技术类合同金额首次突破1万亿元。此外，财税对创业创新的支持力度也在加大，2016年共为企业减税5 000多亿元。再者，知识产权保护不断完善，2016年建设了更多的大众创业万众创新的示范基地。2016年还举办了许多促进创业创新文化的活动，如"大众创业万众创新活动周"。

# 结　论

本章旨在对中国的大众创业、万众创新进行全面解读。通过回顾创业文献和中国的社会经济背景，大众创业、万众创新举措被认为是经济结构转型和进一步发展的必要条件。在回答了"什么是大众创业、万众创新？"和"为什么要大众创业、万众创新？"之后，本章解释了第三个问题，即"大众创业、万众创新是如何实施的？"

在阐述了政府关于大众创业、万众创新的重要政策后，本章指出，体制机制、资金、智力资本以及对大众创业、万众创新的服务和支持是中国创业生态系统中最重要的要素。虽然有关大众创业、万众创新举措的政策是全面而有效的，但其中大部分是以供给为导向的，这忽视了创业企业所面临的约束和困难。更多的政策应该基于创业企业和创业生态系统中其他参与者的需求来考虑，而不仅仅是政府。最后，本章揭示了大众创业、万众创新举措本身是对中国创业创新体制机制的创新改革，对治理体系和治理能力有明显的改善。

## 参考文献

Acs, Z. J., Autio, E., & Szerb, L. (2014). National Systems of Entrepreneurship: Measurement Issues and Policy Implications. *Research Policy*, 43(3), 476 – 494.

Ahlstrom, D., & Ding, Z. (2014). Entrepreneurship in China: An overview. *International Small Business Journal*, 32(6), 610 – 618.

Aldrich, H. E. (2000). "Learning Together: National Differences in Entrepreneurship Research." In Sexton, D. L, & Landstrom, H., (Eds), *Blackwell Handbook of Entrepreneurship* (pp.2 – 25). Oxford: Blackwell.

Alvedalen, J., & Boschma, R. (2017). A critical Review of Entrepreneurial Ecosystems Research: Towards a Future Research Agenda. *European Planning Studies*, 25(6), 887 – 903.

Au, K., & Kwan, H. K. (2009). "Start-up Capital and Chinese Entrepreneurs: The Role of Family." *Entrepreneurship Theory and Practice*, 33(4), 889 – 908.

Autio, E., Kenney, M., Mustar, P., Siegel, D., & Wright, M. (2014). "Entrepreneurial Innovation: The Importance of Context." *Research Policy*, 43(7), 1097 – 1108.

Bruton, G. D., Ahlstrom, D., & Obloj, K. (2008). "Entrepreneurship in Emerging Economies: Where Are We Today and Where Should the Research Go in the Future." *Entrepreneurship: Theory and Practice*, 32(1), 1 – 14.

Chan, K. W., & Buckingham, W. (2008). "Is China Abolishing the Hukou System?" *China Quarterly*, 195(6), 582 – 606.

Chiles, T. H., Bluedorn, A. C., & Gupta, V. K. (2007). "Beyond Creative Destruction and Entrepreneurial Discovery: A Radical Austrian Approach to Entrepreneurship." *Organization Studies*, 28(4), 467 – 493.

De Clercq, D., Danis, W. M., & Dakhli, M. (2010). "The Moderating Effect of Institutional Context on the Relationship Between Associational Activity and New Business Activity in Emerging Economies." *International Business Review*, 19, 85 – 101.

Elston, J. A., Chen, S., & Weidinger, A. (2016). "The Role of Informal Capital on New Venture Formation and Growth in China." *Small Business Economics*, 46(1), 79 – 91.

Foelster, S. (2000). Do Entrepreneurs Create Jobs? *Small Business Economics*, 14, 137 – 148.

Frank, H., & Landstrom, H. (2016). "What Makes Entrepreneurship Research Interesting? Reflections on Strategies to Overcome the Rigour-Relevance Gap." *Entrepreneurship and Regional Development*, 28(1), 51 – 75.

Fuller, D. B. (2010). "How Law, Politics and Transnational Networks Affect Technology Entrepreneurship: Explaining Divergent Venture Capital Investing Strategies in China." *Asia Pacific Journal of Management*, 27(3), 445 – 459.

He, C., Lu, J., & Qian, H. (2019). "Entrepreneurship in China." *Small Business Economics*, 52, 563 – 572.

Huang, W., Boateng, A., & Newman, A. (2016). "Capital Structure of Chinese Listed SMEs: An Agency Theory Perspective." *Small Business Economics*, 47(2), 535 – 550.

Isenberg, D. J. (2010). "How to Start an Entrepreneurial Revolution." *Harvard Business Review*, 88(6), 41 – 50.

Isenberg, D. J. (2011). "The Entrepreneurship Ecosystem Strategy As a New Paradigm for Economic Policy: Principles for Cultivating Entrepreneurship." Babson Entrepreneurship Ecosystem Project. Wellesley, MA: Babson College.

Li, D., & Xu, J. (2017). *The Report on the Development of Innovation and Entrepreneurship in China*. Beijing: China Fortune Press.

Li, J., & Matlay, H. (2006). "Chinese Entrepreneurship and Small Business Development: An Overview and Research Agenda." *Journal of Small Business and Enterprise Development*, 13(2), 248 – 262.

Liu, C. Y., Feng, B., & Ye, L. (2018). "Migrant Entrepreneurship in China: Entrepreneurial Transition and Firm Performance." *Small Business Economics*, 52, 681 – 696. https://doi.org/10.1007/s11187 – 017 – 9979-y.

Meyer, K. (2006). "Asian Management Research Needs More Self-Confidence." *Asia Pacific Journal of Management*, 23(2), 119 – 137.

Meyer, N. (2017). "An Econometric Analysis of Entrepreneurial Activity, Economic Growth and Employment: The Case of the BRICS Countries." *International Journal of Economic Perspectives*, 11, 429 – 441.

North, D. C. (1990). *Institutions, institutional change and economic performance.* Cambridge: Cambridge University Press.

Park, S. H., & Luo, Y. (2001). "Guanxi and Organizational Dynamics: Organizational Networking in Chinese Firms." *Strategic Management Journal*, 22(5), 455 – 477.

Reynolds, P. D., Camp, S. M., Bygrave, W. D., Autio, E., & Hay, M. (2001). *The Global entrepreneurship monitor 2011 executive report.* Babson Park, MA: Babson College.

Sorenson, O. (2017). "Entrepreneurs and Social Capital in China." *Management and Organization Review*, 13(2), 275 – 280.

Spigel, B. (2017). "The Relational Organization of Entrepreneurial Ecosystems." *Entrepreneurship Theory and Practice*, 41, 49 – 72.

Stam, E. (2015). "Entrepreneurial Ecosystems and Regional Policy: A Sympathetic Critique." *European Planning Studies*, 23(9), 1759 – 1769.

Stam, E., & Spigel, B. (2017). "Entrepreneurial ecosystems." In R. Blackburn, D. De Clercq, J. Heinonen, & Z. Wang (Eds.), *The SAGE handbook of small business and entrepreneurship* (Chapter 21, pp.221 – 235). London: SAGE.

Stangler, D., & Bell-Masterson, J. (2015). "Measuring an Entrepreneurial Ecosystem." Kauffman Foundation Research Series on City, Metro, and Regional Entrepreneurship.

Su, J., Zhai, Q., & Landstrom, H. (2015), "Entrepreneurship Research in China: Internationalization or contextualization?" *Entrepreneurship & Regional Development*, 27 (1 – 2), 50 – 79.

Su, J., Zhai, Q., & Landstrom, H. (2015), "Entrepreneurship Research in Three Regions-the USA, Europe and China." *International Entrepreneurship Management Journal*, 11, 861 – 890.

Talavera, O., Xiong, L., & Xiong, X. (2012). "Social Capital and Access to Bank Financing: The Case of Chinese Entrepreneurs." *Emerging Markets Finance and Trade*, 28(1), 55 – 69.

Terjesen, S., Hessels, J., & Li, D. (2013). "Comparative International Entrepreneurship Research: A Review and Research Agenda." *Journal of Management*, 42(1), 299 – 344.

Tsai, K. H., Chang, H. C., & Peng, C. Y. (2016). "Refining the Linkage Between Perceived Capability and Entrepreneurial Intention: Roles of Perceived Opportunity, Fear of Failure, and Gender." *International Entrepreneurship and Management Journal*, 12, 1127.

Wang, C. M. (2010, May 17). "National Development and Reform Commission: Allow Private Capital to Run Financial Institutions." *People's Daily Overseas Edition*. Retrieved from http://www.scio.gov.cn/m/zggk/gqbg/2010/document/637596/637596.htm.

Wang, H., Li, J., & Li, Y. (2018). "Quantitative Research on the Double Creations' Policies Based on Policy Text." *Journal of Intelligence*, 37(1), 59 – 65.

Wang, Y. (2016). "Bringing the Stages Back In: Social Network Ties and Start-Up Firms' Access to Venture Capital in China." *Strategic Entrepreneurship Journal*, 10(3), 300 – 317.

Welter, F. (2011). "Contextualizing Entrepreneurship-Conceptual Challenges and Ways Forward." *Entrepreneurship Theory and Practice*, 35(1), 165 – 184.

Zahra, S. A. (2007). "Contextualizing Theory Building in Entrepreneurship Research."

*Journal of Business Venturing*, 22(3), 443 – 452.

Zahra, S. A., Wright, M., & Abdelgawad, S. G. (2014). "Contextualization and the Advancement of Entrepreneurship Research." *International Small Business Journal*, 32(5), 479 – 500.

Zhang, M., Wang, Y., & Ma, X. (2017). "Entrepreneurship and Economic Development — An Empirical Analysis Based on GEM." *Technology and Innovation Management*, 38(4), 393 – 396.

Zhang, Y. (2015). "The Contingent Value of Social Resources: Entrepreneurs' Use of Debt Financing Sources In Western China." *Journal of Business Venturing*, 30(3), 390 – 406.

Zhou, W. (2011). "Regional Deregulation and Entrepreneurial Growth in China's Transition Economy." *Entrepreneurship & Regional Development*, 23(9 – 10), 853 – 876.

Zhou, W. (2014). "Regional Institutional Development, Political Connections, and Entrepreneurial Performance in China's Transition Economy." *Small Business Economics*, 43(1), 161 – 181.

Zhuang, Z. (2005). "Entrepreneurship Spirit, Continuous Technological Innovation and the Micro-Mechanism of Long-run Economic Growth." *Journal of World Economy*, 2005 (12), 32 – 43.

## 第四部分
# 发展创新型的
# 机构和生态系统

# —— 第 4.1 章 ——
# 集群在中国创新能力
# 发展中的作用

李拓宇　魏江

## 引　言

————————————————————————————————————————

　　长期以来，产业集群被认为是中国经济的一个重要引擎。我们总是从经济学的视角来看待产业集群的问题。这里我们着重从创新的视角来谈产业集群的作用。本章讨论产业集群的成功及其对创新能力的长期提升的贡献。

　　越来越多的人认为，创新是一个进化的、非线性的、企业与环境之间的互动过程（Kline & Rosenberg，1986；Dosi，1988）。大量的文献试图从创新系统的角度来探讨企业内部以及企业与环境之间的创新过程。因此，从创新系统的角度来看，创新不仅在市场和企业的背景下，而且在区域增长和发展的背景下成为一个重要的话题。作为"缩小尺度的创新系统"（den Hertog，Bergman & Charles，2002），产业集群正在主导世界经济版图，培育世界级企业，推动区域发展（Markusen，1996）。例如，硅谷一直是典型的成功的产业区。人们对其成功的秘诀进行了广泛的研究，并多次尝试在世界其他地方复制硅谷的产业结构（Saxenian，1998）。

　　对产业集群创新体系的研究有两种主流观点。一种观点是，最近关于集群创新行为的研究强调了网络建设的重要性，无论是通过对供应商和客户在塑造创新方面的经济学思考（Lundvall，1998），还是通过社会建构主义和行动者网络的描述（Latour，1996）。经验观察表明，与特定行业相关的这些资源逐渐汇聚于特定的地方，结果是那里的公司更易获得创新的工具。实际上，所有的代理商和公司在特定的地方和特定的行业中相互协作，形成了创新系统。

另一种观点注重企业内部的实践社群：即那些紧密协作的人群，他们一直在一起共事，交流知识，并对他们工作的环境、他们工作所依赖的知识以及运用这些知识的情境达成共识（Brown & Duguid，2000）。集群可以被视为"知识的生态"，是具有平行实践社群的公司聚集地，这些公司通过网络连接起来，促进了知识泄漏并迅速互补（Charles，2002）。许多文献都采用此观点来探讨区域竞争力，并通过创新系统的观点来制定产业发展政策。例如，在库克（Cooke，2002）的抽象结构中，两个关键的子系统，即知识应用与开发子系统以及知识生成和传播子系统，作为区域创新系统的核心发挥作用。

然而，尽管关于集群创新系统的文献或使用这一概念的文献很多（Hertog，2000；Lee，2003；Miles，2005；Strambach，1997），尤其是在高度发达的创新系统和大都市地区，但这些文献忽略了它们对低技术产业和边缘地区的特定作用（Tomi et al.，2003）。特别是在中国情境下，在中国东部沿海边缘地区的相对低技术产业中，集群的快速发展导致了企业之间以及企业与它们同规模环境之间的合作增加。在转型期的中国，产业集群在最近几年里遍地开花。特别是在中国东部，自1990年代初以来，经济的快速发展在相当大的程度上是通过产业集聚实现的。个别地区和工业城市在某些商品的生产上高度专业化，并成为此类生产的世界中心，例如，大唐袜业城、嘉兴毛衫城、织里童装城、晋江鞋都，等等。它们不仅与数以千计的专业化中小企业联系在一起，而且也关联着参与的大企业，它们都在同一地区相互合作，自然有利于在中国产业集群的形成。浙江是中国经济最发达的地区之一。浙江的产业集群涉及大多数行业，包括机械制造业、纺织业、服装业、制药业和信息技术业。

本章将具体探讨中国产业集群的发展，推动其成功的力量，以及它们对经济和创新能力长期提升的贡献。下一节将讨论绍兴纺织业集群创新系统的实证研究，以探索构成这一特定工业区的本地化创新网络的决定因素和要素。通过网络方法，本章抓住了功能性集群创新系统的主要特征和关系。

然后，本章继续关注集群企业本身的创新行为。根据中国杭州一个软件产业集群的问卷调查数据，我们发现，部分技术学习机制一直在目前的软件产业集群中有效运行。技术追随者未能从产业集群内部的知识扩散中受益，因此需要一个技术创新系统，在当地大学、研究机构、行业协会和政府的支持下，提高集群企业的学习能力。然后，本章对中国东部沿海边缘地区的浙江省大唐传统袜业产业集群进行了纵向研究，说明知识密集型商业服务（KIBS）促进了集群网络中企业间的知识流动。之后，本章对浙江省两个产业集群定点搜索进行了实证研究，以探讨本地—非本地搜索平衡在产品创新中的作用。最后，通过产业集群创新系统的概念框架，捕捉产业集群内部的联系。

# 创业系统与产业集群

集群是由相互依赖性很强的企业（包括专业供应商）、知识生产者（大学、研究机构、工程公司）、媒介机构（经纪人、顾问）和客户组成的生产网络，各成员在增值的生产链中相互联系（OECD，1999；Charles，2002）。因此，创新系统的集群方法有助于描述生产网络中的行为者在生产产品和服务以及创造创新时的关联。鉴于竞争力与创新的普遍认同感，将集群作为创新系统的想法也许并不意外。集群在快速反应、学习和积累隐性和成文知识方面的优势，显然是企业创新能力的基础（Charles，2002）。

当我们观察目前创新系统中的集群的研究时，我们发现对集群的创新系统开展的实证研究凤毛麟角。术语"集群创新系统"未被有效定义，而是倾向于指一组以影响创新的发展、传播和使用的方式相互作用的要素或因素（Edquist，1997；Charles，2002）。此外，集群创新行为的系统框架也不太被认可，其中可能包括企业和代理商的相互联系模式，集群中创新系统的结构，以及创新系统组成部分的决定因素。毋庸置疑，所有这些问题对于集群和政策制定者是非常重要的，他们要通过巩固知识基础、促进知识转移和鼓励合作来加强这些系统。因此，基于中国绍兴纺织业的实证分析，我们开发了一个描述集群创新系统的工具。

### 绍兴纺织业

浙江省绍兴市位于中国东部。自 1990 年代中期以来，绍兴已经发展成为中国乃至亚洲最重要的纺织业中心之一。2005 年，纺织业的员工占绍兴产业工人总数的 67.8%。另外，按当前价格计算，纺织业的总产值已达到 747 亿元人民币（约 106.6 亿美元），占该市工业总产值的 66.8%。

由于大多数公司和机构以及员工都是专门从事纺织业的，而且所有这些相互关联的公司和机构都聚集在一个非常小的地理空间内，因此我们把这种现象称为纺织产业集群。纺织产业集群的特点进一步体现在：

- 在纺织相关行业有超过 30 年的发展；
- 1 600 家相互关联的企业，包括化纤、面料、印染、服装等，通过这些企业形成产业价值链；
- 数以百计的相关企业、机构和组织提供技术和信息服务，提供染料和辅助试剂等辅助材料，以及管理支持；
- 亚洲最大的纺织品市场中心——中国轻纺城就位于该地；
- 亚洲金融危机以来的重大结构调整进程。

如果我们计算一下相关企业、机构和组织的数量，这个产业集群中相互联系的企业总数已高达 2 000 多家。正是这些纺织企业、相关组织和其他机构，构建了绍兴纺织产业集群的创新系统。更特别的是，由于亚洲金融危机的影响，纺织产业集群已经认识到提高集群创新能力的必要性。近年来，集群和地方政府都投入了资源来发展创新系统。

**绍兴纺织产业集群的决定因素**

一般来说，绍兴纺织产业集群的创新系统由三类决定因素主导：核心、补充和外围，其中前两类主要提供这一特殊领域的"集体学习"（Lawson & Lorenz，1999；Camagni，1997；Capello，1999），而第三类决定因素则提供集群知识活动的背景。在集群的创新系统中，每一个核心和补充级的组织都与其他组织、地方政府及其机构，以及国家创新组织，如外部的大学、公共研发机构、国家实验室和外部市场关系，进行互动。在下面的章节中，我们将详细讨论上述三类纺织产业集群创新系统的决定因素。

*核心决定因素*

根据库克（Cooke，2002）的抽象结构，核心决定因素在产业集群中发挥着知识应用和开发系统的作用。它由两个子集构成：一个是纺织业的核心价值链，另一个是支持核心价值链创新活动的相关企业。这两个子集位于产业集群中，作为核心创新网络发挥着互动作用。

图 4.1.1 显示，纺织产业集群的核心价值链由四类企业集团相连，即化纤企业集团、面料企业集团、印染企业集团和服装企业集团。我们的调查发现，定位在核心价值链上的企业 94% 是员工人数少于 100 人的中小企业。从 2005 年的创新活动（图 4.1.2）和 2005 年这四类企业集团生产能力的比率结构（图 4.1.3）可以看出，在核心价值链的四类企业集团中，面料企业集团拥有产业集群中的最强水平。相对而言，印染企业集团和服装企业集团都缺乏创新能力。因此，可以推断，不同集团中创新能力的不平衡，阻碍了整个产业集群的技术竞争力。更特别的是，印染企业集团的创新能力低下，导致服装企业集团从意大利和韩国购买精致的布料，从而抬升了服装企业的生产成本。相反，面料企业的创新能力相对较强，使绍兴的中国纺织城成为亚洲最大的面料产品贸易中心。为了提高集群的创新能力，集群和地方政府都制定了一系列政策，通过注重升级印染企业集团和服装企业集团的创新能力，以及这四类企业集团之间的互动创新来构建创新系统。

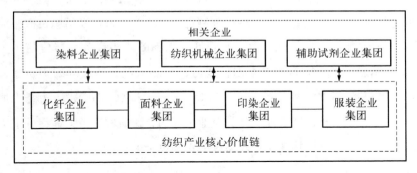

图 4.1.1　绍兴纺织业核心决定因素的关键行动者

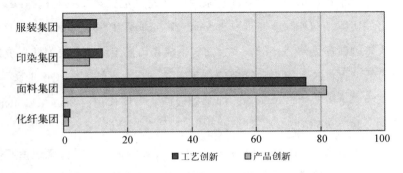

图 4.1.2　不同集团的产品创新与工艺创新比（占总量的百分比）

资料来源：绍兴市科技局，2005。

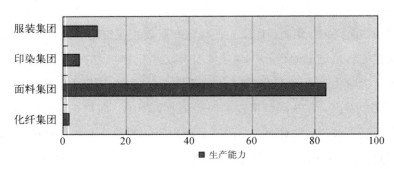

图 4.1.3　四类集团生产能力的比率结构

资料来源：绍兴市科技局，2005。

核心决定因素中的相关企业是指那些位于核心价值链之外但也提供原材料和要素的企业，如染料、纺织机械、辅助试剂等。这些相关企业通过供应商—用户关系与位于核心价值链上的企业进行互动。我们的调查发现，相关企业热衷于促进核心价值链企业技术能力的发展。例如，在 1990 年代，纺织企业从海外购买了大量的尖端设备，这对纺织机械企业集团的挑战非常大。后来，纺织机械制造厂与纺织企业合作，透彻理解进口技术，不仅帮助纺织机械企业集团提高了研发能力，也帮助纺织企业降低了因不断购买设备而造成的生产成本。机械制造厂逐步培养了自主创新能力，开发了世界一流的纺织机械，如 SJ758 织物设备、HKV141 安装机、HKV151 系列加捻机、HKV161 短纤维加捻机等。总之，核心价值链企业与相关企业之间的合作研发，极大地促进了集群的创新能力，双方共同构建了创新系统的核心决定因素。

补充决定因素

现在我们来看看绍兴纺织业创新系统的补充决定因素，主要包括（1）基础设施，如实体结构和制度安排（Padmore & Gibson，1998），为核心企业获取资源和支持创新提供便利；（2）多家知识生成和传播组织，主要为核心决定因素的创新活动提供技术知识和管理信息等直接支持。在绍兴纺织产业集群中，补充决定因素可以分为三个子集，即基础设施、集体代理（Bianchi & Bellini，1991）和公共服务部门。

对于绍兴市来说，技术改进的重点是提升基础设施。基础设施包括实体基础设施，如道路、管道、水、电力、互联网和电信，以及制度基础设施，如政策、社会要素和文化要素。最近，对数字县域工程（DCE）的支持成为重中之重。DCE 由地方政府实施并提供部分资金，旨在当地建立信息高速公路，为产业集群乃至整个区域提供电信基础设施。在 2002 年，DCE 将按计划完成。然后，基于 DCE 的信息平台和基于中国轻纺城的市场平台可以整合起来，为产业集群的创新活动提供实体基础设施系统。中国轻纺城成立于 1988 年，主要是作为纺织品的重要贸易中心。然而，在很大程度上，它也作为产业集群的信息交流的基础设施发挥作用。作为基础设施，中国轻纺城的作用可以概括为三个方面：营销的信息平台、技术发展的信息中心和集群技术创新的指导"机构"。中国轻纺城的年贸易额约为 22 亿美元，80% 以上的纺织品都在这个市场上交易。当然，中国轻纺城已经发展成为技术信息平台和集群创新活动的指导机构。凭借地理位置优势，集群企业可以用较低的成本获得大量的技术知识和信息，进行信息搜索和收集。

政府政策是创新系统的另一个重要层面。一些如市政分区规则的地方问题，和税收与贷款等激励政策，可能对创新系统的发展至关重要。同时，必须特别重视非正式制度。绍兴的纺织传统历史悠久。据估计，织物的手工艺起源于约 1 000 年前。毫无疑问，纺织传统已经成为当地文化和社会环境的一部分，这极大地促进了今天集群的"经济社区"的创建。

由于缺乏技术本科院校和国家实验室，绍兴的政策制定者近年来致力于制定与技术相关的政策。当集群和地方政府都认识到核心决定因素中创新能力的不平衡时，集群技术能力的重要性受到了重视，从而在 1995 年成立了纺织科技中心（TSTC）。它作为一个独立的机构，以公司的形式运作，以支持刺激技术发展的公共创新活动。TSTC 的目标是加强技术和知识的转让，支持未来有前途的技术，并通过与核心企业的合作支持创新。近年来，TSTC 已发展成为省级高新技术研发中心和国家级计算机辅助设计（CAD）示范性企业，以及与 10 多家研发机构和大学合作的重要研究组织。到目前为止，该纺织中心已经拥有了具有世界水平的 CAD 软件——金昌 EX6000 CAD 分色系统的知识产权，为中小企业 CAD/计算机辅助制造（CAM）技术的提升做出了巨大贡献。具体来说，TSTC 在创新系统中的作用可以通过下述贡献来考察。2001 年，它为当地纺织企业提供了 2 300 多份信息请求，开发和传播了 22 项通用技术，组织了 10 多次技术展览，并为核心组织培训了 1 100 多名管理人员和技术人员。因此，TSTC 被认为是纺织集群中知识产生和传播的主要基地。

除了 TSTC，当地的教育和培训机构也是绍兴纺织业集群中知识产生和传播的公共服务部门。绍兴的政策也强调了教育和培训中心的重要性。由于集群内缺乏大学，当地政府与位于集群外的国家重点大学浙江大学联合成立了浙江大学职业教育学院，主要为集群培训管理人员和技术人员。同时，在 1990 年代初成立了另一个职业教育中心，旨在为集群培训劳动力/技术工人。这两个机构通过为集群创新系统提供人力资源，已经发展成为知识生成和传播系统的重要组成部分。简而言之，TSTC 和培训中心都已成为支持创新系统中知识产生和传播的关键公共服务部门。

绍兴纺织业集群创新系统的第三个补充决定因素是集体代理。根据比安奇和贝利尼（Bianchi & Bellini，1991）的观点，集体代理是指由当地公共当局和创业协会赞助的机构，以接管和集体管理协调具体创业活动的费用，这些活动事关当地创新者网络的形成和发展。在绍兴纺织产业集群中，创业协会发挥着集体代理的作用。创业协会的主要作用是关注有关内部关系的主要问题，并为解决这些问题输送信息。但是，它并未监控到企业和集群的技术创新和市场定位存在的问题。为了建立集群创新网络，当提出通过更高级的方案来解决问题时，集体代理应该作为产业政策的工具（Bianchi & Bellini，1991）。然而，在绍兴纺织业中，首先是由地方政府做出对企业关系的干预和协调企业市场定位的干预，而集体代理则担当地方政府的"助手"。

### 外围决定因素

在绍兴纺织产业集群中，大学、国家实验室、民营研发机构等外部组织通过支持核心价值链企业的创新活动发挥了重要作用。由于当地缺乏教育机构、技术本科院校和研发机构，截至目前，已有 450 多家企业与外地大学合作开展研发活动，其中绝大多数是大型企业。同时，通过战略联盟的策略，建立了一些合同研究中心。这些位于集群之外的组织，也发挥着知识产生和传播的决定性作用。

地方政府以及它的结构性政策都明确地以支持集群的创新为导向。需要强调的是，尽管地方政府位于工业区内，但我们仍称其为创新系统的外围要素，因为它并不参与知识的产生和应用活动，而主要是为集群的创新活动创造环境和制定政策。然而，在绍兴纺织业集群中，地方政府在纺织业的发展中发挥了非常重要的作用。我们已经讨论了地方政府在建设创新系统中的作用。更重要的是，地方政府制定了一系列的结构性政策来支持当地新企业的聚集和促进创新能力。由绍兴市政府资助并在 1999 年实施的通用技术创新基金，被认为是促进技术创新的重要工具之一。在这里，我们把所有这些位于集群之外的组织和地方政府定义为纺织集群的外围决定因素。

## 决定因素的功能

在这三类决定因素中，核心决定因素是创新系统的关键要素。它的所有要素都作为知识应用和开发子系统发挥作用（Cooke，2002）。基本上，核心决定因素包括两大组行为者和它们之间的互动（Asheim & Isaksen，1997）：核心价值链企业和相关企业，其中，相关企业通过为核心价值链企业提供生产要素来支持创新活动。位于产业集群中的这两大组作为核心级创新网络发挥着互动作用。

在产业集群的创新系统中，有几个要素在知识生成和传播子系统中发挥作用（Cooke，2002），并支持创新活动。这些要素都是公共的、以集群为导向的或共享所有权和使用权的（Padmore & Gibson，1998）。换句话说，这些要素在某种程度上取决于集群的发展。在这里，我们把这个子系统的上述要素称为补充决定因素。在绍兴纺织业集群中，补充决定因素可以分为三个子集：公共服务部门、集体代理和基础设施。第一个子集，即公共服务部门，旨在帮助网络促进技术知识的交流和集体学习（Storper，1997；Maskell & Malmberg，1999），并为创新创造先决条件，如研究和高等教育机构、技术转让机构、职业培训组织、商业协会、金融机构等，这对支持区域创新至关重要（Asheim & Isaksen，2002）。第二个子集，即集体代理，旨在接管和集体管理具体创业活动协调和获取的成本，而这些活动正是形成和发展创新系统所必需的。第三个子集，即基础设施，侧重于在集群内构筑创新氛围，为创新提供前提条件，如交通、生产动力、电信等。

外围决定因素包括两个子集：地方政府和外部组织。在许多文献中（如 Asheim & Isaksen，2002；Krugman，1991，1995；Padmore & Gibson，1998），地方政府只被视为创新系统中的一个可变因素，而不是一个独立因素。然而，在转型期的中国，地方政府始终在集群发展中发挥着潜在的作用，这一点在前面已经提到，所以在这里，它被强调为外围决定因素的一个子集。另一个子集，即外部组织，包括与集群企业共同构成各种网络（如供应商/客户、合作、信息）的外部市场关系，以及为集群的研发活动提供特殊知识的外部知识组织。这两个子集都是独立于集群的。换句话说，如果没有集群，这些要素仍然存在于外部。因此，我们把这些要素称为外围决定因素。表 4.1.1 显示了集群创新系统 CSP（核心、补充和外围决定因素的简称）模型的三个层次决定因素及其要素。

**表 4.1.1　产业集群创新系统 CSP 模型的决定因素**

| 决定因素 | 要　　素 | | 要素的变量 |
| --- | --- | --- | --- |
| 核心决定因素 | 核心价值链条企业 | 供应商 | 生产要素的提供者 |
| | | 竞争对手 | 竞争性和互补性企业 |
| | | 用户 | 半成品和制成品的需求者 |
| | 相关企业 | | 与资源和生产要素相关的公司 |
| 补充决定因素 | 基础设施 | 实体基础设施 | 道路、港口、管道、电信、水、电等 |
| | | 制度基础设施 | 政策（如税收政策、技术贸易政策、金融政策、相关法律法规）；社会因素（如商业和就业环境、生活质量）；和文化元素（如道德、习俗、价值观和关系） |
| | 集体代理 | | 企业家协会、行业协会等 |
| | 公共服务部门 | | 研发机构、大学、公共实验室、人力培训组织、金融部门等 |
| 外围决定因素 | 地方政府 | | 地方政府机构，如科技局、经贸局等 |
| | 外部市场关系与知识组织 | | 资源和生产要素的外部供应商、外部需求者以及大学、国家实验室和研发机构等知识组织 |

基于对创新系统决定因素的分析，我们总结了集群创新系统的 CSP 模型中所涵盖的三个决定因素。它们是核心、补充和外围决定因素。基本上，核心决定因素包括两大组行为者和它们之间的互动（Asheim & Isaksen，1997）：核心价值链企业和相关企业，其中相关企业通过为核心价值链企业提供生产要素来支持创新活动。这两个子集在产业集群中形成核心层面的创新网络，发挥着交互作用。然而，尽管有一些产业调查［如 Pavitt et al.，1987；商业研究中心（Centre for Business Research），1996；Thomas & Jones，1998］，但关于核心价值链企业如何提高技术创新能力的实证依旧稀缺。产业集群内的知识溢出将受益于创新者网络的发展（Freeman 1991；Jaffe et al.，1993）。

# 核心决定因素中的技术学习

-------------------------------------------------------------------------------

　　培育了世界级企业并推动了区域发展的产业集群在全球经济中占据了主导地位（Markusen，1996）。例如，硅谷是最早成功的高科技产业区。人们对其成功的秘诀进行了广泛的研究，并多次尝试在世界其他地方复制硅谷的产业结构（Saxenian，1998）。在中国，大量的高科技集群在区域经济发展中发挥了重要作用。但是，由于这些集群所在的有限区域内技术基础设施落后，学习网络不完善，这些集群面临着技术能力不足的问题，阻碍了产业的升级和区域的可持续发展。因此，为提升这些集群企业的创新绩效，制定政策应以扎实可靠的实证研究为依据。

　　集群内的学习机制一直是研究的重点（Asheim，1996；Keeble et al.，1999；Lawson，1999）。人们认为，集群企业之间存在技术能力的差距。一般来说，可以将集群企业分为两类，即技术领先企业和技术跟随企业。下面，我们把前者称为高水平能力企业，后者称为低水平能力企业。有观点认为，这两类企业在集群的技术学习中应发挥不同的作用。此外，有人质疑传统产业集群中的基本技术学习机制（Wei，2002）是否在高科技产业集群中仍然有效。为了了解高科技产业集群的技术学习是否存在不同的路径，我们以杭州的软件产业为例，试图为这些产业集群寻找一种合理有效的学习机制，以整合集群成员，协调技术学习活动，从而加速其集群的能力发展。

## 杭州软件产业集群

　　近年来，软件产业一直是中国沿海发达省份浙江省最具活力和发展最快的产业之一。从区域的角度来看，杭州软件产业的快速崛起是引人瞩目和值得分析的。它由浙江省的大多数软件企业组成。根据当地工商局的统计，杭州有500 多家软件企业，其中包括在国内市场上拥有知名品牌的企业，如恒生电子、信雅达、爱科科技、新中大等。杭州软件产业的一个重要特点是其地理位置。大多数软件企业都位于杭州高新技术产业开发区的软件区和西湖软件园。这有助于软件产业集群的建立和发展，因为它们的位置很近，而且在地理上相连（Audretsch，1998；Porter，1998）。

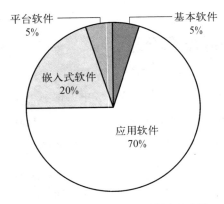

图 4.1.4　杭州软件产业集群的产品分类

杭州的软件产业集群主要集中在应用软件产品，特别是金融安全软件、会计管理软件、医疗管理软件、服装 CAD 软件等。这些产品在其细分市场上占据了很大的份额（图 4.1.4）。其他软件产品占据的市场份额要小得多。显然，集群中的产品有一定的相似性，这可以加快集群企业的集体学习（Capello，1999）。另一方面，杭州的软件产业也面临着国内软件企业的一个共同问题，即软件开发过程还没有标准化和规范化。因此，这些公司的产品很难出口到国外。此外，集群内企业的发展也不平衡。虽然杭州有一些实力强劲的软件企业，但大多数本地软件企业都遇到了一些困难，如无法实现规模经济，资金短缺，缺乏技术能力。这些本地小公司的前景并不乐观，在一定程度上，这些公司会对整个集群的竞争力产生负面影响。

　　本研究的数据是通过对杭州本地 51 家软件企业的调查问卷获得的，共收回 39 份有效问卷。调查显示了关于集群内技术活动的详细信息，同时也显示了大量内部和外部区域行为者的详细情况，可能会对集群的技术能力有所贡献。在进行问卷调查的同时还进行了访谈，以了解集群内学习活动之间的微妙关系。我们利用聚类分析工具将 39 家被调查的软件企业分为两类（高水平能力和低水平能力企业）。

### 本地网络内的学习活动

　　首先，测试了高水平能力企业和低水平能力企业在本地网络内的 14 项学习活动的差异。结果见表 4.1.2 和表 4.1.3。

**表 4.1.2　本地网络内的学习活动分析**

| $H-L-C/L-L-C$[a] | $N$ | 均值 | SD | 标准误 |
|---|---|---|---|---|
| A1[b] $=L-L-C$ | 29 | 2.10 | 0.67 | 0.13 |
| $=H-L-C$ | 10 | 1.90 | 0.88 | 0.28 |
| A2 $=L-L-C$ | 29 | 2.00 | 0.65 | 0.12 |
| $=H-L-C$ | 10 | 1.90 | 0.74 | 0.23 |

续 表

| H－L－C/L－L－Cª | N | 均值 | SD | 标准误 |
|---|---|---|---|---|
| A3 ＝L－L－C | 29 | 1.41 | 0.57 | 0.11 |
| ＝H－L－C | 10 | 1.40 | 0.70 | 0.22 |
| A4 ＝L－L－C | 29 | 2.07 | 0.80 | 0.15 |
| ＝H－L－C | 10 | 2.10 | 0.88 | 0.28 |
| A5 ＝L－L－C | 29 | 1.90 | 0.72 | 0.13 |
| ＝H－L－C | 10 | 2.50 | 0.71 | 0.22 |
| A6 ＝L－L－C | 29 | 1.76 | 0.87 | 0.16 |
| ＝H－L－C | 10 | 1.80 | 0.79 | 0.25 |
| A7 ＝L－L－C | 29 | 2.00 | 0.85 | 0.16 |
| ＝H－L－C | 10 | 1.60 | 0.70 | 0.22 |
| A8 ＝L－L－C | 29 | 1.90 | 0.77 | 0.14 |
| ＝H－L－C | 10 | 2.40 | 0.52 | 0.16 |
| A9 ＝L－L－C | 29 | 2.03 | 0.78 | 0.14 |
| ＝H－L－C | 10 | 2.50 | 0.71 | 0.22 |
| A10 ＝L－L－C | 29 | 1.97 | 0.82 | 0.15 |
| ＝H－L－C | 10 | 2.20 | 0.79 | 0.25 |
| A11 ＝L－L－C | 29 | 1.76 | 0.79 | 0.15 |
| ＝H－L－C | 10 | 2.20 | 0.79 | 0.25 |
| A12 ＝L－L－C | 29 | 2.00 | 0.76 | 0.14 |
| ＝H－L－C | 10 | 1.80 | 0.79 | 0.25 |
| A13 ＝L－L－C | 29 | 2.28 | 0.75 | 0.14 |
| ＝H－L－C | 10 | 2.10 | 0.57 | 0.18 |
| A14 ＝L－L－C | 29 | 2.21 | 0.62 | 0.12 |
| ＝H－L－C | 10 | 1.30 | 0.67 | 0.21 |

ª 下表中，H－L－C 代表高水平能力企业，而 L－L－C 代表低水平能力企业。
ᵇ 表 4.1.2 用 An 符号表示技术学习活动。

**表 4.1.3 本地网络内学习活动的独立样本检验**

| | 方差齐性检验 | | t－检验 | | |
|---|---|---|---|---|---|
| | F | Sig. | t | df | Sig.（双侧检验） |
| A1 假设方差相等 | 1.911 | 0.175 | **0.762** | **37** | **0.451** |
| 假设方差不相等 | | | 0.670 | 12.871 | 0.515 |
| A2 假设方差相等 | 0.486 | 0.490 | **0.403** | **37** | **0.689** |
| 假设方差不相等 | | | 0.380 | 14.212 | 0.710 |
| A3 假设方差相等 | 0.223 | 0.639 | **0.062** | **37** | **0.951** |
| 假设方差不相等 | | | 0.056 | 13.341 | 0.956 |
| A4 假设方差相等 | 0.219 | 0.642 | **−0.103** | **37** | **0.918** |
| 假设方差不相等 | | | −0.099 | 14.521 | 0.923 |

续　表

| | 方差齐性检验 | | t−检验 | | |
|---|---|---|---|---|---|
| | F | Sig. | t | df | Sig.（双侧检验） |
| A5 假设方差相等 | 0.079 | 0.780 | **−2.285** | **37** | **0.028** |
| 假设方差不相等 | | | −2.313 | 16.017 | 0.034 |
| A6 假设方差相等 | 1.164 | 0.288 | **−0.132** | **37** | **0.895** |
| 假设方差不相等 | | | −0.139 | 17.209 | 0.891 |
| A7 假设方差相等 | 0.316 | 0.578 | **1.343** | **37** | **0.187** |
| 假设方差不相等 | | | 1.475 | 18.818 | 0.157 |
| A8 假设方差相等 | 0.924 | 0.343 | **−1.911** | **37** | **0.064** |
| 假设方差不相等 | | | −2.317 | 23.696 | 0.029 |
| A9 假设方差相等 | 0.000 | 0.997 | **−1.667** | **37** | **0.104** |
| 假设方差不相等 | | | −1.748 | 17.132 | 0.098 |
| A10 假设方差相等 | 0.024 | 0.877 | **−0.785** | **37** | **0.438** |
| 假设方差不相等 | | | −0.802 | 16.287 | 0.434 |
| A11 假设方差相等 | 0.082 | 0.776 | **−1.530** | **37** | **0.135** |
| 假设方差不相等 | | | −1.527 | 15.634 | 0.147 |
| A12 假设方差相等 | 0.247 | 0.622 | **0.714** | **37** | **0.480** |
| 假设方差不相等 | | | 0.699 | 15.116 | 0.495 |
| A13 假设方差相等 | 4.448 | 0.042 | 0.675 | 37 | 0.504 |
| 假设方差不相等 | | | **0.774** | **20.718** | **0.448** |
| A14 假设方差相等 | 0.007 | **0.931** | **3.902** | **37** | **0.000** |
| 假设方差不相等 | | | 3.740 | 14.600 | 0.002 |

　　值得注意的是，集群企业之间的学习活动发生频率并不高。在表 4.1.2 中，不管是高水平能力企业还是低水平能力企业，没有任何一项学习活动的均值超过 2.50。从这个角度看，杭州的软件产业集群内的学习效应仍处于发展的初级阶段。它与欧洲科技园区的那些创新集群有相当大的差距。还应该注意到，低水平能力企业模仿本地化技术的频率较高。然而，这对低水平能力企业来说意义不大，因为从表 4.1.2 可以推断出，这种差异主要是由于高水平能力企业不愿意模仿。此外，除了本地化模仿外，低水平能力企业在其他方面也落后，如与当地的企业家沟通，参加行业协会的活动，与当地的高校或研发机构沟通等。还应注意的是，只有参加当地行业协会方面的差异显著，这可能表明集群内的行业协会是由高水平能力企业主导的。此外，尽管这些组织被认为在集体学习中很重要，但是低水平能力企业在与当地高校和研究机构的合作上表现不佳（Keeble et al., 1999），部分原因是它们更有可能被当地机构所忽视。

根据这一分析，低水平能力企业未能利用本地网络向其高水平能力的邻居学习知识扩散。这也表明，知识扩散在高水平能力和低水平能力企业之间不是很顺利。即使高水平能力企业能够从集群的外部学习，而低水平能力企业也不能通过知识溢出来提升自己的能力。因此，两类企业之间所谓的技术学习分工并未形成一个完善的机制来提高整个集群的技术能力。

### 区域网络间的学习活动

本节试图考察高水平能力企业在区域网络间的学习活动，及其对保持集群的创新力和竞争力的突出贡献（Belussi & Arcangeli，1998；Macevily & Zaheer，1999）。我们利用独立样本 t 检验高水平能力企业是否从集群外部引进了更多的知识或技能。结果见表 4.1.4 和表 4.1.5。结果表明高水平能力企业更善于吸收外部知识。高水平能力企业样本在区域间新产品开发和营销的合作、与外部企业家交流、引进其他集群的专业人才、到其他地区进行在职培训、搜索外部信息、建立"窗口"组织、参加其他地区的行业协会等方面有杰出的表现。

**表 4.1.4　区域网络间的学习活动分析**

| H－L－C/L－L－C | N | 均值 | SD | 标准误 |
|---|---|---|---|---|
| B1 ＝L－L－C | 29 | 1.97 | 0.82 | 0.15 |
| ＝H－L－C | 10 | 2.90 | 0.32 | 0.10 |
| B2 ＝L－L－C | 29 | 2.10 | 0.86 | 0.16 |
| ＝H－L－C | 10 | 2.90 | 0.32 | 1.00E－01 |
| B3 ＝L－L－C | 29 | 1.62 | 0.82 | 0.15 |
| ＝H－L－C | 10 | 1.70 | 0.87 | 0.21 |
| B4 ＝L－L－C | 29 | 2.00 | 0.93 | 0.17 |
| ＝H－L－C | 10 | 2.80 | 0.42 | 0.13 |
| B5 ＝L－L－C | 29 | 1.52 | 0.69 | 0.13 |
| ＝H－L－C | 10 | 1.60 | 0.52 | 0.16 |
| B6 ＝L－L－C | 29 | 1.52 | 0.78 | 0.15 |
| ＝H－L－C | 10 | 1.70 | 0.82 | 0.26 |
| B7 ＝L－L－C | 29 | 1.69 | 0.85 | 0.13 |
| ＝H－L－C | 10 | 2.60 | 0.70 | 0.22 |
| B8 ＝L－L－C | 29 | 1.76 | 0.79 | 0.15 |
| ＝H－L－C | 10 | 2.50 | 0.71 | 0.22 |
| B9 ＝L－L－C | 29 | 2.14 | 0.64 | 0.12 |
| ＝H－L－C | 10 | 2.30 | 0.67 | 0.21 |

续 表

| H - L - C/L - L - C | N | 均值 | SD | 标准误 |
|---|---|---|---|---|
| B10 =L－L－C | 29 | 2.07 | 0.80 | 0.15 |
| =H－L－C | 10 | 2.00 | 0.82 | 0.26 |
| B11 =L－L－C | 29 | 0.59 | 0.68 | 0.13 |
| =H－L－C | 10 | 0.90 | 0.32 | 0.10 |
| B12 =L－L－C | 29 | 0.21 | 0.41 | 7.66E-02 |
| =H－L－C | 10 | 0.60 | 0.58 | 0.16 |
| B13 =L－L－C | 29 | 2.28 | 0.51 | 9.44E-02 |
| =H－L－C | 10 | 2.10 | 0.32 | 0.10 |

表 4.1.5　区域网络间学习活动的独立样本检验

| | 方差齐性检验 | | t-检验 | | |
|---|---|---|---|---|---|
| | F | Sig. | t | df | Sig.（双侧检验） |
| B1 假设方差相等 | 9.718 | 0.004 | -3.478 | 37 | 0.001 |
| 假设方差不相等 | | | **-5.117** | **36.368** | **0.000** |
| B2 假设方差相等 | 16.393 | 0.000 | -2.844 | 37 | 0.007 |
| 假设方差不相等 | | | **-4.229** | **36.703** | **0.000** |
| B3 假设方差相等 | 1.745 | 0.195 | **-0.275** | **37** | **0.785** |
| 假设方差不相等 | | | -0.302 | 18.918 | 0.766 |
| B4 假设方差相等 | 15.037 | 0.000 | -2.623 | 37 | 0.013 |
| 假设方差不相等 | | | **-3.677** | **33.786** | **0.001** |
| B5 假设方差相等 | 1.645 | 0.208 | **-0.347** | **37** | **0.730** |
| 假设方差不相等 | | | -0.399 | 20.865 | 0.694 |
| B6 假设方差相等 | 0.027 | 0.871 | **-0.627** | **37** | **0.534** |
| 假设方差不相等 | | | -0.613 | 15.048 | 0.549 |
| B7 假设方差相等 | 0.213 | 0.647 | **-3.501** | **37** | **0.001** |
| 假设方差不相等 | | | -3.533 | 15.938 | 0.003 |
| B8 假设方差相等 | 0.369 | 0.548 | **-2.633** | **37** | **0.012** |
| 假设方差不相等 | | | -2.776 | 17.300 | 0.013 |
| B9 假设方差相等 | 0.335 | 0.566 | **-0.682** | **37** | **0.500** |
| 假设方差不相等 | | | -0.664 | 14.972 | 0.517 |
| B10 假设方差相等 | 0.059 | 0.810 | **0.234** | **37** | **0.816** |
| 假设方差不相等 | | | 0.234 | 15.381 | 0.820 |
| B11 假设方差相等 | 9.488 | 0.004 | -1.394 | 37 | 0.172 |
| 假设方差不相等 | | | **-1.944** | **33.412** | **0.060** |
| B12 假设方差相等 | 3.663 | 0.063 | **-2.437** | **37** | **0.020** |
| 假设方差不相等 | | | -2.180 | 13.186 | 0.048 |
| B13 假设方差相等 | 48.012 | 0.000 | -2.426 | 37 | 0.020 |
| 假设方差不相等 | | | **-3.034** | **25.652** | **0.005** |

在区域间研发或咨询的合作方面，高水平能力企业与低水平能力企业表现一样差。这可能是由于位于杭州本地的知名大学和研究机构数量多。高水平能力企业在利用外部经验和技术模仿方面表现并不出众，部分原因是这两项学习活动对低水平能力企业没有大的困难。此外，高水平能力企业在区域间金融合作方面的意愿不强。结论如下：总的来说，高水平能力企业在杭州软件产业集群中充当了"学习先锋"，在吸收外部知识方面比低水平能力的本地企业表现更佳。

## 杭州软件产业的学习机制

根据上述聚类分析和统计检验，可以对杭州的软件集群得出一些结论。

高水平能力企业是在区域间网络中开展学习活动的中流砥柱，以便将外部知识吸收到集群中。高水平能力企业在区域间研发和营销的合作、参加其他地区的行业协会、引进外部专业人才、在其他知识密集地区建立窗口组织等活动中表现优异。

高水平能力企业并没有尽力开展跨区域的研发或咨询合作，而是利用优势加强与当地高校或研究机构的合作。这可能是由于杭州有大量的知名大学和研究机构。因此，软件行业的高水平能力企业不愿意像其他地区的企业那样，在杭州以外的地方寻求合作伙伴。

低水平能力企业未能利用当地网络来学习其高水平能力邻居的知识扩散。这可能导致一个恶性循环，即高水平能力企业在技术能力上越来越强，而低水平能力企业则越来越弱。高水平能力企业的技术学习机制运作良好，但从集群外获得的知识却无法扩散到这些低水平能力企业。这表明，知识在高水平能力企业和低水平能力企业之间的扩散并不顺利。

既然高水平能力企业的部分技术学习机制已经高效运行，那么值得一提的是，供应商和配套企业之间合理的协作机制对于支持和激励产业集群中的创新分工和合作是非常必要的。在产业集群内部的协作或互动背景下，大多数研究者观察的是提供 KIBS（知识密集型服务业）的重要服务主体与制造企业之间的互动，很少在系统层面上讨论这些协作或 KIBS 的根植性如何影响产业集群内部的协作（Muller & Zenker, 2001），特别是横向企业之间的协作，或者这些"桥梁角色"如何影响整个网络结构或整个集群网络结构的演变。此外，研究主要集中在高度发达的创新系统和大都市地区的 KIBS 的作用上，而忽视了它们对低技术产业和边缘地区的特定作用（Thomi & Böhn，2003）。因此，更深入地讨论知识的流动和 KIBS 在中国产业集群中根植性的影响，以及改善集群内成员企业之间的横向学习，具有重要价值。

## 补充决定因素的知识流动

集群中的行动者之间存在着各种形式的协作（Best，1990；Harrison，1994；Liyanage，1995；Staber，2001）。协作可以是在大学和产业之间（Fontana et al.，2006；Owen-Smith et al.，2002；Wright et al.，2006）；大学、政府和产业企业之间（Inzelt，2004）；以及研究与技术组织和产业企业之间（Preissl，2006）。这些协作的建立支持了这样一个观点，即地区公司在一个开放的市场中并不依循原子论。它们实际上根植在一个密集的、有凝聚力的关系网中（见图 4.1.5），通过这个关系网，它们获得关键资源（Staber，2001），传播创新（Davis，1991），并促进适应（Kraatz，1998）。

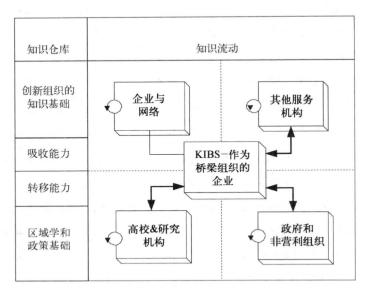

图 4.1.5　产业集群网络：因素，企业间互动与知识基础

资料来源：Thomi et al.，(2003)（有所改动）。

集群创新的现有研究大多集中在主要企业之间的合作（例如，价值链上成员企业之间的纵向或横向关系）或集群内公共服务部门的作用。鲜有研究从系统的角度来研究产业集群中的知识是如何创造和转移的。特别是，KIBS 这个重要的行为者被忽视了。KIBS 指的是技术和非技术创新转移的提供者、使用者、发起者以及中介机构（Miles et al., 1995），以促进集群中成员企业的创新能力（Muller & Zenker, 2001; Smedlund & Toivonen, 2007）。

然而，关于 KIBS 的文献或使用这一概念的文献很多（Hertog, 2000; Lee, 2003; Miles, 2005; Strambach, 1997）。大多数作者没有将 KIBS 与创新系统联系起来，只有少数研究是关于将 KIBS 根植到地域背景中（Barras, 1990; Bilderbeek et al., 1997; Hertog, 2000），特别是在产业集群的背景下。至于那些将 KIBS 根植到地域背景中的研究，它们或关注 KIBS 和客户公司之间的互动（Bettencourt et al., 2002; Muller & Zenker, 2001），这属于公司层面的研究，或指出 KIBS 在互动过程中起到了桥梁作用（Czarnitzki et al., 2003; Thomi & Böhn, 2003）。

此外，研究主要集中在高度发达的创新系统和大都市地区的 KIBS 的作用上，而忽视了它们对低技术产业和边缘地区的特定作用（Thomi & Böhn, 2003）。特别是在中国的情境下，中国浙江省产业集群的快速发展导致了同规模横向企业之间协作的增加。因此，本节将位于该省颇有影响的大唐袜业公司作为研究背景，以增进理解这些横向企业如何通过 KIBS 的根植性建立协作关系以及这种桥梁作用如何影响整个网络结构。通过研究这个传统的袜业集群，本节探讨了 KIBS 在中国东部沿海边缘地区相对低技术行业中的作用。这个产业集群通过 KIBS 的根植性提供了集群内学习策略的重要证据。

### 大唐袜业集群

大唐袜业集群是浙江省最具代表性的、增长速度最快的传统产业集群之一。该产业集群已经形成了一个完整的产业价值链，涵盖了针织、着色、制造、针织机服务，以及营销、物流和信息技术服务。网络关系数据是基于 2007 年至 2008 年对中国东南地区浙江省大唐袜业集群的调查。调查的第一步是与当地政府和行业协会的总干事进行面对面的访谈，以收集大唐袜业集群的一般信息，包括集群的整个发展过程，KIBS 的根植性，以及成员企业的信息。第二步是对 10 家典型企业（随机选择 6 家龙头企业和 4 家中小型企业）进行面对面访谈，以验证第一步收集的信息。第三步是对重要的 KIBS（根植程度在前五位）进行面对面的访谈，以了解他们根植集群的原因、客户的分布和数量，以及他们提供的服务。然后对问卷进行了调整，并分发给成员公司。此外，还进行了一次试验性问卷，以帮助完善最终的问卷。最后，由当地政府向 45 家会员企业发放了 45 份问卷。共收回 38 份问卷，其中 37 份有效。之后，我们再次与主要的会员企业和 KIBS 进行了面对面的访谈，以确保回收问卷的正确性。

### 大唐袜业集群网络结构的演变

大唐袜业集群大致经历了三个演变阶段，如表 4.1.6 所示。

表 4.1.6　KIBS 在中国袜业集群中的崛起

| 发展阶段 | 关键问题 | KIBS 根植类型 |
| --- | --- | --- |
| 阶段 1（1970—2000 年） | （1）针织机械从手动转向电气设备<br>（2）原始资本积累<br>（3）打造区域袜业品牌 | |
| 阶段 2（2000—2003 年） | （1）针织机械从简易机电机械转向计算机控制设备<br>（2）大型现代化工厂的出现<br>（3）技术和贸易壁垒的增加 | |
| 阶段 3（2004—2008 年） | （1）销售知名品牌<br>（2）新型功能布料或新型功能材料的研发与应用 | |
| 未知 | （1）针织机服务；版式设计服务<br>（2）专业咨询；员工培训<br>（3）提供标准解释、产品认证和检验服务的外国认证机构 | （1）专业的市场咨询；专业广告公司<br>（2）提供技术服务的公共 KIBS<br>（3）提供标准解释、产品认证和检验服务的外国认证机构 |

原子结构阶段

在 2000 年之前，袜子针织机械成功地从手动机器转变为电气设备。许多家庭作坊借此机会更新设备，并在 1990 年代中期发展成为初级工厂。这一阶段的企业大多是纯粹从事制造的针织企业。在这个阶段，集群内的成员企业仍然没有订单。如图 4.1.6 所示，集群网络主要是一个由松散的小型家庭作坊组成的结构，每个成员有 20 至 80 名雇员。

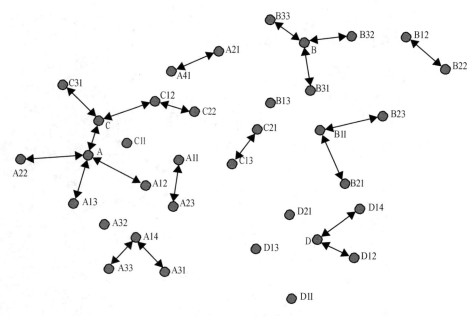

图 4.1.6　2000 年大唐袜业集群的网络结构

新兴卫星结构阶段

从 2000 年到 2003 年，大型现代化工厂崛起，主要供应快速增长的出口市场。针织机开始从简易机械针织机转向计算机控制设备。大唐袜业开始了接收订单、处理订单和交付订单的大规模制造时代。这一时期，西方国家纺织品进口需求大大超过供应量。一些龙头企业开始通过引进 KIBS 来寻求更专业的管理技能。同时，2003 年欧美市场出现了针对袜子针织业的技术和贸易壁垒。因此，一些外国认证机构开始参与提供产品认证和检验服务。

少数具有较强技术和资本实力的龙头企业成为接触根植性 KIBS 组织的主要经济单位。这些龙头企业彼此形成了更巩固的联系用以吸收 KIBS 引入的外部知识。由于供不应求，龙头企业和中型企业在价格谈判中处于有利地位。此外，龙头企业争先恐后地与中型企业结盟，以扩大其制造能力。生产能力非常有限的小公司只愿意与正规的大型企业联系。在此基础上，集群中的企业开始分成不同的层次，形成一个卫星结构，如图 4.1.7 所示。节点间的线代表企业之间的直接联系。在这个阶段，集群网络的结构变得更像一个层次体系。

在新兴卫星结构阶段，集群网络结构受到 KIBS 的影响。这种影响首先是通过改变客户—龙头企业的性质，如其规模和实力的扩大，进一步改变其与下

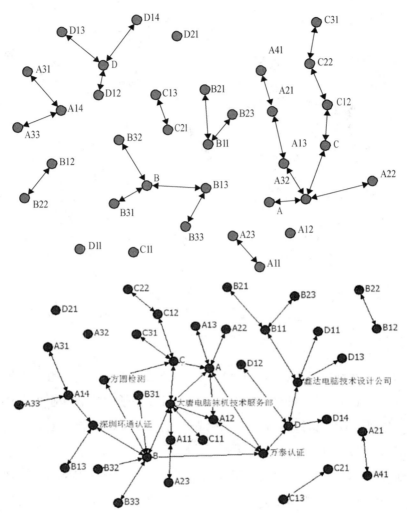

图 4.1.7　2003 年大唐袜业集群的网络结构

（a）无 KIBS 组织根植;（b）有 KIBS 组织根植。

属企业的联系结构。KIBS 的影响主要体现在其桥接效应上。如图 4.1.7（b）所示，随着 KIBS 的根植，集群网络变得比没有 KIBS 的情况，如图 4.1.7（a）所示，更加紧凑和紧密。新的模式更有利于知识的获取和扩散，进而提高集群的知识生产。特别是根植大唐袜业集群的咨询、培训、检验和认证服务，在为企业提供服务的同时，也弥补了知识差距。KIBS 将从集群外获得的知识与自己的知识相结合，并在互动过程中将综合知识传递给客户企业。同时，KIBS 也将从某些企业获得的知识传递给集群内的其他企业。

网络结构的形成和发展阶段

自 2003 年以来，经贸部提高了贸易和技术壁垒。企业被迫改变政策，从间接出口到直接出口，从出口市场到国内市场。大多数龙头企业已经开始关注旨在提高产品价值的品牌战略，并开始联系专业咨询公司进行营销和品牌管理。

## KIBS 根植对大唐袜业集群的影响

表 4.1.7 和图 4.1.8 描述了由网络密度、网络中介中心性和网络凝聚力的变化所带来的网络结构演变。

### 表 4.1.7　集群网络的 KIBS 根植和优化

| 年度　网络变量 | 中介中心性 | | |
| --- | --- | --- | --- |
| | 密　度 | | 凝聚力 |
| 2000 | 0.033 6 | 2.54% | −0.900 |
| 2003（无根植） | 0.038 7 | 4.42% | −0.913 |
| 2003（有根植） | 0.051 1 | 22.60% | −0.061 |
| 2007（无根植） | 0.065 7 | 20.52% | −0.051 |
| 2007（有根植） | 0.073 6 | 18.66% | 0.048 |

网络密度的增加

在阶段 2（2000—2003 年）和阶段 3（2004—2008 年），引入 KIBS 后，网络密度值大幅上升（即阶段 2 从 0.038 7 上升至 0.051 1，阶段 3 从 0.065 7 上升至 0.073 6）。网络密度的增加表明，节点之间的实际接触更加频繁，没有冗余（Burt，2009）。KIBS 通过加强整个网络内的组合，促进了节点间的知识扩散。阶段 2 的密度增加是由于 KIBS 在龙头企业之间建立的隐性桥梁。

网络聚集度的增加

在阶段 2 和阶段 3 引入 KIBS 后，聚集度上升（即阶段 2 从 −0.913 到 −0.061，阶段 3 从 −0.051 到 0.048）。网络集聚度的增加表明，集群内相干群体之间的接触更加频繁，关系得到加强。因此，KIBS 的根植性通过在企业间建立更多的沟通渠道，促进了企业间的知识转移。在阶段 2，有多个子群，以大中型企业为主。袜子制造是一个传统行业，进入门槛低，导致企业为了保护技术秘密经常与其他龙头竞争企业保持距离。下属工厂往往缺乏销售和营销能

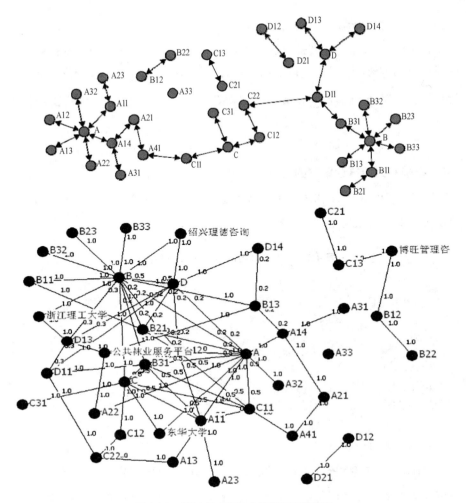

图 4.1.8　2004 年大唐袜业集群的网络结构

（a）无 KIBS 组织根植；（b）有 KIBS 组织根植
增加了阶段 1 KIBS 根植的影响。

力，通常依靠为领先的客户公司服务。将 KIBS（认证、培训或检验和设计）引入集群后，通过提供各种服务的过程，在这些群体之间建立起联系。

进入阶段 3，集群形成了一个由龙头企业主导的、被大中型企业环绕的新型子集团。通过提供研发和其他专业服务的 KIBS 的根植，龙头企业开始建立联系，进一步促进网络集聚效应。

**网络中介中心性的降低**

网络中介中心性在阶段 2 大幅上升，从 4.42% 上升到 22.60%；但在阶段 3，它从 20.52% 下降到 18.66%。网络中介中心性表明信息被少数公司垄断的程度。中介中心性越高，意味着信息垄断的程度越高。中介中心性与节点占据结构洞位置的程度密切相关（Burt，2009）。在集群演化的阶段 2，KIBS 的引入最初会增加中介中心性。KIBS 促进了作为知识扩散终端节点的龙头企业和大中型企业之间的联系。这样一来，这些企业就可以利用处于结构洞的优势，而集群正在向更稳定的状态发展。

当集群演化到阶段 3 的稳定状态时，KIBS 降低了网络中介中心性。网络中介中心性的降低促进了节点间的有效联系和知识转移。

### KIBS 建造的异构桥梁

属于同一制造部门的成员企业往往在企业内部垄断重要信息，以保持其竞争地位。这些企业不愿意进入一个不能满足其知识要求的同构桥梁。为了填补这一空白，KIBS 是异构节点，可以有意无意地向成员企业披露信息，以达成它们之间的共赢关系。因此，作为一个异构节点，KIBS 建立了桥梁，以促进集群内和集群间的异构信息流动，推动集群网络的发展。

### 不可见节点带来的弱关系的强度

在信息传递过程中，弱关系的强度引起了重视（Granovetter，1973）。与成员企业相比，KIBS 是集群内的异构行为者，作为一个无形的节点，为成员企业带来异构信息。持续不断的合作增加了 KIBS 建立的弱关系的强度和影响力，从而促进了新关系的出现和信息的流动。成员企业并不总是被动的接受者。这些企业有时会向 KIBS 寻求信息，以获得异构信息，进一步增加弱关系的强度。

创新研究的重心已经从熊彼特式的创业创新转向对创新的新理解，即创新是根植特定社会、政治和经济环境中的不同行为者之间互动过程的结果。基于对中国袜业集群的案例研究，本节探讨了 KIBS 的根植性为何以及如何影响网络结构。本节发现，在集群网络中引入 KIBS 对网络结构产生了积极影响，促进了企业间的信息流动。因此，创新不仅在市场和企业的背景下，而且在区域增长和发展的背景下都成为一个重要的话题。在一个产业集群内，集群企业是由特定产业领域内互联的公司和相关的机构组成的地理上邻近的群体，通过共同性和互补性联系在一起（Porter，1998，2000）。研究人员认为，组织知识搜索通过增强企业的知识基础来促进产品创新（Grant，1996；Levinthal & March，1981）。集群企业由于地理的邻近性和业务领域的互联性（Porter，1990，

1998），不仅能够通过整合内部知识（Nonaka，Reinmoeller & Senoo，1998），而且重要的是，通过积累企业组织边界以外的知识来扩大知识基础（Rosenkopf & Nerkar，2001；Von Hippel，1994）。因此，问题在于集群企业如何平衡其对外部知识的搜索（Bathelt et al.，2004）。一些学者认为，进一步推动这种本地和非本地平衡的辩论将丰富我们对集群企业创新的理解（Gertler & Levitte，2005；Oinas & Malecki，2002；McKelvey et al.，2003）。

## 地理搜索与产品创新

外部知识搜索有一个地理维度。地理搜索是指企业在企业地理边界内外的知识搜索，即在本地和非本地空间的搜索（Ahuja & Katila，2004；Sidhu et al.，2007）。学者们很早就认为，集群企业需要平衡其本地搜索和非本地搜索（Scott，1998）。最近的实证研究支持了这一论点，报告指出，无论是本地还是非本地搜索，都不能说对集群企业的创新有决定性的贡献。一方面，本地搜索对产品创新的影响是不确定的。一些研究表明，本地搜索与集群企业的创新是正相关的（Baptista & Swann，1998；Porter，1990，1998；Saxenian，1994），其他的报告则与此相反（Beaudry & Breschi，2003；Suarez-Villa & Walrod，1997）。一些学者进一步认为，空间邻近性对于知识交流的相关性往往被夸大了（Boschma，2005；Gertler，2003），因为企业从邻近企业知识中获益的能力在很大程度上取决于环境（Shaver & Flyer，2000；Beaudry & Breschi，2003）。另一方面，非本地搜索对产品创新的影响也是非常复杂的。一些学者建议集群企业与非本地知识来源建立系统的联系（Camagni，1991；Ratti et al.，1997），以获得可能促进集群企业产品创新的非本地知识（Asheim & Isaksen，2002；Bathelt et al.，2004），其他人则提醒说，集群企业获取和利用大量地理上遥远的知识方面力不从心（Phene et al.，2006），因为它们可能发现很难吸收和适应非本地知识（Owen-Smith & Powell，2004）。

根据本地和非本地搜索的复杂性，研究人员越来越认识到集群企业平衡两种形式的搜索对促进产品创新的重要性（Bathelt et al.，2004）。然而，到目前为止，研究人员还没有具体指出如何实现这种平衡，而且本地与非本地搜索在创新中的相对重要性问题仍然没有得到解决（Gertler & Levitte，2005；Oinas &

Malecki，2002；McKelvey，Alm & Riccaboni，2003）。目前这一研究空白可能源于一个主要假设：来自不同的本地和非本地来源的知识——例如客户、供应商和大学——是同构的（Camagni，1991；Ratti et al.，1997）。这个关于本地和非本地知识的同构性的假设，其隐含意义重大且可能误导研究方向，因为它忽略了对异构性知识的搜索——即搜索广度——作为一种独特的搜索行为。越来越多的证据表明，来自不同的本地和非本地来源的知识往往是异构的（Audretsch & Feldman，2004；Gilbert，Dougall & Audretsch，2008）。关于创新搜索的研究已经发现，企业的创新搜索在两个独特的维度（广度和深度）上有所不同，而这两个维度的搜索在企业的创新中发挥不同的作用（Katila & Ahuja，2002；Laursen & Salter，2006）。然而，对于集群企业产品创新中广度和深度对本地和非本地搜索所起的不同作用，我们目前缺乏清晰认知。

## 浙江省产业集群

基于在中国浙江省进行的问卷调查，我们获得了 229 家企业的有效数据，有效参与率为 32.7%。在提供数据的企业中，纺织企业和制药企业分别占 53.3% 和 46.7%。为了评估无应答偏差，我们将早期提供数据的企业与后期提供数据的企业进行了比较，发现在企业规模、年龄和行业方面没有明显的差异。我们还比较了应答的企业和未应答的企业，发现在企业规模、年龄和行业方面没有明显的差异。我们对数据的质量很有信心，因为受访者对所研究的问题都很了解：企业报告显示，51.5% 的企业由总裁完成问卷，48.5% 的公司由营销、研发和产品经理填写了问卷的第 1 部分，财务官员填写了第 2 部分。

我们采用普通最小二乘回归来分析地理搜索对集群企业产品创新的影响。模型 1 仅包含控制变量，作为基准模型，用来测试四种类型的地理搜索（本地搜索广度、本地搜索深度、非本地搜索广度和非本地搜索深度）、相对本地搜索深度和相对非本地搜索广度对集群企业的产品创新的影响。在模型 2、3、4 和 5 中，我们分别将本地搜索广度、本地搜索深度、非本地搜索广度和非本地搜索深度加入模型 1 中，分别考察它们对集群企业产品创新的影响。在模型 6 中，我们将所有这四个地理搜索变量加入控制变量中，以进一步确认它们的影响。在模型 7 中，我们在控制变量中加入了相对本地搜索深度和相对非本地搜索广度，以考察它们对集群企业产品创新的影响。我们分别为纺织业和制药业评估了不同的模型，而没有把它们集中起来，用交互作用来检验跨行业的差异（Henderson et al.，2006）。在模型 10 中，我们用纺织业的企业样本测试了相对本地搜索深度和相对非本地搜索广度的影响。在模型 13 中，我们用制药业的企业样本测试了相对本地搜索深度和相对非本地搜索广度的影响。我们比较了纺织企业和制药企业之间相对本地搜索深度和相对非本地搜索广度的不同影响。此外，方差膨胀因子（VIF）的值低于 3，表明在我们的研究中多重共线性不是一个严重的问题。

**本地搜索与非本地搜索**

表 4.1.8 报告了因变量、自变量和控制变量的均值和标准差以及它们之间的相关性。表 4.1.9 报告了各种回归模型的结果，这些模型是用来解释集群企业产品创新的。

在本研究中，我们发现本地搜索广度、本地搜索深度和非本地搜索广度在集群企业的产品创新中起到了积极作用。然而，我们没有发现非本地搜索深度在集群企业产品创新中的积极作用。一个可能的原因是，集群企业在获取和深入利用大量地理上遥远的知识方面力不从心（Phene et al.，2006）。过度重复使用相同的非本地知识可能导致新的重组创新潜力非常有限（Katila & Ahuja，2002）。以前的研究（如 Katila & Ahuja，2002；Laursen & Salter，2006）也发现外部搜索深度对企业的创新绩效有负面作用。因此，对非本地知识的深度搜索不能显著促进集群企业的产品创新，并可能对其产生负面影响。大多数中国的集群企业尤其如此，因为它们都是资源有限的中小企业，会难以有效地吸收地理上遥远的知识。

**相对本地搜索与非本地搜索**

此外，重要的是，我们发现相对本地搜索深度和相对非本地搜索广度在集群企业的产品创新中都起着重要作用。我们的发现表明，集群企业可以通过同时强调相对本地搜索深度和相对非本地搜索广度来平衡本地和非本地搜索。也就是说，对于本地和非本地搜索的每个单独维度（深度和广度），集群企业需要更多关注本地搜索深度而不是非本地搜索深度，更多关注非本地搜索广度而不是本地搜索广度。然而，共同考虑地理搜索的深度和广度，集群企业需要平

表 4.1.8　描述统计与相关矩阵

| 变　量 | 均值 | SD | 1 | 2 | 3 | 4 | 5 | 6 | 7 | 8 | 9 | 10 | 11 | 12 |
|---|---|---|---|---|---|---|---|---|---|---|---|---|---|---|
| 1. 产品创新 | 0.34 | 0.21 | | | | | | | | | | | | |
| 2. 企业年龄 | 11.96 | 6.96 | 0.16* | | | | | | | | | | | |
| 3. 企业规模 | 5.43 | 1.30 | 0.10 | 0.38*** | | | | | | | | | | |
| 4. 企业研发强度 | 0.06 | 0.07 | 0.14* | 0.03 | 0.15* | | | | | | | | | |
| 5. ROA | 0.18 | 0.16 | 0.08 | 0.11 | 0.15* | 0.11† | | | | | | | | |
| 6. 国际倾向性 | 3.30 | 1.08 | 0.24*** | 0.12† | 0.32*** | 0.10 | 0.16* | | | | | | | |
| 7. 行业 | 0.53 | 0.50 | -0.01 | -0.27* | -0.17 | -0.15* | -0.14† | -0.26*** | | | | | | |
| 8. 本地搜索广度 | 8.85 | 2.12 | 0.38*** | 0.06 | -0.03 | 0.08 | 0.18* | 0.30*** | 0.02 | | | | | |
| 9. 本地搜索深度 | 2.41 | 2.49 | 0.24*** | 0.02 | 0.17** | 0.08 | 0.11 | 0.43*** | -0.07 | 0.36*** | | | | |
| 10. 非本地搜索广度 | 7.27 | 3.47 | 0.42*** | 0.20** | 0.26*** | 0.05 | 0.10 | 0.59*** | -0.18* | 0.59*** | 0.36*** | | | |
| 11. 非本地搜索深度 | 1.41 | 2.33 | 0.10 | -0.04 | 0.14* | -0.06 | 0.01 | 0.39*** | -0.08 | 0.21** | 0.64*** | 0.40*** | | |
| 12. 相对非本地搜索广度 | -1.58 | 2.80 | 0.23*** | 0.20** | 0.34*** | 0.01 | -0.01 | 0.50*** | -0.21** | 0.03 | 0.17* | 0.79*** | 0.34*** | |
| 13. 相对本地搜索深度 | 1.00 | 2.05 | 0.17** | 0.06 | 0.06 | 0.17† | 0.12† | 0.08 | 0.01 | 0.20** | 0.49*** | -0.02 | -0.36*** | -0.18*** |

表中呈现了标准化系数。† $p < 0.10$，* $p < 0.05$，** $p < 0.01$，*** $p < 0.001$（双侧检验）。

表 4.1.9 OLS 回归结果

| 变量 | 所有企业 | | | | | | | 纺织业企业 | | | 制药业企业 | | |
|---|---|---|---|---|---|---|---|---|---|---|---|---|---|
| | 模型 1 | 模型 2 | 模型 3 | 模型 4 | 模型 5 | 模型 6 | 模型 7 | 模型 8 | 模型 9 | 模型 10 | 模型 11 | 模型 12 | 模型 13 |
| 控制变量 | | | | | | | | | | | | | |
| 企业年龄 | 0.175 | 0.143* | 0.182* | 0.125* | 0.180* | 0.112† | 0.147* | 0.174† | 0.149 | 0.167* | 0.163† | 0.094 | 0.145 |
| 企业规模 | -0.047 | 0.013 | -0.056† | -0.063 | -0.050 | -0.033 | -0.086 | -0.199† | -0.184† | -0.237* | 0.083 | 0.101 | 0.062 |
| 企业研发强度 | 0.127† | 0.105† | 0.121† | 0.133* | 0.132* | 0.102† | 0.115† | -0.022 | -0.010 | -0.006 | 0.259* | 0.216* | 0.232* |
| ROA | 0.036 | -0.011 | 0.030 | 0.042 | 0.038 | 0.009 | 0.048 | 0.040 | -0.032 | 0.009 | -0.008 | -0.048 | 0.009 |
| 国际倾向性 | 0.238* | 0.127† | 0.172* | -0.003 | 0.221** | -0.016 | 0.126 | 0.418*** | 0.078 | 0.277* | -0.003 | -0.111 | -0.032 |
| 行业 | 0.122† | 0.091 | 0.114† | 0.125† | 0.123† | 0.101 | 0.126† | | | | | | |
| 本地搜索广度 | | 0.326*** | | | | 0.133† | | | 0.064 | | | 0.315* | |
| 本地搜索深度 | | | 0.160* | | | 0.154† | | | 0.215† | | | 0.061 | |
| 非本地搜索广度 | | | | 0.427** | | 0.353*** | | | 0.437** | | | 0.088 | |
| 非本地搜索深度 | | | | | 0.045 | -0.142† | | | -0.146 | | | -0.094 | |
| 相对本地搜索广度 | | | | | | | 0.169* | | | 0.202* | | | 0.101 |
| 相对非本地搜索广度 | | | | | | | 0.228* | | | 0.267* | | | 0.073 |
| **F 值** | 4.071*** | 7.411*** | 4.295*** | 8.595*** | 3.540** | 7.104*** | 4.707*** | 5.402*** | 5.848*** | 5.270*** | 2.746* | 3.577*** | 2.132* |
| **R²** | 0.100 | 0.191 | 0.120 | 0.215 | 0.101 | 0.247 | 0.147 | 0.190 | 0.322 | 0.246 | 0.120 | 0.249 | 0.131 |
| **调整 R²** | 0.075 | 0.165 | 0.092 | 0.190 | 0.073 | 0.212 | 0.116 | 0.155 | 0.267 | 0.199 | 0.076 | 0.180 | 0.070 |

表中呈现了标准化系数。†$p < 0.10$；*$p < 0.05$，**$p < 0.01$，***$p < 0.001$（双侧检验）。

衡相对本地搜索深度和相对非本地搜索广度。具体来说，为了提高产品创新，集群企业一方面需要在本地区域进行深度搜索，另一方面需要在非本地区域进行广度搜索。

有趣的是，我们进一步发现，相对本地搜索深度和相对非本地搜索广度在纺织（稳定）行业中和在医药（动态）行业中存在显著差异。具体来说，一方面，我们发现纺织企业的产品创新明显受益于本地搜索深度和非本地搜索广度，但其他两种搜索在该企业中表现不那么明显。因此，相对地理搜索的两个维度可以促进其创新。然而，在内部进行研发并不能显著提高纺织企业的创新绩效。另一方面，我们发现制药企业的产品创新大大受益于它们的本地搜索广度，而不是其他三种类型的地理搜索（本地搜索深度、非本地搜索深度和非本地搜索广度）。我们还发现，内部研发工作在制药企业的产品创新中发挥着重要作用。总的来说，纺织（稳定）行业企业的产品创新取决于其本地搜索深度和非本地搜索广度，而制药（动态）行业企业的产品创新则取决于本地搜索广度和内部研发投资。

还应注意的是，中国产业集群的属性与西方国家的大相径庭。例如，西方国家的产业集群是由几个来自相同或相近行业的大公司共同组成的，而中国的产业集群可能包含成千上万个来自不同行业的大中小型公司（Jeannet，2009）。因此，中国产业集群的本地知识基础的内容和结构在一定程度上与西方国家的不同。例如，中国情境下的本地搜索可能包括对其他行业或遥远行业公司的知识搜索行为，这在西方国家会被归类为非本地搜索。这里有必要阐释为什么本地搜索都可以在纺织企业和制药企业的产品创新中发挥重要作用。

集群企业是一个地理上接近的群体，由特定工业领域的互联公司和相关机构组成，通过共同点和互补性联系在一起（Porter，1998，2000）。我们的研究有助于促进我们对地理搜索在集群企业产品创新中作用的理解。关于本地搜索，现有的研究显示，在本地搜索对集群企业创新中的作用方面，结果并不一致。我们的研究发现，不仅本地搜索广度和本地搜索深度都有助于集群企业的产品创新，而且相对本地搜索深度也能促进集群企业的产品创新，因为它有助于推进我们对本地搜索在集群企业创新中作用的理解。因此，集群可以被看作是由相互作用的企业和机构组成的群体，它们通过系统化运行来共同提高创新绩效（Charles，2002），这已经成为探索区域创新系统的一种选择性方法

（Asheim & Isaksen，2002；Cooke，2002）。然后，近年来，集群概念几乎成为经济发展政策中的一个必备要素，它主要被系统视为创新或知识型社群。现在，几乎所有的文献都认为，区域创新系统（RIS）在一定程度上是分析和把握区域集群工作重要方面的一种新理论构造，是对一些地区建立网络化创新架构给予了某些实际发展倾向的参考，也是在区域范围内，甚至在国家层面上构建创新系统的决策工具，以更好地支持企业竞争力（Padmore & Gibson，1998；Tödtling & Kaufmann，2002；Asheim & Isaksen，2002；Cooke，2002；Rip，2002）。

# 小 结

根据上述集群创新系统分析，我们探讨了决定因素的类别和不同层次决定因素的三种特殊做法，这可能导致产业集群创新系统的出现。图 4.1.10 展示了集群创新系统的概念框架。它在一定程度上是一个新的理论构架，用于分析和把握产业集群运行的重要方面。集群创新系统可以由产业集群的特点来界定：在地理上集中了相互依存的企业（Rosenfeld，1997）。此外，集群创新系统表示一个被"支持性"组织包围的产业集群（Cooke，2002）。集群创新系统可以被定义为位于狭窄工业区内的创新者本地网络的经济共同体，在内部和外部知识服务组织、地方政府以及相关机构和基础设施等支持系统的交叉融合作用下，旨在通过行为者之间的正式或非正式互动，促进知识在产业集群内的产生、探索、扩散和应用。在这个定义中，存在一些假设。第一，集群创新系统的研究对象集中在狭窄的工业区内的创新活动。第二，企业间的密切交流、社会文化结构和制度环境可能会刺激社会和地域根植性的集体学习和持续创新（Asheim & Isaksen，2002）。第三，正式和非正式的互动促进了企业之间（核心价值链企业和相关企业）、企业和知识服务组织之间的内部协作，以及与其他企业（特别是与客户和供应商）、知识提供者（如大学和技术中心）、金融、培训和公共管理的外部合作（Tödtling & Kaufmann，2002）。第四，集群创新系统的目标是促进集群内知识的产生、探索、扩散和应用。

在集群创新系统的概念框架中（图 4.1.10），创新者的本地网络主要由核心决定因素构建，分为两种形式的子网络：水平网络和垂直网络。此外，垂直网络是由核心价值链企业"编织"的，而水平网络是由相关企业编织的。同时，支持系统是指补充决定因素和外围决定因素。

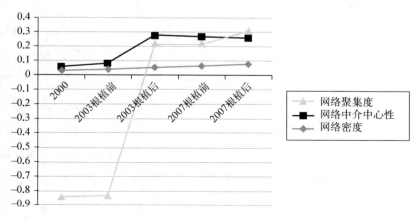

图 4.1.9　集群网络结构的演变趋势

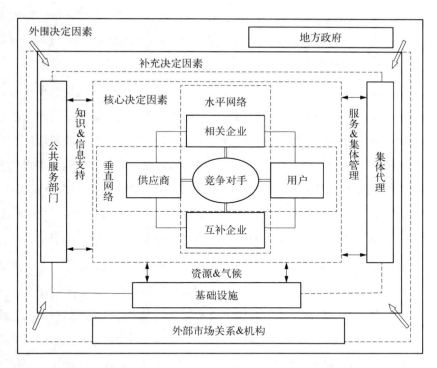

图 4.1.10　集群创新系统的概念框架

这个概念框架试图捕捉一个正常运作的集群创新系统的主要特征和关系。因为它只指出了绍兴纺织业集群实证研究中的联系，所以它可能适用于分析像中国这样的转型经济体的产业集群创新系统。更多的实证研究是必要的，以捕捉各种影响和决策权的程度以及存在与否，或特殊产业集群的各种可能要素之间的关系，以及它们的"系统性"程度（Cooke，2002）。

考虑到集群主要是基于创新或知识的网络这一观点，本章通过案例研究解释了 CSP 模型和集群创新系统的概念框架。基于这里提出的实证研究，也可以得出如下结论：创新系统具有明显的区域性和产业差异。也就是说，集群分析不足以提供一个整合与集群创新集一身的共同框架。创新活动以及产业政策总是显示出集群与集群之间的巨大差异。即使集群位于某个地区，这些集群，一般来说，其决定因素和创新系统的要素是多样化的。例如，传统产业和高科技产业的集群创新活动是迥然不同的。因此，需要进行更多的实证研究，以探索集群创新系统。我们必须强调的是，不同产业集群之间产业特征的差异可能寻致不同产业集群的创新系统要素之间的不同联系模式。例如，核心层面决定因素中最常见的联系可以是纵向的，即从供应商到客户，也可以是横向的，即相关企业之间或企业与各种形式的经济基础设施之间（Hanson，1994；Padmore & Gibson，1998），但纵向联系之间或横向联系之间的互动性可能更强或更弱。

尽管如此，无论不同的集群如何发生互动，在某种程度上，概念框架的设计是为了包容转型期经济体中集群的不同规格。简单地说，探索集群创新系统的意义可以在不同的空间尺度上讨论：地方政府、产业集群和微观尺度。首先，地方政府可以把集群创新系统的理念作为各种政策的借口，既要加强现有的集群（无论多么发达），又要尝试创造新的集群。在绍兴纺织产业集群中，我们把这个集群看作是创新系统，我们可以制定适宜的政策来加强知识基础，促进知识转移，并鼓励三个层次的决定因素之间的协作。同时，集群创新系统的理念可以用来制定集群政策，鼓励企业之间的协作和联网，希望这些企业能够成为一个集群（Charles，2002）。当然，无论是加强现有集群还是建立新集群的政策，都要根据集群个体的具体需要来制定。其次，系统的想法表明，产业集群本身要发展基础设施、集体代理和公共服务部门，通过这些系统的完善来支持特定产业集群的竞争力。例如，经济发展机构越来越多地聘用知识机构来发展或加强集群，事实上，在形成一些被政策制定者用作模板的典型集群案例中，知识机构被视为关键行为者。在案例集群中，大学和研发机构等知识生产体仍然是创新系统中的薄弱子系统，集群应把发展知识机构作为加强知识基础的核心和战略任务。再者，在微观上，核心价值链企业和相关企业都应注意将自己发展为当地的中小企业网络，重点关注协作和共享资源的发展（OECD，1999；den Hertog et al.，2001），因为集群内的企业更具创新性，而创新能力至少部分来自集群的优势。

总的来说，基于对产业集群创新系统的实证研究，本章将集群创新系统的 CSP 模型归纳为三类决定因素：核心、补充和外围决定因素。这些决定因素为分析集群创新系统的要素提供了一个完整的图景。通过与实证研究相结合，CSP 模型更清楚地显示了每一类决定因素的作用。此外，创新的新兴系统是由这三个决定因素的相互作用而塑造的。因此，这个概念框架对创新系统建设和集群发展的政策制定大有裨益。

特别是，集群创新系统的 CSP 模型和概念框架都是基于同一个集群提出的。实际上，一个产业集群可以是非常本地化的，如以绍兴某镇为中心的绍兴纺织业；也可以是非常分散的，如北美的汽车工业（Padmore & Gibson，1998）。然而，给出的产业集群创新系统的概念框架也可以捕捉到企业和机构间相互关联的特性，以及这些联系如何将产业集群凝聚在一起。

在绍兴纺织业，我们发现与外部知识组织的合作是至关重要的。集群中的大量企业利用正规的、科学的知识，与集群外的行为者共同开发新技术和新产品。在某种程度上，由于企业之间的竞争关系，与外部组织在知识产生和传播方面的战略合作可能会取代内部的集体学习。与外部行为者的广泛协作揭示了国家创新系统潜在的重要性，这大大有助于增强集群的竞争力。因此，发展集群的创新系统应该更加注重与国家创新系统的结合。在此基础上，我们可以发现，这些政策提高了绍兴纺织业的创新能力。如前所述，核心价值链上不同环节的创新能力不平衡，阻碍了整个产业集群的技术竞争力；同时，在短时间内开发"瓶颈"技术的内部研发机构也相当匮乏。因此，企业必须充分利用它们在国家层面上可以实现的最佳研发环境。

## 参考文献

Ahuja, G., & Katila, R. (2004). Where Do Resources Come From? The Role of

Idiosyncratic Situations. *Strategic Management Journal*, 25(8 – 9), 887 – 907.

Asheim, B. T. (1996). Industrial Districts as Learning Regions: A Condition for Prosperity. *European Planning Studies*, 4(4), 379 – 400.

Asheim, B. T., & Isaksen, A. (2002). Regional Innovation Systems: The Integration of Local "Sticky" and Global "Ubiquitous" Knowledge. *Journal of Technology Transfer*, 27(1), 77 – 86.

Asheim, B. T., & Isaksen, A. (1997). Localization, Agglomeration and Innovation: Towards Regional Innovation Systems in Norway? *European Planning Studies*, 5(3), 299 – 330.

Audretsch, D. B. (1998). Agglomeration and the Location of Innovative Activity. *Oxford Review of Economic Policy*, 12(2), 18 – 29.

Audretsch, D. B., & Feldman, M. P. (2004). Knowledge Spillovers and the Geography of Innovation. *Handbook of Regional and Urban Economics*, 4, 2713 – 2739.

Baptista, R., & Swann, P. (1998). Do Firms in Clusters Innovate More? *Research Policy*, 27(5), 525 – 540.

Barras, R. (1990). Interactive Innovation in Financial and Business Services: The Vanguard of the Service Revolution. *Research Policy*, 19(4), 215 – 237.

Bathelt, H., Malmberg, A., & Maskell, P. (2004). Clusters and Knowledge: Local Buzz, Global Pipelines and the Process of Knowledge Creation. *Progress in Human Geography*, 28(1), 31 – 56.

Beaudry, C., & Breschi, S. (2003). Are Firms in Clusters Really More Innovative? *Economics of Innovation and New Technology*, 12(4), 325 – 342.

Belussi, F., & Arcangeli, F. (1998). A Typology of Networks: Flexible and Evolutionary Firms. *Research Policy*, 27, 415 – 428.

Best, M. H. (1990). *The New Competition: Institutions of Industrial Restructuring*. Cambridge: Polity Press.

Bettencourt, L., Ostrom, A., Brown, S., & Roundtree, R. (2002). Client Co-Production in Knowledge-Intensive Business Services. *California Management Review*, 44(4), 100 – 128.

Bianchi, P., & Bellini, N. (1991). Public Policies for Local Networks of Innovators. *Research Policy*, 20, 487 – 497.

Bilderbeek, R., & den Hertog, P. (1997). The Interactiveness and Innovative Role of Technology-Based Knowledge-Intensive Business Services (T-KIBS) (TNO-SI4S report no. 3). TSER-SI4S-project: Apeldoorn.

Brown, J. S., & Duguid, P. (2000). *The Social Life of Information*. Boston: Harvard Business School Press.

Burt, R. S. (2009). *Structural Holes: The Social Structure of Competition*. Cambridge: Harvard University Press.

Boschma, R. (2005). Proximity and Innovation: A Critical Assessment. *Regional Studies*, 39(1), 61 – 74.

Camagni, R. (1997). Local Milieu, Uncertainty and Innovation Networks: Towards a New Dynamic Theory of Economic Space. In R. Camagni (Ed.), *Innovation Networks: Spatial Perspectives* (pp.121 – 142). London: Belhaven Press.

Capello, R. (1999). Spatial Transfer of Knowledge in High Technology Milieux: Learning versus Collective Learning Processes. *Regional Studies*, 33(4), 353 – 362.

Centre for Business Research. (1996). *The Changing State of British Enterprise*. ESRC Centre for Business Research, University of Cambridge.

Charles, D. R. (2002). *University Commercialization and Cluster Initiatives: International*

*Case Studies*. Paper presented at the Special High Technology Small Firms One-day Conference on Clustering, Manchester, UK.

Cooke, P. (1998). Introduction: Origins of the concept. In H.- J. Braczyk, P. Cooke, & M. Heidenreich (Eds.), *Regional Innovation Systems: The Role of Governance in a Globalized World*. London: UCL Press.

Czarnitzki, D., & Spielkamp, A. (2003). Business services in Germany: Bridges for innovation. *Service Industries Journal*, 23(2), 1 - 30.

den Hertog, P., Bergman, E., & Charles, D. R. (Eds.). (2001). *Innovative clusters: Drivers of national innovation policy*. OECD.

Dosi, G. (1988). Sources, Procedures and Microeconomic Effects of Innovation. *Journal of Economic Literature*, 26, 1120 - 1271.

Edquist, C. (Ed.). (1997). Systems of Innovation: Technologies, Institutions and Organizations. Pinter.

Fontana, R., Geuna, A., & Matt, M. (2006). Factors Affecting University-Industry R&D Projects: The Importance of Searching, Screening and Signaling. *Research Policy*, 35(2), 309 - 323.

Freeman, C. (1991). Networks of Innovators: A Synthesis of Research Issues. *Research Policy*, 20, 499 - 514.

Gertler, M. S. (2003). Tacit Knowledge and the Economic Geography of Context, or The Undefinable Tacitness of Being (There). *Journal of Economic Geography*, 3(1), 75 - 99.

Gertler, M. S., & Levitte, Y. M. (2005). Local Nodes in Global Networks: The Geography of Knowledge Flows in Biotechnology Innovation. *Industry and Innovation*, 12(4), 487 - 507.

Gilbert, B. A., McDougall, P. P., & Audretsch, D. B. (2008). Clusters, Knowledge Spillovers and New Venture Performance: An Empirical Examination. *Journal of Business Venturing*, 23(4), 405 - 422.

Granovetter, M. (1973). The Strength of Weak Ties. *American Journal of Sociology*, 78, 1360 - 1380.

Grant, R. M. (1996). Toward a Knowledge-Based Theory of the Firm. *Strategic Management Journal*, 17(S2), 109 - 122.

Preissl, B. (2006). Research and Technology Organizations in the Service Economy: Developing Analytical Tools for Changing Innovation Patterns. *Innovation: The European Journal of Social Science Research*, 19(1), 131 - 146.

Harrison, B. (1994). *Lean and Mean: The Changing Landscape of Corporate Power in the Age of Flexibility*. New York: Basic Books.

Henderson, A. D., Miller, D., & Hambrick, D. C. (2006). How Quickly Do CEOs Become Obsolete? Industry Dynamism, CEO Tenure, and Company Performance. *Strategic Management Journal*, 27(5), 447 - 460.

Hertog, P. D. (2000). Knowledge-Intensive Business Services as Co-Producers of Innovation. *International Journal of Innovation Management*, 4(4), 491 - 528.

Inzelt, A. (2004). The Evolution of University-Industry-Government Relationships During Transition. *Research Policy*, 33, 975 - 995.

Jaffe, A. B., Trajtenberg, M., & Henderson, R. (1993). Geographic Localization of Knowledge Spillovers as Evidenced by Patent Citations. *The Quarterly Journal of Economics*, 108, 577 - 598.

Jeannet, J. (2009). Clusters Companies in China's Zhejiang Province: Will They Take on the World? *Tomorrow's Challenges*, July, 1 - 5.

Katila, R., & Ahuja, G. (2002). Something Old, Something New: A Longitudinal Study of Search Behavior and New Product Introduction. *Academy of Management Journal*, 45(6), 1183 – 1194.

Keeble, D., Lawson, C., Moore, B., & Wilkinson, F. (1999). Collective Learning Processes, Networking and "institutional thickness" in the Cambridge Region. *Regional Studies*, 33(4), 319 – 332.

Kline, S. J., & Rosenberg, N. (1986). An Overview of Innovation. In R. Landau & N. Rosenberg (Eds.), *The Positive Sum Strategy: Harnessing Technology for Economic Growth* (pp.275 – 304). Washington, DC: National Academy Press.

Kraatz, M. S. (1998). Learning by Association? Interorganizational Networks and Adaptation to Environmental Change. *Academy of Management Journal*, 41, 621 – 643.

Krugman, P. (1991). Increasing Returns and Economic Geography. *Journal of Political Economy*, 99(3), 483 – 499.

Krugman, P. (1995). *Development, Geography, and Economic Theory*. Cambridge, MA: MIT Press.

Latour, B. (1993). *Aramis, or the Love of Technology*. Cambridge, MA: Harvard University Press.

Laursen, K., & Salter, A. (2006). Open for Innovation: The Role of Openness in Explaining Innovation Performance Among UK Manufacturing Firms. *Strategic Management Journal*, 27(2), 131 – 150.

Lawson, C. (1999). Towards a Competence Theory of the Region. *Cambridge Journal of Economics*, 23(2), 151 – 166.

Lawson, C., & Lorentz, E. H. (1999). Collective Learning, Tacit Knowledge and Regional Innovative Capacity. *Regional Studies*, 33, 305 – 317.

Lee, K. R. (2003). *Knowledge Intensive Service Activities (KISA) in Korea's Innovation System*. OECD Report.

Levinthal, D., & March, J. G. (1981). A Model of Adaptive Organizational Search. *Journal of Economic Behavior & Organization*, 2(4), 307 – 333.

Liyanage, S. (1995). Breeding Innovation Clusters through Collaborative Research Networks. *Technovation*, 15(9), 553 – 567.

Lundvall, B. A. (1988). Innovation as an Interactive Process: From User-Producer Interaction to the National System of Innovation. In G. Dosi, C. Freeman, R. Nelson, et al., (Eds.), *Technical change and economic theory* (pp.349 – 369). London: Pinter.

Macevily, B., & Zaheer, A. (1999). Bridging Ties: A Source of Firm Heterogeneity in Competitive Capacity. *Strategic Management Journal*, 20, 1133 – 1156.

Maskell, P., & Malmberg, A. (1999). The Competitiveness of Firms and Regions: Unification and the Importance of Localized Learning. *European Urban and Regional Studies*, 6(1), 9 – 26.

Markusen, A. (1996). Sticky Places in Slippery Space: A Typology of Industrial Districts. *Economic Geography*, 72(3), 293 – 313.

McKelvey, M., Alm, H., & Riccaboni, M. (2003). Does Co-Location Matter for Formal Knowledge Collaboration in the Swedish Biotechnology-Pharmaceutical Sector? *Research Policy*, 32(3), 483 – 501.

Miles, I. (2005). Knowledge Intensive business Services: Prospects and Policies. *Foresight*, 7(6), 39 – 63.

Miles, I., Kastrinos, N., Bilderbeek, R., Hertog, P. D., Flanagan, K., Huntink, W., & Bouman, M. (1995). *Knowledge-Intensive Business Services: Users, Carriers and Sources of Innovation*. (EIMS Reports). Brussels: European Commission.

Muller, E., & Zenker, A. (2001). Business Services as Actors of Knowledge Transformation: The Role of KIBS in Regional and National Innovation Systems. *Research Policy*, 30(9), 1501 – 1516.

Nonaka, I., Reinmoeller, P., & Senoo, D. (1998). The "Art" of Knowledge: Systems to Capitalize on Market Knowledge. *European Management Journal*, 16(6), 673 – 684.

OECD. (1999). The Response of Higher Education Institutions to Regional Needs. OECD.

Oinas, P., & Malecki, E. J. (2002). The Evolution of Technologies in Time and Space: From National and Regional to Spatial Innovation Systems. *International Regional Science Review*, 25(1), 102 – 131.

Owen-Smith, J., & Powell, W. W. (2004). Knowledge Networks as Channels and Conduits: The Effects of Spillovers in the Boston Biotechnology Community. *Organization Science*, 15(1), 5 – 21.

Owen-Smith, J., Riccaboni, M., Pammolli, F., & Powell, W. W. (2002). A Comparison of US and European University-Industry Relations in the Life Sciences. *Management Science*, 48(1), 24 – 43.

Padmore, T., & Gibson, H. (1998). Modelling Systems of Innovation: II. A framework for Industrial Cluster Analysis in Regions. *Research Policy*, 26, 625 – 641.

Pavitt, K., Robson, M., & Townsend, J. (1987). The Size Distribution of Innovating Firms in the UK 1945 – 1983. *Journal of Industrial Economics*, 35, 279 – 315.

Phene, A., Fladmoe-Lindquist, K., & Marsh, L. (2006). Breakthrough Innovations in the US Biotechnology Industry: The Effects of Technological Space and Geographic Origin. *Strategic Management Journal*, 27(4), 369 – 388.

Porter, M. E. (1998). Clusters and the New Economics of Competition. *Harvard Business Review*, November-December, 77 – 90.

Ratti, R., Bramanti, A., & Gordon, R. (Eds.). (1997). *The Dynamics of Innovative Regions*. Aldershot: Ashgate.

Rip, A. (2002). Regional Innovation Systems and the Advent of Strategic Science. *Journal of Technology Transfer*, 27, 123 – 131.

Rosenkopf, L., & Nerkar, A. (2001). Beyond Local Search: Boundary-Spanning, Exploration, and Impact in the Optical Disk Industry. *Strategic Management Journal*, 22(4), 287 – 306.

Saxenian, A. L. (1994). *Regional Advantage: Culture and Competition in Silicon Valley and Route 128*. Cambridge, MA: Harvard University Press.

Scott, A. J. (1998). *Regions and the World Economy: The Coming Shape of Global Production, Competition, and Political Order*. Oxford: Oxford University Press.

Shaver, J.M., & Flyer, F. (2000). Agglomeration Economies, Firm Heterogeneity, and Foreign Direct Investment in the United States. *Strategic Management Journal*, 21(12), 1175 – 1193.

Sidhu, J.S., Commandeur, H.R., & Volberda, H.W. (2007). The Multifaceted Nature of Exploration and Exploitation: Value of Supply, Demand, and Spatial Search for Innovation. *Organization Science*, 18(1), 20 – 38.

Smedlund, A., & Toivonen, M. (2007). The Role of KIBS in the IC Development of Regional Clusters. *Journal of Intellectual Capital*, 8(1), 159 – 170.

Staber, U. (2001). The Structure of Networks in Industrial Districts. *International Journal of Urban and Regional Research*, 25(3), 3 – 18.

Storper, M. (1997). *The Regional World: Territorial Development in a Global Economy*. New York: Guilford.

Strambach, S. ( 1997 ). *Knowledge Intensive Business Services and Innovation in Germany.* Final Report for the Commission of the EU-TSER Project.

Suarez-Villa, L., & Walrod, W. ( 1997 ). Operational Strategy, R&D and Intra-Metropolitan Clustering in a Polycentric Structure: The Advanced Electronics Industries of the Los Angeles Basin. *Urban Studies,* 34(9), 1343 – 1380.

Thomas, M., & Jones, P. ( 1998 ). *UK Results from the 2nd Community Innovation Survey.* UK Government, Department of Trade and Industry.

Thomi, W., & Böhn, T. ( 2003 ). *Knowledge Intensive Business Services in Regional Systems of Innovation — Initial Results from the Case of Southeast-Finland.* 43rd European Congress of the Regional Science Association.

Tödtling, F. & A. Kaufmann. ( 2002 ). SMEs in Regional Innovation Systems and the Role of Innovation Support — The Case of Upper Austria. *Journal of Technology Transfer,* 27, 15 – 26.

Wei, J. ( 2002 ). Innovation System of Industrial Cluster: Case in Transitional China. Proceedings of the Third Asian Academy of Management Conference. December 12 – 14, Bangkok, Thailand.

Wright, M., Lockett, A., Clarysse, B., & Binks, M. ( 2006 ). University Spin-Out Companies and Venture Capital. *Research Policy,* 35(4), 481 – 501.

# ── 第 4.2 章 ──
# 全球背景下中国基于科学的
# 创新与技术转移

李纪珍　尹西明　苏布里纳·沈

## 引　言

自 1978 年改革开放以来，中国作为新兴经济体的一个典范，在经济增长和创新能力方面都取得了举世瞩目的进步。在过去的四十年里，在从计划经济向市场经济转型的过程中，中国享有"世界工厂"的美誉，这归因于其工资较低的劳动力相关优势和得益于世界范围内的制造业转移（Richard，2017；Shang-Jin，Xie & Zhang，2017）。另一方面，中国正在寻求更多的自主创新（X. Fu & Gong，2011），旨在实现第二次转型，由劳动密集型工业国家向创新驱动的现代国家升级，力求在创新和创业方面具有全球竞争优势（Fu，Woo & Hou，2016；X. Li，2009；科技部，2016；Schmid & Wang，2017）。这给全球创新格局带来了新的挑战和机遇，也就是所谓的东西方创新竞赛（Someren & Someren-Wang，2014）。中国创新政策的实施和表现令人刮目相看，一些学者视其"为美国敲响警钟"（Currall，Frauenheim，Perry & Hunter，2014；Ernst，2011；Fu et al.，2016；Knight，2017；N. Li，Chen & Kou，2017）。

由于中国的创新正在改变全球的创新格局，它受到了国际社会的广泛关注（Hu & Mathews，2005；Lewin，Kenney & Murmann，2016；Phan，Zhou & Abrahamson，2010）。随着国家创新系统和技术转移体系的不断完善，中国正在成为一个对世界各地的创新者、企业家和投资者具有吸引力的创新中心

[世界知识产权组织（WIPO），康奈尔大学（Cornell University）& 欧洲工商管理学院（INSEAD），2018]。对中国基于科学的创新和大学与产业之间的技术转移的概述，包括其最新的发展、影响和因素分析，可以帮助个人和组织更好地了解中国创新的过去与未来，以及与之相关的机遇和挑战。

本章对全球化和新工业革命背景下基于科学的创新和技术转移进行了综述。我们旨在为中国的发展、创新和技术转移的利益相关者，包括研究人员、创新者、企业家、政府官员、投资者和国际组织，提供批判性见解。通过与该领域的其他主要参与者进行比较，我们回答了与中国的创新和技术转移有关的三个问题。

第一，中国企业和中国总体的创新表现如何？第二，基于科学的创新现状如何，尤其是中国的大学技术转移（UTT）和创新商业化方面？第三，是什么因素促进了 21 世纪创新和技术转移的发展，以及中国要实现其成为世界创新强国的梦想还有哪些挑战和机遇？

为了回答这些问题，我们首先概述了中国在科学研究创新方面的全球地位，包括中国的总体投入、产出、绩效和全球排名。其次，我们概述了中国在国家和大学层面的技术转移，重点是 UTT 的进步和政策变化，并将其与世界各地的类似大学进行了比较。然后，我们为那些想进一步了解中国创新和 UTT 之路的人们提供了一个全面又精练的框架，包括推动创新和商业化的国家战略，以及近期的机遇和挑战。

## 全球背景下中国基于科学的创新能力

中国不断增加对科学、技术和创新（STI）的投资，旨在提升全球价值链，并打造一个强大的国家创新系统，以实现更大的经济增长和社会转型。在努力保持经济增长和国内生产总值（GDP）全球领先地位的同时，中国坚定不移地贯彻实施 STI 政策和国家创新驱动战略，奋力在全球创新中提升自己的地位（J. Chen et al., 2018；Minister of Science and Technology, 2016）。为了更准确评估其创新能力的全球表现和排名，首先需要全面了解中国的创新实力。

## 中国基于科学的创新的总体表现

中国在 2017 年推出了一项高瞻远瞩的国家计划，为人工智能（AI）发展描绘蓝图，旨在吸引世界各地的人才，争取在 2025 年前取得重大突破。正如《麻省理工科技评论》的一篇文章所说，"西方不应该害怕中国的人工智能革命，而是应该复制"（Knight，2017）。这是中国 STI 政策效果的最新实例，表明中国希望成为颠覆性新技术的创新强国的愿景。自 1978 年改革开放以来，中国高度重视 STI 政策，推动了经济显著增长。中国也一直致力于在全球专利申请、学术研究出版物、研发（R&D）投资和高科技产业出口方面发挥着带动示范作用，取得了举世瞩目的进步（X. Li，2009；Liu & White，2001；Richard，2017）。举个例子，自 21 世纪初以来关于建设高铁网的 STI 政策刺激了技术发展，改善了中国的交通系统，同时也加速了制造业的创新（J. Chen et al.，2018；Knight，2017；Sun & Gao，2017）。

根据《2018 年彭博创新指数》，[①] 中国的创新能力全球排名从 2017 年的第 21 位上升到了第 19 位。报告指出："中国的排名上升了两位，达到了第 19 位，这得益于中国理工类应届毕业生在劳动力中的高比例，以及华为技术有限公司等创新者的专利数量增加。"进步背后的一个重要变化是，中国人更宽容地对待失败，接受它作为创新过程的自然组成部分——这是在国家创新生态系统中为培养人才、创造力和创业精神创造环境的关键一步（J. Chen & Lyu，2017；Clarke，Chelliah & Pattinson，2018）。

根据世界知识产权组织（WIPO）和康奈尔大学联合发布的《2018 年全球创新指数报告》，中国在 2018 年排名第 17 位，比 2017 年上升了 5 位。最令人惊叹的是，中国成为有史以来第一个进入创新国家前 20 名的中等收入经济体（WIPO et al.，2018）。

根据欧盟发布的《2018 年欧洲创新记分牌》报告，尽管欧盟在创新绩效正在逼近美国、日本和加拿大，但报告也指出"中国创新表现优异，正在奋力追赶，其创新绩效的增长速度几乎是欧盟的 3 倍"。[②]

---

① 见 https://www. bloomberg. com/news/articles/2018-01-22/south-korea-tops-global-innovation-ranking-again-as-u-s-falls。

② 见 http://ec.europa.eu/growth/industry/innovation/facts-figures/scoreboards_en。

### 投入、产出和绩效

恩斯特（Ernst，2011）考察了中国的创新政策对国家创新能力的影响，分析了相关数据，揭示了这些政策如何加快了中国生产和创新系统的学习和进步速度。他发现，中国不断发展的创新能力的投入指标（研发投资、工程师和科学家人数）和产出指标（科技出版物、专利）都表明，中国已经成为美国在价格和技术上的一位强劲竞争对手。在经济开放的四十年里，中国在创新方面的追赶速度确实令人惊叹。美国国家科学理事会（National Science Board，2018）的研究也得出了类似的结论。

#### 研发支出

过去几十年来，中国的研发支出持续增长，即使在 2008 年全球金融危机期间，大多数国家都减少了研发支出（图 4.2.1），中国依旧保持增长。根据科技部（MOST）的数据，2016 年中国的研发支出达到 1.56 万亿元人民币（2 350 亿美元），其中超过 78% 的资金来自企业。2016 年国内研发总支出占 GDP 的 2.1%，并已连续增长了 17 年（图 4.2.2）。

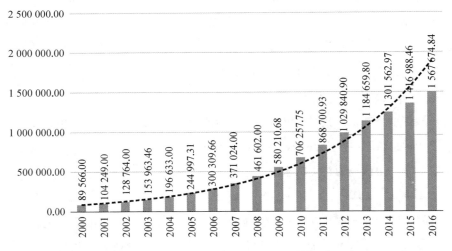

图 4.2.1　中国国内研发支出增长（2000—2016）单位：人民币百万元

资料来源：经合组织（OECD）。

根据中国 MOST 的数据，2016 年科技进步对中国经济增长的贡献率提高到 56.2%，这意味着中国正在成为一个研究密集型和创新驱动的经济体，而不再是一个劳动密集型经济体。

图 4.2.2　中国国内研发支出增长（2000—2016，百分比）单位: 人民币百万元

资料来源: 经合组织（OECD）。

随着研发支出的不断增加，中国对全世界研发支出增长的贡献也在不断上升。根据美国国家科学基金会（NSF）发布的《2018 科学与工程指标》，2015年中国占全球研发支出增长的 31.4%。事实上，自 2008 年以来，中国国内研发支出金额的增长速度一直超越其他主要国家或地区（图 4.2.3）。

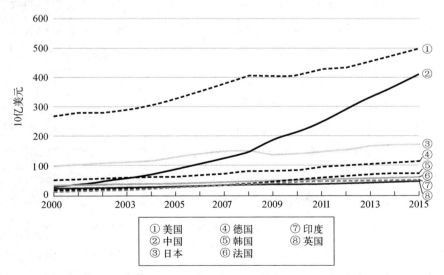

注: 无法获取所有国家所有年份的数据。虚线连接缺失值。《2018 年指标: 研发绩效的跨国比较》，第 4 章。

图 4.2.3　国内研发支出的跨国比较: 2000—2015

中国的研发支出在全球创新中首屈一指。世界知识产权组织（WIPO）发布的《2018 年全球创新指数》中对全球研发数据的研究表明，在 2008 年金融危机后的大约八年时间里，得益于这些反周期创新政策和中国等研发强国的引领，迄今为止已经避免了研发增长永久性下降的最坏情况。中国一直在研发方面投入大量且不断增长的资金。与 2008 年相比，中国的国内研发总支出（GERD）增加了 276%，在所有国家中独占鳌头。[①]

**基于科学的创新绩效：研究和引用量**

根据爱思唯尔（Elsevier）公司的分析，中国在研究型国家的排名中处于领先地位，学术研究论文引用量高居全球第二，仅次于美国，超过了英国。[②] 中国学者在各学科最具影响力的国际期刊上发表的论文数量已经连续七年位居世界第二，意味着中国在科学研究和创新方面也取得了巨大进步。

根据美国国家科学委员会发布的《2018 科学与工程指标》，中国在世界科学与工程出版物总量中的份额从 2006 年的 12.1%增长到 2016 年的 18.6%，成为科学与工程出版物中的领先国家，而美国的份额则从 24.4%下降到 17.8% ［美国国家科学理事会（National Science Board），2018］。尽管中国在 2016 年在引用最多的出版物中所占份额排名第五，但国家科学委员会的报告指出："美国仍然是全球科学和技术的霸主，但世界正在发生变化"；"从出版物的数量来看，格局的变化已经很明显：中国在 2016 年发表了超过 42.6 万篇论文，占爱思唯尔（Elsevier）的斯高帕斯（Scopus）数据库中记录总数的 18.6%。相比之下，美国有近 40.9 万份"（图 4.2.4）。

**基于科学的创新绩效：专利申请**

衡量基于科学的创新绩效的有用指标是专利（Acs & Sanders，2012；Clarke et al.，2018；X. Li，2009）。自 2000 年以来，中国的专利申请数量（包括申请和授权）经历了相对稳定的增长——这是对研发进行持续投资的合理结果（图 4.2.5）。在全球范围内，2016 年中国的专利、商标和工业品外观设计申请量均居全球首位，其次是美国、德国、日本、韩国和法国。根据《2017年世界知识产权指标》，"在中国需求飙升的情况下，2016 年全球专利、商标和工业品外观设计的申请量达到了创纪录的高度，中国专利申请比美国、日

---

① 见 http://www.globalinnovationindex.org/Home。
② 见 http://www.chinadaily.com.cn/world/2017－10/17/content_33340948.htm。

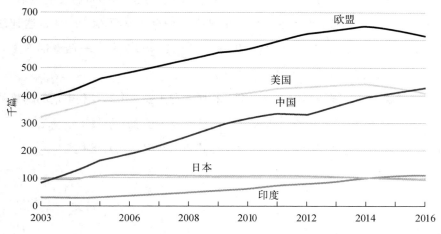

图 4.2.4　选定地区、国家或经济体的科学与工程论文: 2003—2016

资料来源:《2018 科学与工程指标报告》。

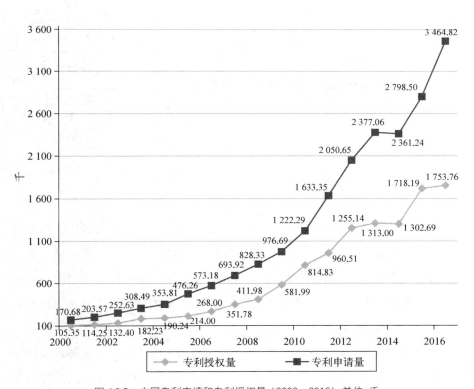

图 4.2.5　中国专利申请和专利授权量（2000—2016）单位: 千

本、韩国和欧洲专利局的总和还要多"。[①]"在新增的近 240 600 件专利申请中，中国贡献了约 236 600 件，占总增长的 98%。商标申请猛增 16.4%，达到约 700 万件，全球工业设计申请增长 10.4%，达到近 100 万件——两者都是由中国的快速增长驱动的。"（WIPO，2017）

如果我们将中国和其他全球顶级专利局进行比较，中国专利申请的趋势就会更加突出（图 4.2.6）。毫无疑问，中国已经夯实了强大的技术创新潜力，并将在一个以知识为基础的竞争世界中发挥其知识产权（IP）的优势。

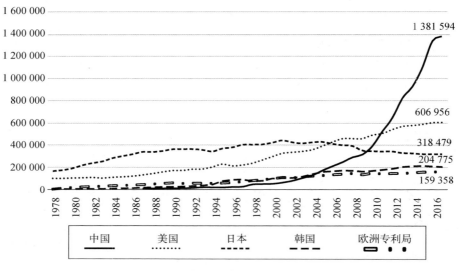

图 4.2.6　全球前五名专利局的专利申请量趋势（1978—2017）

资料来源：WIPO。

中国于 1985 年发布了第一部专利法，并于同年 4 月 1 日收到第一份专利申请——与其他专利局相比起步较晚。然而，自 2000 年以来，专利的申请和授权数量迅猛增长。2008 年全球金融危机后，中国更加重视其创新驱动发展战略，积极推动科学创新，鼓励在专利、商标和设计方面创造更多知识产权（Dang & Motohashi，2015）。

根据 WIPO 发布的一份关于 2017 年全球专利、商标和工业品外观设计申请量的报告《2018 年世界知识产权指标（WIPI）》，在中国需求飙升的情况下，2017 年全球专利、商标和工业品外观设计的申请量达到了历史最高水平，

---

① 见 http://www.wipo.int/pressroom/en/articles/2017/article_0013.html。

中国的专利申请超过了美国、日本、韩国和欧洲专利局的总和。2016 年全世界的创新者提交了 317 万份专利申请，实现了连续第八年的增长，比上年上涨 5.8%，主要是由中国知识产权申请的增加所驱动的。在这一背景下，中国的专利申请增长了 14.2%，商标申请增长了 55.2%。这些高增长率推动中国在全球专利申请和商标申请中的份额分别达到 43.6% 和 46.3%。中国专利局在 2017 年收到的专利申请总数达到创纪录的 138 万件，比美国的专利申请数（606 956 件）多出一倍以上。

WIPO 总干事弗朗西斯·高瑞（Francis Gurry）说："在短短几十年间，中国建立了知识产权制度，鼓励本土创新，加入了世界知识产权领导者的行列，现在正在推动全世界知识产权申请的增长。中国是这些知识产权申请量最高的国家，因为中国的创新者和创造者以及外国实体纷纷寻求在中国这一世界增长最快的一大经济体中保护和促进其创新业务的发展。"[①]

## 中国的技术转移：从国家技术转移到大学技术商业化

### 中国的技术转移概述

科技创新不仅仅是实验室里的研究，而是将技术创新转化为经济和社会发展的现实动力（Fu et al.，2016；Minister of Science and Technology，2016；Shang-Jin et al.，2017；Wang，Zhou & Li-Ying，2013）。由于创新和技术发展最终会促进资本化和产业化，中国技术转移发展的一个里程碑是中国国务院计划建立国家技术转移体系。目标是到 2020 年基本建成国家技术转移体系和技术市场，市场化的技术转移机构、专业人员有机融合，广泛开展"一带一路"倡议下的国际合作。[②]

创新并非仅为创新本身，创新是为了给产业持续升级、经济增长、社会转型以及最终改善人类福祉提供动力（Acs & Sanders，2012；Bauer & Flagg，2010；Drivas，Economidou，Karamanis & Zank，2016；Jasinski，2009；Kafouros &

---

① 见 https://www.wipo.int/pressroom/en/articles/2018/article_0012.html。
② 更多信息，请见 http://english.gov.cn/policies/latest_releases/2017/09/26/content_281475 886854922.htm。

Wang，2015）。在过去的几十年里，中国在科学、工程和创新方面取得了巨大的进步，如前所述。进入 21 世纪后，中国开始更加重视技术转移，并加大投资（A. Chen，Patton & Kenney，2016）。1996 年 5 月，中国推出了第一部《促进科技成果转化法》，这是中国技术转移发展的起点。继 1996 年的法律之后，国务院于 1999 年 4 月发布了《高等学校知识产权保护管理规定》。

然而，中国的技术转移和商业化之路受到了争议做法和体制缺陷的阻碍。技术转移体系没有像预期那样成熟，原因有四个：缺乏高质量的创新（Dang & Motohashi，2015），缺乏制度和认知合法性（Jasinski，2009），知识产权保护力度不足（Fang，Lerner & Wu，2017），以及劳动密集型经济中的需求疲软（A. Chen et al.，2016；Jasinski，2009；Yin，Wang & Chen，2017）。为了鼓励中国技术转移的健康发展，全国人民代表大会修订了《科学技术进步法》，希望加强转移，并鼓励地方政府支持产业和大学之间的研究合作。2008 年市场需求的急剧增长，成为中国技术转移的新动力。中国国家知识产权局（SIPO）收集的统计数据支持了这一点：2008 年之前，几乎没有大学向企业进行专利授权，然后在 2008 年和 2009 年期间急剧增加。尹、陈和王（2017）认为，这是因为中国政府的短期推动，市场对新产品开发的外部技术需求，以及专利作为吸引金融资本的工具。

由于政策的变化和企业创新能力的提高（X. Li，2009；Li-Hua，2014；Ning，Sutherland & Fu，2017；Wang，Pan，Ning，Li & Chen，2015），企业和地方产业的需求和吸收能力都急剧增加（Armanios et al.，2017），中国的技术转移在过去几年中飞速发展。2016 年，技术转移合同总收入达到 1.141 万亿元人民币，约合 1 801 亿美元——这是中国历史上第一次总收入突破 1 万亿元人民币大关，与 2015 年相比，增长了 15.97%。2016 年技术转移合同总数达到 320 437 份，比 2015 年增长了 11.16%。在技术转移中介机构方面，有超过 1 000 个技术转移本地市场平台。①

2017 年，技术转移市场增长更快。技术转移合同总数为 367 586 份——比 2016 年增长了 14.71%。技术交易的合同总收入为 1.342 万亿元人民币，约合 2 118 亿美元——比 2016 年增长 17.68%。企业仍然是技术交易的主导者，约

---

① 更多信息，请见 http://www.xinhuanet.com/2017 - 02/21/c_1120505922.htm。

占参与者的 88.46%，比 2016 年的比率增加了 10% 以上。①

### 中国的大学技术转移（UTT）概述

大学是国家创新系统以及国家技术转移体系的主要参与者（A. Chen et al., 2016；Miller, McAdam & McAdam, 2018）。近年来，中国的 UTT 已经吸引了政府和研究界更多的关注（A. Chen et al., 2016）。科技部致力于促进大学的技术转移和学术创业，旨在进一步刺激经济增长。促进大学创新和建立更多的大学科技园被写进了《2006—2020 年国家中长期科学和技术发展规划纲要》。与此相反，教育部——大学的主要监管者——认为商业化会分散大学培养世界级研究目标的资源和注意力。在我们与教育部的访谈中，教育部对在《促进科技成果转化法》修正案通过之前让大学学者在产业界兼职或全职工作的想法颇有微词。教育部强调，"学者们应该坚守他们作为教师和研究人员的角色"。同时，尽管《促进科技成果转化法》修正案于 2015 年通过，以进一步刺激大学和研究机构的技术转移，但从业者仍然发现其他法律中关于大学知识产权法律地位的规定是模棱两可的，甚至是自相矛盾的。国家的评价方案和第三方排名方案都没有将大学的技术许可表现作为一个关键指标。大学不得不建立新的组织结构，聘用法律专业人士、知识产权经理和技术代理人，以规避各种监管和法律障碍。

中国的研究型大学直到 2008 年以后才大规模地参与许可活动（A. Chen et al., 2016；Yin et al., 2017），部分原因是授权许可的性质有争议，法律地位不明确。2008 年后，以前的劳动密集型产业意识到发展创新能力的必要性，导致对大学和公共研究机构的技术需求急增。在商业化方面最成功的中国大学②——清华大学在 2015 年从技术转移中获得了 8 970 万美元，与斯坦福大学在 2014—2015 年获得的金额相当（9 510 万美元来自使用费，320 万美元来自清算股权），几乎是麻省理工学院在 2014—2015 年获得金额的两倍（总金额 4 580 万美元，有 85 万美元来自清算股权）。然而，在我们样本中的 100 所研究型大学中，有 33 所在 2015 年的技术许可为零。2016 年，清华大学获得了

---

① 更多信息，请见 http://www.sohu.com/a/224463423_99916535。
② 根据 2016 年大学技术转移办公室（TTO）的信息披露。

9 700 万美元，超过了斯坦福大学 2016 年获得的金额（9 420 万美元），几乎是麻省理工学院 2017 年获得金额（5 360 万美元）的两倍。这表明，中国最好的大学在技术转移量方面一直在快速追赶，特别是在国务院授予大学更多处理知识产权的自由，如专利许可和专利转让能力之后。

表 4.2.1 显示了中国的清华大学和世界上其他大学（包括斯坦福大学、麻省理工学院和康奈尔大学）之间的大学技术商业化的比较。清华大学获得的专利比其他大学都多，从而为进一步的商业化提供了技术储备的相对优势。事实上，清华大学在 2014 年授权了 287 项专利许可，2017 年授权了 405 项专利许可，多于其他大学。

**表 4.2.1　大学技术商业化：国际比较**

| 大　学 | 专利颁发 | 专利许可 | 技术转移收入（百万） | 基于大学专利的初创企业数量 |
|---|---|---|---|---|
| 斯坦福 | 289（2016） | 141（2016） | 95.10（2015） | 26（2015） |
| （美国）[1] | 298（2017） | 137（2017） | 94.22（2016） | 32（2016） |
| 清华 | 2 086（2015—国内）[2.1] | 287（2014） | 89.70（2014） | 18（2015） |
| （中国）[2] | 530（2015—国际） | 405（2017） | 93.96（2015） | 31（2016） |
| | 1 890（2016—国内）[2.2] | | 97.01（2016）[2.3] | |
| | 360（2016—国际） | | | |
| 麻省理工 | 328（2015） | 105（2015） | 45.8（2015） | 25（2017） |
| （美国）[3] | 301（2016） | 112（2016） | 53.6（2017） | |
| | 296（2017） | 122（2017） | | |
| 康奈尔[4] | 341（2017） | 87（2017） | 15.3（2017） | 12（2017） |

资料来源：
1 斯坦福大学 OTL 年度报告：http://otl.stanford.edu/documents/otlar16.pdf。
2 TLO 办公与访谈。
2.1 TLO 幻灯片；
2.2 清华大学官方网址；
2.3 http://www.zuihaodaxue.com/. 注：根据 TLO 年度内部报告，2016 年技术商业化合同总收入为 20.047 1 亿元，相当于 3 173.4 万美元。
3 麻省理工学院：http://web.mit.edu/facts/industry.html。
4 康奈尔大学 CTL 年度报告：http://www.ctl.cornell.edu/news/annual-report。

然而，尽管中国政府和大学正在为 UTT 分配更多的资源，但总体技术转移仍然很低，尤其是从大学到产业的技术转移。如表 4.2.2 和表 4.2.3 所示，根据国家知识产权局的《中国专利调查报告》，中国的专利许可和转让率低于理想水平，没有一个指标达到 10% 以上的比率。更令人震惊的是，高校的专利许可率从 2016 年（3.3%）下降到 2017 年（2.5%），发明许可率明显下降。然而，这可能是由于结构性变化使得企业和大学都更青睐专利转让，而不是专利许可。

表 4.2.2　中国专利许可和专利转让率，2016

| 许可率 | 企 业 | 大 学 | 研究机构 | 个 人 | 合 计 |
|---|---|---|---|---|---|
| 发明专利 | 7 | 5.8 | 5.6 | 8 | 6.7 |
| 实用新型 | 8.3 | 3 | 4.6 | 6.9 | 7.9 |
| 设计专利 | 9.1 | 2.1 | 6.7 | 12.9 | 9.5 |
| 合　计 | 8.2 | 3.3 | 5.4 | 8.6 | 8.1 |
| 转让率 | 企 业 | 大 学 | 研究机构 | 个 人 | 合 计 |
| 发明专利 | 5.6 | 3.8 | 6.6 | 7.7 | 5.4 |
| 实用新型 | 5.4 | 1.6 | 2.9 | 3.9 | 5.1 |
| 设计专利 | 5.7 | 1.3 | 6.3 | 9 | 6 |
| 合　计 | 5.5 | 1.9 | 4.4 | 5.9 | 5.4 |

表 4.2.3　中国专利许可和专利转让率，2017

| 许可率 | 企 业 | 大 学 | 研究机构 | 个 人 | 合 计 |
|---|---|---|---|---|---|
| 发明专利 | 7.4 | 3.4 | 6.6 | 12 | 7 |
| 实用新型 | 7.1 | 1.6 | 6.7 | 5.3 | 6.5 |
| 设计专利 | 7.2 | 1.0 | 19.7 | 7.1 | 7.1 |
| 合　计 | 7.2 | 2.5 | 6.8 | 6.8 | 6.8 |
| 转让率 | 企 业 | 大 学 | 研究机构 | 个 人 | 合 计 |
| 发明专利 | 6.1 | 4.1 | 3.4 | 7.6 | 5.7 |
| 实用新型 | 5.6 | 1.7 | 3.4 | 4.3 | 5.2 |
| 设计专利 | 5.9 | 1.3 | 2.8 | 6.4 | 6 |
| 合　计 | 5.7 | 3.0 | 3.4 | 5.6 | 5.4 |

# 中国的创新和 UTT 之路：主要驱动因素和挑战

### 中国技术创新增长的五大驱动力

　　长期以来，国际社会一直在关注中国的创新模式（Richard，2017）。回顾中国在科技创新方面取得的显著成就，有必要进一步追问：中国从劳动密集型经济向创新驱动和知识型经济转型的情况如何？中国的创新战略背后是什么？

李华（Richard Li-Hua，2014）提出了一个名为"中国拥抱创新"的战略模式，指的是谋求共同发展、共享资源、实现共赢的战略。拥抱创新是对复杂社会问题的一种新颖、创新的解决方案，这就决定了拥抱创新的概念是具有中国特色的社会创新（Li-Hua，2014），而不是从综合角度来反映中国在过去几十年的 STI 表现。另一方面，黄和谢里夫（Huang & Sharif，2016）指出了中国在全球科技领域崛起的三个竞争优势来源：其庞大的国内市场、采用国家支持的产业政策，以及继续改变全球市场的全球化进程。然而，他们并没有考虑到环境变化、制度创新和企业家精神对 STI 政策的影响。

我们确定了中国技术创新增长的五大驱动力：首先是中国的国家 STI 政策及其实施；其次是中国庞大的基础设施和最近的城市化；第三是信息化及其对产业升级、经济转型和企业创新的影响；第四是全球化，推动中国进入一个新时代，政府和企业都可以利用全球创新资源来追赶成熟经济体；第五是中国最近采取的支持创业的措施（表 4.2.4）。

### 表 4.2.4　中国技术创新增长的五大驱动力

| | |
|---|---|
| 1 | 国家 STI 政策和有效实施 |
| 2 | 基础设施和城市化引发 |
| 3 | 信息化引领 |
| 4 | 全球化驱动 |
| 5 | 创业支持 |

国家 STI 政策和实施

正如马丁（Martin，2016）所指出的，在大萧条之前，政府在自由市场经济中的作用，如美国和英国的自由市场经济，主要局限于修复市场失灵，如国防、卫生、教育和研究（以及最近的银行业）。如果政府在其政策中不勇于承担风险，虽可避免重大失误，但也不会取得卓越的成就。西方政府普遍认为，市场应该推动创新（Ernst，2011），由于政治和意识形态的原因，政府的作用一直不大，特别是在美国（Martin，2016）。相比之下，中国政府强调公共政策在促进自主创新、加速创新、参与全球化和在全球价值链竞争中的关键作用（Ernst，2011；Someren & Someren-Wang，2014）。

STI 政策的最新里程碑是提供"全球创新领导力三步走"的国家行动计划[1]——2016 年《国家创新驱动发展战略纲要》（以下简称《纲要》）。在《纲要》中，政府指出，科学技术是提高社会生产力和综合国力的战略支撑，因此必须摆在国家发展全局的核心位置。

《纲要》确定了实施创新驱动发展战略的三个步骤，这三步一脉相承，相辅相成，具有实现中国现代化的战略目标：

第 1 步：中国到 2020 年进入创新型国家行列，有力支撑全面建成小康社会目标的实现。

第 2 步：中国到 2030 年跻身创新型国家前列，为建成经济强国和共同富裕社会奠定坚实基础。

第 3 步：中国到 2050 年建成创新强国，为建设富强民主文明和谐的社会主义现代化国家、实现中华民族伟大复兴的中国梦提供强大支撑。

*基础设施和城市化*

城市和城市化在产生经济增长和提高生产力的知识外溢方面发挥着重要作用（Andersson，Quigley & Wilhelmsson，2009）。城市的特点也有利于创新，并为创新扩散提供适当的条件。沙等（2006）观察到，在过去的二十年里，"中国经历了快速的城市化进程，并因其独特的自然资源、历史、社会、经济和文化而面临着特定的挑战"（p.573）。几十年前，一系列高效的政策成功将农村剩余劳动力转化为生产力，使中国成为世界的制造业中心，同时也为建设基础设施、新城市和大规模住宅项目提供了资源。随着这些政策的逐步退出，维持它们所带来的巨大经济增长，对中国来说是一个艰巨的挑战。从图 4.2.7 可以看出，自 1978 年以来，城市人口总数持续增长。同时，城市化的速度也在加快，从 1978 年的 17.9% 增加到 2016 年底的 56.7% 以上，表明人才和市场规模都在增长。

*信息化*

学习和信息积累已经被证明在创新和创新扩散中发挥着重要作用（Feder & O'Mara，1982；S. Li，Xu & Zhao，2015；Rogers & Shoemaker，1971；Swanson，1994）。在基础信息技术革命性发展的时代，创新在组织中的应用对竞争生存

---

[1] 请见《中华人民共和国国民经济和社会发展第十三个五年规划纲要》原版：http://www.xinhuanet.com/politics/2016-05/19/c_1118898033.htm。

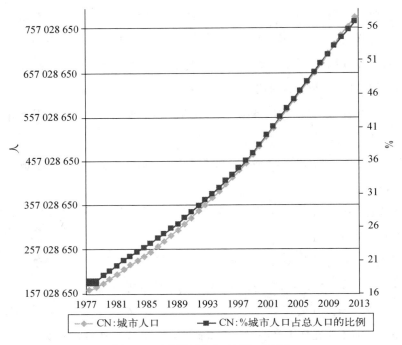

图 4.2.7　中国的城市化（1978—2016）

资料来源: 世界银行。

和成功变得越来越关键，不仅适用于企业（Swanson，1994），而且适用于国家竞争优势（J. Chen，2017；Leamer & Storper，2014；J. Lee，Kao & Yang，2014）。近年来，物联网（IoT）已成为研究热点，预示着互联网未来的巨大潜力，它将赋予连接者新的能力（S. Li et al.，2015）。

由于信息化程度的突飞猛进，无论是传统产业还是基于互联网的新兴产业，都已经在生产力和技术创新方面获得了巨大优势。中国高瞻远瞩，制定了一个雄心勃勃的高科技发展战略，但是高科技发展并不会自动带来创新。最近几十年来，中国政府每五年推出一次高科技发展计划，并发布了《中国制造2025》等国家战略，以促进信息化和产业化的深度融合。[1]

全球化

外国直接投资（FDI）可以通过逆向工程、熟练劳动力转移、示范效应和供应商—客户关系等溢出渠道使东道国的创新活动受益（Wu，Ma & Shi，2010）。在"以市场换技术"的政策下，中国在1990年代已成为发展中国家中

---

[1]　请见 http://www.gov.cn/gongbao/content/2017/content_5241931.htm。

最大的外资流入国。自 2001 年加入世界贸易组织（WTO）以来，中国一直在适应全球经济，成为全球生产体系中的重要枢纽。在未来的几十年里，全球化的加强将继续使中国公司受益，并推动其朝着成为全球技术力量的目标迈进。

一方面，在全球化的世界中，中国企业不需要自己开发每一项先进技术。在政府"走出去"战略的支持下，它们可以通过海外并购获得这些技术。另一方面，随着经济的增长和国内公司在技术上的提升，外国跨国公司会越来越多地把它们的先进产品带到中国市场，最终甚至在中国申请尖端技术的专利。这反过来又会产生示范效应、劳动力流动和竞争效应或外溢效应，为本地企业带来实实在在的好处。

创业

潘、周和亚伯拉罕森（Pan, Zhou & Abrahamson, 2010, p.175）指出，"创业……是一种多层次的现象，始于人类创造力、金融资源和技术资本的结合；推动了新组织形式的出现和创业和新创企业的发展，"该文进一步指出，新创企业成长是发展中经济体的本质特征。中国作为这个世界上最大的转型经济体，在走向市场经济体系的道路上，创业一直是经济的重要驱动力。在所有的创业活动中，国内的创业组织，包括民营初创企业、乡镇企业、集体企业和改制后的国有企业，纷纷崛起成为最重要的一批（Yang & Li, 2008）。

"中国发展的最大优势在于其丰富的人力资源，"前总理李克强指出，"13亿中国人，其中 9 亿多人是劳动力，1.7 亿多人接受了高等教育或掌握了专业技能，这代表了创业和创新的无限源泉。"[①] 为了更好地利用中国的人力资源以及创业的力量，中国发起了大众创业、万众创新的倡议，极大地释放了社会创造力，有利于市场活力。

在过去三年中，中国的市场主体数量平均每天增加 4 万个，平均每天有1.4 万家企业注册，其中约 70% 的企业经营活跃。2017 年，新企业的出生率上升到每天 8 000 家，有力地促进了就业和新财富的创造。[②] 大众创业和创新不仅使新产业蓬勃发展，而且有助于改造国家的传统行业，加速整个经济的升级。据观察，大众创业和创新是包容性增长的有效手段，并将继续用于发展国

[①] 见 http://www.xinhuanet.com/english/2017-09/12/c_136603727.htm。
[②] 根据前总理李克强在中国东北沿海城市大连举行的 2017 年新领军者年会（又称夏季达沃斯）开幕式上的讲话。

家创新能力。

## 中国 UTT 的关键挑战

2014 年至 2016 年，在教育部支持下清华大学技术创新研究中心设计并开展了首次针对中国 UTT 的调查，目的是调查 UTT 的最新进展并确定关键挑战，帮助未来实施改善 UTT 的行动。研究小组成功收到来自中国大陆 682 所大学的问卷。样本涵盖了大部分研究型大学，这些大学曾是中国技术创新系统的核心参与者，现在为促进国家和地区经济增长提供社会服务和知识（A. Chen et al., 2016；Yin et al., 2017）。

如前所述，目前的 UTT 并不常见。为什么这么多专利被留在办公桌上而不是转移到产业界，针对这一调查问题，研究人员发现，虽然大学里现有的科技成果可以应用于市场，但首先需要与其他科技成果相结合，才能更好地满足市场的需求。不幸的是，大学缺乏一个良好的商业模式来转化技术。另一部分科技成果在授权或出售给企业之前，需要进一步开发和发展。这表明，中国应该提高大学对科技成果组合值的挖掘能力。为此，政府应推动 UTT 商业模式的探索，建立专门的转化团队，并协助科技成果的二次开发。这将促进科技向生产力的转化。

在调查和访谈中提到的中国 UTT 的前四大问题包括：UTT 激励机制的缺陷、技术转移社会体系建构的缺陷、大学重视程度不足以及技术转移渠道的不明确。研究人员参与 UTT 过程的动机主要取决于激励机制，其中包括收入分配、处理知识产权（IPR）的权利和对任期的贡献。这与当前文献中的发现一致（De Silva, 2016；Ferretti, Ferri, Fiorentino, Parmentola & Sapio, 2020；Grimaldi, Kenney, Siegel & Wright, 2011）。在研究影响 UTT 的一般因素时，研究人员将问题分为内部和外部问题。

UTT 的主要内部问题是缺乏技术转移专家和对研究人员的评估和激励机制不足。前者是由于大学技术转移办公室（TTO）的组织能力薄弱造成的，这些办公室过去只负责知识产权保护，没有处理技术转移的动力和经验。后者与 UTT 的两个机制有关，一个是技术的评估和定价，另一个是 UTT 使用费的收入分配。鉴于这两个挑战，即使一些研究人员和发明人迫切希望将他们的技术应用于新产品的开发和行业发展（Shane, 2004），但他们在与 TTO 的转移团队交谈后大失所望，因为团队愿意但无法提供专业指导（Goel & Göktepe-Hultén，2018）。国务院在 2015 年更新了《技术转移法》后，发明人在总使用费中的份额从 15% 增加到 70%——比美国和欧盟大学的份额高出 2 倍。收入分配政策的这一剧变，给从事 UTT 或学术创业的研究人员和发明人打了一剂"强心针"。然而，对于 TTO 来说，正确评估专利仍然是一大挑战，特别是在国有资产面临着风险的中国情境下。因此，UTT 的挑战不仅是增加发明人的使用费份额，而且要允许大学有更多的自由来处理 UTT，并对 TTO 的组织能力投入更多的资源。

在 UTT 的主要外部问题中，首先是政策支持不力。近年来特别是 2015 年后国务院已经发布了许多新政策来鼓励中国的学术创业和 UTT。然而，如前所述，不同部门对大学有不同的目标和期望。科技部倾向于鼓励大学在 UTT 上投入更多精力和资源，而教育部仍在努力平衡研究和教育的传统使命与服务区域经济增长的新兴使命。科学规范和市场规范之间的矛盾（De Silva，2016）以及研究型大学和创业型大学功能之间的矛盾（Brown，2016；Guerrero & Urbano，2012）仍然是 UTT 发展中的挑战。第二个外部问题是当地的技术交流市场还不成熟，意味着信息的不对称和不匹配仍然阻碍着知识从大学到产业的流动。第三个问题是缺乏支持机构和政府部门的参与。鲍尔和弗拉格（Bauer & Flagg，2010）发现，中介机构对于搭建技术供应和需求的桥梁非常重要。这些机构和政府部门，包括正式的地方技术转移市场和交易规则、技术经理和知识产权机构，只是近几年才涌现。其他外部挑战包括薄弱的知识产权保护和不完善的创新和创业环境。虽然这些挑战依旧紧迫，但已经取得了明显进步。超过 55% 的中国大学设立了 TTO，到 2017 年底，全国已有 11 个知识产权法院和 1 000 多个正式的技术交易市场或平台。

## 结论与展望

本章对全球化和新工业革命背景下的中国创新和技术转移进行了综述，旨在为那些对中国的发展、创新和技术转移感兴趣的利益相关者提供真知灼见，通过与这些领域的其他主要国家进行比较，能更深入地了解与中国的创新和技术相关的三个方面。

具体而言，我们首先概述了中国的创新能力和在全球范围内的排名，包括总体投入、产出、绩效和排名，并分析了典型企业或行业案例。第二部分，我们概述了中国的技术转移，涵盖了国家和 UTT，重点关注 UTT 的进展和政策剧变。最后，我们为那些想进一步了解中国创新和 UTT 之路的人们提供了一个简而全的框架，覆盖了推动创新和商业化的国家战略以及近期的机遇和挑战。

未来，在国家创新战略的指导下，中国需要继续加大对研发的投入，特别是针对颠覆性创新的基础研究。此外，创新不仅局限于实验室，还应注重知识的扩散和可持续发展，以推动社会经济的发展。

## 参考文献

Acs, Z. J., & Sanders, M. (2012). Patents, Knowledge Spillovers, and Entrepreneurship. *Small Business Economics*, 39(4), 801–817.

Andersson, R., Quigley, J. M., & Wilhelmsson, M. (2009). Urbanization, Productivity, and Innovation: Evidence from Investment in Higher Education. *Journal of Urban Economics*, 66(1), 2–15.

Armanios, D. E., Eesley, C. E., Li, J., & Eisenhardt, K. M. (2017). How Entrepreneurs Leverage Institutional Intermediaries in Emerging Economies to Acquire Public Rresources. *Strategic Management Journal*, 38(7), 1373–1390.

Bauer, S. M., & Flagg, J. L. (2010). Technology Transfer and Technology Transfer Intermediaries. *Assistive Technology Outcomes and Benefits*, 6(1), 129–150.

Brown, R. (2016). Mission Impossible? Entrepreneurial Universities and Peripheral Regional Innovation Systems. *Industry and Innovation*, 23(2), 189–205. https://doi.org/10.1080/13662716.2016.1145575.

Chen, A., Patton, D., & Kenney, M. (2016). University Technology Transfer in China: A Literature Review and Taxonomy. *Journal of Technology Transfer*, 41(5), 891–929.

Chen, J. (2017). Towards New and Multiple Perspectives on Innovation. *International Journal of Innovation Studies*, 1(1), 1.

Chen, J., & Lyu, R. W. (2017). Innovation in China: The State of Art and Future Perspectives. In A. Brem & Viardot (Eds.), *Revolution of Innovation Management* (pp.69–103). Palgrave Macmillan, London.

Chen, J., Yin, X., & Mei, L. (2018). Holistic Innovation: An Emerging Innovation Paradigm. *International Journal of Innovation Studies*, 2(1), 1–13.

Clarke, T., Chelliah, J., & Pattinson, E. (2018). National Innovation Systems in the Asia Pacific: A Comparative Analysis. In T. Clarke & K. Lee (Eds.), *Innovation in the Asia Pacific* (pp.119–143). Springer, Singapore.

Currall, S. C., Frauenheim, E., Perry, S. J., & Hunter, E. M. (2014). *Organized Innovation: A Blueprint for Renewing America's Prosperity*. Oxford University Press.

Dang, J., & Motohashi, K. (2015). Patent Statistics: A Good Indicator for Innovation in China? Patent Subsidy Program Impacts on Patent Quality. *China Economic Review*, 35, 137 – 155.

De Silva, M. (2016). Academic Entrepreneurship and Traditional Academic Duties: Synergy or Rivalry? *Studies in Higher Education*, 41(12), 2169 – 2183.

Drivas, K., Economidou, C., Karamanis, D., & Zank, A. (2016). Academic Patents and Technology Transfer. *Journal of Engineering and Technology Management*, 40, 45 – 63.

Ernst, D. (2011). *China's Innovation Policy Is a Wake-Up Call for America* (SSRN Scholarly Paper No. ID 2770063). Retrieved from the Social Science Research Network website: https://papers.ssrn.com/abstract = 2770063.

Fang, L. H., Lerner, J., & Wu, C. (2017). Intellectual Property Rights Protection, Ownership, and Innovation: Evidence from China. *Review of Financial Studies*, 30(7), 2446 – 2477.

Feder, G., & O'Mara, G. T. (1982). On Information and Innovation Diffusion: A Bayesian Approach. *American Journal of Agricultural Economics*, 64(1), 145 – 147.

Ferretti, M., Ferri, S., Fiorentino, R., Parmentola, A., & Sapio, A. (2020). What Drives the Growth of Academic Spin-Offs? Matching Academics, Universities, and Non-Research Organizations. *International Entrepreneurship and Management Journal*, 16, 137 – 163.

Fu, X., & Gong, Y. (2011). Indigenous and Foreign Innovation Efforts and Drivers of Technological Upgrading: Evidence from China. *World Development*, 39(7), 1213 – 1225.

Fu, X., Woo, W. T., & Hou, J. (2016). Technological Innovation Policy in China: The Lessons, and the Necessary Changes Ahead. *Economic Change and Restructuring*; *Dordrecht*, 49(2 – 3), 139 – 157.

Goel, R. K., & Göktepe-Hultén, D. (2018). What Drives Academic Patentees to Bypass TTOs? Evidence from a Large Public Research Organization. *Journal of Technology Transfer*, 43(1), 240 – 258.

Grimaldi, R., Kenney, M., Siegel, D. S., & Wright, M. (2011). 30 Years After Bayh – Dole: Reassessing Academic Entrepreneurship. *Research Policy*, 40(8), 1045 – 1057.

Guerrero, M., & Urbano, D. (2012). The Development of an Entrepreneurial University. *Journal of Technology Transfer*, 37(1), 43 – 74.

Hu, M. – C., & Mathews, J. A. (2005). National Innovative Capacity in East Asia. *Research Policy*, 34(9), 1322 – 1349.

Huang, C., & Sharif, N. (2016). Global Technology Leadership: The Case of China. *Science and Public Policy*, 43(1), 62 – 73.

Jasinski, A. H. (2009). Barriers for Technology Transfer: The Case of a Country in Transition. *Journal of Technology Management in China*, 4(2), 119 – 131.

Kafouros, M., & Wang, E. Y. (2015). Technology Transfer within China and the Role of Location Choices. *International Business Review*, 24(3), 353 – 366.

Knight, W. (2017). China's AI Awakening: The West Should Stop Worrying About China's AI Revolution. It Should Copy It. *MIT Technology Review*. Retrieved from https://www.technologyreview.com/s/609038/chinas-ai-awakening/.

Leamer, E. E., & Storper, M. (2014). The Economic Geography of the Internet Age. In J. Cantwell, *Location of International Business Activities* (pp. 63 – 93). Palgrave Macmillan, London.

Lee, J., Kao, H.– A., & Yang, S. (2014). Service Innovation and Smart Analytics for Industry 4.0 and Big Data Environment. *Procedia CIRP*, 16, 3 – 8.

Lee, K., Chen, J., Li, J., & Kim, J. H. (2017). Better Innovation, Better Future: Working Together for Innovating Asia. *Asian Journal of Technology Innovation*, 25(1), 1 – 4.

Lewin, A. Y., Kenney, M., & Murmann, J. P. (2016). *China's Innovation Challenge: Overcoming the Middle-Income Trap*. Cambridge University Press.

Li, N., Chen, K., & Kou, M. (2017). Technology Foresight in China: Academic Studies, Govern Mental Practices and Policy Applications. *Technological Forecasting and Social Change*, 119, 246 – 255.

Li, S., Xu, L. D., & Zhao, S. (2015). The Internet of Things: A survey. *Information Systems Frontiers*, 17(2), 243 – 259.

Li, X. (2009). China's Regional Innovation Capacity in Transition: An Empirical Approach. *Research Policy*, 38 (2), 338 – 357. https://doi.org/10.1016/j.respol. 2008.12.002

Li – Hua, R. (2014). Embracing Contradiction. In R. Li-Hua, *Competitiveness of Chinese Firms* (pp.87 – 104). https://doi.org/10.1057/9781137309303_5.

Liu, X., & White, S. (2001). Comparing Innovation Systems: A Framework and Application to China's Transitional Context. *Research Policy*, 30(7), 1091 – 1114.

Martin, B. R. (2016). Twenty Challenges for Innovation Studies. *Science and Public Policy*, 43(3), 432 – 450.

Miller, K., McAdam, R., & McAdam, M. (2018). A Systematic Literature Review of University Technology Transfer from a Quadruple Helix Perspective: Toward a Research Agenda. *R&D Management*, 48(1), 7 – 24.

Minister of Science and Technology. (2016, May 23). *Outline of the National Strategy of Innovation-Driven Development Background Briefing*. Retrieved from http://www.china.com.cn/zhibo/zhuanti/ch-xinwen/2016-05/23/content_38515829.htm.

National Science Board. (2018). *Science and Engineering Indicators 2018* (No. NSB – 2018 – 1). Retrieved from National Science Foundation website: https://www.nsf.gov/statistics/2018/nsb20181/digest/sections/global-r-d-one-measure-of-commitment-to-innovation.

Ning, L., Sutherland, D., & Fu, X. (2017). Local Context and Innovation in China. *Asian Business & Management*, 16(3), 117 – 129.

Phan, P., Zhou, J., & Abrahamson, E. (2010). Creativity, Innovation, and Entrepreneurship in China. *Management and Organization Review*, 6(2), 175 – 194.

Richard, L.– H. (2017, May 11). China's Embracing Innovation Leads to Its Peaceful Rise. *China Policy Institute: Analysis*. Retrieved from https://cpianalysis.org/2017/05/11/chinas-embracing-innovation-leads-to-its-peaceful-rise/.

Rogers, E. M., & Shoemaker, F. F. (1971). *Communication of Innovations: A Cross-Cultural Approach*. Free Press.

Schmid, J., & Wang, F.–L. (2017). Beyond National Innovation Systems: Incentives and China's Innovation Performance. *Journal of Contemporary China*, 26(104), 280 – 296.

Sha, K., Song, T., Qi, X., & Luo, N. (2006). Rethinking China's Urbanization: An Institutional Innovation Perspective. *Building Research & Information*, 34(6), 573 – 583.

Shane, S. (2004). *Academic Entrepreneurship: University Spinoffs and Wealth Creation* (SSRN Scholarly Paper No. ID 1496109). https://papers.ssrn.com/abstract = 1496109.

Shang – Jin, W., Xie, Z., & Zhang, X. (2017). From "Made in China" to "Innovated in China": Necessity, Prospect, and Challenges. *Journal of Economic Perspectives*, 31(1), 49 – 70.

Someren, T. C. R. van, & Someren-Wang, S. van. (2014). *Innovative China: Innovation*

*Race Between East and West*. Springer Science & Business Media.

Sun, Y., & Gao, Z. (2017). Special Issue: Management of Road and Railway Traffic and Transportation Engineering. *Frontiers of Engineering Management*, (4), 385 – 387.

Swanson, E. B. (1994). Information Systems Innovation Among Organizations. *Management Science*, 40(9), 1069 – 1092. https://doi.org/10.1287/mnsc.40.9.1069.

Wang, Y., Pan, X., Ning, L., Li, J., & Chen, J. (2015). Technology Exchange Patterns in China: An Analysis of Regional Data. *Journal of Technology Transfer*, 40(2), 252 – 272.

Wang, Y., Zhou, Z., & Li – Ying, J. (2013). The Impact of Licensed-Knowledge Attributes on the Innovation Performance of Licensee Firms: Evidence from the Chinese Electronic Industry. *Journal of Technology Transfer*, 38(5), 699 – 715.

WIPO. (2017). *China Tops Patent, Trademark, Design Filings in 2016*. Retrieved from http://www.wipo.int/pressroom/en/articles/2017/article_0013.html.

WIPO, Cornell University, & INSEAD. (2018). *Global Innovation Index 2018*. Retrieved from http://www.globalinnovationindex.org/Home.

Wu, X., Ma, R., & Shi, Y. (2010). How do Latecomer Firms Capture Value from Disruptive Technologies: A Secondary Business-Model Innovation Perspective. *IEEE Transactions on Engineering Management*, 57(1), 51 – 62.

Yang, J. Y., & Li, J. (2008). The Development of Entrepreneurship in China. *Asia Pacific Journal of Management: Singapore*, 25(2), 335 – 359.

Yin, X., Wang, Y., & Chen, J. (2017). Where Is the Knowledge Created by Universities Transferred to? Geographical Distribution of Patent Licensing of China's Universities. *Science of Science and Management of S.& T.*, 38(6), 12 – 22(in Chinese).

# —— 第 4.3 章 ——
# 科技园和高新区

苏珊·M. 沃尔科特

## 背景与科技园发展的主要问题

科技园从一开始就被设定为一个经济发展机构，它旨在提供就业，特别是针对受过高等教育的劳动力群体。在早期阶段，其资金通常来自政府财政。园区开发的目的是启动那些可以从附近大学或研究机构的研究中受益的业务。用集群业务的优势来实现领域内前沿信息的面对面交流与共享，已经成为众多研究项目的焦点，并且被清楚地理解——尽管在实践中这一目标的实现并不均衡（Bathelt et al., 2004）。1951 年，北卡罗来纳州的罗利-达勒姆-教堂山（Raleigh-Durham-Chapel Hill）地区建立了研究三角园（RTP），这标志着世界上第一个大型科技园的诞生。它以该地区的达勒姆杜克大学、教堂山的北卡罗来纳大学和位于该州首府罗利的以技术为导向的北卡罗来纳州立大学这三所研究型大学为依托。最初研究三角园的一个重要支柱是其所在区域的一个大型联邦研究实验室，尽管研究三角园的管理权在私人手中，但仍得到了北卡罗来纳州政府的资助。

中国借鉴了从日本到西欧等先进国家所实施的这种区域发展政策的成功经验，开始了自己的现代化进程。目前，全国各地共建立了 54 个国家级的科技园和高新区（SPHZs）。回顾园区发展的轨迹和全国范围内建立科技园和高新区的情况，我们可以看到多样性的结果：靠近主要城市中心的优秀研究型大学在其最成熟领域取得了成功；高科技先锋中心、高新技术企业孵化器和海外学生园（向在非中国大学学习一年以上的学生开放）等均展现出类似的特征；科技园和高新区模式的主要特征包括以研究型大学为依托、让企业位于一个高舒适度的环境中以便从世界任何地方进行知识转移（Lofsten & Lindelof，2002）。

中国的经济显然受益于这些精心培育的科技园和高新区集群的发展。长期以来，它们一直在为大学毕业生提供就业机会，通过将特定专业领域的学生与对相同领域的工人和研究人员的需求相匹配来使中国对高水平教育的投资同步化。当合适的工作机会不多的时候，这一功能显得尤为重要：吸引外国公司雇佣这些高技能、低成本的人才；派遣学生到国外接受教育；以及制定激励措施鼓励他们回国。评估科技园和高新区政策的成功与否，必须在自 1970 年代末以来的一系列旨在启动中国现代化的政策框架内进行，其涵盖了这一转型的各个阶段。这些政策在每个政府层面都会被定期评估。本手册的其他章节对中国的转型步骤进行了详细描述，特别是第 1.3、1.4、2.1、4.1 和 4.2 章。

对科技园和高新区进行准确的量化评估所面临的挑战包括对来自园区和政府的公开数字持怀疑态度，例如人口普查数据。对经济政策结果的评估也受到了政治利益影响。这些政策往往需要大量投资，并对未来经济产生重大影响，尽管这些政策可能呈现美好的前景，但可能实际并不如此，以证明对旨在加速中国现代化的项目进行投资是明智的。制定和实施与科技园和高新区有关政策的责任由指定的国家机构落实：中华人民共和国科学技术部负责监督涉及科技园和高新区的业务，中国科学院在智力开发和资源配置方面与其进行密切磋商。这些权威机构对于他们对诸如科技园和高新区这样实体的大量投资抱有很高期望。

鉴于高风险创业型高科技企业的脆弱性质，再加上增加就业的好处，特别是对受过良好教育的人来说，以及随之而来的社会经济外部性优势，大多数科技园都是由市、省和/或国家级政府全部或部分出资的。在中国，技术水平较高的大型企业会得到更多的优惠待遇，因为它们隶属于政府，资金需求更大。为了吸引顶尖人才到特定科技园和高新区，国家采取了激励措施，包括优惠住房，获得意愿地区的户口许可，以及优惠的税收待遇。然而，与省级或市场园区相比，尽管有赞助者、地域或产业集中度等优势，却并不能确保它们立于不败之地。

园区竞争的复杂性的一个例子是中国—新加坡苏州工业园（SIP）所面临

的挑战。正如其原名所示，该园诞生于两国在 1994 年签署的一项协议，新加坡控制了其大部分股份。这种关系源于中国迫切希望从这个东南亚首屈一指（主要是华裔）的成功经验中学习管理技术。园区的商户主要是外国投资者，他们被管理层的英语能力和对西方文化和商业惯例等的熟悉度所吸引。三年后，由于各级政府出台支持当地发展的优惠政策，由市苏州新区于 1990 年建立的一个园区与作为其竞争对手的日本公司结盟，这一结盟威胁到了中国—新加坡苏州工业园的发展。1999 年，经双方同意新加坡减持在中国—新加坡苏州工业园的股权份额，苏州市则同意优先促进更名后的苏州工业园的发展。到 2011 年，苏州工业园内几乎四分之三的企业是外商投资，包括一些高科技水平的生产商。此案例的经验教训是：与当地的政治经济机构打交道是更好的选择，而不是试图越过他们只在国家层面合作。

与以技术研究为导向的高等教育机构建立联系，有利于相关企业的生存和发展（Cheng et al., 2013）。中国的科技园和高新区往往与当地大学的附属机构有密切的联系，特别体现在雇用该大学的毕业生上。外国公司则相对更自主，它们更多的是利用其在中国的地域优势，以较低的成本进行组装和 / 或制造。（见第 5.1 章中的麦肯恩、伊普和乔力关于跨国公司选址的讨论。）科技园和高新区的成员或附近的高科技外国公司都在利用他们的地域优势来雇用中国人才，因为这对当地雇员也的确具有吸引力。全球顶尖公司争夺从中国大学毕业的顶尖人才。相比中国企业，这些外国公司可能有更大的吸引力，其原因通常包括更高的薪酬、更好的非金钱优势，以及为大型外国公司工作的声誉（尽管近年来许多年轻的科学家和工程师更愿意为中国公司而不是跨国公司工作）。为了促进技术转让，科技园和高新区的管理人员有意识地将本国的中小型公司安置在外国公司的附近，在诸如北京中关村这样的信息密集型园区，这种共同定位战略是相当成功的（Zhou & Xin, 2003）。

一项统计研究显示，科技园区与高科技公司的位置布局之间存在联系，并且高科技公司在科技园区的位置与公司的成功之间也存在关联（Zhang & Tetsushi, 2011）。这项研究指出，大型高科技公司比中小型高科技公司更成功，因为较小的企业往往需要增加产能来维持其密集的研究活动。就其性质而言，后者比制造或组装业务需要更长的时间来发展，而且本身的风险也更大。支持和反对科技和高新区发展的争论围绕着有关科技园和高新区的规划的和实际的经济效果这几个关键点展开（Cao，2004）。随着时间推移衡量这些非常昂贵的项目的结果，是城市和经济规划者的主要研究兴趣所在，同时也是他们的政治赞助者和用大量外部资金建立科技企业的公司的兴趣所在。

麦克唐纳（MacDonald）和邓在 2004 年的一项研究中断言，科技园和高新区对企业的影响可以忽略不计。这项研究呼应了英国学者马西（Massy）和威尔德（Wield）1992 年对这些园区提出的批评意见。然而，后来的研究（Huang，He & Zhu，2017）通过统计经济开发区内外企业的盈利能力，肯定了在这些园区内的企业的经济效益，以及它们对其周边地区产生的经济效益。对上海张江高科技园区的一份详细研究（Gang et al.，2011）发现了细微差别：虽然中国企业通过研究生产过程和劳动实践从与外国企业的合资中获益，但并没有因此而生产出具有竞争力的尖端研究成果或应用。关于科技园区益处的争议将在后面的"研究立场和争议"一节中详细论述。接下来的章节中我们将更详细地讨论作为发展工具的科技园和高新区在中国所积累的经验。

## 中国科技园和高新区的发展

中国把与科技有关的应用研究作为经济发展的动力，是在 1978 年底邓小平发起的"改革开放"运动后不久开始的。邓小平从下放农村回来后被任命为中国的新领导人，肩负着实现国家现代化的任务。邓小平在任初期（1978—1984 年），政府研究机构中开始推广科学和技术。邓小平的继任者江泽民推行的科技政策也遵循双轨制，即支持发展本土创新引擎以加速经济发展，同时吸引外国直接投资（FDI）进入中国有利于就业和技术发展的领域。从那时到1991 年，本土企业与相应的外国直接投资挂钩。为了提高效率和降低成本，中国科技园和高新区的入驻者最初匹配的是外国公司及其相关的中国装配和 /或制造企业（Walcott，2002b）。

1991 年，中国国务院批准了第一批高新技术产业开发区的设立，第二年又批准了一批，1990 年代初批准的开发区总数达到了 51 个。有几个开发区实际上是从 1988 年开始设立的，但由于其成就或潜力，被提升为国家级的高新技术产业开发区以示表彰。其宣称的目标是，通过吸引外国直接投资，成为中国现代化的经济引擎，提供就业机会，促进技术转让，孵化中国的高新初创企业，并通过效仿亚洲、欧洲和美国其他工业国家的科技园和高新区范例提高中国的技术水平。后者的主要目的是利用集中的科技园和高新区设施，通过提供硬件（电力、设备）和软件（技术）基础设施，减少初创企业的管理成本。江泽民就任国家主席后，国家开始向"有中国特色"的社会主义市场经济过渡：中央集权促进了商业企业内部的研究。1999 年至 2004 年，向私有化发展的时期结束了。自 2002 年以来，中国转向更新和更绿色的技术领域，这标志着中国对全球经济趋势和未来发展规划的进一步关注（Campbell，2013）。

联合国教科文组织（UNESCO）关于《亚洲科技园》的最新报告列出了亚洲各国科技园分布情况，其中中国有不少于 80 个科技园被列入，日本有 23 个，韩国有 18 个，中国台湾有 2 个（UNESCO，2017）。与中国一样，这些科技园遍布于整个国家或地区。早期的一项研究列出了总共 54 个中国的"科技产业园"（Campbell，2013）。这些分类园区的名称包括"高新技术开发区""农业科技示范区""高科技产业园区""火炬高技术产业开发区""科技产业园区""高技术产业开发区""高新技术产业开发区""新技术产业开发区""高新技术开发区""高科技园区"，以及简单的"科技园区"。一份 2013 年的研究报告指出，中国科技部列出了 88 个国家级科技园区，是与其争夺发展溢出效应的省级和市级科技园区数量的两倍。这些园区的一个主要目标是通过将大学层面的研究转化为在政府资助的孵化器中培育的新生公司，以支持中小型企业市场经济的发展。

这些地理区域的中文名称包括科技园、高新区、高新技术开发区，以及类似的术语，指的是为这些公司及其相关活动预留的同一类型的区域。表 4.3.1 列出了所有 54 个国家级科技园和高新区，以及它们的成立时间和主导行业，这些信息可以通过互联网来源进行核实（科技部，2011）。参照此表，可以看出以下几点。

**表 4.3.1 按所在地划分的中国科技园和高新区**

| 名称 | 主导行业 | 成立时间 |
|---|---|---|
| 辽宁鞍山国家高新技术产业开发区 | 钢铁、环境、材料、电子信息 | 1993 |
| 保定高新产业区 | 能源、电子、IT、生物制药 | 1992 |

续　表

| 名　称 | 主　导　行　业 | 成立时间 |
| --- | --- | --- |
| 宝鸡高新技术产业开发区 | 钛合金 | 1992 |
| 包头稀土高新技术产业开发区 | 稀土行业 | 1992 |
| 长春国家高新技术产业开发区 | 旅游业、生态学 | 1995 |
| 长沙高新技术产业开发区 | 环境、材料、能源、生物医学、电子、先进制造业 | 1988 |
| 常州高新开发区 | 生态产业、物流区、制造业、光伏、能源、AI、复合材料 | 1992 |
| 成都高新技术产业开发区 | 微电子技术、生物制药、中医药、先进制造业 | 1988 |
| 重庆高新技术产业开发区 | 液晶面板、汽车零部件、生物工业 | 1991 |
| 大连高新产业区 | 软件、IT、制药、新材料/能源、科技金融、电子商务 | 1991 |
| 大庆高新技术产业开发区 | 石油产品 | 2014 |
| 佛山高新技术产业开发区 | 车辆、生物医学 | 1992 |
| 福州高新技术产业开发区 | 生物医学、电气、软件、生物工程、材料、光学 | 1991 |
| 广州高新开发区 | IT、生物医学、材料、电动车、环境、人工智能 | 1991 |
| 桂林高新技术产业开发区 | IT、机械电子、材料、生物制药、环境、产业链、物流 | 1988 |
| 海口高新技术产业开发区 | 生物制药、低碳制造 | 1991 |
| 杭州高新技术开发区 | 通信、软件、集成电路、材料、生物医学、电子机械 | 1990 |
| 哈尔滨高新技术开发区 | 焊接、机械工程、电子仪器、软件 | 1988 |
| 合肥国家高新技术产业开发区 | 信息技术、生物工程师/医药、材料、先进机械、光学—机械—电气一体化 | 1991 |
| 惠州仲恺高新技术产业开发区 | LED、互联网、平板电脑、能源预付款制造商、电子信息 | 1992 |
| 吉林高新技术产业开发区 | 汽车、化工 | 1992 |
| 济南高新技术产业开发区 | 汽车、电子、IT、食品、制药、机械 | 1991 |
| 昆明高新技术产业开发区 | 钢铁、生物技术、光电子、信息技术 | 1992 |
| 兰州高新技术产业开发区 | 材料、生物制药、微电子、先进制造、环境、节能 | 1991 |
| 洛阳高新技术产业开发区 | 光学—机械—电子一体化、新材料与能源 | 1992 |
| 绵阳高新技术产业开发区 | 电子、工程、空气动力学 | 2001 |
| 南昌国家高新技术产业开发区 | 先进制造、航空、生物制药、光电、新能源材料 | 1991 |

| 名　　称 | 主　导　行　业 | 成立时间 |
|---|---|---|
| 南京高新技术产业开发区 | 电子信息、光机电一体化、新型化学材料 | 1988 |
| 南宁国家高新技术产业开发区 | 生物制药、电气和机械设备制造、信息技术 | 1988 |
| 青岛高新技术产业园 | 信息技术、生物制药、新材料/能源、先进设备制造、海洋/国防技术 | 1992 |
| 上海张江高新科技园 | 软件、生物制药、集成电路、半导体 | 1992 |
| 上海中科新科技工业园 | 光通信、新材料、光机电一体化设计 | |
| 沈阳高新技术产业开发区 | 机器人、电池；航空航天、化学制药、汽车 | |
| 深圳高新技术产业园 | 电子、IT、生物、光学—电子—机械—体化、制药 | 1996 |
| 石家庄高新技术产业开发区 | 电子信息、生物制药、新材料 | 1991 |
| 苏州高新技术产业开发区 | IT、化工、环保新材料、精密机械 | 1990 |
| 太原高新技术产业开发区 | 3 个中的 1 个 | |
| 天津 S&T 产业园 | 3 个中的 1 个；软件、知识产权、电子信息、绿色、先进设备制造、生物技术 | 1988 |
| 乌鲁木齐高新技术产业开发区 | 新区；电子机械、生物制药、新材料/能源、石油化工、稀有资源 | 1992 |
| 潍坊高新技术产业开发区 | 信息技术、生物制药、机械 | 1992 |
| 威海火炬高新技术产业开发区 | 海洋水产养殖、光纤、医疗应用 | |
| 武汉东湖高新技术开发区 | 光电、电信、设备制造、激光 | 1988 |
| 无锡高新技术开发区 | 电子、IT、IC、光伏、汽车、生物工程、制药等领域 | 1992 |
| 西安国家高新技术产业开发区 | 电子信息、先进制造业、生物医药、服务业、环境 IT、能源材料和车辆 | 1991 |
| 厦门火炬高新技术产业开发区 | 信息技术、光机电一体化、生物学、医学 | 1991 |
| 襄樊高新技术产业开发区 | 光学—机械—电子集成，新材料和能源 | 1992 |
| 杨凌农业高新技术产业示范区 | 农业技术 | 1997 |
| 郑州高新技术产业开发区 | 软件、信息技术、新材料、生物制药、光学—机械—电子一体化、新能源 | 1988 |
| 中关村科技园 | 电子、信息技术 | 1988 |
| 中山火炬高新技术产业开发区 | 新能源、电子、电信、生物/技术、化工、汽车 | 1990 |
| 珠海国家高新技术产业开发区 | IT、机械、生物、制药 | 1992 |
| 株洲国家高新技术产业开发区 | 光机电一体化、信息技术、新材料、生物医药/食品、航空、新能源、汽车、先进设备 | 1992 |
| 淄博高新技术产业开发区 | 生物医学、化学/高分子、无机非金属、电子信息 | 1992 |

# 地理和科技分工及主要科技园和高新区项目

------

　　为了地理、政治和经济上的平衡，几乎每个省都有科技园区，沿海省份的集中度更高。这些园区的主导行业反映了当地的优势，从稀缺资源如稀土到传统制造业的新应用如钢铁或机械。其他科技园和高新区反映了当地决定发展的一个期望主题，从旅游推广到"科学城"。被邀请或被允许进驻科技园和高新区的公司往往符合当时的目标模式，特别是在促进高科技经济发展方面具有潜力的行业。在 21 世纪初，这种特定行业包括计算机、信息技术（IT）、制药和新材料等领域（Walcott，2002a）。中央政府资助的主要项目侧重于农业、电子、能源和新材料等领域。1982 年开始的国家高技术研究发展计划（863 计划，以宣布日期命名），支持包括生物技术、天体生物学、信息技术、激光、自动化和能源等领域的市场技术，与美国几个国家资助的研究型部门（包括国防部）类似。973 计划（也是以日期命名的，用于尖端多学科项目）是在七个行业中，帮助地方政府建立高新区、人员培训和 FDI -中国合作项目。1988 年开始的"火炬"计划向促进高科技产品商业化的实体提供资金。星火计划名称源于毛泽东的一句名言"星星之火可以燎原"，致力于支持农村地区的技术发展。尽管这些国家级科技园区总数超过 50 个且分布在全国各省份，但它们在经济上集中在具有最强大的软硬件基础设施支持的主要研究生产城市：北京、上海和广州，以及数量较少的其他一线和二线城市，如深圳、青岛、杭州、重庆等。政策要求这些园区内的企业至少将总收入的 3% 用于研究和开发。此外，至少有 30% 的劳动力必须拥有本科学历（Brookings，2015）。通过注入技术以提高生产力来实现农业地区现代化的特殊努力，形成了一个有地域针对性的科技园和高新区计划，并进一步辐射到所有省份（Liangyu，2018）。

　　2004 年，中国开始推广"生态工业"园（EIPs）。生态工业园集中在中国最发达的东半部，特别是在山东、江苏、广东和上海。一项研究回顾了对科技园和高新区概念进行改进的第一个十年，发现所考察的 17 个生态工业园在工业增加值方面获得了增长，同时化学氧化物和二氧化硫污染物的排放量有所减少（Tian et al.，2014）。虽然从严格意义上说这不属于科技园和高新区的指定领域，但生态工业园的发展检验了科学方法的实际应用，并可能补充或指导附近号称以环境或生态为重点的科技园和高新区的研究。

中国经济发展的 10 个关键领域，包括航空航天装备、高档数控机床和机器人、新能源汽车、新一代信息技术产业和高性能医疗器械。对现有产能的改造依赖于将这些行业的出口商品的国内含量提高到 70%，其长期目标是确保中国制造商在这些战略行业的全球市场。为了达到中央政府设定的目标，钢铁和煤炭的过剩产能已经被削减。例如，辽宁省关闭了 40 多个煤矿，减少了 1 300 多万吨的钢铁产能。尽管中央政府提供资金，帮助工人从工业岗位过渡到更现代的工作岗位，但下级政府实体必须贡献他们的计划和资金，以完成技能的提升和创造合适的就业机会。人们对人口过剩代价以及对工业快速发展产生的生态影响的认识，推动了现在流行的生态工业园的建立。这些科技园是在改善工业园区的基础上发展起来的。许多科学和研究都集中在技术"修复"和对生产过程的优化上，以最大限度地减少对空气和水的污染。

# 园区概况

## 中国科技园和高新区的多样产业开发重点

随着时间的推移，中国的技术政策已经转变为一种不那么直接的方式，尽管政府在规划新园区的位置和产业开发重点方面仍有很大的作用。成本和劳动力市场目前也有利于从拥挤的市中心分散到外围地区，包括在上海，所有主要大学校园的分校区重新定位到闵行郊区，通过地铁与市中心连接。人们发现大学本身就是经济引擎，刺激了住宅、零售和服务行业的建设和维护。

表 4.3.2 显示了每个园区所关注的主导行业比较。这些类别和它们的数目仅供参考，不是详尽或精确的，因为它们来自特定园区的网站或可靠的二手资料。需要注意的是高新园的各种术语；在整个文本中，它们是完整的正式名称，并在适用时被归入"高新园"这一共同类别。

表 4.3.2　中国科技园和高新区按主要主导行业分类数目

| 序　号 | 主导行业分类 | 数　目 |
|---|---|---|
| 1 | 航空学、航空、空气动力学 | 4 |
| 2 | 农业技术 | 1 |

续　表

| 序　号 | 主导行业分类 | 数　目 |
|---|---|---|
| 3 | 人工智能 | 2 |
| 4 | 原子 | 1 |
| 5 | 电池 | 1 |
| 6 | 生物学、生物制药 | 39 |
| 7 | 化学 | 6 |
| 8 | 通信（包括电信） | 3 |
| 9 | 电子商务 | 1 |
| 10 | 电子产品 | 20 |
| 11 | 能源（节约，新形式） | 13 |
| 12 | 工程学 | 3 |
| 13 | 环境、生态学 | 9 |
| 14 | 食品加工 | 2 |
| 15 | 集成电路 | 3 |
| 16 | 产业供应链 | 1 |
| 17 | 信息技术 | 21 |
| 18 | 激光 | 2 |
| 19 | 液晶面板 | 2 |
| 20 | 物流 | 2 |
| 21 | 机械，包括精密机械 | 7 |
| 22 | 制造业（先进） | 12 |
| 23 | 海洋/国防技术/水产养殖 | 2 |
| 24 | 医疗设备/用品 | 2 |
| 25 | 新城站点 | 5 |
| 26 | 新材料、复合材料 | 22 |
| 27 | 光学（通信，光纤） | 4 |
| 28 | 光学—机械—电学一体化 | 10 |
| 29 | 光伏 | 3 |
| 30 | 稀有资源 | 5 |
| 31 | 区域重点 | 5 |
| 32 | 机器人技术 | 1 |
| 33 | 半导体 | 1 |
| 34 | 软件 | 7 |
| 35 | 钢材 | 2 |
| 36 | 科技金融 | 1 |
| 37 | 旅游业 | 1 |
| 38 | 传统中医 | 1 |
| 39 | 车辆（零件，电动） | 11 |

　　生物学和生物制药产品领域显然关注度最高，列入该领域的园区数量几乎是下一个最常见专业领域——新材料的两倍。一些研究人员认为，中国传统的

选址做法，如风水，是科技园和高新区选址的因素（Fang & Xie，2008）。这种新旧结合的做法是一种流行的手段，可以缓解向新概念的过渡。类似的定位在促进传统中医药作为西药替代品的过程中也起了作用。上海的张江高科技园区成立于1992年，其主要目的是发展这一专业领域。虽然利润率和需求都很高，但鉴于其复杂性，更重要的是，其所需的安全测试时间很长，这一领域的产品需要相对较长的时间来开发。许多人开始研发，但很少有人完成。这种意识最终导致张江的开发人员将大量精力放在投资成本高但回报更快的专业上：软件开发以及半导体和集成电路的相关领域。

在中国这样一个气候差异较大的国家新材料和复合材料这一专业领域对于基础设施建设至关重要。道路、铁路和地铁、机场和跑道、船舶和卫星、水坝和桥梁在全国各地的迅速发展，与美国的各个气候区相呼应。建筑业创造了很多就业机会，也是政府的一个高度优先事项。如同包括激光在内的其他热门领域一样，先进材料在军事工业技术转让中占重要地位。信息技术和电子学是第三和第四个最常见的专业领域，它们是相关的，而且开发成本相对较低。对能源独立的战略推动产生了第五个最受欢迎的专业，特别是当更多的中产阶层消费者开始要求节省劳动力的设备和用负担得起的电力来运行它们时。先进制造业是下一个最常见的专业领域，满足了中国从低技能、低成本制造业向高价值水平发展的需要。车辆制造领域有两个不同的区域：早期工业化的俄罗斯和韩国边境的老"锈带"地区，以及吸引车辆制造型企业外国直接投资的东海岸地区。以环境和生态为重点的地区反映了新的政策推动，对公民要求改善伴随中国快速工业化而来的污染做出反应，并回应了在尖端领域成为发达国家的愿望。正如黄平和列马在本手册第7.1章中所详述的那样，太阳能和风能设备来自这一领域，并可能使中国成为这一市场的世界领导者。

**科技园和高新区的演变**

北京的中关村高新技术园区是由零售高科技产品的公司基层集群发展起来的，在1988年正式成为第一个科技产业园区，并因其在计算机设备和生物技术的成就而被称为"中国的硅谷"。中关村建立在北京的北部地区，与几所顶级大学相通，并吸引了许多跨国公司在那里建立研发中心。

到1991年，中国各地建立了26个园区，1992年又批准了25个。园区数量最多的是北京、上海、天津和重庆这四个城市，23 个位于其他省会城市，27 个位于深圳等快速发展的城市，这些城市有的集中了专业的农业技术，有的吸引了大量海外华人投资。

深圳作为珠江三角洲的重要城市，自 1985 年起与中国科学院合作推出的深圳科技工业园，成为第一个被批准设立的园区。深圳高新技术产业园于 1989 年与其他 27 个科技园和高新区一同亮相。中国科学院的国内研究成果和获准在此落户的外国公司带来的进展都证明了这种双轨制的作用。广东省省会广州市政府正在起草一个专门用于信息技术、人工智能和生物医学的五年计划，并计划每年拨出 1.5 亿元来帮助这些行业的发展。

在长江三角洲以北，上海中科高科技园区加入了其他上海地铁开发区的行列，如漕河泾（1999 年）、张江（1992 年）、上海制造大学科技园（1994 年）、纺织国际产业城（1994 年）、金桥制造和出口区（1994 年）和嘉定科技园（1994 年）一起，列入中国科学院和国务院制定的"一区六园"计划。

随着上海的快速发展，其最早的科技园和高新区面临空间不足的问题，城市和市政当局将人口和土地使用调整到了黄浦江东侧的浦东，这一大片区域以前是人口稀少的农村，现在是一个繁荣的商业、金融和技术中心。除了早期建立的区域，现在还包括临港新城，这是一个 315 平方公里的新的高科技工业和住宅区，正朝该地区的东南方向扩展。太原、天津、西安等地的科技园和高新区已被纳入统一的管理框架，覆盖大片土地，其中还包括一些单独配置的专业园区。

在一些情况下，中国境内的科技园和高新区的特点是为了留住或吸引有能力的本地人或最著名的东海岸城市以外的当地大学的毕业生。园区涵盖诸如"别墅"（相对较大且设备齐全的住宅）、类似高尔夫和乡村俱乐部的设施、宜人的自然环境以及为居民子女提供的高质量学校等便利设施。方便的银行、餐馆、体育设施、"步行"零售街、有组织的文化活动和其他非传统特征在一些园区中并不罕见。附属办公大楼的内部设计有意识地采用促进社交的聚会场所形式，以方便思想交流，构建社交网络，以及类似的面对面接触的可能性。这包括外国品牌咖啡店的选址，如星巴克和其他地方没有的食物（肯德基、大力神、麦当劳和中国国内的竞争对手）。园区的设计者似乎已经做了很多功课，受到了世界上其他城市的成功环境设计的启发。

其他几个专业领域也值得一提，尽管它们没有那么广泛。在关注"稀有资源"的同时，也要关注"区域焦点"，即存在稀土和石油等宝贵资源的省份。这些区域的核心也同样临近如东北的俄罗斯、东南亚或"新丝绸之路"沿线的遥远的西北地区等关键市场。大约有一半的城市利用科技园和高新区的建设来刺激一个全新的城市发展。迅速发展的内陆城市重庆夷平了大片的丘陵地貌，为其科技园和高新区创造了一个广阔的地区，并安置了因三峡大坝建设而搬迁的人口。

中国落后的内陆地区的城市已经成为新的城市发展政策的重点。中央政府试图缩小东中部省份的发展差距，特别是在中西部地区，包括成都和重庆。郑州利用外商投资的富士康工厂——主要为苹果公司组装 iPhone——作为一个推动城市综合发展的垫脚石。河南省郑州的"航空城"是一个介于两个城市之间的园区，它以机场为中心，作为全球（主要是欧洲）商业运输的目的地。郑州的高新技术产业开发区早在 1988 年就已经建立。它在 2013 年被指定为中国第一个正式的航空城（郑州航空港经济综合实验区），加速了大型建设项目进展，并将当地的技术研究和相关业务集中在航空相关产业。郑州在与其他城市的激烈竞争中脱颖而出。

东北的沈阳，这个曾经的制造业中心，于 2015 年将技术改进型农业列为该地高新区的发展重点，进一步扩大了自 1997 年启动的园区。2015 年中央政府宣布了"中国制造 2025"运动，推动产业从依赖煤炭、钢铁、粮食生产和传统大规模制造，转向"新的就业形式……进入该地区工业革命的下一个阶段"（Shenyang，2016）。"中国制造 2025"运动寻求将"世界工厂"从低技能的廉价劳动力转移到附加值更高的中产阶层创造性工作的途径。这涉及土地市场、受教育劳动力的积累和特定区域的设计发展等，都是典型的科技园和高新区规划需要考虑的部分（Zhang，2015）。

沈阳高新区聚集的主导产业包括一些专注于汽车生产核心的产业，如机器人、电池和航空航天，并以中德工业园为基础。全球领先品牌的日本和韩国汽车制造商利用机器人技术；电池可用于电动汽车；航空航天包括许多可转移的先进技术，可以进一步应用于汽车制造。中德集群包括德国的宝马（在中国市场非常受欢迎）和法国的米其林轮胎厂。

在哈尔滨，"多国直接贸易渠道"可以直接进入俄罗斯。中国东北的哈尔滨开发区和俄罗斯的新西伯利亚科学研究所技术园区之间建立了合作关系，形成了面向俄罗斯的科技合作中心。

在繁华的中国东南部，香港特别行政区在这些发展中的作用仍然很重要。作为"研究和生物技术中心"（Sanders，2012），香港继续将研究和相关业务与中国境内外联系起来。香港以前是一个精通英语、开放贸易的英国殖民地，这使得中国在最初的发展阶段大量利用其全球网络，现在则利用这些网络来提升其先进性。附近的深圳特别依赖香港的商业技术指导和中国北方主要大学的人才支持，为其新的学术骨干提供人员。与其他许多省份类似，香港也在中国主要省份设立了代表团办事处。这些办事处促进了香港和外部世界的人员、产品和思想的交流。一个独立的香港科技园公司（HKSTPC）促进了高科技公司和研究工作迁往香港。占地 22 公顷的香港科学园为特别行政区的约 400 家公司提供服务。香港的"六大重点产业"包括创新和技术、测试和认证。专门的"研究所"促进了高科技的研究和发展，包括纳米和先进材料。五大产业包括通信、消费电子、集成电路设计、材料和封装，以及生物医学电子。

香港科技园在一个集中的地理区域提供一系列完备设施，包括办公场所、基础设施、实验室和企业孵化器。园区还辅以香港著名的优质服务：金融、法律、管理、营销和技术咨询。商业吸引力集中在五个高科技行业：电子、IT 和电信、工程、生物技术和绿色科技（Sanders，2012）。园区开发商宣传集群的优势，以激发竞争活力和创造新的想法和技术改进。香港特区内的研究型大学支持技术转移，从基础研究到商业分支，其成功的回报是最初从香港特区获得的资金。此外，香港正在迎接珠江三角洲地区主要城市的整合，以形成一个巨大的在 13 个主要城市之间有快速交通网的都市。2020 年，香港和邻近的深圳正在共同计划在这两个城市之间的一个河边位置，落马洲河套地区建立一个新的深港创新和技术合作区。

## 研究立场和争论

中国的 SPHZ 是否完成了其设计目的：鼓励开发和出口高科技产品，更好地作为出口产品销售？我们面临诸多困扰因素，如资金的授予和分配以及推广过程中由于扭曲的做法对数字的准确性产生的影响。透明度仍然是个问题，需要对数据的准确性进行交叉检查。关于这些园区的经济价值，我们可以通过比较 2006 年至 2016 年十年间高新区产品的出口额占中国总出口额的百分比进行分析。世界银行和《中国统计年鉴》提供的最新统计数据显示，高新区产品的价值不断提高。在此期间中国的出口总值在增加，其中 54 个区所占的百分比几乎翻了一番，从 2006 年的 15%（Zeng，2011）到 2016 年的 28%（《中国统计年鉴》，2017）。研发支出占国内生产总值的百分比，经济合作与发展组织（OECD）称之为"研究强度"，在 2016 年中国为 2.11%，而美国为 2.7%，OECD 国家平均为 2.3%（OECD，2018）。这十年来，各园区的产品总值出现了一些变化，北京的中关村科技园区和上海的张江高科技园区继续领先。武汉和西安取代了南京、无锡和深圳，成为增值率最高的地方（《中国统计年鉴》，2017；Zeng，2011）。

除了经济效应外，区域发展对城市地区的影响是科技园和高新区的另一个主要考虑因素（Fang & Xie，2008）。对于中国的城市规划者来说，未来的好处包括土地开发比农业或住宅用途产生更高的税率。最近，科技园和高新区的规划也包括水景和绿地，以展示中国对环境最佳实践的采纳。区位特点包括在密集的城市外围地区开发农村土地。这些土地的价格更低廉，需要搬迁的居民更少，并从附近城市的人口中心吸引工人，以及为新的住宅提供土地，从工人负担得起的住房到高薪人才的"别墅"，吸引来自海外和中国国内的人才。随着中国从社会主义国家提供商品到资本主义买方—卖方市场的连续体的过渡，我们可以看到各种科技园和高新区之间的差异。建设"高科技城镇"（Miao，2016）的机会因城市而异，包括土地可用性，以及提供通勤便利、担负得起和诱人的住房的意愿或能力。

在科技园和高新区内的高科技公司比在园区外的更多，但一项研究发现，这些园区公司的收入和出口收入或增值产出比技术密集度较低的园区外公司要少，因为后者从低成本的劳动力而不是从熟练的雇员中获利（Zhang & Sonobe，2011）。基于这些园区的本土研究而授予的专利进行市场化转让的流量仍然相当小。然而，美国国家经济研究局的一项研究（Wei et al.，2016）发现，中国的专利申请已经明显回升，尤其是来自小公司，而不是像早期研究（Huang、Yu & Seetoo，2012）所断言的那样，来自资金更充足且规模更大的国有企业

（SOE）。利用标准参考资料《中国科技统计年鉴》中公开的数据，作者注意到 2001 至 2014 年期间企业创新来源行为有明显变化，从购买外国技术转变为资助内部研究。由于大多数依靠技术发展获得竞争优势的公司都位于科技园和高新区，这一特点可以说代表了位于园区内的公司通过提高竞争力来增加创新的增值贡献。这可以看作是国内市场对更优质国产商品和服务的需求成熟的一个指标，即由于低收入消费者向中产阶层的转变，而这种转变需要先进的制造业。

许多研究人员认为，中国在渐进式改进方面比改变游戏规则的进展更为成功。政府对新生和夹层起飞阶段的企业的支持有助于推动经济可持续发展。侵犯知识产权的指控并不少见，这激励了推销现代产品的捷径，而不是激励在内部进行耗时的技术开发。充分和安全的测试所需的时间问题在生物技术和药品等热门盈利领域尤其重要，在这些领域，从动物到精心挑选的人体临床试验，需要在上市前成功地进行大量的分层测试。推广中国传统医学已被用来填补时间上的空白，但以西方科学为基础的治疗方法似乎被有能力的市场所优先考虑。

## 未来研究领域

对科技园和高新区政策成功的衡量标准仍有争议，且缺少可靠数据和充分证据来评估这些案例。国家科学技术和教育指导委员会隶属于国务院，负责协调科学、教育和经济发展的政策，反映高关注度问题。科技部负责管理科技园和对园区内企业的支持。作为"世界工厂"，中国的低技能、组装级产品的生产仍然是一个症结所在，更多的高技术产品来自位于中国的外国公司，而不是拥有专利的中国企业。然而，中国企业发明专利的能力迅速上升，有力地说明了本土创新的基础正在迅速改变（见本手册第 1.4 章）。

政治上强大的发展型国家为预期结果创造环境的能力，正如"有中国特色"这一短语所提到的，是许多研究的主题，这些研究主要是在亚洲国家研究各种成功模式。就中国的科技园和高新区而言，有观点认为（Zhang，2015），其结果反映了各种复杂的因素，特别是土地开发过程为发展的特定产业提供了所需的基础设施。上海张江高科技园区及其生物技术中心的案例被认为是各级政府政策的成功组合，以及来自国内和全球的高素质高技能人才的聘用。其他人则认为，相对于内在吸引力较低的其他科技园和高新区所在地（如中国内地）而言，集中在上海和北京等城市的内在吸引力和政治经济力量使它们不适合验证这一主张。

适用于高科技公司的新兴商业机会的研究趋势，包括寻找替代能源和以环境友好的方式减轻污染和化石燃料的耗竭。自 20 世纪 90 年代初以来，中国对可再生能源技术的资助显著增长，包括风能和太阳能电池技术。既然美国在这一领域（作为以前科学突破的来源）的研究资金放缓，关注中国的发展，特别是那些专门从事替代能源的科技园和高新区的生态工业应用，将是非常有意义的。而在所有情况下，都无法替代在实地观察和讨论正在演变的过程。2019年 1 月 3 日，中国航天器史无前例地在月球的背面着陆，标志着中国由政府资助的应用科学的推广取得了成功，也体现了其科技园和高新区研究的重点。期待这一被广泛报道的突破能够激励其他先进国家研究中国道路和进展。

## 参考文献

Bathelt, H., Malmberg, A., & Maskell, P. (2004). Clusters and Knowledge: Local Buzz, Global Pipelines and the Process of Knowledge Creation. *Progress in Human Geography*, 28(1), 31-56.

Campbell, J. (2013). Becoming a Techno-Industrial Power: Chinese Science and Technology Policy. Brookings Institute Issues in Technology Innovation, 23. https://www.brookings.edu/wp-content/uploads/2016/06/29-science-technology-policy-china-campbell.pdf.

Cao, C. (2004). Zhongguancun and China's High-Tech Parks in Transition: "Growing Pains" or "Premature Senility"? *Asian Survey*, 44(5), 647-668.

Cheng, F., van Oort, F., & Geertman, S. (2013). Science Parks and the Co-Location of High-Tech Small-And Medium-Sized Firms in China's Shenzhen. *Urban Studies*, 51(5), 1073-1089.

China Statistical Yearbook. (2017). http://www.stats.gov.cn/tjsj/ndsj/2017/indexeh.htm.

Fang, C., & Xie, Y. (2008). Site Planning and Guiding Principles of Hi-Tech Parks in China: Shenzhen as a Case Study. *Environment & Planning B: Planning & Design*, 35(1), 100-121.

Gang, Z., Liefner, I., & Si, Y. (2011). The Role of High-Tech Parks in China's Regional Economy: Empirical Evidence from the IC Industry in the Zhangjiang High-Tech Park. *Shanghai. Erdkunde*, 65(1), 43-53.

Huang, K.-F., Yu, J., & Seetoo, D.-H. (2012). Firm Innovation in Policy-Driven

Parks and Spontaneous Clusters: The Smaller Firm the Better? *Journal of Technology Transfer*, 37(5), 715 – 731.

Huang, Z., He, C., & Zhu, S. (2017). Do China's Economic Development Zones Improve Land Use Efficiency? The Effects of Selection, Factor Accumulation and Agglomeration. *Landscape and Urban Planning*, 162, 145 – 156.

Liangyu. (2018). China Pushes Technology Development to Modernize Agriculture. Xinhua. http://www.xinhuanet.com/english/2018 – 01/29/c_136934385.htm.

Lofsten, H., & Lindelof, P. (2002). Science Parks and the Growth of New Technology-Based Firms: Academic-Industry Links, Innovation and Markets. *Research Policy*, 31(6), 859 – 876.

Macdonald, S., & Deng, Y. (2004). Science Parks in China: A Cautionary Exploration. *International Journal of Technology Intelligence and Planning*, 1(1), 1 – 14.

Massey, D., & Wield, D. (1992). Science Parks: A Concept in Science, Society and "Space" (a realist tale). *Environment and Planning D: Society and Space*, 10, 411 – 422.

Miao, J. T. (2016). Housing the Knowledge Economy in China: An Examination of Housing Provision in Support of Science Parks. *Urban Studies*, 54(6), 1426 – 1445.

Ministry of Science and Technology. (2011). List of National High-Tech Development Zones. Accessed August 7, 2011, http://www.most.gov.cn/gxjscykfq/gxjsgxqml/.

OECD. (2018, July). Main Science and Technology Indicators. Accessed January 2019, http://www.oecd.org/sti/msti.htm.

Rhodium Group. (2021). The China Dashboard — Winter 2021. https://rhg.com/research/the-china-dashboard-winter – 2021/.

Sanders, S. (Ed.). (2012). Hong Kong in Focus: Asia's Research Hub. *Science*, 338 (6114), 1657 – 1658.

Shenyang Municipal Bureau of News. (2016). Shenyang, a City of Successful Transition from China's Industrial Pioneer to Innovative Manufacturer. https://www.prnewswire.com/news-releases/shenyang-a-city-of-successful-transition-from-chinas-industrial-pioneer-to-innovative-manufacturer-300384157.html.

Tian, J., Liu, W., Lai, B., Li, X., & Chen, L. (2014). Study of the Performance of Eco-Industrial Park Development in China. *Journal of Cleaner Production*, 64, 486 – 494.

United Nations Educational, Scientific and Cultural Organization. (2017). Science parks in Asia. http://www. unesco. org/new/en/natural-sciences/science-technology/university-industry-partnerships/science-parks-around-the-world/science-parks-in-asia/#c99670.

Walcott, S. M. (2002a). Chinese Industrial and Science Parks: Bridging the Gap. *Professional Geographer*, 54(3), 349 – 364.

Walcott, S. M. (2002b). Science Parks as Magnets for Global Capital: Locating High-Tech Growth Engines in Metropolitan Shanghai. In B. I. Logan (Ed.), *Globalization, the Third World State and Poverty-Alleviation in the Twenty-First Century* (pp. 89 – 102). New York: Routledge.

Wei, S.-J., Xie, Z., & Zhang, X. (2016). From "Made in China" to "Innovated in China": Necessity, Prospect, and Challenges. National Bureau of Economic Research Working Paper, 22854. Accessed July 8, 2018, http://www. nber. org/papers/w22854.pdf.

Zhang, F. (2015). Building Biotech in Shanghai: A Perspective of Regional Innovation System. *European Planning Studies*, 23(10), 2062 – 2078.

Zhang, H., & Sonobe, T. (2011). Development of Science and Technology Parks in China, 1988 – 2008. Economics (e-journal). http://www. economics-ejournal. org/economics/journalarticles/2011-6/.

Zeng, D. Z. (2011). How Do Special Economic Zones and Industrial Clusters Drive China's Rapid Development? The World Bank Africa Region Finance & Private Sectors Development Policy Research Working Paper, 5583.

Zhou, Y., & Xin, T. (2003). An Innovative Region in China: Interaction Between Multinational Corporations and Local Firms in a High-Tech Cluster in Beijing. *Economic Geography*, 79(2), 129 – 152.

# —— 第 4.4 章 ——
# 风险投资、天使投资和其他融资，首次公开募股和收购

林琳

## 引　言

本章重点讨论非银行金融机构的发展，特别是风险投资（VC），以及它们在资助创业型新企业方面的作用。其涵盖了它们在中国发展的基本原理，包括天使基金、私募股权和外国资金来源，以及通过首次公开募股（IPOs）和收购进行清算的市场。评估了改革小企业获得资金的体制变化和政策行动，包括创业板的推出，以及其他金融支持机制。

## 风险投资

风险投资的概念最早于 1985 年在中共中央《关于科技体制改革的决定》中提出。[1] "风险投资" 一词最初在官方文件中被翻译为 "风险资本"，以反映这种投资方式的 "高风险" 性质。为了鼓励创业和创新，一些政府机构，包括国家发展和改革委员会和科技部在内的一些政府机构，开始在其法规文本中使用 "创业投资" 一词（Li，2007；Lin，2021）。

今天，中国专业人士对 "风险投资" 的理解与国际惯例是一致的，即风

---

[1]　中国共产党中央委员会，《关于科学技术体制改革的决定》（1985 年 3 月 13 日）。

险投资是私募股权的一个分支。(Lin, 2021, 9) 它是对高增长、高风险、通常是高科技的公司的投资，这些公司需要资本以股权而不是债务的形式为产品开发或增长提供资金。尽管风险投资和私募股权有着相似的法律结构、激励机制和投资者，但风险投资侧重于早期的高风险和技术公司，而私募股权则几乎投资于每个行业和后期公司。(Lin, 2021, 9)

然而，由于中国风险投资市场的历史较短，普通投资者对风险投资的理解有限，"风险投资"一词通常与"私募股权"相混淆。(Lin, 2021, 9) 据中国风险投资市场的一位从业人员说，严格意义上的投资于风险投资领域而非私募股权领域的风险投资公司的数量要比报道的少得多。(Lin, 2021, 10) 许多现有的中国风险投资公司是随着资本市场的繁荣而产生的，它们在风险投资行业的经验有限。(Lin, 2021, 10) 许多本地风险投资家在进入风险投资市场之前是投资银行家，因此与美国的同行相比，他们不具备足够的专业知识或经验(Lin, 2021, 9)。同时，一些本地投资者（个人投资者或国有企业）比美国投资者更积极地进行投资，并试图通过各种方式（如在基金的咨询委员会和投资委员会中行使投票权）参与基金的管理(Lin, 2021, 77 - 80)。一些风险投资基金的投资者甚至倾向于对传统行业的后期投资公司进行短期投资，以获得更快的回报(Lin, 2013, 187, 192)。此外，与美国典型的风险投资周期（通常持续7年至10年）不同，2012年的一项调查显示，中国的平均周期更短，这表明与美国市场相比，中国市场没有那么耐心和成熟。[1]

在中国，风险投资和私募股权之间的界限是模糊的(Lin, 2021, 10)。一些曾经投资于早期创业公司的风险公司，在不得不同时应对筹资困难以及投资者对更高回报的期望后，变得更倾向于投资于后期企业，特别是上市前的公司，以获得快速回报(Zhou, 2008; Lin, 2021, 10)。同时，近期监管机构在首次公开募股（IPO）改革方面的努力，上海证券交易所科技创新板（STAR市场）的推出，加上科技和电子商务行业的快速发展，促使一些传统的私募股权基金投资于早期公司(Lin, 2021, 10)。

---

[1] 钟志敏（Zhong Zhimin），《287家VC/PE支持的公司正在申请上市》，《中国证券报》2012年6月20日。该调查使用的是截至2012年6月14日的数据。统计数据显示，两家风险投资公司的投资周期低于20个月，只有五家公司的周期超过40个月。17家公司的投资周期在20至40个月之间。

与美国相比，中国的天使投资历史相对较短，2010 年之前只有几十位天使投资人（Dong，2013）。

自 2013 年 5 月以来，中央政府至少发布了 22 个文件，其中包括国务院发布的两个启动"双创"改革的基本意见。（Lin，2017，170—171）随后又出台了若干具体措施，旨在完善促进创业创新的体制机制，例如，深化工商登记制度改革，加强知识产权保护，以及建立优秀人才的培养和聘用机制。（Lin，2017，170—171）随着中国政策促进创业和创新，以及高净值人群数量的增加，中国的天使投资市场自 2013 年以来达到了前所未有的活跃程度。2013 年和 2014 年，国内许多地方政府陆续成立了天使投资引导基金，政府带头鼓励天使投资机构为创业者提供创业支持。相对应地，2014 年天使投资机构新募集的 31 只天使投资基金合计募集资金 77.3 亿美元，这一数额比 2013 年翻了一番，创下历史新高。在投资方面，2014 年的天使投资市场异常繁荣，根据清科研究中心 2014 年的统计数据，中国的天使投资机构共完成 766 个投资案例，披露的投资总额超过 52.6 亿美元。投资案例数量同比增长 353%，而涉及的总金额也同比增长 161.7%（Cyzone，2015）。从 2015 年 8 月到 2016 年 8 月，全国共有 2 293 个天使投资案例，投资总额为 166.1 亿美元，平均单笔投资额为 472 万美元（China Securities Network，2016）。2012 年后，中国天使投资协会、中国商业天使会、天使投资俱乐部等行业组织也相继成立，为投资人搭建了互动交流、传承经验、资源共享的平台。然而，自 2016 年"资本寒冬"以来，很多天使投资机构都放缓了投资步伐。

目前，国内的天使投资人一般分为三大类，即成功的企业家、富有的个人或家庭，以及高科技公司的高级管理人员。然而，由于中国风险投资市场的历史较短，中国的天使投资人群体并不像美国那样经验丰富。目前，中国活跃的天使投资人的年龄跨度很大，他们的背景跨越了许多领域。此外，创业邦（Cyzone，2015）报告称，许多公众人物，如娱乐明星，也加入了天使投资人群体。

中国目前是风险投资的第二大国家，仅次于美国。[1] 根据清科研究中心（Zero2IPO Research Center，2018）的数据，仅在 2017 年，中国就成立了

---

[1] "2018 Preqin Global Private Equity & Venture Capital Report." Preqin Ltd., 2018, 110.

895 个新的风险投资基金，共筹集了价值超过 400 亿美元的符合投资条件的新资本，① 470 家由风险投资家投资的公司（VC 支持的公司）在中国上市（如后面表 4.4.2 所示）。

风险投资在中国的历史比美国要短得多。中国政府自 1980 年代以来一直试图复制美国在发展有效的风险投资市场方面的成功，风险投资的概念于 1985 年首次被正式引入中国。同年，第一个风险投资公司——中国新技术风险投资公司作为政府发起的项目成立，这个行业才开始兴起（Zhu & Ge，2004，p.4；Lu, Tan & Chen, 2007）。1988 年，科技部启动了火炬计划，以发展中国的科技和创新。此后，一些由政府支持的投资公司成立，为高科技初创企业提供融资。然而，由于缺乏股票市场和适当的商业工具来筹集风险投资基金，这一时期的风险资本市场发展缓慢。

1998 年是中国风险投资市场的一个转折点。时任全国人大常委会副委员长的成思危先生提出了一个具有开创性的"一号提案"，敦促在中国发展风险投资市场。此后，一系列政策相继出台，包括《科教兴国战略》和《促进科技成果转化法》。同时，一些政府基金被设立，为高科技初创企业提供资金。技术创业投资基金（IDG）资本合伙人和华登国际等外国风险投资公司也开始进入中国市场。1990 年上海证券交易所和深圳证券交易所的成立，为风险投资提供了新的退出渠道。然而，政府支持的风险投资公司在这一时期仍占主导地位，由于当时可供选择的外国投资控制和风险筹资的商业工具有限，私人风险投资公司的作用也非常有限。

2001 年"网络泡沫"破灭和 2002 年全球经济放缓后，中国的风险投资大幅下降。为了给风险投资提供一个有利的监管环境，中国对风险投资的设立、管理、监督、税收和外国投资等事项颁布了更明确的规则和条例。

深圳证券交易所中小企业板也于 2004 年启动，为风险资本投资提供了新的退出渠道。

2006 年修订的《合伙企业法》引入了有限合伙制，这是中国风险投资市场历史上的一个里程碑。有限合伙制已经成为一种流行的风险资金筹集的商业工具。

---

① 见 KPMG Enterprise, "Venture Pulse Q4 2017: Global Analysis of Venture Funding." KPMG International Cooperative, 2018, 第 98 页。

虽然 2009 年由于全球金融危机的影响，募集资金的数量和金额都有所下滑，但 2011 年新成立的风险基金数量和募集金额都翻了一番（表 4.4.1）。2009 年新的类似纳斯达克的二板市场中国创业板的推出，2010 年允许保险基金进行股权投资的新措施，几个地区合格境外有限合伙人（QFLP）计划的推出，以及全国社会保障基金对私募股权投资的大幅增加，都对这股热潮作出了贡献（Lin，2017a，Appendix 2）。全国社会保障基金成立于 2000 年 8 月，是由中央政府预算资金、国有资本划拨资金、基金投资收益和国务院批准的其他方式组成的全国社会保障储备基金。专门用于人口老龄化高峰时期养老保险等社会保障支出的补充和调整，由全国社会保障基金理事会负责管理和运作。

**表 4.4.1　筹集的外国和国内资金的数量和金额（2006—2017 年）**

| 年份 | 每年筹集的外国资金数量（单位：个） | 年度境外资金募集金额（单位：人民币百万元） | 每年募集的人民币资金数量（单位：个） | 人民币基金的年度募集金额（单位：人民币百万元） |
|---|---|---|---|---|
| 2017 | 72 | 1 145.53 | 3 502 | 16 743.20 |
| 2016 | 99 | 1 836.07 | 2 339 | 11 875.98 |
| 2015 | 108 | 1 498.89 | 2 862 | 6 350.60 |
| 2014 | 69 | 1 414.76 | 676 | 3 703.22 |
| 2013 | 37 | 711.51 | 511 | 1 802.99 |
| 2012 | 31 | 600.82 | 590 | 1 577.09 |
| 2011 | 57 | 1 466.89 | 560 | 2 764.60 |
| 2010 | 23 | 1 406.42 | 217 | 1 161.47 |
| 2009 | 19 | 445.25 | 105 | 839.73 |
| 2008 | 59 | 3 059.46 | 108 | 1 616.61 |
| 2007 | 80 | 2 641.35 | 42 | 349.92 |
| 2006 | 64 | 1 284.59 | 15 | 134.38 |

数据来源：清科集团发布的《中国风险投资年度研究报告》。

虽然中国证券监督管理委员会在 2012 年 11 月至 2014 年 1 月期间暂停了首次公开募股程序，对 2012 年和 2013 年的筹资活动产生了负面影响，但前一段讨论的改革在 2014 年加速了风险投资市场的重新启动。2013 年全国股票交易和报价系统在全国范围内的扩展进一步推动了这一进程，这是风险投资支持的创业公司的新退出工具。

正如清科研究中心（2015a）所报告的，自 2014 年以来，中国中央政府在提供公共资金方面似乎正在走向"政府主导+市场运作"的模式，而不是直接参与分配资金。2016 年，国务院设立了国家新兴产业创业投资引导基金，以支持新兴产业的创业公司，促进创新，提升产业水平（Lin，2017b，192–203）。人民币百万元

从 2016 年到 2017 年，中国的本地和外国风险资本供应迅速增长。然而，在 2018 年《关于规范金融机构资产管理业务的指导意见》颁布后，[①] 中国投资机构的筹资来源受到了更大的监管。

## 外国资金

在中国，外国资金并没有独特的定义。"外国"私募股权或风险投资基金拥有某些外国元素，并可根据资金来源、地点和货币类型与本地基金进行区分。纯粹的外国基金一般是指由外国人根据外国法律在国外设立的基金。这些基金的主要资金来自海外，基金的货币为外币。这类基金一般不在中国设立实体，只在中国设立代表处并在中国投资（Beijing D&T Law Firm，2012，3）。

外国基金在中国的发展与中国法律和政策的演变密切相关。根据北京德同律师事务所（2012）资料显示，1993 年，国际数码集团（IDG）和上海市科学技术委员会成立了太平洋科技风险投资（中国）基金，这是第一家进入中国的外国风险投资公司。随后，大量的外国风险资本涌入中国，这也拉开了中国风险投资市场发展的序幕（p.4）。1990 年代，在网络泡沫发展的过程中，大量的外国风险投资基金开始投资于中国的互联网技术公司，新浪、搜狐、网易这三大门户网站都有外国风险投资的痕迹。2000 年后，中国对外资基金的监管在一定程度上有所放松，并颁布了相应的法律法规，使外资风险投资和私募股权投资在中国有了更大的发展。2004 年，新桥投资从深圳市政府手中收购了深圳发展银行的股份，这是第一个成功的外国私募股权投资的案例。[②]

---

① 财新国际，《关于规范金融机构资产管理业务的指导意见》（2018 年 4 月 27 日）。
② 搜狐财经，"经过三年的角力，新桥 12 亿元收购深圳发展银行内幕"（2004 年 7 月 6 日），https://business.sohu.com/2004/07/08/18/article220911816.shtml。

综上所述，以美元基金为主的外资私募股权和风险投资基金，一直在引领中国私募股权和风险投资行业的发展。然而，在 2009 年，人民币基金的份额，即以人民币募集的资金，在规模和数量上首次超过了外币基金（北京德同律师事务所，2012，5）。除了为中小企业提供资金外，外资基金还帮助中国企业实现了国际化。外资基金还贡献了丰富的基金管理经验。他们的经理人既有才华又有经验，这对他们所投资的公司是有利的，可以帮助他们打入国际市场，提高公司价值，提升公司品牌。

# 通过首次公开募股（IPO）退出

如表 4.4.2 所示，首次公开募股一直是中国风险投资最常用的退出方式。例如，股份回购通常只在无法通过首次公开募股或并购退出时，或者当被投资公司不再希望由风险投资家控制时才会选择。[①] 鉴于股份转让和股份回购通常意味着相对较低的投资回报率，这一点并不令人惊讶。此外，根据中国法律，对股份回购的法律限制相对较多。[②] 此外，注销自然是风险投资基金的最后手段。特别是在中国，首次公开募股的退出往往会带来高回报。

**表 4.4.2　中国风险投资通过首次公开募股（IPO）和并购的退出以及风险投资基金的新增资金承诺额（2006—2017 年）**

| 年份 | 退出的方法 | | | 退出的总数[2]（单元：个） | 风险投资基金的新增资金承诺额[3]（单位：百万美元） |
| --- | --- | --- | --- | --- | --- |
| | IPO（单位：个） | 并购（单位：个） | 股份转让[1]（单位：个） | | |
| 2017 | 470 | 148 | 360 | 1 420 | 115 362.35 |
| 2016 | 277 | 155 | 223 | 2 001 | 53 795.365 |
| 2015 | 257 | 280 | 197 | 1 813 | 29 982.33 |
| 2014 | 172 | 111 | 70 | 444 | 19 021.78 |
| 2013 | 33 | 76 | 58 | 230 | 6 919.07 |
| 2012 | 144 | 31 | 44 | 246 | 9 311.55 |
| 2011 | 312 | 55 | 41 | 456 | 28 201.99 |

---

① 电话采访北京高榕资本副总裁 S 女士（2015 年 10 月 29 日）和北京环球律师事务所合伙人 K 女士（2015 年 10 月 29 日）。

② 《中华人民共和国公司法》第 142 条规定了公司可以回购自己股份的情形。另外，在实践中，非上市公司很难获得银行贷款回购股票。

| 年份 | 退出的方法 | | | 退出的总数[2]（单元：个） | 风险投资基金的新增资金承诺额[3]（单位：百万美元） |
| --- | --- | --- | --- | --- | --- |
| | IPO（单位：个） | 并购（单位：个） | 股份转让[1]（单位：个） | | |
| 2010 | 331 | 24 | 20 | 388 | 11 169.00 |
| 2009 | 82 | 6 | 24 | 123 | 5 855.86 |
| 2008 | 43 | 6 | 27 | 135 | 7 310.07 |
| 2007 | 100 | 13 | — | 142 | 5 484.98 |
| 2006 | 30 | 25 | 12 | 100 | 3 973.12 |

在本表中，首次公开募股数字仅指由风险投资支持的公司在中国证券市场上市的退出，不包括通过海外市场退出的 IPO。
1 这个总数字包括管理层收购和股票回购，但不包括 NEEQ 上市。
2 数据来自《中国风险投资年度研究报告》，由清科发布。
3 "股份转让"不包括管理层回购和股份回购。
资料来源：清科（2008 年至 2017 年的数据）和 ChinaVenture（2006 年至 2007 年的数据）。

中国的多层次资本市场包括上交所主板和深交所主板、深交所中小企业板、深交所创业板、全国中小企业股份转让系统，以及新三板。[①] 最近推出了科创板市场和其他区域性股票市场。自 2000 年以来，中国证监会采取了实质性措施来改善股票市场的监管环境，以促进风险投资支持的公司通过首次公开募股退出。

### 新三板

新三板系统（NEEQ），是一个全国性的场外交易市场（OTC）。新三板的目标是"以创新为导向，具有创业精神和成长性的中型、小型和微型企业"，而不是像主板公司那样更成熟的公司（Lin，2017a，Appendix 1）。此外，根据林（Lin，2017a），新三板对投资者的要求要高得多：在新三板上市的公司不能向公众发售证券，而只能向特定的合格投资者发售。

新三板的起源可以追溯到 2001 年，当时建立了"股权代办转让系统"（PEEQ），为从主板退市的公司以及前证券交易自动报价系统（STAQ）[②]和全

---

① 新三板不同于普通的证券交易所，比如上交所和深交所。见 Lin L，（2017）. Venture Capital Exits and the Structure of Stock Markets: Lessons from China. *Asian Journal of Comparative Law*，12（1），1，at Part VI（A）for detailed discussion。

② 证券交易自动报价系统（STAQ）是一个基于计算机网络进行有价证券交易的综合场外交易市场。它于 1990 年 12 月 5 日正式开始运营。1999 年 9 月 9 日，该系统停止运行。

国交易系统（NET）[①] 的公司提供一个平台来转让其股票。PEEQ 被称为"第三"板，因为它在 2001 年开发时是继主板（the SSE and the SZSE）和中小企业板之后的第三个证券交易所（NEEQ，2013）。它在 2006 年被命名为"新三板"，作为仅涉及北京中关村科技园区少数高科技企业的场外交易试点项目的一部分。2012 年，试点计划扩大到了上海张江、武汉东湖和天津滨海的高新区。2013 年，试点计划再次扩大到全国范围内所有符合条件的公司，全国电子交易中心正式启动。[②]一年后，2014 年 6 月 5 日，新三板做市商业务管理规定引入做市商机制（Lin，2017a，24 - 25）。

2016 年 6 月 27 日，新三板实施分层改革，将新三板上市公司分为两层——基础层和创新层。这项改革旨在提高新三板的市场效率和流动性。2016 年，共有 953 家公司被选入创新层（Wu，2018）。

2017 年 12 月 22 日，新三板对分层和交易系统进行了新一轮的改革。随着 2017 年上市公司的数量迅速增加，创新层的上市公司数量也相应地上升到 1 329 家（Wu，2018）。

新三板第三次修订了分层制度，从 2018 年 5 月 2 日起，基础层和创新层的资格要求进行了修改。根据新的分层方法，企业要想获得创新层的资格，必须满足在过去 12 个月内完成股票发行，累计融资额不得低于 1 000 万元，且合格投资者不得少于 50 人等要求（《证券日报》，2018）。与前两次改革相比，最新的分层方法大大增加了基础层企业进入创新层的难度，入选的概率非常低。根据这些新的标准，可以预测，基础层的一些公司将付出更多努力，吸引更多合格的投资者，以增加融资金额。客观上，这可能会提高流动性，增强新三板市场的融资功能（《证券日报》，2018）。

新三板的推出和发展极大地促进了风险投资支持的公司融资。随着一系列促进新三板发展的法律和政策的颁布，该板块已成为对中小型公司具有吸引力的重要融资渠道。截至 2018 年 5 月 14 日，已有 10 082 家公司在新三板基础层上市，交易量达到 4 145.13 万股，创下新高；有 1 263 家公司在新三板创新层

---

① 全国电子交易系统（NET）利用计算机网络系统为证券市场提供证券的集中交易、报价及清算、交割、登记、托管、咨询等服务。该系统于 1993 年 4 月 28 日投入使用。它于 1999 年 9 月 9 日停止运行。

② 国务院，《关于全国中小企业股份转让系统有关问题的决定》，国发（2013）第 49 号。

上市（NEEQ，2018）。

新三板有几个明显的特点。首先，新三板采用的是备案制，在该制度下，上市不需要经过中国证监会的审批。由新三板根据申请公司的保荐人准备和提交的申请材料批准上市。

其次，新三板相对较低的上市要求和较短的上市时间，大大加快了小型、高成长性互联网企业的融资速度，特别是那些迄今为止无法达到主板、中小板或创业板上市标准的公司。

第三，在中国所有的股票市场中，新三板的上市要求是最不严格的。在新三板上市只需要公司有两年的有效存续期，而其他三个板块（主板、中小板和创业板）则需要三年（Lin，2017a，Appendix 1）。同时，与其他三个板块对上市前的最低利润要求不同，新三板只要求公司有"可持续的盈利能力"，而没有规定详细的要求。此外，虽然其他板块有 200 名股东的最低要求，但在新三板上市的公司可能少于 200 人。也没有与现金流、净资产或总股本有关的上市要求。[1] 最后，与在主板上市通常需要一年的时间不同（SSE，2012），在新三板上市时间平均为 6 个月（Wang，2015）。

第四，在新三板上市的公司可以通过各种方式寻求融资，包括非公开发行普通股、非公开发行优先股、[2] 发行可转换债券和非公开募集的公司债券。根据《中华人民共和国公司法》（Lin，2019），由于优先股的法律效力存在不确定性，这些投资工具满足了不断需要资金的各种高增长企业的特殊需求。

第五，新三板在 2014 年引入做市商机制。在新三板上市的公司指定证券公司作为做市商，为买卖股票交易"报价"，[3]因此交易不是在买卖双方之间直接达成。[4] 做市商必须满足某些交易要求，并承担各种"做市"的义务。这些义务包括在规定的时限内回应报价请求，并在一定的交易时间内提供连续的股票报价。然而，由于新三板长期存在的流动性瓶颈，其作为做市商机制的功能受到了严重的抑制（Zhou，2018）。可以说，新三板的高投资者门槛部分地造成了市场的低流动性。根据过去的规定，对于机构投资者，只有注册资本不低

---

① 参见中国证监会，《全国中小企业股份转让系统有限责任公司管理暂行办法》（2013 年）。

② 在中国，只有少数符合条件的公司允许发行优先股。 见中国证监会，《优先股试点管理办法》，证监会令〔2014〕97 号，表明针对特定公司的优先股计划在中国正式启动。

③ 这就是为什么在新三板上市的公司也被称为"挂牌公司"的原因。

④ 做市商受雇于许多主要股票市场，如纳斯达克和伦敦证券交易所。

于 500 万元人民币的法人型投资者，或实收资本不低于 500 万元人民币的合伙型投资者才能在市场上交易（Lin，2017a，p.17）。至于个人投资者，准入标准要求他们至少拥有价值 500 万元人民币的证券资产。2017 年 6 月 27 日，新三板发布了修订后的《新三板投资者适当性规则》，提高了投资者开设交易账户的门槛。在资产规模方面，修订后的规则主要规定，法人类投资者要有 500 万元以上的实收资本或实收股本，而合伙类投资者必须有 500 万元以上的出资额。对于个人投资者，其名下的金融资产在最近 10 个交易日的日均值必须至少为 500 万元。不符合开户门槛要求的投资者可以通过购买证券公司、基金管理公司、信托公司、私募股权投资基金、创业投资基金等专业机构开发的理财产品间接投资新三板。希望修订后的投资者门槛能在一定程度上解决流动性问题。

## 首次公开募股改革

长期以来，中国的首次公开募股制度一直受到严格的行政管制，这被普遍指责为扭曲了资本市场和滋生了官员腐败。[1] 在择优监管制度下，证券发行的许多方面都受到严格监管，如上市速度、股票价格和允许的行业，从而大大阻碍了资本市场的效率以及市场力量的运作。如上所述，由于在中国股票市场上市的困难，许多中国公司，特别是高增长和互联网公司，选择转向海外资本市场上市。

自 1990 年代以来，中国的首次公开募股制度经历了一系列的改革。中国实施的第一个制度是 1993 年至 1995 年的严格计划的"额度管理"制度，[2] 根据该制度，发行人必须首先从地方政府或中央部委获得股票发行配额。[3] 1996年，IPO 制度过渡到"IPO 数量管理"制度，根据该制度，中国证监会将为相关地方政府制定一个 IPO 数量配额，供其遵守（Lin，2017a，30）。

从 2004 年至今，一直在使用保荐制度，根据该制度，经认证的保荐人可以推荐公司发行股票并上市。

---

[1] Benjamin, L. L. & Curtis, M.（2008）. Reputational Sanctions in China's Securities Markets. *Columbia Law Review*, 108, 929 at 931 and 939.

[2] 1993 年 4 月 25 日，中华人民共和国国务院发布了《股票发行管理暂行条例》，标志着行政审批制度的正式建立。

[3] 省、自治区、直辖市、计划单列市人民政府（统称为"地方政府"）。

2015 年，全国人民代表大会常务委员会批准了一项改革首次公开募股制度的提案（CSRC，2013），[①] 根据该提案，金融中介机构将取代中国证监会，主要负责对此类申请进行实质性审查（Du，2015）。2018 年以来，国内首次公开募股审批速度持续放缓。统计数据显示，2018 年，发行审核委员会共审核了 172 家企业的首发申请（不包括取消审核），其中 111 家企业通过，通过率为 64.53%，创下五年来的新低（Xu，2019）。首次公开募股放缓影响了风险投资/私募股权的退出。退出受阻将在一定程度上造成新资金筹集的困难，特别是对小机构而言。

为了解决中国风险投资的退出问题，提高中国对快速增长的科技初创企业的吸引力，中华人民共和国主席习近平于 2018 年 11 月 5 日宣布，上海证券交易所将设立科创板（Liu，2018）。2019 年 6 月 13 日，科创板启动，第一批公司于 2020 年 7 月 22 日上市。科创板允许具有双重股权结构的公司上市，这极大地便利了风险投资在中国的退出。重要的是，科创板引入了以注册制为基础的公开发行制度，强调了信息披露和市场定价。此后，中国证监会于 2020 年 10 月宣布，随着科创板试点项目的开展，条件已逐渐成熟，中国将逐步在资本市场的所有领域推出新的首次公开募股制度。[②]

## 通过并购退出

并购退出包括出售股份、合并或出售公司资产，即把整个公司被出售给第三方，是主要的风险投资退出机制之一（Cumming and MacIntosh，2003，106）。在中国，从 2006 年到 2017 年（含），私募股权和风险投资支持的公司在中国的退出总数为 7 256 家（如表 4.4.2 所示）。其中有 2 121 家通过首次公开募股退出（占比 29.23%），892 家通过并购退出（占比 12.29%），以及 1 064 家通过股权转让退出（占比 14.66%）。其余的 3 179 家的退出方式则

---

① 《关于进一步推进新股发行体制改革的意见》，证监会供稿（2013）42 号。中国证监会宣布，在注册制的首次公开募股制度下，将重点对新上市候选公司进行合规性审查，而不对首次公开募股公司的盈利能力进行评估。新股发行的时间和如何发行股票的问题将由市场决定，希望新股发行的估值能更好地反映市场的需求和供应。

② 新华社，《经济观察：中国深化资本市场改革，扩大基于注册的首次公开募股（IPO）》（2020 年 10 月 25 日）。

包括股票回购、[①] 注销等其他方法。[②] 从 2006 年到 2017 年，风险投资支持的 IPO 退出案例共 2 251 宗，几乎是同期风险投资支持的并购退出数量（930 宗）的 2.5 倍。在 2017 年完成的 2 813 宗并购退出交易中，有 1 550 宗是由私募股权或风险资本支持的，占当年并购退出交易的 55.10%（Han，2018）。

如表 4.4.2 所示，尽管并购是风险投资支持的公司的一种流行的退出渠道，但在中国，并购作为一种替代性的退出选择，其可行性低于首次公开募股。

首先，并购活动是不确定的，需要监管部门的批准。上市或非上市公司的收购和/或相关股权变动涉及国家产业政策、行业准入、国有股转让、外商投资等问题时，需经相关监管部门的批准。

其次，一些地方政府可能会利用其行政权力来阻碍并购活动，特别是涉及国有企业的并购活动。同时，外商投资企业的任何并购活动都需要得到商务部或省级商务主管部门的批准。此外，中国对债务融资有严格的控制。中国的银行有非常保守的贷款做法，因此很难进行杠杆收购（LBO）。

2015 年的《商业银行并购贷款风险管理指引》[③] 扩大了潜在的资金来源，允许政策性银行和外国银行分行提供收购融资。[④] 然而，尽管 2015 年的指引允许在中华人民共和国注册的银行为在岸企业并购提供收购融资，[⑤] 但这受到各种限制（Ye，2016，21）。此外，外国基金的杠杆收购也需经过商务部的审查。

尽管中国在为风险投资支持的企业通过首次公开募股和并购的方式退出市场营造良好的监管环境方面取得了进展，但股票市场中仍然存在各种制度障碍，可能会阻碍风险投资行业的发展。为了进一步发展中国的风险投资市场，

---

① 创业企业回购股份是允许的。　参见《创业投资企业管理暂行办法》，国家发展和改革委员会（2006）第 39 号令；以及对外贸易经济合作部、科技部、国家工商行政管理总局、国家税务总局、国家外汇管理局《外资创业投资企业管理的规定》（2003 年 3 月 1 日生效，2015 年 10 月 28 日修订）。

② 参见清科各年度报告。

③ 中国银监会关于印发《商业银行并购贷款风险管理指引》的通知，中国银监会（2015 年 2 月 10 日生效），第 5 号。

④ King & Wood Mallesons, "CBRC Amends Guidelines for Risk Management of M&A Loans Granted by Commercial Banks"（King & Wood Mallesons, March 24, 2015），www. kwm. com/en/knowledge/insights/cbrc-amends mergers-and-acquisitions-loans-guidelines-20150324, accessed July 5, 2016.

⑤ CBRC, Guidelines on Risk Management of Merger and Acquisition Loans Granted by Commercial Banks（2015），http://www.cbrc.gov.cn/chinese/home/docDOC_ReadView/7DABC8D29C0148B6B35F0B4A7DA804EC.html.

需要构建一系列复杂的机构，包括成熟的金融中介机构、风险资本家和投资者群体、强有力的投资者保护机制以及有效的争端解决机制。

## 参考文献

----------------------------------------------------------------

Baker, H., Filbeck, G., & Kiymaz, H. (2015). *Private Equity: Opportunities and Risks*. Oxford: Oxford University Press.

Beijing D&T Law Firm. (2012). *The Operation and Development of Foreign PE in China*. Beijing: CITIC Press Group.

Bian, J., et al., (2018). Leverage-Induced Fire Sales and Stock Market Crashes. National Bureau of Economic Research.

Cheng, S. (2008). *Cheng Siwei on Venture Capital*. Beijing: Renmin University Press.

China Securities Network. (2016). Report: The Pace of Angel Investment is Slowing Down: The New Third Board is to Withdraw from New Channels. Phoenix Finance.

CSRC. (2013). The Evolution of the Approval System of Securities Issuance in China. CSRC News Releases. Available at: http://www.csrc.gov.cn/pub/newsite/ztzl/xgfxtzgg/xgfxbjcl/201307/t20130703_230251.html.

Cumming, D., & Fleming, G. (2014). Taking China private: The Carlyle Group, leveraged buyouts and financial capitalism in Greater China. Social Science Research Network, 351 - 353.

Cumming, D., & MacIntosh, J. (2003). Venture-Capital Exits in Canada and the United States. *University of Toronto Law Journal*, 53, 106 - 107.

Cyzone. (2015). Zero2IPO: Angel Investment in China Exhibits 8 Major Characteristics in 2015.

Dong, D. (2018). IPO Registration Reform Has Continuously been in Progress. Caixin Global. Available at: http://opinion.caixin.com/2018 - 02 - 26/101214025.html.

Dong, L. (2013). Domestic Angel Investment is in a Rut: Last year, Many People's Money Went to Waste. Sina Finance. Available at: http://finance.sina.com.cn/china/20131108/095717264105.shtml.

Du, Q. (2015). The Framework of the Registration System is Confirmed. Sina Finance. Available at: http://finance.sina.com.cn/stock/y/20150629/015422538023.shtml.

Gullifer, L., & Payne, J. (2015). *Corporate Finance Law: Principles and policy* (2nd ed.). London: Hart Publishing.

Han, Q. (2018). China's M&A market is Developing Steadily in 2017, and the High-Tech Attraction Strategy is Beneficial to Cross-Border Mergers and Acquisitions. PE Daily. Available at: https://m.pedaily.cn/news/428520.

Hong Kong Stock Exchange. (2016). Market Highlights. Hong Kong Stock Exchange. Available at: www.hkex.com.hk/eng/csm/highlight.asp? LangCode=en.

Kaplan, S., & Stromberg, P. (2009). Leveraged Buyouts and Private Equity. *Journal of Economic Perspectives*, 23(1), 124.

Li, G. (2018). How Will Financial Deleveraging Continue? Sina Finance.

Li, J. (2007). *The Rise of China's Venture Capital and Private Equity*. Beijing: Tsinghua University Press.

Lin, L. (2013). The Private Equity Limited Partnership in China: A Critical Evaluation of Active Limited Partners. *Journal of Corporate Law Studies*, 13(1), 187, 192, 200.

Lin, L. (2017a). Venture Capital Exits and the Structure of Stock Markets: Lessons from China. *Asian Journal of Comparative Law*, 12(1), 24 – 25.

Lin, L. (2017b). Engineering a Venture Capital Market: Lessons from China. *Columbia Journal of Asian Law*, 30(1), 192 – 203.

Lin, L. (2019). Code of Corporate Governance: Lessons from Singapore to China. Company Lawyer.

Lin, L. (2021). *Venture Capital Law in China*. Cambridge: Cambridge University Press.

Liu, Y. (2018). China to Speed Up Creation of New Board for Technology Start-Ups at Shanghai Stock Exchange. South China Morning Post. Available at: https://www. scmp. com/business/china-business/article/2179444/china-speed-creation-new-board-technology-start-ups-shanghai.

Lu, H., Tan, Y., & Chen, G. (2007). Venture Capital and the Law in China. *Hong Kong Law Journal*, 37, 229.

NEEQ. (2013). Investor Guide. NEEQ [online]. Available at: http://www.neeq.com.cn/detail? id=BB42DD8D58Z23njnm;,./,/.ra/' 4CE60&type=2615638C58Z234CE60.

NEEQ. (2018). Homepage of the New Third Board. NEEQ [online]. Available at: http://www.neeq.com.cn/index.

Noble, J. (2015). Why Are China's Stock Markets So Volatile? CNBC [online]. Available at: www.cnbc.com/2015/07/02/why-are-chinas-stock-markets-so-volatile.html.

PE Daily. (2015). Zero2IPO — The Top 50 VC Firms of the Year 2015. PE Daily [online]. Available at: http://pe.pedaily.cn/201512/20151204391023.shtml.

Reuters. (2008). China's Xugong Says Carlyle Investment Deal Dead. Reuters. Available at: https://www. reuters. com/article/carlyle-xugong/chinas-xugong-says-carlyle-investment-deal-dead-idUSSHA32313820080722.

Securities Daily. (2018). New Third Board Launches Third Stratification. Finance Huanqiu. Available at: http://finance.huanqiu.com/xinsanb/2018-05/11963137.html.

Shen, S., & Tham, E. (2017). In China, Stocks-for-loans under Stress as Market Slides. Reuters. Available at: https://www. reuters. com/article/us-china-collateral-stocks-insight/in-china-stocks-for-loans-under-stress-as-markets-slide-idUSKBN1900TA.

Song, S., Tan, J., & Yang, Y. (2014). IPO Initial Returns in China: Underpricing or Overvaluation? *China Journal of Accounting Research*, 7(1), 47.

SSE. (2012). IPO guide. SSE Publications. Available at: http://www.sse.com.cn/services/sselisting/publication/doc/c/4002534.pdf.

Stowell, D. (2012). *Investment Banks, Hedge funds, and Private Equity* (2nd ed.). New York: Academic Press.

SZSE. (2015a). Small and Medium Enterprise Board. Shenzhen Stock Exchange. Available at: http://sme.szse.cn.

SZSE. (2015b). ChiNext. Shenzhen Stock Exchange. Available at: http://chinext.szse.cn.

Wan, X. (2018). Zero2IPO report: The Q1 M&A Market Develops Steadily in 2018, Keeping Pace with Policy Trends and Market Changes to Tap Investment Opportunities. Gelonghui. Available at: https://m.gelonghui.com/p/177293.

Wu, L. (2018). New Third Board Adjustment Work Starts, Over 100 Base-Layer Enterprises May be Selected for the Innovation Layer. East Money Information. Available at: http://stock.eastmoney.com/news/1614,20180507867575733.html.

Xu, Z. (2019). IPO Review in 2019 Continues to be Strict, Passing Rate in 2018 Hit a Five-Year Low. China Securities Network. Available at: http://www.cs.com.cn/xwzx/hg/

201901/t20190102_5910400.html.

Yao, A. (2017). Two Reasons Not to Fear China's Deleveraging Campaign. South China Morning Post. Available at: http://www.scmp.com/business/global-economy/article/2095449/opinion-two-reasons-not-fear-chinas-deleveraging-campaign.

Ye, Y. (2016). Value Creation in Private Equity Funds: Practices in China (DBA thesis). Arizona State University.

Yu, T. (2014). Everyone for PE to Everyone for VC Is a Result of the Era. Grand Yangtze Capital. Available at: http://www.grandyangtze.com/article/article? parent_id = 3&id = 39.

Zero2IPO Research Center. (2015a). Report of the China Government Guidance Fund 2015. Zero2IPO Group.

Zero2IPO Research Center. (2015b). China Equity Investment Market Year-in-review 2014. PE Daily, 42. Available at: http://research.pedaily.cn/researchreport/2015/20150209378364.shtml.

Zero2IPO Research Center. (2018). Venture Capital Annual Report 2017. Zero2IPO Group.

Zheng, X. (2013). When the Chinese M&A Wave Arrival is Uncertain. Securities Times. Available at: http://epaper.stcn.com/paper/zqsb/html/2013-05-27/content _ 473491.htm.

Zheng, Z. (2018). Welcoming the Era of Asset Management. Zhixin Asset Management Research Institute. Available at: http://mp.weixin.qq.com/s/Y2BteSvSbkHIPcSuWBD5Ig.

Zhou, H. (2018). The New Third Board Will Become a Liquidity Trap. Yicai Media Group. Available at: https://www.yicai.com/news/5428394.html.

Zhu, S., & Ge, Y. (2004). *The Amendment of the Partnership Enterprise Law of People's Republic of China*. Beijing: CITIC Press Group.

# —— 第 4.5 章 ——
# 知识产权保护

黄灿　瑙巴哈尔·沙里夫

## 前　言

为了充分认识中国在日益以知识为基础的全球经济中所发挥的作用，我们必须了解中国对待知识产权的方式。世界知识产权组织（WIPO）将知识产权定义为"思想的创造"。这种创造性产品包括发明、文学和艺术作品以及用于商业的符号、名称、图像和设计（WIPO, 2004）。与其他形式的可以转让、组合和授权的财产不同，一项知识产权既是其创造者主张的抽象实体，从法律意义上讲，也是一项可以拥有的无形财产。WIPO 承认两大类知识产权：（1）工业产权（包括发明、专利、商标、工业外观设计和来源的地理标志）和（2）版权（包括文学、艺术和音乐作品）。

知识产权可以保护原创想法和发明不受未经授权的使用。知识产权在允许知识和技术转移方面发挥着重要作用，例如知识从大学和公共研究机构转移到工商企业。保护知识产权有利于促进创新；如果没有这样的保护，企业和个人就无法从他们的发明中充分获益，也就没有动力推动创新，艺术家的创作也得不到充分的回报。

知识产权保护很重要，因为企业可以利用知识产权来与竞争对手拉开差距。因此，知识产权可以出售或获得许可，提供重要的收入来源，并通过向客户提供新的或改进的产品或服务，在营销和品牌推广中发挥重要作用。

随着时间的推移，保护知识产权的规则和法律不断演变。彭等人（2017）

以美国的知识产权为研究对象，论证了作为一种制度，一个国家的知识产权制度是随着其经济和社会的发展而演变的。事实上，知识产权保护通常与一个经济体从农业到制造业，再到建立在信息和先进技术的产生和利用（或开发）基础上的后工业结构的发展相一致。在经济发展的早期阶段，由于资源和研发能力有限，可能缺乏建立严格知识产权保护机制的动力。在这一阶段，国内产业通常通过模仿而不是创新来发展，薄弱的知识产权制度实际上可能支持技术扩散，带来广泛的经济利益。[①] 然而，在发展的后期阶段，薄弱的知识产权制度阻碍了国内创新。依赖于适当且充分实施的知识产权法律体系，自主创新蓬勃发展，成功转向以知识为基础的生产经济体。

**中国知识产权制度的背景**

在英国、美国和意大利等工业化国家，知识产权保护制度已经发展了几个世纪。因此，研究人员至少从 19 世纪开始研究知识产权。另一方面，中国的知识产权制度要年轻得多，使用和保护知识产权的经验只有大约 40 年。

在 1980 年代颁布现代知识产权法律之前，中国与知识产权机构（大多借鉴于苏联）斗争了 30 年，结果好坏参半。1949 年 10 月中华人民共和国成立，1950 年 8 月中央政府颁布了《保障发明权利和专利权暂行条例》。尽管商标注册数量很少，但商标注册程序早在 1950 年就已确立。1963 年颁布了新的商标条例以提高产品质量。[②] 1970 年代末，中国开始了改革和向市场机制开放经济的进程（La Croix & Konan, 2002）。

1980 年代至 1990 年代初，中国制定颁布了《商标法》《专利法》《著作权法》，为现代知识产权制度奠定了基础。随着经济体制改革的深入，建立更加符合当代国际标准的知识产权制度的必要性日益显现。这样的知识产权制度在帮助中国实现两个现代化目标方面也是至关重要的：吸引更多的外国直接投资（FDI）和履行中国在与外国政府的双边科技协议下的义务（Huang, 2017）。[③]

1980 年，中国成立了自己的专利局，最终成为国家知识产权局。《中华人

---

① 模仿可以降低生产成本，降低价格，刺激消费和就业。
② 出版条例根据作品的性质、汉字的数量和质量以及印刷的数量为作者提供奖励。
③ 此类双边协议的一个例子是 1979 年由当时的中国总理邓小平和美国总统吉米·卡特签署的中美科技合作协议（国家知识产权局，2016，78）。

民共和国专利法》（以下简称《专利法》）是由全国人民代表大会常务委员会于 1984 年制定的，它规范了中国对技术发明的保护。《专利法》自 1985 年开始实施，先后于 1993 年、2001 年、2009 年和 2021 年进行了四次修改，以加强专利保护，提高专利质量。

《专利法》于 1993 年首次修订，以实现两项承诺。第一个承诺是中国在加入关贸总协定（GATT）谈判中做出的承诺。第二个承诺是中国在与美国谈判中做出的，最终于 1992 年签署了《中美政府关于保护知识产权的谅解备忘录》（国家知识产权局，2008a）。

2001 年中国加入世界贸易组织时，对《专利法》进行了第二次修订，以使中国的专利制度与全球标准保持一致。1995 年，世界贸易组织取代了关贸总协定（GATT）。同年，中国签署了《与贸易有关的知识产权协定》，履行了加入世界贸易组织的义务。

与 1993 年和 2001 年的修订不同，2009 年的第三轮修订是响应在华经营的国内外公司以及中国大学和研究机构的要求，这些机构强烈呼吁更好地保护专利，因此 2009 年修订《专利法》被列为国家知识产权战略的优先行动项目，以促进自主创新和建立创新型经济（国家知识产权局，2008b）。

同样，2021 年《专利法》第四次修改也是一种自主努力，为了进一步加强专利保护，以激励创新，促进专利许可和技术转让，改善专利申请审查流程和专利质量（Huang，2017）。具体而言，修正案旨在解决当时专利法存在的"侵权证据收集困难、法律和行政程序长、判决损害赔偿金低、执行成本高、执行效率低"的问题。

除了修改《专利法》外，中国在 1990 年代还通过了大量其他与知识产权有关的法规，以加强其知识产权制度。这些法律包括《计算机软件保护条例》《反不正当竞争法》《音像制品管理条例》《知识产权海关保护条例》《促进科技成果转化法修正案》《植物新品种保护条例》等。21 世纪初，中国颁布了《集成电路布图设计保护条例》和《互联网著作权行政保护办法》。

建立法律法规是中国知识产权制度日趋成熟的一个重要层面。中国努力加入规范知识产权的国际条约，体现了另一个层面。1980 年，中国加入世界知识产权组织。正如博斯沃思和杨（Bosworth & Yang，2000）所指出的，加入 WIPO 有助于为发展符合国际规范和标准的知识产权制度铺平道路。1985 年加

入《保护工业产权巴黎公约》，1989 年加入《商标国际注册马德里协定》，
1992 年加入《保护文学艺术作品伯尔尼公约》，1993 年加入《保护录音制品
制作者防止未经许可复制其录音制品公约》，1994 年加入《专利合作条约》，
2007 年加入《世界知识产权组织版权条约》。通过加入这些条约，中国明确承
认了这些条约确立的原则，并承认了某些权利和义务，这些权利和义务反映了
广泛接受的与知识产权有关的国际标准和框架。

### 中国专利活动的爆炸式增长

中国在 21 世纪的头 20 年见证了专利申请活动的惊人增长（Huang,
2017）。专利统计数据显示，国家知识产权局受理的发明专利申请数量从 2001
年的 6.3 万件增加到 2019 年的 140 万件。1985 年至 2019 年，国内外发明专利
申请量年均增长 17%。2011 年，中国超过美国成为世界上发明专利申请量最
多的国家。

这种激增也反映在中国的海外专利申请上——这是由世界知识产权组织
管理的专利合作条约（PCT）促成的。PCT 申请是申请海外专利的两个选择
之一（另一个是《巴黎公约》）。从 PCT 专利申请量来看，中国的全球排名
正在上升：2020 年，中国 PCT 专利申请量首次排名第一，超过了自 1978 年
PCT 体系生效以来排名第一的美国，这反映了中国在海外提交的专利申请的
增长。

梁和薛（Liang & Xue, 2010）将 21 世纪头 20 年专利申请的急剧增长与中
国专利制度的两项特别的亲专利改革联系起来。一是延长专利保护年限，扩大
专利覆盖范围。1993 年第一次修改专利法，将发明专利保护期限由 15 年延长
至 20 年。与此同时，食品、饮料、调味品、药品以及通过化学加工获得的物
质也受到专利保护。二是放宽了个人专利申请条件的规定。在 1993 年《专利
法》的第一次修订中，允许个人在工作时间内创造的发明拥有专利，前提是
个人与雇主之间有正式协议。2001 年第二次修改专利法后，国有企业和私营
企业在专利权方面得到了平等对待。

1990 年代末，中国研发的增长催生了许多新的可申请专利的技术，促进
了专利申请的迅速增长（Hu & Jefferson, 2009；Hu, 2010）。另一个因素是流入
中国的外国直接投资的增加。外国直接投资为国内企业提供了模仿外国企业活

动的机会，也激励国内企业申请专利，以便更成功地与外国企业竞争。国有企业的私有化是另一个原因。随着中国经济改革的加快，一些国有企业被私有化。这些新私有化的公司保护知识产权的热情比国有时更强。

引入资助专利申请的补贴也促进了中国专利申请的增加（Li，2012）。省级专利补贴计划鼓励个人加入通常与专利申请有关的实体——公司、大学和研究机构——申请专利。省级专利补贴计划帮助申请人支付专利申请费和续展费，不涉及专利技术的类型。中央政府也从 2009 年开始管理自己的专利补贴计划。财政部代表中央政府制订了海外专利申请补贴计划。[①]

刘等（2016）认为，专利申请补贴计划鼓励实体申请"垃圾"专利，如果没有补贴，很可能没有人会申请这些专利。党和本桥（Dang & Motohashi，2015）提供的经验证据表明，补贴计划导致专利申请增加了 30%，诱使企业缩小专利权利要求以获得更多专利（同时降低专利质量）。

值得注意的是，随着 2011 年"十二五"规划的公布，政府的专利补贴计划得到显著加强。在该计划的迭代中，政府将"每万居民的发明专利数量"列为 24 个绩效指标之一。作为回应，市级和省级政府鼓励专利申请达到中央政府的数量目标。这一指标也被纳入"十三五"规划（2016—2020 年），鼓励各省市政府继续对专利申请进行补贴和奖励。然而，由于对这种专利补贴计划的批评日益增多，中国政府在"十四五"计划开始的 2021 年开始限制专利补贴，从直接补贴专利申请开始，并承诺在"十四五"计划结束时，即 2025 年逐步取消所有专利补贴。

补贴计划只是政府促进专利申请的一个手段。为专利申请项目直接向发明者支付专利报酬是另一种方式。此外，政府还扩大税收优惠待遇：经认证为高科技企业的公司有资格享受 25% 至 15% 的税率减免。这种认证的核心标准是知识产权所有权，进一步激励了专利申请。

这些激励措施结合在一起，促成了一种重视专利数量而不是专利质量的制度的出现。如上所述，这种制度往往会创造出没有补贴就无法获得的专利权，并导致那些依赖公共资金支持质量有问题的私人权利的获得。值得赞扬的是，中国政府承认了这一问题，并致力于提高专利质量（国务院，2015），这项工

---

① 申请这项补贴的公司、大学和研究机构必须通过省级知识产权局批准（财政部，2012）。

作仍在进行中。

## 中国高校和公共研究机构知识产权管理和技术转让立法进展

大学和公共研究机构是中国国家创新体系不可或缺的组成部分，因此，它们是重要的创新中心，承担着培养人力资本的任务，并为新兴知识经济中新技术公司的孵化提供沃土（Etzkowitz，2001；Xue，2006）。2016 年，中国高校研发经费总额达 1 072 亿元。这些大学创造了 17.3 万项发明专利，而公共研究机构申请了 5.5 万项此类专利，但这些专利并不一定转化为经济增长。

如果中国大学和研究机构的专利活动要推动经济增长和发展，它们就必须产生可以商业化的技术和发明。这些技术和发明还必须催生衍生公司，以优化中国国家创新体系。然而，尽管在研发方面进行了大量投资，中国大学的技术转让率（即技术商业化的份额）仍然非常低，仅为 5%（教育部，2015）。大学和研究人员面临强大的政府压力，以 80% 的更高比例将技术商业化和转让，以满足政府标准（Zhao，2015），这显然是一个不合理的期望。

为了应对这些挑战，2015 年 10 月，中国修改了《促进科技成果转化法》，这被认为是消除技术转让某些障碍的重要一步（Cheng & Huang，2016）。该法最初于 1996 年生效。该法律的修订解决了与大学拥有的知识产权转让或出售相关的法律风险，因为大学和公共研究机构对技术转让不具有完全的权力。

1993 年颁布并于 2007 年修订的《科学技术进步法》规定，高校和社会公共研究机构利用国家科技资金创造的专利、软件著作权、集成电路设计专有权利、植物新品种等，除涉及国家安全、国家利益和其他重大社会公共利益外，由该单位持有。换句话说，法律确立了大学和公共研究机构作为其创造知识产权的唯一所有者地位（全国人民代表大会，2007）。然而，法律现在允许大学和公共研究机构转让或出售知识产权（也被称为国有资产），必须经过一个漫长而复杂的审批程序，由部级政府机构——国有资产监督管理委员会监督。根据《国资法》第七十五条规定，"构成犯罪的，依法追究刑事责任"，未经国资委批准转让或出售技术属于潜在违法行为（国务院，2008年）。冗长而复杂的审批程序使得及时寻求技术转让或出售变得极其困难（NBD，2014）。

此外，在 2015 年《促进科技成果转化法》修订之前，中国的大学和公共研究机构缺乏从事技术转让活动的激励机制（Cheng & Huang，2016），因为它们不被允许保留从技术转让中获得的收入。这些收入必须转移给政府机构。技术转移未纳入大学绩效评估体系，该体系的主要标准是出版物、专利、科技奖项和企业咨询服务（教育部，2015）。

此外，大学研究人员往往优先考虑获得专利，而不是寻求专利技术的商业化，因为一方面，专利与获取职业发展机会、资金、奖励和认可更直接相关，而另一方面，研究人员受到有限的时间、资源和经验的限制。专利的压力往往让大学研究人员在选择传播知识产权的最佳方法上面临困境，因为不是所有的技术都可以申请专利，而其他方法在法律上可能不被承认（Li，2015）。

上述所有因素都阻碍了有效的技术转让，因此必须进行适当的改革。2015 年 10 月 1 日，《中华人民共和国促进科技成果转化法修正案》正式施行。主要有四个方面的变化：（1）科技成果（包括新技术、新专利）要向社会公开；（2）鼓励大学和公共研究机构转让技术，尤其是允许它们在没有政府事先批准的情况下保留技术转让收入（技术转让收入的至少 50% 必须与技术发明人分享，法律允许价格谈判和拍卖销售）；（3）鼓励企业在技术转让中发挥更积极的作用；（4）政府组织被要求改善其支持技术转让活动的服务。

在 2015 年修订法律之后，几乎每个省级政府都制定了法规，通常被称为促进科技成果转化条例，以实施国家法律的规定（Chen et al.，2021）。例如，一些省份提高了技术转让收入，用于奖励研发和技术转让人员。另一些省份设立了基金，以促进本地区的技术转让活动。

**中国大学和公共研究机构在知识产权管理和专利许可方面仍面临的挑战**

指望上述修正案能解决中国技术转让相关的所有挑战，未免过于乐观。例如，大学和公共研究机构的技术转移办公室（TTOs）是中国体系中的一个薄弱环节。按照西方大学的典型模式，研究人员或组织向其机构的 TTO 公开发明，然后由 TTO 评估发明的专利性和商业价值，并决定是否提交专利申请。如果评估结果是有利专利申请的，TTO 还将决定申请地点——即根据 PCT 选择在国内还是国际范围内提出申请，然后对申请立案。如果专利被授予，TTO将寻求潜在的商业化合作伙伴并与之谈判达成协议，在整个过程中确保专利的有效保护（Rotenberg, 2016）。

与西方模式不同的是，在中国的许多大学里，是否申请专利以及在哪里申请专利的决定权都留给了发明新技术的学者，而不是技术人员。在这种情况下，专利技术办公室主要是根据研究人员的请求为申请提供便利，通常是将研究人员与实际起草和提交专利的专利代理机构联系起来。因此，中国的专利申请很少涉及学术界或专利技术组织的战略规划。此外，中国高校的技术负责人很少主动筛选或发掘科研项目，发现那些可能成为高价值知识产权资产的项目，也很少精心设计和执行商业化战略。由于缺乏相关能力和专业经验，中国许多高校的知识产权负责人普遍将知识产权战略和管理决策权交给研究人员。这种模式也可能部分归因于中国在 2015 年才修订了《促进科技成果转化法》，该法案在最近才赋予大学管理技术转让活动并从技术转让活动中获利的自主权。新法律赋予中国大学的 TTO 更多的激励和责任，鼓励他们将自己的能力发展到更高的水平。

专利许可是技术转让的一个关键方面，有可能刺激本土公司的创新。王等人（2015b）发现，许可大学的技术转让可以显著促进被许可企业的创新绩效。刘等人（2007）通过对前 100 名大学专利申请人的调查发现，这些活动产生的收入反过来又成为这些大学科技研究经费的重要来源。

然而，对专利转让许可文献的调查揭示了中国大学和公共研究机构专利许可的四个主要障碍（Chen et al., 2021）。一是一些先进技术的转让许可机会不足：大多数专利许可发生在传统行业。涉及新能源和生物技术等新兴产业技术的转让许可较少（Wang et al., 2015a）。

在中国，专利转让许可的第二个障碍是缺乏经验丰富的本土被许可人。大多数国有企业在签署许可协议之前都要经过复杂的审查程序。即使签署了此类协议并授权相关专利，被授权方也很难实现专利的市场价值。例如，复旦大学与虎牙生物科学国际公司就吲哚胺 2，3 - 双加氧酶（IDO）抑制剂签署的许可协议。由于风险高、开发周期长和许多药物相关的复杂审批流程，国内制药公司没有动力进行创新，因此复旦大学最终决定将其专利授权给一家美国生物科学公司，并从协议中获得至少 6 500 万美元（Zhang, 2016）。谭等人（2013）

分析了 2011 年中国高校签署的 1 359 份专利转让许可合同，涉及 1 352 项大学专利。他们指出，超过一半的中国大学专利授权给了外国投资者。他们还报告说，大多数被许可的企业位于该国东部地区，例如上海、江苏和广东省。这意味着区域创新能力或企业能力会影响企业寻求与大学或公共研究机构合作的可能性。

在中国，专利许可的第三个障碍是长期财政支持不足。同样，正如谭等人（2013）所示，大多数政府专利补贴计划提供的资金期限为 5 年或更短，对于发明的开发和商业化来说显然不够充分。因此，大多数大学缺乏必要的资金来维持超过五年的专利。因此，许多可能具有很高价值的大学专利在授予后的五年内就会失效。

在中国，专利许可的最后一个障碍是缺乏中介机构，这可以促进转化过程并降低交易成本。张（2016）发现，许多大学教授选择不授权他们的技术，因为他们缺乏进行相关商业谈判和营销活动所需的时间或经验。

### 知识产权保护力度加大

与媒体普遍认为的中国专利保护制度薄弱相反，一些专家认为，中国的法律制度实际上在专利诉讼中有利于专利所有者（Robinson，2017）。事实上，中国专利诉讼的胜率很高，超过 80%。此外，在中国，专利案件从立案到判决和禁令所需的时间比许多其他国家都要短，从 6 个月到 14 个月不等。法律费用也很低，只有美国专利诉讼费用的十分之一。因为专利诉讼案件可以在任何被指控产品销售的地方进行，所以也可以在论坛上购物。审前冻结可用于银行账户、库存和文件，为侵权案件中的专利所有人提供了有用的谈判策略。最后，中国建立了有效的出口货物海关封锁制度。

吕和金（2018）基于 2016 年中国各地 2 200 件发明专利审判案件的处置信息表明，外国实体起诉执行其专利时并没有在法院受到不公平待遇或偏见。然而，他们还发现，如果外国当事人在提起诉讼时不熟悉中国法律制度的具体要求，结果将不那么有利。例如，证据收集成为专利权人起诉以强制执行其专利的主要障碍，这一情况适用于中国和外国公司。中国政府承认这是《专利法》的一个弱点。

值得注意的是，中国在加强知识产权保护执法方面采取了新的措施。最值得注意的是，2014 年在北京、上海和广州等重点城市成立了专门的知识产权法院，旨在提高知识产权审判的有效性和效率。这一目标是通过三个方面来实现的：提高决策质量，更及时地下达判断，以及判断的一致性。由于知识产权法律在技术上具有挑战性，在专门法院指派有经验的法官专门处理与知识产权相关的案件应该有助于中国实现上述每一个目标。将案件分配到专门的知识产权法庭，也为有抱负的法官提供了接受更高质量和更专业培训的机会。法院录用了接受过更好培训的法官，可以增强在知识产权有关事务方面的裁决能力。

在评估这些新成立的知识产权法院的相对有效性时，2016 年知产宝（IP House）的一项研究发现，2015 年北京知识产权法院审理案件的平均赔偿金额为 46 万元人民币，远高于国家知识产权局 2011 年发现的平均赔偿金额 8 万元人民币（知识产权研究中心，2012）。IP House 的研究进一步发现，2015 年，知识产权法院的 18 名法官平均审理了 239 起案件。这是 2014 年北京中级人民法院法官审理案件数量的三倍（Hu，2016）。这些早期证据表明，专门的知识产权法院提高了中国知识产权执法的效率。

北京知识产权法院 2014 年 11 月至 2017 年 6 月的运行情况统计显示，在判决的 142 件民事诉讼案件中，原告胜诉 116 件，总体胜率 82%。在涉及的 13 起案件中，外国公司胜诉了 12 起。此外，在这些案件中胜诉的外国原告平均获得的赔偿金高于中国原告。专利案件的平均损害赔偿金约为 100 万元人民币（Schindler，2018），但法院在几起备受瞩目的案件中，根据中国的标准，判决了更高的损害赔偿金。例如，2016 年 12 月，北京知识产权法院判决被告恒宝股份有限公司向原告北京握奇数据（Watchdata）有限公司支付总计近 5 000 万元人民币（720 万美元）的赔偿金，这是法院自 2014 年 11 月成立以来的最高金额（Zhao，2016）。原告和被告都生产 USB 密钥，用于金融服务中的电子认证设备。北京握奇数据于 2015 年 2 月提起诉讼，称恒宝在未经授权的情况下，使用北京握奇数据的"物理识别方法和电子设备"专利，开发并向中国多家银行销售通用串行总线（USB）密钥产品。经调查，法院计算出侵权产品的销量，实际损失约 4 810 万元。

2021 年 6 月 1 日，专利法第四修正案正式施行。与 2009 年通过的第三次修正案一样，第四次修正案是为完善专利制度、进一步加强知识产权保护而自主立法的。修正案主要有五大变化：一是加强专利保护；其次，它促进了专利的使用和技术转让；三是明确和加强政府在知识产权执法中的作用；四是完善了专利申请和审查流程；第五，完善了专利中介服务公司提供的服务（Huang，2017）。

作为加强专利保护的措施，第四修正案提高了法定损害赔偿金，从当时专利法规定的 5 000 元至 100 万元提高到第四修正案规定的 3 万元至 500 万元。此外，第四修正案引入了严厉的惩罚性赔偿，其金额可能上升到原告所遭受损失的五倍。此外，与《商标法》类似的"举证责任倒置"机制现已适用于专利案件。有了这一机制，在侵权案件结束后，法院可以将举证责任转移到被告身上——如果原告已经尽力收集与损害有关的证据，法院就会命令被告提供证据（如账簿）。这一条款是针对原告在寻求侵权证据时遇到的困难而引入的。中国专利法的这些修订支持了彭等人（2017）的预测，中国将自愿加强知识产权保护，以支持建立创新驱动型经济的目标（正如美国所发生的那样）。

经过上述进展，中国加强了有利于专利持有人的法律制度，加强了专业知识产权法院提供的专利保护，中国已成为专利诉讼的主要地点（Schindler，2018）。一些最引人注目的全球专利纠纷都涉及中国的诉讼。例如，2017 年 1 月，苹果公司在北京知识产权法院对高通（电子设备公司）提起了两起诉讼。在一起案件中，苹果指控高通（电子设备公司）未能正确授权"标准必要专利"；另一起诉讼中，苹果公司要求高通（电子设备公司）赔偿 10 亿元人民币的损失，因为高通（电子设备公司）涉嫌违反了中国的《反垄断法》。2017 年 10 月，高通（电子设备公司）在同一知识产权法院反诉苹果，寻求禁止在该国销售和生产苹果手机（iPhone）。中国与美国和德国一起被选为裁决这场全球知识产权之战的地点，这无疑具有重大意义。

中国知识产权制度中最后一个值得注意的发展是所谓的非执业实体（NPEs）的进入，随着中国专利保护制度的加强，这些实体开始在中国运营。WiLAN 是一家总部位于加拿大渥太华的技术开发和知识产权授权公司，于 2016 年 11 月在南京对索尼提起专利侵权诉讼，这被认为是西方 NPE 在中国的第一起诉讼案件。国内也出现了 NPEs（Wild et al.，2017）。2014 年，华为和富士康的前员工在深圳成立了一家名为敦骏的授权公司。它曾起诉外国和本土技术公司侵犯专利。公开记录显示，它从华为购买了多项专利，随后试图对微软、三星和腾讯等大公司实施这些专利（Schindler & Zhao，2018）。

# 结 论

2012 年，中国共产党第十八次全国代表大会期间，中国政府公布了"创新驱动"发展战略，以促进经济和社会发展。尽管这一宣言措辞强硬，但中国在努力实施这一战略的过程中面临着一系列严峻挑战。这些挑战中最令人烦恼的是，人们普遍认为知识产权保护不足，专利侵权行为猖獗。中国的大学和公共研究机构在将他们开发的技术用于工业和商业应用方面面临法律障碍。

中国政府已经认识到这些问题，并承诺实施更严格的知识产权保护（国务院，2015 年）。知识产权专门法院的设立和专利法的修改，都是加强知识产权保护力度的体现。因此，中国已成为专利诉讼的主要论坛，并吸引了 NPEs 进入中国。《促进科技成果转让法》的修订消除了技术转移的一些障碍，但我国高校和公共研究机构的技术转移制度仍有必要继续改革和完善。

需要进一步的研究来评估中国旨在加强知识产权保护的政策和立法的效果，以评估这些政策和法律如何影响研究人员、企业、大学和公共研究机构的行为。从这些研究中产生的见解将有助于政策制定者以及企业和大学管理人员改进现有政策和流程，并制定更有效的知识产权管理战略。

# 致 谢

黄灿感谢国家哲学社会科学基金资助项目（项目编号：21AZD010），国家自然科学基金资助项目（项目编号：71874152、71732008、71572187），以及中央高校基本科研业务费专项资助项目。瑙巴哈尔·沙里夫（Naubahar Sharif）感谢以下两项资助项目：1. 香港科技大学的"校本计划"（项目编号：SBI16HS05。项目识别号：N1538）；2. 中国香港特别行政区研究资助局（项目编号：HKUC7011 - 16GF）。

# 参考文献

Bosworth, D., & Yang, D. (2000). Intellectual property law, technology flow and licensing opportunities in the People's Republic of China. *International Business Review*, 9(4), 453 – 477.

Chen, B., Huang, C., Peng, C., Ding, M., Huang, N., Liu, X., & Yang, J. (2021). Leveraging public research for innovation and growth — The case of China. In A. Arundel, S. Athreye, & S. Wunsch-Vincent (Eds.), *Harnessing Public and University Research for Innovation in the 21st century — An International Assessment of Knowledge Transfer Policies* (pp.109 – 132). Cambridge: Cambridge University Press.

CNIPA. (2021). The notice on further regulate patent application behavior. Available at: http://www.gov. cn/zhengce/zhengceku/2021-01/27/content_5583088. htm. Accessed on February 22, 2021.

Dang, J., & Motohashi, K. (2015). Patent statistics: A good indicator for innovation in China? Patent subsidy program impacts on patent quality. *China Economic Review*, 35, 137 – 155.

Etzkowitz, H. (2001). The second academic revolution and the rise of entrepreneurial science. *IEEE Technology and Society Magazine*, 20, 18 – 29.

Hu, A. G. (2010). Propensity to patent, competition and China's foreign patenting surge. *Research Policy*, 39(7), 985 – 993.

Hu, A. G., & Jefferson, G. H. (2009). A great wall of patents: What is behind China's recent patent explosion? *Journal of Development Economics*, 90(1), 57 – 68.

Hu, H. (2016). The reform in the Beijing Intellectual Property Court is effective. China Radio International. Available at: http://news. cri. cn/201634/9ee5108c – 9e43 – 91c0 – 74d8 – 328018bc2dde.html. Accessed November 15, 2016.

Huang, C. (2017). Recent development of the intellectual property rights system in China and challenges ahead. *Management and Organization Review*, 13(1), 39 – 48.

Intellectual Property Research Center. (2012). Report on empirical study on the damage awarded in the IP-infringement cases. Zhongnan, China: Zhongnan University of Economics and Law.

IP House. (2016). The report on judicial protection from Beijing Intellectual Property Court 2015. Available at: http://www. iphouse. com. cn/pdfdata/iphouse_2015. pdf. Accessed November 15, 2016.

La Croix, S. J., & Konan, D. E. (2002). Intellectual property rights in China: The changing political economy of Chinese-American interests. *World Economy*, 25 (6), 759 – 788.

Li, X. (2012). Behind the recent surge of Chinese patenting: An institutional view. *Research Policy*, 41, 236 – 249.

Li, Y. (2015). University IP management predicaments and the road ahead: The case of Zhejiang University. International Symposium on Intellectual Property Management at Universities and Research Institutes, Zhejiang University Research Institute for Intellectual Property Management, Zhejiang, China.

Liang, Z., & Xue, L. (2010). The evolution of China's IPR system and its impact on the patenting behaviours and strategies of multinationals in China. *International Journal of Technology Management*, 51, 469 – 496.

Liu, K.-C., Liu, C., & Huang, J. (2016). IPRs in China — Market-oriented innovation or policy-induced rent-seeking? In K.-C. Liu & R. Uday (Eds.), *Innovation and IPRs in China and India: Myths, Realities and Opportunities* (pp.161 – 179). Singapore: Springer.

Liu, Y., Zhang, Y., Yang, J., Zhang, J., & Han, X. (2007). A research on the status quo of patent exploitation in high institutions. Yan Jiu Yu Fa Zhan Guan Li (R&D Management), 19(1), 112 – 119.

Liu, C., Menita, & Huang, C. (2016). Transforming China's IP system to stimulate innovation. In A. Y. Lewin, J. P. Murmann, & M. Kenney (Eds.), *China's Innovation Challenge: Overcoming the Middle-Income Trap* (pp.152 – 188). Cambridge: Cambridge University Press.

Lui, J., & Jin, L. (2018). How do foreign parties really fare in Chinese patent litigation? *Intellectual Asset Management*, May/June, 56 – 63.

Ministry of Finance. (2012). Regulation on the special fund to subsidize overseas patent filing. Available at: http://jjs.mof.gov.cn/zhengwuxinxi/zhengcefagui/201205/t20120531_655657.htm. Accessed November 2, 2016.

Ministry of Education (MOE). (2015). Building a comprehensive knowledge, technology, management, capability, and other market elements to determine remuneration research report by the Ministry of Education S&T Division Task Force April 2015. Science and Technology Division Task Force. Available at: http://cqt.njtech.edu.cn/artcle_view.asp?id=17171.

National People's Congress (NPC). (2007). Law of the People's Republic of China on progress of science and technology. Standing Committee. Available at: http://www.npc.gov.cn/englishnpc/Law/2009-02/20/content_1471617.htm.

NBD (Daily Economic News). (2014). State Council approves "Law on promoting the transformation of scientific and technological achievements (Draft)." November 20. Available at: http://www.nbd.com.cn/articles/2014-11-20/877210.html.

Peng, M. W., Ahlstrom, D., Carraher, S. M., & Shi, W. (2017). How history can inform the debate over intellectual property. *Management and Organization Review*, 13(1), 15 – 38.

Robinson, E. (2017). Defending a patent case in the brave new world of Chinese patent litigation. *Intellectual Asset Management*, January/February, 9 – 14.

Rotenberg, Z. (2016). Where next for University IP commercialization in China? *Intellectual Asset Management*, September/October, 82 – 85.

Schindler, J. (2018). Beijing stakes its claims as a litigation capital. *Intellectual Asset Management*, January/February, 40 – 45.

Schindler, J., & Zhao, B. (2018). Inside Shenzhen — China's high-tech heartland. *Intellectual Property Management*, July/August, 51 – 60.

State Council. (2015). Opinions of the State Council on accelerating building up the intellectual property strong country under the new situation. Available at: http://www.gov.cn/zhengce/content/2015-12/22/content_10468.htm. Accessed November 15, 2016.

State Intellectual Property Office (SIPO). (2008a). The background and content of the first two amendments of the Patent Law. Available at: http://www.sipo.gov.cn/zxft/zlfdscxg/bjzl/200804/t20080419_383845.html. Accessed November 15, 2016.

State Intellectual Property Office (SIPO). (2008b). The background of the third amendment of the Patent Law. Available at: http://www.sipo.gov.cn/zxft/zlfdscxg/bjzl/200804/t20080419_383848.html. Accessed November 15, 2016.

State Intellectual Property Office (SIPO). (2016). *Interview with the Retired Officers of the State Intellectual Property Office*. Beijing: Intellectual Property Publishing House.

Schindler, J. (2018). Beijing stakes its claims as a litigation capital. *Intellectual Asset Management*, January/February, 40 – 45.

Schindler, J., & Zhao, B. (2018). Inside Shenzhen — China's high-tech heartland. *Intellectual Property Management*, July/August, 51 – 60.

State Council. (2015). Opinions of the State Council on accelerating building up the intellectual property strong country under the new situation. Available at: http://www.gov.cn/zhengce/content/2015-12/22/content_10468.htm. Accessed November 15, 2016.

State Intellectual Property Office (SIPO). (2008a). The background and content of the first two amendments of the Patent Law. Available at: http://www.sipo.gov.cn/zxft/zlfdscxg/bjzl/200804/t20080419_383845.html. Accessed November 15, 2016.

State Intellectual Property Office (SIPO). (2008b). The background of the third amendment of the Patent Law. Available at: http://www.sipo.gov.cn/zxft/zlfdscxg/bjzl/200804/t20080419_383848.html. Accessed November 15, 2016.

State Intellectual Property Office (SIPO). (2016). *Interview with the retired officers of the State Intellectual Property Office*. Beijing: Intellectual Property Publishing House.

Tan, L., Liu, Y., & Hou, Y. (2013). Empirical analysis on Chinese universities' patent licensing and its inspiration. *R&D Management*, 25(3), 117 – 123.

Wang, Y., Hu, D., Li, W., Li, Y., & Li, Q. (2015a). Collaboration strategies and effects on university research: Evidence from Chinese universities. *Scientometrics*, 103(2), 725 – 749.

Wang, Y., Liu, M., Ma, Q., & Chen, J. (2015b). Analysis on strategic emerging industries' patent licensing of Chinese universities. R&D Management, 27(4), 130 – 138.

Wild, J., Schindler, J., & Lloyd, R. (2017). Meeting the China challenge. *Intellectual Property Management*, March/April, 19 – 25.

World Intellectual Property Organization (WIPO). (2004). WIPO intellectual property handbook. Available at: http://www.wipo.intedocs/pubdocs/en/intproperty/489/wipo_pub_489.pdf. Accessed June 28, 2018.

Xue, L. (2006). Universities in China's national innovation system. United Nations Educational, Scientific, and Cultural Organization's Online Forum on Higher Education, Research, and Knowledge, November 27 – 30. Available at: http://portal.unesco.org/education/en/files/51614/11634233445XueLan-EN.pdf/XueLan-EN.pdf.

Zhang, M. (2016). University-industry collaboration in the biological medicine industry-Based on Fudan University academic research. *Science & Technology Industry of China*, 4, 76 – 77.

Zhao, R. (2015). Intellectual property transfer. International Symposium on Intellectual Property Management at Universities and Research Institutes, Zhejiang University Research Institute for Intellectual Property Management, Zhejiang, China.

Zhao, Z. (2016). Beijing court hands down highest ever compensation order. *China Daily*, December 14. Available at: http://www.chinadaily.com.cn/cndy/2016-12/14/content_27661840.htm. Accessed August 8, 2018.

# —— 第 4.6 章 ——
# 中国传统文化中的创新要素

陈劲　吴庆前

## 简　介

────────────────────────────

　　长期以来，中国传统文化与西方文化之间的争议一直围绕着古老、过时的文化与现代、新文化之间展开。中国传统文化在某些历史时期被认为是落后、腐朽、颓废的代名词，随着时间流逝注定要被淘汰，尤其是自从社会达尔文主义席卷的晚清以来，该思想占领了中国知识分子的精神世界。尽管如此，随着中国人民的和平崛起和文化学研究的进步，文化认同和自信在全国范围内得到了强化，争议的核心变成了文化类型的多样性（Chen，2005）。尽管文化类型不同，但中国传统文化和西方文化都有助于未来的创造性转型和创新建设。换句话说，文化现代化并不局限于一种形式，文化现代化是具有多样性的。现代化本身就植根于各种具体的传统的文化形式中，东亚的儒家思想在没有被西化的情况下实现了现代化转型，这说明了现代性可以采取不同的形式（Tu，2000）。

　　在某种意义上，中美贸易争端指向了东方文明和西方文明的竞争、合作和互动，即如何协调"让中国再次崛起"和"让美国再次伟大"。如果争端或对抗不以零和博弈甚至相互毁灭而告终，那么它们各自的创新元素，在未来将会产生效益，且必然会相互补充，相互影响。因此，发现和分析中国传统文化中的创新元素，重要的不仅仅是冲突和文明互动的历史背景，还包括在"四个自信"（即道路自信、制度自信、理论自信、文化自信）的旗帜引领下追求现代化的道路。

中国传统文化中是否有创新的禀赋？习近平用一句精辟的话肯定地回答了这个问题："创新是一个民族进步的灵魂，是一个国家兴旺发达的不竭动力，也是中华民族最深沉的民族禀赋"（中共中央文献研究室，2014）。创新行为的一个基本定义是任何有可能将现有资源转化为财富的行为（Li，2011）。虽然构成中国传统文化的许多发明、创造、观念和想法不会被认为是创新，但它们在过去几千年里为创新提供了动力，将中国传统智慧转化为当前和未来的资产。这正是我们在阐述上述创新要素时关注的话题。

## 传统中国文化中的创新要素

大体上，文化的组成部分包括思维模式、理想和信仰、组织和机构，以及实施和技术等等。这里，我们将从这些角度来探讨创新要素。

### 传统思维模式中的创新要素

知名汉学家楼宇烈评论说："在中国文化中，人们的思维模式是动态的、整体的、相关的、随机的和全面的（Lou，2015）"，这与现代和当代西方科学的片面、静态、分析和归纳的思维模式相反。一句话，中国文化是建立在整体性、全局性和系统性的思维模式上的。一个例子是传统中医的典型生物全息理论，根据这一理论，头痛可以通过在脚上涂抹药物来治愈。此外，这种整体性的思维模式动态的也体现在《易经》中，人们认为"气"形成了一种纽带，将天与地融合为一个永恒的整体（Zheng & Kong，1976）。在中国传统医学中，经络是精神、气和生命力在人体中永久流动的基础。整体思维模式是一种前瞻性的思维模式，它包括一种可追溯的动态。比如传统中医中的疾病预防，它是一种前瞻性哲学的杰出产物。整体思维模式也涉及伦理，因为整体被认为是由多个紧密结合的不可分割的部分组成的。在《庄子·齐物论》中，庄子坚持认为他"与天、与地、与世界共存（Guo，2004）"。《礼记》提出，圣人将世界，包括中国人，视为一个大家庭（Zheng & Kong，1976）；同样，在《西铭》中，北宋新儒家张载提出了某种包容性的人生哲学，建议将所有人视为同胞，将众生视为同辈。程颢，另一位北宋新儒家认为，有德行的人应该把天、地和世界看成一个整体（Zai，1978）。

在谈到现代政府和世界秩序时，中国的"人类命运共同体"概念在某种程度上与"美国优先"的主张形成对立。对于这两种思维模式，习近平在纽约联合国总部的一次重要讲话中说："当今世界，各国相互依存、休戚与共。我们要继承和弘扬联合国宪章的宗旨和原则，构建以合作共赢为核心的新型国际关系，打造人类命运共同体。"中国领导人提出的命运共同体、共同利益和共同义务等，在很大程度上源于中国传统文化的整体伦理价值，而"美国优先"的概念则主要源于西方的非全球个人主义思维模式。

整体性思维模式所带来的创新元素，不仅仅是对中国治理的创新，引导中国走上"和平崛起"而不是殖民和霸权的道路，它们还有助于开辟一条具有特色的自主技术创新之路。"我国自主技术创新道路的一个显著特点是，它是分层次的。新中国成立以来，我们经历了自主创新的三个阶段，即二次创新、组合创新和综合创新。现在的大趋势是开放的综合创新（Chen & Wu, 2018）。"2002年，许庆瑞教授突破了西方长期以来的创新范式，提出了全面创新管理。"以培育核心优势和可持续竞争力为导向，全面创新管理应以创造和增加价值为目的，将各种创新要素（包括技术、组织、市场、战略、管理、文化、制度等）结合起来，发挥协同效应。高效的管理机构、方法和工具相结合，无论何时何地，只要创新要素协调到位，就能实现要素和人员的创新（Chen & Wu, 2018）。"在某种程度上，可追溯到传统整体思维的全面创新管理，解决了大科学和全球互联时代所关切的问题，对中国的自主创新工作产生了越来越大的影响。

### 传统观念和信仰中的创新元素

说到中国传统价值观中的创新元素，中国文化中的创新精神是一个不可回避的问题。在第17届中国科学院院士大会和第12届中国工程院院士大会上，习近平通过引用《礼记》对这种精神给予了重视："苟日新，日日新，又日新（《人民日报》，2015）。"这句格言在《大学》中，原本是指每天更新道德价值观，但它却演变成了永久奉献和自我改造的含义。这种革新精神最早可以追溯到《易经》。"鼎"是六十四卦之一，是创新哲学的一个无可争议的指称，在经典中被解释为繁荣和昌盛。正如《易经·杂卦》所指出的，"革"是指抛弃旧的东西，"鼎"是指引进新的东西（Zheng & Kong, 1976）。正如《易经》

中所说，坚持改革是一种伟大的美德，也就是说，弃旧迎新会带来吉祥和繁荣（Zheng & Kong，1976）。阳爻提出了要随着时间的推移拥抱新变化。正如《易经·太阳》所指出的，随着损失、收益、充实和空虚的发生，改变政策很重要（Zheng & Kong，1976）。《易经·系辞二》做了一个中肯的解释："变化源于死胡同，并引导出路和可持续性（Zheng & Kong，1976）。"这种应变能力和弹性的概念也是传统创新精神的一部分，它也体现了一种深刻的宽容。一方面，这种宽容意味着心胸宽广和思想多元共存。正如《礼记·中庸》中所说，万物并育而不相害，道并行而不相悖（Zheng & Kong，1976）。这就解释了为什么中国文明至今在历史上没有经历过大规模的宗教战争，这是世界宗教史上罕见的宗教宽容，宽容是开放、自由和创新文明的基础。另一方面，这种宽容也包括对失败的宽容，古籍中对伟大失败者的颂扬就是证明，如传说中的追日者夸父，以及传说中拿着斧头和盾牌的刑天。从某种程度上说，很难想象，如果不是鼓励改革、变化和宽容的精神，李约瑟（Joseph Needham）如何能在他的七卷本《中国的科学与文明》中增扩了这么多中国的科学创新。

在比较中国传统文明和西方文明时，我们发现，如果用今天的标准来判断，中国古代哲学家的许多思想和信仰都值得被称为创新。例如，中国人对人性的看法，比西方人对人性的看法更加多样化和全面，有助于为治理和管理的理论以及实践提供基本的见解。儒家认为人性是与生俱来，坚持软性管理和温和的行政风格。法家认为人的本性是自私的，提倡硬性管理，将法律、计谋和权力结合起来。道家拥护超越人性概念的自然主义，提出无政府主义或虚无主义。与相信人性绝对邪恶的西方同行相比，中国的各种思想流派在涉及民政管理时，以一种更加灵活和全面的方式看待人性，这使得中国人在处理和解决方面更加灵活和睿智。

此外，中国的传统人格学说可以转化为一种积极的创新因素，这为西方的领导力理论提供了大量的灵感。儒家、佛家和道家都强调良好的人格。在《礼记·中庸》中，儒家主张将智、仁、勇作为三种最高的道德标准（Zheng & Kong，1976），而在《孟子》中，"五常"（即仁、义、礼、智、信）被作为一种道德准则来提倡（Zhao & Sun，1976）。道家在《道德经》中认为，人之初，性本善，道法自然。此外，道教徒被建议"担任适当的职务，心胸开阔，与人为善，值得信赖，能够承担责任和民事管理，行动迅速（Chen，2007）"。

佛教徒要求修行者守戒，巩固意志力，成就智慧，消除贪婪、脾气和愚蠢，从而达到普遍的涅槃。兵家规定了五种美德：智、信、仁、勇和严。上述所有哲学家都对领导者的自律和能力提出了非常严格的要求。就新的领导力提升而言，儒家、佛教和道家的人格观点具有独特的优势，因为它们强调仁爱和慈善，与公务员导向的领导力概念一致。儒家、佛家和道家追求的是因时、因地、因事而异的智慧，以及关于宇宙、社会和人生的知识和真理，这些都有助于培养有远见的、改革性的、超越文化的领导者。儒家、佛家和道家也认真对待领导伦理。正如《论语·子路》中指出的，"其身正，不令而行；其身不正，虽令不从"。这些教诲对公司领导人践行道德自律和承担社会责任有很大贡献，尤其是在 2018 年的全球金融危机，它让人们意识到无纪律的企业可能导致什么可怕的后果。

还有许多其他的中国传统价值观激励着今天的治理和管理创新。2014 年 2 月 24 日，习近平主席在中共中央政治局第十三次集体学习上的讲话中指出："要深入挖掘和阐发中华优秀传统文化讲仁爱、重民本、守诚信、崇正义、尚和合、求大同的时代价值，使中华优秀传统文化成为涵养社会主义核心价值观的重要源泉（《人民日报》，2015）。"和谐，作为中国人生活理念的重要组成部分和治理创新的重要趋势，引导人们形成自己的道德观、社会观、世界观。在 2014 年 5 月的国际友好大会上，习近平主席说："中华民族历来是爱好和平的民族。中华文化崇尚和谐，中国'和'文化源远流长，蕴涵着天人合一的宇宙观、协和万邦的国际观、和而不同的社会观、人心和善的道德观。在 5 000 多年的文明发展中，中华民族一直追求和传承着和平、和睦、和谐的坚定理念。以和为贵，与人为善，己所不欲、勿施于人等理念在中国代代相传，深深植根于中国人的精神中，深深体现在中国人的行为上（《人民日报》，2015）。"

**传统组织和制度中的创新元素**

组织和制度比思维方式、观念和信仰更具体，更具有可操作性。作为一个非常古老的文明，中国在制度和组织体系方面积累了大量的宝贵经验，对国家治理和企业管理产生了重大影响。毫无疑问，中国已经跃上了一条独特的轨道，它深深地建立在传统的中国体制之上，但却受到西方意识形态的启发。

在政治上，民族统一，即多民族，作为中国传统的制度理念，正在为中国人民开辟一条政治现代化的创新道路。多民族性是中国传统文化的一个重要特征。多民族性并不是排斥其他民族或文化；相反，内部的多元性有助于中国文化的可持续发展（Zheng，2016）。在多民族性的影响下，中国政治的特点是有一个历久弥新的、统一的中央，而现在是由一个执政党所领导的开放、多元的政党体系（Zheng，2016）。开放性将社会中不同的利益集团纳入政治进程，通过这种方式，民政部门可以代表大多数人的根本利益，包括激励混合经济成为中国的经济常态。中国政府通过选拔性的选举，在决策者、执行者和监督者之间实行制衡，以取代行政权、司法权和立法权的划分，从而解决了许多问题，如政治精英的选择、政府的继承和政策的执行效率等。中国的民政模式利用选举和协商民主的优势，避免了西方多党制的"为否定而否定"的问题，以及由此产生的社会差距和对立。

对于一个多民族的实体来说，多元主义有助于整体的利益共存和协调。"我国历史上的支流制度、诸侯制度、将帅制度、首领官僚化制度和府/县制度，从现代西方'民族国家'的角度看，具有不可想象的多样性和包容性。然而，在中国这样一个文明的国家，各种制度可以如此共存。一个典型的例子就是'一县两制'和区域自治（Zhang，2011）。"在实践中，多民族团结产生了巨大的动力，中国的创新道路已经形成了可持续竞争优势。"我们的创新体系在战略领导和制度方面与西方体系不同。我们的特点是中国共产党领导，全国范围内群众参与，开放和自由主义的制度（Chen，2018）。"更重要的是，多民族团结有自己的理想和愿景。"在中国，持久的稳定和经济繁荣长期以来被认为是首要责任，所以当中央政府每四到五年就必须重新选举，很难想象大多数中国公民会接受来自西方世界的所谓多党民主。中国古代所有繁荣的朝代都与强大和开明的中央政府有关（Zhang，2011）。"

此外，儒家和道家在今天的中国企业创新中逐渐被证明是具有独特而重要的价值的。以儒家价值观为例，儒家将所有人视为同胞（或一家），将众生视为同辈，这是一个典型的制度特征，是以礼为主、以法为辅的准家族式组织形式。这一特征推动了众多受儒家思想启发的公司的制度创新（包括这一领域的典范——方太）。准家族式企业旨在将自身及其商业生态系统转变为一个大家庭，向其员工、客户和合作伙伴灌输归属感和成就感，促进自我实现，并形成一个"紧密相连的人类命运共同体，生死相依，福祸相依"（Li，2017）。虽然中国的准家族式企业一度受到日本企业文化的影响（如终身雇佣制），但它们正逐渐开辟出一条属于自己的道路。中国的准家族式企业非常重视员工的利益（如忠诚度激励）、福利和发自内心的责任感/使命感/成就感，以及客户的幸福感，这是以客户和员工为中心。在这个家庭中，礼和法治的不可或缺性被认可。在一个受儒家思想启发的现代公司中，礼主要包括旨在培养员工个性和行为准则的日常礼仪规则，庆祝公司或其员工的里程碑事件的仪式，庆祝重要节日的仪式，以及旨在表彰晋升和刺激生产力的仪式。孔子在《论语·为政》中说："道之以政，齐之以刑，民免而无耻。道之以德，齐之以礼，有耻且格。"礼给员工带来的东西，仪式感、神圣感、责任感、使命感、归属感和满足感（包括身体和心灵的发展），这些是非常有吸引力的。

除了儒家和道家的制度，提出法治的法家和提出准军事化公司治理结构的兵家，也影响了许多公司的创新尝试。事实上，不同类型的制度或多或少都有相似之处，并不是完全离散的。因此，可以说，某些传统的文化基因使中国企业家在责任和制度建立方面是独特的。"一个典型的中国老板同时承担着上述三种角色。公司是一支军队，而老板是指挥官。它也是一个家庭，而老板是族长。它也是学校，老板是校长（Li，2017）。"中国的企业家们越来越重视员工的全面发展和幸福感，至少是身心发展和事业成功以及家庭幸福。例如，公司应该关心员工和客户的各种利益，而不限于产品、技术和具体服务。从这个意义上说，中国企业的组织形式在学习、自我提升和共同利益的基础上逐渐成熟。

## 中国传统实施与技术中的创新元素

技术，特别是实施，是中国传统文化最具体的体现。体现在传统实施中的创新元素和创新价值已经在当代许多领域的实践中得到确认，特别是文化创意产业，它从历史悠久的传统美食、医药、时尚、建筑、家具、器皿和书画中获得了无限的灵感。多产的创意奇迹已经成功实现了商业化。

中国的传统技术一般被认为是过时的；有些人可能把古代中国归功于技术和工程，而不是科学。然而，随着相对论、量子力学、信息技术和生态文明等新科学理论的兴起，系统科学和系统思维模式正在蓬勃发展。系统科学在很大程度上利用了科学这一形式。"由于系统科学的出现，哲学家们将他们的关注点从实质主义中心转向关系中心；研究人员从封闭系统的角度，即以孤立的方式研究事物，转向开放系统的角度，即以相互联系的方式研究事物；研究人员从静态的角度（存在主义）转向动态的、进化的角度（进化科学）（Miao，2007）。"系统科学时代的到来，有望为普遍倾向于整体思维的中国人带来大量的技术突破机会。分散结构理论的发现者，普利戈津（Puligotzin）说："传统的中国学术界倾向于整体主义和自发性，注重协调和协同作用。现代科学的最新发展，包括过去几年物理学和数学的发展，更符合中国的科学思维模式。例如托姆（Thom）的灾难理论、重正化群理论和分岔理论（Wang，2012）。"同样，协同理论的创始人哈肯（Haken）也指出："对自然的整体理解，实际上是中国哲学的核心部分。从我的观点来看，西方文化并不能完全认同这一点（Wang，2012）。"可以预见，在一个大科学、大数据、全球互联、世界秩序的时代，中国人很有可能在科技创新方面做得更多。

在科学领域，西方观点认为中国古代有技术，但没有科学，这种偏见很可能导致我们错过中国传统科学的创新之处。科学问题与哲学、宗教等方面的争议是一样的。如果在西方科学范式的框架内进行判断，答案可能是否定的。如果在中国范式的框架内判断，古代中国有自己的哲学、宗教和科学。英国知名科学史学家贝尔纳（John Bernal）和李约瑟就曾经写了许多中国古代的科学成就（Bernal，2015；Needhan，2018）。中国传统科学的基本理论包括如此多的哲学分支，如阴阳、五行、八卦、干支等。农学、中医、天文学和算筹算术是中国传统科学的代表。比如中国传统医学，它在很久以前就由紧密而有效的理论体系演变而来。它是一门不科学的学科，但不可否认的是，它在过去的几千年里拯救了无数的生命。实践是检验真理的唯一标准。在这个意义上，我们不妨对未来的科学发展保持开放的心态，因为科学有很多范式，中国传统科学有可能为未来科学贡献新的思想和范式。

因此，重新发现中国传统科学中的创新元素和价值是一项有意义的工作，特别是考虑到后来为支持这些发现而取得的无数成就。德国哲学家和数学家莱布尼茨（Leibnitz）在了解了八卦图后，惊讶地发现它与他在 1678 年发明的二进制系统并无二致（Wang，2012）。达尔文在他的《物种起源》（1859 年）中也提到，他所谓的"中国古代大百科全书"中关于遗传和变异的大量文献来自《齐民要术》（北魏农学家贾思勰撰写）、《本草纲目》（明末本草学家李时珍撰写）和《天工开物》（明代科学家宋应星撰写）。此外，当代的数控镗床程序控制也受到中国古代提花织布的启发。总之，今天有许多科学和社会热点都与中国的自然史哲学和历史自然科学有关：宇宙学、构造学、地震预报、气候变化、海平面波动、环境继承、生物进化，等等。"中国古代大百科全书"被证明在射电天文学、震中分布图和地震烈度区划、五千年的气候历史重建、五百年的旱涝历史重建和隐性周期发现等方面发挥了巨大作用（Wang, 2012）。

我们相信，千年的技术发展将为人工智能和基因组编辑等新兴技术提供更多创新灵感。

# 结　论

汹涌澎湃的现代化浪潮正带着人类不断前进。然而，事实证明，这个过程并不意味着与传统的割裂，而是对传统文化的创造性转化和创新性发展。因此，现代化的道路是多样的，它包含了传统的"文化基因"，具有深远的影响。作为一种古老而多元的文化，中国传统文化在思维方式、理想信念、组织制度、工具技术等方面都蕴含着取之不尽、用之不竭的神奇创新元素。毫无疑问，这些将极大地激发中国对现代化道路的追求，对财富和价值的创造产生更积极的影响。

我们正处在一个人工智能、基因工程和更多新技术蓬勃发展的时代，也处在一个中国和更多新兴经济体崛起的时代。对中国传统文化和创新资源的大规模、深层次研究，无疑将大大促进东方智慧和中国文化元素的吸收。通过对一个以创新为中心的科技强国在范式突破方面的激励，这些创新元素将帮助中国人民为世界科技做出更多更好的贡献。

## 参考文献

Chen, G. Y. (2007). *The Present Translation and of Commentary of Laozi*. Beijing: The Commercial Press.

Chen, J. (2017). *Management Science*. Beijing: China Renmin University Press.

Chen, J. (2018). The Best Era of China's Innovation School. People's Daily Online, November 19, 2018.

Chen, J., Wu, G. S. (2018). *Chinese School of Innovation: 30 Years Review and Future Prospect*. Beijing: Tsinghua University Press.

Chen, Y. C. (2005). Type and Era: The Difference between Chinese and Western Cultures — A Review from the Perspective of "Pluralistic Modernity". *Historical Review*, 2, 14.

Department of Policy Planning, Ministry of Foreign Affairs of the People's Republic of China. *Chinese Diplomacy*. Beijing: World Affairs Press, 2016: 37.

Guo, Q. F. (2004). *Collection of Interpretations of Zhuangzi*. Beijing: China Bookstore, 2004: 79.

International Department of People's Daily (2015). *Compilation of International Review of People's Daily*. Beijing: People's Daily Press.

John, B. (2015). *Science in History*. Beijing: Science Press.

Joseph Needham. (2018). *Science and Civilisation in China*. Beijing: Science Press, Shanghai Ancient Books Press.

Li, H. L. (2017). *Confucian Business Wisdom*. Beijing: People's Publishing House.

Li, J. (2011). *Drucker on Management*. Shenzhen: Haitian Press.

Literature Research Office of the CPC Central Committee. (2014). *Selections of Important Documents since the 18th CPC National Congress (part I)*. Beijing: Central Literature Publishing House.

Lou, Y. L. (2015). *Chinese Character*. Chengdu: Sichuan People's Publishing House.

Miao, D. S. (2007). *Lecture Notes of System Science in Universities*. Beijing: People's Publishing House of China.

Theoretical Department of People's Daily. (2015). *Annual Compilation of Theoretical Writings of People's Daily*. Beijing: People's Daily Press.

Tu, W. M. (2000). Implications of the Rise of "Confucian" East Asia. Daedalus. 2000 (Winter): 207.

Wang, Y. S. (2012). Traditional Culture and the Development of Science and Technology in China. *Science and Technology Herald*, 30(36), 17 – 18.

Zhang, W. W. (2011). *China Shock: The Rise of a "Civilized Country"*. Shanghai: Shanghai People's Publishing House.

Zhang, Z. (1978). *Collection of Essays on Enlightenment*. Beijing: China Bookstore.

Zhao, Q., Sun, S. (1976). *Commentary on Mencius*. Taipei: Taiwan Arts and Letters Printing House.

Zheng, X., Kong Y. D. (1976). *Commentary on the Book of Changes*. Taipei: Taiwan Arts and Letters Printing House.

Zheng, Y. N. (2016). Institutional Arrangement in Accordance with Chinese Culture. *Theoretical Guide*, 5, 29.

第五部分

# 技术和能力的
# 开放与获取

# 第 5.1 章

# 跨国公司在华创新战略及其对国家生态系统的贡献

布鲁斯·麦克恩　　乔治·S. 伊普　　多米尼克·乔力

## 外国智力资本在中国的创造

自 1995 年以来，中国多年来一直高度重视以科技和教育为主导的发展战略。正如本书其他章节所述，中国的重点一直是建立资源、结构、环境和激励机制，将其作为提高生产率和国内收入的主要力量。外国跨国公司（MNCs）在中国发展创新和创造智力资本方面发挥了重要作用。因此，一个具有政策影响的重要问题是：跨国公司的存在在多大程度上促进了中国国内创新能力的发展？我们将在本章讨论这个问题。

我们从几个角度来考虑这个问题。首先，我们考虑了跨国公司在中国建立研发（R&D）业务、为制造业务提供质量控制、为中国市场创新产品和服务、为中国市场和海外市场开发创新的观点。我们将考虑跨国公司在中国研发业务的发展模式，以及作为其中国战略的功能及其在经济中的嵌入程度的演变。

其次，我们从中国的角度考虑跨国公司在中国的活动：它们对中国企业创新活动和对中国整体创新能力的影响。外国对他国创新活动的影响主要有三种方式。首先，从外国进口材料、技术先进的机器或成品的方式会影响东道国获得这些技术，并可能提高该国的技术先进程度，但不一定会提高该国的本土技术能力。第二，通过获取知识产权（IP）和许可协议来获取外国生产产品的技术知识，可以稳固该国的技术基础，但这取决于该国当地机构吸收、应用和适应新技术的能力。第三，外国直接投资（FDI）通常带来专有技术，最初是外国公司的技术、制造、质量控制和管理嵌入能力的形式，随后是为对国内公司的潜在溢出的形式，这同样取决于泄漏的程度和国内经济的吸收能力，如前文所述。

FDI 影响一国的经济增长、就业、收入以及创新能力。在本章中，我们主要关注的是对自主创新能力的影响。

获得外国技术的第四个途径是把当地的工程师和科学家送到国外接受教育。中国在这方面一直非常积极，不仅派遣中国公民出国留学，而且近年来还制定政策，吸引在国外受过教育的中国人（"海归"）回国。本书第5.3章节对该政策进行了讨论，因此本章不再进一步讨论。

从跨国公司的角度来看，决定是否只进口制成品和/或半成品、产品，许可当地人使用其技术制造最终产品，或直接投资于其控制下的当地业务，取决于许多因素，包括专有知识产权对当地业务的重要性，以及跨国公司保持对该知识产权控制的能力。在本章的后面，我们将讨论跨国公司在本地研发活动的演变，从操作质量控制开始，到软件测试和当地临床试验，到使外国开发的产品适应当地市场，再到专门设计和开发适合中国需求的产品，其中一些产品可能同时适合当地和全球市场。

对大多数跨国公司来说，知识产权是一项宝贵的资产，保护知识产权是任何跨国公司在外国环境中经营跨国公司的重要目标，特别是在一个法律制度和知识产权保护不完善的国家。鉴于中国的目标是建立一个以创新为主导的经济，知识产权是一个重要的谈判筹码，可以用它来换取市场准入或其他政府目标。因此，跨国公司在中国研发的深度，一方面受到为中国市场创造有竞争力的创新机会的影响，另一方面也受到因复制或政府监管而失去知识产权的风险的影响。中国政府对特定技术对中国长期发展的重要性的认识影响了政府对强制转让的干预。

在中国收购外国技术的最初几年，跨国公司更愿意进入一个蓬勃发展的大型市场。在某些情况下，跨国公司转让的技术虽然对中国来说是新的，但并不是世界标准的最前沿。因此，技术对市场的妥协是可以接受的。出乎意料的是，中国企业吸收、改造和改进外国技术的速度和效率，使之成为在本国市场，并日益在世界范围内提供由中国改造的技术的世界级领导者。

# 跨国公司在华研发战略的演变

从跨国公司的角度来看，在 21 世纪前，中国甚至没有被认为是跨国公司外国子公司的创新来源（Hakanson & Nobel，1993；Gerybadz & Reger，1999；Frost，2001）。薄弱的国家创新体系（NIS）加上缺乏知识产权保护影响了企业的选择（Hagedoorn et al.，2005；Banri & Wakasugi，2007）。然后，在 21 世纪，国际选址决策的基本原理开始发生变化，跨国公司越来越重视在中国发展的能力。随着形势的变化，对外国研发的早期研究表明，外国在中国的研发中心不仅成为当地市场发展的重要载体，而且与预期相反，越来越成为当地开发技术的重要来源（von Zedwitz，2004），特别是在产业集群内（Bin & Guo，2011）。技术丰富性和多样性以及子公司与其他实体的知识联系已被证明是创新的驱动力（Almeida & Phene，2004），也是跨国公司进入正在发展创新体系的国家的理由。近年来出现了一种新的现象，即跨国公司在新兴市场开展研发活动，为这些市场（有时也为发达市场）创新，或被称为所谓的反向创新（Immelt et al.，2009）。特别是，中国已经拥有 1 500 多家外资研发中心。[1]

跨国公司最初通过出口东道国的产品进入中国市场，这些产品的竞争优势是基于公司的专有技术、品牌或优越的管理技能，符合传统的产品生命周期（Vernon，1966）。其次是通过当地的制造或服务运营，并建立研发中心来支持它们，主要是出于成本或质量控制的原因。然后，跨国公司调整他们的产品或流程以适应中国市场，建立以市场为驱动的研发中心，并推出符合当地需求的新产品。与产品周期一致的是，当地公司成为强有力的竞争对手，因为它们复制和掌握了已经标准化的技术，并利用它们的低成本投入、了解当地环境并掌握能产生竞争效果的敏捷性方法。尽管很少有跨国公司成为具有全球影响力的知名跨国公司，但中国当地企业在全球供应链中已经取得显著成功。

乔力等人（Jolly et al.，2015）对来自 12 个不同国家（包括美国、欧洲和亚洲国家）的 50 多家跨国公司的中国研发中心进行了深度访谈研究。

---

[1] 杨等人（Yeung et al.，2011）估计，到 2008 年底，已经建立了 1 200 个中心；普华永道（2012）估计，到 2012 年，这个数字将超过 1 500 个；2018 年，我们估计这一数字将超过 1 800 个。

本研究的主要结论是，跨国公司在中国投资研发的动机确实存在差异。但与冯·泽威博士和加斯曼（von Zedtwitz & Gassmann，2002）提出的四个维度不同，我们确定了跨国公司在华研发的三大战略和动机。我们将它们描述为成本驱动、市场驱动（以及政府驱动）和知识驱动。对于每一个驱动因素，本研究都确定了公司战略和研发投资的概况。此外，该研究还发现，对于许多公司来说，研发动机以及研发模式都是随着时间的推移而演变的。我们将依次考虑这些战略。

## 成本驱动型研发

降低成本历来是促使外国公司在中国进行研发的动力（Zeng & Williamson，2007）。乔力等人（Jolly et al.，2015）发现，公司最初的目标是重复性操作——比如编码和测试软件——在中国和母国之间进行操作。它们的海外研发活动集中在研发阶段，往往是在研发的最后阶段，在这个阶段，预算控制是最重要的，任务也是最重复的，它们会利用中国的低成本研发劳动力的优势。这种成本驱动的研发是由来自不同行业的公司选择的，这些公司销售的全球产品几乎很少（或没有）当地特色，主要是在当地市场销售或出口到母公司的供应链（Breznitz & Murphree，2011）。

这一阶段通常需要投入大量的人力资源，通常占研发成本的最大份额，因此利用当地的劳动力成本优势是主要的原动力。跨国公司在中国的研发实体通常是内部的，很少是合资企业。由于许多公司都有这种模式的经验，我们调查的公司很好地解释了在中国成功的相应关键因素。研发和生产需要很好地联系在一起。招聘的重点对象是本地本科和硕士毕业生，而不是博士。本地开发的新知识是有限的。大部分的知识来自总部，所以没有必要将业务设在当地的创新系统内，比如科技园。对生产过程的适应可以保密或视为无关紧要。但在中国的研发活动中，知识产权保护通常被视为一个重要因素，包括为国外开发的现有技术以及新工艺或为新产品申请专利。

跨国公司利用了外国地点的属性——特别是中国的低劳动力成本和研发成本。这对于同当地公司竞争是必要的，而且对于确保进入全球供应链的出口产品的质量也是有价值的。然而，在过去的十年里，中国的工资增长平均高于通货膨胀率约10个百分点（中国劳工通讯，2013），地方政府每年提高15%至

20% 的最低工资（McKinnon，2010），此外，社会保障覆盖面的需求不断增长，这也增加了成本。随着中国与更发达国家的研发薪酬差距逐渐缩小，成本驱动的研发模式已变得不那么相关，除非将生产工厂转移到成本更低的内陆城市，如成都、西安或重庆，否则这种模式是不可行的。此外，日益成熟的客户和本土竞争对手的崛起，使得通过市场驱动的研发（跨国公司在华研发的第二类动机）实现本地化和市场响应成为必要。

**市场驱动型研发**

乔力等人（Jolly et al.，2015）发现，跨国公司在华的第二类研发是市场驱动型研发，通常发生在需要本地化的地方，如与食品、香料或汽车等文化相关的产品，或使技术与当地规范或法规保持一致。市场驱动型研发是指把在中国以外开发的技术引进中国，并根据中国消费者的喜好或中国的法规在当地进行修改。中国消费者与世界其他地方的消费者品味都不同，其众多的细分市场刺激了适应的需求。此外，日益富裕和成熟意味着中国消费者越来越不愿意忍受西方的"二手货"。他们想要中国制造的产品，即在中国设计的产品，为中国设计的产品。本土竞争对手善于识别和满足市场需求，跨国公司不得不加深对中国市场的了解，以满足本土需求。产品不仅必须是"足够好"（Gadiesh et al.，2007），而且必须是"适用的"，即满足消费者对功能和价格的期望。例如，汽车制造商不得不对他们的汽车进行大的调整，以满足中国消费者的各种需求，包括对车内娱乐设施的期望。

在市场驱动的研发中，在中国进行的活动范围超出了简单的研发结束阶段（正如成本驱动型研发），而是涵盖了研发过程的整个开发阶段，即初级开发和最终开发。乔力等人（Jolly et al.，2015）观察到，要实现市场驱动的研发，外国公司需要加深对中国市场的了解。高管们表示，有必要与消费者直接接触，并确定每个市场存在的多个细分市场，以及使用条件，这可能与他们在本国的情况不大相同。一位受访者提到，北美的工程师通常对中国消费者的期望知之甚少，无法想象或接受所需产品规格的变化。因此，公司研发能力的提高与对本地消费者需求的实地了解密切相关。这项研究还发现，有时，中国的本地适应并不是由消费者的需求或品味差异驱动的，而是由原材料的差异驱动的。例如，开发时可以侧重测试本地采购的不同原材料的组合，以找到满足中国消费者实际需求或成本条件的正确组合。一个显著的例子是，由于纯镍的价格翻了两番，中国金属公司最近开发了镍铁作为镍的替代品。

中国需要获得当地监管机构的批准，这刺激了一些市场驱动的研发活动。我们研究中的一个例子是制药行业。药物疗效与国家无关；全世界的药物都差不多。根据中国监管程序的要求，即使一种已经被美国食品药品监督管理局、欧洲药品管理局或日本医药和医疗器械等其他机构测试和批准的药物，都需要获得中国的批准，需要在中国进行研发和临床试验，这是一种市场驱动的研发形式。大多数大型制药公司在中国进行一些所谓的三期开发，以获得在中国销售的权力（我们在样本中的9家制药企业中观察到这种活动）。事实上，中国食品药品监督管理局要求在中国人身上进行药物测试，以证实药物对中国人的生理没有特别的问题，这样的样本可能需要多达5 000名患者。药物通常不需要修改（虽然剂量会有所改变）。从历史上看，外国制药公司在中国开展研发活动的起点往往是对当地人群进行这种试验。

### 政府驱动型研发

市场驱动型研发的一个特例是政府驱动型研发（Economist，1999；Walsh，2003）。这种类型的研发是为了进入当地市场、获得政府合同或大型项目。另一种说法是"PR&D"，以强调这一战略的公共关系维度。通常，这种研发始于最高层签署的政治协议，是国家之间的政治协议。这种动机通常可能是为了满足中国政府对更多国内技术创新的需求。在企业对政府的活动中、在全球竞争对手很少的企业中是很常见的。这些协议在中国由国有企业（在政府控制下）执行，而在国外则由与本国政府关系密切的跨国公司执行。一个典型的例子是，微软同意在北京建立一个大型软件研发中心，而中国政府也同意要求政府机构使用正版微软产品。

中国公司的一个重要目标是联合开发技术，例如高速铁路、航空航天和航空电子设备。中国公司的驱动力是获取技术，而跨国公司的驱动力是市场准入。政府干预通过迫使内部技术转移和加速自主创新，压缩了中国产品生命周期的演进。中国政府的直接干预刺激了本土竞争对手的崛起，它们配备了最先进的技术，其速度比传统的产品周期规划所预测的要快得多。对于跨国公司来说，参与这些机会难得的开发的代价是催生了潜在的全球竞争对手。

**知识驱动型研发**

乔力等人（Jolly et al., 2015）发现了第三种类型，即知识驱动型研发，它与成本驱动型研发和市场驱动型研发在创新过程的步骤数量上有所不同。虽然成本驱动型研发主要集中在开发的最后阶段，而市场驱动型研发通常不会超越开发阶段，但作者发现，进行知识驱动研发的公司的活动涵盖了所有阶段：基础研究、应用研究和开发。

在知识流动方面，三种类型的研发策略也存在差异。关键问题是依靠进口的知识还是依靠中国创造的知识。当以成本驱动研发为目标时，知识来源于国外的研发资源。在中国，这些知识增加的价值有限，而且对本土研发基地的回报很少。在市场驱动型研发模式下，进口知识的流动和在中国创造的价值都更加显著。外国公司可以将国外开发的成套技术引进中国。这些技术经过跨国公司中国研发中心的重新设计和开发，以适应当地需求，在中国创造更多的价值。这种新的知识体系是专门为中国创造的，所以除了与中国有类似市场需求的亚洲国家，最初不会出口到其他国家。

与前两种模式相比，知识驱动型研发并不主要依赖于国外引进的技术。相反，它的目标是利用中国的知识。跨国公司的价值创造完全得益于中国创造的技术。理想的情况是，这些在中国开发的技术将会被转移到全球。这意味着，一个先决条件是跨国公司应该愿意从全球的角度来定位其研发（而不是将知识开发集中在国内）。就连飞利浦和联合利华等面向大众消费市场的公司，也决定在中国设立一些负责全球业务的研发实验室。一些公司对公司（B2B），如比利时化工公司苏威集团（Solvay），也采取了同样的策略。

**动态视角**

乔力等人（Jolly et al., 2015）发现中国的研发经历了从成本驱动到市场驱动再到知识驱动的不同发展阶段。尽管随着中国市场的成熟，跨国公司的研发理念正在发生转变，但大多数研究受访者仍专注于创新活动的前两个阶段：寻求节约成本（占样本的18%）和技术适应市场（占样本的54%）。尽管如此，研究知识驱动型研发的比例（占样本的28%）仍在上升。采访证实，这些公司已经意识到全球研发版图上的一个重要转变：中国作为一个拥有包括顶尖大学和研究中心、科学园区、初创公司、风险投资家和蓬勃发展的专利申请在内的所有必要要素的创新型国家，已经登上了世界舞台。有趣的是，在已经改变研发方向的子样本公司中，超过一半的公司已经在 2008 年做出了这一改变。

在第一阶段，基于成本的研发，外国公司在劳动力成本上没有任何优势，但它们在技术、生产体系和管理上有优势。同样，它们的品牌也可能不是一个很大的优势，除非它们是众所周知的消费品。因此，它们将研发重点放在那些能让它们在成本和质量上比当地企业更有优势的领域，包括更有效地使用当地劳动力。

在第二阶段，当地公司有能力使它们能够更有效地响应市场需求，包括更好地理解消费者不断变化的需求，识别不同的细分市场，提供"适合用途"的产品，以及随着消费者品味的变化提高产品的质量和属性。跨国公司最初对成本的关注并不能弥补它们对消费者了解的不足，因此它们不得不在深入了解当地市场的基础上转向研发。

在第三阶段，跨国公司在发达国家市场进行研发。但由于中国政府努力建立国家创新体系（如本书所述），以及大力推动发展以创新为基础的竞争优势，中国知识基础的发展非常迅速。中国市场足够大，足够多样化，变化如此迅速，特别是向更高质量和更昂贵的产品和服务发展，以至于当地知识创造得到了回报。因此，越来越多的跨国公司发现，有必要在中国进行研究，以利用这些知识。

## 中国的外国直接投资（FDI）与智力资本流入

### 国内市场的 FDI 与本地溢出效应

在对外资开放的最初几年，大部分外国投资来自海外华人，并面向中国国内市场，对技术的重视程度较低，更多的是满足对简单消费品的需求。但随着跨国公司在中国的投资力度加大，中国的技术基础变得更加重要。跨国公司利用本土技术在中国市场提供竞争优势，其中一些还具有刺激当地公司创新能力的效果。在这一章节中，我们先总结这一现象的实证研究，然后再探讨加工技术的影响。

许多关于技术溢出对中国本土企业的影响都是基于描述性研究和案例分析的。国务院发展研究中心的龙国强在一系列调查的基础上进行的一项早期研究发现，外国企业和本土企业之间的合资企业增加了可用的技术和受过培训的人员，并为跨国公司的当地供应商提供了上游业务（Long，2005）。此外，当地公司进入跨国公司创造了新的产品市场，当地公司进入这些市场，向跨国公司以及他们的前雇员学习，扩大产品种类。龙引用了中国公司在 1999 年开始生产手机的例子。本土公司的市场份额从 1999 年的 2% 增长到 2001 年的 15% 和 2003 年的 60%（Long，2005：331）。此外，龙认为，国有企业的重组创造了具有进入国内市场资源的公司，而私营部门不仅吸引了跨国公司的人员，还吸引了越来越多的海归人员。这个庞大且快速增长的市场为新进入者提供了空间，但在一些受控制的行业，如汽车行业，本土合资伙伴被"挤出"了。龙认为，强制性技术转移不是发展本国创新能力的有效手段：竞争政策和知识产权保护同样重要。

在本书的第 6.1 章，曾和威廉森（Zeng & Williamson，2007）讨论并解释了许多中国公司最初是如何通过复制跨国公司的产品（所谓的山寨现象）起家的，专注于它们在低成本劳动力方面的竞争优势，但相对迅速地转向以优惠的价格提供更高质量的产品，击败了那些反应迟缓的跨国公司。它们的"足够好"的产品回应了一个巨大且不断增长的市场机会，这刺激了这些公司提高它们的创新能力。这种现象显然得益于复制跨国公司带到中国的技术，这些溢出效应使当地公司得以起步和发展。像中国在早期所做的那样，缺乏知识产权保护的环境为当地公司提供了跨越技术能力差距的机会，证实了它们有足够的能力吸收和使用所获得的东西。

最近，伊普和麦克恩（Yip & McKern，2016）对中国公司创新能力的发展进行了全面的实证研究。通过详细的访谈、案例分析、调查、企业数据和统计资料，作者提供了中国本土企业在向以市场为导向的经济转型后发展出的大量创新能力的证据。格林文和伊普（Greeven & Yip，2021）进一步概念化了中国企业的六条独特创新路径。虽然格林文和伊普（Greeven & Yip，2016）的重点不是探讨来自国际直接投资的技术溢出效应，但大量详细的例子为跨国公司的影响提供了间接证据。跨国公司的影响包括人员的外流、新市场的建立、范例的存在促进的技术复制、跨国公司活动的示范效应、人员从成功的跨国公司流入当地公司以及回国人员的创业技能。这与他们研究的主要发现并不矛盾，他们明确了中国自主创新能力发展的两大主要力量：大型、多样化和快速增长的市场，以及政府支持创新作为关键经济增长引擎的一贯政策，通过资金和激励措施来建立创新生态系统，再加上中国人与生俱来的创业动力。

通过政府技术机构和大学协助创业活动的政府政策得到了包括财政支持和保护在内的一系列相关政策的补充。这些政策是中国建立现代科技经济的重要组成部分，也是本书许多章节的一贯主题。叶普和格林文的研究支持了这样的观点，即跨国公司是加强当地能力发展这一大环境的重要因素。他们的研究显示，没有迹象表明外国人正在排挤当地人。相反，在跨国公司竞争的刺激下，有许多外国公司在当地市场被中国公司击败的例子，尽管跨国公司有长期的优势、较强的创新能力，并对当地消费者有着卓越的了解。在过去十年，即2010 年代，小型的中国企业也成为重要的创新者，加入中国快速发展的创新生态系统（Greeven et al., 2019a, 2019b）。

尽管这些实证研究表明，国际直接投资对中国企业存在着重要的溢出效应，但傅（Fu, 2015）最近进行的一项全面的计量经济学研究得出了更微妙的结论。傅发现，外商投资对区域创新能力和产出增长具有显著的影响，但影响程度因地理位置而异。这一影响在中国沿海地区更为显著，那里的大学和公共机构拥有大量受过教育的研究人员，支持跨国公司在当地的研发活动。在内陆省份，国际直接投资对创新的影响却不那么显著，部分原因是当地研发支持资源稀缺，还有一部分原因是内陆地区更专注于利用低劳动力成本和其他本地投入的产业。

傅表示，尽管国际直接投资对技术密集型产业的增长及其衍生的创新具有重要作用，但几乎没有证据表明国际直接投资会对国内创新能力产生直接影响。跨国公司在华运营初期倾向于独立运营研发中心，不申请当地专利，本土吸收的情况也不常见。我们之前对跨国公司在中国发展过程中所经历的研发阶段的分析中解释了这一现象的原因。

### 出口加工技术和本地溢出效应

其他跨国公司把中国作为加工业务的基地，利用中国低成本的半熟练劳动力，将来自不同来源的材料和零部件组装成成品，销往发达国家。这种加工贸易（PT）的国际直接投资是中国出口表现的一个非常重要的发展，特别是在高技术出口方面，中国在世界贸易中获得了很大的份额。接下来我们来研究这个现象。

布列兹尼茨和默弗里（Breznitz & Murphree，2011）[①] 的研究为加工贸易提供了证据，他们研究了中国零部件和组装供应商是如何通过参与全球供应链进入国际制造加工贸易的。加工贸易迅速成为中国高技术出口贸易的核心机制，直到 2006 年，加工贸易占高技术出口总额的 85% 至 90%（Fu，2015，图 4）。根据布列兹尼茨和默弗里的研究，中国企业在出口导向型加工发展的早期阶段面临的环境是"结构性不确定性"，即政府决策的易变性和重要性，加上终端市场的动态增长，迫使供应商不能进行大规模投资。与此同时，它们必须迅速吸收先进的制造技术，这些技术往往是由发达经济体的企业客户提供的，而技术的快速发展鼓励它们在实践中学习。这种环境刺激了加工业务的增长，但作者认为，这种环境对创新的影响既有积极的一面，也有消极的一面。不确定性使小规模和短期的承诺更有价值，因此企业更倾向于渐进式而不是激进式的创新。由于中国承包商将产品销售给跨国公司控制的供应链，而不是终端市场，它们不直接接触最终消费者，因此它们的创新往往是产品或流程的改进，而不是新产品的开发。另一方面，公司也青睐那些即时、实用、贴近消费者需求的创新，这种创新有助于提升企业的敏捷性和适应性。随着时间的推移，它们成功找到了新的消费者（傅提到的出口市场知识溢出效应），一些公司还扩展到新的行业领域。作者在本书第 6.2 章节中指出，这些特征使它们"能够经受住国内和国外的冲击"。

尽管前文所述的本土能力有所增长，但很明显，在加工贸易领域占主导地位的仍然是跨国公司，2006 年，跨国公司占高科技加工出口的 89%。要知道加工贸易约占中国高科技出口总额的 85% 至 90%，因此跨国公司控制了中国高科技出口贸易的 75% 至 80%。加工出口始于在其他国家进口具有附加值的零部件，再加上有限的当地材料和技术水平不高的当地劳动力，所以中国的整体附加值从一开始就很低。因此，中国高技术出口的增加值和保留价值大大低于其出口价值，虽然随着时间的推移，它已经有所增加，但据估计，到 2012 年，它不超过出口价值的 45%（Yuqin，2014）。2015 年，中国制定了一系列政

---

① 本书的第 6.2 章节提供了同一作者对这些问题的最新概述。

策，即"中国制造2025"，旨在提高制造业增加值的比重。

早前布列兹尼茨和默弗里（2011）的研究分析显示了加工贸易对中国国际贸易发展的重要性。傅（2015）对2000年至2007年期间的数据进行了非常深入的分析，涵盖了传统FDI和加工贸易中的FDI（PT-FDI），这在之前很少受到学术界的关注。

傅研究了加工贸易中的FDI和传统FDI对本土企业在高科技领域出口业绩的影响。其影响有两大类：

1. "溢出效应"是由于（a）企业之间的劳动力流动，[①] 当地吸收能力很重要，（b）关于出口和出口机会的知识扩散；这降低了当地企业开始出口的固定成本。

2. 一种"竞争效应"，即外国公司刺激或排挤本土公司。

傅的研究结果表明，在从事加工贸易的企业中，出口知识对本土企业具有正向溢出效应，从而提高了出口绩效。但是，在技术方面却有负面影响。虽然出口的本土公司能够了解出口贸易，获得国外市场知识，从而提高其出口业绩，但在技术能力方面却不是这样。跨国公司的存在似乎并没有促进技术从跨国公司向本土公司扩散。傅推测，这可能是由于跨国公司对进口部件或材料的技术控制，以及加工过程中涉及的劳动力技术含量相对较低导致的。因此，缺乏进入加工领域能力的非出口企业受到了抑制。相反，拥有现有技术能力的公司却没有受到限制，能够与跨国公司竞争并向其学习。

在非加工贸易中的FDI（即传统FDI）中，国内企业的出口绩效也存在正向的信息溢出效应，但同时也存在负向的技术溢出效应。

傅得出结论：对于非加工贸易型国内企业的出口绩效，关键因素是自主创新、规模经济和出口信息溢出。就中国创造创新导向经济的政策而言，她的结论是，通过追赶并向跨国公司学习的机会不足以提高本土企业的创新能力和国际竞争力。虽然加工贸易中的国际直接投资有助于就业和收入增长，但其影响是间接和缓慢的。还需要以能力建设为重点的其他政策（本书许多章节都强调了这一点）。

---

① 劳动力溢出的结果是带着最佳实践知识的人员从外资企业向本土企业流动。更直接的是，劳动力流动可以更广泛地引致本土知识的升级。另一种机制是通过复制或盗窃进行知识产权传输。

# 中国的 FDI 与智力资本政策

从以加强本国创新能力为目标的东道国经济的角度来看，针对跨国公司的政策可以设计为向内转让技术提供激励。例如，中国利用进入国内市场作为向中国转让外国技术的交换条件，取得了不同程度的成功，近年来，这一政策的要求越来越高。对许多跨国公司来说，巨大中国市场的吸引力足以让它们在控制专利技术方面做出妥协。中国高速铁路网的发展就是一个突出的例子。在中国高速铁路网发展的早期阶段，外国公司进入中国市场的条件是向中国的公司转让技术，这使中国不仅成为独立的，而且随着时间的推移，成为该领域的世界领导者。由于中国是近年来高速铁路技术的最大市场，中国公司通过吸收外国技术并对自身能力进行改进，迅速成为该领域的领导者。如今，它们是外国市场上新铁路项目的活跃竞争对手。

在中国向西方开放的最初几年里，人们对 FDI 持谨慎的态度，当时很少考虑技术转移。1979 年至 1985 年间，中国通过了一系列法律，管理各类外商投资实体，其中第一部法律允许 FDI 以合资企业的形式存在。中国还建立了 4 个经济特区——很快增加到 14 个——以试验贸易自由化和外国投资。从 1986 年到 1991 年，中国鼓励 FDI，并扩大了各种机制，包括合资企业、合作合资企业和外商独资子公司。中央政府进一步出台了《中华人民共和国外商独资企业法》《中华人民共和国中外合资经营企业法》《外商投资企业和外国企业所得税法》《外商投资产业指导目录》等规范外商企业活动的法律。

在经济特区，企业享有优惠税率、土地使用权、不受中央计划配额和劳动法规的限制以及其他优势。早期的 FDI 政策在某些方面对外国公司比对当地公司更有利，例如免税期、提供土地或建筑物等。

2017 年 1 月 17 日，国务院发布《关于扩大对外开放积极利用外资若干措施的通知》，旨在促进和鼓励利用外资。《通知》包含三个方面的 20 项具体措施（Jin, 2017）：

- 中国将修订《外商投资产业指导目录》，开放一批投资领域，包括高技术产业和"绿色"产业。
- 增加投资环境的透明度，保护外国企业的知识产权。

● 允许地方政府对有利于就业、经济发展、技术创新的外资项目给予优惠，特别是中西部和东北地区。

2018 年 6 月，中国公布了进一步修订的《外商投资产业指导目录》，放宽了对银行、汽车、农业等领域的 FDI 的限制。

自那以后，在 2019 年 3 月于北京举行的年度"两会"（中华人民共和国全国人民代表大会和中国人民政治协商会议）上，出台了进一步措施，以提高对外国投资者的直接投资吸引力。这些建议包括为国内外企业的投资建立一个"公平的竞争环境"，并消除外国企业的强制技术转让（FTT）。

目前尚不清楚这些变化和其他变化将在多大程度上得到认真落实，它们是否会成为中美贸易摩擦谈判中的一个谈判要素，或者对 FDI 的监管是否会出现重大转变。但他们正在朝着正确的方向前进，以减少外国投资者的不确定性。如果认真执行，短期效果可能是减少外国技术向当地公司的转让，但长期来看，它们可能预示着一种新的环境，即在知识产权保护的保证下，欢迎外国公司在当地进行创新，无论是独立的，还是与当地研发中心和公司合作的，技术都能通过向中国实体出售和许可新技术的方式流入中国。考虑到发生在其他有大量知识产权交换的司法管辖区的溢出效应，这可能比过去限制性更强的方法对中国自主知识产权能力的发展产生更积极的影响。

# 结　论

自中华人民共和国成立以来，FDI 的作用一直是中国的一个重要政策问题，政府的方法随着经济的成熟而演变。每个国家都有权制定针对 FDI 的改策，在实践中，这些政策从善意的忽视到严格的控制都有。作为一个最初缺乏技术基础的国家，中国从国外寻找技术是明智的，市场开放后，FDI 被视为吸引技术和创新的关键工具。中国开展不同试点、借鉴经验、因地制宜的务实做法，使中国的政策逐步重视技术转让。然而，如何最好地确保适当程度的技术转让，就需要各方各持己见。各持己见可以是强制性转让（例如转让给合资伙伴）以换取进入外国市场的权利，也可以是签订使用外国知识产权的合同协议，并保护产权和实施转让的一系列机制。关于有效转让的最佳政策的意见受到 FDI 对国内能力溢出效应的影响。在我们看来，强制转让不是最好的方式，除非所提供的市场激励机制非常高，而且有技术能力强的追求者可供选择。如前文所述，建立自主创新能力涉及的远不止获取知识产权：它需要一个成熟的相关要素的生态系统，以加强吸收能力。

虽然中国的知识产权保护环境已经得到改善并在持续改善，但还没有像欧盟和美国那样强大，特别是在执行方面。然而，随着中国企业在全球业务中的地位越来越稳固，它们也越来越意识到保护知识产权的重要性。2016 年，中国使用专利合作条约（PCT）程序申请的专利占全球申请的 18.5%，中兴和华为两家公司是申请 PCT 最多的公司，分别排名第一和第二。随着时间的推移，国内知识产权的巨大增长将有助于加强国内制度，但如果跨国公司要对自己的知识产权法律地位有信心，还需要做更多的工作。

令人欣慰的是，最近的公告表明，将对知识产权采取更严格的保护机制。这将为中国试验以市场为导向的技术转让制度提供一个有益的机会。我们希望，跨国公司在中国的实践环境将能够变得更加友好，使它们受益于当地的创新生态。

# 参考文献

Almeida, P., & Phene, A. (2004). Subsidiaries and Knowledge Creation: The Influence of the MNC and Host Country on Innovation. *Strategic Management Journal*, 25(8-9), 847-864.

Banri, I., & Wakasugi, R. (2007). What Factors Determine the Mode of Overseas R&D by Multinationals? Empirical Evidence. *Research Policy*, 36, 1275-1287.

Bin, G., & Jing-Jing, G. (2011). Patterns of Technological Learning within the Knowledge Systems of Industrial Clusters in Emerging Economies: Evidence from China. *Technovation*, 31(2-3), 87-104.

Breznitz, D., & Murphree, M. (2011). *Run of the Red Queen*. New Haven, CT: Yale University Press.

China Labour Bulletin. (2013). Wages in China. June 10. Available at: http://www.clb.org.hk/en/content/wages-china.

Economist. (1999). Testing GM's Shock Absorbers. *The Economist*, May 1.

Frost, T. S. (2001). The Geographic Sources of Foreign Subsidiaries' Innovations. *Strategic Management Journal*, 22(2), 101-123.

Fu, X. (2015). *China's Path to Innovation*. Cambridge: Cambridge University Press.

Gadiesh, O., Leung, P., & Vestring, T. (2007). The Battle for China's Good-Enough Market. *Harvard Business Review*, September.

Gerybadze, A., & Reger, G. (1999). Globalization of R&D: Recent Changes in the

Management of Innovation in Transnational Corporations. *Research Policy*, 28(2 - 3), 251 - 274.

Greeven, M., & Yip, G. S. (2021). Six Paths to Chinese Company Innovation. *Asia Pacific Journal of Management*, 38, 17 - 33.

Greeven, M., Yip, G. S., & Wei, W. (2019a). Understanding China's Next Wave of Innovation. *MIT Sloan Management Review*, 60(3), 75 - 80.

Greeven, M., Yip, G. S., & Wei, W. (2019b). *Pioneers, Hidden Champions, Change Makers and Underdogs: Lessons from China's Innovators*. Cambridge, MA: MIT Press.

Hagedoorn, J., Cloodt, D., & van Kranenburg, H. (2005). Intellectual Property Rights and the Governance of International R&D Partnerships. *Journal of International Business Studies*, 36, 175 - 186.

Hakanson, L., & Nobel, R. (1993). Foreign Research and Development in Swedish Multinationals. *Research Policy*, 22(5 - 6), 373 - 396.

Immelt, J. R., Govindarajan, V., & Trimble, C. (2009). How GE is Disrupting Itself. *Harvard Business Review*, October, 56 - 65.

Jin, I. (2017). China's New Policies on Foreign Investment. Asia Pacific Foundation of Canada. March 28.

Jolly, D., McKern, B., & Yip, G. S. (2015). The Next Innovation Opportunity in China. *Strategy + Business*, September, 16 - 19.

Long, G. (2005). China's Policies on FDI. In T. H. Moran, E. M. Graham, & M. Blomström (Eds.), *Does Foreign Direct Investment Promote Development?* (pp. 205 - 223). Institute for International Economics, Washington, DC.

McKinnon, R. (2010). Wage Increases: The Win-Win Answer on China Trade. *Wall Street Journal*, July.

PricewaterhouseCoopers. (2012). Tax Preferential Policy for R&D Activities in China. PricewaterhouseCoopers LLP, New York, NY.

Prud'homme, D. (2016a). Forecasting Threats and Opportunities for Foreign Innovators in China's Strategic Emerging Industries: A Policy-Based Analysis. *Thunderbird International Business Review*, 58, 103 - 115.

Prud'homme, D. (2016b). Dynamics of China's Provincial-Level Specialization in Strategic Emerging Industries. *Research Policy*, 45, 1586 - 1603.

Prud'homme, D., von Zedtwitz, M., Thraen, J. J., & Bader, M. (2018). Forced Technology Transfer Policies: Workings in China and Strategic Implications. *Technological Forecasting & Social Change*, 134, 150 - 168.

Ramamurti, R., & Hilleman, J. (2018). What is "Chinese" about Chinese Multinationals? *Journal of International Business Studies*, 49, 39 - 48.

State Council. (2010). Decision on Accelerating the Nurturance and Development of Strategic Emerging Industries. State Development, 32. Available at: http://www.gov.cn/gongbao/content/2010/content_1730695.htm.

Vernon, R. (1966). International Investment and International Trade in the Product Cycle. *Quarterly Journal of Economics*, 80(2), 190 - 207.

von Zedtwitz, M. (2004). Managing Foreign R&D Laboratories in China. *R&D Management*, 34(4), 439 - 452.

von Zedtwitz, M., & Gassmann, O. (2002). Market versus Technology Drive in R&D Internationalization: Four Different Patterns of Managing Research and Development. *Research Policy*, 31(4), 569 - 588.

Walsh, K. (2003). Foreign High-Tech R&D in China: Risks, Rewards, and Implications for U.S.- China Relations. Henry L. Stimson Center, Washington, DC.

Yeung, A., Xin, K., Pfoertsch, W., & Liu, S. (2011). *The Globalization of Chinese Companies: Strategies for Conquering International Markets.* John Wiley & Sons, PTE, Singapore.

Yip, G. S., & McKern, B. (2016). *China's next Strategic Advantage: From Imitation to Innovation.* Cambridge, MA: MIT Press,.

Yuqing, X. (2014). Measuring Value Added in the People's Republic of China's Exports: A Direct Approach. ADBI Working Paper 493, Asian Development Bank Institute, Tokyo.

Zeng, M., & Williamson, P. J. (2007). *Dragons at your Door: How Chinese Cost Innovation is Disrupting Global Competition.* Boston, MA: Harvard Business School Press.

—— 第 5.2 章 ——
# 外国技术在中国的转让

傅晓岚　侯俊

## 前　言

在经历了几十年的快速增长后，中国已经开始向经济改革的"新常态"过渡。这表明，中国经济已进入一个新的、需要调整结构的发展阶段，以支持长期可持续发展。前期的经济驱动力（低技术制造业）将逐渐被"新常态"的驱动力——高技术和服务业取代（Zhang et al.，2016）。创新是中国经济增长的主要动力，是引领中国向创新驱动国家转型的关键。

创新可以通过不同的渠道实现；所选择的创新来源及其有效性在很大程度上取决于发展阶段以及当地的社会经济环境。由于低收入国家的人口普遍受教育程度较低，技术创新能力几乎没有，因此从国外获取创新可能是一条切实可行的路径。创新也被认为是一个代价高、风险大、路径依赖的过程。因此，对于技术后发国家来说，仅仅获取技术前沿创造的先进专有技术是合理的（Barro & Sala-i-Martin，1995；Eaton & Kortum，1995；Grossman & Helpman，1994；Romer，1994；Jiang et al.，2020）。另一方面，当一个国家完全发达并处于全球技术前沿时，创新的主要来源可能是自主创新，因为此时它已有能力创新（Fu et al.，2017）。

近年来，创新模式越来越开放，越来越充分利用外部资源。因此，在创新过程的每一个阶段，国际知识的扩散都有利于企业的创新（Narula，2003；Fu et al.，2011）。特别是新兴经济体（如中国）在建立最初的技术能力方面，通过国际渠道传播的知识中受益匪浅。当然，跨境技术转让和扩散既不是免费的，也不是无条件的。它们依赖于定向良好的技术努力（Lall，2001，2005）和吸收能力（Cohen & Levinthal，1989）。此外，工业化国家开发的外国技术可能不适合发展中国家的经济和社会条件（Acemoglu，2002；Atkinson & Stiglitz，1969；Basu & Weil，1998）。大量文献证明，国外技术来源和自主创新是以两种截然不同的方式耦合在一起的（Liu & Buck，2007；Liu & Zou，2008；Fu et al.，2011；Li，2011；Li & Wu，2010；Hou & Mohnen，2013）。这里尚未解决的难题是，在不同发展水平下，确定不同创新来源的最佳投资组合，以及对于一个本国努力已经成为主要创新来源的国家，外国知识是否仍然有价值。

中国经济快速崛起，快速追赶领先的工业国家，已成为影响世界经济的显著经济力量。过去十年，在全球经济复苏的背景下，中国以其无与伦比的经济增长速度脱颖而出。到 2017 年，按名义国内生产总值（GDP）计算，中国已成为世界第二大经济体。2013 年至 2016 年，中国对全球经济的平均贡献率达到 31.6%（IMF）。中国是世界上最大的贸易国，也是最大的制造业经济体和商品出口国。它在国际贸易中扮演着重要的角色。在 2001 年加入世界贸易组织（WTO）后，中国经济对外国投资者日益开放，其丰富的低成本劳动力资源，已成为一个受欢迎的投资目的地。中国融入全球经济，为获取外国知识开辟了新的渠道，如对外直接投资（OFDI）、国际创新合作、吸引高技能移民等。政策导向也变得更加积极，通过"走出去"和"一带一路"倡议鼓励本土企业获取先进的外部知识。与此同时，外国引进技术、国际直接投资（FDI）等外部来源仍是促进创新的重要补充来源。

中国的发展道路不仅对世界经济产生重要影响，而且在指导和促进其他发展中国家发展过程中的经验方面也具有重要意义。本章回顾了中国利用外国技术转让的不同渠道的经验，并讨论了最近在获取外国知识来源方面使用的非常规方法。这些经验可以为那些在工业、技术和贸易政策方面落后的国家提供宝贵的经验教训（Freeman，2005）。

# 中国的国际技术扩散

在发展中国家，创新不仅涉及新颖的创新，还涉及通过传播现有的思想和技术而进行的创新。库珀（Cooper，1989）指出，大多数发展中国家的公司都试图达到技术前沿，而不是实现市场上的发明。由于资本和基础设施不足，大多数发展中国家的国内创新活动受到严重限制。因此，外国技术来源一直是它们创新的主要动力，在生产力增长中占很大一部分，特别是在工业化初期。中国的创新之路也不例外。这一过程经历了一个动态的过程，其中外国知识来源发挥了重要作用，特别是在初期阶段，外国技术转让的渠道也随着中国技术基础的快速发展而演变。

要了解外国知识来源对中国创新进程中的推动作用，有必要回顾改革初期的情况。1950 年代，中国的主要技术来源是苏联。1962 年以后，西方国家和日本成为重工业的主要技术供应国。1976 年，为支持"四个现代化"建设，中国实行了对外开放的经济政策，通过购买成套设备等多种渠道实现了技术转让，并采取了许可、技术咨询、技术服务、联合生产等非实体技术转让。采用现有技术和逆向工程学习是主要的创新活动。1985 年，引进国外技术被纳入科技体制改革，作为促进技术发展的主要技术来源战略之一。通过 FDI 进行技术转让成为一个新的重点，高新技术产业的能力也显著提高。

1995 年以后，制定了旨在加速本国科学和技术发展的政策，例如投资于研发基础设施的政策。这导致了研发单位的急剧增加，从 1987 年的 7 000 个增加到 1998 年的 24 000 个，到 2012 年的 46 000 个（中国国家统计局，1992，1998，2013）。[①] 2006 年，中国宣布将自主创新作为战略重点，并开始将创新重点从外部获取知识转向内部创造知识。从图 5.2.1 中可以看出，研发所占权重逐年增大。研发总支出占 GDP 的比重从 2004 年的 1.23% 增长到 2016 年的 2.11%，超过欧盟 28 国[②]（2016 年为 1.94%），并迅速缩小了与经济合作与发展组织（OECD）平均水平的差距（2016 年为 2.337%）。[③]

自 1970 年代末实行开放政策以来，进入中国大陆的 FDI 大幅增加，在过去几十年里，中国已成为世界上最大的 FDI 接受国之一。中国对 FDI 开放的一

---

① 资料来源: 中华人民共和国科学技术部, http://www.most.gov.cn/eng/。
② 欧盟是由 28 个国家（比利时、保加利亚、捷克共和国、丹麦、德国、爱沙尼亚、爱尔兰、希腊、西班牙、法国、克罗地亚、意大利、塞浦路斯、拉脱维亚、立陶宛、卢森堡、匈牙利、马耳他、荷兰、奥地利、波兰、葡萄牙、罗马尼亚、斯洛文尼亚、斯洛伐克、芬兰、瑞典、英国）组成的经济和政治集团。 编者注： 2020 年 1 月 31 日，英国脱离欧盟获得独立。
③ 数据来源: https://data.oecd.org/rd/gross-domestic-spending-on-r-d.htm。

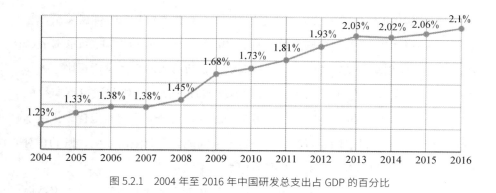

图 5.2.1 2004 年至 2016 年中国研发总支出占 GDP 的百分比

个主要目标是"用市场换取技术"。随着 1985 年开始的科技体制改革,引进国外技术被列为技术发展的主要战略之一。因此,FDI 和进口也相应地成为外国技术转让的主要渠道。加入世贸组织进一步打开了中国对外国投资者的大门,在之后的七年里,中国吸收的 FDI 几乎翻了一番,从 2001 年的 496 亿美元到 2008 年的 952 亿美元。在全球金融危机期间,FDI 在 2009 年下降了三分之一以上,但在 2010 年迅速恢复。尽管近年来经济增速放缓,但 FDI(不包括金融领域的投资)保持稳定增长,并在 2015 年达到 1 262.7 亿美元的峰值。

与此同时,中国扩大了获取外国技术知识的渠道。中国正在资助更多的中国人参与国际创新合作(对外承包项目),并鼓励中国企业走出去投资和收购外国科技公司。图 5.2.2 显示,2016 年,OFDI 和对外承包项目分别达到 1 961 亿美元和 2 440 亿美元,而流入的 FDI 为 1 260 亿美元。

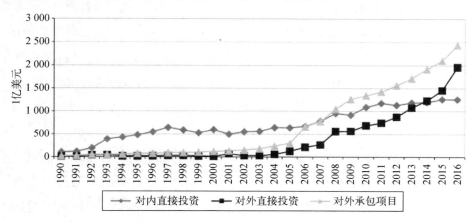

图 5.2.2 1990—2016 年对内直接投资、对外直接投资和对外承包项目(单位:亿美元)

截至 2010 年底，中国已与 152 个国家和地区建立了正式的科技关系，签署了 104 项合作协议（中国国家统计局，2011）。日益紧密的国际联系网络已经渗透到中国创新体系的各个方面。我们认为，与流入的直接投资相比，国际创新合作和 OFDI 更有可能为中国企业带来突破性的创新。付和巴拉苏布拉曼尼（Fu and Balasubramanyam, 2005）发现，尽管合资企业中的本土合作伙伴学到了一些东西，并且对同一行业和相关行业的当地公司有溢出效应，但 FDI 对中国企业的技术和创新能力的好处是有限的。

借用这些历史镜头，政府在支持中国创新政策连续性方面的重要作用被揭示出来。创新重点的转移与国家在不同发展阶段的特点和经济需求交织在一起。21 世纪初，市场化经济改革和加入世贸组织帮助中国克服了早期的一些挑战，进一步促进了创新政策的设计和实施。

# 贸易和技术转让

贸易流动增加了知识转移和增长的可能性（Grossman & Helpman, 1991; Dollar, 1992; Fu, 2005; Fu & Ghauri, 2020; Schiff & Wang, 2006）。尽管 2020 年全球新冠疫情增加了全球贸易环境的不稳定性和风险（Duan et al., 2020），但可能促进国际贸易的数字工具和基础设施的发展正以前所未有的速度加快。全球生产链的高度开放和一体化使发展中国家和最不发达国家的企业能够更好地获取战略资产（如技术、熟练人才和市场等），最终导致产业升级和技术变革（Grossman & Helpman, 1991）。一方面，在向全球市场出口的过程中，企业有更多的动力提高技术能力和竞争力；另一方面，先进技术产品的进口有望为进口国企业带来知识溢出效应。锻造贸易关系使获取技术的渠道多样化（Narula & Driffield, 2012）。通过全球价值链（GVC）的前向或后向联系，先进的技术或高效的管理实践也有望扩散到国内公司（Fu & Yang, 2009; Fu et al., 2012; Fu & Ghauri, 2020; Fu et al., 2021）。

首先，贸易开放允许进口产品流入，并使国内生产者面临外国竞争。进口的资本设备可能直接用于机械升级，最终有助于发展中国家的技术改进（Habiyaremye & Raymond, 2013）。对双边进口数据的跨国研究表明，进口是国家获取先进技术和提高竞争力的重要渠道（Coe & Helpman, 1995; Fagerberg,

1994；Freeman & Soete，1997）。具体而言，贸易增加了中间投入的供应，从而导致当地公司技术水平发生变化。更多种类的中间投入使国内生产者能够选择更便宜的、与生产兼容的和技术上合适的投入，从而促进技术效率的提高（Feenstra et al.，2005；Bernard et al.，2003；De Hoyos & Iacovone，2013）。将从出口中获得的、技术先进的有形中间投入纳入当地生产过程中，使发展中国家的企业能够学习具体的无形理念（Keller，2004）。有一组研究，聚焦于不断增加的可获得性投入，这可能会鼓励发展中国家的创新，例如印度（Goldberg et al.，2010）和中国（Feng et al.，2012）。这些作者认为，扩大可用投入将通过更多样化的进口投入以及质量升级效应直接影响产品和工艺创新（Bas & Strauss-Kahn，2013）。最近对加纳公司的一项研究发现，进口是非洲公司最重要的外部知识来源（Fu et al.，2014）。

第二，通过"出口学习"是解释企业通过贸易参与提高生产率的另一个渠道（Grossman & Helpman，1991）。除了市场开拓技能外，出口还要求出口商提供有竞争力的、符合进口国制定的质量标准的产品。在出口时，发展中国家的公司能够通过从发达经济体的进口商的反馈意见和技术援助来提高它们的技术能力和生产效率。通过向国外市场扩张，公司可能开始利用规模经济来提高它们的生产力（Fu & Balasubramanyam，2005；Fu，2005；Amighini & Sanfilippo，2014；Fu & Ghauri，2020）。依靠国外市场还可以帮助公司更好地避免国内需求带来的冲击。此外，全球市场的高度竞争将增加公司创新和提高生产力的动力。

虽然建立贸易伙伴关系为发展中国家提供了学习的机会，但能够转化为当地使用的知识的程度将取决于贸易伙伴提供的技术含量水平和国内公司与前沿公司之间的技术差距（Kokko，1994；Amighini & Sanfilippo，2014）。通过进口机械和设备转让的技术就体现在这种机制上。使用这些进口机器生产的产品可能质量更高，但这并不意味着发展中国家就一定掌握了设计和生产这些先进机器的技术。要掌握进口机械所体现的技术，需要大量的技术学习和逆向工程（产品设计技术再现过程）（Fu et al.，2011）。李（Li，2011）实证研究了1995—2004 年三种获取技术知识的投资类型（内部研发、引进国外技术和购买国内技术）对中国国内高科技产业企业创新产出的影响。研究结果表明，仅靠购买外国技术并不能提高国内企业的技术能力，除非国内企业有充分的自主创新努力。相反，购买国内技术对创新有促进作用，这表明本土技术更容易被国内企业所吸收（Fu & Zhang，2011）。

先前的文献也强调，行业异质性可能会增加由贸易所诱发的技术转让的概率和强度（Melitz，2003；Bernard et al.，2007）。在一个国家可能具有比较优势的产业中，会分配相对较多的资本和生产资源。因此，贸易的学习效应可能更高，特别是当与贸易伙伴的技术距离更近时。爱德华兹和詹金斯（Edwards & Jenkins，2005）发现，劳动密集型产业的企业受到来自中国进口的竞争效应的影响更严重，并且可能会通过提高生产率的学习来应对日益激烈的竞争。这些行业的出口公司已经建立了可以同外国生产商竞争的能力，可以更好地应付外部市场的冲击。因此，技术对一国具有比较优势的行业的影响将比那些不具有比较优势的行业更大。

## 通过许可获得国际技术

开放创新的概念为技术转让和知识扩散勾画了一幅新的图景（Chesbrough，2003，2011；Van Haverbeke & Cloodt，2006；Wang et al.，2012）。来自新兴经济体（如中国）的企业正在利用开放创新，并越来越多地从海外获取外国知识来积累和加强技术竞争力（Wang et al.，2012）。中国利用外国知识的一个关键渠道是直接购买技术，包括许可协议。

长期以来，获取外国知识资源一直被认为是加快中国技术升级的重要推动因素。通过产品和设备获得技术的重要性在以前的研究中已经被深入讨论（Coe & Helpman，1995；Grossman & Helpman，1991；MacGarvie，2006）。相比之下，关于获得许可的非实体无形资产的作用的研究结果却很少。无形资产贸易的渠道，包括专利、专有技术、商标、版权、品牌和商业秘密等一系列知识产权，这些仍有待研究（Fu，2018；Fu & Ghauri，2020）。

傅（Fu，2018）强调，全球化不仅增加了商品、投资和服务流动的互动和整合，还增加了无形资产的流动，这种流动的追踪和衡量更加复杂。与新产品开发密切相关的无形资产，包括设计知识、配方、图纸、工艺、专利和专有技术，都可以通过授权获得。但这些资产不包括技术产品、机械和设备。技术许可与那些通过进口并直接用于生产的外国机器和设备有本质区别，如生产线、成套拆卸套件和交钥匙设施（Liu & White，1997；Li，2011）。

　　许可非实体技术可以从外部和本地技术提供者那里获得，如研究机构、大学以及高科技或研发公司（Li，2011）。中国从经济转型开放初期开始就积极开展跨境许可证经营活动。在大量投资购买外国技术许可之后，中国的行业和部门开始崭露头角。作为被许可方，中国的创新者可以在约定的条款和条件下获得知识产权（Grindley & Teece，1997）。李（Li，2010）认为，从国外引进的技术和通过高校、科研院所或其他国内企业的技术许可获得的国内技术显著促进了中国企业技术能力的提升。通过借鉴这一渠道，中国有效地加强了国内知识的基础，将外国许可方的先进技术融入本国的知识中（Lin，2003）。这种重组过程可能会产生新的创新，因此，技术许可被认为是刺激技术升级的有效方法。此外，从事许可活动可能迫使被许可人加强研发工作，以便更好地吸收和转让获得许可的外国技术。这些努力，如建立研发实验室和增加研发科学家和工程师的数量，将有助于提高被许可方的技术能力（Lee & Lim，2001；Wang et al.，2012；Fu et al.，2021）。

　　如图 5.2.3 所示，2004—2016 年间，用于进口技术的支出几乎减半，从 2004 年占 GDP 的 0.08% 下降到 2016 年占 GDP 的 0.04%。进口外国技术的总支出由两部分组成：（1）直接购买技术的支出，这在一定程度上反映了许可水平；（2）进口设备的支出。2009 年以前，中国的外国技术进口（FTI）既包括直接的技术许可，也包括购买带有技术的机械和设备。随后，这种采购支出开始下降，2016 年占中国 GDP 的比重不到 0.01%。图 5.2.3 还显示，自 2006 年以来，国家对进口设备的依赖程度逐渐下降，这是国内技术供应商出现和本国技术能力提升的强烈信号。

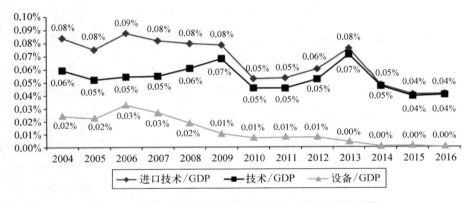

图 5.2.3　2004—2016 年中国进口技术支出（占 GDP 的百分比）

多项实证研究证实了 FTI 对中国生产率和经济增长的贡献（Liu & White, 1997；Hu et al., 2005；Liu & Buck, 2007；Li & Wu, 2010；Li, 2011）。刘和巴克（Liu & Buck, 2007）发现，"FTI 学习"可以直接加速中国企业的创新潜力（新产品创新），而不依赖于内部吸收能力。相反，许多研究表明，发展中国家的 FTI 对企业创新的贡献受吸收能力水平的影响。刘和怀特（Liu & White, 1997）发现，在高度创新的产业中，中国企业可以从购买外国技术中获益。此外，仅靠进口技术并不能为公司的新产品销售带来收益。李和吴（Li & Wu, 2010）也发现了类似的结果。采用区域—产业层面的数据，作者发现进口国外技术对创新的影响程度严重依赖于研发投入水平。

# 对内 FDI 和技术转让

外国技术可以通过各种传输机制在公司之间以及跨区域和国家之间转让。最普遍认可的方法之一是吸引以技术为主体的跨国公司（Dunning, 1994；Lall, 1992）。跨国企业（MNEs）被视为全球研发的主要驱动力（Fu et al., 2011）。它们的存在以各种方式影响东道国，也可能重塑其国内经济和相关产业。最明显的影响之一是竞争效应（Newman et al., 2015）。FDI 将会产生激烈的竞争，迫使低效率的公司退出市场，并迫使幸存的企业从事创新以提高竞争力。

与此同时，与国内公司的联系将以正式和非正式的形式进行，并可能产生溢出效应。水平技术溢出可能通过示范效应和受过培训的劳动力从外国投资公司转移到当地公司而发生在同一行业和/或同一地区的其他公司身上（Caves, 1974；Fosfuri et al., 2001；Fu et al., 2011；Eapen, 2012；Fu et al., 2021）。通过前后联系，也可能在价值链内的外国和本地供应商和消费者之间发生垂直技术溢出（Javorcik, 2004；Pietrobelli & Rabellotti, 2007；Pietrobelli & Saliola, 2008；Saadi, 2011；Fu et al., 2011）。此外，FDI 还有望通过资产积累帮助东道国增强其比较优势，并通过技术升级来提高本土企业的出口能力（Fu, 2011；Newman et al., 2015）。此外，研究还发现跨国公司总部具有内部激励机制，以鼓励跨部门知识流动和分享来自不同地点的子公司的技术（Markusen, 2002；Buckley et al., 2006；Harzing & Noorderhaven, 2006；Eapen, 2012；Brandt & Rawski, 2019）。

尽管 FDI 可能带来知识转移和溢出效应，但如果当地产业无法与跨国公司竞争，也可能会产生负面影响（Aitken & Harrison，1999；Hu & Jefferson，2002；Fu et al.，2011；Xia & Liu，2017；Fu et al.，2020）。来自外国子公司的这种激烈竞争也可能会减少当地公司的研发努力，从而阻碍国内公司的技术升级（OECD，2002）。夏和刘（Xia & Liu，2017）利用 2001—2007 年的一组中国高技术企业样本，发现外国竞争与民营企业创新能力之间存在 U 型关系，他们的发现表明，外国竞争对国内企业创新绩效的影响可能因企业的特征而异。由于缺乏国内供应链，外国子公司可能需要从国外来源寻求投入，因此在东道国仍然与当地经济缺乏有效联系（Fu et al.，2011）。傅（Fu，2004）发现中国沿海地区以加工贸易为导向的 FDI 在区域间的联系有限，溢出效应较弱，加剧了中国现有的区域不平等。傅和龚（Fu & Gong，2011）利用来自中国的大型企业层面面板数据，发现外国研发实验室对中国本土企业的抑制效应。这可能是由外国公司和本土公司对人才、资源和市场的激烈竞争，以及外国公司和本土公司之间的联系有限导致的。大多数外国研发实验室表示，出于知识产权保护的考虑，他们无意与当地公司、大学或研究机构合作（Zhou，2006）。

有效的技术转让过程需要满足许多必要的前提条件，包括贸易政策（Balasubramanyam et al.，1996）；法律和监管政策，特别是与知识产权有关的政策；以及外国公司和当地公司之间的充分联系。艾特肯和哈里森（Aitken & Harrison，1999）认为，对外国投资者的严格限制和进口替代政策降低了外国子公司的技术转让动机。与此同时，如果东道国经济知识产权保护薄弱，外国企业也不愿直接将核心技术应用于子公司。同样，他们也对在知识产权制度薄弱的环境中开展创新活动（例如研发）持怀疑态度。基于 1998—2007 年中国制造业企业的面板数据，张等人（Zhang et al.，2014）发现，跨国公司在同一行业中的存在对国内企业产生正向的溢出效应，且当外国企业的出口强度较低、模仿壁垒较低时，这种溢出效应更强。

不同特点的 FDI 对技术转让的益处也不同。例如，我们预计来自研发活跃国家的研发密集型跨国公司的投资将在同等条件下转让更多的技术。外国公司和本土公司之间的技术差距也很重要。溢出效应强度与技术差距之间呈倒 U 形关系。当技术差距中等或较大时，溢出效应就会出现（Kokko et al.，1996；Meyer，2004）。最后，有效的技术转让最必要的条件是有足够的吸收能力水平，吸收能力被定义为企业从其周围环境中识别、吸收和利用知识的能力（Cohen & Levinthal，1989；Girma，2005；Fu，2008）。傅和龚（Fu & Gong，2011）利用 2001—2005 年的公司层面面板数据研究了中国技术升级的驱动因素。研究结果表明，自主创新是提高本土企业动态技术能力的关键。外国直接投资通过其全球联系（例如机器和设备的供应商）成为获得先进外国技术的另一个来源。然而，跨国公司的研发活动产生了负面影响，阻碍了当地企业的技术改进。

FDI 技术的溢出程度也可能具有地理上的局限性（Audretsch，1998；Audretsch & Feldman，1996；Jaffe et al.，1993；Fu et al.，2011；Fu et al.，2021）。外国子公司创造的知识溢出倾向于在与该特定行业相关的公司之间传播（Marshall，1920；Krugman，1991）。以往的研究（Chen，2008）显示，在中国经营的创新型外国企业聚集较强的地区，当地企业可能会利用知识溢出，并在产品创新方面变得活跃。然而，在控制了企业和地点层面的影响后，他们的分析中没有出现来自高科技产业 FDI 的产业层面溢出的普遍证据，这表明外国企业的创新活动集群对当地企业具有知识溢出的影响（Sasidharan & Kathuria，2011）。

一般来说，实证研究表明，FDI 和与跨国公司的联系有利于中国国内企业的技术转让和技术升级。正向溢出不仅取决于国内部门的特征，如技术强度（Fu & Gong，2011）和吸收能力（Liu & Buck，2007；Fu，2008），还取决于关联特征，如聚类（Thompson，2002）、附属能力及意图（Wang et al.，2004）。

## 研发和技术转让的国际化

为了提升技术能力，扩大人才储备，许多发展中国家和发达国家努力出台各种选择性政策以吸引与研发相关的 FDI（Fu et al.，2011）。同时，跨国公司投资海外研发的动机也被广泛讨论，包括市场驱动动机（即利用企业在国外的技术，将这些技术应用到当地环境中）（von Zedtwitz & Gassmann，2002；Di Minin et al.，2012）和技术驱动动机（即通过获取外国技术来探索企业的技术）（Belderbos，2003；Wu & Callahan，2005；Motohashi，2006；Castellani et al.，2013）。

随着中国全球影响力的提升和 OFDI 的加速，中国迅速从国际研发的东道国转变为投资海外研发中心的国家（Chen et al.，2011）。中国的大型跨国公司，特别是高新技术企业，通过对外研发投资成功提高了自身的技术竞争力。一个突出的例子就是华为，其国际化的研发是该公司在全球得以扩张的不可或缺因素。截至 2018 年，华为在全球共有 36 个联合创新中心和 14 个研发机构。华为在中国境外的主要创新中心——欧洲研发中心，在过去二十年里获得了超过 10 亿美元的投资，该公司还积极与 140 多所欧洲大学、研究和咨询机构开展合作。截至 2018 年底，该公司已拥有 87 805 项专利，成为世界上最多的专利持有者之一。[①]

随着中国跨国公司在海外业务不断扩大，人们对学习中国跨国公司的全球技术和对跨境创新活动的兴趣越来越大（Di Minin et al.，2012）。遵循"资产寻找"视角和"后发追赶过程"，一些研究（Child & Rodrigues，2005；von Zedtwitz，2006；Deng，2007；Gao et al.，2007）都强调跨境研发投资作为中国 OFDI 的一部分，其目的是培养创新能力，增强竞争力。同时，内部化理论和资源基础理论都表明，跨国子公司内部最能利用公司特有的优势（Hennart，1989；Rugman，1981；Di Minin et al.，2012）。因此，需要在海外设立研发中心，以促进中国跨国公司在当地的运营。虽然核心技术是借鉴母公司而来，但研究表明，产品适配和满足当地消费者的需求是国际研发中心的主要职能（Patel & Vega，1999）。此外，企业还有望在各地挖掘国外优势知识库，扩大其自身的知识库（Kuemmerle，1997，1999；Castellani et al.，2013）。因此，海外研发机构应该帮助来自发展中国家（如中国）的学习者寻求在其母国无法获得的技术（Bas & Sierra，2002）。迪米诺等人（Di Minin et al.，2012）的 5 个案例分析都表明，中国跨国公司之所以在发达国家开展研发活动，是为了向发达国家学习，在技术前沿迎头赶上。海外研发中心是提高技术能力的学习中心。研究还指出，这些研发机构逐渐融入东道国的创新体系，成为知识的贡献者。

显然，中国研发国际化的增长趋势还会持续下去。然而，像华为这样的成功案例很少。中国跨国公司的研发国际化有其自身的特点，不同于发达国家跨国公司的研发国际化。在进行海外研发投资时，大多数中国跨国公司仍然面临

---

① 数据来源：华为有限公司 2018 年度报告，https://www.huawei.com/en/press-events/news/2019/3/huawei-2018-annual-report.

着持续的障碍和挑战，如缺乏当地业务整合、产品的新颖性和管理专业知识（Steinfeld，2004；Shimizutani & Todo，2008；Chen et al.，2011）。陈等人（Chen et al.，2011）也指出，亟须改革和完善中国研发国际化的科技政策体系。与此同时，由于外国研发带来的潜在技术溢出仍然不确定，东道国设置的准入壁垒仍然存在。研究（Chang et al.，2006；Zhou，2006）已经表明，外国研发中心在与国内公司和研发实验室共享知识方面的意向有限。傅和龚（Fu & Gong，2011）也发现外资企业在行业层面的研发活动对本土企业的技术变化具有负向溢出效应。国外的研发活动很可能会加剧有限的国内人才库的竞争（Chang et al.，2006），并从当地劳动力、资源和产品市场对本土企业产生挤出效应。

# 融入全球价值链和技术转让

通过企业间和企业内部网络以及全球价值链等方式进行的国际知识和创新交流与合作，对成功融入全球价值链的企业创新和技术升级具有重大影响。那些融入全球价值链的发展中国家的公司被迫升级其技术能力，以使其产品和服务能够满足国际标准（Zhuo & Zhang，2008；Pananond，2013；Morris & Staritz，2017）。通过上下游联动的方式，外国合作方有时会通过员工交流、培训、资金支持等方式提供技术援助（Zhuo & Zhang，2008；Pananond，2013）。因此，当地企业也可以获得先进的专有技术，增强创新能力。实证研究表明，参与全球价值链为国内企业的产业升级带来了重要的技术转让机会（Pietrobelli & Rabellotti，2007；Wu & Li，2010；Pananond，2013；Sass & Szalavetz，2013；He，Khan & Shenkar，2018）。

尽管如此，参与全球价值链究竟是技术获取的一个特征，还是被描述为"锁定"低附加值功能的诅咒，这个问题仍未得到解答。参与全球价值链可能会对发展中国家企业的技术转让造成不利影响（Zhuo & Zhang，2008；Kaplinsky，Terheggen & Tijaja，2011）。皮埃特罗贝利和瑞格波（Pietrobelli & Rabellotti，2011）认为，价值链的不同特征对价值链中盛行的学习机制产生影响。学习机制在不同的治理形式中可能有很大的不同：它们可能是出于实现国际标准压力的结果，也可能是在供应商能力较低时，由供应链领导者直接参与产生的结果。当产业链中行为主体之间的能力互补时，学习机制是相互的，并且是建立在激烈的面对面互动基础之上的。在最近的研究中，研究还表明全球价值链中的知识流动受全球价值链类型的影响，学习程度也因不同类型的行业而异（Palpacuer et al.，2005；Sass & Szalavetz，2013；Pipkin & Fuentes，2017；Morris & Staritz，2017）。

# 近来积极获取国外技术的途径

## 对外直接投资（OFDI）

OFDI 被公认为是提高创新能力的有效途径，因为它不仅为企业提供了获取外国知识的机会，而且像贸易一样，还通过空间邻近性、社会嵌入性和技术工人的流动性促进隐性知识的传播（Polanyi，1966，1967；Uzzi，1997；Dhanaraj et al.，2004；Narula & Santangelo，2009）。OFDI 不仅以一种寻求新市场的传统方式发挥作用，而且还作为一种利用学习机会和建立创新能力的战略资产寻求渠道（Child & Rodrigues，2005；Mathews，2006；Luo & Tung，2007）。鉴于这些潜在优势，中国企业在发达国家广泛开展寻求战略性资产的活动，通过 OFDI 来获取创新资源（Wang，2002；Deng，2007；Burghart & Rossi，2009）。OFDI 也被认为是帮助发展中国家追赶前沿技术，克服本国缺乏先进技术问题的有效实践（Child & Rodriguez，2005）。

随着 21 世纪初"走出去"战略的实施，许多中国企业迅速扩大海外投资，渗透到此前由老牌西方跨国公司主导的市场（Zhang et al.，2010；Peng，2012；Gu & Reed，2013）。人民币国际化以及 2013 年中央政府提出的"一带一路"等一系列倡议，进一步促进了中国 OFDI 的扩张。其结果是，中国在成为 FDI 的主要接受国三十年后，现已成为主要的 FDI 来源国。以往的研究探讨了中国 FDI 的潜在创新收益（Buckley et al.，2007；Wang et al.，2012；Cui et al.，2013；Fu et al.，2018；Brandt & Rawski，2019）。傅等人（Fu et al.，2018）采用广东的面板数据研究了 OFDI 对中国企业本土创新绩效的影响，发现参与 OFDI 提高了企业的创新能力（以新产品销量来衡量）。然而，创新的增强并不是 OFDI 自动产生的结果，需要中国跨国公司通过各种渠道不断努力探索东道国的资源（Dunning，1988；Niosi，1999；Fagerberg，2005），以及建立兼容的吸收能力，以促进逆向知识流动（Cohen & Levinthal，1989；Fu et al.，2008）。他们的实证研究表明，通过 OFDI 获得的创新收益涉及环境因素，包括东道国的知识环境和行业动态，以及某些企业的特征，如企业的战略导向、吸收能力和过去的经验（Levitt & March，1988；Jerez-Gomez et al.，2005）。

## 海归与技术溢出效应

高技能工人的流动通常伴随着知识流动。随着全球化的加剧，跨国技术工人（即科学家和工程师）成为跨国界转移和传播知识的重要载体（Saxenian，2006；Liu et al.，2010）。"海归"是知识和网络资源的主要来源，因为他们获得了技能，对世界一流技术和海外市场充满信心，他们的存在有助于提升企业的竞争力（Gao et al.，2013）。鉴于这种知识的隐性性质，"海归"诱导的技术溢出效应可能存在不同路径。首先，高技能"海归"可能通过通识教育、科技培训以及与创新和绩效相关的实用商业技能等形式获得学术知识，尤其是在中小型企业中（Westhead et al.，2005；Liu et al.，2010）。第二，大部分从事商业活动的高技能"海归"都承认他们在海外保持着强大的人脉（Cooper & Yin，2005；Wang et al.，2011）。这样的人脉在为国内发展的公司提供创新信息和资源方面具有价值（Davidsson & Honig，2003）。此外，在高技术产业中具有国外经验的工人可以作为国际知识溢出的新渠道，弥合国内参与者与国外前沿技术之间的差距（Saxenian，2006；Liu et al.，2010）。

自 1978 年以来，200 万出国学生中大约有一半回到了中国，这一趋势在过去几年里迅速增长。中国从最近的"人才回流"中获益良多，就像韩国和中国台湾在 1980 年代末所经历的那样。这些海归在一些高科技产业和战略性新兴产业的发展中发挥了重要作用，如可再生能源、电动汽车和生物技术（Wang，2012）。高技能海归成为一些最国际化投资企业的高层管理者代表，包括联想和中国投资公司（Luo et al.，2013；Wang，2012）。已有研究表明海归创业者的存在对中国企业创新具有正向影响（Wang et al.，2011；Luo et al.，2013）。刘等人（Liu et al.，2010）通过一个来自北京高科技公司的研究表明，海归的存在作为国际技术转让的新渠道，既促进了直接技术的转让，同时也促进了对其他当地公司的间接技术溢出。王等人（Wang et al.，2011）还揭示，具有海外留学背景的中国学生不仅在中国"走出去"战略的许多方面发挥着主导作用，而且还为中国本土企业提升技术能力提供了另一种解决方案。

# 自主创新努力与适用技术

在过去30年的高速经济增长中,中国一直在有意识地努力从一个技术模仿者转变为一个有活力的技术自主创新者。中国自主创新之路的特点是国家不断推出新的科技计划。技术能力的快速增长无疑在使中国从低收入国家转变为中等收入国家中发挥了重要作用(Zhang et al., 2016)。然而,除非中国继续沿着技能密集和技术密集的增长轨迹前进,否则就有陷入中等收入陷阱的风险,到那时,中国与技术最先进的外国之间的技术差距将不会缩小(Fu et al., 2016;Jiang et al., 2020)。

为了成功提升技术能力,中国实行了双重知识来源的开放创新模式(图5.2.4)。在1980年代改革之前,中国的科技体系是一个封闭的创新体系,其灵感来源于苏联(Xue, 1997)。自1980年代改革开放以来,中国一直在实施开放的国家创新模式。多年来,中国对自主创新进行了投资,但在不同的发展阶段不同的努力:一开始有少量资金,主要用于吸收外国技术和开发,然后从1990年代末开始强调自主创新,同时保持对外部知识的高度开放。

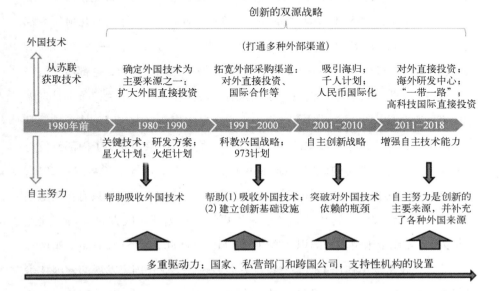

图 5.2.4 创新的双源战略

自 2000 年以来，该系统甚至利用发展中国家不经常使用的非常规渠道在知识来源方面变得更加活跃（图 5.2.4），例如，对外直接投资、国际创新合作和吸引高技能移民。随着全球化范围的扩大和中国企业技术能力的增长，政策导向变得更加开放和积极，激励着本土企业通过 OFDI、高技能海归和海外研发中心来获取先进的外部知识。与此同时，引进外国技术和 FDI 等外部来源仍然是促进创新的重要互补机制。

尽管国际技术转让可能带来好处，但追求国际技术转让也可能失败，因为：（1）本国没有足够的能力吸收外国资源并将其转化为当地使用的资源；（2）外国技术可能与技术接受国的特定社会经济和技术背景不相符。

购买外国技术是一回事，但能充分利用该项技术是另外一回事。技术采用不是一项简单的任务，即使一个人在引入新生产技术的活动中接受过技术培训（Fu et al.，2017）。因此，一国吸收外国新技术的程度取决于其本身的技术能力，也就是说，购买外国创新与本土创新之间存在协同效应（Fu et al.，2011）。以往的文献着重讨论了国外技术来源与自主创新之间潜在的互补与替代关系。一种观点认为，内部研发和外部技术是相互替代的。如果研发和技术转让对企业的创新绩效具有独立且相似的影响，我们就可以视两种类型的创新活动为替代品，两种选择中的任何一种的增加都会降低在另一种创新活动上的支出（Hu et al.，2005；Hou & Mohnen，2013）。对印度制造企业的几项研究都支持这一观点，并揭示了技术进口与研发努力之间的替代关系（Fikkert，1993；Basant & Fikkert，1996；Katrak，1997）。另一种观点认为，内部研发战略与外部技术采购是互补的。向发展中国家有效转让技术的一个关键条件是发展中国家的吸收能力水平。从这个意义上来看，自主创新努力与国际技术扩散是互补的。在使用中国企业数据的实证研究中，大多数结果都证实了内部研发与国外技术采购之间的协同效应（Liu & Buck，2007；Liu & Zou，2008；Li，2011；Li & Wu，2010；Hou & Mohnen，2013；Fu，2018）。就 FDI 而言，只有在当地创新能力存在的情况下，跨国公司才会采用更综合的创新实践方式（与当地经济相关），才能带来更多的知识转移机会（Franco et al.，2015；Li et al.，2014）。

此外，技术变革往往偏向某一特定方向，因此工业化国家发展的外国技术可能不适合发展中国家的经济和社会条件（Atkinson & Stiglitz，1969；Fu & Gong，2011）。许多发展中国家使用北半球国家发展的技术，但南半球的要素禀赋与北半球有显著不同。因此，这些先进技术，无论是通过 FDI 进口还是转让，都不适合南半球的条件，导致生产力降低（Acemoglu，2002；Acemoglu & Zilibotti，2001）。技术变化的方向，以及南半球国家与外国技术的不适应，更好地解释了各国之间日益扩大的收入差距。这个问题对于那些努力追赶的中等收入国家尤为重要。虽然引进的技术可以促进经济增长，但如果使用不适当的技术，南半球国家的增长速度将低于北半球，收入差距将持续甚至扩大。

# 结 论

本章主要讨论了中国的国际技术转让问题。本章深入探讨了国外技术来源在技术升级和赶超中的作用及其与自主创新间的关系。中国在赶超领先工业国家的过程中，在起步阶段严重依赖外国知识来源，同时也通过各种自主努力逐步积累技术能力。向全球市场出口促使中国国内企业变得更具创新能力和竞争力，而进口先进技术或商品则有望对新产品和工艺创新产生溢出效应。同时，通过全球价值链的前后联系，先进的技术或高效的管理实践也有望扩散到国内公司（Fu，2012）。高度开放以及通过贸易融入全球经济，使中国企业可以更好地获得有形和无形知识资产，这最终将导致国家的产业升级和技术进步。

另一个同样重要的外国知识来源是跨国公司在进行跨境投资活动时产生的。作为 FDI 的主要接受国，技术可以通过水平和垂直联系从跨国公司正式（和非正式）转让到中国国内公司。尽管有从低技术劳动密集型制造业向吸引高技术跨国公司转变的趋势，FDI 仍被视为国家技术能力提升的主要外国技术来源。

证据还表明，国际技术扩散的好处只能通过平行的自主创新努力来实现（Li，2011；Fu，2008；Fu et al.，2011），或者现代制度和治理结构以及有利的创新体系来实现（Sasidharan & Kathuria，2011；Pietrobelli & Rabellotti，2011）。从这个意义上说，自主创新和外国创新是相辅相成的。如果没有积极主动的自主创新，外国技术只能是嵌入进口机器的静态技术，永远无法转化为真正的自主技术能力。

来自中国的经验表明，为了最大限度地从创新中获益并加速追赶，必须同时明确和有针对性地鼓励自主创新和获取外国知识（Fu & Gong, 2011）。自主创新和依赖 FDI 的战略都不能分离开来（Lall, 2003；Pietrobelli, 2000）。傅等人（Fu et al., 2011）强调，仅仅依靠其中一种战略并不能成为技术能力发展和追赶技术的最佳选择。中国依靠双重资源的模式为发展中国家提出了一个利益最大化的战略。如何在不同的发展阶段，针对不同的国家和行业，选择和塑造最佳组合是未来研究的一个重大问题。

# 参考文献

Acemoglu, D. (2002). Directed technical change. *Review of Economic Studies*, 69, 781 – 810.

Acemoglu, D., & Zilibotti, F. (2001), Productivity differences. *Quarterly Journal of Economics*, 116, 563 – 606.

Aitken, B. J., & Harrison, A. E. (1999). Do domestic firms benefit from direct foreign investment? Evidence from Venezuela. *American Economic Review*, 89(3), 605 – 618.

Amighini, A., & Sanfilippo, M. (2014). Impact of south-south FDI and trade on the export upgrading of African economies. *World Development*, 64, 1 – 17.

Atkinson, A. B., & Stiglitz, J. E. (1969). A new view of technological change. *Economic Journal*, 79, 573 – 578.

Audretsch, D. (1998). Agglomeration and the location of innovative activity. CEPR Discussion Paper 1974.

Audretsch, D., & Feldman, M. (1996). R&D spillovers and the geography of innovation and production. *American Economics Review*, 86(3), 630 – 640.

Balasubramanyam, V. N., Salisu, M., & Sapsford, D. (1996). Foreign direct investment and growth in EP and IS countries. *Economic Journal*, 106, 92 – 105.

Barro, R., & Sala-i-Martin, X. (1995). *Economic Growth*. New York: McGraw Hill, 186 – 194.

Bas, C. L., & Sierra, C. (2002). Location versus home country advantages in R&D activities: some further results on multinationals locational strategies. *Research Policy*, 31, 589 – 609.

Bas, M., & Strauss-Kahn, V. (2013). Input-trade liberalization, export prices and quality upgrading. Sciences Po Economics Discussion Papers 2013.

Basant, R., & Fikkert, B. (1996). The effects of R&D, foreign technology purchase, and domestic and international spillovers on productivity in Indian firms. *Review of Economics and Statistics*, 78(2), 187 – 199.

Basu, S., & Weil, D. N. (1998). Appropriate technology and growth. *Quarterly Journal of Economics*, 113, 1025 – 1054.

Belderbos, R. (2003). Entry mode, organizational learning, and R&D in foreign affiliates: evidence from Japanese firms. *Strategic Management Journal*, 24, 235 – 259.

Bernard, A. B., Eaton, J., Jensen, J. B., & Kortum, S. (2003). Plants and productivity in international trade. *American Economics Review*, 93(4), 1268 – 1290.

Bernard, A. B., Jensen, J. B., Redding, S. J., & Schott, P. K. (2007). Firms in international trade. *Journal of Economic Perspectives*, 21(3), 105 – 130.

Brandt, L., & Rawski, T. (2019). *Policy, Regulation and Innovation in China's Electricity and Telecom Industries*. Cambridge: Cambridge University Press.

Buckley, P. J., Clegg, J., & Tan, H. (2006). *The Art of Knowledge Transfer: Secondary and Reverse Transfer in China's Telecommunications Manufacturing Industry*. Basingstoke: Palgrave Macmillan.

Buckley, P. J., Clegg, L. J., Cross, A. R., & Liu, X. (2007). The determinants of Chinese outward foreign direct investment. *Journal of International Business Studies*, 38, 499 – 518.

Burghart, N., & Rossi, V. (2009). *China's Overseas Direct Investment in the UK*. London: Chatham House.

Castellani, D., Jimenez, A., & Zane, A. (2013). How remote are R&D labs? Distance factors and international innovative activities. *Journal of International Business Studies*, 44, 649 – 675.

Caves, R. E. (1974). Multinational firms, competition and productivity in host-country markets. *Economica*, 41(162), 176 – 193.

Chang, Y., Shih, C., Luh, Y., & Wu, S. (2006). MNE's global R&D strategy in developing countries: a study of foreign-affiliated R&D centres in Taiwan. Paper presented at IAMOT 2006, Tsinghua University, Beijing, May 22 – 26.

Chen, J., Zhao, X., & Tong, L. (2011). China's R&D internationalization and reform of science and technology system. *Journal of Science and Technology Policy in China*, 2(2), 100 – 121.

Chen, Y. C. (2008). Why do multinational corporations locate their advanced R&D centres in Beijing? *Journal of Development Studies*, 44, 622 – 644.

Chesbrough, H. W. (2003). *Open Innovation: The New Imperative for Creating and Profiting from Technology*. Boston: Harvard Business School Press.

Chesbrough, H. W. (2011). *Open Services Innovation: Rethinking your Business to Grow and Compete in a New Era*. Hoboken, NJ: Jossey-Bass.

Child, J., & Rodrigues, S. B. (2005). The internationalization of Chinese firms: a case for theoretical extension? *Management and Organization Review*, 1(3), 381 – 410.

Coe, D., & Helpman, E. (1995). International R&D spillovers. *European Economic Review*, 39, 859 – 887.

Cohen, W., & Levinthal, D. (1989). Innovation and learning: two faces of R&D. *Economic Journal*, 99, 569 – 596.

Cooper, A., & Yin, X. (2005). Entrepreneurial networks. In M. A. Hitt & R. D. Ireland (eds.), *The Blackwell Encyclopaedia of Management Entrepreneurship* (98 – 100). Malden, MA: Blackwell.

Cooper, C. (1989). *Technology and Innovation in International Economy*. The Netherlands: United Nation University Press.

Cui, L., Meyer, K. E., & Hu, H. (2013). Who is seeking strategic assets through FDI? A competitive catch-up perspective of emerging economy firms. *Journal of World Business*, 49(4), 488 – 501.

Davidsson, P., & Honig, B. (2003). The role of social and human capital among nascent entrepreneurs. *Journal of Business Venturing*, 18(3), 301 – 331.

De Hoyos, R. E., & Iacovone, L. (2013). Economic performance under NAFTA: a firm-level analysis of the trade-productivity linkages. *World Development*, 44, 180 – 193.

Deng, P. (2007). Investing for strategic resources and its rationale: the case of outward FDI from Chinese companies. *Business Horizons*, 50, 71 – 81.

Dhanaraj, C., Lyles, M. A., Steensma, H. K., & Tihanyi, L. (2004). Managing tacit and explicit knowledge transfer in IJVs: the role of relational embeddedness and the impact on performance. *Journal of International Business Studies*, 35, 428 – 442.

Di Minin, A., Zhang, J., & Gammeltoft, P. (2012). Chinese foreign direct investment in R&D in Europe: a new model of R&D internationalization? *European Management Journal*, 30, 189 – 203.

Dollar, D. (1992). Outward-oriented developing economies really do grow more rapidly: evidence from 95 LDCs, 1976 – 1985. *Economic Development and Cultural Change*, 40(3), 523 – 544.

Duan, W., Zhu, S., & Lai, M. (2020). The impact of COVID-19 on China's trade and outward FDI and related countermeasures. *Journal of Chinese Economic and Business Studies*, 18(4), 355 – 364.

Dunning, J. H. (1988). *Explaining International Production*. London: Unwin Hyman.

Dunning, J. H. (1994). Multinational enterprises and the globalization of innovatory capacity. *Research Policy*, 23, 67 – 88.

Eapen, A. (2012). Social structure and technology spillovers from foreign to domestic firms. *Journal of International Business Studies*, 43, 244 – 263.

Eaton, J., & Kortum, S. (1995). Engines of growth: domestic and foreign sources of innovation. NBER Working Papers 5207, National Bureau of Economic Research.

Edwards, C., & Jenkins, R. (2005). *The Effect of China and India's Growth and Trade Liberalization on Poverty in Africa*. IDS/Enterplan. London.

Fagerberg, J. (1994). Technology and international differences in growth rate. *Journal of Economic Literature*, 32(3), 1147 – 1175.

Fagerberg, J. (2005). Innovation: a guide to the literature. In J. Fagerberg, D. C. Mowery, & R. R. Nelson (eds.), *The Oxford handbook of innovation*. Chapter 19, 514 – 543, Oxford and New York: Oxford University Press.

Feenstra, R. C., Lipsey, R. E., Deng, H., Ma, A. C., & Mo, H. (2005). World trade flows: 1962 – 2000. NBER Working Paper No. 11040, National Bureau of Economic Research.

Feng, L., Li, Z., & Swenson, D. L. (2012). The connection between imported intermediate inputs and exports: evidence from Chinese firms. NBER Working Paper No. 18260, National Bureau of Economic Research.

Fikkert, B. (1993). An open or closed technology policy? The effects of technology licensing, foreign direct investment and technology spillovers on R&D in Indian industrial sectors' firms. Unpublished PhD dissertation, Yale University, New Haven, CT.

Fosfuri, A., Motta, M., & Ronde, T. (2001). Foreign direct investment and spillovers through workers' mobility. *Journal of International Economics*, 53(1), 205 – 222.

Franco, M., Haase, H., & Barbeira, M. (2015). Measuring knowledge sharing in inter-organisational networks: evidence from the healthcare sector. *International Journal of Knowledge Management Studies*, 6(2), 101 – 122.

Freeman, C., & Soete, L. (1997). *The economics of industrial innovation* (3rd ed.). London: Pinter.

Fu, X. (2004). Limited linkages from growth engines and regional disparities in China. *Journal of Comparative Economics*, 32(1), 148 – 164.

Fu, X. (2005). Exports, technical progress and productivity growth in a transition economy: a non-parametric approach for China. *Applied Economics*, 37(7), 725 – 739.

Fu, X. (2011). Processing-trade, FDI and exports of indigenous firms: firm-level evidence from high-technology industries in China. *Oxford Bulletin of Economics and Statistics*, 73(5), 792 – 817.

Fu, X. (2012). Foreign direct investment and managerial knowledge spillovers through the diffusion of management practices. *Journal of Management Studies*, 49(5), 970 – 999.

Fu, X. (2008). Foreign direct investment, absorptive capacity and regional innovation capabilities in China. *Oxford Development Studies*, 36(1), 89 – 110.

Fu, X. (2018). Trade in intangibles and a global value chain-based view of international trade and global imbalance. TMCD Working Paper No. 078. ISSN 2045 – 5119.

Fu, X., & Balasubramanyam, V. N. (2005). Exports, foreign direct investment and employment: the case of China. *World Economy*, 28(4), 607 – 625.

Fu, X., Buckley, P., & Fu, X. M. (2020). The growth impact of Chinese direct Investment on host developing countries. *International Business Review*, 29(2), 1 – 25.

Fu, X., Emes, D., & Hou, J. (2021). Multinational enterprises and structural change in developing countries: A survey of literature. *International Business Review*, 30(2), 1 – 11.

Fu, X., & Ghauri, P. (2020). Trade in intangibles and global trade imbalance. World Economy. https://doi.org/10.1111/twec.13038.

Fu, X., & Gong, Y. (2011). Indigenous and foreign innovation efforts and drivers of technological upgrading: evidence from China. *World Development*, 39(7), 1213 – 1225.

Fu, X., Hou, J., & Liu, X. (2018). Unpacking the relationship between outward direct investment and innovation performance: evidence from Chinese firms. *World Development*, 102, 111 – 123.

Fu, X., Hou, J., & Sanfilippo, M. (2017). Highly skilled returnees and the internationalization of EMNEs: firm level evidence from China. *International Business Review*, 26(3), 579 – 591.

Fu, X., Li, J., & Johnson, M. (2011). Internal and external sources of tacit knowledge: evidence from the Chinese optical fibre and cable industry. *Journal of Chinese Economic and Business Studies*, 9(4), 383 – 399.

Fu, X., Kaplinsky, R., & Zhang, J. (2012). The impact of China on low and middle income countries' export prices in industrial-country markets, *World Development*, 40(8), 1483 – 1496.

Fu, X., Pietrobelli, C., & Soete, L. (2011). The role of foreign technology and indigenous innovation in the emerging economies: technological change and catching-up. *World Development*, 39(7), 1204 – 1212.

Fu, X., Woo, W. T., & Hou, J. (2016). Technological innovation policy in China: the lessons, and the necessary changes ahead. *Economic Change and Restructuring*, 49(2), 139 – 157.

Fu, X., & Y ang, Q. (2009). Exploring the cross-country gap in patenting: a stochastic frontier approach. *Research Policy*, 38(7), 1203 – 1213.

Fu, X., Zanello, G., Essegby, G., Hou, J., & Mohnen, P. (2014). Innovation in low-income countries: report of ESRC/DFID funded project

Fu, X., & Zhang, J. (2011). Technology transfer, indigenous innovation and leapfrogging in green technology: the solar – PV industry in China and India. *Journal of Chinese Economic and Business Studies*, 9(4), 329 – 347.

Gao, L., Liu, X., & Zou, H. (2013). The role of human mobility in promoting Chinese outward FDI: a neglected factor? *International Business Review*, 22(2), 437 – 449.

Gao, X., Zhang, P., & Liu, X. (2007). Competing with MNEs: developing manufacturing capabilities or innovation capabilities. *Journal of Technology Transfer*, 32, 87 – 107.

Girma, S. (2005). Absorptive capacity and productivity spillovers from FDI: a threshold regression analysis. *Oxford Bulletin of Economics and Statistics*, 67(3), 281 – 306.

Goldberg, P. K., Khandelwal, A. K., Pavcnik, N., & Topalova, P. (2010). Imported intermediate inputs and domestic product growth: evidence from India. *Quarterly Journal of Economics*, November, 1727 – 1767.

Grindley, P. C., & Teece, D. J. (1997). Managing intellectual capital: licensing and cross-licensing in semiconductors and electronics. *California Management Review*, 39(2), 8 – 41.

Grossman, G., & Helpman, E. (1994). Technology and trade. NBER Working Papers 4926, National Bureau of Economic Research.

Grossman, G. M., & Helpman, E. (1991). Quality ladders in the theory of growth. NBER Working Paper No. 3099, National Bureau of Economic Research.

Gu, L., & Reed, W. R. (2013). Information asymmetry, market segmentation, and cross-listing: implications for event study methodology. *Journal of Asian Economics*, 28, 28 – 40.

Habiyaremye, A., and Raymond, W. (2013). Transnational corruption and innovation in transition economies. MERIT Working Papers 050, United Nations University — Maastricht Economic and Social Research Institute on Innovation and Technology (MERIT).

Harzing, A. W., & Noorderhaven, N. (2006). Knowledge flows in MNCs: an empirical test and extension of Gupta and Govindarajan's typology of subsidiary roles. *International Business Review*, 15, 195 – 214.

He, S., Zaheer, K., & Oded, S. (2018). Subsidiary capability upgrading under emerging market acquirers. *Journal of World Business*, 53(2), 248 – 262.

Hennart, J. (1989). The transaction cost theory of the multinational enterprise. In C. N. Pitelis & R. Sugden (eds.), *The nature of the transnational firm*, 72 – 119. London: Routledge.

Hou, J., & Mohnen, P. (2013). Complementarity between in-house R&D and technology purchasing: evidence from Chinese manufacturing firms. *Oxford Development Studies*, 41(3), 347 – 371.

Hu, A., & Jefferson, G. (2002). FDI impact and spillover: evidence from China's electronic and textile industries. *World Economy*, 38(4), 1063 – 1076.

Hu, A., Jefferson, G., & Qian, J. (2005). R&D and technology transfer: firm-level evidence from Chinese industry. *Review of Economics and Statistics*, 87(4), 780 – 786.

International Monetary Fund (2020). World Economic Outlook Report 2018. IMF publications. IMF.

Jaffe, A. B., Trajtenberg, M., & Henderson, R. (1993). Geographic localization of knowledge spillovers as evidenced by patent citations. *Quarterly Journal of Economics*, 108(3), 577 – 598.

Javorcik, B. S. (2004). Does foreign direct investment increase the productivity of domestic firms? In search of spillovers through backward linkages. *American Economic Review*, 94(3), 605 – 627.

Jerez-Gomez, P., Cespedes-Lorente, J., & Valle-Cabrera, J. (2005). Organizational learning capability: a proposal for measurement. *Journal of Business Research*, 56(6), 715 – 725.

Jiang R., Shi, H., & Jefferson, G. (2020). Measuring China's International Technology Catchup. *Journal of Contemporary China*, 29(124), 519 – 534.

Kaplinsky, R., Terheggen, A., & Tijaja, J. (2011). China as a final market: the Gabon timber and Thai cassava value chains. *World Development*, 39(7), 1177 – 1190.

Katrak, H. (1997). Developing countries' imports of technology, in-house technologies capabilities and efforts: an analysis of the Indian experience. *Journal of Development Economics*, 53, 67 – 83.

Keller, W. (2004). International technology diffusion. *Journal of Economic Literature*, 42, 752 – 782.

Kokko, A. (1994). Technology, market characteristics and spillovers. *Journal of Development Economics*, 43(2), 279 – 293.

Kokko, A., Tansini, R., & Zejan, M. (1996). Local technological capability and productivity spillovers from FDI in the Uruguayan manufacturing sector. *Journal of Development Studies*, 32(4), 602 – 611.

Krugman, P. (1991). Increasing returns and economic geography. *Journal of Political Economy*, 99(3), 483 – 499.

Kuemmerle, W. (1997). Building effective R&D capabilities abroad. *Harvard Business Review*, March/April, 61 – 70.

Kuemmerle, W. (1999). The drivers of foreign direct investment into research and development: an empirical investigation. *Journal of International Business Studies*, 30, 1 – 24.

Lall, S. (1992). Technological capabilities and industrialization. *World Development*, 20(2), 165 – 186.

Lall, S. (2001). *Competitiveness, Technology and Skills*. Cheltenham: Edward Elgar.

Lall, S. (2003). Foreign direct investment, technology development and competitiveness: issues and evidence. In S. Lall & S. Urata (eds.), *Competitiveness, FDI and technological activity in East Asia*, Chapter 2, 12 – 56. Published in association with the World Bank. Cheltenham: Edward Elgar.

Lall, S. (2005). Rethinking industrial strategy: the role of the state in the face of globalization. In K. P. Gallagher (ed.), *Putting Development First: The Importance of Policy Space in the WTO and IFIs (33 – 68)*. London and New York: ZED Books.

Lee, K., & Lim, C. (2001). Technological regimes, catching-up and leapfrogging: findings from the Korean industries. *Research Policy*, 30(3), 459 – 483.

Levitt, B., & March, J. G. (1988). Organizational learning. *Annual Review of Sociology*, 14, 319 – 340.

Li, J., Zhang, S., Wong, P., & Fu, X. (2014). Harnessing internal and external resources for innovation in emerging economies. *Journal of Chinese Economic and Business Studies*, 12(2), 99 – 101.

Li, X. (2010). Sources of external technology, absorptive capacity, and innovation capability in Chinese state-owned high-tech enterprises. *World Development*, 39(7), 1240 – 1248.

Li, X., & Wu, G. (2010). In-house R&D, technology purchase and innovation: empirical evidences from Chinese hi-tech industries, 1995 – 2004. *International Journal of Technology Management*, 51(2/3/4), 217 – 238.

Lin, B – W. (2003). Technology transfer as technological learning: a source of competitive advantage for firms with limited R&D resources. *R&D Management*, 33(3), 327 – 341.

Liu, M., Li, M., & Zhang, T. (2012). Empirical research on China's SMEs technology innovation engineering strategy. *Systems Engineering Procedia*, 5, 372 – 378.

Liu, X., & Buck, T. (2007). Innovation performance and channels for international technology spillovers: evidence from Chinese high-tech industries. *Research Policy*, 36, 355 – 366.

Liu, X., Lu, J., Filatotchev, I., Buck, T., & Wright, M. (2010). Returnee entrepreneurs, knowledge spillovers and innovation in high-tech firms in emerging economies. *Journal of International Business Studies*, 41, 183 – 197.

Liu, X., & White, R. (1997). The relative contributions of foreign technology and domestic inputs to innovation in Chinese manufacturing industries. *Technovation*, 17(3), 119 – 125.

Liu, X., & Zou, H. (2008). The impact of greenfield FDI and mergers and acquisitions on innovation in Chinese high-tech industries. *Journal of World Business*, 43, 352 – 364.

Luo, S., Lovely, M., & Popp, D. (2013). Intellectual returnees as drivers of indigenous innovation: evidence from the Chinese photovoltaic industry. Presented at 35th DRUID Celebration Conference, Barcelona.

Luo, Y., & Tung, R. (2007). International expansion of emerging market enterprises: a springboard perspective. *Journal of International Business Studies*, 38(4), 481 – 498.

MacGarvie, M. (2006). Do firms learn from international trade? *Review of Economics and Statistics*, 88, 46 – 60.

Markusen, J. R. (2002). *Multinational Firms and the Theory of International Trade*. XXII. Cambridge, MA: MIT Press.

Marshall, A. (1920). *Principles of Economics*. London: Macmillan and Co., Ltd.

Mathews, J. A. (2006). Dragon multinationals: new players in 21st century globalization. *Asia Pacific Journal of Management*, 23, 5 – 27.

Melitz, M. J. (2003). The impact of trade on intra-industry reallocations and aggregate industry productivity. *Econometrica*, 71, 1695 – 1725.

Meyer, K. E. (2004). Perspectives on multinational enterprises in emerging economies. *Journal of International Business Studies*, 35, 259 – 276.

Morris, M., & Staritz, C. (2017). Industrial upgrading and development in Lesotho's apparel industry: global value chains, foreign direct investment, and market diversification. *Oxford Development Studies*, 45(3), 303 – 320.

Motohashi, K. (2006). R&D of multinationals in China: structure, motivations and regional difference. RIETI Discussion Papers.

Narula, R. (2003). *Globalization and Technology: Interdependence, Innovation Systems and Industrial Policy*. Cambridge: Polity Press.

Narula, R., & Driffield, N. (2012). Does FDI cause development? The ambiguity of the evidence and why it matters. *European Journal of Development Research*, 24(1), 1 – 7.

Narula, R., & Santangelo, G. (2009). Location, collocation and R&D alliances in the European ICT industry. *Research Policy*, 38, 393 – 403.

National Bureau of Statistics of China. (1992). *1992 China Science and Technology Statistics*. Beijing: Statistical Publishing House.

National Bureau of Statistics of China. (1998). *1998 China Science and Technology Statistics*. Beijing: Statistical Publishing House.

National Bureau of Statistics of China. (2013). *2013 China Science and Technology Statistics*. Beijing: Statistical Publishing House.

Newman, C., Rand, J., Talbot, T., & Tarp, F. (2015). Technology transfers, foreign investment and productivity spillovers. *European Economic Review*, 76, 168 – 187.

Niosi, J. (1999). The internationalization of industrial R&D: from technology transfer to the learning organization. *Research Policy*, 28, 107 – 117.

OECD. (2002). *Foreign Direct Investment for Development*. Paris: OECD Publishing.

Palpacuer, F., Gibbon, P., & Thomsen, L. (2005). New challenges for developing country suppliers in global clothing chains. *World Development*, 33(3), 409 – 430.

Pananond, P. (2013). Where do we go from here? Globalizing subsidiaries moving up the value chain. *Journal of International Management*, 19, 207 – 219.

Patel, P., & Vega, M. (1999). Patterns of internationalisation of corporate technology: location vs. home country advantages. *Research Policy*, 28, 145 – 155.

Peng, M. W. (2012). The global strategy of emerging multinationals from China. *Global Strategy Journal*, 2(2), 97 – 107.

Pietrobelli, C. (2000). The role of international technology transfer in the industrialisation of developing countries. In M. Elena and D. Schroeer (eds.), *Technology Transfer*. 209 – 234. Aldershot: Ashgate.

Pietrobelli, C., & Rabellotti, R. (2007). *Upgrading to compete: SMEs, clusters and value chains in Latin America*. Cambridge, MA: Harvard University Press.

Pietrobelli, C., & Rabellotti, R. (2011). Global value chains meet innovation systems: are there learning opportunities for developing countries? *World Development*, 39(7), 1261 – 1269.

Pietrobelli, C., & Saliola, F. (2008). Power relationships along the value chain: multinational firms, global buyers, and local suppliers' performance. *Cambridge Journal of Economics*, 32(6), 947 – 962.

Pipkin, S., & Fuentes, A. (2017). A review of triggers and consequences of industrial upgrading in the global value chain literature. *World Development*, 98, 536 – 554.

Polanyi, M. (1966). The logic of tacit inference. *Philosophy*, 41, 1 – 18.

Polanyi, M. (1967). *The Tacit Dimension*. London: Routledge.

Romer, P. (1994). The origins of endogenous growth. *Journal of Economic Perspectives, American Economic Association*, 8(1), 3 – 22.

Rugman, A. (1981). *Inside the Multinationals: The Economics of Internal Markets*. London: Croom Helm.

Saadi, M. (2011). Technology transfer, foreign direct investment, licensing and the developing countries' terms of trade. *Margin — Journal of Applied Economic Research*, 5(4), 381 – 420.

Sasidharan, S., & Kathuria, V. (2011). Foreign direct investment and R&D: substitutes or complements — a case of Indian manufacturing after 1991 reforms. *World Development*, 39(7), 1226 – 1239.

Sass, M., & Szalavetz, A. (2013). Crisis and upgrading: the case of the Hungarian automotive and electronics sectors. *Europe-Asia Studies*, 63(3), 489 – 507.

Saxenian, A. (2006). *The New Argonauts: Regional Advantage in a Global Economy*. Cambridge, MA: Harvard University Press.

Schiff, M., & Wang, Y. (2006). North-South and South-South trade-related technology diffusion: an industry-level analysis of direct and indirect effects. *Canadian Journal of Economics*, 39(3), 831 – 844.

Shimizutani, S., & Todo, Y. (2008). What determines overseas R&D activities? The case of Japanese multinational firms. *Research Policy*, 37, 530 – 544.

Steinfeld, E. D. (2004). Chinese enterprise development and the challenge of global integration. In S. Yusuf (ed.), *Global Production Networking and Technological Change in East Asia. 255 – 296*. Washington, DC: World Bank.

Thompson, E. R. (2002). Clustering of foreign direct investment and enhanced technology transfer: evidence from Hong Kong garment firms in China. *World Development*, 30(5),

873 – 889.

Uzzi, B. ( 1997). Social structure and competition in interfirm networks: the paradox of embeddedness. *Administrative Science Quarterly*, 42, 35 – 67.

Van Haverbeke, W., & Cloodt, M. ( 2006). Open innovation in value networks. In Chesbrough H., Van Haverbeke W., & West J. (eds.), *Open Innovation: Researching a New Paradigm*, 258 – 284. Oxford: Oxford University Press.

Von Zedtwitz, M. ( 2006). Internationalization of R&D. Perspectives from outside and inside China. Presentation at MOST, OECD Conference, Chongqing, October. http://goingglobal2006.vtt.fi/programme.htm.

Von Zedtwitz, M., & Gassmann, O. ( 2002). Market versus technology drive in R&D internationalization: four different patterns of managing research and development. *Research Policy*, 31, 569 – 588.

Wang, H. (2012). *Globalizing China — The Influence, Strategies and Successes of Chinese Returnee Entrepreneurs*. Bingley, UK: Emerald.

Wang, H., Zweig, D., & Lin, X. ( 2011). Returnee entrepreneurs: impact on China's globalization process. *Journal of Contemporary China*, 20(70), 413 – 431.

Wang, M. ( 2002 ). The motivations behind China's government-initiated industrial investments overseas. *Pacific Affairs*, 75(2), 187 – 206.

Wang, P., Tong, T. W., & Koh, C. P. ( 2004). An integrated model of knowledge transfer from MNC parent to China subsidiary. *Journal of World Business*, 39, 168 – 182.

Wang, Y., Roijakkers, N., Vanhaverbeke, W., & Chen, J. ( 2012). How Chinese firms employ open innovation to strengthen their innovative performance. *International Journal of Technology Management*, 59(3/4), 235 – 254.

Westhead, P., Ucbasaran, D., & Wright, M. ( 2005 ). Decisions, actions, and performance: do novice, serial, and portfolio entrepreneurs differ? *Journal of Small Business Management*, 43, 393 – 417.

Wu, B., & Li, S. ( 2010). Does global value chain embeddedness impede functional upgrading of developing country? An empirical research on Shaoxing textile industrial cluster. *Science and Management of S&T*. 2010 – 08.

Wu, J., & Callahan, J. ( 2005 ). Motive, form and function of international R&D alliances: evidence from the Chinese IT industry. *Journal of High Technology Management Research*, 16, 173 – 191.

Xia, T., & Liu, X. (2017). Foreign competition, domestic competition and innovation in Chinese private high-tech new ventures. *Journal of International Business Studies*, 48, 716 – 739.

Xue, L. ( 1997). A historical perspective of China's innovation system reform: a case study. *Journal of Engineering and Technological Management*, 14(1), 67 – 81.

Zhang, J., Fu, X., & Y an, S. ( 2016). Structural change, industrial upgrading and China's economic transformation. *Journal of Chinese Economic and Business Studies*, 14(3), 211 – 213.

Zhang, Y., Li, Y., & Li, H. Y. (2014). FDI spillovers over time in an emerging market: the roles of entry tenure and barriers to imitation. *Academy of Management Journal*, 57, 698 – 722.

Zhang, Y., Li, H., Li, Y., & Zhou, L. ( 2010). FDI spillovers in an emerging market: the role of foreign firms' country origin diversity and domestic firms' absorptive capacity. *Strategic Management Journal*, 31(9), 969 – 989.

Zhou, Y. ( 2006). Features and impacts of the internationalisation of R&D by transnational corporations: China's case. In Globalisation of R&D and developing countries. Proceedings of the Expert Meeting, Geneva, 24 – 26 January, New York and Geneva: UNCTAD, United Nations.

Zhuo, Y., & Zhang, M. (2008). On distribution of gains in GVC and immiserizing growth — an analysis based on China's apparel industry. *China Industrial Economics*, 244 ( 7 ), 131 – 140.

# —— 第 5.3 章 ——
# 中国国际移民：现状与特征

王辉耀

## 前 言

本章概述了中国在全球移民流动中的作用，中国既是国际移民的最大来源国之一，也是越来越受欢迎的工作、旅行或学习目的地。本章回顾了与中国出境和入境移民相关的主要趋势，包括地理分布、公民身份和签证问题、就业和其他形式的移民。本章还概述了相关政策和制度发展，包括最近成立的中国国家移民管理局。最后，本章提出了完善移民治理、提高全球人才竞争力、加强移民国际合作的一系列措施。本章建议中国在这一领域发挥更大的国际作用，推动以人为本的全球移民治理。

## 中国是四大国际移民来源国之一

**"一带一路"国家日益成为中国移民的重要目的地**

2015 年，联合国教科文组织按国家统计的国际移民人数显示，除香港和其他非大陆地区外，来自中国大陆的移民总数为 954.61 万人，[①] 仅次于印度（1 557.57 万人）、墨西哥（1 239.91 万人）和俄罗斯（1 057.68 万人）。这些国家和中国一起构成了四个最大的国际移民来源国（联合国，2015）。在中国

---

① 这一数据是根据居住在调查国家的中国公民和非中国公民的估计数字收集的。

移民中，2015 年有 544.17 万中国移民前往亚洲，其次是北美（328.41 万）、欧洲（116.92 万）、大洋洲（65.83 万）、南美洲和加勒比（12.34 万）以及非洲（5.1 万）。中国移民在发达国家和发展中国家之间的分布相对均匀，有 575.52 万人移民到发达国家，497.24 万人移民到发展中国家。

　　2015 年中国大陆移民的五大目的地分别是美国（210.36 万）、加拿大（71.12 万）、日本（65.24 万）、澳大利亚（45.11 万）和新加坡（44.86 万）。此外，在中国移民最多的前 20 个目的地中，有 7 个是"一带一路"沿线国家：新加坡（44.86 万）、孟加拉国（17.78 万）、泰国（10.03 万）、印度尼西亚（7.03 万）、俄罗斯（5.62 万）、菲律宾（3.6 万）和缅甸（3.37 万）（图 5.3.1）。

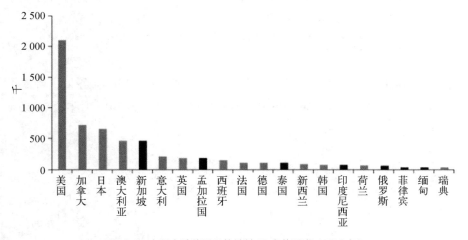

图 5.3.1　中国大陆移民目的地前 20 名的国家（2015 年）

数据来源: 联合国经济和社会事务部（United Nations Department of Economic and Social Affairs）。

## 获得美国永久居民身份和第五类优先（EB－5）签证的中国移民人数呈下降趋势

　　近年来，在主要移民目的地获得永久居民身份和公民身份的中国移民人数持续下降。中国公民申请美国 EB－5 投资签证等投资移民计划的比例也开始出现不同程度的下降。虽然这些特定签证的申请数量以及申请和获得公民身份的数量并不能完全反映中国移民的总数，但下降的数字确实反映了中国移民增长率下降的总体趋势。

　　2017 财年，共有 74 194 名中国移民获得美国合法永久居留身份（即绿卡），较上年同期减少 9.26%。2011 至 2017 财年的数据显示，中国移民获得的绿卡数量呈下降趋势（图 5.3.2）。

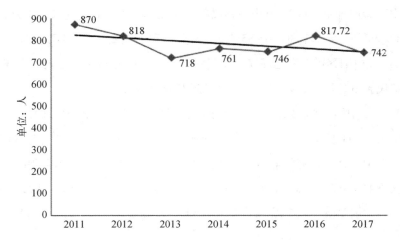

图 5.3.2　每年获得永久居民身份的中国公民人数（2011—2017 财年）

数据来源: 美国国土安全部,《移民统计年鉴》( Yearbook of Immigration Statistics 2011—2017 )。

美国国土安全部 2017 年 7 月发布的最新数据显示，EB－5 签证主要依赖中国申请，中国申请占比从 2014 年的峰值 85.37% 下降到 2016 财年的 75.56%（图 5.3.3）。

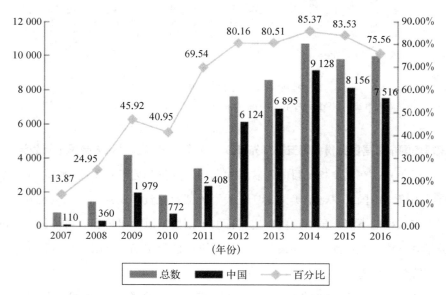

图 5.3.3　每年发放给中国公民的 EB－5 签证数量（2011—2017 财年）

资料来源: 美国国务院,《签证办公室报告》( Report of the Visa Office 2007—2016 )。

中国申请人是美国特殊专业人员/临时工作签证（H－1B 签证）的第二大申请人群体，2017 年共有 41 475 人申请美国 H－1B 签证。尽管这一数字是 2010 年 H－1B 申请人数 21 119 的两倍多，但中国仍远远落后于最大的 H－1B 申请来源国印度。2017 年，印度 H－1B 申请总数为 302 293，是中国申请数量的 7.3 倍（图 5.3.4）。

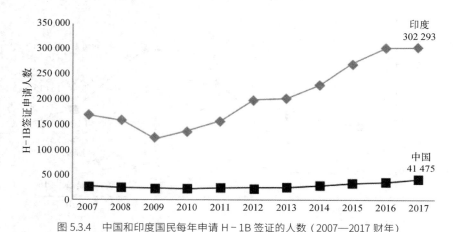

图 5.3.4　中国和印度国民每年申请 H－1B 签证的人数（2007—2017 财年）

数据来源：美国移民局，"Trend of H－1B Petitions FY 2007 through 2017: Receipt Volume Overview," https://www. uscis. gov/sites/default/files/USCIS/ReData Sources/Reports% 20and% 20Studies/Immigration% 20Forms%20Data/BAHA/h-1b-2007-2017-trend-tables-12.19.17.pdf。

## 中国申请英国、加拿大和德国公民身份和永久居民身份的人数持续下降

2017 年，申请英国国籍的中国人数量达到 2007 年以来的最低水平，只有 2 271 人。这是中国申请英国国籍人数连续下降的第四年（图 5.3.5）。

图 5.3.5　2007—2017 年每年申请英国国籍的中国公民人数

数据来源：英国内政部，"10 月至 12 月移民数据"，2018 年 2 月 22 日，https://www.gov. uk/government/statistics/immigration-statistics-october-to-december-2017-data-tables。

尽管中国是获得加拿大公民身份的主要移民来源国之一，但2016年获得加拿大公民身份的中国申请人数量为10 797人，仍不到成功申请加拿大公民身份的菲律宾人数的一半。印度的成功申请人数是中国的1.54倍。数据显示，自2014年以来，获得加拿大国籍的中国移民人数一直在稳步下降，而且下降幅度很大（图5.3.6）。

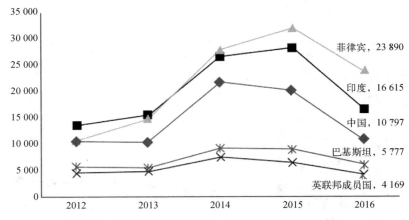

图5.3.6　加拿大移民人口前5大来源国（2012—2016财年）

数据来源：加拿大政府网站，http://open. canada. ca/data/en/dataset? organization _ limit = 0&organization=cic&_ ga = 2.81901718.1651973916.1513914143-220372437.1513914143。

以德国为例，虽然2009—2016年期间，中国移民德国的总人数增长缓慢，但在德国的外籍人员中，中国血统的外籍人员占比从2014年的峰值1.35%下降到2016年的1.29%（图5.3.7）。

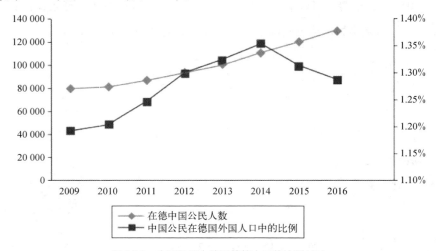

图5.3.7　中国公民占德国外籍人口的比例（%）

数据来源：德国联邦统计局，"选定公民的外国人口（2008至2016年）"，https://www.destatis.de/EN/FactsFigures/SocietyState/Population/MigrationIntegration/Tables _ ForeignPopulation/CitizenshipTimeSerie. html%EF%BC%8C2017-11-30。

**中国接受海外汇款金额居世界第二，平衡了中国海外劳动力迁移的影响**

海外华人为中国国内经济发展做出了巨大贡献。根据世界银行 2017 年 11 月的统计，海外华人共向中国汇款 628.5 亿美元，是仅次于印度（689.1 亿美元）的世界第二大汇款国（图 5.3.8）。世界银行关于全球汇款支付的数据在一定程度上反映了海外华人对中国国内发展的贡献，特别是海外华人在标准化就业领域工作的背景下。

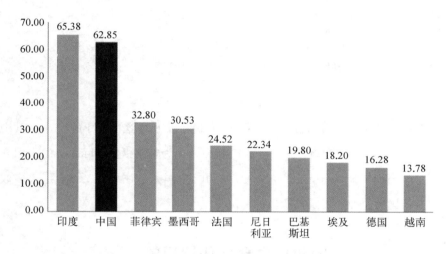

图 5.3.8　2017 年汇款接收国前 10 名（亿美元）

数据来源: 世界银行，"移民汇款数据"，2017 年 11 月 16 日，http://www.worldbank.org/en/topic/migrationremittancesdiasporaissues/brief/migration-remittances-data。

中国国家领导人一直在寻求推进与中国移民模式相关的外交关系，因此，处理这些问题的政府机构和人员的数量也有所增加。与此同时，随着中国在全球化进程中发挥越来越重要的作用，活跃在国际层面的中国企业和事业单位数量也迅速增加。根据中国对外承包工程协会的数据，2016 年中国外出务工人员约有 900 万，其中 90% 集中在亚非国家，且多为"一带一路"沿线国家（表 5.3.1）。截至 2015 年底，中国有 26 万人在 28 个欧盟国家工作，其中 70% 在意大利，23% 在法国、德国、荷兰、西班牙和英国，其余分布在其他欧盟国家。[1]

① 普莱瓦·彼得和斯德枚斯科·马尔科（Piotr Plewa & Marko Stermšek），《中国向欧洲的劳动力迁移：范围和潜力》，国际劳工组织和国际移民组织，2017 年。

表 5.3.1　2016 年中国境外劳务人员人数

| 2016 年中国派往海外的工人 | | | 截至 2016 年 12 月底的中国海外工人人数 | | |
|---|---|---|---|---|---|
| 国家／地区 | 人口 | 比例（%） | 国家／地区 | 人口 | 比例（%） |
| 新加坡 | 37 724 | 7.6 | 日本 | 146 007 | 15.1 |
| 日本 | 36 577 | 7.4 | 新加坡 | 100 612 | 10.4 |
| 阿尔及利亚 | 29 931 | 6.1 | 阿尔及利亚 | 91 596 | 9.5 |
| 沙特阿拉伯 | 29 423 | 6 | 沙特阿拉伯 | 42 069 | 4.3 |
| 巴拿马 | 18 824 | 3.8 | 安哥拉 | 29 428 | 3 |
| 马来西亚 | 12 883 | 2.6 | 巴拿马 | 19 662 | 2 |
| 伊拉克 | 12 541 | 2.5 | 马来西亚 | 19 197 | 2 |
| 巴基斯坦 | 11 863 | 2.4 | 印度尼西亚 | 16 435 | 1.7 |

数据来源：中国国际承包商协会；Wen（2017）。

2017 年上半年，累计投资金额超过 10 亿元以上的境外项目有 33 个，其中 85%集中在上述国家和地区。[①] 自 2013 年以来，为客户提供国际服务的中国安全服务公司杜威（Dewey）已经培训了 9 万名中国人前往海外工作。绝大多数客户来自国有企业，以及外籍教师和留学生。

# 中国成为全球移民目的地

### 中国是世界上国际移民占总人口比例最低的国家

根据联合国2017 年 7 月发布的统计数据估计，目前居住在中国大陆的外籍人士估计有 100 万人，仅占中国总人口（包括港澳居民）的 0.07%（图 5.3.9）。除去在香港和澳门出生的外来人口，中国大陆的海外移民总数仅占总人口的 0.05%左右。尽管这一数据不包括集中在广东省的非洲短期移民（估计规模相对较大），但中国的移民占全国人口的比例仍然是世界上最低的，比例低于越南、古巴、马达加斯加、印度尼西亚、缅甸和朝鲜。另一个极端是沙特阿拉伯，其外国出生人口是世界上比例最高的国家，占其总人口的37%；另一方面是美国，其移民人口占总人口的 15.5%。

---

① Yue Wen, "2016 Comments on the Development of Cooperation between China's Foreign Labor Service and Its Partners," *International Journal of Engineering and Labor*, 3（2017）.

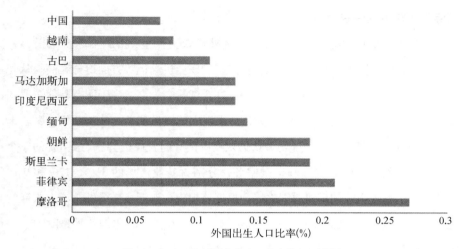

图 5.3.9　2017 年外国出生人口最少的 10 个国家

数据来源: 科夫·丹（Dan Kopf）。

根据联合国经济和社会事务部的数据，2015 年，韩国是中国大陆最大的国际移民来源国，有 16.88 万韩国人生活在中国大陆。第二大移民来源国是巴西（74 300 人），其次是菲律宾（73 000 人）、印度尼西亚（40 000 人）和越南（28 000 人）。美国是第六大国际移民来源国，2015 年有 26 800 名美国公民居住在中国大陆。（有关其他移民来源国的统计数据，见图 5.3.10）。

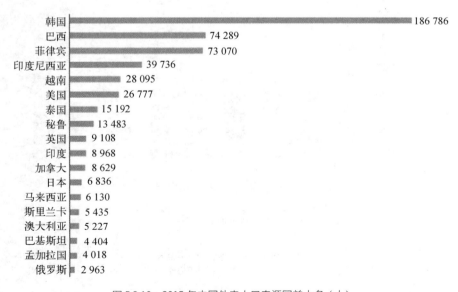

图 5.3.10　2015 年中国外来人口来源国前十名（人）

数据来源: 根据英国经济和社会事务部（UNDESA）自行整理，http://www.un.org/en/development/desa/population/migration/data/estimates2/estimates15.shtml。

### 国际移民在中国追求他们的未来

根据汇丰银行 2017 年 10 月发布的《外籍人士探索：拓展全球视野报告》，中国在职业发展方面排名全球第二，在经济和职业机会优势方面得分较高。从外籍人士在中国大陆的就业前景来看，中国在全球排名很高，高于所有其他东亚国家。在 27 500 名受访者中，70% 的人认为中国内地提供了良好的就业机会，较上年增长 16%，而只有 48% 的受访者认为东亚有良好的就业机会。[①] 最主要的三个就业行业是教育、酒店服务和金融服务，分别占就业市场的 31%、17% 和 9%。高薪是吸引海外人才的重要原因之一。根据该报告，亚洲是最受外籍工人欢迎的地区，在该地区生活的外国人中，年收入超过 25 万美元的比例几乎是欧洲这一水平人数的三倍。在中国赚到 25 万美元的概率是全球平均水平的四倍。[②]

根据世界银行 2017 年发布的最新数据，2016 年中国是全球第五大海外汇款接收国（图 5.3.11）。随着中国跻身全球汇款前五名，这表明中国不仅是国际移民的来源国，而且巩固了其作为全球汇款主要接收国的地位，以及日益上升的国际移民目的地的地位。

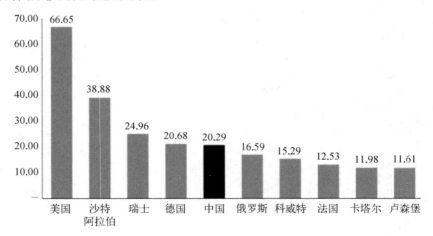

图 5.3.11　2017 年十大汇款输出国（亿美元）

数据来源：世界银行，"移民和汇款数据"，2017 年 11 月 16 日，http://www.worldbank.org/en/topic/migrationremittancesdiasporaissues/brief/migration-remittances-data。

---

① HSBC, "Expat Explorer: Broadening Perspectives Global Report," 2017, p.52, https://expatexplorer.hsbc.com/survey/files/pdfs/overall-reports/2017/YouGov_HSBC_Report_Final.pdf.
② HSBC, "Expat Explorer: Broadening Perspectives Global Report," 2017, p.52, https://expatexplorer.hsbc.com/survey/files/pdfs/overall-reports/2017/YouGov_HSBC_Report_Final.pdf.

**近 40 年中国留学生的流出和流入**

改革开放以来，中国学生出国留学的形势迅速发展，由此产生了中国学生学成归国的现象。近年来，不断壮大的海归群体为中国的发展做出了重要贡献，他们受到了国家、商界和学术界的高度关注。中国与全球化研究中心（CCG）持续研究和跟踪我国海归的发展情况，组织召开各类会议、研讨会，发布相关报告，向政府有关部门提供政策建议。

改革开放以来，我国对海归的政策大致分为以下三个阶段：

*1978—1991 年，第一批留学生，许多选择留在国外*

在第一个阶段，大量留学生出国，但选择海归的却很少。1981 年 1 月，国务院批准了教育部等 7 个部门联合提交的《关于办理自费出国留学申请的通知》和《自费出国留学暂行规定》。这标志着中国学生自由出国留学的机会正式开放。根据教育部统计，从 1978 年到 1981 年，公费留学生共有 10 356 名。到 1981 年底，自费出国留学生已达 6 000 多人。1986 年下半年，国务院又批准了《国家教委关于出国留学暂行规定的通知》，对中国学生出国留学进行了全面的指导和规定。这是中国发布的第一份留学政策文件，标志着中国留学政策体系初步形成。虽然这些政策促进了中国学生在海外的发展，但中国的总体条件、科研环境、学术氛围等方面与留学生在海外的经历存在明显差异。

*1992—2006 年，留学政策转型与海归人数增长*

1992 年，中央政府颁布了《中国教育改革和发展纲要》。在上海、深圳和其他城市，为海归提供奖励政策，如提供优惠住房、高级职称和研究资助。1996 年，全面改革了公费生源分配制度。中国国家留学基金委的成立，是为了在"个人申请、专家评审、公平竞争、优惠录取、合同补偿"的基础上，实施鼓励公费留学发展的新机制。此后，公费留学生的回国率逐渐上升。据 2017 年统计，约 98% 的公费留学生在完成学业后选择回国工作。

2000 年，海归人数不到 1 万人，海归人数占留学生总数的比例不到 25%。在接下来的几年中，虽然海归人数随着留学生人数的增加而增加，但海归比例并没有明显变化。

*2007 年至今，留学生人数增长，海归创业热潮兴起*

然而，随着 2008 年全球金融危机的爆发，这一切都改变了。2007 年和2008 年，海归人数以每年近 60% 的速度增长，此后四年，海归人数保持了年均 36% 的增长速度。2014 年，海归人数的增速有所放缓，降至 10% 以下，但海归人数的快速增长已经扭转了这一比率。截至 2017 年，海归人数占海外留学人数的近 80%。

近年来，政府高度重视海归问题，实施了额外的优惠政策，鼓励学生在海外完成学业后回国。这些措施包括提供免税购车、优惠户籍、政府就业和创业奖金补贴、研究机构补贴以及创业和子女就学的优惠政策。

根据全球化智库（CCG）《2018 年中国海归就业与创业报告》，海归就业按行业细分如下：金融，14%；信息技术（IT），13%；制造业，12%；教育，11%；批发零售占 8%；文化、体育和娱乐占 7%。这项研究还表明，在排名最高的行业中，性别差异对海归选择进入哪个行业产生了影响。女性海归进入教育（15%）和文化、体育、娱乐（10%）的比例显著高于男性；男性海归进入金融业（17%）和制造业（15%）的比例高于女性。报告还显示，与 2017 年相比，金融行业取代 IT 行业成为海归的最大雇主，制造业海归就业比例从第 5 位上升到第 3 位。

**多样化的国际专业人才可以填补国内人才和技术工人的供应缺口**

2008 年至 2017 年，中国"千人计划"成功举办了 13 轮，目前吸引了全球 7 000 多名候选人。通过"千人计划"，全国各地吸引了全球一流人才，交流学习超过 5 万人次。[①] 特别是在中国的一线城市，各行各业都有大量的高级专业人才在工作和学习。例如，2013 年在北京，有 22 604 名外国专家签约，政府签发了超过 2 万份工作签证，在上海甚至更多，超过 5 万名外国专家持有工作签证并在这座东方城市就业。以"千人计划"和在中国工作的外国专家数量为代表的中国政府的前景表明，中国愿意鼓励外国专家和人才为中国的发展作出贡献。

除了"千人计划"，中央和地方政府的不同部门也出台了一些政策，比如教育部推出的"长江奖"，鼓励海外人才流入。除了荣誉称号，北京市政府还为海归提供 10 万元的创业资金，以及短期住房和免税汽车。上海还出台了为

---

① Xiangguang Li, "Open the Window, and into the River — The Achievements of China 'Thousand Talents Program,'" China Talents, December 2017, http://www.1000plan. org/qrjh/article/73649.

海外人才提供更多补贴的政策。这些项目在吸引海归、解决政策运用、安置教育、开户融资、知识产权运用、政策开放等方面发挥了重要作用。

据教育部的数据显示，海归人数一直在增加。2017 年，全国海归人数达 48.09 万人，其中获得硕士、博士学位并完成博士后学业的海归人数为 22.74 万人。1978 年至 2017 年底，全国共有 313.2 万名留学人员回国工作，占出国留学人员总数的 83.73%。海归作为中国国际化人才的重要组成部分，在新时期的教育、科技、文化、卫生等各个领域都做出了杰出贡献。

海归活跃在各个领域，为中国经济的快速发展做出了巨大贡献。除了在中国担任跨国企业的高管外，他们还在地方、国有和私营企业中发挥作用，帮助中国企业更好地与外界沟通。律师、会计师、咨询等高价值服务行业也吸引了大批海归，在中国企业的全球化进程中发挥着重要作用。此外，还有一批具有专业背景和国际沟通能力的海归人员进入国际组织，推动了中国参与全球治理。

与此同时，海归创业带来了相当多的高科技和现代企业管理理念，引入了风险投资、国际资本和新的融资方式。同时还促进了互联网、信息技术、通信、生物医疗、媒体、文化教育等国内各类产业和新技术的发展，推动了国际合作取得更多成果。在中国经济全球化发展中发挥影响力已成为新时代海归的一个重要特征。

除了顶级的海外专家，在华从事技术工人的范围也逐渐多样化。除了存在于中国边境地区的传统制糖、玉石和木材加工等（主要由越南或缅甸手工业者从事）行业外，也有越来越多的海外人员进入中国劳动力不足的家政服务业。中国服务业的就业问题一直是人们关注的焦点。国家发展和改革委员会社会事务司副司长曾这样描述中国的国内服务业："需求加速而供应滞后。"根据北京家政服务协会公布的数据，在被调查的 600 万家庭中，有 200 万家庭需要家政服务，但由于供应水平低，超过 100 万家庭没有他们想要的家政服务。[1] 据统计，深圳的家政服务供应也存在 20 多万的缺口。[2] 近年来，根据非官方数据，已经有近 10 万菲律宾家政人员（俗称"菲佣"）进入中国工作。[3] 截至 2016 年 9 月，这

---

[1]《家政服务失衡：供需缺口从何而来?》，中央人民广播电台，2017 年 9 月 26 日，http://finance.cnr.cn/txcj/20170926/t20170926_523964843.shtml。

[2]《家政行业陷入尴尬：20 万工人缺口致供应商亏损》，《南方都市报》，2016 年 12 月 6 日。

[3]《中国应该让菲律宾家庭佣工合法化》，《环球时报》，2016 年 10 月 19 日，http://www.globaltimes.cn/content/1012500.shtml。

一数字已增长到近 20 万，这意味着 2016 年有 20 多万外国人在中国从事家政服务。[①] 尽管有这些数字，但外国劳动力的缺口远远不能满足中国对专业家政服务人员的实际需求。外国技术工人有潜力满足这一需求，同时也提高了中国家政行业的整体质量、专业技能、行业规范和服务水平。

### 中国其他跨境流动形式：国际旅游、中国留学生和外国留学生

随着中国经济的持续发展，家庭收入的不断增加，中产阶层的逐渐壮大，再加上中国国际合作的深入，中国国际旅游迅速增长。虽然中国出境游的比例直线上升，但入境游客数量相比之下相形见绌。CCG 2017 年旅游报告显示，中国入境游客数量从 2005 年的 1.2 亿人次增加到 2015 年的 1.34 亿人次，11 年间仅增长 11.2%，相比之下，中国出境游客数量从 2005 年的 3 100 万人次增至 2015 年的 1.28 亿人次，增长了 312.9%，增幅相当可观。2017 年统计数据显示，除去内地赴香港、澳门、台湾游客，中国国际旅游逆差为 316 352 万人次。[②] 尽管出现了国际旅游逆差，但入境中国的游客数量有所增加，不过增长速度仍然很低。中国入境旅游人数增速低于发达经济体（2005—2015 年增长 38.9%）和新兴经济体（2005—2015 年增长 57.2%），低于同期增长 81.3% 的亚太地区整体水平。[③]

教育部 2018 年全国教育大会上指出，中国与 188 个国家和地区开展了教育交流，与其中 47 个国家和地区签署了学位互认协议，还与 46 个国际教育组织开展了合作。中国国家主席习近平历史性地访问了联合国教科文组织，中国与亚太地区承认高等教育资历公约，这表明了中国在区域和国际教育合作中的作用。随着教育影响的深化和教育政策的不断发展，近年来在华外国留学生的规模和多样性逐步扩大。尽管 2016 年中国留学生增速相比 2015 年下降了

---

① 《"老外不见外"：义乌聘请外国人调解涉外纠纷》，新华网，2015 年 2 月 7 日，http://www.cwzg.cn/politics/201708/37567.html.

② 中国与全球化研究中心（Center for China and Globalization），"China ought to bcost its inbound tourism vigorously as it sees a booming outbound tourism wave," China's Globalization Development: Entry-Exit Tourism, 2017, http://www.ccg.org.cn/archives/57472.

③ 中国与全球化研究中心（Center for China and Globalization），"China ought to boost its inbound tourism vigorously as it sees a booming outbound tourism wave," China's Globalization Development: Entry-Exit Tourism, 2017, http://www.ccg.org.cn/archives/57472.

8.17%，但仍有 54.45 万名外国留学生，其中大部分来自美国、加拿大、澳大利亚、日本、韩国和英国。[①] 教育部的"留学中国"项目，以及到 2020 年使中国成为亚洲首选留学目的地的计划，都推动了在华国际学生的数量。

# 中国移民政策与治理

### 新的国家移民管理局正式成立

2018 年十三届全国人民代表大会第一次会议审议通过了《国务院机构改革方案》，包括国家移民管理局（SIA）的成立，这是中国移民工作小组长期倡导和推动的举措。新移民管理机构的成立标志着中国移民方式和人口迁移管理的现代化迈进了一步。这个新部门试图整合公安部传统上执行的跨境、出入境和边境管制工作，致力于在这些领域建立更集中的管理。

中国人口流动研究院的成立，是在党和国家领导人的领导、重视和支持下，政府部门、研究机构和学者为解决人口流动问题共同努力的结果。2010年，CCG 发布了国家战略（国家的总体方略），分析了吸引国际人才帮助中国发展的重要性，因此提出了设立专门的移民或国际移民部门的构想。自 2012年以来，CCG 发布的中国国际移民系列报告强调，移民潮不是中国与其他国家之间的零和游戏。相反，他们指出，为了进一步吸引国际人才到中国，中国应该建立一个专门的移民局来实现这一目的。2016 年 6 月，在国际移民组织（IOM）批准中国加入组织后不久，中央政府通过了中国政府关于加入国际移民组织的建议。同年 9 月，国家发展和改革委员会社会司司长访问中国国际人才交流中心，推动开展国际人才流动趋势研究，推动中国国际人才交流中心成立。

SIA 作为一个新的政府机构，是更广泛的治理现代化进程的一部分，将负责一系列领域。其中包括出入境、口岸检查、实际过境管理等常规领域，以及对非中国公民在中国临时和永久居留的监测，以及对难民和外国人的更广泛管理。SIA 将在公安部的指导下工作，与其他部门协调和合作，特别是对非法入境、非法居留、非法就业，以及非法移民遣返等其他问题进行管

---

① 中国与全球化研究中心（Center for China and Globalization），《2017 年中国留学人员发展年度报告》，社会科学文献出版社，2017 年，第 21 页。

理。除管理外国移民和居民外，中国公民出入境事务也在 SIA 的管辖范围内。这个新的政府机构的成立表明，中国旨在以系统的方式处理复杂的国际移民问题，以应对潜在的问题，并洞察国际移民在中国大陆发展的趋势和模式。中国移民话题不仅是指中国公民在海外的地位，还涉及跨越中国边界的中国公民和外国公民、出入境的中国公民、外国人的居住和社会融合，以及外国人在中国的行动和行为、移民模式、相关治理机制等与移民本身相关的方方面面。

### 国际人才战略背景下中国移民政策演变的结果

改革开放以来，中国的社会经济环境不断改善，特别是通过以吸引全球一流人才为重点的各种战略，加强了国家的国际人才环境。这一领域取得的成功在很大程度上归功于中国在移民管理方面的创新政策和方法，以支持全球人才计划。

第一，坚定不移地不断发展外籍人士在中国大陆永久居留制度。2004 年 8 月，中国实施了《外国人在中国永久居留审批管理办法》，这是对在中国永久居留的外国人的管理制度。在此之前，从 1985 年至 2004 年，中国对外国公民在华居留的条件和要求一直很严格，仅给予了 3 000 多名外国公民在华定居的权利，其中只有 90 人获得了无限期居留许可。2012 年起，中央政府联合 25 个部委印发文件，加强对外国人永久居留许可的管理。2013 年，公安部向 1 402 名外国个人发放了"绿卡"，较 2012 年增长 16.6%（表 5.3.2）。[1] 2015 年，上海缩短了外国人的签证流程，2016 年，北京升级了评估标准，简化了外国人才的申请流程，并设立了签证处理快速通道。"通过自上而下的改革，简化机制、政策、法规、申请流程的改革"，[2] 外国人在华永久居留管理更加理性、务实、开放。根据 2016 年的统计数据，公安部为 1 576 名外国人发放了在华无限期居留许可，同比增长 163%，共有 1 万多名外国人获得了永久居留证。2016 年 3 月，北京市公安局在北京海淀区中关村高科技区开设了一个新的服

---

[1] 根据 2016 年公安部统计（2014 年数据缺失）：《公安改革的两年： 改革后的移民政策有利于国家发展》，2017 年 2 月 5 日，http://www.mps.gov.cn/n2254098/n4904352/c5626163/content.html。

[2] 蔡长春：《去年 1 576 名外国人获准在中国永久居留》，转载于《法制日报》，2017 年 2 月 5 日，http://www.legaldaily.com.cn/index_article/content/2017-02/05/content_7000878.htm。

务窗口，300 多人在那里领取了永久居住证，这相当于改革开放实施前一年中国发放的"绿卡"总数。

表 5.3.2　2010—2016 年常住居民身份证（中国绿卡）发放数量

| 年　份 | 永久性居民身份证 | 年　份 | 永久性居民身份证 |
|---|---|---|---|
| 2010 | 564 | 2014 | — |
| 2011 | 656 | 2015 | 600 |
| 2012 | 1 203 | 2016 | 1 576 |
| 2013 | 1 402 | | |

数据来源：公安部《"公安改革两年"：出入境新政策有效服务国家发展大局》，2017 年 2 月 5 日，http://www.mps.gov.cn/n2254098/n4904352/c5626163/content.html。

第二，中国的入境和过境体系不断完善。2016 年上半年，公安部出台了一系列便利闽粤自贸区建设人员出入境签证和居留许可的政策措施。2017 年，行之有效的出入境政策措施延伸至广东珠三角、苏南、浙江杭州国家自主创新示范区、吉林长春新区。

根据 2013 年中华人民共和国出入境管理法规，持后续往返机票乘坐飞机，船，火车前往第三国的外国人，可在中国停留不超过 24 小时，免签，并可在中国境内申请临时入境许可。[1] 以下地区对 53 个国家的外国公民实施 72 小时免签政策[2]：广州（2013 年 8 月）、桂林（2014 年 7 月）、重庆（2013 年 12 月）、成都（2013 年 9 月）、昆明（2014 年 10 月）、西安（2014 年 10 月）、厦门（2015 年 4 月）、武汉（2015 年 5 月）、哈尔滨（2015 年 8 月）、青岛（2015 年 11 月）、长沙（2016 年 1 月）。北京、上海、天津、江苏、浙江、河北和辽宁都通过了相关规定，最长可在中国停留 144 小时，也就是 6 天。[3]

设立和实施过境免签和覆盖范围的扩大，有利于刺激国际游客进入本地

---

[1] 2018 年 1 月 18 日，公安部《关于外国公民 24 小时过境免签管理办法的了解》，http://www.mps.gov.cn/n2254996/n2254999/c5977576/content.html。

[2] 在中国免签 72 小时和 144 小时过境的 53 个国家是：奥地利、比利时、捷克共和国、丹麦、爱沙尼亚、芬兰、法国、德国、希腊、匈牙利、冰岛、意大利、拉脱维亚、立陶宛、卢森堡、马耳他、荷兰、波兰、葡萄牙、斯洛伐克、斯洛文尼亚、西班牙、瑞典、瑞士、俄罗斯、英国、爱尔兰共和国、塞浦路斯、保加利亚、罗马尼亚、乌克兰、塞尔维亚、克罗地亚、波斯尼亚和黑塞哥维那、黑山、马其顿、阿尔巴尼亚、摩纳哥、白俄罗斯、美国、加拿大、巴西、墨西哥、阿根廷、智利、澳大利亚、新西兰、韩国、日本、新加坡、文莱、阿拉伯联合酋长国和卡塔尔。

[3] 2018 年 1 月 18 日，公安部《关于外国公民 144 小时过境免签管理办法的了解》，http://www.mps.gov.cn/n2254996/n2254999/c5977739/content.html。

区，促进教育和文化交流，并在经贸交流中发挥积极作用。根据公安部出入境管理局的数据，2017年出入境人数为5.98亿人，较2016年增长4.76%。[①]

第三，数据显示，来中国旅游的游客类型越来越多样化。

近年来，MPS出入境管理局的数据揭示了一个有趣的变化。数据显示，2016年第四季度，进入中国境内的，除了通常的境内外旅客外，出现了一个新的类别——边境地区外国人。此外，数据显示，前往中国大陆的游客中，增加的不是来自中国香港、澳门或台湾，而是来自中国的其他邻国。除此之外，数据还显示，自2017年第一季度以来，此前有限的中国游客类别——海外华人出现了增长（图5.3.12）。随着中国出境人数的增加，中国出入境边防检查的分类也发生了变化。从2017年第一季度开始，中国大陆居民将被分为"大陆居民"和"港澳台居民"，而"台湾居民"则被改为"台湾同胞"。这些中外各类人员往来的变化和增加，凸显了中国出入境管理的专业化，以及对边境地区人员跨境流动的认识和管理水平的提高。

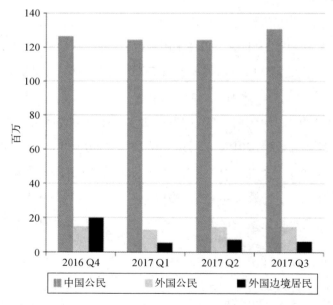

图 5.3.12 中国公民、外国公民、外国边境居民出境入境情况
（2016年第四季度至2017年第三季度）
数据来源: 中国公安部发布的数据。

---

① 2018年1月18日，公安部《关于外国公民144小时过境免签管理办法的了解》，http://www.mps.gov.cn/n2254996/n2254999/c5977739/content.html。

**外籍人士管理与国际社区治理创新**

广州是中国一线城市之一；它是一个开放的城市，毗邻香港和澳门，在国际贸易中发挥着重要的窗口作用。因此，广州一直对外国人具有很强的吸引力，但与此同时，从政府和治理的角度来看，在中国的外国人，也就是所谓的"三非"外国人，也出现了一些问题，即非法入境、非法就业、非法居留。截至 2017 年 9 月底，在广州合法居留的外籍人士总数刚刚超过 7.5 万人，其中非洲国家外籍人士 1.31 万人，占广州外籍人士总数的 17%。虽然"三非"外国人的人数无法准确统计，但根据广东外语外贸大学国际移民研究中心研究团队的研究结果，2015 年 1 月至 2017 年 9 月，居住在广州的非洲外国人约有 2 万人，其中有 1.31 万人拥有合法居留身份，约 6 900 人是"三非"非洲裔外国公民。[①] 在这 6 900 人中，有很大一部分居住在佛山、清远等生活成本相对低廉的地方。

此外，广州"三非"外国人居留者数量正在减少，这在很大程度上与广州治理能力的不断提高和国际经济形势的改善有关。2014 年，为了更好地服务广州流动人口，广州市政府成立了广州市莱州人事局，负责管理在广州的外籍人士。2015 年，越秀区登峰街外国人综合服务中心的成立，标志着从外籍人士的社会融合和有效的地方治理入手，从基层着手解决外国人治理问题的发展。2016 年，广州越秀区莱州人事局开始试点"广州越秀区外国人社会工作专项服务采购项目"，招募社会工作机构为该地区外国人提供服务。社工可以帮助引导外国居民到公安机关办理居留信息登记，并提供免费的汉语教学服务，以及英语、法语和豪萨语的咨询服务。[②] 社会工作者还为外国人提供有关政策法规的公共服务，搭建社交平台，组建志愿者队伍，促进外籍人士更好地融入中国社区。[③]

浙江义乌是世界小商品和商品制造之都，也是外国人在中国流动的主要地区。每年进出义乌市的外商近 50 万人次，常驻义乌市的外商超过 1.3 万人，来自 100 多个国家。2012 年，义乌设立了国际贸易服务中心，为外国人提供

---

① 详细的数据可以在该报告的中文部分"广州非洲裔外籍移民的治理困境"中找到。
② 梁涛涛：《对外人员综合服务中心检测》，《羊城晚报》，2016 年 7 月 4 日，http://www.gzmz.gov.cn/gzsmzj/mtgz/201607/f9aba47e2a8840c886b9ebae57d44c56.shtml。
③ 梁涛涛：《对外人员综合服务中心检测》，《羊城晚报》，2016 年 7 月 4 日，http://www.gzmz.gov.cn/gzsmzj/mtgz/201607/f9aba47e2a8840c886b9ebae57d44c56.shtml。

"一站式"服务，包括政商服务和一般生活福利咨询。① 随着国际贸易量的不断增加，在国际贸易中常见的语言沟通、合同订立、产品质量等方面的纠纷也随之产生。2013 年，义乌市成立了涉外纠纷人民调解委员会，聘请了来自全球 12 个国家和地区的外籍调解员。外籍调解员参与调解过程，不仅可以打破语言障碍，而且可以更有效地与外籍人士沟通。截至 2015 年，调解小组已成功解决纠纷 90 余起。

### 国际级别的移民问题

2016 年 9 月，联合国召开了第 71 届联合国大会，主题为"可持续发展目标：共同努力改变我们的世界"，并举行了高级别会议，以解决全球范围内的大规模难民和移民流动问题，这是各届会议的主要议题。为推动国际社会加大应对难民移民问题的力度，建立全球性、综合性的应对方案，通过了《难民和移民问题纽约宣言》。在峰会上，时任中国国务院总理李克强还指出，中国将在以下三方面应对难民问题：向有关国家和国际组织额外提供 1 亿美元人道主义援助，努力有效利用中国—联合国和平与发展基金资金支持发展中国家难民移民，探索与有关国际机构和发展中国家开展三方合作。这次演讲代表了中国未来的贡献，即从构建人类命运共同体到促进世界和平与发展，通过创新的外交方案解决问题，同时也表明中国政府开始更加重视移民和难民问题的治理。

## 结论与建议

### 深化公共和决策领域的国际移民和人才意识，寻求提升中国的全球人才竞争力

与亚太地区其他国家相比，中国的外国出生人口最低，在 2015—2016 年全球人才竞争力指数排名中，中国仅排在第 48 位，与中国作为世界第二大经济体的地位并不相符。② 与长期高度重视国际人才的欧美发达国家相比，中国

---

① 习金燕和陈桀：《外国国家管理义乌经验："小联合国"包容性成就》，中国新闻网，2017 年 6 月 19 日，http://finance.chinanews.com/sh/2017/06-19/8255098.shtml。
② 欧洲工商管理学院（INSEAD, 2015）：The Global Talent Competitiveness Index 2015 - 2016, Fontainebleau, France。

在国际人才竞争力方面明显落后，面临两大挑战。第一个挑战在于中国对全球人才的吸引力相对较低，另一个挑战是中国面临着严重的国内人才流失。在国际层面上，中国在吸引全球人才方面远远落后于发达国家，同时也面临着海外出生的中国人才流失的问题。在国际知识技能和国际人才培养方面，中国与其他中等收入国家相比，也低于平均水平。

中国的全球人才发展战略应力求瞄准不同领域的全球一流人才。来自世界各地的技术研究和开发科学家以及从事更广泛科学的人、企业高管、城市规划和管理专家、艺术家以及自然和社会科学特定领域的专业和技术从业者应该被视为潜在的中国未来居民。能够为中国发展作出贡献的各行各业的专业人士应该成为中国国际人才吸引政策的重点。中国对推动国际人才流动的环境和因素的认识相对狭窄。这包括对国际人才和移民在公共领域形象的理解和表现，尤其是在网络社区，公众舆论很容易受到狭隘民族主义的影响，误解和低估了中国对国际人才的巨大需求。因此，有必要客观、诚实地看待在华国际移民问题，主流媒体应该引导国内舆论客观理性地看待这个问题。我们还需要避免只强调管理国际移民的困难，更要强调中国的外交理念和作为世界大国的国际责任，提高中国需要吸引全球人才来推动社会经济可持续发展的意识。

### 完善关于国际移民和移民服务一体化的数据系统

可靠准确的数据和信息是国际移民治理的基础。科学收集和管理国际移民数据决定了中国政府治理政策的手段和有效性。逐步、及时地实现数据透明和跨部门数据共享，有助于提高中国国际移民治理的效率。从外交部的数据开始，到公安部出入境管理局的档案、国家外国专家局颁发的专家证书和工作许可，再到民政部持有的社会保障和安全信息，所有这些数据和信息，如果在各部门之间共享，可以帮助发展更有效、更高效的国际移民管理。此外，这对研究国际人才岗位需求与劳动力市场的差距，更好地介绍、疏导和规范国内就业水平和管理，也具有重要意义。国际移民有可能在中国享受到更高水平的社会融合。不仅需要中央政府主导的人才引进计划向各级政府渗透，还需要地方、基层社区组织和中国公民的共同努力。无论是对顶尖的全球人才还是国际学生，除了在中国建立最低限度的生活和工作条件外，还需要创造一个包容和多样化的社会氛围，促进社会融合。只有在外国人的个人或组织与更广泛的中国社会之间形成有效的人际关系，才能真正实现社会融合。对于新到中国的人来说，与当地社区建立坚实的基础应该建立在有效的语言交流基础上，同时确保他们了解并遵守法律规范能够便捷地获取社会福利和服务。通过中国政府和中国社会的共同努力，中国可以建立更完善、更有效的国际移民制度。

### 加强非常规移民治理能力建设，提升中国非常规移民治理水平

除了传统的国际移民外，中国还应寻求参与并加强对非常规国际移民模式和危机的治理。中国应努力了解必要的管理制度，建立治理机制，以应对人口贩卖等不法行为，保护移民危机中的妇女和无人陪伴的儿童。同时，中国需加强人道主义应急计划，以应对大规模移民危机并提升对逾期逗留游客及非法入境、越境者的处理能力。在广东"三非"等案件中，政府和社会团体共同努力取得的宝贵经验还有待于在其他有需求的领域加以利用和实践。

《关于难民地位的公约》和《关于难民地位的议定书》中详细规定了各国为难民提供援助和协助重新安置难民方面的责任，并在处理印中难民方面积累了丰富的经验。但长期以来，在国内法律体系的框架下，我们缺乏这方面的操作规则和指导，导致中国不得不采取国际人道主义救援措施，如对紧急情况下入境的外国边境人员进行救援，这一做法被国际媒体误解，受到不应有的批评。因此，中国应更加重视国际移民和难民治理，发挥更大作用。中国应该在对传统和非传统移民的管理中融入现代治理模式，以法治为导向，利用科技手段（如指纹、虹膜识别、生物样本采集等），强调社会融合的重要性，在新移民制度建设中体现人道主义精神。

### 关注并在全球移民和难民问题治理中发挥更大作用

近五年来，由于各种冲突、自然灾害等危机，出现了多次大规模的跨境人口迁移危机，引发了不同地区、不同国家的政治、安全、社会冲突。虽然陷入这些危机的个人可以被视为受益于与难民和移民人口有关的政策和全球治理方法，但他们也在国际体系中遭受了重大损失，并目睹了其失败。中国和其他参与全球移民和难民治理的国家可以从参与移民危机的国家中吸取重要教训。我们也可以从那些将移民作为一种生活选择来计划和实施的个人身上学到很多东西。个体移民所形成的跨国、跨社会、跨文化的网络，真正体现了全球化的本

质。这些网络和参与者也为中国改善其全球移民治理方式提供了机会。

党的十九大报告指出，中国要坚持推动构建人类命运共同体。中国人民的梦想同各国人民的梦想息息相通，实现中国梦离不开和平的国际环境和稳定的国际秩序。中国不仅是世界上最大的国际移民来源国之一，也逐渐成为国际旅行和移民的主要目的地。因此，全球移民问题的治理为中国进一步提升国际影响力、为世界和平与发展做出新的重大贡献提供了良好机遇。这不仅有利于同国际社会一道，完善和构建更加以人为本的全球治理体系，也有利于中国始终不渝走和平发展道路，奉行互利共赢的开放战略……谋求开放创新、包容互惠的发展前景，促进和而不同、兼收并蓄的文明交流，构筑尊崇自然、绿色发展的生态体系，始终做世界和平的建设者、全球发展的贡献者、国际秩序的维护者。

### 积极参与国际移民规范和治理的形成，弘扬开放包容的重要理念

作为一个世界大国，中国应更加积极地参与全球移民政策的谈判进程，并根据中国和世界可持续发展的原则，协助构建完善的国际移民治理机制。与全球气候和经济治理相比，国际移民治理为中国提供了一个展示和宣传自己在这一领域的良好参与者的坚实机会。这也将为中国进一步了解跨境人口迁移，促进中国国内人口迁移体系的国际化和标准化，提高人口迁移带来的风险防范和应对能力提供契机。为实现这些目标，中国应积极参与全球移民规范的建设，促进国际移民和人才有序、安全、自由流动。同时，借鉴国际社会先进的治理理念和治理方法，进一步推动国内移民机制的建设和创新。

### 深化与国际移民组织合作

联合国难民事务高级专员办事处、国际移民组织、联合国开发计划署、联合国妇女办公室、联合国儿童基金会等与移民与发展有关的联合国组织在各自领域都有丰富的知识经验和专门知识。中国在全球移民和难民治理领域的参与尚处于初级阶段，还需要更有经验的国际组织的协助和专业指导。特别是在这一领域，国际移民和难民问题涉及更多非传统安全问题，任何单一组织或实体都无法发挥有效作用，需要各组织之间的合作。中国应结合以往同有关国际组织的合作经验，不断拓展和探索新的合作领域，并根据实际情况调整不同的合作方式。

**利用"一带一路"平台建立区域移民合作治理机制**

"一带一路"沿线的一些地区正面临着大量跨境非法移民、人口贩卖、海上非法移民、非法外籍劳工、边境移民危机和无国籍人群等挑战。这些问题的本质意味着没有一个国家能够单独处理这些问题。应对这些挑战,需要地区国家的共同努力与合作。在"一带一路"吸引顶级国际学生以促进地区发展的项目中,中国应寻求与该地区国家合作设立基金和行动计划,以解决上述地区面临的移民问题。

## 参考文献

Wen Yue,"A Review of the Development of China's Foreign Labor Cooperation in 2016." *Journal of International Engineering and Labor*,3(2017):39-44.

## —— 第 5.4 章 ——
# 中国对外直接投资与创新

维托·阿门多拉金

傅晓岚　罗伯塔·拉贝洛蒂

## 前　言

二十多年来，中国一直是发展中国家吸收外商直接投资最多的国家，自 2008 年以来成为仅次于美国的世界第二大外国直接投资接受国，中国已成为重要的对外投资国。特别是自 1999 年推出所谓的"走出去"战略以来，中国政府努力帮助国内企业制定在国际市场扩张的全球战略。此后，中国企业从最初的国有企业到多数大型企业，再到后来的中型企业，纷纷进行海外投资，以实现资产和区位组合的多元化，获取自然资源，并越来越多地获得知识、技术、技能、品牌和市场。自 2005 年以来，中国对外直接投资增长了 10 倍，2016 年成为仅次于美国的世界第二大投资国。[①] 2017 年，中国对外直接投资存量约为 1 482 亿美元，约占全球对外直接投资总量的 5%（UNCTAD，2018）。中国的大部分直接投资流向了发展中国家。截至 2016 年底，发展中国家对外直接投资存量 11 426 亿美元，占中国对外直接投资存量的 84.2%；发达国家占 14.1%，转型经济国家占 1.7%。从对外直接投资流量看，近年来中国对发达国家投资增长较快，2016 年中国对美国、欧洲、澳大利亚投资居首位，比 2015

---

[①] 2017 年，中国对外直接投资下降了 36%，原因是针对 2015—2016 年期间主要在房地产、酒店和体育俱乐部等行业的大量资本外流，出台了新的资本管制措施。 因此，中国在最大投资国的排名中重回第三位，仅次于美国和日本（UNCTAD，2018）。

年增长 94%。虽然租赁、商业服务和金融服务一直是中国对外直接投资的两大传统行业，但在 2016 年，制造业上升为中国对外直接投资的第二大行业，仅次于租赁和商业服务（商务部、国家统计局、国家外汇管理局，2016）。

对外直接投资被认为是技术落后国家学习和提高创新能力的关键机制，中国就是其中之一（Cantwell，1989）。特别是，新兴国家的跨国企业（EMNEs）向发达国家投资的很大一部分可以被视为寻求战略资产，旨在获得关键技术资产、先进市场、管理技能以及设计和营销知识（Cuervo-Cazurra，2012；Cui，Meyer & Hu，2014；Meyer，2015）。由于中国跨国企业（MNEs）以及一般的 EMNEs 在前沿技术、市场营销和管理技术以及老牌品牌方面处于弱势，它们在很大程度上将国际化战略作为一种手段，通过直接从现有市场的竞争对手那里获得能力，从而迅速走向技术前沿（Luo & Tung，2007）。然而，尽管对外直接投资被认为是中国跨国公司寻求学习和发展技术和创新能力的关键机制，但获取当地信息和知识库的过程并非一帆风顺（Cantwell & Mudambi，2011）。

在本章中，我们展示了一幅中国跨国公司在研发活动中进行的对外直接投资（OFDIs）的地图，这些活动可能有助于中国的创新能力。在此基础上，我们对现有文献进行了概述，试图衡量对外直接投资对投资者创新绩效的影响，理清了这些投资成为或不成为提高创新能力的有效渠道的条件。此外，本章还探讨了中国企业国际化进程中学习、获取知识和提升能力的机制，最后提出了一些有待进一步研究的问题。

## 中国在研发方面的对外直接投资

在本节中，我们依靠中国企业在与研发相关的活动中投资交易的企业层面数据，对能够直接影响中国创新能力的对外活动进行全面的定量评估。基于两种不同的数据来源，我们对绿地投资和收购进行研究。有关绿地投资的信息来自金融时报集团（fDi Markets），这是一个基于交易的数据库，涵盖了自 2003 年以来全球所有行业和国家跨境投资的全资子公司的数据。金融时报集团（fDi Markets）通过媒体和公司网站收集数据，并对每项投资提供详细信息，包括投资者的名称和地点、交易的年份、行业和投资的目的地（包括国家、地区和城市），以及主要业务活动。

　　收购是对目标公司至少 10% 份额的跨境收购，① 由物联网操作系统（Zephyr）报告。物联网操作系统是一个富万达（Bureau van Dijk）数据库，它提供的信息包括收购方和目标公司的名称、专业领域、收购者和目标公司的位置、交易状态（"已完成""传闻""待处理"）、从目标转移给投资者的所有权百分比，以及项目日期等。对于绿地投资和收购，我们考虑了 2003 年至2017 年之间的时间跨度。

**绿地投资**

　　利用每个投资项目所承担的主要业务活动的现有信息，我们将重点分析克雷斯森齐、皮埃特罗贝利和瑞格波（Crescenzi，Pietrobelli & Rabellotti，2013）定义的创新活动中的绿地投资，包括研发和设计，以及开发和测试，在本章的其余部分被称为研发绿地的对外直接投资。在该数据库中，2003 年至 2017 年，中国跨国公司在全球范围内共进行了 4 573 项绿地投资（对应价值为 5 770 亿美元），② 其中研发活动占总投资的 9.4%（价值为 2.2%）。③ 从图 5.4.1 所示的动态流动情况可以看出，从 2003 年研发绿地对外直接投资占总投资的 6% 到2017 年几乎达到 18% 的增长趋势，证实了对外直接投资作为获取创新所需知识和技术资产手段的重要性越来越高。

　　正如预期的那样，欧洲（占研发绿地对外投资总额的 41%）、亚洲其他地区（28%）和北美（25%）是中国创新绿地投资的主要目的地（图 5.4.2）。表5.4.1 按目的地国家和专业部门分类。美国在软件和 IT 服务（占美国研发绿地投资的 27%）、化工（14%）、电子（12%）和汽车（13%）等行业吸引了大量来自中国的研发投资。值得注意的是，在美国，中国的投资主要集中在三个中心：流向加州硅谷的软件和信息技术（IT）服务和电子产品的投资（35% 的研发对外直接投资在美国）；密歇根州底特律的汽车行业的投资（11%），华

---

① 这与联合国贸易和发展会议对 FDI 的定义相对应，详见 http://unctad.org/z/pages/DIAE/Foreign-Direct-Investment-(FDI).aspx。

② 数据库还提供有关投资价值的信息，但在许多情况下，这只是一个估算，而不是实际价值。考虑到价值信息的可靠性和可用性问题，使用这个数据库的研究人员大多利用投资的数量而不是价值（Amighini, Cozza, Rabellotti & Sanfilippo, 2014）。

③ 中国跨国公司最常从事的两项活动是销售和营销（占总投资的 30%，但只占价值的 2%）和制造（占投资的 28%，占价值的 42%）。

图 5.4.1 2003—2007 年中国对外直接投资与研发投资占比

来源：fDi Markets。

盛顿州西雅图的软件和 IT 服务的投资（7%）。在亚洲，促进中国研发绿地对外直接投资的国家是印度，印度是通信投资的主要目的地；此外还有日本和新加坡。在欧洲，德国是主要投资目的地，杜塞尔多夫（占德国研发绿地投资的31%）和慕尼黑（21%）是机械和汽车行业投资的关键枢纽。在这最后一个产业中，中国的投资也集中在如英国、瑞典和意大利的其他欧洲国家，其中都灵汽车集群中，有50%的研发绿地投资指向这些国家。

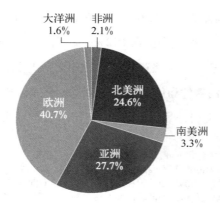

图 5.4.2 2003—2017 年中国 R&D 绿地对外直接投资地理分布

来源：fDi Markets。

表 5.4.1　2003—2017 年中国绿地对外直接投资空间与产业分布
（总数和占研发对外直接投资总量的百分比）

| | 通信 | 软件和IT 服务 | 汽车 | 电子 | 化工 | 机械 | 其他行业 | 总值 |
|---|---|---|---|---|---|---|---|---|
| 美国 | 10 (10.1) | 27 (27.3) | 13 (13.1) | 12 (12.1) | 14 (14.1) | 6 (6.0) | 17 (17.3) | 99 (100.0) |
| 德国 | 6 (15.4) | 3 (7.7) | 6 (15.4) | 6 (15.4) | 1 (2.6) | 8 (20.5) | 9 (23.0) | 39 (100.0) |
| 印度 | 18 (58.1) | 7 (22.6) | 1 (3.2) | 2 (6.4) | 3 (9.7) | 0 (0.0) | 0 (0.0) | 31 (100.0) |
| 英国 | 8 (32.0) | 1 (4.0) | 6 (24.0) | 0 (0.0) | 4 (16.0) | 2 (8.0) | 4 (16.0) | 25 (100.0) |
| 法国 | 9 (45.0) | 2 (10.0) | 0 (0.0) | 1 (5.0) | 2 (10.0) | 0 (0.0) | 6 (30.0) | 20 (100.0) |
| 日本 | 4 (21.0) | 3 (15.8) | 4 (21.0) | 5 (26.4) | 0 (0.0) | 0 (0.0) | 3 (15.8) | 19 (100.0) |
| 新加坡 | 4 (26.7) | 5 (33.3) | 0 (0.0) | 2 (13.3) | 1 (6.7) | 0 (0.0) | 3 (20) | 15 (100.0) |
| 意大利 | 7 (50.0) | 1 (7.1) | 6 (42.9) | 0 (0.0) | 0 (0.0) | 0 (0.0) | 0 (0.0) | 14 (100.0) |
| 瑞典 | 4 (33.4) | 2 (16.6) | 4 (33.4) | 0 (0.0) | 1 (8.3) | 0 (0.0) | 1 (8.3) | 12 (100.0) |
| 其他国家 | 69 (44.2) | 18 (11.5) | 11 (7.1) | 19 (12.2) | 9 (5.8) | 5 (3.2) | 25 (16.0) | 156 (100.0) |
| 总值 | 139 (32.3) | 69 (16.0) | 51 (11.9) | 47 (10.9) | 35 (8.1) | 21 (4.9) | 68 (15.9) | 430 (100.0) |

来源：fDi Markets。

## 收购

继之前关于收购与创新之间的关系（Ahuja & Katila，2001；Valentini & Di Guardo，2012）和中国收购（Piscitello，Rabellotti & Scalera，2015）的研究之后，我们专注于欧洲（欧盟-28）、日本和美国的高科技制造和服务行业的收购。[①]这是为了找出最有可能出于获取知识和技术资产动机的交易。在 2003 年至 2017 年期间，中国在这些行业的收购总数为 261 宗，其中大部分是在 2011 年之后进行的，2016 年的峰值超过 60 宗（图 5.4.3）。

收购集中度最高的是美国（82 宗交易），更具体地说，最多的是加州（18 宗交易）和密歇根州（6 宗），涉及电子（22 宗）、通信（12 宗）和汽车（6 宗）等行业。在欧洲，中国跨国公司主要在德国（55 宗）进行机械、电子和汽车行业的收购。其他欧洲国家包括英国（32 宗）、荷兰（14 宗）、法国（13 宗）和意大利（12 宗）（表 5.4.2）。

---

① 我们考虑以下两位数 NACE 代码：20、21、26、27、28、29 和 30（制造业），以及 59、60、61、62、63、64、65、66、69、70、71、72、73、74、78 和 80（服务业）。

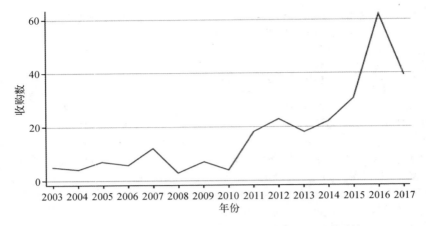

图 5.4.3　2003—2007 年中国在中高科技制造业和服务业的收购情况

来源：物联网操作系统（Zephyr）。

**表 5.4.2　2003—2007 年中国企业在美、欧、日收购的空间和产业分布**
**（总数和占中高技术制造业和服务业收购总额的百分比）**

|  | 机械 | 电子 | 汽车 | 软件及IT服务 | 化工 | 通信 | 其他行业 | 总计 |
|---|---|---|---|---|---|---|---|---|
| 美国 | 6（7.3） | 22（26.8） | 8（9.8） | 7（8.5） | 8（9.8） | 12（14.6） | 19（23.2） | 82（100） |
| 德国 | 22（40.0） | 10（18.2） | 12（21.8） | 0（0.0） | 3（5.4） | 1（1.8） | 7（12.8） | 55（100） |
| 英国 | 5（15.6） | 3（9.4） | 2（6.2） | 3（9.4） | 3（9.4） | 2（6.2） | 14（43.8） | 32（100） |
| 荷兰 | 2（14.3） | 4（28.6） | 4（28.6） | 1（7.1） | 0（0.0） | 0（0.0） | 3（21.4） | 14（100） |
| 法国 | 3（23.0） | 2（15.4） | 0（0.0） | 2（15.4） | 2（15.4） | 0（0.0） | 4（30.8） | 13（100） |
| 意大利 | 8（66.8） | 1（8.3） | 0（0.0） | 0（0.0） | 1（8.3） | 1（8.3） | 1（8.3） | 12（100） |
| 西班牙 | 1（12.5） | 0（0.0） | 1（12.5） | 1（12.5） | 1（12.5） | 1（12.5） | 3（37.5） | 8（100） |
| 日本 | 1（14.3） | 1（14.3） | 0（0.0） | 3（42.8） | 0（0.0） | 0（0.0） | 2（28.6） | 7（100） |
| 其他国家 | 5（13.2） | 8（21.0） | 5（13.2） | 3（7.9） | 2（5.3） | 1（2.6） | 14（36.8） | 38（100） |
| 总计 | 53（20.3） | 51（19.5） | 32（12.3） | 20（7.7） | 20（7.7） | 18（6.9） | 67（25.6） | 261（100） |

来源：物联网操作系统（Zephy）。

　　以下是一些具有里程碑意义的跨境收购案例，这些案例在资产交易领域具有重要参考意义：2015 年中国化工以 430 亿美元收购意大利轮胎生产商倍耐力，以及 2016 年中国国有化工公司以 430 亿美元收购瑞士农药和种子生产商先正达，以及中国吉利收购沃尔沃。在欧洲，视频游戏公司腾讯收购了芬兰公司超级细胞（Supercell）。超级细胞因开发了非常受欢迎的手机游戏"部落冲突"（Clash of Clans）而闻名。在美国，消费电子和家电领域的跨国公司海尔以 57 亿美元收购通用电气公司（GE 电器），目的是利用被收购方的知识基础在物联网领域前进，扩大其在美国市场的地位（Yu，2017）。美国另一宗著名的收购案是联想在 2005 年收购国际商业机器公司（IBM）的个人电脑部门，这成为其他渴望通过收购建立全球影响力的中国企业的标志性桥头堡。在 2014 年，联想还从谷歌收购了摩托罗拉移动，以加强其在智能手机市场的地位，并扩大其在美国的市场。

这类收购有望提升被收购企业的创新能力，促进知识反向向中国转移的进程。然而，正如我们将在以下对现有文献的回顾中看到的一样，并不是所有的期望都得到了满足，在这些收购过程中可能会涉及许多摩擦和障碍。

## 战略资产寻求型对外直接投资

中国在吸引许多发达经济体的外国直接投资方面非常成功；这些投资有利于国内生产能力的建设，特别是在制造业领域，并逐步提升了自主创新能力（Fu，2008）。本手册第 5.1 章讨论了外商直接投资对提高中国技术创新能力方面发挥的作用，并在文献中得到了充分的证明（Fu，2004），证实了外商直接投资的主流理论是经济增长和发展的秘诀（Blomstrom & Kokko，1998；Gorg & Greenway，2004）。

除外商直接投资外，由于越来越重视建设强大的国内自主创新能力，以提高竞争力，并在全球市场中占有更高的附加值份额，中国跨国公司的对外直接投资也在迅速扩大。正如文献所述，除了资源和市场寻求动机外，战略资产寻求动机在解释近期中国投资的提升方面发挥着越来越重要的作用（Cui，Meyer & Hu，2014；Deng，2009）。特别是，对发达国家的对外直接投资被认为是一种技术赶超的有效做法，以缩小本国在先进技术、知识和技能方面的差距（Child & Rodrigues，2005；Liu & Buck，2007）。傅、侯和刘（2018）将中国在发达国家的直接投资定义为后发企业克服内部约束、跨越技术前沿的"创新跳板"。

通过战略资产寻求型对外直接投资，中国企业寻求通过收购各种无形资产，如技术、管理技能、创新能力、人力资本、市场知识和品牌名称，来弥补其在竞争中的劣势领域（Yakob，Nakamura & Ström，2018）。资产增值是通过获取国外的成文知识和隐性知识来实现的，这主要得益于空间邻近性、社会嵌入性和技术工人的流动性。根据经济地理学文献，企业可以从投资先进的集群或区域中获得以下几个好处：利用外部经济和贸易相互依赖的可能性，以及获得"本地化能力"和非贸易独立性，这些都被看作是学习和创新过程的关键（Bathelt，Malmberg & Maskell，2004）。因此，对外直接投资允许位于创新区域和集群的跨国公司利用当地的聚集资源，而其他地方的公司则无法获得这些资源（Beugelsdijk & Mudambi，2013）。进入创新的区域或地方生态系统提供了利用嵌入在公司、个人和机构中的知识的机会（得益于面对面的接触），并与当地供应商和消费者、大学和其他组织建立正式和非正式的网络组织（Cantwell & Piscitello，1999；Li & Shapiro，2012）。

正如我们在上一节中看到的，中国跨国公司经常在拥有强大技术基础和丰富知识资产的集群中设立子公司并进行收购，如硅谷或底特律、杜塞尔多夫和都灵的汽车集群（Pietrobelli，Rabellotti & Sanfilippo，2011）。通过国际化战略，这些企业力求成为关键创新和技术中心的核心圈层，从知识溢出中受益。然而，正如我们稍后将讨论的，获取本地信息和知识库的过程远非一帆风顺（Bathelt & Cohendet，2014）。

### 对外直接投资与创新绩效

关于对外直接投资对中国跨国公司创新绩效影响的结论不一。安德森、萨瑟兰和萨维尔（Anderson，Sutherland & Severe，2015）的研究提出了三种关于收购的不同观点。第一种观点认为中国跨国公司不具备整合和有效利用从外部获得的知识资产的能力，因为它们往往缺乏有效利用这些资产所需的吸收能力（Rugman & Li，2007）。在承认缺乏吸收能力的同时，第二种更积极的立场认为，中国跨国公司很清楚自己的局限性，因此它们通常在收购后的阶段采取"轻干预"的方式，授予其子公司相当多的自主权（Liu & Woywode，2013）。这种方式在绿地投资中也很常见，例如，海尔和联想等跨国公司聘请东道国的经理来管理海外业务，这两家公司都为其美国总部选择了当地的首席执行官（Luo & Tung，2007）。第三种更为乐观的观点强调了中国跨国公司利用在国内市场发展的特定企业优势的能力，例如在制造过程中进行增量创新的能力，以及生产低成本、高质量产品的能力，这可以与外部获取的知识资产相补充

（Tan & Mathews，2015）。此外，有人强调，在某些情况下，中国跨国公司拥有大量可用的财务资源，这可能会增加其子公司的研发投资（Buckley，Elia & Kafouros，2014）。

这些相互矛盾的结论在近期引发了一些新的研究，旨在实证评估对外直接投资是否有助于提高中国跨国公司的创新绩效，以及在何种条件下对外直接投资是提升其创新能力的有效渠道。

有一小部分关于对外直接投资活动结果的研究并不直接关注创新产出，而是更广泛地关注对外直接投资与投资者业绩之间的关系。陈和唐（2014）考察了对外直接投资对中国跨国公司绩效的不同维度的影响，发现对外直接投资对生产率、就业和出口绩效的几个维度都有正向影响。埃达穆拉、哈内达、乾、潭和托多（Edamura，Haneda，Inui，Tan & Todo，2014）关注收购，尽管没有发现研发强度的显著变化，但表明中国投资者对销售、生产率、有形和无形资产方面存在积极影响。在对绿地投资的分析中，科扎、瑞格波和圣菲利波（Cozza，Rabellotti & Sanfilippo，2015）证实对外直接投资对中国投资者有影响，且在长期内对效率和生产率有积极影响，对就业和销售有更直接的影响。当考虑进入模式时，会出现一些有趣的现象：收购有利于早期获得无形资产，但会导致消极的财务业绩，而绿地投资对公司的规模和销售都有明显的积极影响。

傅、侯和刘（2018）和派佩罗伯露丝、吴和王（Piperopoulos，Wu & Wang，2018）最近的两项研究也探讨了对外直接投资与创新绩效之间的联系。傅、侯和刘（2018）对广东的 189 家公司进行了调查，并基于 2007—2009 年的面板数据分析调查了对外直接投资是否以及在何种条件下对中国投资者的创新绩效产生积极影响，以新产品销售占总销售的比例来进行衡量。他们发现，投资发达国家会产生积极的影响，投资公司的一些特征会增强这种影响，我们稍后会详细讨论这些特征。派佩罗伯露丝、吴和王（Piperopoulos，Wu & Wang，2018）用中国国家知识产权局注册专利的转发引用数量为衡量标准，重点研究了子公司的创新绩效，并基于 2001—2012 年中国高科技上市企业样本的面板数据进行了实证分析。他们的分析证实了对外直接投资对创新具有促进作用，特别是当它们投资面向发达国家时。

阿蒙达吉、朱利安尼、马丁内利和瑞格波（Amendagine，Giuliani，Martinelli & Rabellotti，2018）以中国（和印度）收购为对象，调查了这些投资是否提升了收购公司的创新水平，衡量标准是收购方在交易后的三年内向任何专利局提交的专利申请数量。实证分析考察了 2003—2011 年欧洲和美国在中高技术产业的收购行为，结果表明，被收购企业所在地区的创新能力（以区域生态系统中可获得的技术知识的财富来衡量）越高，收购企业收购后的创新能力越强。此外，作者发现，目标企业的创新能力（以其创新产出的规模来衡量）确实取决于收购公司的吸收能力和收购公司的声誉，这有助于克服知识转移可能面临的阻力以及吸收和利用相关知识的障碍，这些在目标企业中很常见（Hansen，Fold & Hansen，2016）。

安德森、萨瑟兰和萨维尔（Anderson，Sutherland & Severe，2015）同样关注在美国、欧洲和日本进行的收购，这些收购对象在被中国公司收购之前或之后至少获得了一项专利。他们支持了"轻干预"假说，因为被收购目标的专利活动在收购后没有显著变化。此外，他们还发现，在收购后，中国国家知识产权局的专利活动显著增加，因此支持了"中国跨国公司国际化的目的是获取先进技术，并在国内市场使用这些技术"的观点。他们对逆向知识假说的确认实证支持了埃纳尔（Hennart，2012）的理论捆绑模型，该模型引入了这样一种观点，即新兴国家企业（EMNEs）会通过战略资产寻求动机投资来获取知识资源，以便在保持区位优势的国内市场上利用它们。为了说明反向知识转移机制，安德森、萨瑟兰和萨维尔（2015）提供了一个有趣的例子，即中国光纤制造商 ZJF 集团收购爱尔兰公司飞尔康（Firecomms）案例。这次收购使 ZJF 集团获得了在中国这一以公共基础设施项目为主导、外国公司难以进入的市场中开发先进技术的能力。

李、斯特兰奇、宁和萨瑟兰（Li，Strange，Ning & Sutherland，2016）也证实了逆向知识机制，他们研究了对外直接投资对创新绩效的影响（以每万居民获得的专利数量来衡量），发现具有显著的正向效应。研究还发现，外商直接投资与区域创新之间存在互补关系，说明外商直接投资促进了地方吸收能力的提高，从而增强了对外投资对地方创新能力的正向影响。

阿蒙达吉、朱利安尼、马丁内利和瑞格波（2020）也证实了投资者所在省份存在积极的技术溢出效应，他们调查了中国跨国公司在美国、欧盟和日本进行收购的所在省份和东道国所在区域的不同技术专长。他们发现，知识基础更强的投资者（以更多样化和更大的专利组合来衡量）会更密集地投资于技术距离较远的地区，也就是说，申请专利的地区与本国地区的技术等级非常不同。因此，这些投资者能够利用跨境收购，将他们的知识和能力扩展到新的行业，扩大他们的技术视野。

**对外直接投资对创新影响的调节因素**

通过对中国对外直接投资对投资方及其所在地区创新绩效贡献的实证研究发现，在东道国及其地区以及投资公司层面上，有许多调节因素会影响投资对创新能力的作用。

考虑到东道国之间可能存在的异质性，派佩罗伯露丝、吴和王（Piperopoulos，Wu & Wang，2018）发现知识寻求型投资的地理位置选择会影响创新提升效应。当中国跨国公司投资于创新体系更完善、消费者需求更高、市场竞争更激烈的发达国家时，对其创新绩效的正向影响更强。这一结果也得到了傅、侯和刘（2018）的证实。

克雷斯森齐、皮埃特罗贝利和瑞格波（Crescenzi，Pietrobelli & Rabellotti，2016）考察了对欧盟的投资，表明尽管国家层面的异质性对投资者创新产出的影响存在显著差异，但当新兴市场国家对研发相关活动进行投资时，它们的区位选择更多地受到次区域特征而不是国家特征的影响。事实上，阿蒙达吉、朱利安尼、马丁内利和瑞格波（2018）发现，被收购公司所在地区的创新生态系统越强，其创新产出就越高。当用社会过滤器来衡量目标地区的创新强度时，这一结果尤其明显。社会过滤器是一种综合指标，它考虑了一系列结构性条件——地区的教育成就、人力资源的生产性就业和人口结构——这些条件可能会使一些地区因得益于创新和知识流通的环境或多或少更倾向于创新（Rodriguez-Pose & Crescenzi，2008）。这一发现与以下观点一致：拥有强大人力资本禀赋（以接受高等教育的人口比例为代表）和生产性资源（以从事农业的劳动力比例和长期失业为代表）的地区，为新进入当地生态系统的中国投资者提供了更多的学习机会。

考虑到投资者的特点，文献一致认为吸收能力起到关键作用。来自新兴国家（如中国）跨国公司的技术能力可能由于本国的技术差距而显得相对薄弱（Luo & Tung，2007），这就意味着投资者可能不具备所需的吸收能力（Bell，1984；Cohen & Levinthal，1990），识别信息的价值，将新获得的资产与其现有资源进行同化和结合，并将外部获得的知识进行转化和应用（Deng，2010）。然而，尽管跨国公司通常被认为受制于较弱的技术能力，但许多中国跨国公司已经设法积累了足够的吸收能力，从而能够更好地从其对外直接投资中受益（Fu，Hou & Liu，2018；He，Khan，Lew & Fallon，2018）。

傅、侯和刘（2018）认为，丰富的国际经验是帮助中国跨国公司提高学习能力、理解外国技术的一个重要因素。研究发现，通过出口来学习有助于公司提高技术能力和吸收能力；因此，投资者的出口经验越多，就越能识别、吸收和整合通过对外直接投资而获得的知识。此外，他们还发现，高技术产业企业对外直接投资与出口强度之间的互补效应更强，在高技术产业中，知识缄默性可能是显著特征。派佩罗伯露丝、吴和王（2018）在对中国高技术制造业公司的实证分析中也证实了这一点，他们用对外投资的总数量来衡量国际经验，发现越国际化的公司越能够积累知识，进而能够通过聘用外国经理来提高吸收能力（Luo & Tung，2007）。

在研发方面的内部投资也可以提高吸收能力；然而，傅、侯和刘（2018）发现内部研发支出和对外直接投资之间存在一种权衡关系。替代效应产生的原因是：可用于创新的资源有限，以及在中国等发展中国家，教育和培训在发展吸收能力方面比研发发挥更重要的作用。因此，作者认为，在中国，对外直接投资确实是增强国内创新能力的有效渠道，尤其是在高技术产业中。在高技术产业中，获取和转移知识所需的高风险和大量投资增加了内部资源约束。

在中国的跨国公司中，国有企业（SOEs）被认为具有比私营企业高得多的吸收能力，这得益于国家对其研发投资的鼓励（Guest & Sutherland，2009）。然而，安德森、萨瑟兰和萨维尔（Anderson，Sutherland & Severe，2015）实证检验了国有企业并购后的创新绩效是否优于私营部门的中国跨国公司，发现国有企业吸收知识资产的能力并不强，因为它们对研发资源的利用率低。吴、陈和刘（2017）通过对浙江省制造业跨国公司的样本调查进行实证检验，也证实了这一发现。

除了绝对吸收能力，莱恩和鲁巴金（Lane & Lubatkin，1998）引入的相对吸收能力的概念也可以用于调查收购方学习被收购公司的有效性，正如亚考布、中村和斯稻姆（Yakob，Nakamura & Ström，2018）在调查吉利收购沃尔沃成功案例的研究中强调的那样。作者描述了中欧汽车技术（CEVT），这是吉利在哥德堡创建的研发中心，共同服务于吉利和沃尔沃，是两家公司之间的桥梁，其特点是组织惯例和流程使收购方和被收购方的战略意图相一致，从而允许利用现有能力来产生新的知识。

阿蒙达吉、朱利安尼、马丁内利和瑞格波（2018）提出了另一个可能影响中国跨国公司利用其在创新型目标公司和地区的投资能力的维度：投资者的地位或声誉。信誉差的观念会阻碍目标公司和收购公司的整合，并会破坏这些公司各自管理者之间信任关系的形成，这将阻碍知识转移（Shen，Tang & Chen，2014；Hansen，Fold & Hansen，2014）。人们对中国公司的质疑程度各不相同：有些公司被国际东道国认为是更可信或更可靠的，因为它们在国际媒体和其他渠道上的经营活动信息是正面的，而其他公司可能相对不知名或与负面新闻有关。例如，被污染的宠物食品原料、有毒玩具、有缺陷的轮胎和受污染的牙膏等丑闻对中国公司信誉造成了负面影响，并威胁到他们对合法性的追求（Fiaschi，Giuliani & Nieri，2017）。作者发现，地位影响了中国跨国公司能从收购中获利的程度，拥有良好声誉的投资者会发出积极的信号，使目标公司的管理者感到放心，并可能对知识的获取做出积极贡献。此外，他们发现，被当地受众认为地位较低的中国跨国公司可能更难从他们试图嵌入的创新区域或当地生态系统中获取高质量的知识，这可能会阻碍他们的创新产出。阿蒙达吉、朱利安尼、马丁内利和瑞格波（2018）通过对中国跨国公司收购的公司经理的访谈，补充了他们的计量经济学知识，发现当一家公司被地位较低的投资者收购时，可能会在区域层面破坏子公司的创新过程。例如，如果收购公司的信息表明其状况不佳，一些合作项目可能会被终止，并且可能会阻止有才能的人力资源在收购后申请工作。

**知识如何通过对外直接投资转移**

到目前为止，我们已经看到了已有文献是如何分析中国跨国公司是否以及在什么条件下有助于提高他们的知识和创新能力的。然而，很少有研究试图调查学习、共享和整合的机制，这将是本节的重点。

在最近的一项研究中，傅、孙和高里（Ghauri，2018）基于华为和中兴两家著名的中国电信行业跨国公司的深入案例研究，揭示了跨国公司的外部学习过程，区分了知识获取、共享和整合机制。

考虑到知识获取，位于发达国家的子公司可以成为总部外部知识的来源，首先因为它承担了独立的研发活动，这有助于企业开发新产品和新流程，其次因为它嵌入了当地的生态系统，在那里它们参与了供应商、消费者和其他参与者（如大学、研究实验室和商业组织）的后向和前向联系，并且可以从当地专门的劳动力资源中获益。因此，"子公司就像辐条一样，吸收并向总部输送知识"（Fu, Sun & Ghauri, 2018：3）。作者确定了三种主要学习机制：向消费者、宿主环境和合作学习。皮埃特罗贝利、瑞格波和圣菲利波（Pietrobelli, Rabellotti & Sanfilippo, 2011）也认为，接近发达国家要求更高的市场的重要性是海尔在意大利投资的关键驱动因素。在东道国的环境中，中国跨国公司可以学习新的经营策略，例如越来越重视企业的社会和环境责任。傅、孙和高里（2018）观察到与当地合作伙伴合作的可获得性和跨国公司声誉对其产生的积极影响，证实了阿蒙达吉、朱利安尼、马丁内利和瑞格波（2018）所强调的信任是知识获取的关键促进因素。最后，在合作中学习是中国跨国公司提升声誉的一条捷径，例如通过与老牌企业合作打造全球品牌。再例如，华为与德州仪器、IBM 等知名企业建立了许多联合研发实验室，与西门子等跨国公司建立了战略联盟。

亚考布、中村和斯稻姆（2018）在吉利—沃尔沃案例中极力强调的另一种学习机制是中国和瑞典之间的人员密集流动。在这种情况下，不仅中国工程师会定期被派到哥德堡接受为期 3 个月至 2 年的培训，向同行学习，瑞典管理人员也会评估他们培训能力的有效性。此外，学习并不是一个单向的过程，因为中国同行也做出了贡献，与瑞典合作伙伴分享他们关于中国汽车市场的知识和经验。就像哥德堡的汽车行业案例一样，通过建立高度专业化的生态系统，中国的跨国公司也从招聘技术人员中学习，帮助吸收先进的知识（Piperopoulos, Wu & Wang, 2018）。

在上一节中，我们强调了中国跨国公司从子公司到总部的反向知识转移过程中的重要性（Anderson, Sutherland & Severe, 2015），傅、孙和高里（2018）将这一过程分解为一个多层次的辐条知识共享机制，包括子公司和总部之间的垂直双向共享视角和子公司之间的横向共享视角。此外，作者还强调了知识整合的第三种机制的重要性，这是将不同知识汇集、吸收和转化以产生竞争优势和提升跨国公司创新能力的必要步骤。

# 结论和对未来研究的启示

对外直接投资作为跨国公司寻求战略资产的渠道和获取国际知识的重要途径，已日益成为中国企业追求创新技术升级的路径。这反映在中国对发达国家的对外直接投资的不断增加，中国跨国公司在欧洲和美国收购科技公司数量的不断增加，以及对发达国家对外直接投资目标的公司层面调查的结果上。

中国对外直接投资与创新的相关研究结果可归纳为三个方面：对外直接投资对创新的影响、对外直接投资对创新影响的调节因素以及知识转移过程机制。

总体而言，尽管中国跨国公司在整合和有效利用外部获取的知识资产方面存在缺陷，且缺乏有效利用这些知识资产所需的吸收能力，但通过对上市公司面板数据和公司层面调查数据的统计分析发现，对外直接投资对投资公司的创新和其他方面的绩效具有显著的正向影响。研究发现，许多中国公司设法提高吸收能力，以有效整合和利用获得的外部知识。研究还表明，一些中国跨国公司意识到自己在国际管理和吸收能力上的局限性，因此在收购后采取"轻干预"的方式，给予子公司相当大的自主权。

研究还发现，对外直接投资创新能力能否成功得到提升取决于一系列影响因素。首先，对外直接投资目的地的选择是决定投资型跨国公司创新成果的重要因素。当中国跨国公司在发达国家进行投资时，对其创新绩效的正向影响更强。对外直接投资公司所在地区的创新生态系统也发挥着重要作用，这意味着当地生态系统越强、人力资源禀赋越大的地区能为中国投资者提供更多的学习机会。

其次，吸收能力对投资企业能否成功地将获得的外部技术整合到企业的创新能力中起着重要作用。中国跨国公司的吸收能力主要来自两个方面：内部研发和员工的教育和技能。虽然有研究认为内部研发与对外直接投资创新成果之间存在互补性，但也有研究认为两者之间存在替代效应。这意味着许多中国跨国公司将对外直接投资作为克服自身创新和技术能力不足的手段。

再者，先前的国际经验也是帮助中国跨国公司提高其学习能力的一个因素。最后，所有权形式对对外直接投资创新效应的强弱并没有显著影响：国有企业吸收知识资产的能力不强，这可能是由于其研发资源的利用效率低下所导致的。

除了这些因素，中国跨国公司内部的学习机制也至关重要。即使跨国公司在发达国家投资，对外直接投资对创新能力的好处也不会自动产生。通过对我国几家跨国公司成功与失败的案例分析，发现子公司驱动的辐条式逆向知识转移模型是有益的。消费者、东道主环境和当地合作是三个重要的学习来源。接近发达国家要求更高的市场的重要性也被认为是成功的关键驱动因素。信任是知识获取的另一个关键促进因素。最后，当地生态系统的合作也在提升声誉方面发挥了重要作用，使中国跨国公司能够获得东道国的基础科学研究，并共同生产适应当地市场的前沿技术和解决方案。

必须承认，现有的研究也存在一定的局限性，未来的研究仍有很大的发展空间。首先，考虑到这是最近才出现的现象，对中国对外直接投资的创新影响做出结论性的评估还为时过早。其次，鉴于对外直接投资与创新能力之间的双向关系（和控制面板数据和工具变量的识别问题），需要对投资公司对外直接投资与创新能力之间的因果关系进行更多的实证研究。再者，我们对发展中国家对外直接投资的过程以及如何确保创新和能力建设取得积极成果的认识仍然有限。应该对东道国环境与跨国公司子公司及其总部以及母国之间过程、条件和动态相互作用进行更深入的案例研究。最后，中国对外直接投资对东道国创新体系的影响是一个重要、有待研究的领域，未来的研究应探讨这一点，还要探讨它对东道国经济包容性和可持续发展的影响。

# 参考文献

Ahuja G., & Katila R. (2001). Technological Acquisitions and the Innovation Performance of Acquiring Firms: A Longitudinal Study, *Strategic Management Journal*, 22(3), 197–220.

Amendolagine, V., Giuliani, E., Martinelli, A., & Rabellotti, R. (2018). Chinese and Indian MNEs' Shopping Spree in Advanced Countries. How Good Is It for Their Innovative Output? *Journal of Economic Geography*, 18(5), 1149–1176.

Amendolagine, V., Giuliani, E., Martinelli, A., & Rabellotti, R. (2020). Chinese Multinational Enterprises Bridging Technologies Across Home and Host Regions. In McKelvey M. & Jin J. (eds.), *Innovative Capabilities and the Globalization of Chinese*

*Firms*. Cheltenham: Edward Elgar.

Amighini A., Cozza C., Rabellotti R., & Sanfilippo M. (2014). Investigating Chinese Outward Foreign Direct Investments: How Can Firm-Level Data Help? *China & World Economy*, 22(6), 44 – 63.

Anderson J., Sutherland D., & Severe S. (2015). An Event Study of Home and Host Country Patent Generation in Chinese MNEs Undertaking Strategic Asset Acquisitions in Developed Markets. *International Business Review*, 24(5), 758 – 771.

Bathelt H., & Cohendet P. (2014). The Creation of Knowledge: Local Building, Global Accessing and Economic Development — Toward An Agenda. *Journal of Economic Geography*, 14(5), 869 – 882.

Bathelt H., Malmberg A., & Maskell P. (2004). Clusters and Knowledge: Local Buzz, Global Pipelines and the Process of Knowledge Creation. *Progress in Human Geography*, 28(1), 31 – 56.

Bell M. (1984). Learning and Accumulation of Industrial and Technological Capability in Developing Countries. In Fransman M. & King K. (eds.), *Technological Capacity in the Third Word*, pp.187 – 209. London: Macmillan.

Beugelsdijk S., & Mudambi R. (2013). MNEs as Border-Crossing Multi-Location Enterprises: The Role of Discontinuities in Geographic Space. *Journal of International Business Studies*, 44, 413 – 426.

Blomstrom M., & Kokko A. (1998). Multinational Corporations and Spillovers. *Journal of Economic Surveys*, 12(3), 1 – 31.

Buckley P. J., Elia S., & Kafouros M. (2014). Acquisitions By Emerging Market Multinationals: Implications for Firm Performance. *Journal of World Business* 49(4), 611 – 632.

Cantwell J. (1989). *Technological Innovation and Multinational Corporations*. Oxford: Basil Blackwell.

Cantwell J., & Mudambi R. (2011). Physical Attraction and the Geography of Knowledge Sourcing in Multinational Enterprises. *Global Strategy Journal*, 1(3 – 4), 206 – 232.

Cantwell J., & Piscitello L. (1999). The Emergence of Corporate International Networks for the Accumulation of Dispersed Technological Competences. *Management International Review*, 39(1), 123 – 147.

Chen W., & Tang H. (2014). The Dragon Is Flying West: Micro-Level Evidence of Chinese Outward Direct Investment. *Asian Development Review*, 31(2), 109 – 140.

Child J., & Rodrigues S. B. (2005). The Internationalization of Chinese Firms: A Case for Theoretical Extension? *Management and Organization Review*, 1(3), 381 – 410.

Cohen W. M., & Levinthal D. A. (1990). Absorptive Capacity: A New Perspective on Learning and Innovation. *Administrative Science Quarterly*, 35(1), 128 – 152.

Cozza C., Rabellotti R., & Sanfilippo M. (2015). The Impact of Outward FDI on the Performance of Chinese Firms. *China Economic Review*, 36, 42 – 57.

Crescenzi R., Pietrobelli C., & Rabellotti R. (2013). Innovation Drivers, Value Chains and the Geography of Multinational Corporations in Europe. *Journal of Economic Geography*, 14(6), 1053 – 1086.

Crescenzi R., Pietrobelli C., & Rabellotti R. (2016). Regional Strategic Assets and the Location Strategies of Emerging Countries' Multinationals in Europe. *European Planning Studies*, 24(4), 645 – 667.

Cuervo-Cazurra A. (2012). Extending Theory by Analyzing Developing Country Multinational Companies: Solving the Goldilocks Debate. *Global Strategy Journal*, 2(3), 153 – 167.

Cui L., Meyer K. E., & Hu H. W. (2014). What Drives Firms' Intent to Seek Strategic Assets by Foreign Direct Investment? A Study of Emerging Economy Firms. *Journal of World Business*, 49(4), 488 – 501.

Deng P. (2009). Why do Chinese Firms Tend to Acquire Strategic Assets in International Expansion? *Journal of World Business*, 44(1), 74 – 84.

Deng P. (2010). What Determines Performance of Cross-Border M&As by Chinese Companies? An Absorptive Capacity Perspective. *Thunderbird International Business Review*, 52(6), 509 – 524.

Edamura K., Haneda S., Inui T., Tan X., & Todo Y. (2014). Impact of Chinese Cross-Border Outbound M&As on Firm Performance: Econometric Analysis Using Firm-Level Data. *China Economic Review*, 30, 169 – 179.

Fiaschi D., Giuliani E., & Nieri F. (2017). Overcoming the Liability of Origin by Doing No Harm. Assessing Emerging Country Firms' Social Irresponsibility as They Go Global. *Journal of World Business*, 52(4), 546 – 563.

Fu X. (2004). *Exports, Foreign Direct Investment and Economic Development in China*. London and New York: Palgrave McMillan.

Fu X. (2008). Foreign Direct Investment, Absorptive Capacity and Regional Innovation Capabilities: Evidence from China. *Oxford Development Studies*, 36(1), 89 – 110.

Fu X., Hou J., & Liu X. (2018). Unpacking the Relationship between Outward Direct Investment and Innovation Performance: Evidence from Chinese Firms. *World Development*, 102, 111 – 123.

Fu X., Sun Z., & Ghauri P. N. (2018). Reverse Knowledge Acquisition in Emerging Market MNEs: The Experiences of Huawei and ZTE. *Journal of Business Research*, 93, 202 – 215.

Gorg H., & Greenaway D. (2004). Much Ado about Nothing? Do Domestic Firms Really Benefit from Foreign Direct Investment? *World Bank Research Observer*, 19(2), 171 – 197.

Guest P., & Sutherland D. (2009). The Impact of Business Group Affiliation on Performance: Evidence from China's "National Champions". *Cambridge Journal of Economics*, 34(4), 617 – 631.

Hansen U., Fold N., & Hansen T. (2016). Upgrading to Lead Firm Position via International Acquisition: Learning from the Global Biomass Power Plant Industry. *Journal of Economic Geography*, 16(1), 131 – 153.

He S., Khan Z., Lew Y. K., & Fallon G. (2019). Technological Innovation as a Source of Chinese Multinationals' Firm-Specific Advantages and Internationalization. *International Journal of Emerging Markets*, 14(1), 115 – 133.

Hennart J. F. (2012). Emerging Market Multinationals and the Theory of the Multinational Eenterprise. *Global Strategy Journal*, 2(3), 168 – 187.

Lane P. J., & Lubatkin M. (1998). Relative Absorptive Capacity and Interorganizational Learning. *Strategic Management Journal*, 19(5), 461 – 477.

Li J., Li Y., & Shapiro D. (2012). Knowledge Seeking and Outward FDI of Emerging Market Firms: The Moderating Effect of Inward FDI. *Global Strategy Journal*, 2(4), 277 – 295.

Li J., Strange R., Ning L., & Sutherland D. (2016). Outward Foreign Direct Investment and Domestic Innovation Performance: Evidence from China. *International Business Review*, 25(5), 1010 – 1019.

Liu X., & Buck T. (2007). Innovation Performance and Channels for International Technology Spillovers: Evidence from Chinese High-Tech Industries. *Research Policy*,

36(3), 355 – 366.

Liu Y., & Woywode M. (2013). Light-Touch Integration of Chinese Cross-Border M&A: The Influences of Culture and Absorptive Capacity. *Thunderbird International Business Review*, 55(4), 469 – 483.

Luo Y., & Tung R. L. (2007). International Expansion of Emerging Market Enterprises: A Springboard Perspective. *Journal of International Business Studies*, 38(4), 481 – 498.

Meyer K. E. (2015). Context in Management Research in Emerging Economies. *Management and Organization Review*, 11(3), 369 – 377.

Ministry of Commerce, State Statistics Bureau, & State Foreign Exchange Administration (MOC, NSB, & SFEA). (2016). *Bulletin of Chinese Overseas Direct Investment, 2016.* Available at http://hzs.mofcom.gov.cn/article/date/201803/20180302722851.shtml.

Pipe ropoulos P., Wu J., & Wang C. (2018). Outward FDI, Location Choices and Innovation Performance of Emerging Market Enterprises. *Research Policy*, 47(1), 232 – 240.

Pietrobelli C., Rabellotti R., & Sanfilippo M. (2011). Chinese FDI Strategy in Italy: The "Marco Polo" Effect. *International Journal of Technological Learning, Innovation and Development*, 4(4), 277 – 291.

Piscitello L., Rabellotti R., & Scalera V. (2015). Chinese and Indian Acquisitions in Europe: The Relationship between Motivation and Entry Mode Choice. In Risberg A., King D., & Meglio O. (eds.), *The Routledge Companion to Merger and Acquisition*, pp.114 – 120. London: Routledge.

Rodriguez-Pose A., & Crescenzi R. (2008). R&D, Spillovers, Innovation Systems and the Genesis of Regional Growth in Europe. *Regional Studies*, 42(1), 51 – 68.

Rugman A. M., & Li J. (2007). Will China's Multinationals Succeed Globally or Regionally? *European Management Journal*, 25(5), 333 – 343.

Shen R., Tang Y., & Chen G. (2014). When the Role Fits: How Firm Status Differentials Affect Corporate Takeovers. *Strategic Management Journal*, 35(13), 2012 – 2030.

Tan H., & Mathews J. A. (2015). Accelerated Internationalization and Resource Leverage Strategizing: The Case of Chinese Wind Turbine Manufacturers. *Journal of World Business*, 50(3), 417 – 427.

UNCTAD. (2018). *World Investment Report.* Geneva: UNCTAD.

Valentini G., & Di Guardo M. C. (2012). M&A and the Profile of Inventive Activity. *Strategic Organization*, 10(4), 384 – 405.

Wu H., Chen J., & Liu Y. (2017). The Impact of OFDI on Firm Innovation in an Emerging Country. *International Journal of Technology Management*, 74(1 – 4), 167 – 184.

Yakob R., Nakamura H. R., & Ström P. (2018). Chinese Foreign Acquisitions Aimed for Strategic Asset-Creation and Innovation Upgrading: The Case of Geely and Volvo Cars. *Technovation* 70, 59 – 72.

Yu, X. (2017). Haier Bought GE Appliances for US $5.6 billion. Now It's Working on Fixing It. South China Morning Post. Available at https://www. scmp. com/business/companies/article/2116486/chinas-haier-has-plan-help-continue-turnaround-ge-appliances (accessed July 20, 2018).

# —— 第 5.5 章 ——
# 中国研发国际化

马克斯·冯·泽德维茨　权晓红

## 前言：中国跨国公司的崛起

在近十年间，中国海外研发国际化已经从边缘现象发展为主流现象；然而，考虑到这一发展是近期发展起来的，且可靠数据具有不可获取性，这一发展对许多人来说仍然是神秘的，而且大部分都无法通过现有学术文献来解释。

相关文献中最早的记录是案例分析（如，Liu & Li，2002；von Zedtwitz，2008；Duysters et al.，2009；Ester et al.，2010）或将中国研发作为新兴国家研发国际化总体回顾的一部分（例如，von Zedtwitz，2006；Li & Kozhikode，2009）。直到 2010 年代初，学术界关注的焦点仍是外国（非中国）研发进入中国的国际化，这在规模和范围上远远超过了当时中国的跨国公司（如华为、中兴、联想）在海外设立或收购的少数研发中心。2008—2009 年的金融危机和围绕金字塔底部的新兴文献（Prahalad，2004）和反向创新文献（Immelt et al.，2009；Govindarajan & Ramamurti，2011）恰逢人们对新兴市场企业创新能力的兴趣不断上升，其中中国的对外研发是一个子研究领域。中国政府从 2002 年的"走出去"政策到 2005 年的"自主创新"政策都明确支持研发国际化。这两项政策共同呼吁，通过投资国内技术，以及逐步取代成熟的许可做法来引进外国技术和资源，加强中国的研发能力。许多中国跨国公司都被鼓励到国外寻求技术，只有这样才能加强他们的本土基础和中国本土市场。在 1990 年代和 21 世纪初，中国的海外研发主要目的是支持国外市场发展，因此，通常位于其他发展中国家，如俄罗斯或印度。在中国的对外研发中也可以发现类似的现象，例如下一段将要讨论的华为案例。此外，还有一个重要的技术导向，这导致中国的国际研发重点转向美国、加拿大、欧洲和日本这些更具挑战但技术上更有利可图的市场（请参考，例如，von Zedtwitz, 2008；Di Minin et al., 2017）。

华为是中国研发国际化的一个很好的例证。华为首先在俄罗斯、拉丁美洲和非洲实现了国际化，然后才进入欧洲和北美这些更先进的市场，华为也首先在那里设立了研发中心。到 2000 年（即电信业受到新经济危机冲击的时候），华为已经在莫斯科（1997 年）和班加罗尔（1999 年）建立了全球研发中心。21 世纪初，在爱立信和其他西方电信领导者遇到困境时，华为要么收购整个研发团队，要么在靠近西方竞争对手的地方建立新的研发中心，例如圣地亚哥（2000 年）、斯德哥尔摩（2001 年）、普莱诺/达拉斯（2001 年）和贝辛斯托克（2003 年），但也继续在其他发展中市场，如曼谷（2001 年）和巴基斯坦（2004 年），建立更强大的研发力量。陈等人（Chen et al., 2011）对 16 个研发中心的案例分析表明，华为在海外设立研发分支机构的主要动机是建立技术能力、雇佣人才和了解当地消费者。截至 2018 年，华为的国际研发中心、研发单位和研发合资企业超过 50 家，其中多个中心位于特别有吸引力的国家。

海信在美国和欧洲都设立了研发中心，服务于被视为全球最大的液晶电视市场。由于欧美市场与中国市场的电视标准不同，其本土研发部门主要从事支持本土产品适配的工作。海信在长期的全球竞争中也认识到自己的技术缺陷，因此海信的美国研发子公司还负责监测最新的工业技术，了解技术标准和规范，并在北美市场进行前瞻性的产品研究（Di Minin et al., 2017）。海信除了在美国（主要在硅谷、洛杉矶、圣地亚哥、芝加哥、格温内特、马里兰和新泽西）和欧洲（杜塞尔多夫和艾恩德霍芬）设有研发中心外，还在澳大利亚、南非、日本、加拿大和以色列设有研发中心。

与此同时，中国研发国际化不再是由其最大的高科技公司率先进行的，而是涉及多个行业共同努力的结果。一些中国跨国公司只在国外设立了一个研发中心（如中国移动—硅谷），而其他跨国公司，如中国中车，在世界各地设立了多个研究中心。我们的数据涵盖了 209 家中国跨国公司及其 1 390 个研发中心；其中 458 家在中国境外。与其他国家相比，中国是全球第七大研发来源国

（至少以国际研发中心的数量衡量是这样的），仅次于荷兰，领先于芬兰。对于任何一个国家来说，这都是一个令人印象深刻的优势，尤其是对于一个在十多年前还几乎没有国际研发机构的国家来说，那时中国仍然努力争取成为地区的创新领导者，因为那时几乎没有什么现代突破性的技术。

本章的其余部分研究了有关该主题的稀少文献，并将中国与西方推动研发全球化的动机以及中国企业在此过程中遇到的具体挑战进行了比较。鉴于仍然有限的数据和学术报道，我们还讨论了结果并提出了一些见解和观点。

# 方法论注释

关于中国研发国际化的相关文献较少：首先，这方面的研究还没有跟上这一现象，除了描述性的案例分析之外，几乎没有其他的研究；其次，难以从中国跨国公司内部获取可靠而有意义的实证数据，这限制了后续的学术分析；再者，对中国公司的研究通常被纳入对新兴市场跨国公司（EMNCs）的研究，这在一定程度上弥补了对任何特定新兴市场国家可能缺乏深入研究的不足。

总而言之，我们找到了9篇专门针对中国研发国际化的论文。我们自己对该学科的回顾也包括了更广泛的、与国际创新相关的文献，不仅来自中国，也包括其他发展中国家。其他论文讨论了中国企业的创新，有时他们将这种创新作为一种国际竞争的手段；这些论文通常不太清楚在国内或国外做了什么，或者"创新"的确切含义，因此，我们也没有在更狭隘的"研发"国际化中考虑它们。一些论文着眼于各种新兴经济体（如中国和印度）的研发，但由于他们的发现不是针对中国的，我们只选择了在研发国际化中从中国角度做出特别突出或有贡献的论文。

除了有必要在全球层面进行比较之外，我们没有选取那些关于中国研发国际化的更占优势的文献。表5.5.1是对文献的概述，我们认为在我们的汇编中已经尽可能保证系统和完整地应用我们选择的重点主题；我们只列出了其他八个文学类别中特别值得注意和相关的出版物。我们用自己收集的一些关于中国研发国际化的数据补充了这一分析，但没有进行任何基于定性访谈的研究。

**表 5.5.1　中国研发国际化相关文献综述**

| 文献综述 | 与研发相关 | 与创新相关 | 综合综述 |
| --- | --- | --- | --- |
| *中国跨国公司国际化* | 陈（Chen）等人（2011），迪米宁（Di Minin）等人（2012，2017），刘（Liu）和李（Li，2002），刘（Liu）等人（2010），王（Wang）等人（2017），泽德特维茨（Zedtwitz，2005），泽德特维茨（Zedtwitz，2008），张（Zhang，2010） | 范（Fan，2011），普朗格（Prange）和博尔延卡（Bruyaka，2016），任（Ren）等人（2015），吴（Wu）等人（2016） | 李（Li）等人（2018），刘（Liu）和巴克（Buck，2009），彭（Peng）等人（2017），媛（Yuan）等人（2016） |
| *新兴跨国公司国际化* | 艾维特（Awate）等人（2012，2015），厄尔维斯（Ervits，2018），李（Li）和科日科德（Kozhikode，2009） | 杜运什（Duysters）等（2009），厄恩斯特（Ernst，2009），泽德特维茨（Zedtwitz）等（2015） | 阿特雷叶（Athreye）和卡普尔（Kapur，2009），邓宁（Dunning）等人（2008），科特巴（Kotabe）和科达利（Kothari，2016），罗（Luo）和唐（Tung，2007），马修斯（Mathews，2006），亚马卡瓦（Yamakawa）等（2008） |
| *一般跨国公司国家化* | 达克斯（Dachs，2017），加丝曼（Gassmann）和泽德特维茨（Zedtwitz，1999），库默勒（Kuemmerle，1999），皮尔斯（Pearce，1989），鲁宾斯坦（Rubenstein，1989） | 康特韦尔（Cantwell）和珍妮（Janne，1999），高沙尔（Ghoshal）和巴特利特（Bartlett，1988），罗德里格斯（Rodriguez，2011） | 约翰逊（Johanson）和瓦尔尼（Vahlne，1977），邓宁（Dunning，1981） |

# 动　机

　　跨国公司在其他国家选址的动机可以用邓宁（Dunning，1981）的所有权、位置和内部化（OLI）理论来解释。该理论假定跨国公司利用所有权优势，如在国外市场的先进技术或品牌，通过获得低成本投入、更好地服务于当地市场、内部化规模和范围经济带来的效率收益来降低交易成本。在 1990 年代之前，跨国公司的投资主要从发达国家流向其他发达国家或发展中国家（Child & Rodrigues，2005）。为了解释 1990 年后来自发展中国家跨国公司投资兴起的现象，马修斯（Mathews，2006）提出了链接—杠杆—学习（LLL）理论。根据这一理论，来自发展中国家的"后发企业"利用其海外投资和全球联系来利用现有的成本优势，并了解新的竞争优势来源。

在美国、欧洲和日本的研发国际化早期鼎盛时期，研究人员对研发全球化的驱动因素和动机进行了研究。加斯曼和泽德特维茨（Gassmann & von Zedtwitz，1998）将其分为五大类：输入导向型驱动因素，包括对当地人才和技术的获取；以产出为导向的驱动因素，如市场和消费者的接近程度；利用当地的成本优势和效率为导向的驱动因素（例如，当地研发团队的临界数量和对多个时区的利用）；政治和社会文化驱动因素，如补贴、克服保护主义和地方内容规定等；以及研发的外部因素，包括例如，并购（M&A）、同行压力和税收优化。不同行业的研发国际化驱动因素有所不同（von Zedtwitz et al.，2004），研究与开发之间也有所不同（von Zedtwitz & Gassmann，2002）。加摩尔措夫特（Gammeltoft，2006）对这些驱动因素提出了一个略有不同的分类，强调了成本和成本降低在全球研发中的作用，并区分了国际研发中技术驱动的拉动因素和创新驱动的推动因素。

2000 年代中期，当来自中国和印度的跨国公司开始在本国以外建立或收购研发中心时，研发全球化的驱动因素已经被充分理解。当然，早在 1990 年代，新兴市场跨国公司就已经在国外建立了研发中心，比如在俄罗斯和印度的华为，在美国和欧洲的三星和乐金（LG），但与刚刚进入高速发展阶段的东西方研发国际化相比，新兴市场跨国公司主导的研发国际化充其量只是一个外来的异类。在 2000 年代中期之前，来自发展中国家的研发和创新研究几乎完全集中在拥有新兴市场子公司的西方跨国公司内部的知识流动上（例如，子公司到总部的流动）（Birkinshaw & Hood，1998；Frost & Zhou，2005；Hakanson & Nobel，2001）。虽然早在 2015 年，阿维特（Awate）等人就发现，并没有关于比较发达市场和新兴市场的跨国公司的研究，但第一份关于新兴跨国公司研发国际化的出版物出现在 2000 年代中期，当时主要是描述性研究（von Zedtwitz，2006；Athreye & Kapur，2009）。泽德特维茨（Von Zedtwitz，2006）将来自发展中国家的研发国际化分为"追赶型"（如果进入更先进的国家）或"扩张型"（如果进入其他拥有新兴市场的发展中国家）。在观察到的源自发展中国家的研发国际化中，约有一半来自中国，印度、韩国和巴西是其他重要来源。在对中国驱动因素和动机的回顾中，泽德特维茨（2006）发现，寻求成本优势对中国跨国公司在海外的研发起到的作用可以忽略不计。发达国家跨国公司与发展中国家跨国公司的差异包括：这些公司面临快速发展的国内市场，往往使市场导向的研发留在国内；国内技术相对短缺，需要从国外获取先进技术；此外这些公司还拥有将国内产品扩展到同样快节奏的新兴市场的优势。由于中国一直是中国公司和外国跨国公司的制造中心，因此很少有中国跨国公司认为有必要甚至有机会在国外市场进行与流程相关的研发和创新活动。

在 2008—2009 年的全球经济危机期间，许多发达经济体暂时疲软，西方国家对中国的国际直接投资（FDI）也减少，这为中国对外研发直接投资打开了机会之窗。与此同时，许多中国公司越来越意识到，国内市场已经成熟到足以吸收（并负担得起）全球技术。中国的海外研发动机也有所不同（见表 5.5.2）。中国跨国公司开始越来越多地收购西方公司以获取技术和知识产权（IP）[例如，2008 年无锡药明康德收购雅培实验室（AppTec Laboratories），2009 年首钢收购德尔福的刹车部门；最近的例子包括美的收购德国机器人公司库卡（Kuka），中国化工集团公司收购瑞士农药和种子巨头先正达（Syngenta）]，或者建立研发中心，目的是在当地获取人才和技术，特别是有志于整合嵌入本地的创造力和创业精神（如硅谷的海尔）。虽然获得外国技术对任何拥有全球研发能力的跨国公司来说都很重要，但在 1990 年代和 21 世纪头十年的主要追赶时期，这一直是中国跨国公司的追求；2008 年之后，重点也转向了采购无形资产和专有技术，如管理方案、新型创新组织和创新思维。中国跨国公司开始运营自己的企业风险投资部门，投资于美国初创公司，从而成为具有突破潜力的技术的共同所有者。尽管美国监管机构对批准收购拥有成熟技术的美国公司持谨慎态度，但这些初创公司的收购规模通常很小，不会出现在任何人的雷达屏幕上，当然，其中许多技术在未来几年能否成功仍不确定。

表 5.5.2　中国跨国公司研发国际化的动机

| 动　机 | 早期（2008 年以前） | 现在（2018 年） |
| --- | --- | --- |
| 获取外国技术 | 强 | 更强 |
| 获得外国人才和创造力 | 重要，但不是中心 | 重要性日益增长 |
| 更低成本 | 不重要 | 重要性日益增长 |

续 表

| 动 机 | 早期（2008 年以前） | 现在（2018 年） |
|---|---|---|
| 市场近距离 | 重点放在国内市场 | 随着中国生产能力的提高和国内经济放缓到一定程度，国外市场变得更加重要 |
| 消费者近距离 | 在追赶阶段，全球消费者的输入不重要 | 在设计全球产品时，与全球消费者的合作变得非常重要 |
| 克服贸易保护主义 | 重要，但不是中心 | 成为"当地好公民"，对于更有效地整合当地人才和技能越来越重要 |
| 制定全球技术标准 | 不是中心 | 建立电信、计算等行业的关键全球技术平台 |

# 挑 战

已有文献详细阐述了研发国际化的困难和障碍（Gammeltoft，2006）。早期的一些挑战不再像过去那样令人窒息。例如，随着电信技术的进步以及工程师对这类技术越来越熟悉，信息和通信技术在保证无延迟获取不同地点、同时工作的产品和技术的数据能力方面的限制已经被克服（Howells，1995；Boutellier et al.，2008）。然而，知识产权保护等挑战仍然存在（Quan & Chesbrough，2010）。总体而言，鉴于参与领导这些举措的公司和个人经验不断增长，研发国际化似乎已经变得更加容易。

与 1980 年代和 1990 年代的传统研发国际化相比，中国研发国际化的崛起有几个方面是全新的。最明显的一个例子就是中国试图获取外国技术并在国内利用它们。当然，欧美跨国公司也在国外追求技术，但他们从国际化开始就以国内外的技术实力为基础来经营。即使是日本的跨国公司，在 1980 年代末 1990 年代初开始国际化时，也已经在技术领域获得了领先地位。至少到最近，中国的跨国公司都没有这种优势，它们在海外的研发投资——无论是新建研发中心、收购其他公司的技术、参与科技初创公司，还是大学研究合作——都被怀疑是知识的单向地流入中国，以换取资本投资。品牌认知度不足以及产品或技术质量的负面评价，都不利于吸引工程和管理方面的顶尖人才。根据 CNN 财经频道（2018），一些中国跨国公司的成功，如腾讯和阿里巴巴在全球最有价值品牌排行榜上分别排名第五和第九，可能会改变这些看法。尽管如此，许多中国在美国的研发中心对在海外接受培训的中国工程专业毕业生的吸引力依旧大于对美国毕业生的吸引力。

最初，中国因为其低廉的劳动力成本，对外国研发的吸引力较大。虽然劳动成本优势已经减小，但大多数被中国跨国公司视为国外研发基地的国家的成本基数都高于中国。因此，低成本并不是中国跨国公司可以利用的典型优势。只要中国国内市场的增长势头比美国或欧洲市场强劲，西方国家就没有理由在当地设立研发中心来支持产品本土化。鉴于与西方跨国公司相比，中国跨国公司仍然是相当年轻的组织，而且中国政府或多或少明确地参与其中，它们也往往将大部分的技术决策和研发都集中在中国。表 5.5.3 概述了中国海外研发面临的不断变化的挑战。

**表 5.5.3　中国研发国际化面临的挑战**

| 挑　战 | 早期（2008 年以前） | 现在（2018 年） |
|---|---|---|
| 更高的海外研发成本 | 高成本差异，尤其是对高科技的西方国家 | 成本差异下降 |
| 没有自己的技术 | 通常会因为削弱研发合作伙伴的地位而令人望而却步 | 随着中国拥有越来越多的尖端知识产权而消退 |
| 声誉和认可 | 较差的产品质量和较差的职业前景导致品牌价值低下 | 一些中国跨国公司现在是品牌领导者，但在外国的研发中心仍然难以招募到顶尖的本土人才 |
| 国外市场支持 | 中国是主要的市场，距离较远的产品不需要本土化；中央决策能力很强 | 过去那种情况有所缓和，但研发仍然以中国为中心且面向中国 |
| 接受中国对外直接投资情况 | 少且具有异域风情，对外国没有威胁 | 对中国的对外直接投资越来越不满，尤其是美国和欧洲 |

总之，中国研发和产品开发的国际化并没有遵循弗农（Vernon，1979）的产品生命周期假设，即研发最终会跟随产品管理进入欠发达国家，但鉴于中国发展快速以及新兴全球经济的存在，这种现象很可能在未来 20 年发生。此外，随着中国跨国公司的战略性海外投资和收购意识日益增强（这些战略主要是在北京主导的中央计划协调和指导下进行的），许多国家——主要是技术先进的国家——开始担心中国在它们国家的研发并仔细审查中国跨国公司的计划和投资。

### 与"金砖四国"和日本研发国际化的对比

中国研发国际化的崛起部分原因是中国对外直接投资的预期规模向好，部分原因是中国在技术方面正在迅速追赶发达国家。在很短的时间内，中国跨国公司已经在国外建立了重要的研发机构。由于与金砖四国的联系，中国经常被拿来与巴西、俄罗斯和印度相提并论。在这一背景下，中国在研发国际化方面绝对领先于这些国家，尤其是巴西和俄罗斯，这两个国家的国际研发活动都很少。在印度强大的软件产业引领下，印度的跨国公司凭借自己的实力实现了研发国际化。尽管人口规模相似，但印度经济规模约为中国的五分之一，而中国的海外研发中心数量却仅为印度的 3 倍（根据 GLORAD 数据库）。这可能是因为软件和互联网公司的研发国际化相对容易一些，而且与西方研发中心大部分以英语为母语的东道国相比，文化和语言差异都小一些。

大约在三十年前，东亚的另一个国家——日本——在全球范围内扩大了自己的研发。日本研发国际化的研究较为深入（Westney & Sakakibara, 1985; Asakawa, 2001; Cantwell & Zhang, 2006）。就像现在的中国一样，日本在海外建立研发中心时也面临着巨大的文化和语言障碍。如今，日本的全球研发规模是中国的 2.5 倍，在国际上排名第三，仅次于美国和德国。但在 1980 年代走向全球时，日本的研发比今天的中国更先进、更成熟，其早期的国际化是由市场和技术联合推动的。此外，日本工业在 1990 年的危机中遭受了沉重的打击，数十年来日本的国内生产总值（GDP）增长率急剧下降。另一方面，中国起初似乎从 2008 年的全球金融危机中受益，尽管其 GDP 增长在 2013 年后有所放缓，但并未受到日本在 1990 年经历的经济冲击。因此，日本的研发国际化与中国只有部分可比性，而中国似乎是有史以来第一个在全球研发和技术领域拥有一席之地的新兴经济体。

### 中国有何不同？

虽然每个国家在某些方面都有不同，但中国的研发国际化似乎有几个特别的因素。

也许首先，中国为其产业提供了强有力的政策支持，而这些政策有利于国内市场的发展，同时也鼓励了中国跨国公司的国际化以及对研发的投资。中国支持国际化的理由是，只有国际化的中国企业才能在中国与外国跨国公司的竞争中站稳脚跟，而中国和其他任何国家一样，不希望看到自己的产业被外国公司接管。其次，中国已经有了一个非常发达的国内市场，不仅是在需求方面，而且可能更重要的是在供应方面：本土公司不仅为外国跨国公司，也为其他中国公司提供建造、制造和组装服务。尽管中国企业在技术专业化方面可以说是"新手"，但它们越来越依赖于日趋成熟的供应金字塔，这种供应金字塔变得更深入、更有竞争力、更可靠。这将为中国企业释放资源和注意力来寻找和发展国外的专业技术中心。再者，中国的跨国公司也受益于在中国的外国研发中心。大多数研发员工，包括管理人员，都是在西方公司接受西方管理和工程实践培训的中国人。许多所谓的"海归"（在国外接受教育，可能也在国外工作，后来回到中国的中国人）带回了如何管理全球组织和全球团队的一手经验。中国国内产业在多大程度上受益于外国研发还存在争议（Agrawal & Cockburn，2003；Cheung & Lin，2004），但当前新兴的中国政策实践是在假定外国研发机构应将技术转让给中国本土公司的前提下运行的（Prud'homme et al.，2018）。

### 中国的跨国公司有何不同？

关于中国组织结构和设计的研究太多了，在此无法进行总结（Duysters et al.，2009；Luo & Zhang，2016），但目前关于中国研发组织结构的研究还很少。迪米宁、全和张（Di Minin，Quan & Zhang，2017）的研究发现，在欧洲和美国的中国跨国公司的研发单位与总部之间存在一种参与式—集中式的研发结构，这种研发结构主要有利于中国跨国公司向东道国学习。在一些案例中——比如中兴通讯——他们还发现，在欧美的中国跨国公司中，研发工作存在分层分工，中国海外研发部门承担高附加值的研发活动，而中国国内的研发活动则承担低附加值的研发活动，这反映出中国在发达国家的技术处于领先地位。

与中国研发相关的是，无论是国有企业还是私营企业，很多高层管理人员都相对缺乏国际经验。对于年轻的科技创业公司来说，这种情况就不那么明显了，但这些新兴企业在中国的海外研发中几乎没有代表。此外，它们的英语能力也有待提高。正如西方许多跨国公司一样，国际化的第一步是由强大的总部控制的，但决策和信息共享的集中化可能比西方公司在各自的发展阶段更强。因此，与西方同行相比，中国的外国研发子公司的行动自由和创新自由可能更少；它们通常以轴辐模型为特征（Gassmann & von Zedtwitz，1999）。

早期的国际化是由市场准入、技术和对受到经济压力的当地小公司的分销网络投资（即收购难以管理的公司）所推动的。一名来自核心圈子的、值得信赖的中国人（通常缺乏本土经验）被派去扭转被收购公司的局面。然而，许多收购都以失败告终。鉴于这些经验，中国跨国公司后来投资了运营稳健但成本较高的公司，并经常保留当地管理人员，并给予他们更大的经营自由。事实上，在某些情况下，中国公司甚至将这些收购作为自己组织演变的契机，例如联想围绕收购 IBM 公司建立了国际总部和研发机构，TCL 则利用收购的前巴黎阿尔卡特（Alcatel）研发中心学习如何运营全球研发。如今，中国的跨国公司，例如小米、腾讯和阿里巴巴在硅谷（Weinland，2018），运营着全球企业风险投资基金（CVCs），对全球的科技创业公司进行战略性投资。这些投资规模相对较小，而且往往不被美国、加拿大和欧洲等保护主义日益增强的政府所注意。

## 小结

尽管早在 20 多年前中国跨国公司就在海外设立了第一批研发中心，但令人惊讶的是，关注这一现象的研究还很少。产生这一现象的原因可能有两种：（1）对该领域的研究关注水平仍然较低。众所周知，对中国公司的研究非常困难，研发信息也尤其保密。因此，相关的研究往往是定性研究，并且受到某些公司的机会主义驱动，因此更难在权威期刊上发表。（2）这一相关研究已经过了 2000 年代末的关注高峰期，学者们得出的结论是：在中国研发国际化的背景下，没有太多新的理论可以发展；也就是说，中国研发国际化都可以用现有理论来解释（请参考 Dunning et al.，2008），其中还包括对印度和韩国公司的研究，这些国家的数据更容易获取，分析也更深入，因此随后的出版物也更容易被领先期刊接受。在我们看来，现在判断这两种解释中哪一种更符合中国研发国际化还为时过早，但我们预计，中国研发相关的理论见解将在适当的时候被揭示出来（Kostova et al.，2016；Di Minin et al.，2017）。

# 意　义

随着中国经济的强劲增长以及中国的跨国公司不断国际化，国际商业和创新文献的持续研究领域开辟了许多研究方向。例如，在国际研发研究中经常被忽视的一个方面是跨国公司在多大程度上参与了当地大学的赞助研究，以及在多大程度上将研发分包给当地供应商公司。这些在技术上处于公司边界之外，但考虑到整个公司的技术和创新选择（例如，Chesbrough，2003，关于开放式创新对战略管理的影响），它们不再与高层管理人员的战略决策脱节。与这一趋势相关的是对技术初创公司的投资，以及在较小程度上的直接收购。有关企业风险投资基金及其对企业创新和创业意义的研究正在兴起，这一研究应该扩展到在美国和欧洲的中国企业风险投资基金（特别是三巨头：百度、阿里巴巴和腾讯）。同时，研究还需要考虑未来中国和非中国跨国公司的联盟。在这样的国际合作中完成的研发工作也将使中国合作伙伴受益，无论这种合作是效仿西方与西方的合作（Narula & Duysters，2004），还是出口几十年来在向中国进口技术方面相对成功的中外合资安排（Jolly，2004）。即使没有外国合作伙伴的直接参与，中国跨国公司未来的发展也会面临挑战。这些公司是否会像国外同行在其发展过程中所做的那样，在决策和控制方面下放权力还是未知数。此外，政府控制的影响（在中国似乎比大多数西方国家更强）和对集中领导的文化偏好（Boisot & Child，1996）可能会与获取和利用分散的知识和人才的需求产生冲突。中国的跨国公司是会采用研发全球化的中心模式（Gassmann & von Zedtwitz，1999），还是会发展出某种新的混合形式的分散或集中的组织结构（Di Minin et al.，2017），这些问题仍有待解答。

几十年来，决策者们一直在处理全球技术合作和收购问题，并制定了一些条约，如世界贸易组织（WTO）和与贸易有关的知识产权协定（TRIPS）。成员国的跨国公司（中国自 2001 年以来一直是成员国之一）需要遵守这些规则，而在大多数情况下，它们确实遵守了——如果不遵守，就会有制度来约束它们。

# 结　论

虽然中国研发国际化的规模和范围正在不断扩大，但目前对这一现象的研究文献较少，理论见解也较少。随着中国经济的强劲增长，中国的全球研发足迹也将继续扩大，尽管一些新东道国的地方政府对此越来越关注。但大多数政策、研究和管理很可能是受中国海外研发的规模影响，而非其质量、性质或范围。

# 参考文献

Agrawal, A., & Cockburn, I. (2003). The Anchor Tenant Hypothesis: Exploring the Role of Large, Local R&D-Intensive Firms in Regional Innovation Systems. *International Journal of Industrial Organization*, 21, 9, 1227 – 1253.

Asakawa, K. (2001). Organizational Tension in International R&D Management: The Case of Japanese Firms. *Research Policy*, 30, 5, 735 – 757.

Athreye, S., & Kapur, S. (2009). Introduction: The Internationalization of Chinese and Indian Firms — Trends, Motivations and Strategy. *Industrial and Corporate Change*, 18, 2, 209 – 221.

Awate, S., Larsen, M., & Mudambi, R. (2012). EMNE Catch-Up Strategies in the Wind Turbine Industry: Is There a Trade-Off between Output and Innovation Capabilities? *Global Strategy Journal*, 2, 3, 205 – 223.

Awate, S., Larsen, M. M., & Mudambi, R. (2015). Accessing vs Sourcing Knowledge: A Comparative Study of R&D Internationalization between Emerging and Advanced Economy Firms. *Journal of International Business Studies*, 46, 1, 63 – 86.

Birkinshaw, J., & Hood, N. (1998). Multinational Subsidiary Evolution. Capability and Charter Change in Foreign-Owned Subsidiary Companies. *The Academy of Management Review* 23, 4, 773 – 795.

Boisot, M., & Child, J. (1996). From Fiefs to Clans and Network Capitalism: Explaining China's Emerging Economic Order. *Administrative Science Quarterly*, 41, 4, 600 – 628.

Boutellier, R., Gassmann, O., & von Zedtwitz, M. (2008). *Managing Global Innovation — Uncovering the Secrets of Future Competitiveness*. 3rd fully revised ed. Heidelberg: Springer.

Cantwell, J., & Janne, O. (1999). Technological Globalisation and Innovative Centres: The Role of Corporate Technological Leadership and Locational Hierarchy. *Research Policy*, 28, 2, 119 – 144.

Cantwell, J., & Zhang, Y. (2006). Why is R&D Internationalization in Japanese Firms so Low? A Path-Dependent Explanation. *Asian Business Management*, 5, 2, 249 – 269.

Chen, J., Zhao, X., & Tong, L. (2011). China's R&D Internationalization and Reform of Science and Technology System. *Journal of Science and Technology Policy in China*, 2, 2, 100 – 121.

Chesbrough, H. W. (2003). *Open Innovation: The New Imperative for Creating and Profiting from Technology*. Boston MA: Harvard Business School Press.

Cheung, K.-Y., & Lin, P. (2004). Spillover Effects of FDI on Innovation in China: Evidence from the Provincial Data. *China Economic Review*, 15, 25 – 44.

Child, J., & Rodrigues, S. (2005). The Internationalization of Chinese Firms: A Case for Theoretical Extension? *Management and Organization Review*, 1, 3, 381 – 410.

Dachs, B. (2017). Internationalisation of R&D: A Review of Drivers, Impacts, and New Lines of Research. *Asian Research Policy*, 8, 17 – 39.

Di Minin, A., Quan, X., & Zhang, J. (2017). A Comparison of International R&D Strategies of Chinese Companies in Europe and the U. S. *International Journal of Technology Management*, 74, 1/2/3/4, 185 – 213.

Di Minin, A., Zhang, J., & Gammeltoft, P. (2012). Chinese Foreign Direct Investment in R&D in Europe: A New Model of R&D Internationalization? *European Management*

*Journal*, 30, 189 – 203.

Dunning, J. H. (1981). *The Eclectic Theory of the MNC*. London: Allen & Unwin.

Dunning, J. H., Kim, C., & Park, D. (2008). Old Wine in New Bottles: A Comparison of Emerging-Market TNCs Today and Developed-Country TNCs Thirty Years Ago. In *The Rise of Transnational Corporations from Emerging Markets: Threat or Opportunity?* ed. K. P. Sauvant, 158 – 180. Cheltenham: Edward Elgar.

Duysters, G., Jacobs, J., Lemmens, C., & Yu, J. (2009). Internationalization and Technological Catching Up of Emerging Multinationals: A Case Study of China's Haier Group. *Industrial and Corporate Change*, 18, 2, 325 – 349.

Ervits, I. (2018). Geography of Corporate Innovation: Internationalization of Innovative Activities by MNEs from Developed and Emerging Markets. *Multinational Business Review*, 26, 1, 25 – 49.

Ester, R. M., Assimakopoulos, D., von Zedtwitz, M., & Yu, X. B. (2010). Global R&D Organization and the Development of Dynamic Capabilities: Literature Review and Case Study of a Chinese High-Tech Firm. *Journal of Knowledge-Based Innovation in China*, 2, 1, 25 – 45.

Ernst, D. (2009). A New Geography of Knowledge in the Electronics Industry? Asia's Role in Global Innovation Networks. *Policy Studies*, 54, 1 – 65.

Fan, P. (2011). Innovation, Globalization and Catch-Up of Latecomers: Cases of Chinese Telecom Firms. *Environment and Planning A*, 43, 4, 830 – 849.

Frost, T. S., & Zhou, C. (2005). R&D Co-Practice and "Reverse" Knowledge Integration in Multinational Firms. *Journal of International Business Studies*, 36, 6, 676 – 687.

Gammeltoft, P. (2006). Internationalisation of R&D: Trends, Drivers, and Managerial Challenges. *International Journal of Technology and Globalisation*, 2, 1/2, 177 – 199.

Gassmann, O., & von Zedtwitz, M. (1998). Organization of Industrial R&D on a Global Scale. *R&D Management*, 28, 3, 147 – 161.

Ghoshal, S., & Bartlett, C. (1988). Creation, Adoption, and Diffusion of Innovations by Subsidiaries of Multinational Corporations. *Journal of International Business Studies*, 19, 3, 365 – 388.

Govindarajan, V., & Ramamurti, R. (2011). Reverse Innovation, Emerging Markets, and Global Strategy. *Global Strategy Journal 1*, 3 – 4, 191 – 205.

Hakanson, L., & Nobel, R. (2001). Organizational Characteristics and Reverse Technology Transfer. *Management International Review*, 41, 4, 395 – 420.

Howells, J. 1995. Going Global: The Use of ICT Networks in Research and Development. *Research Policy*, 24, 169 – 184.

Immelt, J. R., Govindarajan, V., & Trimble, C. (2009). How GE is Disrupting Itself. *Harvard Business Review*, 87, 10, 56 – 65.

Johanson, J., & Vahlne, J. E. (1977). The Internationalization Process of the Firm. A Model of Knowledge Development and Increasing Foreign Market Commitments. *Journal of International Business Studies*, 8, 22 – 32.

Jolly, D. (2004). Bartering Technology for Foreign in Exogamic Sino-Foreign Joint Ventures. *R&D Management*, 34, 4, 389 – 406.

Kostova, T., Marano, V., & Tallman, S. (2016). Headquarters-Subsidiary Relationships in MNCs: Fifty Years of Evolving Research. *Journal of World Business*, 51, 1, 176 – 184.

Kotabe, M.,& Kothari, T. (2016). Emerging Market Multinational Companies' Evolutionary Paths to Building a Competitive Advantage from Emerging Markets to Developed Countries. *Journal of World Business*, 51, 729 – 743.

Kuemmerle, W. (1999). The Drivers of Foreign Direct Investment into Research and Development: An Empirical Investigation. *Journal of International Business Studies*, 30, 1, 1 – 24.

Li, J., & Kozhikode, R. K. (2009). Developing New Innovation Models: Shifts in the Innovation Landscapes in Emerging Economies and Implications for Global R & D Management. *Journal of International Management*, 15, 3, 328 – 339.

Li, J., Xia, J., Shapiro, D., & Lin, Z. (2018). Institutional Compatibility and the Internationalization of Chinese SOEs: The Moderating Role of Home Subnational Institutions. *Journal of World Business*, 53, 641 – 652.

Liu, X., & Buck, T. (2009). The Internationalisation Strategies of Chinese Firms: Lenovo and BOE. *Journal of Chinese Economic and Business Studies*, 7, 2, 167 – 181.

Liu, H., & Li, K. (2002). Strategic Implications of Emerging Chinese Multinationals: The Haier Case Study. *European Management Journal*, 20, 6, 699 – 706.

Liu, J., Wang, Y., & Zheng, G. (2010). Driving Forces and Organizational Configurations of International R&D: The Case of Technology-Intensive Chinese Multinationals. *International Journal of Technology Management*, 51 2/3/4, 409 – 426.

Luo, Y., & Tung, R. L. (2007). International Expansion of Emerging Market Enterprises: A Springboard Perspective. *Journal of International Business Studies*, 38, 4, 481 – 498.

Luo, Y., & Zhang, H. (2016). Emerging Market MNEs: Qualitative Review and Theoretical Directions. *Journal of International Management*, 22, 4, 333 – 350.

Mastro, O.S. (2019). *The Stealth Superpower — How China Hid Its Global Ambitions*. Foreign Affairs, Jan/Feb, 32 – 39.

Mathews, J. A. (2006). Dragon Multinationals: New Players in 21st Century Globalization. *Asia Pacific Journal of Management*, 23, 1, 5 – 27.

Narula, R., & Duysters, G. (2004). Globalization and Trends in International R&D Alliances. *Journal of International Management*, 10, 199 – 218.

Pearce, R. D. (1989). *The Internationalization of Research and Development by Multinational Enterprises*. London: Palgrave Macmillan.

Peng, Z., Qin, C., Chen, R.R., Cannice, M.V., & Y ang, X. (2017). Towards a Framework of Reverse Knowledge Transfer by Emerging Economy multinationals: Evidence from Chinese MNE Subsidiaries in the United States. *Thunderbird International Business Review*, 59, 3, 349 – 366.

Prahalad, C. K. (2004). *The Fortune at the Bottom of the Pyramid*. Philadelphia, PA: Wharton School Publishing.

Prange, C., & Bruyaka, O. (2016). Better at Home, Abroad, or Both? How Chinese Firms Use Ambidextrous Internationalization Strategies to Drive Innovation. *Cross-Cultural & Strategic Management*, 23, 2, 306 – 339.

Prud'homme, D., von Zedtwitz, M., Bader, M., & Thraen, J. (2018). "Forced Technology Transfer" policies: Workings in China and Strategic Implications. *Technological Forecasting and Social Change*, 134, 150 – 168.

Quan, X., & Chesbrough, H. (2010). Hierarchical Segmentation of R&D Process and Intellectual Property Protection: Evidence from Multinational R&D Laboratories in China. *IEEE Transactions on Engineering Management*, 57, 1, 9 – 21.

Ren, S., Eisingerich, A.B., & Tsai, H.-T. (2015). How Do Marketing, Research and Development Capabilities, and Degree of Internationalization Synergistically Affect the Innovation Performance of Small and Medium-Sized Enterprises (SMEs)? A Panel Data Study of Chinese SMEs. *International Business Review*, 24, 642 – 651.

Rodriguez, A. (2011). Offshoring of R&D: Looking Abroad to Improve Innovation

Performance. *Journal of International Business Studies*, 42, 3, 345 - 361.

Rubenstein, A. H. (1989). *Managing Technology in the Decentralized Firm*. New York, Toronto, Singapore: Wiley.

Vernon, R. (1979). The Product Cycle Hypothesis in a New International Environment. *Oxford Bulletin of Economics and Statistics*, 41, 4, 255 - 267.

von Zedtwitz, M. (2006). International R&D Strategies of TNCs from Developing Countries: The Case of China. In *Globalization of R&D and Developing Countries*, ed. UNCTAD, 117 - 140. New York: United Nations.

von Zedtwitz, M. (2008). Huawei: Globalization through Innovation. In *Managing Global Innovation*, ed. Boutellier, R., Gassmann, O., & von Zedtwitz, M., 3rd edition, 507 - 522. Heidelberg: Springer.

von Zedtwitz, M., Corsi, S., Soberg, P., & Frega, R. (2015). A Typology of Reverse Innovation. *Journal of Product Innovation Management*, 32, 1, 12 - 28.

von Zedtwitz, M., & Gassmann, O. (2002). Market versus Technology Drive in R&D Internationalization: Four Different Patterns of Managing Research and Development. *Research Policy*, 31, 4, 569 - 588.

von Zedtwitz, M., Gassmann, O., & Boutellier, R. (2004). Organizing Global R&D: Challenges and Dilemmas. *Journal of International Management*, 10, 1, 21 - 49.

Wang, Y., Xie, W., Li, J., & Liu, C. (2017). What Factors Determine the Subsidiary Mode of Overseas R&D by Developing Country MNEs? Empirical Evidence from Chinese Subsidiaries Abroad. *R&D Management*, 48, 2, 253 - 265.

Weinland, D. (2018). Chinese VC Funds Pour $2.4bn into Silicon Valley Startups. *Financial Times*, July 17.

Westney, D., & Sakakibara, K. (1985). The Role of Japan-Based R&D in Global Technology Strategy. *Technology in Society*, 7, 2/3, 315 - 330.

Wu, J., Wang, C., Hong, J., Piperopoulos, P., & Zhuo, S. (2016). Internationalization and Innovation Performance of Emerging Market Enterprises: The Role of Host-Country Institutional Development. *Journal of World Business*, 51, 251 - 263.

Yamakawa, Y., Peng, M.W., & Deeds, D.L. (2008). What Drives New Ventures to Internationalize from Emerging to Developed Economies? *Entrepreneurship: Theory and Practice*, 32, 59 - 82.

Yuan, L., Pangarkar, N., & Wu, J. (2016). The Interactive Effect of Time and Host Country Location on Chinese MNC's Performance: An Empirical Investigation. *Journal of World Business*, 51, 331 - 342.

Zhang, J. (2010). International R&D Strategies of Chinese Companies in Developed Countries: Evidence from Europe and the U.S. Pisa: Scuola Superoire Sant' Anna. Ph.D. Thesis.

# —— 第 5.6 章 ——
# 中国国际创新合作

陈凯华　　冯泽　　傅晓岚

当前，随着经济全球化进程的加快和科学技术的进步，创新要素在全球范围内的流动空前活跃。开展持续、广泛、深入的国际创新合作（IIC）已成为积极应对全球性挑战、提高科技创新竞争力、实现经济增长和可持续发展的必要途径。现阶段，主要发达国家的国际创新合作不断深化。为了进一步发展国际创新合作，许多国家都制定了各种激励政策和措施，以促进本国科技创新和经济发展。例如，2017 年，欧盟研究、创新和科学政策专家组（RISE）① 发布了《欧洲的未来：开放创新、开放科学和向世界开放（3Os）》报告，指出有必要加强科学外交。同年，芬兰科学院（2017）还制定了 2017—2021 国际合作战略。该战略强调了科学研究的质量、影响和更新，并强调国际参与对高质量科学研究的重要性。2017 年 4 月 21 日，日本内阁发布了《2017 年科学技术与创新综合战略》，指出要积极参与国际合作，继续与美国和欧洲发达国家开展科技合作，同时加强与发展中国家的合作。此外，有必要跟踪判断国际社会的研发（R&D）趋势和商机，寻找新的创新增长点。2017 年 9 月 20 日，美国和英国签署了一项具有里程碑意义的国际科技合作框架协议（科技政策办公室，2017），为两国在科学项目上开展合作开辟了一条途径，这可能会使两国和整个世界受益。不仅在发达经济体，在中国等新兴国家，国际创新合作已成为利用海外研发投资和利用国内研究能力的重要手段（欧盟委员会，2003；

---

① 研究、创新和科学政策专家组（RISE）是一个高级政策专家组，曾为前欧盟研究、科学和创新专员卡洛斯·莫达斯（Carlos Moedas）提供建议。该组织成立于 2014 年，并于 2019 年完成其使命。

Wagner，2008；Basue & Aggarwal，2001）。

当前，中国正处于经济增长和结构调整的关键时期。面对新时期新阶段促进经济转型发展的艰巨任务，国家创新发展需要向高质量、高效率的模式转变，因此加强国际创新合作尤为重要。国际创新合作是推动建立以合作共赢为核心的新型国际关系的重要途径。这也是中国积极参与全球治理、融入全球创新网络、确保国家外交战略落实的有效途径。近几十年来，中国已与 150 多个国家建立了科技合作关系，与近 90 个国家签署了科技合作协议。这说明现阶段中国发展国际创新合作处于非常重要的战略地位。《"十三五"国际科技创新合作专项规划》也强调，在短期经济稳定增长和长期结构调整的双重需要下，国际创新合作是实施创新驱动发展战略、集聚全球资源、提升中国在全球价值链中地位的有效手段。

在学术界，关于国际创新合作的讨论也在兴起。越来越多的国家认为科技创新合作是促进和保持其全球创新竞争力的关键途径（Glänzel，2001；Hwang，2007）。科学没有国界，技术有国界，这一原则使基础科学研究的国际合作变得更加频繁。因此，国际研究合作（IRC）的研究越来越受到学术界的重视，并已发展成为一个新兴的创新研究领域（Chen et al.，2019）。现有研究表明，国际研究合作是技术进步（Wang et al.，2014）、产业创新和经济增长（Sharma & Thomas，2008）的主要驱动力。傅晓岚和陈凯华（2019）的研究通过对国际研究合作领域文献的统计分析，绘制了图 5.6.1，表明国际研究合作相关研究表

图 5.6.1　每年纳入 SSCI 的国际研究合作论文数量的变化趋势

资料来源：陈等人（2019）。

现为"指数增长"模型，经历了出现期（1957—1991 年）、发酵期（1992—2005 年）和起飞期（2006—2015 年）三个发展阶段。

尽管国际创新合作的研究经历了巨大的增长，但仍然缺乏有利于全面了解特定研究领域的系统性综述（Martin，2012）。国际创新合作具有不同于国内科研合作的显著特征。与其他类型的科研合作相比，国际创新合作面临更多的挑战。因此，需要对国际创新合作这一领域有充分的认识。

本章试图从更宏观的层面分析中国的国际创新合作。理论与实践相结合，分析了国际创新合作的必要性、中国的实践与经验，以及中国国际合作的现状。本章针对现阶段存在的问题提出建议，并对未来国际创新合作的研究方向进行了梳理和展望。

# 中国开展国际创新合作的必要性

## 科学技术高质量发展的需要

中国科技向高质量发展的转变和技术突破的出现需要国际合作。在"大科学"时代，中国迫切需要向高质量发展转型。提高科技水平对中国实现高质量发展尤为重要。深入开展国际创新合作，有利于促进创新资源的利用和配置，有利于实现重大技术突破，产生高水平的研究成果。近十年来，随着中国科技创新的快速发展，科技全球化进程大大加快。国际合作已成为科研活动的重要组成部分，成为科研人员创造重大原创成果的重要途径。

## 建设创新型科技强国的需要

随着知识、人才、信息、技术等全球创新资源流动性的增强，创新能力强的国家也加快走到一起。国际创新合作可以提高创新能力，进而吸引全球创新资源，进而提升一国的创新能力和影响力，形成良性循环。中国正在推进科技强国建设，以更强的实力和更迫切的需求开展国际创新合作，促进科技活动由量向质的转化。进入新时代，中国以全球视野推进基础研究发展，积极整合和布局全球创新网络，加强国际创新合作，有效利用全球创新资源。这是中国建设创新型科技强国的必由之路。

**科技外交的必要性**

科技外交是利用国家之间的科学互动来突出人类的共同问题，并建立建设性的、以知识为基础的国际伙伴关系。科技外交是在国家间科技竞争日益激烈的情况下产生的，是提高国家综合国力的重要手段。科技外交是经济外交的重要组成部分。经济合作涉及科技交流。一些超级大国推行的所谓制裁或封锁，也包括技术封锁。尽管这种封锁更多的是针对被认为具有军事用途的特定技术的出口和合作，但在以美国为首的科技大国封锁这些技术的情况下，科技外交将变得越来越重要。国际创新合作是科技外交的有效工具，是建立积极的国际关系的重要手段。

**融入全球创新网络的必要性**

全球创新格局是开放、合作、网络化的。积极融入全球创新网络是进一步提升中国创新能力和国际合作地位的重要前提。通过与世界各国在科技活动、科技人才、科技平台等方面的合作与交流，各国可以更好地了解不同的文化，增进信任，加强人才交流，从而使中国更容易融入全球创新网络。积极开展国际创新合作可以有效地促进国际科技资源的吸收，有助于提升中国在全球创新网络中的影响力。国家科技部提出的"政府间国际科技创新合作/港澳台科技创新合作"重点项目通过国际创新合作，构建了全球创新合作网络，服务于国家经济社会发展的具体要求。

# 中国开展国际创新合作的政策实践与经验

进入 21 世纪以来，中国政府高度重视国际创新合作。"十一五"、"十二五"和"十三五"期间，政府实施了国际科技合作专项计划。同时，中国还出台了一系列政策，加大创新投入，改善创新环境，支持和激发国际创新合作。党的十八大提出要以全球视野谋划和推动创新。作为典型的技术追赶国家，在政府的积极推动下，中国进入了创新发展的新阶段，创新要素的方向不再是"向内"；相反，"向内"和"向外"是共存的。通过国际创新合作，中国技术创新能力得到了有效提升。

早在 2006 年底，《"十一五"国际科技合作实施纲要》就提出，技术创新要进一步深化国际合作，充分利用国际资源，增强自主创新能力。2011 年 7 月，《国家"十二五"科技发展规划》进一步强调国际合作的重要性，同时提出要加强与港澳台地区的合作。同年 8 月，《国际科技合作"十二五"专项规划》强调，要完善国际科技合作统筹协调机制。此外，《关于深化体制机制改革加快实施创新驱动发展战略的若干意见》（2015 年）、《国家创新驱动发展战略纲要》（2016 年）、《"十三五"国际科技创新合作专项规划》（2017 年 5 月）、《国家重点研发计划管理暂行办法》（2017 年 6 月）等文件从不同角度对开展国际合作提出了要求。具体措施如表 5.6.1 所示。

表 5.6.1　中国对科技项目开放要求的跟踪情况

| 时　间 | 政策文件 | 要　点 |
|---|---|---|
| 2006 年 12 月 3 日 | 《"十一五"国际科技合作实施纲要》 | 无论是原始创新、集成创新，还是引进、消化、吸收、再创新，都需要进一步扩大开放和国际合作，拓宽视野，积极借鉴世界先进经验，在充分利用全球创新资源的基础上，增强自主创新能力。 |
| 2011 年 7 月 4 日 | 《国家"十二五"科技发展规划》 | 逐步加大国家科技计划对外开放力度，支持香港、澳门科技人员和科研机构参与和承担国家科技计划项目。 |
| 2011 年 8 月 19 日 | 《国际科技合作"十二五"专项规划》 | 扩大国家科技计划对外开放，完善国际科技合作专项管理模式。国家国际科技合作项目作为国家科技计划体系的重要组成部分，应进一步完善与国家科技重大项目和其他国家科技计划的统筹协调机制。 |
| 2014 年 9 月 1 日 | 中国科技部部长在全国科技工作会议上的讲话 | 落实中英联合科技创新基金，有效推动中国国家科技计划开放，吸引海外高水平专家和团队共同承担或参与实施。 |
| 2015 年 3 月 13 日 | 《关于深化体制机制改革加快实施创新驱动发展战略的若干意见》 | 制订对外开放的国家科技计划，本着互惠、开放、安全的原则，积极鼓励和引导国外研发机构参与国家科技计划项目。 |
| 2016 年 5 月 | 《国家创新驱动发展战略纲要》 | 积极参与和领导国际科技项目，提高国家科技计划对外开放水平。 |
| 2017 年 5 月 4 日 | 《"十三五"国际科技创新合作专项规划》 | 加大国家科技计划（专项、基金等）开放力度。支持外国专家牵头或参与战略研究、指南编制、项目实施、项目评审、验收等工作。鼓励在华外商投资研发中心参与国家科技计划项目。 |
| 2017 年 6 月 22 日 | 《国家重点研发计划管理暂行办法》 | 国家重点研发项目对外开放。境外科研机构、高等教育机构、企业等在中国内地注册的独立法人单位，可以牵头或参与项目申报。在中国大陆注册的独立法人单位聘用的外国科学家和港澳台地区的科研人员可按本指引的要求申请项目。 |

　　现阶段，为抓住科技全球化带来的发展机遇，中国正在全面推进国际科技合作战略。"十二五"期间，为更好地落实《国家中长期科学和技术发展规划纲要（2006—2020 年）》，推进创新型国家建设，科技部印发了《国际科技合作"十二五"专项规划》，积极部署新时代国际科技合作与交流。科技部和国家自然科学基金委员会实施和管理的各项科技计划（以下简称国家科技计划）是中国稳定支持科技创新活动的重要方式。为实施国家的国际科技合作战略，国家科技计划积极调整了具体的资助内容和目标，如设立国际科技合作专项计划，投资国际科技合作专项资金，适当开放国家科技计划，允许外国或中国大陆以外的科研人员参与中国科技计划的申报，建立国际科技合作基地等。2017年5月，科技部、教育部、中国科学院、国家自然科学基金委员会联合印发的《"十三五"国家基础研究专项规划》，将增强我国基础科学研究能力列为"十三五"规划的重要任务。重点强调，该计划致力于形成全面均衡的学科体系，大幅提高科学产出水平、质量水平和国际影响力，使我国学科整体水平和国际科学论文引用数量跻身世界前三。这表明中国更加重视参与国际科技合作。科技部公布的"政府间国际科技创新合作重点研发计划/港澳台科技创新合作"重点项目，支持中国与美国、加拿大、新西兰、墨西哥、塞尔维亚、欧盟、德国、希腊、以色列、蒙古、印度尼西亚、南非、埃及、金砖国家、芬兰、法国、比利时、英国、匈牙利、波兰、澳大利亚、日本、韩国、泰国、越南等国家和国际组织开展政府间科技创新合作项目。该项目涉及科学、技术和工程问题，以及通过技术创新合作应对重大全球挑战的相关问题。仅在 2018 年，首批项目计划支持中国与 12 个国家、地区、国际组织和多边机制的政府间科技合作。项目任务数量约为 121—128 个。其中，支持对德合作约 6 000 万元，支持对英合作约 6 000 万元。同时，与加拿大、日本、新西兰等国家和地区的合作正处于项目详细规划阶段。

　　图 5.6.2 为国家自然科学基金对国际合作与交流项目的资助情况。可以看出，从 2003 年到 2016 年，国家自然科学基金的资助呈现出明显的上升趋势。首先，2009 年及之前是"稳定期"，基金数量稳步增加，增速较小。二是 2010年到 2015 年是"十二五"阶段的"成长期"，除 2014 年出现小幅波动外，资金增长总体较快。从 2015 年至今，从"十三五"规划开始出现了"腾飞期"，这反映了中国越来越重视国际合作和交流项目。

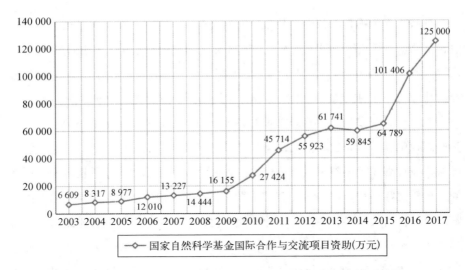

图 5.6.2　2003—2016 年国家自然科学基金国际合作与交流项目资助情况

　　2017 年，国家自然科学基金委员会与"一带一路"国家和地区的合作网络进一步扩大，与"一带一路"沿线国家签署合作协议 21 项，占合作协议总数的 23.1%。2017 年，与"一带一路"沿线国家实质性合作研究项目共 68 个，资助资金 13 401 万元；合作交流项目 42 个，资助资金 1 108.02 万元。与此同时，国家自然科学基金国际合作局也积极推进与对口机构的合作与交流，加强了与美国、加拿大、英国、德国、法国、日本、韩国、以色列、新西兰等发达国家、国际组织和周边国家的合作，涉及项目 1 175 个，资助资金 10.7 亿元。

　　科学基金国际合作与交流项目总经费由 2008 年的 1.44 亿元增加到 2017 年的 12.5 亿元，占国家自然科学基金总经费的比例由 2008 年的 2.28% 增加到 2017 年的 4.19%。项目数量从 2008 年的 1 008 个增加到 2017 年的 1 175 个。2017 年，国际（地区）合作研究项目资助项目 477 个，资助金额 11.25 亿元，占国际合作与交流项目资助总额的 90.0%。可见，支持实质性的国际合作研究已成为科学国际合作基金的战略重点。

## 中国国际创新合作现状

　　由于基础科学研究是开展国际创新合作的主要途径，本节通过对科技活动文献的分析，分析了中国国际创新合作的现状。根据吉普塔和达万（Gupta & Dhawan，2003）国内外众多学者对国际创新合作的研究，学者们普遍认为合作论文是衡量国际创新合作的重要指标。当一篇论文的作者来自两个或两个以上的国家时，可以考虑作为研究国际创新合作的范例。

**合作的规模**

在 Web of Science（WOS）数据库的核心集合（Core Collection）中，我们使用了"CU =（CHINA OR PEOPLES R CHINA）"检索词，并将文献类型限制为"期刊论文（Article）"进行检索。我们确定了中国学者参与的论文数量，然后利用 WOS 数据库中的"分析搜索结果"和"细化搜索结果"功能，获得中国与其他国家合作的论文。截至 2017 年 12 月，中国共发表论文 2 718 011 篇。其中，中国与 246 个国家和地区合作，共发表论文 664 822 篇，不到总发表量的 25%，表明中国的国际创新合作还不够充分。

通过时间图表（图 5.6.3）可以发现，中国和其他国家的合作论文发表数量逐渐增加，尤其是近十年，增长非常迅速。这也与中国加快开放、加强区域合作的战略取向高度契合。

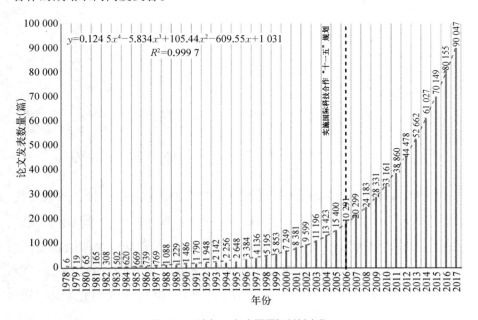

$$y=0.124\,5x^4-5.834x^3+105.44x^2-609.55x+1\,031$$
$$R^2=0.999\,7$$

图 5.6.3　过去 40 年中国国际创新合作

图 5.6.4 为中国国际创新合作伙伴关系概况，图 5.6.5 为中国与美国、日本、英国、法国、德国等创新合作时间维度的演变趋势。由图 5.6.5 可以清晰地看出，创新合作的趋势基本一致，呈现稳步增长的态势。与美国的合作在过去二十年里经历了爆炸性的增长。可以看出，中国自大力推进国际创新合作以来，与美国的合作最为密切，成效最为显著。此外，通过 2006—2015 年十年中外科研机构的合作，我们看到中美科研机构之间的合作最为密切，中国与周边国家的合作也相对密切；合作领域主要集中在物理、化学、工程、材料科学和临床医学。

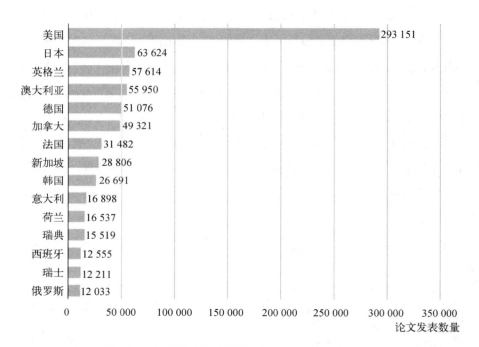

图 5.6.4 中国国际创新合作伙伴关系概况（前 15 位国家）

图 5.6.6 显示了 2006—2015 年主要国家发表的国际合作论文数量的趋势。可以看出，在过去的十年中，中国发表的国际合作论文数量增长速度仅次于美国，位居第二。中国从最初国际合作论文数量最少的国家之一，发展成为仅次于美国的世界第二大国际合作论文国家。这些数据表明，中国的国际创新合作大幅增加，中国在国际创新网络中的地位也越来越重要。

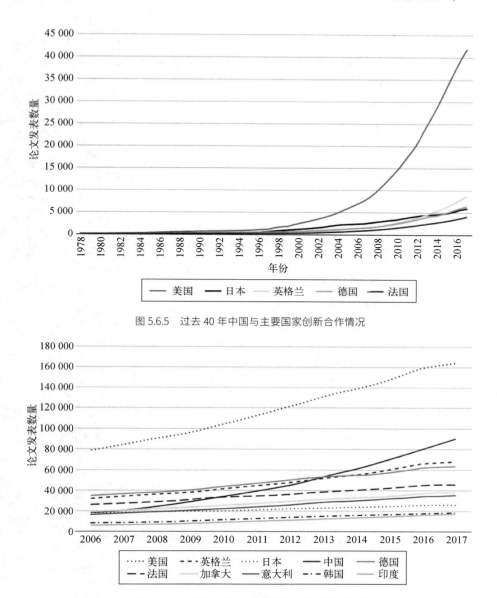

图 5.6.5　过去 40 年中国与主要国家创新合作情况

图 5.6.6　主要国家国际合作论文发表论文数量趋势

## 合作的力量

图 5.6.7 为 WOS 数据库中中国整体论文数及国际合作论文数。从图中可以清晰地看到，在过去的二十年里，总发文量和国际合作论文数量都在稳步增长，分别从 1998 年的 19 384 篇和国际合作论文 5 195 篇增长到 2017 年的 337 795 篇和国际合作论文 9 047 篇。然而，国际合作论文的比例是波动的，呈先下降后

上升态势。尽管如此，从国际合作论文的全球份额来看，中国的国际科研合作日益活跃，中国已成为科学出版物的世界领先者（Aksnes et al., 2014）。

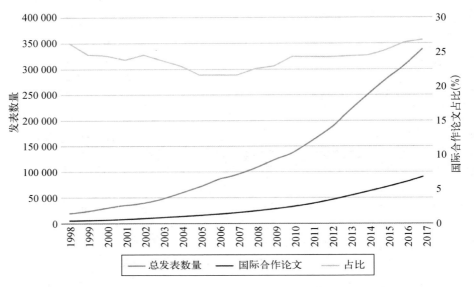

图 5.6.7　1998—2017 年中国论文总数与国际合作论文数

　　图 5.6.8 显示了主要国家的国际合作论文的比例。2006—2015 年，主要国家的国际合作论文占比呈上升趋势，增长速度相对接近。然而，中国的国际合

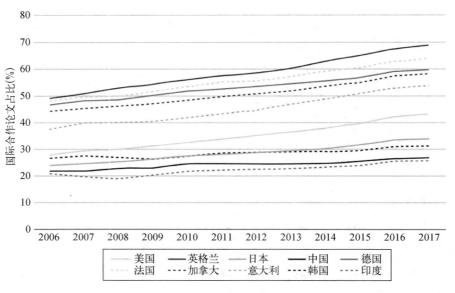

图 5.6.8　主要国家的国际合作论文占比

作论文在主要国家中的比例处于较低水平，仅略高于印度。这表明，与英、法、德、加等科技大国相比，中国目前的国际创新合作仍然不够活跃。

**存在的问题**

　　中国的国际创新合作虽然非常活跃，但强度仍处于较低水平。中国与世界领先的发达国家有明显的差距。中国具备从全球角度规划和配置资源的能力，但要有效促进科技研究的国际合作，还存在一些深层次问题。首先，中国过去对基础研究的投入较少，制约了国际创新合作。更重要的是，中国现有知识产权保护制度不完善，不利于构建良好的合作环境，阻碍了全球创新资源流入中国。与此同时，中国的研究氛围和研究诚信环境仍明显低于许多发达国家。环境完整性的不足限制了国际合作，当前的国家科技计划在外部合作方面没有取得实质性突破。例如，虽然国家自然科学基金委员会在寻求国际合作，但存在资金无法完全到位的问题。外国合作伙伴通常只是被提名，但不能实质性地参与项目。

# 加强中国国际创新合作的建议

**加强资源创新国际合作**

　　正如国务院于2018年发布的一组意见中所指出的那样，强大的基础科学研究是建设全球科技强国的基础。目前，与发达国家相比，中国的基础创新力度明显不足，基础研究投入比例存在较大差距。2011年，法国基础研究投资占研发投资总额的25.3%；韩国，18.1%；美国17.3%；日本，12.3%；英国，10.8%。相比之下，中国仅为4.7%，远低于世界平均水平。加强国际合作可以促进学科和领域基础研究的交叉、融合和相互渗透，使科学问题的研究能够在全球范围内开展。通过国际基础研究合作，既可以充分利用国外先进技术、信息、设备，分享国际科学界的研究经验和成果，又可以推动中国更多基础研究领域走向国际前沿，实现超越现阶段的发展。

**改善知识产权保护环境**

　　开展国际创新合作，必须充分利用外部创新资源来推动创新。然而，我国知识产权保护环境不完善，难以吸引国际创新资源。由于创新的风险和成本都较高，完善的知识产权保护制度可以有效地保障先进技术持有者的内在利益，从而鼓励投资者和创新者参与创新活动。与发达国家相比，中国缺乏知识积累和研发能力，对知识产权的保护政策较为宽松，不利于帮助企业走出创新过程中的"死亡谷"，也不利于企业从技术优势向经济优势转化。这种创新环境严重阻碍了先进技术进入中国。

因此，有必要建立有针对性的国际创新合作知识产权管理方法，以提高合作创新中的侵权成本，降低维权成本，有效保护创新者的积极性。值得注意的是，不同发展水平的国家实施的知识产权保护方法是不同的。因此，如何在与国际规则接轨的同时构建最优的知识产权保护制度框架，是推动国际创新合作过程中必须考虑的问题。

### 良好的科研诚信环境

国务院指出，科研诚信是科技创新的基石（新华社，2018）。但中国整体科研氛围和科研诚信环境仍存在学术造假、利用人际关系发表低水平论文、与非论文作者发表论文等问题。要加强科研活动诚信管理，建立健全科研成果评审管理制度，努力深化科研评价体系改革。科研诚信建设不仅需要科研机构和科研人员的努力，也需要国家层面的积极推动。从相关管理部门入手，建立完善的科研评价体系，确保创新行为主体对严重违反科研诚信的行为采取零容忍态度。

### 推进国家科技计划对外开放

国家科技计划作为一项重要的国际创新合作战略，在中国向创新型、现代化国家转型的过程中的重要性日益增强。在中国创新发展转型过程中，国家科技计划可以有效利用资金、设备和人力资源，提升研究水平，获取先进的科技管理经验。目前，在中国获得科研经费往往需要复杂的申请和审批程序，这使得科研经费难以流向其他国家。此外，包括中国在内的一些国家和经济体经常对汇率和外汇实行行政管制，这使得两国之间的资金流动不够顺畅，限制了中国的国际创新合作。因此，加大对外开放的国际计划，提高科研经费的利用率就显得尤为重要。

同时，国家科技计划的开放也可以促进中国的科研体系。中国可以借鉴发达国家的经验，通过优化科技资源配置和人力激励机制，吸引更多的国际科技资源进入中国。

### 加强国际创新合作网络布局

与美国等发达国家相比，发展中国家可以从国际创新合作中获得更多（Bote et al., 2013）。这表明发展中国家的决策者应该出台相关政策和战略，加强与发达国家在科技领域的跨国合作，以利用发达国家的研发资源。通过与多个国家建立海外联系，加强国际创新合作网络的顶层设计和战略布局。与国外研究机构建立联系，有助于科研人员进行互访和交流，充分了解国外的研究体制、模式、项目管理制度和创新水平。

### 推进"一带一路"国家创新合作

为了进一步深化政府间的国际创新合作，中国应该加快"一带一路"合作创新共同体的建设，实施"一带一路"科技创新合作计划。具体而言，中国要加强与"一带一路"沿线国家的沟通；推进科技创新基地、技术合作平台、联合研究中心（实验室）建设；扩大成熟适用技术培训和成果转化；及时启动"一带一路"科技园合作、技术转移合作、联合实验室等行动计划，以技术创新推动国际能力合作。

# 未来研究方向

除了要加快推进中国政府层面的国际创新合作外，学术界还应加强研究，为自下而上的国际合作创造条件。科学家和科研人员通过研发活动的自发合作应该成为创新活动的新力量。它应该成为政府领导级别的合作活动之外最具活力的创新来源。

### 国际创新合作领域研究

目前对中国国际创新合作的研究过于笼统，多从文献计量学的角度对中国国际创新合作的现状进行分析，观察其分布情况，总结出相应的结论（Niu &

Qiu, 2014)。大部分研究发现, 物理、化学和材料科学领域的国际创新合作更加密集。然而, 国际创新合作需要考虑当地条件, 在高质量、高效率发展的大背景下, 有针对性地开展国际创新合作是十分必要的。

在强调效率的当下, 未来的研究应更加关注创新资源的有效配置, 并在更多需要的领域加强国际合作。因此, 我们应该继续推进国际创新合作领域的研究, 分析不同领域合作的异同, 确定哪些领域的合作需要加强。

### 不同国家国际创新合作效益差异的原因探究

关于国际创新合作的好处已经有了广泛的研究。研究表明, 国家通常从跨国科技合作中获益, 包括:(1) 获得可用的想法、知识、技术和其他资源 (Hayati & Didegah, 2010; Kim, 2006);(2) 加快研究过程而节省的时间 (Hayati & Didegah, 2010);(3) 分担大型研究项目的研究成本 (Hayati & Didegah, 2010);(4) 提高研究产出的可见性 (被引用率) (Gazni et al., 2012)。但是, 所有国家都能以平等的方式获得这些好处吗? 哪些潜在因素会影响各国从国际创新合作中获得这些好处?

最近一个集中讨论这一主题的一组研究表明, 国际创新合作对一些国家并不总是一件"好事"。例如, 周等人 (Zhou et al., 2013) 表明中国并没有从与日本的合作中获得任何好处。唐 (Tang, 2013) 发现中国的研究质量不受与美国合作的影响。博特等人 (Bote et al., 2013) 证实, 各国从国际创新合作中获得的好处并不一致。为什么会产生这样的结果? 有必要对不同国家造成这种差异的原因进行调查。然而, 很少有人尝试去研究这个主题。

### 国际创新合作产出的影响因素及机制分析

基于文献耦合分析和主路径分析, 我们发现国际创新合作对研究绩效的影响已被先前的学者 (如 Hayati & Didegah, 2010; Tang, 2013; Zhou & Tian, 2014) 研究。然而, 尽管有大量的研究发现, 关于这个主题仍然存在争议。

一方面, 许多研究证实国际创新合作导致较高的研究绩效。例如, 钦奇拉-罗德里格斯等人 (Chinchilla-Rodríguez et al., 2012) 表明国际创新合作对生物医学领域的研究产出和引用都产生了积极的影响。森 (Sin, 2011) 证实国际创新合作可以显著提高图书馆和信息研究领域出版物的被引次数。阿布拉莫等人（Abramo et al., 2011）证明意大利大学的研究人员从国际创新合作中获益。皮尔森（Persson, 2010）发现，与非合作出版物相比，国际创新合作出版物具有更高的影响力。阿巴斯等人（Abbasi et al., 2011）和何等人（He et al., 2009）的著名研究也得到了类似的发现。

另一方面，关于国际创新合作活动是否提高了研究绩效，仍然存在争论（Zhou & Tian, 2014）。例如，雷姆和科切娃（Leimu & Koricheva, 2009）表明国际创新合作对研究产出的可见性没有影响。杜克等人（Duque et al., 2005）通过比较研究发现，在发展中国家背景下，国际创新合作与研究生产率的提高并不相关。阿丹姆丝等人（Adams et al., 2004）利用来自 100 多所美国重要大学的面板数据证实，国际创新合作对研究数量和质量都有影响。其中，国际创新合作与科研能见度呈显著正相关，与科研生产率呈显著负相关。

总体而言，越来越多的研究探讨了国际创新合作对研究绩效的影响，但研究结果仍不确定。为什么会产生这样的结果？我们认为，影响国际创新合作对创新绩效影响的因素和机制有待进一步研究。然而，据我们所知，到目前为止，很少有研究关注这一主题。

**国际创新合作与高质量产出的因果关系揭示**

先前的研究相当重视国际创新合作与研究质量之间的关系（例如，Abbasi et al., 2011；Abramo et al., 2011；He et al., 2009）。以往研究大多认为国际创新合作可以提高研究结果的质量。然而，唐（Tang, 2013）的一项研究指出，以往的大多数研究都忽略了一种可能性，即有机会进入国际创新合作的国家可能代表了具有高水平研究能力的精英群体。即使没有国际创新合作，这些精英国家也会比其他国家有更高的研究表现。因此，正如弗莱明和陈（Fleming & Chen, 2007）所指出的，国际创新合作和研究绩效之间的正向关系可能受到反向因果关系的影响。

大多数研究采用的假设逻辑是：国际创新合作有利于充实思想，这是写出一篇"好论文"的基本前提，能够吸引更多学者的注意，从而比其他论文更容易被引用。当然，这有利于提升国家的科技声誉。然而，一些研究认为，可能还存在反向因果关系。也就是说，由于具有高科技声誉的国家很可能会吸引其他国家与之形成国际创新合作关系（Gazni et al., 2012），因此可以合理地推断：能够参与国际创新合作的国家通常是那些绩效较好的国家，这也就表明国际创新合作只是具有高科技能力水平的精英国家之间的合作。基于这一观点，我们不难发现，由国际创新合作产生的出版物的数量和质量都高于那些没有国际创新合作的出版物。因此，更高的研究绩效不应仅仅归因于国际创新合作产生的积极影响。

为了避免研究偏差，在对完整数据集的测试中应控制精英国家的影响。这样，我们就可能避免偏见。然而，除了唐（Tang，2013），类似的研究仍然很少。此外，通过结合前面讨论的两个逆逻辑，我们推断国际创新合作和高研究质量之间可能存在潜在的双向关系。换句话说，国际创新合作带来了高研究质量，反过来，高研究质量的国家也倾向于国际创新合作。但现有文献忽略了国际创新合作与高研究质量相互影响的可能性；这一点到目前为止还没有得到检验。这一研究空白为今后的研究指明了方向。

**国际科研合作与国际技术合作的差异比较**

我们的研究综述表明，大多数研究关注的是国际科研合作，而不是国际技术合作，这一趋势将持续下去（例如，Vakilian et al.，2015；Niu & Qiu，2014；Tan et al.，2015）。为什么？在我们看来，除了从 Scopus 和 WOB 出版物数据库等大型数据库中更容易获得国际科研合作的大量书目数据之外，另一个重要原因是与国际技术合作相比，国际科研合作更容易进行跨国界的合作（Ponds，2009）。这是由于科学和技术在基础应用、方向、规范和价值观上都具有差异。更具体地说，科学合作的目标是产生新的科学知识，增强科学话语，而技术合作的目标是利用科学知识开发新产品和新商品，并将知识扩散降到最小化（Ponds，2009）。

知识产权在国际贸易过程中对各国的利益发挥着越来越重要的作用，这可能会导致各国在科技领域的利益产生冲突（Mowery，1998）。例如，参与国际科技合作的发展中国家或新兴国家可以利用源自发达国家资助的研究项目的知识或技术。这可能会使发展中国家享有特权，从而导致在国际创新合作中发生利益冲突。因此，一些精英国家可能会采取行动，通过国际科技合作的渠道来限制知识或技术的扩散。例如，美国和欧盟的决策者在军事研发项目上会限制中国。然而，与国际技术合作相比，国际科研合作可能不那么受国家边界的限制。这是由于共同的激励结构和科学的"普遍"规范（Ponds，2009）。鉴于国家保护知识产权政策与增加国际知识产权投资之间的潜在冲突，在这种潜在冲突的影响下，国际科研合作与国际技术合作之间似乎存在一定的差异。然而，在现有的文献中，很少有人关注这个有趣的话题。

## "一带一路"国际创新合作模式研究

"一带一路"本质上是一种国际发展合作的新模式，旨在通过加强沿线国家之间的合作，促进沿线各国的共同发展。"一带一路"国际合作是一个开放包容的国际区域合作平台。多年来，中国的国际科技合作与交流始终坚持"引进来""走出去"的原则。"一带一路"所体现的开放与合作，将为世界和平与经济增长提供非常强劲的新动力和新能量。在大力推进"一带一路"的背景下，国际创新合作面临哪些机遇和挑战值得进一步探讨。

目前，关于"一带一路"国际合作的研究大多集中在全球和区域创新的影响和意义上。从国内的研究角度来看，在全球国际合作的许多方面，对于中国"一带一路"国际合作倡议还尚未达成共识。"一带一路"涉及的地缘政治格局、贸易争端和经济发展仍在讨论中。此外，学者们还指出，"一带一路"国际创新合作的实施面临着沿线发展中国家可持续发展和资金缺口的挑战。因此，未来对"一带一路"国际创新合作模式的研究需要进一步考虑政治、地理、生态、融资环境等方面，构建更加全面的协作模式。

## 国际创新合作风险机制研究

关于国际创新合作风险问题，现有的研究大多集中在企业层面。由于信息不对称、战略方向不一致、技术水平所处阶段不同、文化差异等原因，可能会给双方的合作带来一定的风险。一般认为企业之间的国际合作面临着更严重的自治和利益冲突问题，这给企业国际合作带来了比一般合作更大的风险。上升到国家层面，国际创新合作项目的分类问题更加突出。例如，在许多国家，涉及核心竞争力、核能、军事的大多数行业都没有参与国际合作。因此，在未来的研究中，深入探索风险产生的原因、不同风险对国际创新合作的影响路径和影响，以及如何处理国际创新合作项目中的分类问题，可以在一定程度上帮助合作双方更好地理解合作并开展合作。

### 国家科技计划进一步开放研究

目前，世界各国和地区在开放科技项目过程中的实践各具特色。从全球来看，各国特别是发达国家都非常重视科技对外开放。一方面，科技领先国家相互开放，形成强大的联盟，进一步发展高技术领域的高水平研发合作；另一方面，发达国家对发展中国家开放，可以相互补充，进行技术转让和技术援助。发达国家优势突出，经验丰富，技术不对外开放。它们通常只对特定目标的战略和技术安全开放。发达国家的这种"开放"模式，对发展中国家实施国家科技计划的对外开放具有一定的指导意义。

加快科技开放，优化利用国际科技资源，有利于促进中国创新发展。下一步，中国国际科技合作的总体思路是"以自我为中心、前瞻、科学、有序"。然而，中国目前缺乏的是顶层规划的合理化、科技规划的总体布局以及相应的政策和法律环境。对于国家科技计划的对外开放，中央政府尚未做出明确规定。因此，我们要深刻认识国家科技计划对外开放，加强科技计划对外开放研究，完善中国国际科技合作的理论框架，为国家创新发展向高质量、高效率转变奠定坚实基础。

## 参考文献

Abbasi, A., Altmann, J., & Hossain, L. (2011). Identifying the Effects of Co-authorship Networks on the Performance of Scholars: A Correlation and Regression Analysis of Performance Measures and Social Network Analysis Measures. *Journal of Informetrics*, 5(4), 594–607.

Abramo, G. D., Angelo, C. A., & Solazzi, M. (2011). The Relationship between Scientists' Research Performance and the Degree of Internationalization of Their Research. *Scientometrics*, 86(3), 629–643.

Academy of Finland. (2017). Quality, Impact and Renewal in International Collaboration: Academy of Finland International Policy for 2017–2021.

Adams, J. D., Black, G. C., Clemmons, J. R., & Stephan, P. E. (2004). Scientific Teams and Institutional Collaborations: Evidence from U. S. Universities, 1981–1999. *Research Policy*, 34(3), 259–285.

Aksnes, D. W., van Leeuwen, T. N., & Sivertsen, G. (2014). The Effect of Booming Countries on Changes in the Relative Specialization Index (RSI) on Country Level. *Scientometrics*, 101(2), 1391–1401.

Basu, A., & Aggarwal, R. (2001). International Collaboration in Science in India and Its Impact on Institutional Performance. *Scientometrics*, 52(3), 379–394.

Bote, G., Vicente, P., Olmeda-Gómez, C., & Moya-Anegón, F. (2013). Quantifying the Benefits of International Scientific Collaboration. *Journal of the American Society for Information Science and Technology*, 64(2), 392 – 404.

Chen, K. H., Zhang, Y., & Fu, X. L. (2019). International Research Collaboration: An Emerging Domain of Innovation Studies? *Research Policy*, 48(1), 149 – 168.

Chinchilla-Rodríguez, Z., López-Illescas, C., & Moya-Anegón, F. (2012). Biomedical Scientific Publication Patterns in the Scopus Database: A Case Study of Andalusia, Spain. *Acimed*, 23(3), 219 – 237.

Duque, R. B., Ynalvez, M., Sooryamoorthy, R., Mbatia, P., Dzorgbo, D. B. S., & Shrum, W. (2005). Collaboration Paradox: Scientific Productivity, the Internet, and Problems of Research in Developing Areas. *Social Studies of Science*, 35(5), 755 – 785.

European Commission. (2003). The Third European Report on Science and Technology Indicators 2003: Towards a Knowledge-Based economy.

Fleming, L., & Chen, D. (2007). Collaborative Brokerage, Generative Creativity, and Creative Success. *Administrative Science Quarterly*, 52(3), 443 – 475.

Gazni, A., Sugimoto, C. R., & Didegah, F. (2012). Mapping World Scientific Collaboration: Authors, Institutions, and Countries. *Journal of the American Society for Information Science and Technology*, 63(2), 323 – 335.

Glänzel, W. (2001). National Characteristics in International Scientific Co-authorship Relations. *Scientometrics*, 51(1), 69 – 115.

Gupta, B. M., & Dhawan, S. M. (2003). India's Collaboration with People's Republic of China in Science and Technology: A Scientometric Analysis of Coauthored Papers during 1994 – 1999. *Scientometrics*, 57(1), 59 – 74.

Hayati, Z., & Didegah, F. (2010). International Scientific Collaboration among Iranian Researchers during 1998 – 2007. *Library Hi Tech*, 28(3), 433 – 446.

He, Z. L., Geng, X. S., & Campbell-Hunt, C. (2009). Research Collaboration and Research Output: A Longitudinal Study of 65 Biomedical Scientists in a New Zealand University. *Research Policy*, 38(2), 306 – 317.

Hwang, K. (2007). International Collaboration in Multilayered Center-Periphery in the Globalization of Science and Technology. *Science, Technology, & Human Values*, 33(1), 101 – 133.

Kim, K. W. (2006). Measuring International Research Collaboration of Peripheral Countries: Taking the Context Into Consideration. *Scientometrics*, 66(2), 231 – 240.

Leimu, R., & Koricheva, J. (2009). Does Scientific Collaboration Increase the Impact of Ecological Articles? *Bioscience*, 55(5), 438 – 443.

Martin, B. R. (2012). The Evolution of Science Policy and Innovation Studies. *Research Policy*, 41(7), 1219 – 1239.

Mowery, D. C. (1998). The Changing Structure of the US National Innovation System: Implications for International Conflict on Cooperation and R&D. *Research Policy*, 27(6), 639 – 654.

Niu, F., & Qiu, J. (2014). Network Structure, Distribution and the Growth of Chinese International Research Collaboration. *Scientometrics*, 98(2), 1221 – 1233.

Office of Science and Technology Policy. (2017). The United States and United Kingdom Sign Landmark Science and Technology Agreement.

Persson, O. (2010). Are Highly Cited Papers More International? *Scientometrics*, 83(2), 397 – 401.

Ponds, R. (2009). The Limits to Internationalization of Scientific Research Collaboration.

*Journal of Technology Transfer*, 34(1), 76－94.

Sharma, S., & Thomas, V. (2008). Inter-country R&D Efficiency Analysis: An Application of Data Envelopment Analysis. *Scientometrics*, 76(3), 483－501.

Sin, S. C. J. (2011). Longitudinal Trends in Internationalisation, Collaboration Types, and Citation Impact: A Bibliometric Analysis of Seven LIS Journals (1980－2008). *Journal of Library and Information Studies*, 9(1), 27－49.

State Council. (2018). Several Opinions of the State Council on Comprehensively Strengthening Basic Scientific Research, Document No. 4 [2018]. State Council, Beijing, January 19.

Tan, H. X., Ujum, E. A., Choong, K. F., & Ratnavelu, K. (2015). Impact Analysis of Domestic and International Research Collaborations: A Malaysian Case Study. *Scientometrics*, 102(1), 885－904.

Tang, L. (2013). Does "Birds of a Feather Flock Together" Matter — Evidence from a Longitudinal Study on US－China Scientific Collaboration. *Journal of Informetrics*, 7(2), 330－344.

Vakilian, M., Majlis, B. Y., & Mousavi, M. (2015). A Bibliometric Analysis of Lab-on-a-chip Research from 2001 to 2013. *Scientometrics*, 105(2), 789－804.

Wagner, C. S. (2008). *The New Invisible College: Science for Development*. Washington, DC: Brookings Institution Press.

Wang, X., Huang, M., Wang, H., Lei, M., Zhu, D., Ren, J., & Jabeen, M. (2014). International Collaboration Activity Index: Case Study of Dye-Sensitized Solar Cells. *Journal of Informetrics*, 8(4), 854－862.

Xinhua News Agency. (2018). Several Opinions on Further Strengthening the Construction of Scientific Research Credit. Beijing, May 30. Available at http://www.gov.cn/zhengce/2018-05/30/content_5294886.htm.

Zhou, P., & Tian, H. (2014). Funded Collaboration Research in Mathematics in China. *Scientometrics*, 99(3), 695－715.

Zhou, P., Zhong, Y., & Yu, M. (2013). A Bibliometric Investigation on China－UK Collaboration in Food and Agriculture. *Scientometrics*, 97(2), 267－285.

# —— 第 5.7 章 ——
# 开放式创新促进中国发展

陈劲　陈钰芬

在全球化的背景和条件下，我们已通过开放的视野，通过整合全球资源和全球市场来推动创新。作为一个追赶型经济体，中国通过引进先进技术、消化吸收先进技术、推动创新，加快技术进步和产业升级，实现了可持续快速增长。

随着技术发展速度的加快和复杂性的增加，外部知识开发的重要性已经得到了许多研究者和实践者的认可。如何有效地进行创新管理，是企业提高竞争力的重要问题。开放式创新的理念为中国企业自主创新指明了新的方向。在这一范式下，中国企业应积极采取开放式创新模式，充分利用外部创新资源，整合内外部资源，促进创新，增强竞争力。

亨利·切萨布鲁夫（Henry Chesbrough）倡导的开放式创新范式提供了一种新的思考和管理创新的方式（Chesbrough，2003）。开放式创新意味着企业可以而且应该同时利用外部理念和内部理念，采取内部和外部两条途径进入市场。开放式创新范式倡导与外部组织进行研发合作，整合内外部知识，强调从外部向市场分配。开放式创新的优势在于新思想的自由流动。通过系统地向外部市场参与者（例如用户、供应商甚至竞争对手）开放内部研发流程，创新提供了比内部开发更多的想法。通过利用他人的发现，公司可以产生令人惊人的结果（Silverthorne，2003）。开放式创新可以加快创新速度，降低技术和市场的不确定性（Fu et al.，2014）。因此，成功的开放式创新可以提高企业的创新能力和经济竞争力。

对于中国企业来说，采用开放式的创新模式尤为重要。在很多情况下，中国企业内部的创新资源明显存在劣势和不足。与跨国企业相比，中国国内企业的研发投资规模和强度都相形见绌。因此，单纯依靠内部资源进行自主创新会更加困难。未来，开放式创新范式不仅将应用于发达市场经济国家的企业，还将逐步在中国企业推广。

# 中国企业创新过程中的开放条件

开放式创新强调外部创意、外部商业化渠道以及与其他公司的技术合作的重要性。开放创新模式下的企业会向外部机构开放其研发项目，包括其用户、供应商、其他企业，甚至竞争对手。开放促进了新思想和创新资源的流动。

在开放创新范式中，企业的边界是模糊的。创新的想法可能来自内部，来自研发部门或其他部门。然而，它们也可能来自外部资源。企业应在内部研发活动密集的基础上，密切监控外部技术，充分获取和利用外部知识以缩小差距。

利用和整合外部知识的能力是企业获取竞争优势的关键。企业可以通过研发合作、技术许可和技术获取的方式来获取技术，从而降低创新成本和风险。充满创新热情的领先用户和供应商将是创新重要的来源和参与者。企业内部的创新思想可能在研究阶段或发展后期通过知识的扩散和人员的流动从企业中渗出（Chesbrough，2003）。此外，新想法和新产品可以通过外部渠道进入市场，在企业现有业务之外，产生附加价值，减少市场的不确定性（详见图5.7.1）。

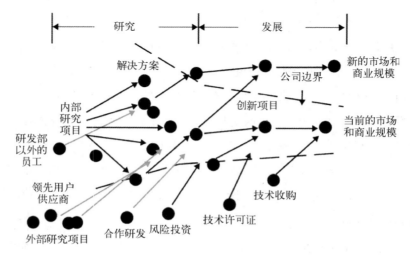

图 5.7.1　中国企业的开放式创新模式

中国企业在创新过程中变得更加开放，利用外部资源逐步提高创新效率（Fu & Xiong，2012）。2016 年，国家统计局对全国工业企业创新活动进行了调查，以反映自主创新能力和创新实践状况。调查对象包括所有年销售额超过 2 000 万元的国有企业和非国有企业。超过 72.6 万家企业参与了此次调查。这项研究涵盖了许多行业，包括采矿、食品和服装加工、机械和运输工具制造、电子产品制造、电力、燃料/天然气以及水的生产和供应行业。调查涵盖了整个创新过程的活动，包括新想法、新产品设计、研发、技术获取、生产和商业化全过程。调查内容主要包括创新费用、创新合作模式和创新来源。数据显示，内部研发费用占创新总费用的 62.6%。这意味着约 40% 的资金被用于与外部机构（通常是学习机构）签订研发合同，以及购买机器、设备和相关技术（见表 5.7.1）。企业在创新过程中，从用户、供应商、同行、高校、研究机构、咨询公司、政府等方面获取技术信息和市场信息非常重要（见表 5.7.2）。

**表 5.7.1　中国工业企业创新支出情况（2016 年）**

| | 创新总费用（亿元） | 占总创新费用的比率（%） | | | |
|---|---|---|---|---|---|
| | | 内部研发 | 外部研发 | 从外部购买机器、设备和软件 | 从外部获取技术 |
| 工业企业费用总额 | **1 747.92** | **62.6** | **3.5** | **30.0** | **3.9** |
| **按大小分组** | | | | | |
| 大型 | 999.26 | 57.2 | 4.3 | 32.6 | 5.8 |
| 中型 | 373.73 | 68.8 | 2.7 | 26.9 | 1.6 |
| 小型 | 366.50 | 71.4 | 1.9 | 25.8 | 1.0 |
| 微型 | 8.43 | 47.0 | 3.3 | 45.8 | 3.9 |
| **按行业分组** | | | | | |
| 矿业 | 47.68 | 56.2 | 3.7 | 37.8 | 2.4 |
| 制造业 | 1 660.29 | 63.7 | 3.4 | 28.8 | 4.0 |
| 电力、燃气、水生产和供应行业 | 39.95 | 24.2 | 3.9 | 69.6 | 2.4 |

资料来源：《2017 年全国企业创新调查年鉴》，中国统计出版社。

表 5.7.2　创新重要信息源分布情况（2016 年）

| | 有创新活动的企业占比（%） | | | | | | | | |
|---|---|---|---|---|---|---|---|---|---|
| | 内部 | 用户 | 供应商 | 同行其他公司 | 顾问公司 | 专业协会 | 大学 | 研究机构 | 政府 |
| 所有的工业企业 | **26.0** | **42.4** | **36.2** | **14.1** | **10.1** | **18.2** | **34.0** | **20.7** | **9.1** |
| **按大小分组** | | | | | | | | | |
| 大型 | 54.8 | 32.7 | 35.9 | 11.9 | 11.4 | 18.1 | 52.4 | 37.4 | 10.4 |
| 中型 | 34.9 | 38.9 | 35.5 | 12.8 | 10.2 | 17.4 | 37.7 | 23.5 | 8.2 |
| 小型 | 20.7 | 44.2 | 36.3 | 14.7 | 9.9 | 18.4 | 31.4 | 18.4 | 9.2 |
| 微型 | 21.4 | 42.5 | 40.7 | 15.4 | 8.5 | 18.1 | 21.6 | 16.6 | 10.8 |
| **按行业分组** | | | | | | | | | |
| 矿业 | 33.8 | 18.9 | 35.7 | 11.3 | 9.0 | 14.9 | 40.7 | 32.0 | 10.7 |
| 制造业 | 25.6 | 43.0 | 36.0 | 14.2 | 10.1 | 18.2 | 34.0 | 20.5 | 9.0 |
| 电力、燃气、水生产和供应行业 | 46.1 | 7.7 | 57.6 | 9.9 | 8.9 | 14.5 | 28.4 | 28.1 | 14.2 |

资料来源：《2017 年全国企业创新调查年鉴》，中国统计出版社。

# 中国企业开放式创新的组织模式

### 用户参与创新

　　好的创新想法来源于对既有经验的观察和对用户需求的把握。塔克（Tucker，2002）在对 123 家企业的 252 个新产品的研究中发现，大多数新产品都来自用户的想法，而不是来自公司内部复杂的研发活动或头脑风暴会议。中国企业也利用用户需求反馈来持续优化开发成功的产品。希佩尔（von Hippel，1994：17）将"黏性信息"定义为"在新地点获取、转移和使用成本较高的信息"。黏性程度最好的概念是，以信息寻求者可用的形式将特定信息传递到指定位置的增量支出。当成本较低时，信息黏性较低；同样，当成本高时，黏性也高（von Hippel，1994，1998）。新产品和服务要想取得成功，就必须准确地响应用户的需求。由于用户需求相关信息具有黏性，公司想要深入理解和充分利用用户需求往往是一件非常昂贵和困难的事情（von Hippel，2001）。因此，在新产品开发过程中，公司通常会邀请和激励用户直接参与。这将降低获取黏性创新相关信息的成本。公司可以将用户需求信息与自身技术相结合来提供技术解决方案。公司还可以让用户成为新产品的设计师并"自己动手"，从而为用户提供了很好的创新机会，并允许他们通过迭代试验和错误调整来开发定制产品。在这个实践中，用户可以创建一个初步设计，对其进行仿真或原型制作，在自己的使用环境中评估其功能，然后迭代改进，直到满意为止。通过这种方式，在边做边学所涉及的试错周期中，消除了用户和制造商之间来回转换问题解决方案的障碍（von Hippel，2001）。用户直接参与到新产品开发过程中，简化了供应商和用户之间的界面，并受益于重要需求相关信息的传播，从而加快了创新速度，减少了新产品市场的不确定性。

本节将进一步详细分析小米在开放式创新过程中的应用情况。

小米公司（北京小米科技有限公司）是中国一家专注于移动通信终端设备开发及软件开发的公司，成立于 2010 年 4 月。小米手机、MIUI 系统、MiTalk 即时通信工具是小米的三大核心业务。自成立以来，小米一直保持着惊人的增长速度。在 2015 年、2016 年和 2017 年，小米从全球其他地区获得的收入分别为 6.1%、13.4% 和 28.0%。小米的海外收入每年翻一番。2017 年小米集团营收 1 146 亿元，同比增长 67.5%。与全球收入突破千亿元且盈利的上市公司相比，小米营收增速在互联网公司中排名第一。

高效的产品供应链管理、高性价比和先进的营销策略是小米成功的关键。在这些因素中，最关键的是它吸引用户参与的能力。小米公司率先使用互联网模式开发移动操作系统，并让产品爱好者参与到开发和改进的过程中。因此，用户就是小米产品的产品经理。通过小米产品用户开发平台，公司可以听取用户意见，快速试错，并进行快速迭代更新，让用户参与小米产品的开发过程。小米在社交媒体和网络平台上以朋友的身份与用户公开讨论，收集用户的需求和意见。小米建立了小米社区、MIUI 论坛、QQ 空间、小米聊天、微信、微博、小米 Home、创客会议等多个沟通渠道。用户可以通过这些渠道指出产品使用中的问题，提供个人信息、需求和意见，也可以提供想法、设计或产品原型，参与产品的开发、测试和创新。

在新产品开发过程中，小米特别邀请具有专业技能的用户成为产品开发人员。MIUI 团队会接受用户的意见和反馈，并对每个提交的改进点进行初步判断，最终将有效的反馈和建议纳入系统的改进排列表中。小米还将一些非核心功能外包给小米的粉丝进行开发，并鼓励粉丝在 MIUI 系统中开发增值软件。因此，小米系统的热心爱好者对小米进行了大量的研发工作。例如，粉丝们将软件翻译成 25 种语言，并为小米适配 143 款机型。

**供应商参与创新**

与供应商建立迭代和长期的联系可以帮助企业充分利用外部资源，建立更灵活的新产品开发流程。企业可以通过供应商参与早期设计和开发过程来缩短创新周期。通过与供应商的不断讨论和沟通，企业可以加快创新的进程。供应商越早获得新产品的信息，企业就越能从供应商处获得新产品原型的反馈，从而越能缩短创新过程。它是企业通过与创新供应商建立信任和长期合作关系而获得竞争优势的重要源泉。而且，这种竞争优势是竞争对手难以模仿的。

一个例子是宝钢集团公司。这是一家领先的钢铁企业集团，为了弥补其技术差距并保证其产品质量，它与全球领先的供应商建立了积极和密切的合作。2018 年 6 月，宝钢资源（国际）与澳大利亚矿商 South32 公司就澳大利亚昆士兰州弓形盆地的焦煤项目签署合作协议，South32 正式取代淡水河谷成为合作开发商。South32 是一家多元化的跨国矿业公司，拥有一支经验丰富的煤炭管理和技术团队。此次战略供应商合作无疑将有助于提升宝钢原材料供应的质量和效率，为未来的产品创新提供技术支持。

**与其他行业的公司和竞争对手合作**

在开放式创新范式下，技术创新所需的资源是多样化的，且不易量化。没有一个公司能拥有所有的内部资源。即使是内部能力出众的最好公司，也无法单方面承担技术创新活动（Chesbrough，2003）。潜在的创新技术和想法可以在各种规模的公司中找到。因此，企业有系统地开发技术合作渠道以弥补创新资源的不足就显得尤为重要。通过这种技术合作，企业可以相互补充。合作可以从两个方面提高创新能力。首先，它可以加速信息的交流，其次，它可以加快知识的扩散速度，从而提高公司应对复杂环境的能力，提高整体创新成功率。许多中国公司已经学会从一个由初创公司、其他行业的公司甚至竞争对手组成的战略网络中吸取先进技术，通过整合国际和国内资源，充分利用全球资源进行创新。

　　这种跨行业合作的一个典型例子是：2017 年 5 月，中国医药行业的领军企业浙江海正制药有限公司与安捷伦科技公司达成了战略合作协议。两家公司承诺在先进仪器仪表、维护和质量合规方面开展广泛合作，以促进中国制药行业的更新和科学管理。此外，两家公司还将共同建立药物研发实验室。安捷伦科技公司不仅为用户提供全面的分析仪器和应用支持，而且通过强大的国际技术平台帮助用户开发领先的方法，为制药行业和人类健康的发展作出贡献。两家公司的强大联盟可以使它们更好地发挥各自的优势，为中国生物制药研究做出重要贡献。

　　东软集团是中国领先的信息技术（IT）解决方案和产品工程服务提供商，始终致力于参与全球战略联盟。在某些情况下，它甚至把潜在的竞争对手变成了互补的合作伙伴。这些基于互补性联系的联盟帮助东软集团轻松获得了全球资源。在稳定发展期间，东软与哈曼国际、日本电气、东芝、阿尔卑斯电气、阿里巴巴云计算等公司建立了战略合作伙伴关系。2018 年 6 月，东软结合诺基亚全球领先的 5G 端到端商业产品和解决方案，及其在云医疗、智能汽车互联、智慧城市等领域的技术优势和经验，以及东软在移动互联网、物联网、云计算、大数据等领域的专长，与诺基亚贝尔签署了战略合作协议。此次合作将促进东软在医疗、智能汽车互联、智慧城市等业务领域的发展，有助于扩大市场份额和提升竞争力。

**与大学和研究机构的合作**

　　对于追求突破性创新的公司来说，大学和公共研究机构是获取新科技知识的重要来源（Belderbos et al.，2004）。与大学和研究机构合作是企业获取先进技术的有效途径。基础科学知识对信息技术、生物技术、纳米技术等以科学为基础的技术领域的创新尤其重要，这些领域的新突破可以转化为应用研究，转化为新产品和新工艺。大学和研究机构也可以为企业提供尖端技术。此外，大学并不与企业相互竞争。跟与其他企业合作时涉及的商业敏感内容相比，与大学和研究机构的联合研究项目涉及的拨款问题较少。因此，产学研合作是创新企业获取外部知识来源的主要方式。

　　海正与国内 30 多家研究机构建立了长期合作关系，以开发新技术和新药物。华为也根据业务领域和技术发展需求，通过多渠道、多层次的合作，充分利用全球资源进行创新。截至 2016 年，华为与北京大学、清华大学、北京工业大学等 40 多所高校建立了合作关系。

## 知识产权许可

密切监测外部技术的动态发展、自主采购先进技术、弥补技术不足，是提高技术创新成功率的有效途径。企业可以通过将自己的想法与外部技术相结合来创造价值，也可以通过他人使用自己授权的技术来获利。中国企业越来越重视知识产权和通过许可或交叉许可的方式来获取外部技术。在发展初期，许多企业都通过许可的方式利用跨国公司的先进技术，逐渐积累自己的技术能力。

2015 年至 2016 年，华为先后向高通的子公司 SnapTrack 转让了 145 项专利。这也是战略合作的一种。向高通出售专利既可以增加原始专利技术的价值，又可以最大限度地减少华为必须支付的许可费用。

## 并购与收购

中国企业整合全球创新资源和全球市场的能力越来越强，开始大规模"走出去"以整合全球创新生态系统中的资源（Fu et al., 2021）。2017 年，中国对外直接投资 1 582.9 亿美元，超过同期吸收外资水平，居世界第三位。这些对外投资活动多种多样，包括购买资源、技术和发展中的市场。在所有的活动中，最重要的是并购具有较强研发能力的技术创新企业。

一个典型的例子就是吉利集团，它从一个不知名的小公司迅速发展成为一个连续五年进入世界 500 强的跨国集团。其海外并购战略促进了吉利的发展。2006 年，吉利通过其所持 19.77% 的股份收购了一家有百年历史的汽车公司——伦敦出租车公司。这一举动帮助吉利进入出租车行业，实现了在中国产、英国销售的国际化产销模式。随后，在 2009 年，吉利收购了全球第二大变速器制造商澳大利亚 DSI 自动变速器公司，使吉利在自动变速器系统制造上迈出了一大步，成为引领该行业的公司。2010 年，吉利还以 18 亿美元收购了全球高端汽车品牌沃尔沃汽车 100% 的股权及相关资产，进一步提升了其技术水平和品牌地位。2017 年，吉利再次收购马来西亚宝腾 49.9% 的股权和英国莲花 51% 的股权，加快了国际化发展进程。2018 年，吉利集团斥巨资收购了德国戴姆勒 9.69% 的股份，成为有效合作开发新能源汽车的第一大股东。这些并购整合了外国企业与中国市场的各种技术、产品和营销策略。这些收购也极大地提升了吉利的研发能力和品牌竞争力。

### 设立海外研发机构

目前，中国大部分企业都处于追赶阶段。快速的技术变革为企业提供了前所未有的机会。一些创新型企业在海外设立研发中心，这有利于模仿和学习竞争对手，了解世界最先进技术的发展趋势，掌握前沿技术，吸引本土顶尖人才。截至 2017 年底，国家高新区企业在境外设立研发机构 994 家。例如，北京中关村在硅谷和以色列设立了创新中心，上海张江在波士顿等地设立了创新中心。此外，深圳高新区计划建设 10 个海外研发中心，其中 4 个已上市运营。

目前，华为已在 17 个国家建立了海外研发中心。2006 年 10 月，华为与西班牙沃达丰（Vodafone）合作成立了第一个移动创新中心（MIC），随后有十几家主要运营商纷纷效仿。截至 2011 年底，联合创新中心已遍布欧洲、北美、拉美、东南亚、中东等地。华为的联合创新中心网络拥有 100 多个创新话题，已成为加强双方战略合作伙伴关系的关键平台。华为美国研发中心以新兴技术开发为导向，已处于技术预测和探索的前沿阶段。该中心专注于培训思考者。此外，硅谷研发中心还可以帮助了解同行最新的研发趋势和研究方向。

吉利集团于 2013 年在瑞典哥德堡建立了欧洲研发中心，通过整合沃尔沃汽车和吉利汽车的优势，打造新一代汽车模块化结构和相关零部件，来满足沃尔沃汽车和吉利汽车未来的市场需求。欧洲研发中心将充分发挥沃尔沃汽车的技术优势。2015 年 3 月，吉利在英国考文垂投资 2.5 亿英镑，建立一家新工厂，生产新一代伦敦出租车，并将其销售到世界各地。此外，2015 年 10 月，吉利又在英国投资 5 000 万英镑，建设尖端技术研发中心和新工厂，开发和生产包括吉利新兴轻量化能源商用车在内的九款不同的车。建立海外研发中心有助于吉利吸引国外先进人才，增强研发能力和市场竞争力。

## 结　论

开放式创新无疑对提高创新能力和推动经济增长具有重要作用。相较于封闭的内部研发，开放式创新可以更顺利地获取更多想法。中国企业越来越有能力整合来自国外市场的全球创新资源，开始"走出去"并积极大规模地整合全球资源。

通过对外开放，企业不仅可以引进新技术，更重要的是能获得强大的示范和竞争效应。越来越多的企业都感受到了开发先进技术和产品的竞争压力，这样的对外开放会给它们带来诸多好处，从而激励它们通过学习和创新迎头赶上。

开放式创新是企业适应全球化形势，抓住机遇进行创新的必然选择。以开放的视野整合全球研发资源和市场资源，中国企业的创新能力得到了大幅度提升。此外，在中国国家创新体系的支持下，通过技术能力的积累，许多中国企业正在开放的条件下实现自主创新，并迅速成长为跨国企业。

## 参考文献

Belderbos, R., Carree, M., Diederen, B., et al., (2004). Heterogeneity in R&D Cooperation Strategies. *International Journal of Industrial Organization*, 22(8), 1237 – 1263.

Chesbrough, H. (2003). *Open Innovation: The New Imperative for Creating and Profiting from Technology*. Harvard Business School Press.

Chesbrough, H. (2003). Reinventing R&D through Open Innovation. Available at http://www.utdallas.edu.

Fu, X., Li, Y., Li, J., & Chesbrough, H. (2021). When Do Latecomer Firms Undertake International Open Innovation: Evidence from China. *Global Strategy Journal*.

Fu, X. and Xiong, H. (2011). Open Innovation in China: Policies and Practices. *Journal of Science & Technology Policy in China*, 2(3), 196 – 218.

Fu, X., Li, J., Xiong, H., & Chesbrough, H. (2014). Open Innovation as a Response to Constraints and Risks: Evidence from China. *Asian Economic Papers*, 13(3), 30 – 58.

Silverthorne, S. (2003). The Benefits of "Not Invented Here". Available at http://hbswk.hbs.edu/item/3506.html.

Tucker, R.B. (2002). *Driving Growth through Innovation*. Berrett-Koehler Publishing.

von Hippel, E. (1988). *The Source of Innovation*. Oxford University Press.

Von Hippel, E. (1994). "Sticky Information" and the Locus of Problem Solving: Implications for Innovation. *Management Science*, 40(4), 429 – 439.

Von Hippel, E. (1998). Economics of Product Development by Users: The Impact of Sticky "Local Information". *Management Science*, 44(5), 629 – 644.

von Hippel, E. (2001). PERSPECTIVE: User Toolkits for Innovation. *Journal of Product Innovation Management*, 18, 247 – 257.

# 第六部分
## 中国特色创新

# 中国成本创新、山寨现象和加速创新

彼得·J. 威廉森

## 引 言

在 1970 年代末至 1980 年代中国经济改革的早期，由于中国的劳动力成本相对于生产率而言要比其他大多数国家低得多，因此中国企业仅仅通过在装配和主要是低价值行业的低成本劳动力来赚取收益。例如，在 1978 年，中国的工资只有当时美国平均工资的 3%，而且还大大低于菲律宾和泰国等亚洲邻国的工资（Li, Li, Wu & Xiong, 2012）。

然而，有两项发展迫使中国企业寻找新的竞争优势来源。首先，中国的工资增长在 1990 年代开始加速。虽然中国与发达国家相比仍有很大的成本优势，但这使它相对于其他拥有劳动力进入简单低价值活动的发展中经济体的竞争力下降。其次，中国的私营部门开始迅速扩张，导致了许多中国市场变得竞争激烈的局面。在这种环境下，仅靠低成本无法提供可持续的竞争优势，原因很简单，越来越多的中国的竞争对手也能获得类似的低成本。

由于这些发展，具有前瞻性的中国公司意识到，如果它们要在未来取得成功，需要找到一种方法来区分自己。它们想出的策略就是曾和威廉森（Zeng & Williamson, 2007）所说的"成本创新"："以全新的方式利用中国的成本优势，以更低的成本为世界各地的客户提供更多的服务的战略。"

随着时间的推移，成本创新战略本身被越来越多的中国竞争对手以及一些国外的竞争对手所模仿。因此，领先的公司必须找到另一种新的创新方式，以恢复其差异化和竞争力。它们寻找灵感的地方是非正统的；那就是所谓的"山寨"制造商。"山寨"是一个术语，指的是不法分子藏身的山区堡垒，暗示了他们的做法在法律上的可疑性。"山寨"的竞争者通过抄袭他人的设计，购买零部件并将其组装成最终产品，为现有产品提供仿制替代品。他们不断改进产品的外观和用户体验，有时是每周一次。中国的主流企业从"山寨"中学到的是速度。这导致了一种新的竞争策略：加速创新。

加速创新本身已成为中国公司的一种普遍能力，并且最近它们把重点转向了数字创新。这包括从电子商务和移动支付到自行车租赁、生物分析以及由人工智能（AI）和机器人技术支持的先进制造工艺等各方面的创新。

在本章中，我们将讨论中国创新战略的演变，从成本创新、加速创新及其根源"山寨"开始，到数字创新——这是当今中国创新的前沿。

# 成本创新

如前所述，中国的成本创新战略集中在寻找方法，利用中国的成本优势，为客户提供更物有所值的服务。这涉及成本创新的三个载体：（1）以低成本向客户提供高科技；（2）在过去被认为是标准化的、大众化的细分市场中，为客户提供无可比拟的产品选择；以及（3）以极低的价格提供特殊、利基产品，将它们变成批量业务。

### 低成本的高科技

中国企业采取的第一个成本创新战略是以低成本向客户提供高科技服务。传统上，创新与开发新产品和服务，或与为现有产品和服务增加更多功能和特性有关。在这两种情况下，公司都希望客户能支付一定的费用。世界上大多数市场上的创新公司通常只将最新技术应用于最复杂的应用，或将其出售给早期采用者。通过此策略，即首先将一项最先进的技术限制在少数细分市场，并随着时间的推移将其拓展到主流市场，企业得以在整个技术的生命周期中获得最大的价值，并提高其在研究和开发（R&D）上的投资回报。

例如，中国计算机制造商曙光公司（Dawning）将超级计算机技术应用于低成本服务器，这些服务器是世界信息技术（IT）网络的日常主力机器。这一新战略颠覆了高科技应仅限于高端产品和细分市场的传统观念，并打破了全球老牌竞争对手通过将高科技从高价细分市场缓慢转移到大众市场在产品生命周期内实现利润最大化的传统游戏规则（Zeng & Williamson，2007）。

同样，中国的比亚迪通过改写锂离子电池市场的性价比等式，成为全球市场的领导者。锂离子电池使电池供电的设备，包括手机和电动汽车，能够工作更长时间。1995 年比亚迪进入该行业时，四家日本公司控制着市场，它们销售的锂离子电池价格昂贵，只为高端产品供电。比亚迪没有试图提高电池的性能，而是专注于用更便宜的替代品取代锂离子电池生产中最昂贵的原材料。它还学会了在常温常湿条件下生产电池的技术，这样就没有必要在工厂里建造昂贵的"干燥室"。该公司能够将锂离子电池的制造成本从每块 40 美元降至每块仅 12 美元，使其与性能较差的镍镉电池相比具有竞争力。随着比亚迪不断拓宽其锂离子电池应用领域和市场，其生产成本持续下降，使其锂离子产品在无绳电话电池中占有 75% 的份额，在玩具电池中占有 38% 的份额，在电动工具电池中占有 30% 的份额，以及在移动电话电池中占有 28% 的份额。它的成本创新战略使其能够同时保持质量。尽管它的成本低廉，但比亚迪从未召回过产品，而三洋和索尼制造的锂离子电池却在笔记本电脑中出现了爆炸（Williamson & Zeng，2009）。

其他中国公司通过重新审视不太复杂的技术，利用成本创新来颠覆高科技市场。中兴医疗通过以一种新颖的方式专注于直接数字 X 线摄影（DDR），转变了医疗设备业务。DDR 将 X 光扫描转化为计算机可以分析的数字信号，绕过了传统的化学过程。有两种类型的 DDR 系统：线性扫描机，最适合于标准程序，如胸部扫描；以及平板成像系统，最适合用于心脏扫描等复杂应用。

通用电气和飞利浦专注于开发平板机器，每台机器的价格在 30 万至 40 万美元之间，利润潜力最大。与此同时，北京航空航天大学于 1998 年从俄罗斯科学院购买了线式光学扫描技术，开发了一台 DDR 机器，足以满足大多数医院的常规、大批量的 X 射线摄影需求。它的制造成本只有 2 万美元左右，而平板系统的成本在 15 万至 20 万美元之间。当中兴医疗在 1999 年推出其 DDR 机器时，它卖得很好，主要得益于其价格适中，符合中国大量二线和三线医院的有限预算。面对市场份额的流失，通用电气和飞利浦将其平板机的价格降低了

10 万至 15 万美元。即便如此，中兴医疗还是赢得了中国整个 DDR 市场 50% 的份额。与之前的收费相比，通用电气不得不将其价格降低 50%。通过利润再投资，中兴医疗能够改善线式光学扫描设备的性能，将扫描时间从 10 秒缩短到 2 秒，让患者在扫描过程中更加舒适，并使其跨国对手的高端利润池受到威胁。

### 低成本的多样化和定制化

中国公司使用的第二种成本创新是以低成本为客户提供多样化和定制化的产品，为过去被认为是标准化的大众市场领域提供前所未有的选择。如果客户想要多样化的产品选择或想要定制产品，通常需要支付高昂的费用。这是因为注重获得规模经济的发达国家的大多数公司都担心，如果它们提供定制化服务，它们的经营将失去控制。它们将花费更多的时间在生产线上进行转换，并因报废过时的库存而蒙受损失。中国公司已经能够通过学习获得范围经济来改变多样性和定制化的规则。中国市场环境的特殊性为它们提供了帮助。相对较低的人力资源成本使它们能够雇用大量的员工来开发定制设计和处理转换过程。中国市场的快速增长使它们有理由对新产能进行大量投资。它们利用这一优势，投资于自动化流程以保障质量并结合人工干预以获得灵活性。此外，庞大的中国市场中的每个细分市场都远远大于其他大多数国家，这保证了中国公司有足够的买家来支持各种产品的销售。

港口机械制造商上海振华港口机械公司（ZPMC）就是一个很好的例子。它雇用了 800 名设计工程师——是其德国和意大利竞争对手雇用的设计人员数量的 20 至 40 倍。这种庞大的工程资源使 ZPMC 能够提供比其欧洲竞争对手更丰富的产品系列，并有能力根据任何港口运营商的场地和货物组合的特殊要求定制其设备，并与标准化机械的价格相当。这挑战了公认的观点，即想要多样化和定制化的客户必须支付高额的溢价。今天，ZPMC 在世界港口起重机市场上占有 52% 以上的份额，拥有 35 000 名员工，包括 2 400 名设计师。

另一个例子是好孩子国际有限公司。该公司利用低成本策略创造了 1 600 多种婴儿车、儿童汽车座椅、摇篮、婴儿学步车、婴儿围栏、高脚椅、三轮车和儿童自行车——比其竞争对手的产品多四倍，但价格相当。这家总部设在上海的公司创造了一种产品，以满足多元化市场需求，其产品涵盖了从可以处理不平坦路面的婴儿车到只需两个简单动作就能折叠的婴儿车。随着时间的推移，它的产品已拓展至各个价格区间，不仅出售每辆 600 美元的婴儿车中的劳斯莱斯，还有零售价为 30 美元的廉价婴儿车。它的首批产品之一是可以改装为儿童汽车座椅的婴儿车，使资金紧张的父母能够以一种产品的价格实现两项功能。它能够做到这一点，部分原因是它将其年收入的 4% 投资于研究，是全球玩具业平均水平的两倍。

如今，"好孩子"是一家世界领先的"育儿产品"公司，拥有超过 15 000 名员工，其 8 个品牌的销售办事处遍布 46 个国家。它在中国、德国、法国、英国、美国和日本的七个研发中心雇用了 500 多名设计人员，并获得了 9 200 多项专利。[①]

### 将专业的利基市场变成批量业务

大多数公司将利基市场定义为由相对较少的客户组成的市场，这些客户愿意为满足他们的专门要求支付高价。这些企业往往不太关注是否有潜在的需求被高价格和低性价比的产品所扼杀。但一些创新的中国公司开始将利基产品重新定位到大众市场，挑战以利基产品为中心战略的传统智慧。它们利用低成本来降低盈亏平衡点推出新产品，以极低的价格提供特色产品，试图释放潜在的需求，并将以前的利基市场转变为批量业务。它们成功的地方在于将竞争的焦点转向了数量和成本——这正是许多竞争对手难以企及的优势。

例如，海尔，作为目前世界上最大的消费电器制造商，将原本局限于少数葡萄酒鉴赏家的小众市场拓展为主流消费群体所青睐的产品类别，并通过与美国的山姆超市（沃尔玛的子公司）销售，海尔的储酒冰箱得以进入更广泛的市场，且价格不到以前的一半。于是，这个以前的小众市场的规模扩大了 10 000% 以上，因为那些希望能可靠地储存葡萄酒，却不愿意支付高价的消费者的潜在需求被释放了出来（Williamson，2010）。随着市场的扩大，海尔占据了 60% 的按照价值计算的市场份额，使现有的小众企业陷入困境。

这些只是中国公司在广泛的行业和传统中利用成本创新以进军全球市场的几个例子。其他几十个例子包括格兰仕，现在供应全球市场上销售的超过二分

---

① 　http://www.gbinternational.com.hk/company/overview （2018 年 7 月 29 日访问）。

之一的微波炉；中国国际海运集装箱公司，现在销售一半以上国际贸易中使用的海运集装箱（从最基本的到最高技术的温控和可折叠集装箱）；以及珠江钢琴，现在是全球产量的领先者，每年生产超过十万架钢琴。

成本创新通常以极低的价格向客户提供高科技、多样化和定制化的产品，从而对两种经典的通用战略——差异化和聚焦形成了有力挑战（Porter，1980），但它确实依赖于中国远远低于发达国家的普遍工资水平。这使得大量的员工，特别是工程师和设计师，能够被分派到从事适应新技术、设计广泛的产品范围、定制产品以及逆向工程利基产品的工作中，同时仍然保持较低的总成本和价格。然而，随着时间的推移，工资水平的上升和竞争对手对成本创新战略的模仿意味着创新者不得不开始寻找新的价值来源，以保持盈利能力并继续增长。

## 从"山寨"现象中学习

中国公司下一阶段的创新灵感来自一个看似不太可能的源头：秘密经营的山寨产品制造商，它们通过复制他人的设计、购买部件并将其组装成最终产品，提供现有产品的"雷同"替代品（Han，2017）。尽管这种做法在某些情况下是不可接受的，但在连续的周期中，它使一些参与其中的山寨公司发展出一套强大的能力。

这些公司提高了自己的技术能力，使它们能够更加专注于高科技或基于技术的产品，如消费电子、电信产品，甚至是汽车（中国北方的山寨公司曾一度生产梅赛德斯奔驰和宝马等顶级品牌的复制品）。

他们从制造原始产品的劣质版本逐渐发展到开发实际上提供额外功能或好处的仿冒产品。因其秘密经营，这些山寨公司自然很难被研究。但其中一家被曝光的公司是 SciPhone，它专门生产假冒的 iPhone，品牌为"Dream G2"。它们的产品看起来与 iPhone 非常相似，其基本功能足以满足中国低端市场的需求。虽然它们的产品在许多方面的技术上不如原版，但它们能够提供原版 iPhone 所不具备的独特功能，如使用多张 SIM 卡的功能，在嘈杂环境中使用的超大声扬声器，以及坚固的金属外壳。由于其多功能性、适应性和较低的价格，这些山寨智能手机在中低端市场中非常受欢迎（Wan，et. al，2015）。

　　最后，它们学会了迅速将假冒产品推向市场的技巧，有时甚至超过了原始制造商的发布时间表。以手机业务为例，山寨公司往往由在诺基亚、摩托罗拉、三星等主流手机厂商工作多年的资深工程师和高管创办。它们对生产手机所需的技术和制造工艺有深刻的理解。通过直接从主要品牌的供应商那里购买相关模块，委托设计和软件公司进行附加功能和外壳设计，然后进行手机的最终组装，它们可以完全致力于优化供应链管理，以最大限度地提高它们在市场上推出和测试新机型的速度。这使它们能够开发出一系列的流程和进行供应链创新，从而大大提高了它们提供新机型的能力。通过重组设计和制造流程，它们极大地缩短了从概念到交付的"上市时间"（Williamson & Yin，2013）。

　　鉴于山寨创新作为一种可持续的商业战略，即使在中国也有明显的局限性，当然在扩展到国际市场时肯定会遭到品牌所有者的诉讼（Llewelyn，2011），一些山寨公司利用它们所获得的经验，摆脱假货产品，成为主流市场的未来参与者。然而，对中国创新产生更大影响的是，主流公司开始采用山寨公司开创的一些流程，以加快新产品的设计、市场投放以及改善和改进的速度。这些技术孕育了一种创新方法，这种方法将快速通过"启动—测试—改进"周期的能力置于其核心。再加上其他方面的进步，中国企业迎来了"加速创新"的新阶段（Williamson & Yin，2014）。

# 加速创新

　　借鉴山寨竞争对手的经验教训，中国企业开始在提高创新速度的同时降低成本。这些方法包括通过应用生产线上的经验来实现工业化创新，突破同步工程的界限以缩短新产品开发的交付时间，迅速将用户反馈纳入新设计以更快地降低学习曲线，以及重组组织来加速问题的解决。

### 创新过程的产业化

　　创新的经典形象，特别是早期研发，通常展现为一个发明家或一个小团队集思广益和试验新的想法的场景。大规模和严格定义的流程通常被视为不利于创造力和创新。尽管在某些行业，如制药和 IT 行业，创新可能被系统化和规模化，涉及数以千计的科学家和工程师的协作，但核心研发活动仍然由一组

（可能是一大组）相对较小的团队完成。

许多中国公司开始挑战这一传统观点，将系统化和规模化的界限推到一个全新的水平，努力加快创新，利用大量有能力但大多不出众的技术人员和工程师的潜力，降低成本。它们的方法是将创新过程分为大量的小步骤，然后分配团队在每个阶段工作。它们的目标是让这条"装配线"加快进程并迅速交付成果。

华为，作为现在世界上最大的电信设备供应商，已经发展出利用中国现有的大量具有基本资质的工程师来开发产品的能力。通过将整个过程细分成许多具体环节，华为开发出可以应对新进入者和新兴市场不断变化的需求的产品。然后，它指派一名工程师，甚至一组工程师，专门负责这项具体的小型任务。像苹果这样的公司可能会为一个特定的产品开发项目分配 10 名工程师，而华为将为同样的目标分配一个 100 人的团队。通过增加工程师的总数，并将每个人或小团队分配到其"产品开发流水线"中的一个狭义的任务上，华为可以增加灵活性，并通过同时对设计进行多次修改来减少完成一个项目所需的总时间。这使华为能够更快地推出适应市场变化的创新产品，而竞争对手在每个项目上只部署一个小的研究团队，每个人都必须处理更广泛、更复杂、多层面的任务，以设计一个完整的新一代产品（Zhang，2011）。这种灵活的流水线研发过程通常不适合于"传统创新"，因为它通常侧重于开发全新的技术或大幅推进功能的边界。但是，当其目的是颠覆那些依赖于推出新一代产品的老牌企业时，该模式似乎很有效，因为这些产品往往存在着性能过剩、交货时间较长、性价比较低以及适应市场偏好变化的灵活性较差等问题。

药明康德是一家在中国和美国都有业务的制药、生物制药和医疗设备外包公司，它采用了这种工业化的方法。它从事的治疗慢性丙型肝炎的新药开发是一个很好的例子。与大多数药物一样，开发周期包括发现、临床前和临床试验、监管审批和营销。然而，药明康德没有依靠一个小规模的实验团队，而是一开始就把研发过程分为一系列的八个步骤，每个步骤都有几十个人负责。反应性中间体的最初创造需要专业人员，他们至少要有硕士学位和大量的研究培训。药明康德每年要招聘数千名其他步骤需要的"研发人员"。药明康德没有依赖自动化（伴随着相关的高资本成本和瓶颈风险），而是采用手工技术，可以根据需要迅速扩大或缩小规模，以保持项目的快速推进。通过使用适应于制造业装配线的 SAP 企业资源计划软件来管理创新过程，提高效率。这种高度工业化的方法使药明康德完成项目的速度比该公司以美国为基准的传统方法快 2 到 5 倍。

### 推进同步工程的界限

传统上，新产品和服务的开发遵循一个连续的"瀑布"过程，其中某些步骤需要在后续阶段开始之前完成。最近，一些公司试图通过平行处理某些步骤来加快进度，这种方法由美国宇航局开创，现在通常被称为"同步"或"并发"工程。虽然这个概念很简单，但许多公司发现它很难在实践中实施，这主要因为实施中存在一些障碍，如工程师不愿意提前发布信息，现有软件系统的限制，以及协调多学科团队的复杂性（Ribbens，2000）。

然而，中国公司不仅接受了同步工程，而且还将其推向了新的高度。一个很好的例子是联想集团有限公司，它在 2005 年收购了 IBM 的个人电脑业务。当时，它的新产品开发周期为 12 至 18 个月。从那时起，联想通过在整个创新过程中应用同步工程，从研发开始到设计、制造工程、质量控制、采购、营销和服务，成功地将周期缩短了一半。对于每个项目，团队成员在一位领导的监督下并行处理不同的元素。联想通过以下方式克服了实施过程中常见的问题：将产品设计分解为由标准化接口连接的可分离模块；重新设计软件，以兼容与新产品相关的所有活动，建立便捷的沟通渠道，使每个团队成员都能代表各自的职能部门，并引入开放式设计流程，尽早与整个团队共享信息。

中国的珠江钢琴集团是世界上最大的钢琴制造商，它将类似的方法应用于其乐器的制造。钢琴由四个主要部件组成：共鸣系统、键盘、踏板系统和琴盒。西方的钢琴制造商传统上是按顺序工作的，由两到三名专业人员组成的团队花上两年时间来完成所有的步骤。相比之下，珠江公司使用了更工业化的流程。例如，最近，该公司为其高端产品恺撒堡（Kayserburg）钢琴使用了 23 名员工（包括 6 名设计师；10 名在采购、制造和销售等领域具有专业知识的人员；3 名计算机工程师；2 名产品测试员）。这个团队得到了另外 40 名工匠的支持，以便能够快速制作可能的新设计原型。利用这种方法，珠江公司能够在不到五个月的时间内推出 10 种新款恺撒堡钢琴，总成本仅为 100 万美元。珠江公司高管估计，使用传统设计流程和小型团队的西方竞争对手将不得不在几年内投资约 1 000 万美元才能完成一套类似的新设计。

　　基于工业化和同步工程的创新过程在中国也被用于开发新的互联网服务。腾讯是中国领先的互联网服务门户网站，其 QQ 即时通信服务拥有超过 8 亿的活跃用户账户，它通过组建一个团队来开发新的综合日历和提醒服务，该团队包括主持、推出和服务新产品所需的各种职能和专业的人员。这使得腾讯能够协调所有的关键要素：用户界面、编程、IT 基础设施的改进以及维护和客户服务协议的制定。该项目在两个半月内完成，而全球的标准是 6 个月或更长时间。腾讯的目标是抢占市场先机，但它也希望根据从市场反馈中获得的信息，开发一个定期升级日历和提醒应用程序的流程。

### 通过发布—测试—改进来加速循环

　　当腾讯推出第一个版本的 QQ 提醒应用时，它是面向约会、生日和纪念日的。用户很快就指出了一个缺失的功能：提醒他们喜欢的体育赛事何时开始。然而，更让腾讯的开发人员感到惊讶的是，他们从游戏爱好者那里得到了大量的信息，他们希望得到关于电脑游戏比赛日程的提醒。在几周内，腾讯团队发布了一个包含这两种功能的新版本。这种"发布—测试—改进"的快速循环现在已经成为腾讯创新过程的核心。腾讯的开发团队不是在发布前就确定一个成熟的产品，而是定期发布功能有限的即用型新平台，并利用用户反馈来改进最终产品。为了实现这一目标，公司建立了鼓励用户反馈的渠道，迅速将其传达给研发团队，并确保产品架构和设计过程具有足够的灵活性，以便迅速纳入新功能。

　　许多其他公司也采取了类似的快速"发布—测试—改进"周期来进行创新。例如，中国最大的医疗设备制造商迈瑞医疗国际股份有限公司，在经过 18 个月的产品开发后，向市场推出了其贝内哈特 R3（Beneheart R3）心电图机的初始版本。此后不久，医生们要求增加一些额外的功能，如监测病人血红蛋白中的氧含量和记录脑电活动的能力。医院方面则希望使用该机器对重症监护病房进行持续监测，而不仅仅是用于临时测试。迈瑞公司的研发团队与他们的市场和销售同事合作，立即开始设计包含这些功能的新机型。利用这种快速的市场反馈，迈瑞公司通常每六个月就会推出新产品，远远小于竞争对手通常两年的推出周期。

　　产品的改进可能没那么困难，并且这些变化可以改变客户体验。例如，生产节能蒸发式空调的华德（Wide）工业公司发现，当客户将多台空调并排安装时，从侧面排出废气的设备容易过热。此外，客户还抱怨说，风扇在夜间的噪声令人不快。在六个月内，该公司的工程师重新设计了机器，使其从顶部排出废气，并引入了一个自动控制系统，如在夜间环境温度较低、需要的气流较少时降低风扇速度。

　　上海希姆（SIM）科技有限公司是一家总部位于上海的手机设计和制造商，它采用了更加积极的发布—测试—改进的形式。它每个月都会根据市场反馈推出新产品，而国外竞争者则是三到九个月。有时，改进相对较小（例如让用户在嘈杂的城市环境中把音量调得比竞争产品更高）；其他的则更重要（如电池寿命增加两倍或三倍）。在大多数情况下，对市场反馈的快速反应推动了创新进程。例如，在希姆科技公司推出了一款为老年人设计的大字体和键盘按钮的手机后，它收到了增加以防用户跌倒或生病的报警功能请求以及增加卫星追踪功能的请求，以便亲属在年迈的父母离家时能够找到他们。

　　当前中国市场环境的许多方面都鼓励企业在开发新产品时接受快速迭代周期。中国市场流动性特别强并且发展迅速，为企业提供了许多首次购买者和思想开放的消费者，而且企业在新产品推出前需要清除的监管障碍较少。此外，大多数中国公司在历史上的品牌资产相对较少，因此，如果新产品失败，所承担的风险也相对有限。

### 将纵向等级制度与横向灵活性相结合

　　加速创新的最后一块拼图是企业在出现问题时作出决定和解决问题的方式。在我们研究的大多数中国公司中，项目目标、预算和时间表是由最高管理层制定的，并通过严格的纵向等级制度逐级下达；对于许多员工，甚至是高级科学家和工程师，老板的话就是法律。对外国观察家来说，这样的结构可能看起来是一个典型的官僚机构，伴随着僵化和低效的问题。但是，虽然这些组织的纵向等级制度往往是僵化的，但也有高度的横向灵活性，允许资源和知识在不同部门和职能的同行之间顺利和快速流动。当一个创新计划遇到问题时，项目组（通常在来自上级的巨大压力下）以"抱团取暖"的方式召集公司内部所有能帮助他们的人，直到找到一个解决方案。这种协作在很大程度上是基于个人关系（与中国的"关系"概念一致），而不是正式程序。这种社会层面的好处是，一旦解决方案的框架达成一致，来自相关部门的个人就会自觉承担强烈的责任感，迅速执行他们的那部分解决办法，以免让团队失望。

这种类型的决策有一个潜在的缺点：严重依赖少数制定僵硬目标的高级管理人员，可能会误导创新方向。如果领导人的判断出现偏差，那么系统中几乎没有任何纠错机制。同时，它却具有重要的优势：创新目标和项目可以快速启动，可以毫不拖延地调集来自各业务和职能部门的资源，可以集中和迅速地解决联合问题，执行可以是即时的。前面提到的手机设计和制造商 SIM 科技公司就是一个很好的例子。每当它在创造新产品的过程中遇到障碍时，它就会召集所有学科的专家（硬件、软件、工业设计、用户界面和美学、测试、采购和生产）。当代表们被问及跨越部门界限工作的激励措施时，他们普遍表现出高度的自发性："我们为什么不呢？老板只关心项目能否按时顺利完成。"（Williamson & Yin, 2014）

威廉森和尹（Williamson & Yin, 2014）还注意到，当中国受访者被要求将他们在中国公司内实行的抱团取暖的创新方法与他们在更传统的外国跨国公司工作的经历进行比较时，他们指出了一个令人惊讶的悖论：跨国公司通常比中国的同行有更扁平的等级制度，意味着同行之间需要跨越严格的部门界限以完成协作，因此决策过程往往比较缓慢。跨国公司内部的决策也倾向于更加结构化，系统化的诊断和解决流程通常涉及编写报告并征求可能受到影响的业务部门的意见。虽然这种方法可能有助于降低风险，但它往往会将大幅降低创新的速度。相比之下，自上而下的目标设定与横向的灵活性相结合，可以通过使组织不断地重新配置自身以满足客户需求、支持新举措、解决出现的问题并加速联合学习，从而显著加速创新过程。

加速创新及其使用的许多流程和技术并不是中国独有的。世界各地的初创企业和硅谷等快速发展环境中的公司都在加快新产品开发的步伐，并依靠"beta 测试"来实现我们所讨论的发布—测试—改进周期的一些效果。值得注意的是，中国有能力将加速创新、成本创新和快速扩大规模相结合，以低成本为各行各业提供"足够好"的质量。这可能不会带来根本性的突破，但这并不意味着这些创新不能有力地颠覆现有的盈利模式。事实上，随着整个商业环境的变化，中国公司开发的加速创新能力对全球竞争变得越来越重要。

　　首先，今天的消费者比以往任何时候都更了解市场情况。由于信息以闪电般的速度在世界范围内传播，客户可以立即知道产品是不是最新的。然而，最近的研究表明，突破性创新者通常比"快速追随者"更难获得市场份额和累积利润（Golder & Tellis，1993；Markides & Geroski，2004；Shenkar，2010）。有些人认为，即使是苹果公司也"不是作为一个先驱者，而是作为一个以用户为中心的快速追随者"来取得成功。① 在中国，一种加速创新的方法是在极短的时间内将价格适中的新产品推向市场。这种能力的基础源于三星电子前首席执行官尹钟荣所说的"生鱼片理论"，并在越来越多的市场中反映出来。他描述如下：新鲜的生鱼可以在昂贵的餐厅里以高价出售；到了第二天，鱼可以在二线餐厅半价出售；第三天，鱼以原价的四分之一出售；之后，它被当作鱼干出售。② 在实践中，企业可以通过紧跟竞争对手的创新步伐，以可承受的价格大量提供最新的产品来赚取溢价——中国的加速创新完全可以做到这一点。

　　第二个相关的优势是，我们所描述的许多加速创新的方法也可以降低成本。例如，实现创新过程的工业化需要更多的人力，但通过雇用比传统研发人员训练更少的技术人员（并在更短的开发周期内支付他们更少的费用），可以减少一个特定项目的总支出。同样，公司可以直接依赖客户反馈，避免高昂的市场研究成本和精美原型的制作费用。

　　第三，加速创新可能是对快速追随的竞争对手更快、更激进地模仿的最有效反应之一。即使在有专利保护的情况下，商业机密和相关的专有技术也很难在雇员更换工作时得到保护。模仿是知识通过新技术在世界范围内自由流动的自然结果，外包和海外转移的广泛使用，以及来自包括中国在内的知识产权保护相对薄弱的国家出现的新竞争对手，这些因素都对企业快速创新和保持领先的能力提出了要求。

　　总之，加速创新相当于一组动态能力（Teece et al.，1997：509），由一组本身是动态和灵活的流程支撑，而不是固定的、可重复的流程。这使得具有这些能力的中国公司能够通过学习、创新和以新的配置协调资源，快速响应，塑

---

① Barwise, P., & Meehan, S. (2012). Innovating Beyond the Familiar. *European Business Review*.

② http://www.businessweek.com/stories/2003-06-10/samsungs-sashimi-theory-of-success.

造环境的变化（Williamson，2016）。然而，要做到这一点，还取决于公司领导层、运营管理层和一线员工的观念和行为。

# 在数字创新中竞争

中国公司积累的加速创新方法已广泛适用于数字创新。在许多领域，中国已经成为数字创新的世界领导者。2017 年，其移动支付的规模是美国的 11 倍。例如，阿里巴巴和腾讯等公司分别使用拥有 90 和 40 种功能的超级应用程序提供支付端口，远远领先于世界其他国家。客户几乎可以通过这些支付端口做任何事情，包括预订各种旅行方式和支付水电费，向慈善机构捐款，与朋友分享餐厅账单，甚至从街头小贩那里购买热面条。这是因为开发了使用二维码的技术，所以卖家（甚至是乞丐）不需要任何特殊的硬件基础设施就可以接受付款。

中国公司也已成为使用所谓的"大数据"的先驱者。例如，阿里巴巴为企业和消费者提供的信用评分系统——芝麻信用，不仅利用财务指标的数据，而且还利用客户退货、客户满意度、库存周转和折扣的数据，实时更新评分，以提高准确性。中国公司还使用生物信息学的大数据分析来支持例如嵌合抗原受体疗法（Car-T），提取患者的白细胞，对其进行基因再造，然后重新注射以对抗癌症和其他疾病。

中国公司也已经成为使用面部识别技术的领导者，提供从支付授权到个性化化妆品和个性化的在线媒体产品的一切服务。广受欢迎的"今日头条"，利用复杂的机器学习，为每个用户创建了一份个性化的虚拟报纸。音乐类短视频社区应用（Musical.ly）的唇形同步应用程序在卡拉 OK 方面实现质的飞跃，而 Meitec 则提供了复杂、易用的自拍编辑。

小黄车（Ofo）和摩拜单车等公司利用数字跟踪和通过手机应用程序租用自行车，彻底改变了自行车服务。它们允许客户随时随地搜索最近的自行车，租用它，然后把它归还到任何他们喜欢的地方，使用户摆脱了固定泊位的不便。中国的竞争者现在正准备在全球范围内推广这项服务。

中国公司也非常重视人工智能技术的创新。例如，在 2017 年加州人工智能促进协会会议上，中国提交的论文占所有论文的 23%，这一比例超过了美国。它也有与美国相同数量的论文被接受。在最近的一项调查中，58% 的中国企业表示，它们计划在未来几年内将人工智能引入其业务。机器人技术的应用也在迅速增长。根据国际机器人联合会的数据，2016 年期间，中国的机器人密度（每万名工人的机器人数量）的发展"是世界上最具活力的"。由于机器人装置的大幅增长，其密度率从 2013 年的 25 个单位上升到 2016 年的 68 个单位［国际机器人联合会（International Federation of Robotics），2018］。

中国市场的几个特点正在为这些数字创新提供支持，这些特点比世界上其他大多数地区更有力地促进了数字创新。首先，中国巨大的市场使企业能够获得比其他国家更多的"大数据"。例如，中国有超过 7 亿的智能手机用户（是美国的三倍），每分钟都会从手机中产生数据。而且这些中国的消费者似乎比其他地方的更乐于创造内容和分享数据。虽然在中国对隐私的担忧越来越大，但大多数人似乎仍然允许公司访问他们的数据，以换取免费或低价的服务。

第二，中国拥有庞大的"数字原住民"。25 岁以下的人为 3 亿，而美国只有 7 500 万。事实证明，他们特别愿意接受新技术，接受作为加速创新核心的"发布—测试—改进"周期。

第三，中国政府为数字创新者提供了实验空间和支持。只有当市场变得庞大并开始成熟时，才会增加法规。例如，阿里巴巴在 2009 年推出了第三方托管（ESCROW）（将客户支付的资金以信托形式保留，只有在客户表示对收到的产品满意时才支付给卖家，绕过低信任度的问题）。政府直到 2014 年才对电子商务的消费品索赔出台规定。同样，阿里巴巴在 2011 年推出了二维码支付，而政府在 2016 年才通过了基于阿里巴巴协议的规定。

第四，当前风险资本充足。截至 2018 年 2 月，中国占全球"独角兽"（10 亿美元的初创企业）的 33%（美国为 47%），大多采用数字商业模式。2017 年，中国的初创企业筹集了 500 亿美元，有 90 笔交易超过 1 亿美元（美国筹集了 600 亿美元，有 97 笔交易超过 1 亿美元）。在中国，通过首次公开募股（IPO）或同行买卖退出也相对容易，这得到了中国领先的数字巨头百度、阿里巴巴和腾讯的大力支持，仅它们就提供了 2017 年交易退出的 40%。

最后，中国有丰富的人力资本供应来推动数字创新。2017 年就有 470 万技术和科学领域的毕业生。

# 结 论

中国最初专注于利用其在低成本劳动力方面的比较优势来满足国内日益增长的消费需求，并在出口市场赢得份额。但是，随着中国工资的上涨，所有拥有低成本优势的中国公司之间的竞争加剧，具有前瞻性的中国公司不得不寻求新的优势来源。它们开始寻找新的方法，通过成本创新来放大成本优势（不仅是装配工人，还有设计师和工程师）。它们制定了创新战略，使它们能够以可承受的价格将高科技引入大众市场，以大众市场的价格为客户提供多种选择和模式，并将利基市场转化为批量业务。

然而，最终，成本创新战略被模仿了。因此，领先的中国公司将注意力转向加速创新，同时保持低投资和低成本。它们从山寨竞争者那里得到了部分启发，山寨竞争者通过复制他人的设计、购买部件并将其组装成最终产品，以"急速"的速度投放市场，提供现有产品的同类替代品。随着时间的推移，它们能够建立起加速创新的动态能力，通过应用生产线上的经验将创新工业化，突破同步工程的界限以缩短新产品开发的交付周期，迅速将用户反馈纳入新设计中更快地降低学习曲线，并重组组织以加快解决问题的速度。

今天，这些加速创新技术正被应用于数字创新，中国利用有利的环境已经在这一领域取得了令人瞩目的进展，并有望在这些新技术的创新方面成为世界领先者。

## 参考文献

Golder, P. N., & Tellis, G. J. (1993). Pioneer Advantage: Marketing Logic or Marketing Logic. *Journal of Marketing Research*, 30(2), 158–170.

Han, B.-C. (2017). *Shanzhai: Deconstruction in Chinese*. Cambridge, MA: MIT Press.

International Federation of Robotics. (2018). The Automation of Production Is Accelerating Around the world. Retrieved July 29, 2018, from https://ifr.org/ifr-press-releases/news/robot-density-rises-globally.

Li, H., Li, L., Wu, B., & Xiong, Y. (2012). The End of Cheap Chinese Labor. Journal of Economic Perspectives, 26(4), 57–74.

Llewelyn, D. (2011). *Invisible Gold in Asia: Creating Wealth Through Intellectual*

*Property*. Singapore：Marshall Cavendish.

Markides, C. C., & Geroski, P. J. (2004). *Fast Second: How Smart Companies Bypass Radical Innovation to Enter and Dominate New Markets*. London：John Wiley.

Porter, M. E. (1980). *Competitive Strategy*. New York：Free Press.

Ribbens, J. (2000). *Simultaneous Engineering for New Product Development: Manufacturing Applications*. New York：Wiley.

Shenkar, O. (2010). *Copycats: How Smart Companies Use Imitation to Gain a Strategic Edge*. Boston：Harvard Business Press.

Teece, D. J., Pisano, G., & Shuen, A. (1997). Dynamic Capabilities and Strategic Management. *Strategic Management Journal*, 18(7), 509 – 533.

Wan, F., Williamson, P. J., & Yin, E. (2015). Antecedents and Implications of Disruptive Innovation：Evidence from China. *Technovation*, 39 – 40, 94 – 104.

Williamson, P. J. (2010). Cost Innovation：Preparing for the Value-For-Money Revolution. *Long Range Planning*, 43, 343 – 353.

Williamson, P. J. (2016). Building and Leveraging Dynamic Capabilities：Insights from Accelerated Innovation in China. *Global Strategy Journal*, 6(3), 197 – 210.

Williamson, P. J., & Yin, E. (2013). Innovation by Chinese EMNEs. In P. J. Williamson, R. Ramamurti, A. Fleury, & M. T. Fleury (Eds.), *The Competitive Advantage of Emerging Country Multinationals* (pp. 75 – 94). Cambridge：Cambridge University Press.

Williamson, P. J., & Yin, E. (2014). Accelerated Innovation：The New Challenge from China. *MIT Sloan Management Review*, 55(4), 27 – 34.

Williamson, P. J., & Zeng, M. (2009). Value-For-Money Strategies for Recessionary Times. *Harvard Business Review*, 83(3), 66 – 74.

Zhang, L. (2011). *Research and Development of Huawei*. Beijing：China Machine Press.

Zeng, M., & Williamson, P. J. (2007). *Dragons at your Door: How Chinese Cost Innovation Is Disrupting Global Competition*. Boston, MA：Harvard Business School Press.

# 第 6.2 章
# 全球供应链作为中国创新的驱动力

迈克尔·默弗里

丹·布列兹尼茨

## 引　言

"东莞的交通堵塞阻止了世界计算机行业的发展。"这是 2000 年代中期台湾电脑零部件及配件制造商的普遍说法。虽然可能有些夸张，但这种说法反映了中国崛起为"世界工厂"的过程。《经济学人》(*Economist*) 从国家的角度出发，也许反映了在早期，它发现日本是一个新兴的经济巨人，也特别关注中国作为世界工厂的崛起和复原力。虽然其他媒体强调了中国制造业面临的不利因素，但《经济学人》指出，即使土地、劳动力、能源和投入成本上升，中国在全球价值链 (GVCs) 中仍然居于核心地位；它正日益承担起整个亚洲制造业协调节点的角色——即使低附加值的生产转移到海外，它作为制造业大国的重要性也得到了巩固 (*Economist*，2015a，2015b，2015c，2015d)。

中国对全球制造业产出的贡献从 1990 年的不到 3% 上升到 2015 年的 25% 以上。那一年，中国生产了世界上 80% 的空调，70% 的移动电话，60% 的鞋和 40% 的服装。作为连接东亚和东南亚的生产节点和供应链的协调者，中国处于"亚洲工厂"的中心，创造了世界上 46.5% 的制造业产出。仅中国就占了世界中间产品进口的近 10% 和中间产品出口的 8%，这是价值链向亚洲，特别是中国迁移的证据［世界银行 (World Bank)，2018］。

中国作为全球制造业中心的崛起并不是唯一的故事。尽管人们仍然认为中国只是一个低附加值的制造商和模仿者，但中国在制造业方面的主导地位与它作为技术创新领导者的崛起不谋而合。自 2011 年以来，中国一直是专利合作条约（PCT）专利的第二大接收国，也是经过同行评议的科学与工程期刊文章的第二大来源国［英国皇家学会（Royal Society），2011；世界知识产权组织（WIPO），2012]。自 2012 年以来，中国电信硬件巨头华为和中兴通讯已跻身全球专利合作条约（PCT）专利申请量前三名。

中国作为一个制造中心的崛起及其日益增长的重要性和它的创新能力是直接相关的。正如丹宁（Denning，2011）和福克斯（Fuchs，2014）所说，生产和创建的创新在工艺和产品层面都是相关的概念：事实证明，制造东西与创造东西的能力有关联。制造业的所在地（尽管有时存在滞后性）决定了重大创新的地点，因为对基础技术的理解，包括它们的相对优势和劣势，与生产行为密不可分。例如，对于新产品的创造，得益于补充性资源的可用性，尤其是快速原型设计，测试生产和组件的可用性，越来越多新的高科技初创企业考虑将中国，特别是深圳，作为初始研发的地点。此外，正如斯坦菲尔德（Steinfeld，2010）所指出的，中国大规模部署新创新的能力催生了其世界上无可比拟的建造和开发能力，使中国在发展大数据、云计算、智能电网、可再生能源和替代能源汽车方面具有显著优势。

中国在全球制造业中的核心地位以及作为创新科技强国日益增强的主导地位，既是全球价值链的原因，也是其结果。无论是作为纯粹的合同制造商，还是作为拥有自主品牌的技术和产品的公司，中国进入全球价值链导致了大量知识转移，提高了中国企业的能力。来自买方驱动的价值链以及后来的生产者驱动的价值链的知识和技术转移创造了人力资源能力，促进了中国的创新能力的发展。本章展示了中国参与全球价值链的过程，最初是由外国投资驱动的，但在 2000 年代本土化趋势日益明显，推动了知识转移和能力升级的过程，使中国成为领先的创新强国。中国现在处于世界领先地位的行业：电子、电信和汽车同时也是中国积极参与全球价值链的行业。重要的是，本章显示了中国"结构性不确定性"的制度环境如何塑造了进入全球价值链的模式和影响。结构性的不确定性帮助决定了哪些地区首先被纳入全球价值链，并决定了中国将在哪些类型的价值链中占据主导地位（最初是由买方驱动的）。具体而言，在结构性不确定性的背景下，随着时间的推移，中国进入全球价值链的能力与其他新兴经济体存在很大的不同，可以说是给中国带来了更大的创新利益。

# 文献背景

自 1990 年代中期以来，全球价值链（GVCs）一直被用来解释全球贸易和发展模式的变化。全球价值链是全球经济中的供应和需求节点网络，是商品和服务跨越国界的通道（Gereffi，1996；1999；Gereffi et al.，2005）。全球价值链可以分为购买者驱动链和生产者驱动链。购买者驱动链由缺乏自身生产能力的全球品牌或零售商主导，通过中间商和全球供应商采购产品。这在劳动密集型产业和轻工业中最为常见。生产者驱动链是由更垂直整合的全球公司领导的，通常在资本和知识密集型行业中。在这里，价值链是通过在其他国家直接投资建立组装或零部件生产设施而形成的，这些设施被纳入公司的内部化生产链。

最近的研究还强调了全球价值链在知识和技术的转让和传播方面发挥的作用（Chen & Kamal，2016；Contractor et al.，2010；Kumaraswamy et al.，2012；Mudambi，2008；Neilson et al.，2014；van Assche，2008；Yeung，2016）。对全球价值链的研究始于对服装等劳动密集型产业的生产模式的研究。在此过程中，学者发现早期的概念，如解释国际生产的弗农模型（Vernon，1966，1979）不再能解释商品的生产、分配和销售是如何发生的。此后的研究表明，独立公司的网络，包括购买者和供应者，以及一体化的全球公司，控制着劳动密集型和资本及知识密集型行业的商品和服务的流动（Gereffi，1996，1999；Gereffi & Lee，2012；Gereffi & Luo，2015；Gibbon，Bair & Ponte，2008；Neilson，Pritchard & Yeung，2014；Sturgeon，2002）。

研究还表明，除了解释全球采购和贸易模式外，全球价值链本身也是国家、地区和企业提升其商品或服务质量以及创新能力的机制（Corredoira & McDermott，2014；Kumaraswamy et al.，2012；Luo & Tung，2007）。融入全球价值链通常是提升本地能力的第一步，其次是合资企业和许可（Kumaraswamy et al.，2012）。外国投资者带来了更先进的生产技术，通过提供用于生产出口商品的新资本设备来提升本地能力（Leung，1996）。除了提供设备，外国投资还通过劳动力流动、竞争压力和本地采购来刺激技术和能力外溢（Blomström & Kokko，1998；Chowdhury & Islam，1993；Hitt et al.，2000；Hitt，Li & Worthington，2005；Li，Chen & Shapiro，2010；Lim & Fong 1991；Schive 1990；Soon & Huat 1990）。这些外溢效应丰富和加强了当地的创新生态系统。尽管大部分关于全球价值链升级和经济影响的研究都考虑了在东亚和东南亚的影响，但最近在拉丁美洲的研究发现，即使在农业等传统行业，当地企业与全球价值链的连接也有类似的显著效益（Corredoira & McDermott，2014；McDermott，2007）。全球价值链还可以通过促进新兴经济体公司进入发达国家的潜在收购目标来帮助它们升级（Luo & Tung，2007）。对知识转移机制的研究特别指出了全球力量和本地能力之间的"战略耦合"的重要性；在实现了战略耦合的情况下，促进重要的本地竞争优势形成（Yeung，2016）。

　　除了通过参与全球价值链获得知识转移的益处外，全球价值链本身也改变了全球生产的模式，促进了更高水平的创业和创新。当生产可以在世界任何地方以较低的运输成本进行时，企业就不再有需要将所有生产阶段内部化在一个公司或地区的范围内。部件、产品和生产流程的标准化有利于通过全球价值链使用离岸外包。许多新兴经济体加强对知识产权的保护，也提高了外国买家向供应商提供详细订单和签订合同的意愿，进一步鼓励了零散和专门的价值链的专营和布局的发展。因此，全球价值链创造了细分的价值链，不同地区的公司能够生产属于某一行业全球价值链的狭窄范围的商品、部件或服务。这种细分也可以作为一种保护专利技术的机制，因为专业供应商没有对整个技术或产品的控制权。同时，狭窄的专业化有利于供应商在其专营的生产领域的狭窄范围内学习。

　　随着价值链被切割成由不同公司执行的更细或更专业的活动，地区本身也可以开始在这些狭窄的活动范围内专业化（Berger & Lester，2005，Breznitz，2007）。例如，在台湾，企业开始专注于生产特定的子系统（电源、主板等）或外围设备（键盘、鼠标、打印机等），而不是"计算机"。专门生产这类商品，往往使用海外买家提供的设计，使企业能够专门从事这些物品的批量生产，将资源集中在工程和生产设计上，而不是集中在新产品的设计能力上。显而易见，这些小范围的专家，如台积电（半导体制造）和群光（Chicony）（计算机外围设备）成为其各自领域的世界领导者。

同样的逻辑也可能导致颠覆性创新。当全球价值链允许细化时，企业可以完全主导某一特定的生产阶段，从而允许其他生产阶段的初创企业出现，而无需将整个生产过程内部化。例如，台湾的台积电和联电作为"纯游戏"代工厂的崛起，彻底改变了全球集成电路产业——使企业有可能只专注于芯片的设计或营销（Breznitz，2007；Fuller et al.，2003）。

与此相关的是，在细化生产的背景下，全球供应链参与降低了新兴经济体企业的进入壁垒（Murphree et al.，2016；Tang et al.，2016）。资源有限的新兴经济体企业可以在全球生产链中选择特定利基市场进行生产。这降低了创建纵向一体化企业的初始资本要求，从根本上改变了经济增长和产业升级的路径。此外，新公司最初可能不需要创造技术：它往往由客户提供。因此，国家和企业不再依赖后发学者（Gerschenkron，1968）和发展型国家模式的支持者（Johnson，1982；Amsden，1989）所倡导的强有力的"大力推动"方法——这两种方法都假设国家在财政、战略甚至是直接所有权方面发挥着强有力的作用。有了这样的背景认识，我们现在来看看融入全球价值链在中国创新能力发展中所发挥的作用。

## 结构性不确定性下中国应对全球价值链的经验

正如布列兹尼茨和默弗里（Breznitz & Murphree，2011），唐等人（2016）和默弗里等人（Murphree et al.，2016）所讨论的，"结构性不确定性"是中国各类创新能力发展的主要驱动力。创新的最严重障碍之一是"不确定性"（Knight，1921）。与风险不同，风险在概率上是可知的，并提供一组可预测的可能结果或影响，可以通过保险或对冲等措施加以缓解，而不确定性则是事先不知道的，无法对冲。然而，不确定性并不是消极的；奈特（Knight）声称，没有不确定性就不可能获得超额利润。不确定性下的竞争并不能消除超额利润的可能性。法律和产权的规则（和应用）等制度安排有助于降低不确定性。其他制度旨在减少与研发（R&D）等高度不确定活动相关的风险。其中包括给予研发补助［限制研发（R&D）失败的财务损失风险］和以专利的形式给予创新者垄断地位（以及与之相关的超额利润）。即使有减轻不确定性的机构，根据定义，创新也具有奈特不确定性（Knightian uncertainty），失败的产品和企业的数量就是证明。56% 的企业在四年内失败，高达 95% 的新产品不成功（Campbell，2005；Burkitt & Bruno，2010）。尽管如此，只要制度减少了不确定性，创新的产出就会增加（Bloom，2007；Bloom，Bond & Van Reenen，2007；Dixitand Pindyck，1994）。

综合来看，这些系统性条件产生了我们称之为"结构性不确定性"的制度条件。与奈特式不确定性不同的是，通常被授权用于缓解不确定性的正式机构是存在的，但它们的运作和有效性是不确定的。结构性不确定性导致了特定的行为模式，包括对成熟的商业模式的偏好，对风险的厌恶和对短期利润最大化的偏好。因此，结构性不确定性使企业很难进行激进的创新。对于激进的创新——一个固有不确定性和风险的过程——结构性不确定性必须被减少。

这种制度的结果是一种强调速度、快速回报和政治关系来提供保护的商业文化。从历史上看，无论是企业还是监管机构，赚取利润或外汇都很受欢迎。因此，企业往往尽早和频繁寻求出口。由于知道政策可以在几乎没有追索权的情况下改变，企业经常寻求政治关系。然而，一旦政治靠山倒下，这些关系也会成为不确定性的来源。下一节探讨了中国进入全球价值链的情况，强调了结构性不确定性的驱动作用及其在塑造全球价值链参与的影响方面所产生的作用。

## 全球价值链在中国的根基与开端

欧洲、北美和日本企业为寻求更低的劳动力成本和离岸外包给专门的零部件生产商或合同制造商的扩张始于 1960 年代和 1970 年代。正如后来在中国发生的那样，早期企业在本国以外的生产链扩张主要发生在劳动密集型的轻工业，如纺织品、服装、鞋类和玩具等。早在 1960 年代，总部设在美国的零售商和服装品牌从低成本的制造地，特别是亚洲，进口了大量且不断增长的服装。为了保持竞争力，国内的服装生产商开始将生产离岸化（Bonacich et al.，1994）。中国香港、中国台湾和新加坡成为离岸生产的中心。

高科技和资本密集型产业在 1960 年代和 1970 年代开始扩大其全球足迹，建立了生产者驱动的产业链。仙童（Fairchild）半导体公司在 1961 年在香港投资了一家分立晶体管组装厂，可以说是启动了海外电子生产（Brown，Linden &

Macher，2005）。到 1970 年代，领先的半导体公司在亚洲拥有几十家装配厂。在这几十年间，消费电子产品的离岸或外包成为一种普遍的成本削减做法（Kotabe，Mol & Ketkar，2008）。日本汽车公司也同样将其供应链扩展到中国台湾和东南亚。东亚的离岸外包集中在韩国、中国台湾、中国香港和新加坡等小虎经济体，以及马来西亚、泰国和印度尼西亚，特别是在电子和汽车零部件方面（World Bank，1993）。

尽管在太平洋沿岸发展价值链可以节省开支和提高效率，但小虎经济体的人口相对较少，土地有限，繁荣程度不断提高，这意味着劳动力成本在 1970 年代末开始上升。随着 1978 年改革开放的开始，中国提供了小虎经济体可以提供的一切，但规模要大得多。

中国最初的改革是试验性的，从出口加工开始，但外国公司很快在中国看到了巨大的机会，从而开始了中国进入全球价值链的进程。

第一个将中国纳入全球生产网络的外商投资工厂——太平手袋厂，是在 1978 年夏天由香港投资建立的。将进口的皮革、布料和扣件组装成手袋，第一年就赚了一百多万元港币（Chang，2008）。这家工厂是数以万计的此类出口加工投资中的第一家，这些投资将在接下来的二十年里主导广东的经济（Vogel，1989）。

这些早期的出口加工企业和投资是在结构性不确定性的逻辑下运作的。在 1980 年代，没有明确的经济改革的长期承诺。事实上，改革和缩减的"放收循环"意味着改革举措所带来的新机会可能会在投资者收回其初始资本之前被取消，有时甚至被取消（Baum，1994；Vogel，1989）。此外，即使一些地方允许建造出口加工厂，但对劳动力流动的限制——中国的户口制度——使得工人的可用性不确定。

为了应对这些不确定因素，地方政府进行了创新。它们创建了新的企业类别，专门针对海外市场和进入买方驱动的价值链——三来一补。这种政策创新允许快速投资和启动运营，赚取外汇，提供就业，并避免正式注册的外国投资的潜在挑战。三来一补是对结构性不确定性的一种适应——允许投资，但条件模糊，不同级别的官方机构对开放的承诺程度不同。三来一补帮助塑造了中国对全球价值链的初步参与和学习。

与跨国公司在北京和上海等一线城市的大型合资企业以生产者为主导的价

值链的大规模国内市场导向方式相比，在广东沿海的投资主要是通过购买者驱动链。沿海地区的外国投资者只寻求获得大量低成本劳动力的机会。外商投资许可在法律上禁止这些公司在国内市场上销售任何产品（Hsu，2005；Smart & Smart，1991；Yeung，2001a，2001b）。此外，早期的投资往往只生产成品的材料，这包括服装的拉链或面料（以确保它们仍然可以被视为"香港制造"），还有吹风机的线圈（Caryl，2012；Leung，1996）。

劳动密集型的零部件生产和组装非常适合三来一补。这些商业安排有四种形式（Smart & Smart，1991；Yeung，2001a）。在所有情况下，产品都是面向海外市场的。

1. 来件装配：一家中国公司将收到一笔加工费，根据外国买家提供的计划或样品组装外国承包商提供的部件。

2. 来料加工：一家中国公司将收到加工费，将原材料（而不是部件）组装成成品，然后由外国合作伙伴出口。这也是一个出口加工的一般中国术语，无论执行公司是否注册为"三来一补"（见下文）。合同制造的活动通常被称为代工，以明确区别于这些类别的公司。

3. 来样加工：中国公司将收到外国买家的样品或计划，并使用独立采购的部件或材料完成订单。这与为外国买家进行合同制造的标准商业概念最为相似。

4. 一补：一家中国公司从外国合作伙伴那里获得生产设备，并通过提供约定数量的加工产品来支付费用。

必要的生产资本设备以及加工费来自"三来一补"安排中的外国合作伙伴。尽管这些公司是国内企业，但在 1980 年代和 1990 年代的中国统计中，所提供的费用和资本被算作外国投资。因此，产权是模糊的，不像三资企业（合资、合作或外商独资子公司）那样，所有权和责任有明确的规定。三来一补公司是外国承包商的子公司，下订单和提供材料的公司，合资企业，还是执行代工的中国本土公司？资本、投入和管理来自国外，但文书工作仍由当地官方公司签署和盖章。使用这种形式的投资避免了为外国企业建立正式的地位，允许急于求成但对时间敏感和资本匮乏的公司制造出口产品（Yeung，2001b）。

三来一补的投资成本很低。早期的香港来料加工投资在 1980 年平均为 11 538 美元，1981 年为 25 641 美元（Smart & Smart，1991）。到 1987 年，香港投资的平均规模不到 40 000 美元（Yeung，2001a）。通过要求最低限度的外国投资来开始运作，"三来一补"可以在当地得到批准，从而避免了涉及更高一级当局的不确定性，这些当局可能会或可能不会有共同的参与全球价值链的承诺。

与其他适应结构性不确定性的做法一样，"三来一补"协议对企业和地区的能力有促进和制约作用。它们是对外国投资审批程序的不确定性的务实回应，也是快速启动当地经济的一种手段。在中国承包商进入全球价值链的过程中，它们也促进了不同程度的学习。在这个系统中，中国的参与者有的几乎拥有完全的控制权，因此具有最大的学习潜力，有的基本上是被动的装配者。在来件装配中，中国公司的学习潜力最小，因为它只需要提供劳动力，而不需要学习材料采购、质量控制和部件生产的必要技能。相比之下，来样加工的合同制造意味着中国合作伙伴必须有自己的投入，即发展早期的供应链技能，并解决如何确保质量和及时性的问题。公司可以自由使用自己的设备或购买必要的设备来满足外国买家的要求和期望。在极端情况下，一补的安排为升级提供了最大的可能空间。外国买家将提供更现代化的生产设备，以换取一定数量的加工产品。中国公司的能力和技术强度将通过获得这些更先进的生产资本而得到提升，超过国内同行。除了通过设备收购实现一次性升级外，企业还可以自由地开发自己的产品，并寻求海外订单，以提高生产资料的利用率。为了赚取更多的收入，企业将被迫不断为其生产资料寻求新的用途，找到新的和多样化的应用途径。

"三来一补"企业通常生产劳动密集型产品，如服装、纺织品、鞋、玩具、基本金属家庭用品和简单的消费电子产品。早期来自香港公司的投资在电子行业特别普遍（Leung，1996）。在所有情况下，最终的需求来源都在亚洲之外——通常是在美国或欧洲。然而，对中国的发展来说，这种与全球价值链的联系被证明是至关重要的。虽然这些工厂的运作很简单——甚至工厂的建筑通常是简陋的波纹金属结构或公寓楼里的房间——但引进的生产技术却比国内使用的技术水平和质量更高。以香港为基地的公司倾向于将它们最先进的生产资本带入内地，这意味着它们在广东的出口加工厂并不比香港的业务差（Leung，1996）。

尽管有这些优势，但从长远来看，"三来一补"对企业是有限制的。正如下文所讨论的，投资条件——100%的部件进口和100%的产出出口——不适合形成基于本地的工业区。这也阻碍了本土供应链的发展。中国要想从进入全球价值链中广泛受益，就必须进一步创新。

## 扩大全球价值链的参与：经济特区和促进政策

在不改变政治制度的情况下，中国中央政府在远离中央计划经济的主要地区，特别是沿海经济特区启动了大部分改革措施（Shirk，1993；Naughton，1995）。每一个特区都明确旨在吸引外国直接投资，并计划吸引来自中国香港、澳门、台湾以及东南亚地区华人的投资。中央政府不确定试验的可行性，甚至是可取性，所以经济特区被隔离在中国的经济和工业中心区之外。事实证明，深圳在吸引外国投资和赚取外汇方面取得了显著成功。深圳在地理上与香港相连，交通联系便捷，使低附加值的出口加工变得更经济和高效。因此，深圳开始吸引香港和台湾的企业对劳动密集型出口行业的投资。

1992 年邓小平视察南方谈话，加速了中国与全球价值链的融合进程。在访问深圳、珠海和上海时，邓小平总体上主张加强、深化和扩大经济改革，特别是主张将上海作为经济特区开放。次年，即 1993 年，中国时任国家主席江泽民正式宣布了构建"社会主义市场经济"的战略目标，有效地结束了关于是否将中国纳入全球经济和继续经济改革的辩论。随着市场导向型经济地位的确定，中国向外国直接投资敞开了大门。

无论是否在经济特区，出口加工都能为地方政府赚取大量外汇。地方政府往往愿意提供重大的激励措施来增加出口。经济增长强劲、成功赚取外汇的地区往往受到邓小平等领导人的赞扬，从而鼓励他们加快改革。中央政府制定政策，鼓励全球价值链的一部分进入中国。这些政策包括为外商投资企业提供初始所得税免税期，15%的公司税率，公用事业补贴，以及免费或保证提供土地和关键基础设施等优惠措施。尽管不允许地方政府制定政策，但地方政府，特别是在对买方驱动的价值链开放的沿海地区，也会采取一些非官方但极具影响力的政策。

## 投资转移和全球价值链参与

在 1990 年代，购买者驱动和生产者驱动的价值链投资模式都开始发生变化。尽管投资模式发生了变化，但结构性不确定性的体制条件仍然存在，尽管它的影响在不同的领域都能感受到。外国直接投资越来越多地采取外商独资的形式，而不是三来一补和合资企业。在 1980 年代，对经济改革和市场经济的承诺是不平衡和不确定的，而随着中国对（社会主义）市场经济的承诺变得更加明确，外来投资者变得更愿意进行长期和较大价值的投资。到 1993 年，香港投资的平均规模已经增加到 30 万美元。外来投资者不是与本地工厂签订合同，提供部件或机器，而是越来越多地建立自己的工厂，配备进口的生产机器（Yeung，2001a）。早期以出口为导向的工厂通常使用租用的设施，但是外来投资者，尤其是台湾人，开始通过谈判获得过去的农田地块的几十年使用权。他们建立了自己的工厂，创建了永久性的存在。在中国的制度环境下，长期的承诺带来了新的挑战。

台湾公司在 1980 年代末首次开始投资，这违反了台湾和大陆的法律。正如香港公司利用"三来一补"的安排来促进投资一样，台湾公司通过香港进行资金转移以避免投资限制。然而，在 1990 年代，两岸都将台资企业在大陆的经营合法化。不过，这些企业的商业模式与它们所处的法律体系是相矛盾的。

台湾公司经常作为出口加工者进行投资，以获得提供给这些公司的优惠税收和投资政策。出口加工意味着收入、就业和外汇的快速增长，以及当地官员在评估其业绩时可以参考的更多出口统计数据。因此，台湾企业作为出口加工企业进行投资是有意义的，这是最受欢迎的投资形式。作为出口加工商，台湾公司在法律上有义务 100% 进口其部件，100% 出口其产出。然而，它们喜欢的商业模式并不以这种方式运作。

在 1990 年代，领先的台湾电子公司，如致伸（Primax）和台达（Delta）开始大规模投资，生产计算机子系统，出口到中国以外的计算机组装厂。然而，继续从他们在台湾的供应商网络进口所有的部件和材料是低效的。他们强烈要求他们的供应商工厂也在中国投资。仅台达就将 300 家供应商公司带到了中国南部。到 2000 年代中期，中国已经生产了大多数 IT 硬件和电子产品所需的 90% 的必要部件。对于大多数产品来说，只有 CPU 和复杂的集成电路仍然需要进口。然而，供应链几乎完全由境外跨国公司，特别是台湾地区的跨国公司组成（Hsu，2005；Liao，2009；Yang，2006，2007）。大量供应商的存在支持了更多的外国投资，包括诺基亚、惠普和飞利浦等主要跨国公司的投资。

有关出口加工企业的法律是明确的，但有可能利用特殊的考虑来批准这些以当地为基础的外商投资生产商的聚集地。公司必须得到所在城市的海关、税务和运输部门的特别许可。只要投入的最终来源和产出的最终目的地在中国境外，就可以获得许可。然而，要获得这种证明并不容易。台湾公司依靠台湾同胞投资企业协会（TBA）的干预和谈判来促进这种商业模式的批准（Murphree & Breznitz，2020）。

只有当所有相关政府机构都同意允许这些例外情况时，这种商业模式才能合法运作。台湾同胞投资企业协会（TBA）能够代表许多台湾公司，像个别公司曾经做过的那样寻求政府支持。政治关系和支持对于确保顺利运营仍然至关重要。只要地方政府仍然致力于这些企业的成功，这个系统就可以继续下去。然而，它仍然容易受到政策变化的影响。

在过去二十年里，这些情况经常发生。江泽民和朱镕基将发展的重点从农村改革和沿海开放转移到大城市，特别是上海。这将政策支持的重心从与购买者驱动的价值链相连的沿海地区转移到现有的城市中心，强调有计划地发展高科技和资本密集型产业。沿海地区被迫更多地依赖自身收入和内部投资来继续发展。

在 2000 年代末，中央政府同样改变了对认证高新技术企业的福利和激励政策。虽然官方对激励政策的要求没有实质性的改变——这些要求自 1980 年代以来基本保持不变——但执行时从强调企业的行业领域是否被认为是"高科技"转向了强调企业的实际人力资源、投资和知识产权的实践。一夜之间，迄今为止的"高科技"公司——包括富士康这样的巨头——不再是他们早已习惯的政策的合法受益者。这不是制度上的变化——涵盖高科技补贴的法律定义和组织保持不变——而是实践上的变化，这是结构性不确定性下的常见现象。

2008 年中国修订的《中华人民共和国劳动法》颁布后，购买者驱动的价值链中的许多公司以及一些领先的电子产品制造商的商业模式面临巨大压力。长期以来，中国一直有规范劳工待遇的法律。然而，1978 年后的繁荣和进入全球价值链的过程中，临时工作合同——或没有任何合同的就业——仍普遍存在。中国大部分的出口经济，尤其是沿海城市的出口经济，都是建立在当地劳工官员不过问，以及能在销售放缓或出现现金流问题时压榨工人的假设上的。2008 年《中华人民共和国劳动法》及其实施导致工资快速上涨，许多劳动合同正式化，许多违规企业倒闭或退出。台湾公司尤其抱怨说，在遵守劳动法的同时维持竞争力是不可能的。

曾经默默容忍违规行为的地方政府也开始拒绝为污染企业更新许可证。肮脏、不受欢迎或有碍观瞻的行业正面临越来越大的压力，不得不搬离开市中心、展示城镇和工业园区，打破了基于本地的供应链，或迫使企业倒闭。电池制造商不能再与电子组装商同处一地。服装厂不能经营自己的染色和干燥设施。现行法律执行的转变增加了企业的成本，迫使它们进行调整。因此，结构性创新在鼓励短期盈利和快速适应的同时，也为企业保持竞争力创造了必要的商业和技术创新条件。例如，在印染设施方面，一些乡镇的地方政府现在提供中央设施，所有服装厂都可以通过公私合营的方式使用。这种政策创新的出现是为了应对突然的、意料之外的规则执行带来的挑战。

# 中国企业在全球价值链中的创新

在购买者驱动的价值链中，中国企业已经开始从外商投资企业手中接过关键的利基市场。2000 年代，中国的初创企业开始与外商投资的出口商建立分包合同关系。这些公司通常是由曾经在外国公司的装配线上学习过制鞋、制衣、塑料或其他生产业务的工人创立的，它们最初充当了激增产能的来源，使外商投资企业在自身产能耗尽时能够赶上生产期限。渐渐地，通过在网上或贸易展销会上宣传自己的能力，这些公司成为其以前的外国合作伙伴的独立竞争对手。持续利用国外需求——无论是通过生产者驱动的产业链，如飞利浦等品牌，还是购买者驱动的产业链，如沃尔玛（Walmart）或塔吉特（Target）的产业链——中国的出口型企业都达到了临界质量。这开始对创新和升级产生重大影响。

香港的利丰集团（Lee & Fung）以前在中国自己的工厂网络中生产服装，现在变成了专门的采购协调员。由于有了这么多潜在的供应商工厂，不再需要独立生产。公司现在可以专门帮助品牌和零售服装供应商完善它们在亚洲的采购。这些公司开发的供应链、订单管理和生产组织能力将使得香港和中国大陆的经济更为丰富和广泛。

　　由于像利丰集团这样的专业采购公司很容易获得订单，中国制造商发展了在较短的时间内生产较小订单的能力。结构性的不确定性对短期回报的影响促进了这一趋势，因为更短的时间表也意味着更快的支付。这种管理上的创新促进了中国制造商在传统产业和轻工业中的实力持续增强。在购买者驱动的产业链中，特别是在鞋和服装领域，传统的交货时间至少是三个月。然而，在中国的工厂里，全球买家的需求导致工厂组织生产，以便在不到一个月的提前通知时间内生产更小、更多的订单。为了满足这样的生产需求，中国的企业利用当地的材料和零部件供应商的聚集，这些供应商最初是由主要的外国跨国公司出口商开发而来的。供应商网络的深度和在当地采购各种必要投入的能力，使中国企业有可能满足灵活、小订单、短期买家的需求。据珠江三角洲和温州地区的制造商称，这种材料和零部件供应商的聚集，以及在订单超过产能时当地有分包商，增强了中国在这些类型的价值链中的竞争力。尽管劳动力成本自 2000 年以来一直以每年 12% 的速度上升，但由于在结构性不确定的情况下参与全球价值链，这些类型的生产创新成为可能，从而提升了中国的竞争力。

　　购买者驱动的产业链的要求导致了用于生产的资本货物的创新增加。在鞋类和服装领域，生产传统上是高度劳动密集型的，并依赖进口设备，如提供给早期一补企业的设备或通过外资引进的设备。通过对 1980 年代和 1990 年代首次获得的外国设备进行逆向工程，现今的通用生产设备主要是中国的。减少对外国技术来源的依赖是适应结构性不确定性的一个潜在手段，它可以确保获得必要的生产设备，无论未来的政治变化如何。由于越来越多的生产本土化被当地官员视为是有价值的，这种方法还有一个额外的好处，就是改善企业与当地政府的关系。

　　创新和自动化现在已经超越了逆向工程。中国的出口商面临着现有的外商投资的大规模竞争者以及工资迅速上涨和工人可用性下降的经营环境的双重挑战。他们需要满足全球价值链的产出和质量要求，这推动了对自动化的投资，刺激了快速创新。在东莞市，艾玛数控（Emma CNC），一家曾经的合同制鞋厂，已经转向开发和制造自动化的鞋和皮革制品生产设备。深圳的塑料制造商已经开始生产工业模具和注塑机械。龙昌国际等前玩具制造商现在生产机器人手臂。电子厂由于采用了自主研发或国内生产的自动化技术,生产工人减少了90%之多。

这种创新受到专利的保护。这些公司还向为购买者驱动的产业链生产的其他地区出售和出口其生产系统。全球价值链持续密集的海外需求为这些创新提供了动力。在企业开发这些新技术时,合并多个潜在买家的需求有助于降低风险。企业相信开发或采用这些技术是合理的,因为国外需求仍然强劲,对高质量和低成本的期望仍然强劲。今天,中国正开始挑战德国和日本的成熟生产设备制造商。

为购买者和生产者驱动的产业链进行商品营销和分销,也催生了中国最大、最有价值的互联网公司——阿里巴巴(Alibaba)。阿里巴巴最初是一个在中国境内进行采购的平台。寻求特定部件或最终产品的中国或外国公司可以通过阿里巴巴平台进行采购。需求的规模意味着阿里巴巴有能力,而且确实必须迅速扩张。今天,它是在中国寻求生产能力或通用商品的公司的首选平台。当一家美国餐馆需要 1 万只外卖容器时,可以通过阿里巴巴上的生产商链接以低廉的价格购买和定制设计这些容器。利用原始平台的收入,阿里巴巴已经扩展到直接的品牌商品和消费者销售,以及各种高附加值的互联网服务。

# 结　论

纵观中国通过经济改革开放参与全球价值链的历史,企业一直在应对内部和外部的冲击和意外。向全球经济开放使企业面临外部风险,如 2000 年互联网泡沫破裂或 2008 年的金融危机。在国内,结构性不确定性意味着企业必须采取战略、发展能力,为冲击做准备。中国体制的性质,中央政府能够迅速制定、执行或撤销政策,使得这种冲击成为可能。结构性不确定性带来的转变,为中国企业在全球价值链中创造了非常特殊的调节和干预解决方案。

企业仍然存在关注中短期回报的做法。然而,如上所述,对短期回报的关注促进了灵活的小订单合同的全球竞争能力。中国企业经常进行小规模的投资,通常是轻资产投资,以迅速开始生产。在早期,采取了三来一补企业的形式。今天,本土企业利用"可扩展的集群"等组织创新,为海外或国内买家提供大规模的按需生产,而不必将高额的管理费用或过剩的激增产能内部化。

企业的重点是尽快获得回报，以便向政府官员证明目前的政策环境，无论是否完全合法，都是有益的，应该保持。这意味着企业有强烈的动力加入全球价值链，因为投入、知识和市场需求的结合促进了短期回报。

中国企业已经善于感知市场变化。在结构性不确定的情况下，它们必须保持领先于政策变化，这表明企业必须具有高度的灵活性才能生存。他们寻求开发或生产新产品，寻找新市场。由于企业可以利用各种投入和需求来源，它们进行产品和市场创新的可能性是巨大的。例如，从 2008 年到 2012 年，中国企业开始生产数百种型号的差异化手机。基于通过全球价值链获得的进口平台技术，这些手机可以在国内销售，也可以在价格敏感但追求质量的国外市场，如非洲和拉丁美洲或亚洲其他地区销售（Tang et al.，2016；Murphree et al.，2016）。这些公司往往没有生产移动电话的许可，但当地政府支持它们的活动，因为它们产生了就业和税收。随着国内市场的饱和，企业积极地在国外寻找新的市场。随着技术的过时——智能手机扼杀了这个行业的利基——企业转向其他产品线。尽管这些公司在官方合法渠道之外经营，但由于地方政府为其商业活动提供了便利，至少在短期内，这些公司能够经营下去。

最后，创新既受到这一体系的推动，也受到其约束。长期政策方向、机构和资源缺乏明确性是一种制约。公司将不太可能投资于长期的、不切实际的、不确定的研究（Breznitz & Murphree，2011）。因此，假设企业必须像欧洲或美国的企业那样构建其研发投资的创新模式，无法捕捉到中国企业可用的能力。西方的方法受到结构性不确定性所抑制。然而，如上所述，这并不排除广泛的、新颖的创新。寻求短期回报和政府支持的企业将投资于小规模、渐进式和可迅速商业化的创新，特别是那些来自车间的创新。参与全球价值链意味着这些企业适应外国的需求和标准，加强它们利用其他途径开发的创新能力。战略耦合确保本地能力通过全球价值链与全球来源的知识相结合，促进持续创新（Yeung，2016）。经证实的渐进式成功可以帮助企业获得必要的财政资源，以致力于长期的研究。欧珀（Oppo）和维沃（Vivo）等手机公司依靠对其低端机型的持续需求作为收入来源，在投资于更长期和更复杂的创新时确保其收入。

在购买者驱动的全球价值链中，为海外消费者生产的机制带来了不同的升级影响。合同制造商必须独立开发生产和设计能力，以持续获得外国买家的订单。他们必须在公开市场上建立和宣传其生产实力——例如参加著名的广东广交会、成都和上海类似展会，或者在浙江义乌国际贸易中心永久性展览。潜在买家可以通过这些展览浏览产品样品，会见潜在的合同制造商，并权衡这些制造商的能力（Bathelt & Zeng，2014；Bathelt & Zhu，2017）。迫于竞争，制造商不得不提供更好的价格、质量控制或独立设计作为赢得业务的筹码。这些买方与卖方关系中的互动也转移了重要的知识，从而提升了制造商的能力，使他们在寻求与相同或其他买方的未来业务时变得更具竞争力。同样的能力提高了企业建立自己品牌的能力，并最终销售自己品牌的产品。

因此，中国目前作为世界领先的创新者的地位在很大程度上归功于其在全球价值链方面的发展经验。然而，结构性不确定性的环境塑造了全球价值链对中国企业绩效的影响。为了保持应对结构性不确定性所需的灵活性，许多企业现在和将来都会保持小规模生产，从而限制了它们调集资源进行突破性创新的能力。然而，应对不确定性的持续挑战也有助于增强弹性和竞争力。在结构性不确定性下进行竞争的企业能够发展出在全球价值链中受到高度重视的能力，从而创造能够并且确实促进长期投资的收入来源。因此，突破性的创新是可能的，而且越来越被期待。全球价值链网络中的能力使中国企业更具竞争力，并能更好地应对国内外的冲击。

## 参考文献

Amsden, A. (1989). *Asia's Next Giant: South Korea and Late Industrialization*. New York: Oxford University Press.

Bathelt, H., & Zeng, G. (2014). The Development of Trade Fair Ecologies in China: Case Studies from Chengdu and Shanghai. *Environment and Planning A: Economy and Space*, 46(3), 511–530.

Bathelt, H., & Zhu, Y.-W. (2017). Geographies of Temporary Markets: An Anatomy of the Canton Fair. *European Planning Studies*, 25(9), 1497–1515.

Blomström, M., & Kokko, A. (1998). Multinational Corporations and Spillovers. *Journal of Economic Surveys*, 12(3), 247–277.

Bloom, N. (2007). Uncertainty and the Dynamics of R&D. *American Economic Review*, 97(2), 250–255.

Bloom, N., Bond, S., & Van Reenen, J. (2007). Uncertainty and Investment Dynamics. *Review of Economic Studies*, 74(2), 391–415.

Bonacich, E., Cheng, L., Chinchilla, N., Hamilton, N., & Ong, P. (Eds.).

(1994). *Global Production: The Apparel Industry in the Pacific Rim*. Philadelphia: Temple University Press.

Breznitz, D., & Murphree, M. (2011). *Run of the Red Queen: Government, Innovation, Globalization and Economic Growth in China*. New Haven, CT: Yale University Press.

Brown, C., Linden, G., & Macher, J. (2005). Offshoring in the Semiconductor Industry: A Historical Perspective [with comment and discussion]. Brookings Trade Forum, 279 – 333.

Burkitt, L., & Bruno, K. (2010). New, improved … and failed. *NBCNews*. Retrieved from https://www.nbcnews.com/id/wbna36005036.

Campbell, A. (2005). Business Failure Rates Highest in First Two Years. Small Business Trends. Retrieved from https://smallbiztrends. com/2005/07/business-failure-rates-highest-in.html.

Caryl, C. (2012). *Strange Rebels: 1979 and the Birth of the 21st Century*. New York: Basic Books.

Chang, L. (2008). *Factory Girls: From Village to Factory in a Changing China*. New York: Spiegel and Grau.

Chen, W., & Kamal, F. (2016). The Impact of Information and Communication Technology Adoption on Multinational Firm Boundary Decisions. *Journal of International Business Studies*, 47, 563 – 576.

Chowdhury, A., & Islam, I. (1993). *The Newly Industrialising Economies of East Asia*. London: Routledge.

Contractor, F., Kumar, V., Kundu, S., & Pedersen, T. (2010). Reconceptualizing the Firm in a World of Outsourcing and Offshoring: The Organizational and Geographical Relocation of High-Value Company Functions. *Journal of Management Studies*, 47(8), 1417 – 1433.

Corredoira, R. A., & McDermott, G. A. (2014). Adaptation, Bridging and Firm Upgrading: How Non-Market Institutions and MNCs Facilitate Knowledge Recombination in Emerging Markets. *Journal of International Business Studies*, 45, 699 – 722.

Denning, S. (2011). Why Amazon Can't Make a Kindle in the USA. *Forbes*. Retrieved from http://www. forbes. com/sites/stevedenning/2011/08/17/why-amazon-cant-make-a-kindle-in-the-usa/.

Dixit, A., & Pindyck, R. S. (1994). *Investment under Uncertainty*. Princeton, NJ: Princeton University Press.

Economist. (2015a). A Tightening Grip. *The Economist*, March 14.

Economist. (2015b). The Future of Factory Asia. *The Economist*, March 14.

Economist. (2015c). Made in China? Global Manufacturing. *The Economist*, March 14.

Economist. (2015d). Still Made in China: Manufacturing. *The Economist*, September 12.

Fuchs, E. R. H. (2014). Global Manufacturing and the Future of Technology. *Science*, 345 (6196), 519 – 520.

Fuller, D. B., Akinwande, A., & Sodini, C. G. (2003). Leading, following or Cooked Goose: Successes and Failures in Taiwan's Electronics Industry. *Industry and Innovation*, 10, 179 – 196.

Gereffi, G. (1996). Global Commodity Chains: New Forms of Coordination and Control among Nations and Firms in International Industries. *Competition & Change*, 1(4), 427 – 439.

Gereffi, G. (1999). International Trade and Industrial Upgrading in the Apparel Commodity Chain. *Journal of International Economics*, 48(1), 37 – 70.

Gereffi, G., Humphrey, J., & Sturgeon, T. (2005). The Governance of Global Value

Chains. *Review of International Political Economy*, 12(1), 78 – 104.

Gereffi, G., & Lee, J. (2012). Why the World Cares About Global Supply Chains. *Journal of Supply Chain Management*, 48(3), 24 – 32.

Gereffi, G., & Luo, X. (2015). Risks and Opportunities of Participation in Global Value Chains. *Journal of Banking and Financial Economics*, 2(4), 51 – 63.

Gerschenkron, A. (1962). *Economic Backwardness in Historical Perspective: A Book of Essays*. Cambridge, MA: Belknap Press of Harvard University Press.

Gibbon, P., Bair, J., & Ponte, S. (2008). Governing Global Value Chains: An Introduction. *Economy and Society*, 37(3), 315 – 338.

Hitt, M. A., Dacin, M. T., Levitas, E., Arregle, J. L., & Borza, A. (2000). Partner Selection in Emerging and Developed Market Contexts: Resource-Based and Organizational Learning Perspectives. *Academy of Management Journal*, 43(3), 449 – 467.

Hitt, M. A., Li, H., & Worthington, W. J. (2005). Emerging Markets as Learning Laboratories: Learning Behaviors of Local Firms and Foreign Entrants in Different Institutional Contexts. *Management and Organization Review*, 1(3), 353 – 380.

Hsu, J. (2005). From Transfer to Hybridisation? The Changing Organization of Taiwanese PC Investments in China. In C. G. Alstam & E. W. Schamp (Eds.), *Linking Industries Across the World* (pp.173 – 195). Aldershot, UK: Ashgate.

Johnson, C. (1982). *MITI and the Japanese Miracle*. Stanford, CA: Stanford University Press.

Knight, F. H. (1921). *Risk, Uncertainty, and Profit*. Boston: Hart, Schaffner & Marx, Houghton Mifflin Co.

Kotabe, M., Mol, M. J., & Ketkar, S. (2008). An Evolutionary Stage Model of Outsourcing and Competence Destruction: A Triad Comparison of the Consumer Electronics Industry. *Management International Review*, 48(1), 65 – 94.

Kumaraswamy, A., Mudambi, R., Saranga, H., & Tripathy, A. (2012). Catch-Up Strategies in the Indian Auto Components Industry: Domestic Firms' Responses to Market Liberalization. *Journal of International Business Studies*, 43, 368 – 395.

Leung, C. K. (1996). Foreign Manufacturing Investment and Regional Industrial Growth in Guangdong Province, China. *Environment and Planning A*, 28, 513 – 536.

Li, J., Chen, D., & Shapiro, D. M. (2010). Product Innovations in Emerging Economies: The Role of Foreign Knowledge Access Channels and Internal Efforts in Chinese Firms. *Management and Organization Review*, 6(2), 243 – 266.

Liao, F. H. (2009). Industrial Agglomeration of Taiwanese Electronics Firms in Dongguan, China: A Town-Level Analysis. *Asian Geographer*, 26(1 – 2), 1 – 21.

Lim, L. Y. C., & Fong, P. E. (1991). *Foreign Direct Investment and Industrialization in Malaysia, Singapore, Taiwan and Thailand*. Paris: OECD.

Luo, Y., & Tung, R. L. (2007). International Expansion of Emerging Market Enterprises: A Springboard Perspective. *Journal of International Business Studies*, 38, 481 – 498.

McDermott, G. (2007). The Politics of Institutional Renovation and Economic Upgrading: Recombining the Vines That Bind in Argentina. *Politics and Society*, 35(1), 103 – 144.

Mudambi, R. (2008). Location, Control and Innovation in Knowledge-Intensive Industries. *Journal of Economic Geography*, 8(5), 699 – 725.

Murphree, M., & Breznitz, D. (2020). Collaborative Public Spaces and Upgrading through Global Value Chains: The Case of Dongguan, China. *Global Strategy Journal*, 10(3), 556 – 584.

Murphree, M., Tang, L., & Breznitz, D. (2016). Tacit Local Alliance and SME Innovation in China. *International Journal of Innovation and Regional Development*, 7 (3), 184－202.

Naughton, B. (1995). *Growing out of the Plan: Chinese Economic Reform 1978－ 1993*. Cambridge: University of Cambridge Press.

Neilson, J., Pritchard, B., & Yeung, H. W. C. (2014). Global Value Chains and Global Production Networks in the Changing International Political Economy: An introduction. *Review of International Political Economy*, 21(1), 1－8.

Royal Society. (2011). *Royal Society: Knowledge, Networks and Nations*. London: Royal Society.

Schive, C. (1990). *The Foreign Factor: The Multinational Corporation's Contribution to the Economic Modernization of the Republic of China*. Stanford, CA: Hoover Institution Press.

Shirk, S. (1993). *The Political Logic of Economic Reform in China*. Los Angeles: University of California Press.

Smart, J., & Smart, A. (1991). Personal Relations and Divergent Economies: A Case Study of Hong Kong Investment in South China. *International Journal of Urban and Regional Research*, 15(2), 216－233.

Soon, T., & Huat, T. (1990). Role of Transnational Corporations in Transfer of Technology to Singapore. In M. Chatterji (Ed.), *Technology Transfer in the Developing Countries* (pp.335－344). New York: St Martin's Press.

Steinfeld, E. (2010). *Playing Our Game: Why China's Rise Doesn't Threaten the West*. New York: Oxford University Press.

Sturgeon, T. J. (2002). Modular Production Networks: A New American Model of Industrial Organization. *Industrial and Corporate Change*, 11(3), 451－496.

Tang, L., Murphree, M., & Breznitz, D. (2016). Structured Uncertainty: A Pilot Study on Innovation in China's Mobile Phone Handset Industry. *Journal of Technology Transfer*, 41(5), 1168－1194.

WIPO. (2012). World Intellectual Property Indicators. Geneva: World Intellectual Property Organization.

World Bank. (1993). The East Asian Miracle: Economic Growth and Public Policy. Washington, DC: World Bank.

World Bank. (2018). China Intermediate Goods Export US $ Thousand 2009－2013. Washington, DC: World Bank.

Van Assche, A. (2008). Modularity and the Organization of International Production. *Japan and the World Economy*, 20(3), 353－368.

Vernon, R. (1966). International Investment and International Trade in the Product Cycle. *Quarterly Journal of Economics*, 80, 190－207.

Vernon, R. (1979). The Product Cycle Hypothesis in a New International Environment. *Oxford Bulletin of Economics and Statistics*, 41(4), 255－267.

Vogel, E. (1989). *One Step Ahead in China*. Cambridge, MA: Harvard University Press.

Wu, J. (1997). Strange Bedfellows: Dynamics of Government-Business Relations between Chinese Local Authorities and Taiwanese Investors. Journal of Contemporary China, 6 (15), 319－346.

Yang, C. (2006). Overseas Chinese Investments in Transition: The Case of Dongguan. *Eurasian Geography and Economics*, 47(5), 604－621.

Yang, C. (2007). Divergent Hybrid Capitalisms in China: Hong Kong and Taiwanese Electronics Clusters in Dongguan. *Economic Geography*, 83(4), 395－420.

Yeung, G. (2001a). *Foreign Investment and Socio-Economic Development in China*. New York: Palgrave.

Yeung, G. (2001b). Foreign Direct Investment and Investment Environment in Dongguan Municipality of Southern China. *Journal of Contemporary China*, 10(26), 125 – 154.

Yeung, H. W. C. (2016). *Strategic Coupling: East Asian Industrial Transformation in the New Global Economy*. Ithaca, NY: Cornell University Press.

# 市场需求、消费者特征和中国企业的创新

朱恒源　王清

## 引　言

市场需求是创新的一个重要来源。借鉴创新的需求侧方法（Priem et al.，2012），本章研究了市场需求和消费者特征对中国企业创新活动的战略影响。目的是研究消费者异质性和市场动态作为价值创造的来源，以及它对中国背景下的企业创新决策和能力的影响。尽管国内市场需求对中国的经济增长起着至关重要的作用，但在研究中国的创新方面却缺乏一个一致的、完善的需求侧的方法。这是创新和管理学者的一个重要的研究空白。在过去 40 年经济快速增长和技术进步的背景下，本章强调了需求侧方法对研究中国创新的重要性，并探讨了市场需求的特点以及与创新的相互作用。

第二节首先分析了关于是市场和需求拉动因素还是科技推动因素影响技术创新的速度和方向的经典辩论。有人提出，这两类因素相互作用，影响创新的成功，但相互作用的性质和其相对重要性因部门、产品生命周期的阶段和市场动态而异。更具体地说，探讨了国内市场的规模、多样性和增长率如何影响中国企业的创新能力和绩效的问题。

第三节从创新扩散理论的视角（Rogers，2003）来研究中国消费者的特点及其随时间变化的需求。以中国移动为研究案例，其针对不同生活方式的客户开发了新的产品和服务。目的是阐明中国消费者的不同消费动机（如功能性、

象征性和享乐性）如何引导中国企业提高产品质量和创造新的产品属性。

在第四节中，作者回顾了国际商业和战略管理理论中关于企业特定优势（FSAs）和环境特定优势（CSAs）之间关系的现有研究，并讨论了传统的企业特定优势概念在解释新兴市场跨国企业（EMNEs）方面的局限性。根据丘尔沃-卡祖拉和根克（Cuervo-Cazzura & Genc, 2008）及邓宁和伦丹（Dunning & Lundan, 2008）的观点，新兴市场跨国企业的崛起归因于其在其他发展中国家苛刻的制度环境中具有更强的运作能力，以及使产品适应受进口保护的发展中市场的特定需求的更高能力（Lall, 1983; Wells, 1983）。这些都是环境特定优势，使新兴市场跨国企业不仅能够适应不同的环境，而且还能将环境因素转化为与跨国企业竞争的机会。

在第五节中，作者总结了本章提出的主要观点，并对研究中国需求与创新关系的关键问题和未来研究方向提出了一些见解。

## 需求侧视角下的创新与中国的市场特征

### 需求拉动、技术推动，以及创新研究中需求侧方法的新热度

在广泛认识到技术在经济增长中的作用（Solow, 1956）和描述创新过程的早期工作（Schumpeter, 1947; Usher, 1954）之后，在 1960 年代和 1970 年代出现了一场关于创新的速度和方向是更多地受到市场需求变化还是科技进步的影响的辩论。科学技术推动论的核心是，科学认识的进步决定了创新的速度和方向，这就是后来所说的"线性模型"。这一论点设想了知识从基础科学到应用研究到产品开发再到商业产品的发展过程。多西（Dosi, 1982）后来把这种供给侧观点的突出地位归因于创新过程的几个方面：科学在创新过程中越来越重要，日益增加的复杂性需要一个长期的观点，研发和创新产出之间的强相关性，以及创新过程的内在不确定性。然而，对科学和技术推动的供给侧观点的一个核心批判是，它忽略了价格和其他经济条件的变化，这些变化会影响创新的盈利能力，从而影响将科学进步转化为创新产出的积极性和可行性。另一个批判是，强调创新过程各阶段的单向发展与强调反馈、互动和网络的后续工作不兼容（Kline & Rosenberg, 1986; Freeman & Louca, 2001）。

另一方面，需求侧的观点提出，需求驱动创新的速度和方向。市场条件的

变化为企业创造了投资创新的机会，以满足未被满足的需求。需求引导企业去解决某些问题（Rosenberg，1969）。需求侧的因素，如相对要素价格的变化（Hicks，1932），需求的地理变化（Griliches，1957），以及潜在需求和潜在新市场的识别（Schmookler，1962，1966；Vernon，1966）都会影响到成功投资于创新的回报大小。争论在 1970 年代达到顶峰，人们对纯粹的需求拉动论越来越怀疑（Di Stefano et al.，2012）。需求拉动论的批评者认为，需求拉动论能更好地解释渐进式的需求变化而不是不连续的变化，因此它无法解释最重要的创新（Mowery & Rosenberg，1979；Walsh，1984）。

因此，供给侧和需求侧的因素都是解释创新的必要条件。但是，这并不是简单的两个因素都有贡献；它们还相互影响（Arthur，2007）。在对 40 项创新的调查中，弗里曼（Freeman，1974）发现，成功的创新显示了将技术机会与市场机会联系起来的能力，或者说将技术机会与市场机会"结合"起来的能力。此外，先前的研究表明，这两组因素之间相互作用的性质及其相对重要性在不同的行业中有所不同。换句话说，行业的特定属性，如技术不连续的程度和市场需求的规模和增长率，会影响需求拉动与技术推动之间的影响程度和相互作用的性质（Pavitt，1984）。

克里斯坦森（Christensen，1997）提出的关于颠覆性创新概念的相关研究，进一步探讨了技术创新和需求侧之间的动态联系。根据克里斯坦森（Christensen，1997）的观点，颠覆性进入者通过最初以劣质技术瞄准被忽视的低端市场，然后以改进的产品性能进入利润更高的主流市场，成功地挑战主导者的优势地位，而主导者通常专注于高端市场，忽略了主流和低端市场的需求。尽管有人批评颠覆性创新研究是事后的，预测能力差（Danneels，2006；Lepore，2014；King & Baatartogtokh，2015；Weeks，2015），但颠覆性创新的概念强调了理解消费者需求的异质性和拥有劣质技术的公司取代现有公司的可能性。它对学者和管理者处理技术竞争的方式产生了深刻的影响。然而，尽管颠覆性创新的现象已经被很好地记录下来，但其背后的理论驱动力却不太被人理解。阿德纳（Adner，2002，2004）进一步确定了使颠覆性技术在市场上成功竞争的需求条件。通过研究消费者如何评价技术以及这种评价如何随着性能的提高而变化，他为市场需求结构对竞争动态的影响提供了新的见解。具体来说，他引入了一个正式的模型来分析细分市场偏好之间的关系如何影响技术竞争，以及研究消费者对技术改进估值的需求"S"曲线。

同样，普里姆等人（Priem et al., 2012）和列维塔斯（Levitas, 2015）也强调了需求侧方法对创新和其他宏观管理研究的重要性。具体来说，普里姆等人（Priem et al., 2012）回顾了技术创新、创业和战略管理三个方面的宏观管理文献的进展，它们的共同点是使用"需求侧"研究视角。需求侧研究从核心企业的下游，面向产品市场和消费者，来解释和预测那些在价值体系中增加价值创造的管理决策。需求侧宏观管理研究的典型特征包括：（1）明确区分价值创造和价值获取；（2）强调产品市场是企业价值创造战略的关键来源；（3）将消费者的偏好视为动态的，有时是潜在的；（4）认识到管理者对消费者异质性的不同决策有助于企业的异质性，最终有助于价值创造。

**中国的市场需求：一个庞大的、多样化的、动态的国内市场及其与创新的相互作用**

中国创新的研究通常分为以下几个方面：（1）与其他国家相比，创新和技术能力的提高；（2）国家创新体系中大学、政府政策和企业等主体之间的互动；（3）对重点行业的案例研究如信息通信技术和绿色技术等（Fu, 2015）。前两种观点主要关注创新的供给侧，讨论知识溢出和产业—研究—政府合作等主题，而案例研究方法通常有更多样化的关注点，包括供给侧和需求侧的动态变化。普里姆等人（Priem et al., 2012）观察到，直到最近，一些管理学者才在研究创新、创业和战略时采用需求侧的视角替代占主导地位的资源型观点。同时，人们普遍认为，国内需求在中国经济的大幅增长和转型中发挥了至关重要的作用。2008年至2017年，包括消费和固定资产投资在内的国内需求增长对国内生产总值（GDP）增长的平均贡献率为105.7%。巨大的国内市场、不断增长的消费、多样化的需求及其动态变化，使企业能够利用不同细分市场的规模和丰富的背景，在创新活动中茁壮成长。

首先，创新者可以利用中国巨大的国内市场和不断增长的消费。如图6.3.1和图6.3.2所示，中国的GDP和人均GDP在过去40年中平均增长了9.5%，按照联合国目前的标准，超过7亿中国人已经摆脱了贫困。经济增长和居民可支配收入的增加，为不断扩大、快速升级和日益多样化的国内需求提供了基础。

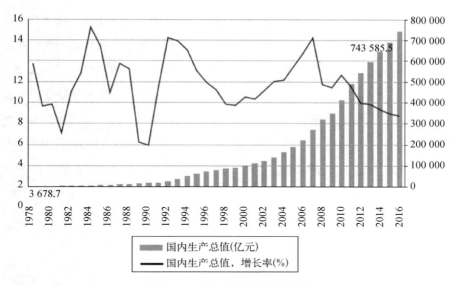

图 6.3.1　中国的 GDP 和 GDP 增长率

资料来源：国家统计局。

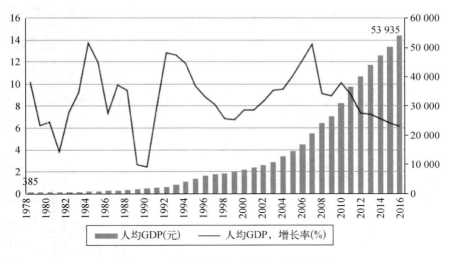

图 6.3.2　中国的人均 GDP 和人均 GDP 增长率

资料来源：国家统计局。

　　一些实证研究探讨了中国的市场规模和创新活动之间的相互作用。林（Lin，1992）通过研究中国杂交水稻的创新来检验格里切斯－施莫克勒（Griliches-Schmookler）需求诱导模型的有效性。他发现，杂交水稻作物的创新率对一个省的水稻种植面积是有响应的。此外，一些学者将竞争的作用引入了研究。徐等人（Xu et al.，2008）利用中国 37 个行业的数据，在一个联立方程模型中检验了创新、竞争和市场规模之间的关系。他们发现市场规模与创新、创新与竞争之间的相互促进作用，以及市场规模对竞争的正向影响。消费在中国的经济发展中发挥着重要作用（见图6.3.3）。随着中国经济向"新常态"过渡，经济增速放缓但更具可持续性，向创新型、服务型和消费驱动型经济转变，国内消费变得更加重要。根据国家统计局的数据（见图6.3.4），作为消费的一个重要指标，过去10年，社会消费品零售总额年均增长超过10%，在2017年达到36.63万亿元。也就是说，中国巨大的国内市场和不断增长的消费为企业的创新提供了巨大的机会。

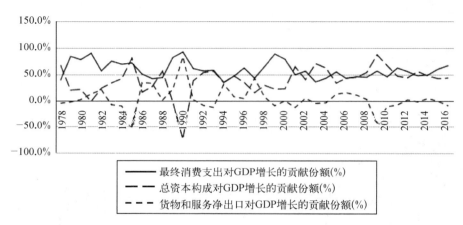

图 6.3.3　GDP 的三个组成部分对 GDP 增长的贡献份额

资料来源：国家统计局。

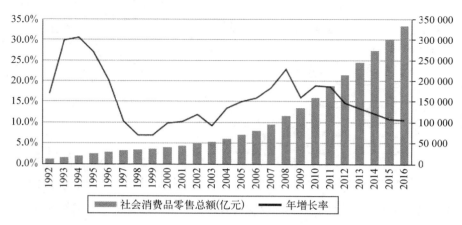

图 6.3.4　社会消费品零售总额（亿元）

资料来源：国家统计局。

其次，中国市场的多样性，包括区域差异和城乡差距（见图 6.3.5），将使多层次的需求逐步持续释放，并为全球市场提供试验田。

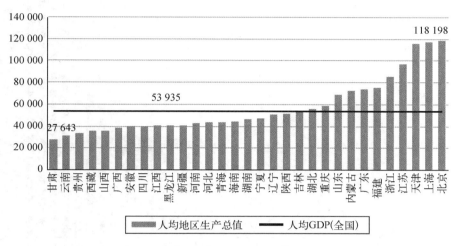

图 6.3.5　2016 年人均地区生产总值

资料来源：国家统计局。

如图 6.3.6 所示，2016 年甘肃等最不发达地区的人均 GDP 不足 2.8 万元，而北京是其四倍。此外，随着中国城市化进程的推进，更多的消费潜力将逐步释放。2016 年，中国的城镇化率为 56.8%，而经济合作与发展组织（OECD）发达成员国的城镇化率为 80.5%。因此，对高端精密商品的需求和对物美价廉产品的需求将长期并存。每个细分市场都大到足以让公司蓬勃发展。最重要的是，这些不同的细分市场可以被看作是创新的试验田，可以在全球范围内推广，因为企业可以根据其在中国的经验，为其他市场调整产品和战略。

例如，来自深圳的传音控股生产的手机（包括 Tecno、Itel & Infinix）以超过 30% 的份额在非洲智能手机市场处于领先地位［国际数据公司（International Data Corporation），2017］。这个品牌以其对非洲当地需求的敏锐度而闻名，具有很高的性价比。这些能力部分归功于其创始人在波导的工作经历，波导是一家曾经向中国农村市场供应手机的公司。谢和李（Xie & Li，2015）的实证研究为市场多样性对创新绩效的积极影响提供了一些证据。通过分析 2005 年至 2007 年期间 8 529 家中国汽车和零部件制造商的数据，发现市场多样性，即性质不同的地理和国内市场的构成，对创新绩效有传导作用。

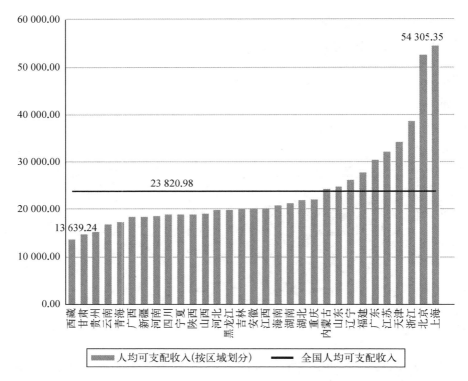

图 6.3.6　2016 年人均可支配收入（按区域划分）
资料来源：国家统计局。

中国市场的动态性质，包括不断变化的国内需求，为企业的创新提供了丰富的背景。朱等人（Zhu et al., 2017）观察到在技术轨迹相对稳定的 1998 年至 2008 年期间，中国移动手机制造业至少有三次市场领导地位的变化。他们发现，技术创新能力有限的后发企业可以通过以效率为中心的商业模式创新从主导者手中夺取市场份额。他们认为政府干预和技术能力建设不能解释这些转变；相反，是商业模式创新和需求侧之间的动态配合，使后发企业能够在市场份额上迎头赶上。正如伊普和麦克恩（Yip & McKern, 2016）所描述的，尽管资源匮乏，但所谓的山寨公司在中国国内市场蓬勃发展，并通过以"足够好"的产品满足快速增长的需求而迅速增长。此外，有许多产品创新通过满足消费者日益复杂的偏好和生活方式而获得商业成功的案例。例如，格兰仕于 1992 年开始提供小型、节能、廉价的微波炉，以满足新兴中产阶层的国内需求；后来，它在 2000 年以 70% 的份额主导了市场（Hang et al., 2010）。另一项对五家中国电信设备公司（包括中兴和华为）的研究表明，基于创新的产品差异化、低成本和卓越的服务使这些中国公司能够赶上跨国公司（Gao，2011）。

总而言之，国内需求在中国的经济发展中发挥了重要作用，其特点是规模大、种类多、动态性强。我们认为，这些特点为企业提供了丰富的创新资源和足够的规模经济，以取得商业成功。

# 中国消费者特征与创新扩散

### 消费者创新与创新扩散

许多与消费者有关的特征被发现对新产品的采用至关重要，如消费者的创新能力和生活方式的偏好。在本节中，我们将通过创新扩散理论的视角来研究中国消费者的特征及其对中国企业创新能力的影响。创新扩散理论是由埃弗雷特·罗杰斯（Everett Rogers）在 1962 年首次提出的，它试图解释创新如何在特定人群中被接受。罗杰斯（Rogers，2003）将消费者创新能力定义为个人相对于社会系统中的其他成员更早接受新思想的程度。他通过不同采用者的行为特征来衡量消费者的创新能力。这些因素包括社会经济地位、个性变量和交往行为。例如，创新者被定义为是富有冒险精神的；他们足智多谋，知识渊博，喜欢冒险。早期采用者被定义为是可敬的；他们是具有良好判断力和负责任态度的意见领袖。接下来，早期大众被定义为是深思熟虑的；他们谨慎但积极。晚期大众被定义为是持怀疑态度的；他们的资源有限，避免不确定性。最后，滞后者被定义为是传统的；他们是局部的和孤立的，过去是他们的主要参考点（见下文图 6.3.7）。

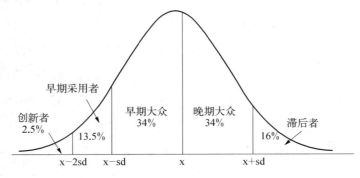

图 6.3.7　基于创新能力的采纳者分类

资料来源：罗杰斯（Rogers, 2003）。

按照罗杰斯（Rogers，2003）的框架，一些学者对中国的产品创新进行了研究。朱等人（Zhu et al.，2007）将创新扩散的数学模型巴斯（Bass）模型应用于各国手机市场的发展。如图 6.3.8 所示，他们发现，由于消费者之间的高模仿系数和巨大的潜在市场规模，中国市场在创新扩散的早期阶段增长相对缓慢，但一旦早期采用者进入市场，就会呈指数式增长。中国起飞曲线比西方市场的曲线要陡峭得多。此外，在强调中国城乡二元经济社会结构的前提下，杨等人（Yang et al.，2012）将巴斯模型应用于彩电市场，发现将城市和农村市场视为独立的市场，而不是单一的、同质的中国市场，对新产品推广更有利。这些研究为中国消费者的异质性提供了强有力的证据。

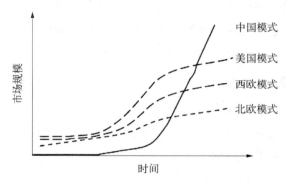

图 6.3.8　不同市场的增长模式

资料来源：朱等人（Zhu et al.，2007）。

接下来，基于中国企业的商业实践和罗杰斯（Rogers）的理论，朱和杨（Zhu & Yang，2018）提出了 PRE－M 模型，这是一个将企业战略制定与市场发展相结合的动态框架。该模型密切跟踪产品市场的需求变化和主流客户的特征。从主流客户特征、市场规模、市场增长率、需求多样性四个维度对产品市场的发展进行分析。如图 6.3.9 所示，产品市场发展分为四个阶段，即潜伏期、扩张期、多元化和混合市场。有观点认为，在产品市场的每个阶段，企业都面临着不同的需求结构和竞争状况。相应地，供应链上相关行业所需的资源和能力在资源市场上随时间而变化，其在股票市场的估值也是如此。

这方面的研究探讨了市场发展阶段和创新战略之间的匹配问题。一些研究者认为，与同样的创新首次进入西方市场时相比，新兴市场的消费者可能比西方消费者更容易、更快地接受来自西方市场的创新。因此，至少在新兴市场发

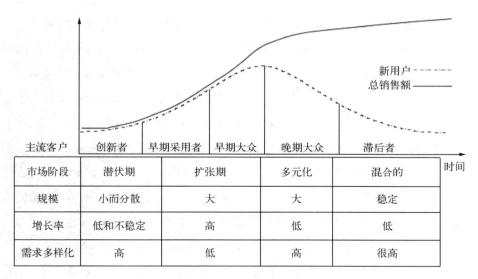

图 6.3.9　创新扩散和产品市场特征

资料来源：朱和杨（Zhu & Yang, 2018）。

展的早期，模仿可能是一种可行的策略。陈等人（Chen et al.，2012）进行了大规模全国性产品创新调查，收到中国 15 个行业 400 多份有效问卷，发现在市场发展的早期阶段，从西方国家领先企业寻求创新理念的公司在客户、财务和技术指标方面取得了优异的表现。此外，使用同一组数据，陈等人（Chen et al.，2011）发现，随着市场环境在低/高竞争强度水平和低/高需求增长率的不同组合中逐渐演变，企业倾向于选择不同的产品创新来源。尽管他们发现创新过程中的客户导向与竞争强度或市场需求增长率之间没有显著关系，但对这一未被充分研究的领域进行进一步的实证研究，将有助于加深我们对企业创新战略和市场环境之间相互作用的理解。

**中国消费者的特点：中国移动客户的案例**

　　要了解需求拉动对创新的影响，就必须了解为什么不同细分市场的消费者对新技术或产品的反应不同，以及消费者接受创新需要经历哪些阶段。换句话说，既要考虑与消费者有关的特征，如人口、生活方式、个性特征、知识和专业技能，也要考虑与创新有关的特征，包括新的收益和成本、实用性和易用性。前者有助于解释为什么不同的消费者会对同一创新有不同的反应，而后者则有助于解释为什么消费者喜欢一种创新而不是另一种。

西方公司已经把生活方式作为细分市场和定位产品的标准。例如，在 2006 年，渣打银行推出了一种新的生活方式信用卡，专门为具有冒险和外向生活方式的年轻专业人士量身定做。新兴市场的公司也在其营销和品牌战略中应用了生活方式细分。例如，2002 年，中国领先的电信公司中国移动开发了其第一个客户品牌"M‑zone"，目标是热爱玩乐的年轻人市场。

消费者的生活方式会显著影响消费者对创新的反应（Zhu et al.，2009）。产品属性是理解不同生活方式消费者偏好的关键因素。随着人们的可支配收入随着国家的经济增长而增加，他们的需求和生活方式将从关注产品的功能属性（即那些与产品的功能质量有关的属性）升级到享乐和象征属性（即那些提供享乐好处的属性）（Snelders & Schoormans，2001）。根据基维茨和西蒙森（Kivetz & Simonson，2002）的观点，功能属性在概念上与必需品有关，而享乐属性与奢侈品有关。同样地，贝里（Berry，1994）提出了一个"优先原则"，认为在追求奢侈品之前，首先满足需求是一种道德义务。因此，功能性与享乐性产品属性的相对重要性会随着经济和社会地位的"提高"而改变。换句话说，对于一些消费者来说，拥有额外的功能可以使他们从产品中获得更大的效用，从而获得更高的满意度；对于另外一些人来说，额外的功能可能是不可取的，不能使用的，因此是对时间和金钱的浪费（Thompson et al.，2005）。

中国移动的案例揭示了中国消费者和社会在创新采用和扩散方面的一些独特特征。朱等人（Zhu et al.，2009）通过对中国移动客户的大规模调查数据，揭示了以下四个生活方式群组：

群组 1：保守的强势消费者（即保守型消费者）。这类消费者的价格意识得分最低，但寻求建议的意识得分和过度选择的意识得分最高。他们不关注价格，但可能遵守自己的习惯，在购物时向朋友寻求建议。

群组 2：谨慎的简单消费者（即谨慎的消费者）。这类消费者的新奇时尚意识得分、享乐主义购物意识得分和冲动意识得分最低。此外，这种类型的消费者是唯一存在消极咨询意识得分为负和过度选择意识得分不明确的消费者。他们对时尚和享乐主义购物不感兴趣，购物时不向朋友请教，也不表现出任何冲动。

群组 3：经济型冲动型消费者（即经济型消费者）。这种类型的消费者的价格意识得分最高，质量意识得分最低。此外，这也是唯一一种习惯性消费意识得分和冲动性意识得分为负的消费者类型。他们比其他类型的消费者更关注价格，并且在购买时不会表现出冲动或习惯性行为。

群组 4：时尚的质量意识消费者（即时尚消费者）。这类消费者的新奇时尚意识得分最高，享乐主义购物意识得分最高，过度选择意识得分混乱。这类消费者是唯一一个在高质量意识方面得分为正的群体。

因此，从功能性消费升级到享乐性和象征性消费的趋势，又为企业创造了开发新产品的机会，以满足不同生活方式的顾客的偏好。因此，具有某种生活方式的人可能会被一组产品属性所吸引，因为这些属性被认为与他们的需求有功能、情感或象征性的关联。

# 新兴市场跨国企业的企业特定优势和环境特定优势

## 传统的企业特定优势概念在解释新兴市场跨国企业时的局限性

关于新兴市场跨国企业（EMNEs）的文献强调特定国家的优势，如获得自然资源的机会，以替代传统企业特有的"所有权"优势。在大型新兴市场经济体的背景下，文献强调了国内市场规模的重要性，由此产生的规模经济是解释新兴市场跨国企业对外投资的关键国别优势。巴克利等人（Buckley et al.,2012）分析了新兴市场跨国企业的竞争力，表明随着技术的快速进步或拥有一个庞大且不断增长的国内市场，它们可以成为西方跨国公司的强大竞争对手。他们研究的一个关键观点是，即使不拥有技术和品牌方面的企业特定优势，来自拥有庞大和快速增长的国内市场以及技术学习机会的新兴市场跨国企业也可能成为全球体系中的主导者。换句话说，一旦新兴市场跨国企业在技术上迎头赶上（但没有获得竞争优势），一旦其国内市场规模充分扩大（使得与消费者的互动成本降低），它们就能够成功地与其他跨国公司竞争。这些研究强调了新兴市场跨国企业所具有的国别优势的重要性，这些优势可以在技术追赶阶段弥补在技术和品牌方面缺乏的企业特定优势。然而，现有的针对国别优势的研究很少能深入了解国别优势与企业特定优势的相对重要性，以及新兴市场跨国企业通过技术领先努力获得卓越的创新绩效的过程中这两者如何变化。同时，研究也尚未明确新兴市场跨国企业的企业特定优势的性质是否会与跨国公司不同。

在国际商务理论中，企业特定优势指的是公司层面的资产，可以是有形的，也可以是无形的（Dunning，1977），可以采取不同的形式，如技术优势、品牌差异化、对分销渠道的控制和规模经济（Hymer，1976）。西方管理理论认为，拥有企业特定优势，主要是技术进步和品牌，是跨国公司出现的必要条件（Dunning，1977，1988）。这是因为需要这种优势来补偿外国的负债（Hymer，1976），这意味着外国公司在国外做生意的成本更高。然而，新兴市场跨国企业对国际商务理论提出了挑战，因为它们的企业特定优势并不符合适用于西方企业的所有权优势的标准分析。因此，在缺乏这种优势的情况下，华为、海尔和腾讯等新兴市场跨国企业在全球舞台上的崛起，似乎与现有的对跨国公司存在的解释相矛盾。

最近的一些研究指出了新兴市场跨国企业崛起的原因，包括新兴市场跨国企业在其他发展中国家苛刻的制度环境中的卓越运作能力（Cuervo-Cazzura & Genc，2008；Dunning & Lundan，2008），以及使产品适应受进口保护的发展中市场的特殊需求的更强能力（Lall，1983；Wells，1983）。例如，包米克等人（Bhaumik et al.，2010）在解释新兴市场跨国企业的外国直接投资时，强调了新兴市场跨国企业在不同制度背景下，通过子公司管理资产的能力、获得融资的途径以及协调资源的能力的重要性。他们认为，新兴市场跨国企业的这些企业特定优势与环境特定优势（CSAs）有关。它们与围绕着跨国企业所有权优势的更传统的企业特定优势概念一样重要。这些环境特定优势不仅关注新兴市场跨国企业适应不同环境的能力，而且还关注其如何将环境因素转化为机会，以发展与跨国公司对抗的独特优势的能力。接下来，作者基于经验证据进一步讨论环境特定优势对中国新兴市场跨国企业的作用，并说明企业的战略取向与商业环境的一致性将如何影响创新绩效（Li、Zhou和Yang在本手册第6.6章提出了这一观点的扩展版本）。

### 新兴市场跨国企业的特定环境优势：根据环境调整企业战略方向的案例

诸如企业特定要素等强有力的战略导向对于跨国公司实现卓越创新绩效的重要性已经得到了广泛的研究（Baker & Sinkkula，2005；Slater & Narver，1994）。根据科利和贾沃斯基（Kohli & Jaworski，1990）的观点，一个行业的竞争程度对作为企业特定优势的顾客导向有着直接的影响。强烈的竞争导致了顾客的多种选择。因此，一个组织必须监测和响应顾客不断变化的需求和偏好，以确保顾客在竞争中选择其产品。创新绩效可以从产品质量、技术优势和市场接受速度等方面进行评估，所有这些都与卓越的顾客价值有关。具有强烈客户导向意识的企业有能力和意愿去识别、分析、理解和回应当前和未来的客户需求。公司可以通过把精力集中在客户需求和满意度上，使其新产品相对于竞争对手享有优势（Gatignon & Xuereb，1997；Han，Kim & Srivastava，1998）。

为了理解中国背景下企业的战略导向对新兴市场跨国公司创新绩效的影响，杨等人（Yang et al.，2012）研究了不同市场和技术环境下各种战略导向的相对重要性，包括客户导向、技术导向、竞争者导向和跨职能导向，并强调了环境的重要性。基于对中国企业的大规模调查数据，他们发现由于历史背景、资源基础和市场特征的不同，中国企业存在着各种战略导向。例如，像清华紫光和方正集团等高科技衍生公司往往继承了强烈的技术导向，而像海尔（原 Qingdao-Liebherr）这样的新的民营企业或合资企业则倾向于发展强烈的客户导向。

研究发现，企业战略导向的有效性受到市场性质和技术环境的制约。换句话说，为了实现卓越的创新绩效，中国企业需要根据市场和竞争环境调整其战略导向。他们的研究结果与营销战略文献中的研究一致（Kohli & Jaworski，1990），在一个以强劲和快速增长的需求为特征的市场中，一个拥有最小量的顾客导向的组织仍然可能表现良好。相反，在一个以需求疲软和增长缓慢为特征的市场中，顾客很可能具有高度的价值意识，组织必须更加适应和满足顾客的需求，以便提供良好的性价比。因此，环境特定优势指的是新兴市场跨国企业不仅能够适应不同的环境，而且能够将环境因素转化为机会，以发展独特的企业特定优势来对抗其他跨国企业。显然，这是一个不同于国别优势的概念。环境特定优势是指可以跨境转移的对环境的反应能力，而传统的国别优势是本土化的能力，根据定义是不能跨境转移的。

环境特定优势的概念对于理解中国新兴市场跨国企业的发展路径非常重要。中国经济在过去几十年中快速增长，企业在不同的环境中运营，从高度监管和垄断（如电信业）到激烈竞争（如汽车和计算机行业）。研究结果表明，为了实现新产品的成功，企业应该对环境背景做出反应，并相应地分配资源，设计出适合特定环境的战略定位。

# 结论、局限性及未来研究方向

## 总结与结论

借鉴创新的需求侧方法（Priem et al.，2012），本章研究了市场需求和消费者特征对中国企业创新活动的战略影响。我们指出，在研究中国的创新方面，缺乏一致的、完善的需求侧方法，这是创新和管理学者的一个重要研究空白。基于广泛的文献回顾、概念分析和经验证据，作者认为成功的创新需要企业有能力将技术机会与市场机会联系起来，并对技术的不连续性程度、市场增长率和需求变化的性质等因素作出反应。具体来说，我们确定了中国消费者需求的三个独特特征：规模、异质性和动态性。然后，详细分析了国内市场的三个主要特征对中国企业创新能力的影响。

基于最近的需求侧研究，我们提出，在中国这样一个大型的、动态的市场中，基于消费者异质性的战略可以带来竞争优势，即使企业只拥有过时的或普通的资源。这些优势可以在没有基于资源或能力的模仿障碍的情况下持续存在，成功的创新可以是消费者驱动的，而不是资源或技术驱动的。在过去40年的经济高速增长和技术进步中，内需在中国经济的大幅增长和转型中发挥了关键作用。巨大的国内市场、不断增长的消费、多样化的需求及其动态变化，使企业能够利用不同细分市场的规模和丰富的背景，在创新活动中茁壮成长。最重要的是，这些非常不同的细分市场可以被视为全球创新的试验田，企业可以根据他们在中国的经验调整其他市场的产品和战略。

此外，本章还对新兴市场背景下的企业特定优势（FSAs）概念进行了更细致的解释。传统的企业特定优势概念主要是指技术进步和品牌。然而，新兴市场跨国企业对国际商务理论提出了挑战，因为它们的企业特定优势并不符合适用于西方企业的所有权优势的标准分析。因此，在缺乏这种优势的情况下，中国企业在全球舞台上的崛起，如华为、海尔和腾讯，似乎与对跨国公司的存在的现有解释相矛盾。基于对近期文献的广泛回顾，研究发现，新兴市场跨国企业的企业特定优势被认为是：（1）新兴市场跨国企业在其他发展中国家苛刻的制度环境中运营的卓越能力；（2）使产品适应受进口保护的发展中市场的特定需求的更强能力。我们认为，新兴市场跨国企业的这些企业特定优势更多关注的是环境特定优势（CSAs），而不是所有权优势。与围绕所有权优势建立的跨国公司的企业特定优势不同，新兴市场跨国企业的企业特定优势关注的是新兴市场跨国企业能够适应不同的环境的能力，还关注其如何将环境因素转化为机会，以发展与跨国公司对抗的独特优势的能力。

总之，中国市场的性质为企业的创新提供了丰富的背景。仅靠政府干预和技术能力建设不能解释中国企业创新能力的提升。这些发现代表了从线性模型到综合理论的重要转变，这种理论可以同时关注价值创造方程式的需求侧和供给侧。它们表明，未来的需求侧研究有望产生对学者和管理者有用的新知识，因此，预计将对创新和国际商务理论的需求侧研究产生更广泛的理论影响。

**现有研究的局限性和未来研究方向**

随着四十多年来中国经济的快速增长，市场和需求特征发生了根本性的变化。然而，以往的研究大多是从政策角度来考察市场需求对创新的影响，较少有研究从消费者的角度考察需求的动态变化，以及中国企业和决策者面临的新挑战。此外，尽管技术学习对新兴市场跨国企业的赶超至关重要，但"在后面学习"与"从前面领导"有着本质的区别。后者需要在科技竞赛中追求全球主导地位。此外，以往关于新兴市场跨国企业的研究大多将中国、巴西、印度等新兴经济体的企业笼统地归入一个同质体，而忽略了它们的背景差异，而现有的专门针对中国企业的研究往往夸大或预设中国商业环境和文化的独特性，缺乏概念和理论深度，研究结果缺乏普遍性。本章代表了对以往研究的背离，因此，不仅对中国而且对全球的企业和决策者都有重要意义。对于未来的研究，需要在中国背景下进行更多的实证研究，以了解：（1）需求拉动与供给推动战略在企业层面和政策层面的影响；（2）企业层面和政策层面的相互作用及其对中国企业的创新能力和绩效的影响。

# 参考文献

Adner, R. (2002). When Are Technologies Disruptive? A Demand-Based View of the Emergence of Competition. *Strategic Management Journal*, 23(7), 667–688.

Adner, R. (2004). A Demand-Based Perspective on Technology Life Cycles. In J. Baum & A. McGahan (Eds.), *Business Strategy over the Industry Lifecycle: Advances in Strategic Management* (Vol. 21, pp.25 – 43). Bingley, UK: Emerald.

Arthur, W. B. (2007). The Structure of Invention. *Research Policy*, 36(2), 274 – 287.

Baker, W. E., & Sinkula, J. M. (2005). Market Orientation and the New Product Paradox. *Journal of Product Innovation Management*, 22(6), 483 – 502.

Berry, C. J. (1994). *The Idea of Luxury*. Cambridge: Cambridge University Press.

Bhaumik, S., Driffield, N. L., & Pal, S. (2010). Does Ownership Concentration Affect MNE Operations? The Case of Indian Automobiles and Pharmaceuticals. *Journal of International Business Studies*, 41(3), 437 – 450.

Buckley, P. J., Forsans, N., & Munjal, S. (2012). Host-Home Country Linkages and Host-Home Country Specific Advantages as Determinants of Foreign Acquisitions by Indian Firms. *International Business Review*, 21(5), 878 – 890.

Chen, J., Guo, Y., Huang, S., & Zhu, H. (2011). The Determinants of the Choice of Innovation Source for Chinese Firms. *International Journal of Technology Management*, 53(1), 44 – 68.

Chen, J., Guo, Y., & Zhu, H. (2012). Can Me-Too Products Prevail? Performance of New Product Development and Sources of Idea Generation in China — An Emerging Market. *R&D Management*, 42(3), 273 – 288.

Christensen, C. (1997). *The Innovator's Dilemma: When New Technologies Cause Great Firms to Fail*. Boston: Harvard Business School Press.

Cuervo-Cazurra, A., & Genc, M. (2008). Transforming Disadvantages into Advantages: Emerging Countries MNEs in the Least Developed Countries. *Journal of International Business Studies*, 39(6), 957 – 979.

Danneels, E. (2006). Dialogue on the Effects of Disruptive Technology on Firms and Industries. *Journal of Product Innovation Management*, 23(1), 2 – 4.

Di Stefano, G., Gambardella, A., & Verona, G. (2012). Technology Push and Demand Pull Perspectives in Innovation Studies: Current Findings and Future Research Directions. *Research Policy*, 41(8), 1283 – 1295.

Dosi, G. (1982). Technological Paradigms and Technological Trajectories: A Suggested Interpretation of the Determinants and Directions of Technical Change. *Research Policy*, 11(3), 147 – 162.

Dunning, J. H. (1977). Trade, Location of Economic Activity and the Multinationals. In B. Ohlin, P. Hesselborn, & P. Wijkman (Eds.), *The International Allocation of Economic Activity* (pp.395 – 419). London: Macmillan.

Dunning, J. H. (1988). Changes in the Level and Structure of International Production: The Last One Hundred Years. In J. H. Dunning (Ed.), *Exploring International Production* (pp.71 – 119). London: Unwin Hyman.

Dunning, J. H., & Lundan, S. M. (2008). *Multinational Enterprises and the Global Economy* (2nd ed.). Cheltenham: Edward Elgar.

Freeman, C. (1974). *The Economics of Industrial Innovation*. Cambridge, MA: MIT Press.

Freeman, C., & Louçã, F. (2001). *As Time Goes By: The Information Revolution and the Industrial Revolutions in Historical Perspective*. New York: Oxford University Press.

Fu, X. (2015). *China's Path to Innovation*. Cambridge and New York: Cambridge University Press.

Gao, X. (2011). Effective Strategies to Catch Up in the Era of Globalization: Experiences of Local Chinese Telecom Equipment Firms. *Research-Technology Management*, 54(1),

42 - 49.

Gatignon, H., & Xuereb, J. M. (1997). Strategic Orientation of the Firm and New Product Performance. *Journal of Marketing Research*, 34(1), 77 - 90.

Griliches, Z. (1957). Hybrid Corn: An Exploration in the Economics of Technological Change. *Econometrica*, 25(4), 501 - 522.

Han, J. K., Kim, N., & Srivastava, R. K. (1998). Market Orientation and Organizational Performance: Is Innovation A Missing Link? *Journal of Marketing*, 62(4), 30 - 45.

Hang, C., Chen, J., & Subramanian, A. (2010). Developing Disruptive Products for Emerging Economies: Lessons from Asian Cases. *Research-Technology Management*, 53(4), 21 - 26.

Hicks, J. R. (1932). *The Theory of Wages*. London: P. Smith.

Hymer, S. (1976). *The International Operations of National Firms: A Study of Direct Foreign Investment*. Cambridge, MA: MIT Press.

International Data Corporation. (2017). Africa's Smartphone Market Enters Early Stages of Recovery. Retrieved May 1, 2018, from https://www.idc.com/getdoc.jsp?containerId = prCEMA43289317.

King, A., & Baatartogtokh, B. (2015). How Useful Is the Theory of Disruptive Innovation? *MIT Sloan Management Review*, 57(1), 77 - 90.

Kivetz, R., & Simonson, I. (2002). Earning the Right to Indulge: Effort as a Determinant of Customer Preferences towards Frequency Program Rewards. *Journal of Marketing Research*, 39(2), 155 - 169.

Kline, S., & Rosenberg, N. (1986). An Overview of Innovation. In R. Landau & N. Rosenberg (Eds.), *The Positive Sum Strategy* (pp. 275 - 307). Washington, DC: Academy of Engineering Press.

Kohli, A. K., & Jaworski, B. J. (1990). Market Orientation: The Construct, Research Propositions, and Managerial Implications. *Journal of Marketing*, 54(2), 1 - 18.

Lall, S. (Ed.). (1983). *The New Multinationals: The Spread of Third World Enterprises*. Chichester, UK/New York: John Wiley.

Lepore, J. (2014). The Disruption Machine. *The New Yorker*, 90(17), 30.

Levitas, E. (2015). Demand-Side Research's Role in Macro-Management: A Commentary on Priem, Li, and Carr. *Journal of Management*, 39(5), 1069 - 1084.

Lin, J. Y. (1992). Hybrid rice Innovation in China: A Study of Market-Demand Induced Technological Innovation in a Centrally-Planned Economy. *Review of Economics and Statistics*, 74(1), 14 - 20.

Mowery, D., & Rosenberg, N. (1979). The Influence of Market Demand upon Innovation: A Critical Review of Some Recent Empirical Studies. *Research Policy*, 8(2), 102 - 153.

Pavitt, K. (1984). Sectoral Patterns of Technical Change: Towards a Taxonomy and a Theory. *Research Policy*, 13(6), 343 - 373.

Priem, R., Li, S., & Carr, J. (2012). Insights and New Directions from Demand-Side Approaches to Technology Innovation, Entrepreneurship, and Strategic Management Research. *Journal of Management*, 38(1), 346 - 374.

Rogers, E. M. (2003). *Diffusion of Innovations* (5th ed.). New York: Free Press.

Rosenberg, N. (1969). The Direction of Technological Change: Inducement Mechanisms and Focusing Devices. *Economic Development and Cultural Change*, 18(1, Part 1), 1 - 24.

Schmookler, J. (1962). Economic Sources of Inventive Activity. *Journal of Economic History*, 22(1), 1 - 20.

Schmookler, J. (1966). *Invention and Economic Growth*. Cambridge, MA: Harvard University Press.

Schumpeter, J. A. (1947). *Capitalism, Socialism, and Democracy* (2nd ed.). New York, London: Harper.

Slater, S. F., & Narver, J. C. (1994). Does Competitive Environment Moderate the Market Orientation-Performance Relationship? *Journal of Marketing*, 58(1), 46–55.

Snelders, H. M. J. J., & Schoormans, J. P. L. (2001). The Relation between Concrete and Abstract Attributes. In E. Breivik, A. W. Falkenberg, & K. Gronhaug (Eds.), *Proceedings from the 30th EMAC Conference* pp.1–6). Stockholm: European Marketing Academy.

Solow, R. M. (1956). A Contribution to the Theory of Economic Growth. *Quarterly Journal of Economics*, 70(1), 65–94.

Thompson, D. V., Hamilton, R. W., & Rust, R. T. (2005). Feature Fatigue: When Product Capabilities Become Too Much of a Good Thing. *Journal of Marketing Research*, 42(4), 431–442.

Usher, A. P. (1954). *A History of Mechanical Inventions*. Cambridge, MA: Harvard University Press.

Vernon, R. (1966). International Investment and International Trade in Product Cycle. *Quarterly Journal of Economics*, 80(2), 190–207.

Walsh, V. (1984). Invention and Innovation in the Chemical Industry — Demand-Pull or Discovery-Push. *Research Policy*, 13(4), 211–234.

Weeks, M. (2015). Is Disruption Theory Wearing New Clothes or Just Naked? Analyzing Recent Critiques of Disruptive Innovation Theory. *Innovation*, 17(4), 417–428.

Wells, L. T. (1983). *Third World Multinationals — The Rise of Foreign Investment from Emerging Countries*. Cambridge, MA/London: MIT Press.

Xie, Z., & Li, J. (2015). Demand Heterogeneity, Learning Diversity and Innovation in an Emerging Economy. *Journal of International Management*, 21(3), 277–292.

Xu, C., Wang, J., & Wang, H. (2008). Demand-Oriented Innovation of Firms in China: An Empirical Study. *Frontiers of Economics in China*, 3(4), 548–567.

Yang, Y., Wang, Q., Zhu, H., & Wu, G. (2012). What Are the Effective Strategic Orientations for Product Innovation Performance under Different Environmental Conditions: An Empirical Study of the Chinese Businesses. *Journal of Product Innovation Management*, 29(2), 166–179.

Yang, Y., Wang, S., & Zhu, H. (2012). New Product Growth in the Emerging Chinese Market: A Dual Structure Model. *Innovation & Entrepreneurship*, 8, 87–101.

Yip, G., & McKern, B. (2016). *China's Next Strategic Advantage: From Imitation to Innovation*. Cambridge, MA: MIT Press.

Zhu, H., Wang, Q., Yan, L., & Wu, G. (2009). Are Consumers What They Consume? Linking Lifestyle Segmentation to Product Attributes: An Exploratory Study of the Chinese Mobile Phone Market. *Journal of Marketing Management*, 25(3/4), 295–314.

Zhu, H., & Yang, B. (2018). *Strategy Rhythm: Winning in Turbulent Times*. Beijing: China Machine Press.

Zhu, H., Yang, Y., & Wu, G. (2007). Cross-Country Comparison of Market Growth in China: An Innovation Diffusion Perspective. *Studies in Science of Science*, 25(2), 346–351.

Zhu, H., Zhang, M., & Lin, W. (2017). The Fit between Business Model Innovation and Demand-Side Dynamics: Catch-Up of China's Latecomer Mobile Handset Manufacturers. *Innovation*, 19(2), 146–166.

# —— 第 6.4 章 ——
# 中国企业走在数字技术的前沿

余江　张越

数字化创新可以被定义为一种新的产品、流程或商业模式，需要采用者做出一些重大改变，并体现在信息技术（IT）中或由信息技术实现（Fichman et al.，2014，330）。产品、流程和商业模式创新正变得相互交织。一些数字化产品可以同时作为核心平台，进一步促进平台上的补充/外设组件创新（Yoo et al.，2010），并可能产生新的商业模式或高度衍生的数字生态系统。数字创新和挖掘技术在服务创新中的嵌入得益于国内互联网用户的巨大需求、信息技术的快速赶超以及发达国家和发展中国家信息基础设施的广泛建设（Barrett et al，2015；Spohrer & Maglio，2010）。

自 2001 年加入世界贸易组织（WTO）以来，中国已经发展成为世界上最大的信息技术和电子设备的生产国和消费国之一，包括手机、电脑和大多数消费类电子产品。作为一个巨大的新兴市场，中国的互联网普及率和经济数字化也给世界留下了深刻的印象；此外，到 2009 年，中国拥有世界上最多的互联网用户。在此期间，中国实现了超大规模的电子基础设施的快速增长。在过去的二十年里，新兴的数字技术带来了许多新的产品、流程和商业模式，其中一些技术在中国经历了特别的繁荣，这对世界其他地区具有重要的影响（Liebenau et al.，2019）。

数字化转型使中国的多元化服务创新成为可能。中国还在国内外建立了超级电子商务和移动支付系统，数以亿计的人受益于中国数字技术的这些成就。

由于生产全球化以技术发展和劳动力市场的形式改变了国际分工，中国领先的企业战略家因此正在寻求超越"世界工厂"模式的方法。从本质上讲，中国希望最大限度地减少对外国技术和专利的依赖，培养自己的技术密集型产业和自主创新能力。最值得注意的是，正如傅（Fu，2015）及伊普和麦克恩（Yip & McKern，2016）等的研究，一些领先的中国公司正在从以模仿为主过渡到追求创新的阶段。

在最近的发展阶段，一些中国公司已经达到了全球标准，在多个领域处于技术领域的前沿。现在，中国不仅在电信、消费类电子产品和个人电脑方面，而且在一些复杂的技术产品如超级计算机系统方面也构建了自己的竞争力。然而，从中国数字创新的现状和未来看，我们应该承认并清楚地认识到，中国要成为一个真正的数字强国，在一些"瓶颈"技术方面仍然需要克服一些巨大的挑战，例如，在半导体和软件领域，只取得了有限的进展。

信息通信技术（ICT）行业是一个典型的例子，一些领先的中国公司已经在国内和国外建立了自己的市场竞争力。在某种程度上，中国ICT企业的崛起正在刷新ICT行业的版图，并改变中国自身在全球生产网络中的地位。因此，我们认为学术界应该接受新的分析视角和研究方向，以适应像中国这样的大型新兴环境的独特性，而不是仅仅适应那些我们熟悉的成熟和发达经济体已经建立的视角。

本章旨在概述中国数字创新的过去、现在和未来，并探讨这一令人印象深刻的进步的动力。本章还将讨论和分析促进中国从生存和增长到创新和市场领导地位的战略转型的机制。在这里，我们将探讨宏观环境因素，如制度和政策支持，动态技术领域，以及相关产业和竞争。还将研究中国企业的创新战略，如技术能力、合作与联盟、动态竞争、进入或退出战略，以及生态系统建设和治理。图6.4.1描述了我们的分析框架。

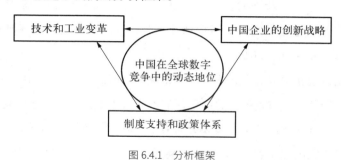

图 6.4.1 分析框架

本章的其余部分将分为四个部分。首先，将讨论几个重点行业的发展，然后将探讨机构和政策体系，特别关注政府的作用。这里将详细描述企业层面的创新和发展战略。最后，还将提出一些关于未来数字创新的潜在挑战和建议，以及未来可能的研究方向。

# 重点行业的发展

### 电信行业竞争力建设：移动奇迹

电信业因其有能力追赶或跨越式地获得成功而成为中国的旗舰产业。事实上，中国的移动通信系统因此赢得了全世界的关注。

中国在 1987 年运营了第一代（1G）移动服务，该服务基于英国主导的标准全接入通信系统（TACS）。1993 年，第二代（2G）数字服务，即全球移动通信系统（GSM，欧洲主导的标准），首先在浙江省提供，并在随后的几年里在全国范围内推广。自 2001 年 7 月以来，中国的移动用户数量居世界之首，到 2002 年达到 2.066 亿（中华人民共和国工业和信息化部，2003）。在此期间，设备市场仍然被主要的外国厂商——摩托罗拉、爱立信、诺基亚和西门子所主导，它们控制了 90% 以上的全球移动通信系统市场（Zhu，2000）。

21 世纪初，在遵循欧美全球技术巨头的技术轨迹和标准之后，中国面临着满足于对外国技术的低水平模仿的潜在危险（Yu，2007）。中国在 2001 年 12 月加入世贸组织后，在制定自己的无线标准的同时，还采取了许多重要的制度举措，并迅速实施了这些战略。

作为移动通信行业的后来者，中国决心在接下来的几代标准中快速学习和追赶。在国内供应商、机构和其他利益相关者的紧密合作下，中国向国际电信联盟（ITU）介绍了自己的本土标准 TD－SCDMA（被国际电信联盟批准为三个 3G 标准之一），以争取在 3G 网络系统中的话语权。

同时，电信和 IT 行业市场在世界各地变得更具活力和竞争激烈。作为一个后来者，国产的时分同步码分多址（TD－SCDMA）在技术成熟度方面落后于其他两个国际标准（WCDMA 和 CDMA2000），并有可能在加速的全球竞争中进一步落后。2002 年，在国家发展和改革委员会、工信部和科技部的支持下，成立了 TD－SCDMA 产业联盟（TDIA），打造时分同步码分多址（TD－

SCDMA）标准的竞争力和构建相对完整的产业链（Chen et al., 2014）。2006年1月，中国政府批准 TD－SCDMA 作为中国首个无线通信 3G 国家技术标准。在无线标准化进程中，中国同时推行路径创建和路径依赖战略。2009 年 1 月，中国移动获得时分同步码分多址（TD－SCDMA）牌照，中国联通获得宽带码分多址（WCDMA）牌照，中国电信获得码分多址 2000（CDMA2000）牌照。由此，中国终于进入了 3G 时代，加入了世界其他国家的行列。一些领先的设备供应商，如华为、中兴和大唐移动，已成为这种多路径战略的主要受益者。它们已经逐步建立了自己的产品开发能力，从而能够为快速增长的运营商提供低成本的整体解决方案，并响应中国市场的动态需求。

随着我们进入 5G 时代，我们可以看到一个端到端的生态系统，一个完全移动和完全互联的世界即将到来。中国 5G 的发展似乎更加开放和国际化。我们可以观察到政策转向"走出去"战略，以重新定位其在全球产业体系中的角色。中国继续追求其成为电信行业领导者的雄心壮志，并在国际数字标准化舞台上成为重要的参与者。以华为为例，作为技术跟随者，现在已经赶上并成为全球市场上重要的 5G 技术参与者之一。它在美国（如达拉斯、硅谷）、瑞典、印度、俄罗斯等领先的电信技术中心设立了研发（R&D）办事处。

### 中国智能手机产业的强势崛起

移动电话（主要是智能手机）比任何其他技术都更有影响力。世界上一半以上的手机用户生活在亚太地区，主要是在中国和印度，并且现在全球一半以上的人口为手机用户。在中国，自 2013 年以来，华为、小米、维沃（Vivo）和欧珀（Oppo）已经成为中国智能手机市场的主导企业，而且它们还在积极地拓展海外市场。在过去的两年里，中国的三家智能手机制造商——华为、小米和欧珀——与三星和苹果一起进入全球智能手机出货量市场的前五名（IDC，2020）。2017 年，华为获得了全球智能手机出货量的 10%，接近三星和苹果的地位（Emil，2018）。通过大量的研发投资和打造知名品牌，华为已经从传统的电信设备供应商发展成为中高端智能手机的领先供应商。凭借在网络系统市场的竞争力，华为已经迅速提升了其技术能力。2014 年 Mate7 的成功发布是一个伟大的里程碑。华为正利用这些手机来吸引国内外相对年轻的智能手机消费者。

根据国际数据公司（IDC）的全球手机季度跟踪报告（IDC，2019），其他中国智能手机供应商，如小米、欧珀和维沃，也已进入全球销售量前十。小米在 2011 年 8 月发布了其第一款智能手机，并扩展到开发更广泛的消费类电子产品，包括不断增长的智能家居［物联网（IoT）］设备生态系统。成立于 2009 年的维沃，正在成为设计创新者，推出了首款配备专用 Hi－Fi 芯片和专业级摄影解决方案的智能手机。维沃已经迅速扩展到印度和东南亚市场。截至 2016 年 1 月，该公司在其研发中心雇用了 1 600 名研发人员。

除了智能手机硬件的创新生态系统，基于智能手机应用场景延伸的应用生态系统也正在被中国顶级企业（不仅是智能手机生产商，还有互联网巨头）所构建。智能手机已经成为触发信息消费扩大升级的最重要信息技术设备和驱动因素之一（国务院，2018）。例如，小米已经推出了智能手表、互联网电视、智能语音盒和其他可穿戴设备的产品系列。因此，"生态链战略"正在中国探索更多的数字经济新领域，如移动支付（移动经济）和共享单车（共享经济）。

**基于知识的服务部门：软件的进步**

自 1990 年代初以来，中国的软件产业经历了不均衡的发展。作为知识密集型行业之一，中国的软件产业在过去 20 年中经历了技术学习阶段和产品升级阶段，这在很大程度上充分利用了后发优势（Lin，2011）。在政府政策（如"科技创新 2030"和"信息消费"相关行动计划）以及巨大的国内需求的推动下，中国的软件产业近年来发展迅速。中国企业与该行业全球领先企业之间的差距已经缩小。然而，本土软件企业要成为全球软件市场的领导者，还有很长的路要走。

在过去的十年中，外包成为中国软件业发展的主要动力，跨境软件开发业务大幅扩张。由于成本优势，中国企业迅速参与到 IT 外包市场中。这种外包在一定程度上有助于中国软件企业理解西方价值链中的商业经验。在这种情况下，这个行业的人才和投资高度集中在中国东部的大城市，形成了北京、深圳和上海等地的软件产业高密度集群。

## 前沿的创新努力：芯片价值链

自 1990 年代以来，集成电路（IC）的发展已成为中国科技规划的首要战略任务。过去三十年来，中国半导体行业一直致力于缩小与国际技术前沿的差距。最初，集成电路的基本制造能力是通过与跨国公司（MNCs）的紧密合作而获得的外部技术知识的扩散而建立的，并逐渐嵌入到当地的创新体系中。

1995 年，中国在上海启动了"909 工程"，这是集成电路产业发展的里程碑项目。1997 年 7 月，与日本电气公司（NEC）合资的国有合资企业华虹 NEC 电子公司成立，总投资额 100 亿元人民币，是中国电子行业最大的政府投资项目，到 2006 年，它拥有第一个能够生产 0.35 至 0.18 微米芯片的半导体制造厂（微型芯片生产厂）（Hu，2006）。

2000 年 6 月，国务院发布 18 号文件《国务院关于印发鼓励软件产业和集成电路产业发展若干政策的通知》。[①] 这是中国首次为其半导体产业制定国家综合战略。艰难生存的年轻芯片制造商和设计公司可以获得更多的公共支持，包括延长税费免征期，降低企业所得税税率，以及在业务举办地获得区位补贴。所有这些措施都引发了工业总量的爆炸性增长（Wu & Loy，2002）。2000 年 4 月，上海政府和几家全球企业投资近 30 亿美元在上海成立了第一家现代集成电路晶圆代工厂——中芯国际集成电路制造有限公司，中国开始接近全球芯片竞争的主流。

2000 年，国内的半导体设计和封装迅速繁荣起来，而更多的外国上游设备和材料公司正在扩大中国市场，以发展日益全球化的供应链。这时，中国政府的半导体战略发生了很大的转变（Zhou & Li，2007）。2008 年，专注于面向 2020 年追赶和发展的大型国家重点计划于 2008 年 3 月宣布并正式启动，该计划的关键部分之一是瞄准高端通用芯片和基础软件，以及用于高级加工的尖端工艺和设备（MOST，2008）。

在此期间，国内集成电路设计行业的发展主要得益于在该领域拥有丰富专业知识的海外中国人才的回流。2018 年，中国集成电路设计企业数量接近 1 700 家［中国半导体工业协会（China Semiconductor Industry Association），

---

① 对于超过 80 亿元人民币的 0.25 微米技术的资本投资，投资者可以享受较低的增值税政策，从 17% 降至 3%。此外，投资者还享有前两年免税和后三年减半的所得税优惠，以及集成电路行业原材料和设备免征海关关税的待遇。

2018]。例如，由海外归国人员于 2001 年 4 月创立的展讯通信，成为一家领先的无晶圆厂半导体公司，为智能手机和消费电子产品开发芯片组平台。展讯的解决方案将其高度集成、高能效的芯片组与可定制的软件和参考设计结合在一个完整的统包平台中。作为全球第三大基带芯片供应商，展讯已经建立了一个全球化的客户组合，包括三星、联想和华为，并且自 2015 年以来一直是三星最大的芯片供应商之一。

除了独立的集成电路设计公司，中国一些领先的信息科技和电子系统公司，如华为和海尔，也建立了自己的芯片组设计分支机构。这些面向内部的设计公司擅长为移动通信和消费电器创造产品设计。海思是华为于 2004 年成立的集成电路设计公司，在全球网络和超高清视频技术方面进行了创新。华为的新一代处理器麒麟 970，为 2018 年 3 月推出的 P20 和 P20 - Pro 等手机成功提供了支持。除了性能的大幅提升外，麒麟品牌旨在提供增强的人工智能（AI）功能。

国家科技重大专项的实施，增强了国内装备行业的创新实力，刺激了芯片行业的未来可持续发展。然而，一些技术瓶颈仍然存在，例如，在关键设备和材料生产方面仍然难以取得重大突破。为了解决这一问题，中国政府在 2014 年发布了《国家集成电路产业发展推进纲要》。政府还在 2014 年启动了超过 200 亿美元的国家集成电路专项投资基金。同时，根据《"十三五"科技创新规划》，中国承诺将半导体项目列为国家面向 2030 重大项目。

**云计算和互联网基础设施**

自 2006 年谷歌提出"云计算"的概念以来，它已经成长为一个巨大而有发展前景的产业，并呈现出快速增长的趋势。全球公共云服务市场已经达到 2 330 亿美元，与 2018 年相比增长了 26%（IDC，2020b）。在全球范围内，3A（AWS、Azure 和阿里云的简称）为排名前三的云服务提供商（Garter，2018），在中国，阿里云引领国内云服务，其次是中国电信和腾讯云。

中国的云计算业务仍处于初级阶段，但与全球市场相比保持了快速增长。2009 年初，阿里巴巴建立了首个电子商业云计算中心。2010 年 10 月，工信部和国家发展改革委发布了"全国云计算试点示范计划"，在五个城市进行云计算服务试点：北京、上海、深圳、杭州和无锡（Yu et al.，2016）。云服务试点引发了互联网基础设施和互联网数据中心（IDCs）的大规模扩张。同时，地方政府也加大了对云计算数据中心的投资，这可能在未来的经济升级和产业转型中发挥关键作用。

国务院在 2015 年发布了三个与云计算密切相关的政策文件，两年后，工信部发布了《云计算发展三年行动计划（2017—2019）》，提出了发展中国云计算产业的具体目标。在国家政策的大力支持下，大量的投资为中国云计算市场做出了贡献。仅在 2017 年，中国 20 家云服务提供商的融资总额约为 93.7 亿元人民币。

同时，新兴的本土信息技术设备公司，如浪潮和联想，在中国基础设施市场不断赢得服务器、存储和网络系统的合同，因为它们提供技术先进的产品，并具有满足这些互联网巨头和快速增长的云服务提供商需求的灵活性。

### 前景广阔的人工智能

自 2014 年以来，中国的高科技公司已经洞悉了新兴人工智能的光明前景。从面部识别到自动驾驶汽车，中国已经迅速成为全球人工智能发展的中心之一，因为其庞大的人口和多样化的产业基础产生了大量具有巨大应用潜力的海量数据。

中国政府对人工智能的发展非常重视。2015 年，针对 11 个重点人工智能相关行业的《"互联网+"人工智能三年行动实施方案》公布。2017 年，"科技创新 2030——重大项目"启动了"人工智能 2.0"项目（MOST，2017 年）。2017 年 7 月，国务院发布了《新一代人工智能发展规划》，为整个人工智能产业的研发、产业化、人才培养、教育和技能获取、标准制定和法规、道德规范、安全等提出了倡议和目标（国务院，2017）。迄今为止，这是中国所有人工智能规划中最全面的，清楚地表明了中国到 2030 年成为世界人工智能领导者的雄心。最好的理解是三步走计划，第一步是到 2020 年使中国的人工智能产业与竞争对手"持平"，第二步是到 2025 年在某些领域达到"世界领先"的能力，第三步是到 2030 年成为"主要"的人工智能创新中心。根据前面提到的人工智能规划，到 2030 年，中国的目标是培育一个价值 1 万亿元人民币的人工智能产业，相关产业价值 10 万亿元人民币。该规划还阐述了政府吸引世界上最优秀的人工智能人才，加强人工智能劳动力培训，并在促进人工智能发展的法律、法规和道德规范方面引领世界的决策。后者包括了积极参与和领导全球人工智能治理的意图。

在应用层面，中国在算法开发方面正在接近其他西方国家，特别是在语音识别和定向广告方面。在海量用户数据和新设计的产品线的帮助下，中国的一些互联网巨头（百度、阿里巴巴和腾讯）正在积极探索图像和语音识别等前沿技术。例如，百度大脑正在开发第三方人工智能应用平台。百度还大力投资开发自动驾驶汽车。此外，随着许多科研和行业专家在技术前沿发表学术论文和提交专利申请，中国的人工智能发展在追赶赛中处于有利地位。

在中国人工智能领域的科技项目创新成果中，涉及的主要高新技术是光机电一体化、电子信息和软件等。相关技术多应用于制造业、批发零售业、科学研究、技术服务、信息传输、计算机服务和软件业等行业。在技术服务、合作研发、产权转让、资本投资等方面采取了促进研发成果向产业应用转化的举措。

大量有前景的垂直应用场景也为本土的技术创业的繁荣创造了动力，这也是政府所大力鼓励的。得益于全球开源平台，大多数中国公司能够迅速采用世界上最先进的算法。越来越多的人工智能初创公司正专注于开发机器学习应用程序和相关的商业模式。一些中国初创公司甚至在全球著名的人工智能技术比赛中获胜，如海康威视在 ImageNet 比赛中获胜。然而，中国迅速进军人工智能领域，其庞大且不断增长的数据池与数据分析和有效数据治理能力之间仍存在巨大的差距。因此，中国主要的人工智能公司仍然需要由国外算法和基础芯片提供支持，而这些算法和芯片大多由美国公司设计。

## 企业层面的参与者与战略

### 中国数字经济中的新兴巨头

得益于庞大的人口规模，中国现在拥有世界上最大的互联网用户量，并迅速成为最重要的数字经济市场之一。中国已经拥有几家世界级的电信运营商，包括中国电信、中国联通和中国移动。以中国移动为例：2006 年，中国移动成为全球最大的移动运营商，拥有最大的移动用户基数。英国《金融时报》将其列为 2007 年全球最有价值品牌的第五名。在 4G 时代及以后，中国移动仍然是市值最大的电信运营商之一，截至 2018 年，总用户数超过 9.25 亿（Statista，2020）。

除了拥有三家大型网络运营商外，中国在过去十年还见证了超大规模互联网巨头的崛起。在 2017 年全球十大互联网公司中，有四家来自中国，分别是阿里巴巴、腾讯、百度和京东。这些中国互联网巨头遵循独特的路径和商业模式，迎合了日益增长的消费者需求、中国的文化传统和国家发展的需求，同时激发了中国数字市场的巨大财富。这些领先公司的大量用户产生了大量的数据，这些数据可以通过采用人工智能、大数据和云计算等技术支持数字经济的进一步发展。

百度、腾讯、阿里巴巴的核心业务各不相同：百度是搜索，腾讯是视频游戏和即时通信，而阿里巴巴则是电子商务。阿里巴巴最初是从为中小企业提供企业对企业（B2B）服务发展起来的，然后通过淘宝和支付宝扩展到企业对消费者（B2C）。如今，阿里巴巴作为中国的一家大型电子商务公司，拥有最有价值的商业数据。百度作为搜索引擎提供商，呈现出新兴技术的新图景。深度学习算法、数据模型和大规模图形处理单元并行计算技术通过百度大脑集成。2017 年，百度公布了"阿波罗计划"，为汽车和自动驾驶行业的合作伙伴提供一个开放、可靠、完整的软件平台，以开发自己的自动驾驶系统。腾讯拥有庞大的社交媒体数据库，擅长发布产品。目前，腾讯正在努力整合微信、QQ 空间和游戏产品的后端数据，建立一个稳定的生态系统，为 10 亿在线用户服务。有能力的生态体系建设和有效的治理可能是这些中国互联网巨头在未来实现可持续发展的关键动力。

中国的移动支付系统自 2012 年以来经历了指数级的增长，这被认为是另一个奇迹（Fan et al.，2018），因为很少有移动支付平台能够大幅改变覆盖近一半人口的现有金融和支付体系，甚至改变这个最大的新兴国家的社会生活方式。

在网络硬件市场，华为是一家典型的在激烈的全球竞争中建立技术能力的公司。其在 2017 年成为世界上申请国际专利最多的申请者，拥有 4 024 项专利（WIPO，2018）。华为拥有的专利资产数量的激增，是高科技公司在国际贸易中的竞争力和针对国内外特定市场的竞争战略的一个指标。在过去的十年中，华为采取了先发制人的方法，通过在全球标准化组织中拥有更多的席位来参与全球知识产权体系。华为还推出了全球服务，为许多全球电信运营商提供强大的咨询和工程服务以提高运营效率。

尽管在中美两个经济大国持续贸易争端的背景下，中国科技巨头的全球化进程正面临着巨大的挑战，但中国企业仍然继续专注于为全球市场积累良好的能力和成本竞争力。

## 信息技术跨国企业及其在中国的嵌入过程

尽管中国作为全球电子制造和出口大国的地位正在迅速提升，但其主要被定位为外国跨国公司的最终组装平台。多年来，大多数信息技术跨国公司在中国业务上投入了大量资金，但许多公司的运营仍然低于其潜力，特别是在销售和营销以外的职能领域。

关于跨国公司在新兴国家的嵌入性研究主要考察跨国公司和东道国之间的关系。一些学者试图探索跨国公司嵌入大型新兴国家的驱动因素（Corredoira & McDermott，2014；Yaprak & Karademir，2011）。路易斯和斯蒂芬（Luiz & Stephan，2012）发现，跨国公司在新兴国家进行外国直接投资（FDI）的原因是追求市场和利润增长，因为现有的市场已经饱和，以及为了分散风险。

到 1990 年代，大多数全球领先的电信设备供应商都在中国建立了合资企业（Tan，2002）。为了在这个世界上最大的潜在市场保持竞争优势，跨国公司可能会选择主动或被动的战略来建立自己在当地的商业体系。主动的战略与强有力的初始承诺有关。企业可能会变得不灵活，放弃在未来能够根据新信息调整决策的可能性，如果环境变得恶劣，企业可能会遭受重大损失（Li & Li，2010）。另一方面，被动的战略为相关各方提供了灵活性，可以根据商业环境的波动性和不确定性增加承诺或控制损失（Dixit & Pindyck，1994；Trigeorgis，1996）。更多的跨国公司希望利用中国的制造能力和设计/开发人才，在中国和全球获得优势。这里我们借鉴了萨科和齐尔伯格（Sako & Zylberberg，2017）关于价值链中企业特定升级的理论框架。进入全球价值链的国内供应商可以随着时间的推移重塑治理机制，改变价值链中的权力分配，并直接从升级中获得收益。在这方面，完全融入全球价值链与通过更有经验的跨国公司的知识转移，在新兴国家建立当地供应商的能力相关联。正如中国的移动通信产业所表明的那样，跨国公司需要制定动态的、多周期的网络战略，通过将自己嵌入标准化和产业发展的业务和系统，与当地市场共同发展。

具体而言，跨国公司可以通过与当地参与者建立合资企业和战略联盟来建立密切的联系，从而将自己嵌入商业系统。另一方面，外国企业和国内企业之间的关系是双向的，这意味着中国企业与跨国公司合作开发核心软件和芯片组产品，而跨国公司则与本地合作伙伴合作，利用优惠政策和当地知识，在中国市场上获得更多的合法性（Yu et al.，2014）。

# 制度和政策体系

## 将技术与市场发展联系起来的制度支持

许多研究者已经认识到制度的力量对大型新兴经济体的影响，制度在这些经济体中的作用是通过促进交换伙伴之间的互动来减少环境的不确定性（Hoskisson et al.，2000）。制度变革为适应性学习和知识产权发展提供激励，鼓励更多的创新活动，并刺激企业的改进（Jefferson et al.，1994；Vargo et al.，2015）。

在新兴信息技术等高科技领域，中国仍然采用自上而下的治理模式，包括实施国家战略、发展计划、研发项目和重大产业项目。所有这些政策和激励措施可以将相关企业、研究机构和大学聚集在一起，共同研究关键技术和产业发展。

基于制度的竞争战略观点也可以解释国内企业与外国跨国公司之间因制度和市场因素的交织而产生的战略伙伴关系的选择。中国政府长期以来一直认为核心技术和软件对西方国家的高度依赖是一个潜在的安全问题，因此可能会鼓励建立更加本土化和独立的供应链。

为了促进数字技术的应用，获得更好的经济和社会效益，中央政府正在制定数字经济战略草案，而至少有 10 个省市政府已经公布了他们的战略。2016年 5 月，中国中央政府发布了《国家创新驱动发展战略纲要》，为旨在将中国建设成为未来科技强国的新技术创新制度制定了路线图（国务院，2016）。在过去十年里，云计算、电子政务、智慧医疗和智能制造已经被纳入自上而下的经济和创新政策体系。

为了加快核心信息技术的自主创新，中国的战略强调提升发展与治理能力，同时发展关键硬件和软件产品的国内技术基础，这被认为是向可持续产业发展迈进的基石。例如，超级计算机系统的发展遵循典型的任务导向路径。中国政府在国家和地方层面上都意识到了高性能计算机的价值和超级计算机在促进创新、推动科学和经济增长方面的作用。因此，政府继续大力投资于更高速度的系统的研究和应用生态系统的进一步培育。多年来，中国一直在世界 500 台最快的超级计算机排行榜上占据榜首，并在 2017 年占据了 500 个席位中的 202 个，将美国挤到了第二位［全球超级计算机 500 强榜（Top 500），2017］。由于中国的超级计算机在质量和数量上都有如此快速的扩张，计算应用的范围已经远远超出了能源、气候或科学研究等领域的宏观项目。

**完善人才和教育体系**

为了促进知识型经济和社会的发展，创新的人才储备是获得长期利益的关键战略资产。然而，中国的人口红利正在减少，数字技术的发展正面临着对技术型、创新型人才的迫切需求和人工智能作为劳动力替代品的潜力之间的结构性差异。技术、经验和创新劳动力的供应远远不能满足现有人力资源市场的需求。

为了解决中国在信息技术和数字创新领域的人才缺口，政府积极投资与信息技术相关的教育和研究项目，重新调整传统的教育体系，更加注重创新和数字技能，并制定了促进人才流动和国际合作的移民政策，以吸引世界各地的优秀人才。该行业也有重大的激励措施，加快信息技术人才队伍的建设，并实施数字领军人才、新生代人才、专业人才的选拔培养计划。

同时，中国也在努力通过整合多方力量，特别是学术界和产业界的力量来改革其教育体系。2018 年 2 月，西湖大学成立，旨在通过培养更好的学术环境和吸引海内外教授的力量，为中国提供顶级人才，并发挥政府、行业和社会资源的汇聚中心的作用。

**"互联网+"：推动新经济的高效引擎?**

2015 年，中国决定推进"互联网+"行动计划，将信息通信技术（如 5G、云计算、大数据和物联网）和互联网平台与传统产业和实体经济相结合（国务院，2015）。通过将互联网创新的成果应用于更广泛的经济和社会领域，中国可以进一步提高创造力和生产力，促进基于互联网基础设施的更广泛的经济发展形式。在政府层面，无论是中央政府还是地方政府，以促进数字技术和互联网融入更多的社会活动，如公共治理、社会互动、扶贫和课堂教育。从政府到个人层面，从教育到社会话语，从科技研究到创业，"互联网+"成为指导中国商业和社会发展的最重要的原则之一。

然而，值得注意的是，"互联网+"时代也面临着挑战。其中最突出的挑战在于如何将互联网与传统产业有效结合。互联网技术和传统产业的简单结合，并不能产生预期的结果。这可能需要思维方式的改变，最重要的是，需要推动跨部门创新和创业，共同作出贡献。"互联网+"只要在正确的地方以正确的方式运作，就可以成为促进升级和发展的有效引擎。

### 面向全球竞争的未来轨迹

随着全球移动互联网的新浪潮，尤其是在蓬勃发展的中国市场，全球和国内品牌都在积极寻求与新的有能力的供应商合作。数字技术在企业运营中的嵌入和整合使中小企业、本土巨头和跨国公司能够以更有效的方式交换资源，如开放创新平台或众包创新平台（Majchrzak & Malhotra，2013）。

为了面对全球竞争，培育竞争优势，本土中小企业瞄准了全球市场的高附加值和利基领域，尤其是技术密集型和高科技型中小企业。显然，开放式创新和价值链整合对于在全球范围内取得成功更为重要。最近，更多的电信技术联盟已经建立，包括网络运营商、服务提供商、内容提供商和其他来自全球生态系统的参与者。

兼并和收购成为领先的本土品牌突破战略局限的重要载体。中国企业一直在收购更多的高科技公司，联想就是一个典型案例。2005 年，联想通过收购国际商业机器公司（IBM）的个人电脑部门和思考本（ThinkPad）品牌吸引了国际上的关注。联想从国际商业机器公司的收购中受益于三个方面：思考本品牌、先进的个人电脑制造技术，以及国际商业机器公司的全球资源，如其全球销售渠道和运营团队。2014 年，联想还从谷歌收购了摩托罗拉移动，以增强其在全球智能手机市场的竞争力。

随着经济全球化的深入，本土品牌正面临着更加激烈的国内外市场竞争。作为国际贸易、外国直接投资和技术改造的主要来源或渠道，跨国公司更有可能建立一个世界性的创新生态系统（Malecki，2011）。为了应对数字经济时代的全球竞争和挑战，中国的部分企业正在通过增加研发投资（华为每年的研发投入超过销售收入的 10%）和加入或建立全球创新生态系统来积累技术优势。为了保持竞争优势，许多公司，如联想，收购其他外国公司的部分或全部股权以拓展海外市场，同时也收购相关专利组合。

中国的领先企业越来越重视海外知识产权战略，这将是未来最重要的竞争战略之一。海外知识产权和研发部门依托数字治理平台，为进入国际技术市场、汇聚价值链主体、整合创新资源提供制度保障（Orsi & Coriat，2006）。除了技术能力，服务主导逻辑（Lusch & Vargo，2006）和客户需求导向对于适应全球竞争同样重要，这促进了与客户的合作创新，使价值链更具活力，商业和创新生态系统更加多样化。在政府层面，已经出台了支持中国企业国际化的激励和保护政策。企业的市场化程度越来越高，而产业和国家层面的全球竞争的创新体系仍处于早期阶段，这可能需要政府自上而下的支持和企业自下而上的努力。

### 结论：潜在的挑战和未来可能采取的行动

中国正以抢占高端信息技术发展的坚定雄心，不断加大对相关领域的投资，以显示其推动全球技术前沿的增长思维。经过几十年的投资，中国取得了突破性进展，不断缩小与发达国家的差距，特别是在高性能计算机、量子通信、5G 移动通信等领域。一些中国企业已经达到了全球标准，甚至在一些领域处于技术发展的前沿。

毋庸置疑，中国还有更多潜在的数字技术和新兴产业领域有待探索。中国需要做出更多的努力，以实现全球信息产业和其他高科技领域格局的显著转变。在这个过程中，随着中国数字产业的发展，一些关键的挑战仍有待解决。

第一个挑战是如何克服一些核心技术的瓶颈。如何实现关键技术的突破，仍然是中国数字创新面临的一项艰巨而不可避免的任务。探索核心技术布局将是推动这个最大市场的数字创新可持续发展的最重要途径之一。

第二个挑战是如何在数字创新中实现技术、市场和制度的协同作用。国内鼓励核心信息技术的开发通过产业联盟来替代全球知识的采购。然而，尽管政府努力促进领先的大学、研究机构和国内产业之间的整合和合作，但领先的信息技术公司和国内技术市场之间的有效互动仍然非常薄弱。实现这种协同作用的根本方法是建立一个开放和有活力的国家创新体系，由政府和企业之间自上而下和自下而上的双向努力推动。

第三个挑战是如何在激烈的全球竞争中保持开放。中国的自主创新正面临着新的挑战，它与外国信息技术公司的关系可能变得更加不稳定。更加熟悉国外的商业规则，在全球竞争的大环境下运营，并试图通过制定世界性的技术标准来主导一些战略行业，这将是中国新兴跨国公司成功的必要条件。

第四项挑战是如何提升公共政策体系。政府需要重新定位自己的角色，为领先的研究和新兴科技成果的产业化提供更有效的支持平台，增加研发资源的供应，并刺激对尖端科技的需求。此外，还需要高端智库和顾问来推动数字化进程。除了有效的知识产权保护政策之外，促进区域产业集群和新兴数字领域技术成果商业化的战略也同样重要。

最后，除了经济问题，一些更深层次的社会问题和挑战也可能出现，包括保护隐私和信息安全，相关的监管和道德问题，这些问题与即将到来的数字时代的不断变化的通信技术发展趋势一样，值得进一步关注。

# 致 谢

本文得到了国家自然科学基金（编号 71834006）和教育部哲学社会科学研究重点项目（批准号：20JZD022）的支持。

# 参考文献

Barrett, M., Davidson, E., Prabhu, J., & Vargo, S. L. (2015). Service Innovation in the Digital Age: Key Contributions and Future Directions. *MIS Quarterly*, 39(1), 135 – 154.

China Semiconductor Industry Association (2018). http://www.elecfans.com/d/823760. html.

Chen, S., Zhao, J., & Peng, Y. (2014). The Development of TD – SCDMA 3G to TD – LTE – Advanced 4G from 1998 to 2013. *IEEE Wireless Communications*, 21, 167 – 176.

Corredoira, R. A., & McDermott, G. A. (2014). Adaptation, Bridging and Firm Upgrading: How Non-Market Institutions and MNCs Facilitate Knowledge Recombination in Emerging Markets. *Journal of International Business Studies*, 45(6), 699 – 722.

Dixit, A. K., & Pindyck, R. S. (1994). *Investment under Uncertainty*. Princeton University Press.

Emil, P. (2018). IDC: Smartphone Shipments Down 6.3% in Q4 2017, Apple Overtakes Samsung for Top Spot. https://venturebeat. com/2018/02/01/idc-smartphone-shipments-down-6-3-in-q4-2017-apple-overtakes-samsung-for-top-spot/.

Fan, J., Shao, M., Li, Y., et al., (2018). Understanding Users' Attitude toward Mobile Payment Use: A Comparative Study between China and the USA. *Industrial Management & Data Systems*, 118(3), 524 – 540.

Fichman, R. G., Santos, B. L. D., & Zheng, Z. (2014). Digital Innovation as a Fundamental and Powerful Concept in the Information Systems Curriculum. *MIS Quarterly*, 38(2), 329 – 353.

Fu, X. (2015). *China's Path to Innovation*. Cambridge University Press.

Garter (2018). Invest Implications: "Market Opportunity Map: Cloud Services, Worldwide". https://www.gartner.com/en/documents/3887565.

Hoskisson, R. E., Eden, L., Lau, C. M., & Wright, M. (2000). Strategy in Emerging Economies. Academy of *Management Journal*, 43(3), 249 – 267.

Hu, Q. (2006). *The Decision Process for Huahong-NEC*. Electronics Industry Publishing.

IDC (2019). Worldwide Quarterly Mobile Phone Tracker. https://www. idc. com/tracker/ showproductinfo.jsp?prod_id = 37.

IDC (2020a). Smartphone Market Share. https://www.idc.com/promo/smartphone-market-share/vendor.

IDC (2020b) Worldwide Public Cloud Services Market Totaled $233.4 Billion in 2019 with the Top 5 Providers Capturing More Than One Third of the Total, According to IDC. https://www. idc.com/getdoc.jsp?containerId = prUS46780320.

Jefferson, G. H., Rawski, T. G., & Zheng, Y. (1994). Institutional Change and Industrial Innovation in Transitional Economies. *Journal of Asian Economics*, 5(4), 585 – 604.

Li, J., & Li, Y. (2010). Flexibility versus Commitment: MNEs' Ownership Strategy in China. *Journal of International Business Studies*, 41(9), 1550 – 1571.

Liebenau, J., Yu, J., & Lee, H. (2019). Introduction: Special Issue on Digital Economy in East Asia. *Technological Forecasting and Social Change*, 139, 73 – 74.

Lin, J. Y. (2011). China and the Global Economy. *China Economic Journal*, 4(1), 1 – 14.

Luiz, J. M., & Stephan, H. (2012). The Multinationalisation of South African Telecommunications Firms into Africa. *Telecommunications Policy*, 36(8), 621 – 635.

Lusch, R. F., & Vargo, S. L. (2006). Service-Dominant Logic: Reactions, Reflections and Refinements. *Marketing Theory*, 6(3), 281 – 288.

Majchrzak, A., & Malhotra, A. (2013). Towards an Information Systems Perspective and Research Agenda on Crowdsourcing for Innovation. *Journal of Strategic Information Systems*, 22(4), 257 – 268.

Malecki, E. J. (2011). Connecting Local Entrepreneurial Ecosystems to Global Innovation Networks: Open Innovation, Double Networks and Knowledge Integration. *International Journal of Entrepreneurship and Innovation Management*, 14(1), 36 – 59.

MOST (2017). China Will Launch the "Major Project of Science and Technology Innovation 2030" in 2017. http://www. most. gov. cn/ztzl/qgkjgzhy/2017/2017mtbd/ 201701/t20170111_ 130415.htm.

MOST (2008). The Mega National Key Programs. http://www.nmp.gov.cn/zxjs/.

MIIT (2003). Monthly Bulletin of Communications Industry Statistics, December 2002. http://www.miit.gov.cn/n1146312/n1146904/n1648372/c3484109/content.html.

MIIT (2015). Made in China 2025. http://www.miit.gov.cn/n973401/n1234620/index.html.

Orsi, F., & Coriat, B. (2006). The New Role and Status of Intellectual Property Rights in Contemporary Capitalism. *Competition & Change*, 10(2), 162 – 179.

Sako, M., & Zylberberg, E. (2017). Supplier Strategy in Global Value Chains: Shaping Governance and Profiting from Upgrading. *Socio-Economic Review*, 17(3), 1 – 21.

Spohrer, J. C., & Maglio, P. P. (2010). Toward a Science of Service Systems. In P. P. Maglio, C. A. Kieliszewski, & J. C. Spohrer (Eds.), *Handbook of Service Science* (pp.157 – 194). Springer.

State Council (2015). Guidelines of the State Council on Actively Promoting the "Internet Plus" Action. http://www.gov.cn/zhengce/content/2015-07/04/content_10002.htm.

State Council (2016). National Strategy of Innovation-Driven Development. http://www.gov.cn/zhengce/2016-05/19/content_5074812.htm.

State Council (2017). A Next Generation Artificial Intelligence Development Plan. http://www.gov.cn/zhengce/content/2017-07/20/content_5211996.htm.

State Council (2018). Three Year Action Plan of Expanding and Upgrading Information Consumption (2018 – 2022). http://www.gov.cn/xinwen/2018-09/20/content_5324109.htm.

Statista (2020). Number of Mobile Cell Phone Subscriptions in China from December 2019 to December 2020. https://www.statista.com/statistics/278204/china-mobile-users-by-month/.

Tan, Z. A. (2002). Product Cycle Theory and Telecommunications Industry — Foreign Direct Investment, Government Policy, and Indigenous Manufacturing in China. *Telecommunications Policy*, 26(1 – 2), 17 – 30.

Top 500 (2017). China Pulls Ahead of U. S. in Latest TOP500 List. https://www.top500.org/news/china-pulls-ahead-of-us-in-latest-top500-list/.

Trigeorgis, L. (1996). *Real Options: Managerial Flexibility and Strategy in Resource Allocation*. MIT Press.

Vargo, S. L., Wieland, H., & Akaka, M. A. (2015). Innovation through Institutionalization: A Service Ecosystems Perspective. *Industrial Marketing Management*, 44, 63 – 72.

WIPO (2018). Statistics Database, March 2018. https://www3.wipo.int/ipstats/.

Wu, F., & Loy, C. B. (2002). Rapid Rise of China's Semiconductor Industry: What Are the Implications for Singapore? *Thunderbird International Business Review*, 46(2), 109 – 131.

Yaprak, A., & Karademir, B. (2011). Emerging Market Multinationals' Role in Facilitating Developed Country Multinationals' Regional Expansion: A Critical Review of the Literature and Turkish MNC Examples. *Journal of World Business*, 46(4), 438 – 446.

Yip, G. S., & McKern, B. (2016). *China's Next Strategic Advantage: From Imitation to Innovation*. MIT Press.

Yoo, Y., Henfridsson, O., & Lyytinen, K. (2010). Research Commentary: The New Organizing Logic of Digital Innovation: An Agenda for Information Systems Research. *Information Systems Research*, 21(4), 724 – 735.

Yu, J. (2007). From Path-Following to Path-Creating, Some Paradigm Shifts in China's Catching-Up. *International Journal of Technology and Globalisation*, 3(4), 409 – 421.

Yu, J., Xiao, X., & Zhang, Y. (2016). From Concept to Implementation: The

Development of the Emerging Cloud Computing Industry in China. *Telecommunications Policy*, 40(2 – 3), 130 – 146.

Yu, J., Zhang, Y., & Gao, P. (2014). Motivation and Strategy: MNCs' Embeddedness in China's Standardization Based Innovation. *Telecommunications Policy*, 38(10), 890 – 901.

Zhou, K. Z., & Li, C. B. (2007). How Does Strategic Orientation Matter in Chinese Firms? *Asia Pacific Journal of Management*, 24(4), 447 – 466.

Zhu J. (2000). Mobile Communication Industry: What Have We Exchanged for the Market for Technology. http://dengxiaopingnet.com/GB/channel5/31/20001024/284141.html.

—— 第 6.5 章 ——
# 中国的金融创新：历程、驱动力和影响

张礼卿

金融创新是过去 40 年中国现代金融业发展历程的一部分。自 1978 年以来，发展的最重要驱动力是政府、企业和个人对现代金融服务的强劲需求，这种需求随着中国经济的快速增长和从计划经济向市场经济的过渡而不断增长。与此同时，利率市场化的推迟和对信贷分配的实际控制的取消，以及互联网和其他先进信息技术的广泛应用，在引发各种金融创新活动方面发挥了重要作用。值得注意的是，中国的金融创新对经济发展和社会进步产生了深远的影响。

## 中国金融创新的历程

四十年来，中国的金融创新包括各种金融机构的建立和转型，金融市场的深化和拓展，金融产品的开发和利用，以及金融监管制度的现代化。

1980 年代初，作为经济改革开放后最重要的制度创新之一，中国人民银行从一个主要从事向中国国有企业提供企业贷款的机构转变为现代中央银行。同时，中国工商银行成立，是为了承接原来由中国人民银行提供的所有业务，现在它已经成为世界上最大的商业银行。经过几十年的演变，已经形成了以中国人民银行为中央银行，国有商业银行为主体，全国性股份制商业银行、政策性银行、城乡商业银行和众多非银行金融机构为重要组成部分的金融体制体系。

　　自 1990 年代以来，随着上海和深圳证券交易所的建立，中国的金融市场开始发展。经过近三十年的发展，逐步形成了包括货币市场、债券市场、股票市场、外汇市场和保险市场在内的现代金融市场体系。几乎在同一时期，中国银行业监督管理委员会、中国证券监督管理委员会和中国保险监督管理委员会的成立标志着现代金融监管体系的形成。毫无疑问，制度、市场和监管机构的建立，为各种金融产品的发展和创新提供了重要条件。

　　作为从计划经济转型而来的新兴市场经济体，中国的金融创新并不是一个完全崭新的模式。它包括了发达国家几十年甚至几百年来积累的许多传统做法。但是，中国确实也有许多自己的探索和创造。下面将着重介绍这些基于中国自身特点的金融创新活动。

**国有商业银行改革**

　　国有商业银行改革的创新实践始于 21 世纪初，在中国金融改革的进程中发挥了重要作用。1998 年亚洲金融危机后，中国国有商业银行的不良贷款率迅速上升，被普遍认为是技术性破产。2003 年 12 月，国务院动用部分官方外汇储备，成立了国有独资公司中央汇金投资有限责任公司，向重点国有金融机构注资，并授权其作为国家投资的代表。通过财务重组、股份制改造、引进战略投资者和境内外整体上市，中国工商银行、中国农业银行、中国银行、中国建设银行和交通银行等五家国有商业银行顺利完成了转型。

　　金融重组涉及剥离不良资产和注入新资本。为了剥离不良资产，中国政府成立了四家国有资产管理公司来承接和处置这些资产。在新的资本注入方面，中央汇金动用外汇储备，设立联合管理账户，由财政部将重组银行的税收和股息作为资本投入。在股份制改革中，中央汇金通过市场化的方式选拔董事，然后派他们到国有银行，作为国有投资者的代表履行职责。此外，监管机构要求银行在保持国家绝对控股的情况下，引入外国战略投资者，为海外上市做准备。股份制改革完成后，所有国有商业银行都实现了境内外整体上市，不仅引入了资本市场的激励和约束机制，还获得了新的股权融资渠道。

**开发性融资**

　　开发性融资是指一个国家或国家财团通过建立具有国家信用的金融机构为

特定需求者提供的中长期融资。国家开发银行和中国进出口银行作为主要的开发性金融机构，在经营中尝试了许多创新做法。例如，国家开发银行已经形成了"政府发起—开发性金融孵化—市场运作结束"的机制。这一机制被广泛用于城市建设项目的融资。陈（Chen，2010）认为，国家开发银行通过为地方政府建立统一的融资平台，在提高政府贷款管理水平、防范城建贷款风险、控制金融风险等方面发挥了积极作用。但是，由于发展过快和一些体制问题，地方政府融资体系仍然面临着巨大的还款风险。

## 绿色金融

中国在绿色金融方面的创新也很突出。近年来，中国在绿色信贷、绿色证券和绿色保险方面的产品创新走在世界前列。根据中国银行保险监督管理委员会公布的数据，截至 2017 年 6 月底，中国绿色信贷余额占信贷余额的 8.82%。2017 年，中国成功跻身全球三大绿色债券发行者行列，在国内外发行了超过2 500 亿元人民币的绿色债券。截至 2017 年底，由中证指数公司编制的绿色环保指数有 19 个，占 A 股市场指数总数的 2%。在绿色保险方面，截至 2016 年，已有近 30 个省（区、市）开展了环境污染责任保险的试点。已有超过 45 000 家企业投保环境污染责任保险，保险公司提供的风险保证金超过 1 000 亿元人民币。

## 农村金融

改革开放以来，为了尽快实现工业化和城市化，中国将有限的资源集中在城市，这在一定程度上造成了农村公共财政资源的短缺。另一方面，由于几十年来对农村地区贷款利率的严格管制，较高的信贷风险和经营成本无法得到合理的补偿。因此，农村金融机构的经营亏损严重和不良贷款率较高，服务农村市场的能力严重不足（Xu & Chen，2004）。

为了缓解农村金融服务的不足，中国建立了新型的农村金融机构，如小额贷款公司和村镇银行。小额贷款公司不接受公众存款，由资本金、捐赠或不超过两家银行金融机构提供资金，而且还要接受严格的杠杆率监管。根据人民银行发布的报告，截至 2018 年 6 月底，全国共有 8 394 家小额贷款公司，贷款余额为 9 763 亿元人民币。互联网金融兴起后，一些小额贷款公司在互联网上发放贷款，并通过资产支持证券（ABS）将贷款资产转出资产负债表，变相绕过经营范围和杠杆率的限制。

村镇银行是在农村地区设立的，为当地农民提供金融服务，以促进农业和农村经济发展的金融机构。村镇银行可以接受公众的存款，但不能跨县市经营业务（包括接受存款和提供贷款）。根据中国银行和保险监督管理委员会的数据，截至 2017 年底，中国有 1 601 家农村银行。

## 互联网金融

互联网金融是指通过互联网提供的金融服务。与其他领域相比，中国在互联网金融方面的创新发展是世界上最引人注目的。全国各地的移动支付可能是最成功的创新之一。一份研究报告显示，2017 年，国内商业银行共处理移动支付交易超过 375 亿笔，金额超过 202 万亿元人民币，同比分别增长 46.06% 和 28.80%。同期，第三方支付机构（即非银行支付机构）处理的移动支付交易超过 2 390 亿笔，金额超过 105 万亿元人民币，分别比上年增长 146.53% 和 106.06%（中国支付行业协会，2018）。

值得注意的是，第三方支付机构在网络支付中迅速崛起。2017 年，以支付宝和财付通为代表的第三方支付机构的互联网支付和移动支付金额分别占在线支付业务总额的 26.9% 和 73.1%。第三方支付机构的兴起带来了很多好处，包括对电子商务中的担保作用、对各种银行支付的整合作用、交易成本低和应用范围广。

移动支付和货币市场基金的结合也是互联网金融领域的重大创新。2013 年，中国最大的第三方支付公司支付宝与天弘货币市场基金合作推出余额宝。用户在支付宝中的闲置资金可以投资于货币市场基金，收益高于当前的存款利率，并且在有购物需求时可以轻松赎回。余额宝模式一经出现，就被广泛效仿。据融 360 大数据统计，截至 2017 年 7 月，共有 70 个同类产品，联动 97 只货币市场基金，总规模达 2.17 万亿元人民币，占货币市场基金总额的 42.3%。

在互联网金融的其他领域也有很多创新发展。根据互联网金融协会的报告，2016 年 P2P 贷款累计金额达 19 975 亿元人民币，同比增长 103.3%。同期，互联网保险收入总计达 2 348 亿元人民币，同比增长 5.2%（中国互联网金融协会，2017）。

**影子银行**

2010 年以后，由于宏观经济环境的变化和金融监管的日益严格，地方政府、房地产公司、其他企业和居民的投资需求越来越难通过传统银行渠道得到满足。因此，以规避监管为主要动机的影子银行体系得到了蓬勃的发展。

根据孙和贾（Sun & Jia, 2015）的研究，中国的影子银行体系可以分为两类。第一，为了规避监管，银行采用非标准会计记账方式，以投资资产或表外业务的形式为企业提供信贷。具体而言，银行通过信托公司、过桥企业和银行、证券公司、基金子公司、保险资产管理公司、金融租赁公司、第三方交易平台、地方金融资产交易所和互联网金融资产交易平台，利用自有资金、理财资金或同业资金，辅以承诺函、保函、回购协议、出票人协议和其他显性或隐性合同。利用信贷、票据、信托贷款、私募债券、信用证、应收账款、各种受益权、私募基金债权和带回购条款的股权融资等金融工具，将资金投向正常融资受限的行业或企业。第二，非银行金融机构通过信托公司、证券公司、基金公司、担保公司、小额贷款公司、P2P 网贷平台等转移闲置资金，为企业提供信贷。总之，中国的影子银行体系实际上是一个非标准的固定收益证券市场或准债券市场，与高度证券化和衍生化的美国影子银行体系有很大不同。

理财产品在影子银行体系中的作用值得特别关注。理财产品在享受金融机构担保的同时，大量投资于非标准债权资产。由于理财产品的资金来源通常具有短期特征，而其资金使用又具有长期特征，因此期限错配现象比较严重。这使得很多理财产品存在巨大的到期支付风险。

对于中国影子银行的规模有不同的估计。一般认为，在社会融资总规模中，委托贷款、信托贷款和未贴现银行承兑汇票大致反映了中国影子银行体系的规模。根据中国人民银行发布的数据，截至 2018 年 6 月，社会融资总额为 183 万亿元人民币，委托贷款、信托贷款和未贴现银行承兑汇票合计 25.7 万亿元人民币，约占社会融资总额的 14%。

**金融开放与人民币国际化**

21 世纪初以来，中国逐步推进金融开放和人民币国际化。2003 年前后，合格境外机构投资者（QFII）和合格境内机构投资者（QDII）制度建立，实施有限的金融对外开放。2010 年后，人民币合格境外机构投资者（RQFII）制度出台，允许境外投资者在批准的配额内将其持有的人民币投资于中国国内证券市场。此外，在 2014 年和 2016 年，沪港通和深港通相继推出，实现了上海、深圳和香港股票市场的互联互通，允许内地居民在一定限额和范围内购买香港上市公司股票。

2015 年 8 月，为适应金融开放，中国人民银行对人民币汇率中间价形成机制进行了市场化改革。在接下来的一年多时间里，人民币汇率的剧烈波动导致当局引入"逆周期因子"，旨在消除非理性冲击造成的过度波动。

作为人民币国际化的一个重要组成部分，中国在 2005 年推出了"熊猫债券"发行，允许国际多边金融机构在中国发行人民币债券。此外，在 2015 年 3 月，人民币跨境银行间支付系统（CIPS）成立，为跨境人民币支付及交易参与者提供清算和结算服务。2016 年 10 月，在中国政府的直接推动下，人民币成功纳入国际货币基金组织（IMF）的特别提款权（SDR）货币篮子，从而提升了人民币的国际地位。

由于资本项目尚未完全开放，人民币国际化首先在一定程度上通过离岸市场实现了快速发展。香港金融管理局公布的数据显示，截至 2014 年底，香港银行业的人民币存款已经超过 1 万亿元人民币，随后因人民币贬值和加强资本管制而大幅下降。同期，新加坡、伦敦和中国台北的人民币离岸市场也经历了类似的波动。

### 外汇储备的利用

加入世界贸易组织后，随着经常账户和金融账户的"双顺差"持续扩大，中国的外汇储备迅速增长。2007 年 9 月，政府决定成立主权财富基金中国投资有限责任公司，以提高外汇储备的投资效率。财政部发行了 1.55 万亿元人民币的特别国债，从中国人民银行购买了约 2 000 亿美元的外汇资产，其中包括近 900 亿美元的中国人民银行在中央汇金公司的股份，作为中国投资公司的资本金。自成立以来，中投公司在全球范围内对股票、债券、对冲基金、私募股权、房地产和直接投资项目进行了多元化的投资。截至 2017 年底，其总资产超过 9 414 亿美元，海外投资的年度回报率为 5.94%（中国投资有限责任公司，2017）。

为了扩大外汇储备的运用范围，国家外汇管理局成立了外汇储备委托贷款办公室，通过国家开发银行和其他开发性金融机构以委托贷款的形式向企业提供外汇资金。此外，亚洲基础设施投资银行（AIIB）和新开发银行（NDB）等新的国际金融机构相继成立，参与亚洲和其他"一带一路"沿线国家的基础设施和能源开发项目。

## 货币政策工具

央行票据是中国人民银行向银行间债券市场成员发行的调控基础货币的冲销性货币政策工具之一。它的出现与 2002 年后经常账户和金融账户"双顺差"的持续扩大有关。面对双顺差带来的人民币升值压力，货币当局进行了大规模的市场干预，导致了基础货币的大量涌入。为了抵消外汇干预对货币稳定的影响，货币当局决定进行冲销操作。由于政府债券市场规模小，期限结构不合理，不能满足公开市场操作的需要。因此，中国人民银行创设了中央银行票据的冲销工具，及时提取大量被动释放的基础货币。数据显示，2002 年至 2008 年期间，央行票据基本上冲销了由外汇储备激增导致的基础货币升值。

2012 年，中国人民银行决定停止发行央行票据并重启逆回购操作，原因是双顺差没有继续显著增长，当局对人民币升值采取了更加宽容的态度。此外，自 2013 年以来，利用常备借贷便利（SLF）、中期借贷便利（MLF）、短期流动性操作（SLO）、抵押补充贷款（PSL）等流动性管理工具，创新了中长期基础货币供应机制。

存款准备金率的动态调整是中国人民银行构建宏观审慎金融管理框架的核心工具之一，目的是发挥逆周期影响。它的主要特点是，当信贷快速释放时，它会上升，反之亦然。自 2011 年央行决定实施存款准备金率动态调整以来，新增人民币存款和货币供应量（M2）增速明显放缓。资本充足率低于 8% 的商业银行由于需要上缴更多的存款准备金，不得不缩减贷款总额（Wang，2011）。

2016 年起，中国人民银行将存款准备金率动态调整和共识贷款管理机制升级为宏观审慎评估（MPA）。除了关注资本充足率和狭义信贷外，宏观审慎评估体系综合考虑了资本与杠杆、资产与负债、流动性、定价行为、资产质量、跨境融资风险和信贷政策执行等七个方面；还对广义信贷规模进行逆周期调整。因此，中国人民银行已经形成了"货币政策+宏观审慎监管"的双支柱货币金融监管框架。

**金融监管**

改革开放以来，中国的金融监管体系经历了一个从统一到分离再到协同的过程。1992 年以前，中国人民银行是唯一负责对所有金融机构进行统一监管的监管机构。1993 年，随着中国证券监督管理委员会的成立，中国开始将证券业、保险业和银行业的监管分开。2003 年，随着中国银行业监督管理委员会的成立，"一行三会"模式的分业金融监管框架全面形成。

近年来，随着金融自由化和现代科学技术的广泛应用，各类金融机构、金融产品和业务创新层出不穷，分业监管的弊端逐渐显现。为应对日益严峻的金融风险，国务院金融发展稳定委员会于 2017 年 7 月正式成立，标志着协同监管时代的到来。该委员会设在中国人民银行，以加强其宏观审慎监管和系统性风险防范职责。2018 年 3 月，第十三届全国人民代表大会第一次会议通过议案，成立银行保险监督管理委员会，不再单独保留银监会和保监会，以解决监管职责不清、交叉监管和监管空白等问题。

# 中国金融创新的驱动因素

过去 40 年，中国金融创新的广泛实践是一系列驱动因素共同作用的结果。

第一，经济结构和增长模式的转变。1978 年，中国共产党决定进行经济改革开放，实现从计划经济到市场经济的转变。通过对外开放，中国经济融入了全球经济体系。正是在这一转型的推动下，国有商业银行的股份制改革与境外上市、资本市场的建立、金融业的开放、农村金融的创新和发展等与市场经济运行密切相关的金融创新活动应运而生并得到加强。同时，随着现代市场经济的不断发展，货币政策工具的创新，金融监管框架的建立和完善已成为宏观调控不可或缺的重要组成部分。此外，在经济转型过程中，由于外向型经济带来了大量的贸易顺差，以及参与全球金融治理的需求日益增长，提高外汇储备的使用效率，适度推进人民币国际化成为决策者的合理选择。

第二，各类经济实体的融资和投资需求不断增加。长期以来，投资一直是中国经济最重要的驱动力。为了实现大规模投资，政府和企业都必须依靠银行贷款和资本市场等多种融资渠道，以及金融产品和工具的不断创新。

各级政府和国有企业一直是大规模基础设施投资的主力军，其巨大的融资需求也一直是中国金融创新的重要推动力。例如，它们一直是各类开发性金融的主要受益者。在2008年全球金融危机爆发后的最初几年，地方政府和大型国有企业在4万亿元人民币刺激计划的支持下，大量依靠地方政府融资平台获得银行贷款，以避免严重的经济收缩。2013年后，随着现有银行贷款的到期和以往正常银行贷款的恢复，地方政府不得不广泛利用其他非银行融资渠道（如信托贷款、委托贷款、城投债等）来债务展期或支持已经启动的中长期投资项目。事实上，这些渠道大多属于影子银行，因此可以说，地方政府的融资需求在很大程度上推动了中国影子银行的发展。

尽管有强烈的融资需求，但大多数中小企业从正规银行系统或股票市场调动资金的机会往往有限。统计数据显示，中国的中小企业占企业总数的90%，但它们从银行获得的贷款仅占所有银行对企业贷款的30.4%。因此，这些企业只能通过民间借贷、P2P、众筹和其他影子银行系统获得必要的融资。显然，这些未被满足的融资需求实际上是中国金融创新的另一个主要驱动力。

除了大规模的融资需求外，中国金融创新的快速发展也部分反映了普通民众对更高投资回报和分散金融风险的追求。经过40年的发展，中国已经步入中等收入国家行列。个人和家庭的收入和财富稳步增长，对不同类型的投资和对冲产品的需求也在不断增加。因此，互联网金融、影子银行和金融开放等领域的创新显然与这种驱动力有关。

第三，规避金融监管。规避监管是任何国家金融创新的最重要动力之一。中国也不例外。尽管经过30多年的改革，中国的利率管制在一定程度上仍然存在，并成为金融创新的主要驱动力之一，特别是在互联网金融和理财产品领域。正如一些经济学家所指出的，存款利率的控制是互联网金融发展的根本原因，因为人们可以通过持有互联网金融产品轻松获得更高的利息，例如由中国最大的电商支持的货币市场基金余额宝（Dai & Fang, 2014）。

同时，在窗口指导的帮助下，地方政府一直对银行的信贷决策有着重要影响。事实上，信贷配给在2010年后变得更加突出。针对2009年银行贷款大幅增加的情况，中国人民银行于次年开始加强宏观审慎监管，严格限制商业银行的贷存比和资本充足率，从而通过正规渠道降低银行的放贷能力。为了保持利润增长，避免因货币供应紧缩而导致贷款延期或偿还困难，许多商业银行转向发行理财产品、同业业务或委托贷款等表外业务，以规避监管，继续变相向企业提供贷款。通过将这些贷款转移出资产负债表，银行成功地降低了风险资产的比例，提高了资本充足率，从而有效地满足了监管要求，同时继续赚取利润。

第四，应对日益激烈的竞争。1980 年代，中国的金融服务被四大国有银行（即中行、农行、工行和建行）所垄断，竞争非常有限。1990 年代，随着证券、信托、租赁、期货等新业态的发展，中国金融业开始进入竞争时代。虽然 1995 年通过的《中华人民共和国商业银行法》以及 1998 年实施的《中华人民共和国证券法》为金融分业经营和监管框架提供了法律依据，但进入新世纪后，整体竞争结构开始发生变化。虽然分业经营的法律框架没有改变，但各种混业经营的呼声不断出现，在经营层面也有很多探索性的尝试。不同类型的金融机构之间的渗透率明显提高。截至 2016 年，五大国有商业银行完成了在保险业务的布局，包括工行安盛人寿、农银人寿、交银康联人寿、建信人寿、建信财产保险股份有限公司、中银三星人寿和中银保险等子公司。银行在证券经纪、基金、金融租赁和消费金融等领域的牌照竞争也日趋激烈。

金融行业的竞争不仅来自行业内部，也来自外部，最主要的是互联网服务企业。2015 年 7 月，中国人民银行等部委联合发布了《关于促进互联网金融健康发展的指导意见》，提出了一系列鼓励和支持互联网金融稳步发展的政策。在政府的鼓励下，包括阿里巴巴和腾讯在内的多家互联网公司相继进入金融服务领域。它们在网络支付、产品营销和小微企业贷款等领域与传统金融机构展开了激烈的竞争，在一定程度上挤压了后者的利润空间。

竞争的加剧，迫使包括传统银行在内的所有金融机构加快发展战略、交易方式和产品设计的创新。例如，面对传统金融机构之间的竞争，几乎所有大型国有商业银行和非银行金融机构都加快了成立金融控股公司的步伐。面对支付宝、余额宝等互联网公司的竞争，传统商业银行明显加强了与电子商务平台的合作，力争通过使用网上银行和手机银行平台为客户提供优质便捷的创新服务。

第五，促进科技进步。以互联网技术、大数据和云计算为代表的科技进步在中国的金融创新中发挥了非常重要的作用。一方面，科技进步降低了金融交易的成本，从而加剧了金融机构之间对市场的竞争。另一方面，科技进步也使各种金融创新成为可能。例如，正是由于互联网平台的存在，银行、证券、基金才能够突破传统的金融交易模式，在网上销售自己开发的金融产品，从而缩短交易时间，降低交易成本。也正是因为互联网技术的广泛应用，以支付宝为代表的第三方支付平台成功实现了无现金交易，并在此基础上通过互联网衍生出贷款、理财、保险、基金等业务，从而更好地实现全方位的业务拓展。

# 中国金融创新的影响

过去四十年里，中国的各种金融创新对金融效率、金融稳定和社会公平产生了广泛的影响。总的来说，这些影响是积极的，但也有一些不容忽视的负面影响。

### 对金融资源配置效率的影响

尽管市场还存在许多不完善之处，直接和间接管制仍未完全消除，但经过几十年努力形成的现代金融体系，改变了计划经济模式下的金融资源配置方式，无论从微观还是宏观角度都对金融效率产生了重要而积极的影响。同时，有效的货币政策和金融监管也通过逆周期调节和系统的金融风险控制，促进了金融资源的更好利用。近年来，在互联网、云计算和大数据的技术支持下，包括移动支付、电子银行、P2P和众筹在内的诸多金融创新为各类金融服务消费者提供了极大的便利，降低了金融交易成本和风险，拓宽了中小企业融资渠道，从而提高了金融资源的配置效率（Wang，2015）。对于那些无法直接从国有商业银行获得贷款或进入股票市场的中小企业来说，影子银行和其他非正规金融部门是不可或缺的融资渠道，这对企业的经营维持和发展可能非常关键。

然而，在某些情况下，互联网金融和影子银行产品的复杂设计也会导致效率低下。在影子银行业，贷款往往不会直接提供给最终的借款人。相反，它们在不同的金融机构之间流动，往往要经过几次换手，才能到达最终的借款人那里。每次换手都会产生额外的融资成本。因此，当资金流向最终的借款人时，成本通常会大大高于应有水平。根据高盛和其他投资银行的估计，在2012—2016年，中国影子银行的公司融资成本超过10%，且仍在上升，明显高于中国公司7%的平均成本。

此外，一些研究表明，来自影子银行的大部分资金最终流向了房地产业和地方政府融资平台，这可能会增加而不是减少中小企业的资金供应，从而使中国的金融资源配置效率下降（Lu，2014）。

**对经济增长和金融稳定的影响**

关于金融创新与经济增长之间的关系，学术界尚未达成共识。很多学者认为，金融创新可以有效调动储蓄，实现风险分散，消除收入分配不平等，降低融资成本，从而促进经济增长（Wu，2006；Houston et al.，2010；Pagano，1993）。一些学者认为，金融创新通过与技术创新的耦合促进经济增长。例如蒋和郑（Jiang & Zheng，2012）发现，企业的研发（R&D）部门能够得到的金融支持越多，创新增长率就越高，产出增长率也就越高。

然而，一些学者认为，金融创新对经济增长的促进作用尚不能得到验证。这只是因为金融创新可能带来或放大金融风险，甚至造成金融不稳定，从而对经济增长产生负面影响。2008 年发生的美国次贷危机的主要原因之一就是金融创新的快速发展。由于缺乏监管，抵押贷款支持证券（MBSs）、抵押债务凭证（CDOs）、信用违约互换（CDSs）等金融衍生品的激增显著增加了系统性金融风险，最终导致整个金融体系的崩溃。

在中国，由于市场准入门槛低，缺乏自律和必要的监管，近年来互联网金融业务问题频发。约 80% 的 P2P 平台存在兑付困难，"跑路"现象不断出现。在理财产品领域，产品设计中的多层嵌套所隐藏的风险，资产负债普遍的期限错配，隐性的刚性兑付，甚至在某些情况下出现真实的欺诈情况，显著增加了金融的脆弱性和系统性金融风险。

金融创新还可能影响货币政策的运行和效果，从而加大宏观经济调控和维护金融稳定的难度。孙和贾（Sun & Jia，2015）认为，投资对象不规范、金融与投资之间的链条过多、影子银行系统缺乏透明度，不仅会增加银行的经营风险，还会引发系统性风险，削弱货币政策的有效性。

谢和尹（Xie & Yin，2001）还认为，货币数字化导致了货币水平的划分和测量，以及传统的货币需求函数出现问题。网络银行和电子货币都可能对货币政策的中间目标、政策工具、政策传导机制和独立性产生重要影响。此外，李和吴（Li & Wu，2011）表明，中国的影子银行和其他金融创新活动可能会通过影响信贷创造、中间目标、货币流通速度和资产定价来削弱货币政策的有效性。

### 对社会平等的影响

中国金融创新对社会平等的影响也是双重的。一方面，互联网金融、小额信贷和村镇银行与普惠金融有着内在的耦合性，因为资质要求低、程序简单、条件灵活，使低收入人群能够拥有廉价的金融服务，从而促进社会公平。然而，由于担心运营成本高和财务收益有限，大型银行和其他金融机构往往不愿意在农村地区和欠发达地区设立新的分支机构。然而，互联网驱动的金融创新带来了重大变化。生活在农村或欠发达地区的人们，即使没有银行网点、自动取款机或其他硬件设施，也可以通过电脑、手机和其他终端设备轻松获得基本的金融资源。余额宝、网络贷款和众筹为低收入人群提供了廉价的、分散的金融服务。农村银行和小额贷款公司作为全面金融创新的一部分，为乡村和小城镇的中小型企业提供优惠的信贷服务，必将改善金融服务的供给，最终有利于经济发展和社会平等。

但另一方面，影子银行和互联网金融也在一定程度上违背了普惠金融的特点。由于监管体系的不完善，影子银行和互联网金融产品的快速发展容易带来巨大的金融风险。在很多情况下，影子银行业务实际上已经成为金融机构和企业规避监管、进行套利的工具，导致大量资金离开生产性企业，在金融体系内形成自我循环。这种情况大大增加了企业的融资成本，加剧了中小企业的融资困难。值得注意的是，正如丁（Ding, 2015）所指出的，互联网金融等相关金融创新仍具有投资歧视、融资成本高、盈利导向等特点，明显偏离了普惠金融的本质，不利于缩小收入差距和促进社会公平。

## 结论和有待进一步研究的问题

综上所述，首先，在过去的四十年里，中国的金融业发生了大量的创新。这些创新包括制度的显著增加，市场结构的变化，产品的开发以及监管框架的完善。其次，这些变化和创新反映了中国从中央计划经济向现代市场经济的转型；在经济总量和人均收入快速增长时期，政府、企业和个人对各种金融服务有持续的需求，以及当局交替进行的监管和放松。当然，技术的空前进步，特别是现代信息革命的出现，使所有这些变化和创新成为可能。再者，金融创新对中国的经济效率、金融稳定和社会平等产生了深远的影响，其中有相当积极的影响，也有相对消极的影响。

作为未来研究的线索，其中，以下问题可能是值得关注的。第一，就金融创新的速度、规模、驱动力和影响而言，我们可以看到中国与其他国家（尤其是发达国家）之间的差异有多大？特别是，通过各种试点计划，中国政府（包括最高经济主管部门和金融监管机构）通常在推动创新或实验实践方面发挥关键作用。

第二，2013 年以来，影子银行和互联网金融的快速发展表明，金融创新在促进金融发展和金融业务深化的同时，也可能导致金融不稳定甚至严重混乱。中国应如何继续加强和完善金融监管，以适应金融创新的快速发展？

第三，中国银行业在过去几十年里经历了显著的快速扩张，但资本市场的发展相对滞后，速度低于应有水平。为了使中国的金融业更加平衡，并在很大程度上减少企业对银行贷款的过度依赖，人们认为中国需要加快资本市场的发展。在此过程中，如何在资本市场的改革中引入更多的金融创新应该是一个非常重要的政策问题。

第四，2008 年全球金融危机后，许多经济学家开始反思金融在经济发展和社会进步中的作用，质疑它是否被夸大了。美国金融学会主席路易吉·津加莱斯（Luigi Zingales，2015）认为，没有理论和经验证据表明金融对社会有明显的好处。在中国，过去十年金融创新的快速发展也引发了类似的担忧，即金融是否很好地服务于实体经济，还是只是为自己服务。从理论和实证两方面对中国金融创新的经济后果进行深入研究，探讨中国是否像一些发达国家一样，在一定程度上面临经济过度金融化的风险，将是非常有趣和有价值的研究课题。

# 致　谢

作者感谢哈佛大学访问学者、南湖互联网金融学院副院长邹传伟博士对本章初稿的宝贵贡献。

# 参考文献

--------------------------------------------------------------------------------

Chen, Y. (2010). Development Finance and Urbanization Development in China. *Economic Research Journal*, 45(7), 4 – 14.

China Internet Finance Association. (2017). Annual Report of Internet Finance (2017).

China Investment Corporation. (2017). Annual Report (2017).

China Payment Industry Association. (2018). China Payment Industry Operation Report (2018).

Dai, G., & Fang, P. (2014). Regulatory Innovation, Interest Rate Liberalization and Internet Finance. *Modern Economic Research*, 2014(7), 64 – 67.

Ding, J. (2015). Paradox of Theory and Practice of Internet Finance and Inclusive Finance. *Finance & Economics*, 2015(6), 1 – 10.

Houston, J. F., Lin, C., Lin, P., & Ma, Y. (2010). Creditor Rights, Information Sharing, and Bank Risk Taking. *Journal of Financial Economics*, 96(3), 485 – 512.

Jiang, S., & Zheng, Y. (2012). Financial Innovation, R&D and Economic Growth. *Financial Theory & Practice*, 2012(7), 6 – 12.

Li, B., & Wu, G. (2011). The Credit Creation Function of Shadow Banking and Its Challenge to Monetary Policy. *Journal of Financial Research*, 2011(12), 77 – 84.

Lu, X. (2014). Comparative Analysis of Shadow Banking System between China and America. *Studies of International Finance*, 2014(1), 55 – 63.

Pagano, M. (1993). Financial Markets and Growth: An Overview. *European Economic Review*, 37(2 – 3), 613 – 622.

People's Bank of China. (2018). Micro-Credit Companies Report (2018).

Sun, G., & Jia, J. (2015). Defining China's Shadow Banking and Assessing Its Scale — Seen in Terms of the Creation of Credit Money. *Social Sciences in China*, 2015(11), 92 – 111.

Wang, K. (2011). A Research of the Policy Effect of Dynamic Adjustment of Deposit Reserve Ratio. *Journal of Jilin Financial Research*, 2011(5), 42 – 46.

Wang, X. (2015). A Study on Internet Finance Helping Relieve SMEs Financing Constraints. *Journal of Financial Research*, 2015(9), 128 – 139.

Wu, J. (2006). Achieve Economic Growth through Financial Innovation. *Rural Finance Research*, 2006(12), 6 – 7.

Xie, P., & Yin, L. (2001). The Financial Theory and the Financial Governance under Internet Economy. *Economic Research Journal*, 2001(4), 24 – 31.

Xu, Z., & Cheng, E. (2004). Interest Rate Policy, Rural Financial Institution Behavior and Rural Credit Shortage. *Journal of Financial Research*, 2004(12), 34 – 44.

Zingales, L. (2015). Does Finance Benefit Society? Presidential Address. *American Finance Society*, August.

# 失败者的胜利之谜：中国企业如何通过探索性拼凑实现延伸目标

李平　周诗豪　杨政银

## 拼凑的概念

传统上，中国公司一直被视为全球竞争中的失败者和在全球技术竞赛中的落后者，也缺乏必要的资源和能力[①]以获得竞争优势（Tan & Tan，2005）。然而，在过去的十年中，我们看到所谓的"落后者"中国实际上已经迎头赶上，并成为全球市场的主要参与者。如今，阿里巴巴、华为、腾讯和海尔等中国公司已被公认为是世界上最具竞争力的公司之一。西方的许多顶级商学院正在将这些公司作为案例教学（Ofek et al.，2018；Wells & Ellsworth，2017；Wulf，2010）。学者们也试图解释为什么这些后来者能够克服他们的基本劣势，对全球现有公司发起他们意想不到的反击（Li，2013；Li，et al.，2021；Luo & Child，2015）。然而，这些公司成功的根本原因仍然是一个未被充分研究的谜题。

此外，中国企业创新能力的崛起也提出了一个问题，即这些企业是否已经开发出了一种组织和管理创新过程的新系统。有证据表明，一些企业已经采用了西方的做法（如华为），但人们也知道，一些企业已经引入了创新的组织结构（如海尔），并应用了与其他公司不同的某些做法和流程。中国企业的领导者往往比非中国企业的领导者更专制，这对创新和创造力既有积极影响，也有

---

① 我们在本章中交替使用"资源"和"能力"两个术语。

消极影响。这就引出了一个问题：中国企业管理研发（R&D）和创新方式的实践在多大程度上代表了一种系统性的不同和新颖的方法？本章试图解决这个问题。

本章的中心主题是从我们的案例证据中得出的，即许多劣势公司的成功有一个具有两个显著特征的共同模式。首先，这些公司往往有延伸目标，也就是说，鉴于他们现有的能力，似乎是不可能实现的目标（Sitkin, Miller, Lawless & Carton, 2011）。创业的一个基本悖论是，充满激情的创业者的延伸目标与初创企业的资源和能力严重不足之间的矛盾。一方面，企业的绩效被认为主要由其拥有的有价值的、稀有的、不可模仿的和不可替代的（VRIN）资源所决定（Barney, 1991），一些学者认为，为延伸目标进行探索性学习对于面临严重资源限制的企业来说可能是有害的（Sitkin et al., 2011）。另一方面，在中国，几乎所有成功的企业，无论是在企业成长的初始阶段，还是在企业成长的后期，都是在由于严重缺乏有价值的、稀有的、不可模仿的和不可替代的资源而导致的严重竞争劣势的共同条件下出现的。其中许多公司几乎是白手起家，没有原始技术和技术积累，没有风险资本，也没有政治关系。这些公司的创始人或经理经常制定一些与缺乏有价值的、稀有的、不可模仿的和不可替代的资源形成鲜明对比的目标。这些目标在制定的时候被视作延伸目标。例如，在早期，华为首席执行官兼创始人任正非曾主张，华为最终将成为全球信息和通信行业的三大公司之一。1999 年，阿里巴巴的创始人马云声称，公司的目标是从根本上改变人们做生意的方式。然而，当时马云没能从国内的风险投资公司筹集到发展阿里巴巴所需的资金。他不得不求助于华尔街，放弃了公司的大部分股份。这些例子说明了延伸目标的一个基本悖论：一个充满激情的企业家的延伸目标与他或她无法解决的所需资源的缺乏之间的紧张关系。

其次，我们还注意到，许多处于劣势的企业倾向于以一种类似于拼凑概念中所描述的方式行事，即"将手头的资源组合应用于新问题和新机会"（Baker & Nelson, 2005, 333）。由于有可能解决延伸目标和缺乏所需能力之间的矛盾，拼凑似乎是解释资源匮乏背景下特殊创业行为的最相关概念（Garud & Karnøe, 2003; Guo, Su & Ahlstrom, 2016; Senyard, Baker, Steffens & Davidsson, 2014; Welter, Mauer & Wuebker, 2016）。这种观点认为，为了解决资源或能力约束的问题，企业必须通过挑战现有的制度假设以及将现有资源用于新的用途来进行拼凑

（Baker & Nelson，2005）。特别是，拼凑可以为中国等新兴市场的企业提供一种可行的手段，使其在资源约束下实现增长（Gurca & Ravishankar，2016；Wu，Liu & Zhang，2017）。从拼凑的角度来看，创新被明确和直接地视为解决资源或能力限制问题的办法。

为了填补上述文献中的空白，我们试图有效地解释关于延伸目标和资源约束的具体悖论。具体而言，我们认为，现有的关于拼凑的研究过于狭隘地关注于如何利用手头的任何资源，与只追求现有资源可实现的目标的实施方法相似（Sarasvathy，2001，2008）。然而，中国后发企业的案例表明，企业也可以用普通的资源，甚至是看起来毫无价值的"非资源"来创造根本性的创新或其他非凡的结果。学者们称，传统的拼凑本质上是渐进式创新，只能在短期内解决问题（Baker & Nelson，2005；Senyard et al.，2014）。根据马奇（March，1991）的分类，我们把传统的拼凑称为利用性拼凑。另一方面，我们强调拼凑的方法可能会打破基本的制度假设，对公司和行业产生长期影响。我们把这样的方法命名为探索性拼凑。特别是，我们认为探索性拼凑的关键先决条件是延伸目标，它在推动企业家参与探索性拼凑方面具有独特的作用（cf. Sitkin et al.，2011）。

通过关注延伸目标和探索性拼凑工作如何在中国背景下共同使处于劣势的企业取得成功的问题，我们发现拼凑模式对学者和从业者都有理论和实践意义。我们的案例研究通过解释那些资源匮乏的企业家如何通过相当激进的创新实现看似不可能的成功，对有关组织（Terjesen & Patel，2017）和创业（Fisher，2012；Welter et al.，2016）的文献做出了贡献。

# 理论背景

## 中国企业的创新

对中国创新现象的研究虽处于起步阶段，但已引起学术界的广泛关注。从实践的角度看，中国企业的早期创新有以下几个特点：（1）中国企业创新的主要路径仍然是引进、消化、吸收和创新，这也是后发经济体似乎不可避免的一个学习过程。（2）对大多数中国企业来说，低成本仍然是其产品的主要竞争优势。（3）需求导向是"中国式创新"的一个关键因素。（4）中国的创新仍然缺乏"创新"的原创性，因为中国整体上仍然是一个发展中国家，其科学技术总体上仍然落后。在目前的发展阶段，中国企业要为世界贡献原始创新是相当困难的。

然而，关于中国的创新，至少有两个方面是值得注意的。首先，中国企业在模仿或追赶西方同行的过程中，展示了创新的动力或商业模式。第二，领先的创新是由极少数中国巨头完成的，如中国信息技术巨头阿里巴巴和腾讯进行的创新，以及华为的创新技术和管理。前一种模式是许多中国企业，无论大小，都会表现出的一种普遍现象。因此，本章将重点讨论中国企业的这种创新；后一种模式可能是未来研究方向的主题。

在现有的文献中，与中国模仿追赶过程中创新的一般模式相关的研究主要有两种：颠覆性创新和基于组合的观点。颠覆性创新最初的概念意味着劣质和低价（Christensen, 1997; Christensen & Raynor, 2003; Christensen, Anthony & Roth, 2004）。这种含义将其与"金字塔底层"的概念联系起来，因为大多数市场人口处于金字塔底层，是全球市场的最低端部分（Prahalad, 2009）。这与中国 1978 年改革开放以来的情况相似。大多数中国人买不起为发达市场设计的产品和/或服务，这使得中国市场成为颠覆性低成本创新的沃土（Govindarajan & Ramamurti, 2011; Ricart et al., 2004; Yu & Hang, 2010），特别是商业模式创新（Eyring, Johnson & Nair, 2011; The Economist, 2010）。然而，尽管颠覆性创新研究对后发者为何能赶上先发者有重要启示，但仍不清楚企业如何进行颠覆性创新。

罗和查尔德（Luo & Child, 2015）提出了基于组合的观点，认为企业在"缺乏核心竞争力"和"没有资源优势、核心技术或市场力量"的情况下，也可以通过这种独特的方式实现增长。基于组合的观点解释了在没有资源优势、核心技术或市场力量的情况下竞争和发展的企业的成长，强调了拥有普通资源的普通企业如何通过创造性地利用开放资源和独特的整合能力，产生非同寻常的结果，从而提高速度和价格价值比。非常适合大量大众市场消费者。根据罗和查尔德（Luo & Child, 2015）的观点，中国企业可能更倾向于部署组合能力来组合普通资源，而不是像基于资源的观点（e.g., Barney, 1991）所倡导的那样，追求有价值的、稀有的、不可模仿的和不可替代的资源。组合能力是指企业在识别、获取和整合市场上的普通资源，然后以特殊的方式将其组合起来，创造性地快速适应市场需求的特殊能力（Luo & Child，2015）。罗和查尔德（Luo & Child，2015）还声称，采用基于组合的战略的优势本质上是暂时的，并将随着时间的推移而下降，特别是在企业通过模仿或追赶阶段之后。

目前对基于组合的观点，特别是对组合能力的批评（Volberda & Karali，2015），是基于试图将组合能力重新规划为与基于资源的观点一致，并作为一种特殊的动态能力。因此，有人认为，没有必要建立一个基于组合的观点。此外，这种批评隐含地假设组合能力的概念与现有的组合能力（Kogut & Zander，1992；Van den Bosch，Volberda & De Boer，1999）和重组能力（Carnabuci & Operti，2013；Helfat & Peteraf，2003；Galunic & Rodan，1998）结构之间的相似性。在我们看来，基于组合的观点确实能够揭示中国企业在实施模仿或追赶战略时的创新模式，但它缺乏一个程序性和系统性的解释。更重要的是，我们认为，基于组合的观点可以用于管理者巧妙地利用普通资源和组合能力来实现延伸目标的情况，就像许多初创企业一样，不受模仿或追赶战略实施的情景环境的限制。我们的探索性拼凑的概念可以弥补这一不足。

**延伸目标**

我们认为，为了更好地理解中国后发企业的独特创新模式，研究企业特定延伸目标的作用或影响是很重要的。延伸目标被定义为在现有的资源和能力下极难实现的目标（Gary，Yang，Yetton & Sterman，2017；Locke & Latham，2013；Sitkin et al.，2011）。有一个延伸目标是至关重要的，因为它鼓励组织推动可用资源的极限，以刺激公司内部的创新。然而，希特金及其同事们（Sitkin & colleagues，2011）认为，只有拥有足够资源的企业才能实现延伸目标，因此在资源受限的条件下追求延伸目标可能会阻碍大多数（如果不是全部）企业的取得令人满意的绩效，并相应地在个人和集体层面造成不适、压力和僵化。同样，盖理及其同事们（Gary & colleagues，2017）发现，拥有一个延伸目标并不能帮助大多数个人或组织实现更好的绩效。

新兴经济体的后发企业在创新方面获得竞争优势可以被视为一个典型的延伸目标（Lee & Lim，2001；Miao，Song，Lee & Jin，2018）。例如，对于一家中国的后发软件公司来说，该公司要挑战微软在操作系统方面的主导地位将是极其困难的。希特金及其同事们（Sitkin & colleagues，2011）认为，在资源限制下延展延伸目标将阻碍后发企业的典型增长。然而，众所周知，马云在阿里巴巴成立之初就为其设定了成为地球上最伟大的 IT 公司的理想目标，尽管这对于一个迫切需要资源的新公司来说似乎是不可能的。然而，阿里巴巴却成为世界上的商业领袖，这迫使我们重新考虑可用资源、延伸目标和创新结果之间的隐性联系。因此，我们需要更深入地思考拼凑的独特作用或效果，尤其是更有创造性的探索版本，而不是创造较低的利用版本，它是将可用资源转化为创新成果的最相关的手段或机制，而这种转化是通过延伸目标的促进作用实现的。

先前的文献也表明，虽然有一个延伸目标可能不会普遍提高绩效，但延伸目标可以潜在地激发创造力和创新（Katila & Shane，2005；Miron-Spektor & Beenen，2015）。在一项个人层面的研究中，斯佩克特和比宁（Spektor & Beenen，2015）发现，当人们在学习中有一个特定的目标时，他们更有可能探索新的知识领域，使这些人提出新颖的想法。卡蒂拉和谢恩（Katila & Shane，2005）研究了缺乏资源和企业创新之间的关系。他们发现，资源的缺乏可能会鼓励企业进行创新。这些研究意味着，探索和创新可能是实现延伸目标的有效途径。

**探索性拼凑**

自 21 世纪初以来，拼凑已被纳入创业和创新研究（Baker, Miner & Eesley, 2003；Baker & Nelson, 2005）。基于这一概念，当创业者面临资源限制时，他们可以"将手头的资源组合应用于新问题和新机会"（Baker & Nelson, 2005, 333）。拼凑概念所提供的启示是，企业家可以在资源约束的条件下成功实现目标，而实现的方式是测试和挑战现有的制度假设（如制度逻辑、正式规则、非正式规范、主导逻辑、流行的商业模式等），从而以新颖的方式使用普通的甚至是看起来没有价值的非资源（cf. Baker & Nelson, 2005；Garud & Karnøe, 2003）。

拼凑的概念为创业者在资源约束下生存提供了许多有用的建议，而资源约束问题是后发创业的阻碍因素之一，尤其是在新兴经济体（Miao et al., 2018）。这一观点动摇了两种理论的立场，这两种理论认为先行企业具有更好或更先进的创新能力。首先，拼凑挑战了基于研究的观点，即企业特定的竞争优势根植于对 VRIN 资源的所有权（Barney，1991，2001）。就创新而言，基于资源的观点认为，创新必须建立在拥有先进技术、研发存量和研发经验等资源的基础上（Terziovski，2010）。然而，拼凑的概念表明，组织可以将非正常的资源，甚至是看起来没有价值的非资源，转化为有价值的、稀有的、不可模仿的和不可替代的资源，以获得竞争优势，这样就不存在预先占有异常或特殊资源的必要前提条件。

其次，拼凑的概念也对创新和创业的组织搜寻的观点提出了挑战。根据组织搜寻的观点，创新和创业机会可以通过知识搜寻来发现（Kaish & Gilad，1991；Levinthal & March，1993）。研究组织搜寻的学者们将局部搜寻与非局部搜寻区分开来，前者涉及对公司当前知识领域附近知识的搜寻，后者涉及对遥远领域知识的搜寻（Rosenkopf & Almeida，2003；Rosenkopf & Nerkar，2001）。在组织搜寻的传统观点中，组织在本地搜寻中专注于熟悉和容易获得的机会，这往往会产生增量和利用式的创新；相反，专注于探索性的长期变量并冒险进入新领域的组织可能在非局部搜寻中发现新的解决方案，这往往会产生激进式创新（Rosenkopf & Nerkar，2001）。然而，拼凑的概念表明，一些激进的创新可以从局部的、探索性的搜寻中获得。事实上，最近的创新研究表明，由于局部搜寻带来了对相关制度和客户需求的深刻理解，创新者更有可能通过参与局部搜寻而不是非局部搜寻来修正潜在的制度逻辑，从而实现真正的激进创新（Jung & Lee，2016；Kaplan & Vakili，2015；Mastrogiorgio & Gilsing，2016）。

然而，现有的关于拼凑的研究是有限的，它被认为是导致节俭创新的基础，即在手头资源不达标的情况下，一些企业家只能创造出不达标的产品，为那些无法负担标准价格的客户服务（Senyard et al.，2014）。另外，拼凑通常被认为是一种更具利用性的搜寻，强调短期或近期的目标，而且往往是路径依赖性的目标，因为它注重"凑合"——利用任何资源来完成手头的紧急任务（Baker & Nelson，2005）。因此，拼凑很少与延伸目标相联系。此外，关于新兴经济体的企业的拼凑过程的文献几乎完全空白（Senyard，Baker & Davidsson，2009；Salunke，Weerawardena & McColl-Kennedy，2013）。因此，现有的拼凑观点似乎意味着拼凑只能获得竞争对等或发展暂时的优势（Baker & Nelson，2005；Fisher，2012；Senyard et al.，2014），因此它无法解释为什么以及如何在资源或能力限制下，一些拼凑能够提供异常或非凡的表现。最后，由于文献中的研究不多，我们对延伸目标和拼凑之间可能存在的联系知之甚少。中国劣势企业的成功案例可能会阐明文献中令人惊讶的差距。值得注意的是，拼凑的概念与最近提出的以资源为基础的延伸概念密切相关，即"资源"（Sonenshein，2017），这与延伸目标的概念不同。总之，本研究的目的是通过强调延伸目标和拼凑的深层次联系来丰富关于延伸目标的文献。

# 研究方法

我们采用了案例研究的方法来研究资源严重受限的公司是如何通过巧妙的方法用非特权资源来实现延展目标的。案例研究方法是一种有用的理论构建方法（Eisenhardt & Graebner，2007）。采用案例研究方法对我们来说是合适的，因为本研究的目的是拓展探索性拼凑的新概念。我们选择了四个案例进行数据分析。多案例比较法比单案例法提供了更强大的理论构建基础（Eisenhardt，1989；Yin，1994），因为它使我们能够在不同的背景下验证我们的发现，从而提高其可信度。具体来说，根据艾森哈特和格雷伯纳（Eisenhardt & Graebner，2007）的一般建议，我们选择了不同行业的四个案例，以加强我们研究设计的稳健性。

我们通过对四个案例的分析，探讨了创业拼凑在不同阶段的具体机制，尤其是创造性的创业拼凑类型。这四个案例是太平人寿保险、袁家村、志邦家居和华为。前两个案例属于服务行业，而后两个案例属于制造业。对于所有的案例研究，我们都收集了一手和二手数据。所有的数据都是从中国收集的，但我们能够分析这些数据，因为我们的研究小组成员都是以中文为母语的人。

## 案例研究 1：太平人寿保险

我们的第一个探索性拼凑案例是太平人寿保险公司，一家位于上海的国有寿险公司。它向全中国的客户提供人寿、意外、健康和其他保险服务。该公司于 2001 年开始营业，当时面临着许多规模更大、历史更悠久的国有保险公司的激烈竞争，如中国人寿和平安人寿。截至 2011 年底，太平人寿保险公司在主要保险公司中排名第七，个人代理渠道新增业务销售额为 36 亿元人民币，这是寿险市场的核心业务；净利润为 6.77 亿元人民币；总资产为 1 326 亿元人民币。在 2012 年年初，该公司的新任董事长王滨发布了一个延伸目标。他希望通过在 2012 年至 2014 年的三年内将总资产、总保费和净利润等所有主要财务指标翻一番，将公司从一个规模较小、较好的公司变成一个规模较大、最好的公司。

2012 年，个人代理团队经历了延伸目标和能力不足之间的巨大矛盾，他们未能在销售和利润的快速增长方面取得实质性进展。大家都认为，管理团队会降低最初的目标。令人惊讶的是，董事长提出了 2014 年的新目标，新业务销售收入达到 95 亿元人民币。在推动增长的过程中，董事长甚至提出了在某一个月内达到 40 亿元人民币的具体目标。由于高层管理团队坚持这些看似不可能的目标，员工们不得不探索创新策略来实现这些目标。

2013 年 7 月，该公司提出了几个创新想法。首先，尽管价格渗透在许多市场上被广泛采用，但太平人寿创造性地将一种特殊的定价策略引入寿险行业，与 10 年前相比，以极低的价格推出了一种新的保险产品（但销售代理的佣金却相当高）。公司本着以客户为导向的经营理念，为客户带来更多的利益。同时，其销售队伍迅速壮大，为快速增长提供了必要的动力。其次，人寿保险公司传统上倾向于指派更有经验的销售人员去销售高利润的产品，因为传统智慧认为应该把更有挑战性的任务分配给更有经验的人。然而，太平人寿认识到，寿险销售人员在开始职业生涯时，往往以具有较高的信任度亲戚和朋友为目标，因此，太平人寿试图利用销售人员与最初客户之间的信任关系，要求新员工销售高利润产品。这种方法大大增加了公司的销售额和利润。为了大力支持这种新颖的方法，太平人寿投入了必要的资源来指导和培训销售队伍，以提高销售人员的技能和能力。很明显，具有丰富经验的销售人员可以帮助保险公司销售更复杂、价值更高的产品，从而吸引更多有能力的人加入公司。

最后，初始销售部门和续期销售部门之间的固有冲突，也是所有保险公司一直面临的挑战。太平人寿为解决这一冲突，授予续期销售部门否决权，以确保初始销售部门销售的保单质量，因此初始销售部门被迫与续期销售部门密切合作。在被迫合作之后，令人惊讶的是，这两个先前相互冲突的部门发现并实现了潜在的部门间协同作用，为两个部门带来了更高质量的保险销售和长期利润。

通过开展这些创新活动，太平人寿超额完成了董事长提出的目标。其代理渠道的新业务销售额在 2013 年 9 月达到 40 亿元人民币，2013 年底达到 88 亿元人民币，2014 年年底达到 116 亿元人民币，实现净利润 27 亿元人民币。目前，太平人寿已成为代理渠道的第四大公司，也是过去几年中国保险公司中新业务价值增长最快的公司。

**案例研究 2：袁家村**

袁家村是陕西省的一个普通村庄，是一个没有任何旅游资源的旅游景区。在开展旅游业之前，袁家村只有 62 户，286 名村民。这是一个非常小的村庄，自然资源匮乏，包括自然旅游资源。与中国内陆地区的大多数村庄一样，袁家村的大多数年轻村民在 1990 年代末离开村庄外出谋生。为了振兴乡村，村主任郭占武制定了一个延伸目标，即通过旅游业帮助村民致富。这个想法似乎很平淡，也很有挑战性，因为袁家村本身不具备自然的旅游资源。因此，尽管有这样的愿景，但包括村领导在内的村民们并不知道如何实现它。甚至 20 多位外部规划专家也认为，袁家村不可能通过旅游致富。

面对锐意进取的宏伟愿景与资源匮乏的矛盾，郭占武带领袁家村进行了一次出人意料的反击。2007 年后，袁家村选择以发展民俗旅游为切入点，突破了宏伟愿景与资源匮乏的矛盾。为了实现这一目标，袁家村的管理者们面临着两个看似矛盾的问题：充分挖掘当地条件和大胆创新。在利用当地条件方面，袁家村把重点放在古老而质朴的方面——原生态。袁家村并没有鲁莽地过度追求整合新资源来建立新的景区。相反，它展示了关中平原最原始的农民生活，开辟了一种独特的古镇加美食的旅游模式。为了发挥这种所谓的古镇优势，袁家村以村民为主体，全方位地调动村民的积极性。所有村民的服装、语言和住房等都融入景区中，使旅游更加亲民。村庄管理团队提出的"民俗旅游"概念，与传统的以景区为主的旅游业有着本质的区别。可以说，他们创造并抢占了一个体验传统乡村生活的"蓝海"市场。

从 2007 年到 2017 年，袁家村成功迈出了第一步，成为旅游业的领头羊之一。如今，袁家村已成为陕西省乃至全国知名的旅游品牌。观察到袁家村的成功，许多其他中国村庄开始模仿。然而，它们中的大多数都失败了。事实上，袁家村的成功是因为它创造性地利用了当地的资源。因此，它的商业模式是其他当地资源不同的村庄无法复制的。

**案例研究 3：志邦家居**

　　志邦家居是一家厨房用品制造商。在 2008 年之前，志邦家居看起来是一家专门从事厨柜业务的小型富裕的地方公司。从 1998 年成立到 2008 年，志邦家居一直位于在安徽省的总部，没有任何扩展到其他地方的野心。该公司在中国是该领域的二线公司。年销售额约为 1 亿元人民币。2009 年，公司的高层管理人员感觉到了行业中的机会，他们认为要抓住这个机会，公司需要成长。因此，他们设定了一个延伸目标，即在三年内使公司的销售额达到 10 亿元人民币。这个目标很大胆，因为当时市场上最大的厂商欧派的销售额只有约 3 亿元人民币。

　　由于他们选择了一个延伸目标，在没有充足资源的情况下，他们的基本战略路径也必须超越常规，找到一条独特的战略路径。这也是拼凑的基础，即充分发挥现有资源中未被发现的潜力。这正是志邦家居选择的做法。厨房用品行业的一个正常做法是企业自行销售产品。志邦家居打破了这一惯例，将销售部门剥离出来。通过这种方式，志邦家居完全释放了他们之前没有实现的潜力，使分拆后的公司成为志邦家居大规模扩张的先锋。此外，志邦家居非常迫切地在全国各地招募经销商，利用其他资源来完成快速扩张。例如，三年 10 亿元人民币意味着志邦家居必须在 2010 年至 2012 年建立 1 000 家经销商门店。这个目标在前两年成功完成。2011 年，志邦家居招募了 210 家经销商门店。2012年，根据战略目标，他们必须完成招募 400 家门店的任务。然而，在当时，行业内最高的招募记录也不过是 200 家左右。被逼无奈之下，负责招聘的人无意中受到同事的启发，提出了一个激进的策略，即通过召开 25 场大型招商会议，吸引 400 家经销商门店的目标。为了确保目标的达成，该策略被分解为两步。第一步，举办 5 个大型投资会议，计划每个会议吸引 40 家门店，总共 200 家门店；第二步，举办 20 个小型投资会议，每个会议预计签约 10 家门店，总计再吸引 200 家门店。因此，400 家门店的延伸目标得以实现。

　　由于在过去几年中的出色表现，志邦家居被誉为行业中的黑马。在志邦家居内部，他们对"黑马"有自己自嘲的解释：一匹在夜间和白天都在奔跑的马。但没有人被迫这样做，他们这样做只是因为他们有一个延伸目标。既然他们同意这个目标，他们就实现了这个目标："如果你意识到了这一点，你就是一个英雄；否则你就会输。"事实上，说"实现它"是不确切的，因为根据志邦家居工作人员的说法，"目标不是要完成，而是要超越"。换句话说，公司的"狼性精神"是由延伸目标驱动的，公司的拼凑方法也是如此。

**案例研究 4：华为**

华为在国际市场上的成功是由一个延伸目标触发的，而华为的拼凑方法又是由这个延伸目标驱动的（Tian & Wu, 2015）。这一点在华为的早期和中期发展历程中表现得尤为明显。华为将占据全球电信业三分之一的市场份额——这是华为创始人任正非一生追求的梦想目标。这也是华为早期意义深远的一个梦想，以至于他被称为一个疯子。华为的延伸目标一方面来自对公司长期生存的真正追求，这在华为的早期和中期发展中更为明显，另一方面来自任正非的宏伟梦想，这一梦想在华为的成长过程中被无数次实现（Tian & Wu, 2015）。

在这个宏伟梦想的指导下，华为成功地采取了巧妙的市场竞争策略，其中许多策略打破了一般的竞争范式。有两个具体的例子可以说明华为如何采用探索性拼凑来追求延伸目标。首先，通常一家新的电信公司需要专注于对电信服务有大量需求的城市市场。在中国，这类市场由与市电信局关系良好的大公司主导。因此，进入电信业的门槛非常高，使生存本身成为许多小公司的延伸目标，就像华为在 1990 年代初一样。为了克服这一挑战，华为开发了与电信局关系不大的用户交换机，并开展了以城市周边农村地区为重点的营销战略。第二个探索性拼凑的案例是一体化基站建网理念和解决方案（Single－RAN）的产品，它是一种无线电接入网（RAN）技术，允许移动电信运营商在单个设备上支持多种移动通信标准和无线电话服务。传统上，电信公司只提供支持单一移动通信标准的网络技术。然而，在 2008 年，华为观察到许多客户，特别是来自发展中国家的客户，财力有限，往往在多种移动通信标准下运行，但却负担不起多个网络。当时的市场领导者，如思科（Cisco），忽视了这一市场机遇，因为他们的创新部门没有足够接近客户，特别是这些发展中国家的客户。华为意识到了这个机会，并推出了一体化基站建网理念和解决方案技术。该产品帮助公司迅速在这些市场创造了竞争优势，在华为追赶西方领先公司的过程中发挥了非常重要的作用。事实上，一体化基站建网理念和解决方案并没有采用非常先进的技术。华为的成功在很大程度上可以解释为它的拼凑思维，这使得该公司能够挑战制度性的假设。

这些巧妙的竞争方法帮助华为在最初由外国巨头主导的中国市场竞争格局中脱颖而出。显然，华为的巧妙机制是其占据世界市场三分之一份额的中心梦想的具体战略行动。

**案例研究小结**

我们讨论的四个案例说明了面临资源约束的企业如何通过设定和追逐一个延伸目标来实现超常或非凡的业绩。为了实现它们的延伸目标，所有四家公司不仅非常努力，而且还采取了一种局部探索的方法：它们都留在现有的业务领域，而不是急于进入新的领域，同时，它们探索并想出了根本性的新方法来使用手头有限的资源。因此，它们的成功往往是出乎意料的。我们的探索性拼凑理论很好地解释了在新兴经济体背景下出乎意料的创业成功的故事。我们在表6.6.1 中总结了这四个案例。

# 讨　论

**延伸目标和探索性拼凑之间的相互作用**

结合创新的探索性拼凑和延伸目标之间的相互作用，我们认为企业可以通过参与创造性的拼凑来实现延伸目标。在中国这样的新兴经济体中，这种类型的拼凑是后发企业进行彻底创新的关键。然而，尽管现有的关于拼凑的研究认为后发企业的延伸目标几乎是不可能的（cf. Baker & Nelson，2005；Senyard et al.，2014），但现有的研究没有注意到延伸目标可能对拼凑产生的潜在影响（cf. Sitkin et al.，2011）。从这个意义上说，整合这两个想法为我们提供了更有价值的见解，特别是关于这两个因素之间的相互作用。

延伸目标的不可能性源于成熟企业内部的旧准则，这些准则假定现有的资源禀赋可以应用于创新。通过挑战领域技术、商业模式和运营流程，大公司可以通过激进的或颠覆性的创新来实现延伸目标（Wu et al.，2010）。相反，考虑到后发企业的资源限制，它们必须专注于提高当前可用或容易获得的资源的

**表 6.6.1  四个案例的总结**

| 案例研究 | 拼凑的时间段 | 拼凑前的资源状况 | 延伸目标 | 探索性拼凑 | 拼凑的结果 |
|---|---|---|---|---|---|
| **案例 1**<br>太平人寿保险<br>（一家大型国有企业公司） | 2013 年 1 月—2016 年 1 月 | 缺少所需能力<br>人寿保险公司排名第七<br>销售收入人民币 37 亿元人民币<br>利润 6.77 亿元人民币<br>总资产 1.326 亿元 | 目标由小而较好转变为大而最好：业务在三年内翻一番（总销售额、总资产、净利润）<br>另一个目标，销售额在一个月之内达到 40 亿元人民币，2014 年销售目标，销售额达到 95 亿元人民币 | 采用价格渗透的方式<br>利用游员工销售高利润产品<br>解决保险初次销售部门和续保部门之间的冲突 | 销售额在 9 月份达到 40 亿元人民币，2013 年达到 56 亿元人民币，2014 年达到 95 亿元人民币利润 27 到 95 亿元人民币利润，2013 年末共雇佣 113 000 名员工<br>里程碑：成为保险领域第三大公司，并实现利润第一 |
| **案例 2**<br>袁家村<br>（小型集体旅游企业） | 从 2007 年开始转型 | 缺乏自然旅游资源<br>缺乏资金 | 发展没有旅游资源的旅游业被旅游专家贴上"散村"国家补贴的标签 | 发展"农民家庭"旅游，并创建一个新的旅游模式"民俗旅游"（质疑假设：自然旅游资源是发展旅游产业的必要条件；利用农民家庭作为旅游资源） | 成为最受欢迎的旅游目的地<br>国庆期间成为陕西最受欢迎的旅游景点 |
| **案例 3**<br>志邦家居<br>（一家小型私营厨房用品制造商） | 2009 年 12 月—2012 年 12 月 | 销售额超过 1 亿元人民币 | 3 年内达到 10 亿元人民币销售额<br>在该领域排名第 3 位在 2008 年的销售额高达 3 亿元人民币 | 吸引新经销商的激进策略；召开 25 个招商会，实现吸引 400 家经销商门店的目标（对厨房供应业务是以自营商业模式运作的制度性假设提出挑战） | 成为行业内前三名的国内公司<br>实现了 3 年内销售额增长 10 倍的 10 亿元人民币的目标 |
| **案例 4**<br>华为<br>（一家中小型电信公司在国际市场上不具备国际竞争力的竞争优势） | 1990 年代至 2000 年代中期 | 在与思科等国际竞争对手的技术竞争中处于落后地位 | 世界前三名 | 环绕城市的农村地区的营销战略（挑战行业一网在主要客户在城市的假设）<br>Single - RAN 产品（挑战单一网络只能使用单一移动通信标准的假设） | 赶上了西方的领先公司 |

使用效率，这使得延伸目标主要是分散注意力。最后，传统的理论意味着激进的或颠覆性的创新不能通过局部搜寻和本地资源实现（Laursen & Salter，2006；Laursen，2012；Rosenkopf & Nerkar，2001）。然而，如果以一些新的模式应用当前资源，与拼凑有关的活动，如挑战当前的制度假设，可以促进激进或颠覆性创新的产生（Baker & Nelson，2005）。

此外，探索性拼凑的概念建议以新颖的方式使用当地资源。这是基于这样一个事实，即只有通过打破和改变建立在先前制度假设基础上的正式规则和非正式规范，才能实现激进或颠覆性的创新。探索性拼凑的见解是，创新者可以通过重新审视那些想当然的假设来进行激进或颠覆性创新（Kaplan & Vakili，2015）。

特别是，延伸目标可以作为拼凑的显著促成因素。尽管探索性拼凑和激进的创新总是难以实现，对新兴经济体的后发企业来说更是难上加难，但在延伸目标的指引下，可以取得意想不到的结果，从而引导这些企业最终实现拼凑。由于技术轨迹的路径依赖性，经济学家发现，后发企业很难在技术创新方面挑战先发企业（Mueller，1997；Nelson，1990）。由于技术发展受到路径依赖的限制（Mahoney，2000），后发企业可能会在很长一段时间内被锁定在较低和竞争力较弱的位置。信息技术的进步也使得遵循先发企业的路径来实现彻底的创新变得更加困难。在这种情况下，激进的创新是后发企业超越先行者的唯一途径。由于创新过程中的困难，也许只有那些拥有强大延伸目标的后发者才能迫使自己采取完全不同的模式进行颠覆性创新。

激进的或颠覆性的创新往往很难实现，特别是对后发企业来说，即使一些后发企业可能具有潜在的竞争优势，所以如果后发企业采用成功先行企业的众所周知的路径，那将是一种误导。在这个意义上，我们认为，延伸目标可以作为激进创新的驱动力发挥作用。从企业行为理论的角度来看（Cyert & March，1963），组织搜寻总是由现有的问题引发的。当这些问题的传统解决方案失败时，管理者会被迫参与一些创新活动，以实现激进的或颠覆性的创新，作为这些问题的新解决方案。因此，追求延伸目标可以作为探索性拼凑的显著触发点。图 6.6.1 展示了延伸目标和探索性拼凑之间的相互作用。

从本质上讲，与传统的观点相反，即企业不能通过局部搜寻或资源来实现延伸目标，我们认为拼凑，至少是探索性拼凑，可以帮助企业通过局部搜寻或

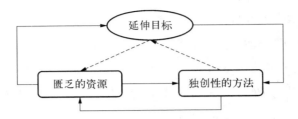

图 6.6.1　延伸目标和探索性拼凑之间的相互作用

资源实现延伸目标。这就提出了一个有趣而具有挑战性的问题：大公司能否像小公司一样经常使用带有局部搜寻或资源的拼凑来实现延伸目标？换句话说，拼凑过程是否需要一种在大公司不常见的组织文化和/或领导力？对于这个问题，我们没有任何明确的答案。我们的直觉是，大公司不像小公司那样强烈地感受到有限的资源或延伸目标的压力，所以它们在探索性拼凑方面受到的推动不够大。在这个意义上，我们甚至可以把"探索性拼凑"重新表述为"延伸拼凑"。

总而言之，我们认为探索性拼凑的概念提供了重要的见解，在这个过程中，资源有限的中国后发企业可以将延伸目标转化为激进的创新，从而赶上甚至超过先进经济体的先发企业。我们还注意到，实施探索性拼凑必须得到各种管理措施的支持。探索性的拼凑本质上是利用本地资源，在焦点组织的现有业务领域探索全新的（即非本地的）解决方案。鉴于探索和利用的策略构成了最突出的组织悖论之一（Smith & Lewis，2011），平衡对非本地解决方案的探索性搜寻与对本地资源的利用性搜寻是极具挑战性的，因为这两种搜寻行为需要不兼容的惯例、组织流程和认知框架（Andriopoulos & Lewis，2009；Smith & Lewis，2011）。因此，管理人的矛盾心态是执行探索性拼凑的最重要因素之一，这使他们能够接受相反的元素，作为一个整体和动态的平衡，以便同时参与探索和利用的行动（Li，2012a，2016）。

# 结　论

通过丰富延伸目标和拼凑的文献（Baker & Nelson，2005；Sitkin et al.，2011），包括基于资源的延伸作为资源的想法（Sonenshein，2017），我们的研究对组织学习和搜寻文献做出了一些重要贡献（March，1991；Laursen，2012；

Terjesen & Patel，2017）。与强调通过非局部搜寻进行创新的重要性的传统创新观点不同（Ahuja & Lampert，2001；Rosenkopf & Nerkar，2001），但与卡普兰和瓦基利（Kaplan & Vakili，2015）以及马斯特罗乔治和吉尔辛（Mastrogiorgio & Gilsing，2016）的最新发现一致，我们的理论强调了局部搜寻对于某种程度的激进创新的重要性。显然，通过非局部搜寻进行创新比通过局部搜寻进行创新更加困难，因为局部搜寻往往更依赖于冗余的知识要素，但非局部搜寻会给焦点组织引入新的知识要素。

然而，非局部搜寻有两个重要的限制。首先，在非局部搜寻中，由于焦点组织必须进入一个不熟悉的领域，因此很难形成深入的特定领域知识。其次，进入遥远的知识领域的搜寻往往成本很高（Ahuja & Lampert，2001），而资源有限的小型和年轻组织可能无法承担这样的成本。另一方面，局部搜寻需要较少的支持性资源，但需要对特定领域的理解更深，所以它要求焦点组织提出更有创造性或新颖的方法来重新组合冗余的和熟悉的资源。因此，局部搜寻和非局部搜寻之间的平衡是创新和组织学习文献中的一个重要难题（Gupta，Smith & Shalley，2006；Lavie，Stettner & Tushman，2010）。我们提出了一种平衡这两种搜寻策略的新方法，并认为企业可以利用本地资源来探索非本地解决方案。通过分析四个案例，说明了我们的方法的有用性，特别是对于具有延伸目标和严重资源限制的后发企业。

探索性拼凑的核心内容是创造力。我们认为，与传统的基于非局部搜寻的突破性创新相比，基于局部搜寻的探索性拼凑需要更高水平的创造力。未来的研究可能会在探索性拼凑法和创造力文献之间建立联系（Anderson，Potočnik & Zhou，2014）。具体来说，在中国的背景下，激进的创造力与"无"的概念密切相关，即通过隐喻进行直观的想象以获得洞察力（Li，2012b，2014）。关于"无"的研究和我们的"探索性拼凑"概念在未来是可以融合的。

未来的研究还可以探讨探索性拼凑的组织推动因素。开展探索性拼凑活动需要得到组织的灵活性和敏捷性的支持。为了打破路径依赖，焦点组织需要有灵活性，以便通过更新假设、惯例和组织流程来应对不断变化的环境（Sambamurthy，Bharadwaj & Grover，2003）。因此，组织必须有强大的动态能力（Teece，2007；Teece，Pisano & Shuen，1997），以有效地参与探索性拼凑活动。相应地，组织结构、治理结构、奖励制度和员工培训计划都需要精心设计，以促进动态能力的发展和组织学习。

此外，探索性的拼凑需要很强的领导力。如何激励人才并协调他们的活动，是实施探索性拼凑的最关键问题之一。领导者在激励和引导整个组织的员工追求延伸目标和探索性拼凑中起着核心作用。正如我们在所讨论的四个案例中所看到的，当提出的计划未能达到预期的绩效时，他们都面临着挫折感。如果这样的压力和挫折不能得到很好的管理，这样的组织就会陷入恶性循环，而拥有延伸目标的负面效应就会出现（Sitkin et al., 2011）。一个强有力的领导者可以作为激励者、榜样和协调者，并激励组织致力于实现延伸目标，在充满挑战的时期保持强大的动力。从这个意义上说，只有一个强大的领导者，通常以变革和反脆弱为特征，才能以一种有效的模式管理探索性拼凑。

最后，我们的研究对后发企业的企业家和管理者具有重要的现实意义。尽管最近越来越多的研究试图了解这些企业如何在技术竞赛中迎头赶上，并与先发企业和主导者竞争（Luo & Child, 2015；Miao et al., 2018），但我们仍然需要更多的理论来解释这个重要的难题。通过结合延伸目标、拼凑和组织搜寻的文献，我们的研究为这一难题提供了独特的解释，并为从业者提供了有用的指导。

我们的研究对未来的研究也有一些启示。首先，虽然我们的案例研究主要集中于中国的后发企业，但我们相信其他国家的资源受限的企业也可以使用探索性拼凑方法来实现延伸目标。在全球竞争中，主导者往往来自发达国家。因此，发展中国家的后发企业可能有机会在主导者进入市场之前实施追赶战略，而来自发达国家的后发企业可能在早期阶段就遇到主导者的直接竞争。因此，未来的研究可以探讨发达国家的后发企业如何进行探索性的拼凑。其次，在本章中，我们分析了小企业和新企业的探索性拼凑战略。值得注意的是，探索性拼凑对大公司和主导者也是有意义的。尽管主导者更有可能在公司层面上拥有宽松的资源，但其部分产品团队仍可能面临严重的资源限制。具体来说，大公司也需要进行创业行动，特别是在环境变化的情况下。大公司在同时采取多项创业行动时，会面临严重的资源约束。未来的研究可以考察大公司如何采用探索性的拼凑方法并进行彻底的创新。

# 致　谢

----------------------------------------------------------------

我们感谢国家自然科学基金委员会 71732007 的资助。

# 参考文献

----------------------------------------------------------------

Ahuja, G., & Morris Lampert, C. (2001). Entrepreneurship in the large Corporation: A Longitudinal Study of How Established Firms Create Breakthrough Inventions. *Strategic Management Journal*, 22(6−7), 521−543.

Anderson, N., Potočnik, K., & Zhou, J. (2014). Innovation and Creativity in Organizations: A State-of-the-science Review, Prospective Commentary, and Guiding Framework. *Journal of Management*, 40(5), 1297−1333.

Andriopoulos, C., & Lewis, M. W. (2009). Exploitation − Exploration Tensions and Organizational Ambidexterity: Managing Paradoxes of Innovation. *Organization Science*, 20(4), 696−717.

Baker, T., & Nelson, R. E. (2005). Creating Something from Nothing: Resource Construction through Entrepreneurial Bricolage. *Administrative Science Quarterly*, 50(3), 329−366.

Baker, T., Miner, A., & Eesley, D. (2003). Improvising Firms: Bricolage, Account Giving and Improvisational Competency in the Founding Process. *Research Policy*, 32(2), 255−276.

Barney, J. (1991). Firm Resources and Sustained Competitive Advantage. *Journal of Management*, 17(1), 99−120.

Barney, J. B. (2001). Is the Resource-Based "View" a Useful Perspective for Strategic Management Research? Yes. *Academy of Management Review*, 26(1), 41−56.

Carnabuci, G., & Operti, E. (2013). Where Do Firms' Recombinant Capabilities Come From? Intraorganizational Networks, Knowledge, and Firms' Ability to Innovate through Technological Recombination. *Strategic Management Journal*, 34(13), 1591−1613.

Christensen, C. M. (1997). *The Innovator's Dilemma: When New Technologies Cause Great Firms to Fail*. Boston, MA: Harvard Business School Press.

Christensen, C. M., & Raynor, M. E. (2003). *The Innovator's Solution: Creating and Sustaining Successful Growth*. Boston, MA: Harvard Business School Press.

Christensen, C. M., Anthony, S. D., & Roth, E. A. (2004). *Seeing What's Next*. Boston, MA: Harvard Business School Press.

Cyert, R. M., & March, J. G. (1963). *A Behavioral Theory of the Firm*. Englewood Cliffs, NJ: Prentice-Hall.

Eisenhardt, K. M. (1989). Building Theories from Case Study Research. *Academy of Management Review*, 14(4), 532−555.

Eisenhardt, E., & Graebner, G. (2007). Theory Building from Cases: Opportunities and Challenges. *Academy of Management Journal*, 50(1), 25−32.

Eyring, M. J., Johnson, M. W., & Nair, H. (2011). New Business Models in Emerging

*Markets*. *Harvard Business Review*, January - February, 89 - 95.

Fisher, G. (2012). Effectuation, Causation, and Bricolage: A Behavioral Comparison of Emerging Theories in Entrepreneurship Research. *Entrepreneurship Theory and Practice*, 36(5), 1019 - 1051.

Garud, R., & Karnøe, P. (2003). Bricolage versus Breakthrough: Distributed and Embedded Agency in Technology Entrepreneurship. *Research Policy*, 32(2), 277 - 300.

Galunic, D. C., & Rodan, S. (1998). Resource Recombinations in the Firm: Knowledge Structures and the Potential for Schumpeterian Innovation. *Strategic Management Journal*, 19(12), 1193 - 1201.

Gary, S., Yang, M., Yetton, P., & Sterman, J. (2017). Stretch Goals and the Distribution of Organizational Performance. *Organization Science*, 28(3), 395 - 410.

Govindarajan, V., & Ramamurti, R. (2011). Reverse Innovation, Emerging Markets, and Global Strategy. *Global Strategy Journal*, 1(3-4), 191 - 205.

Guo, H., Su, Z., & Ahlstrom, D. (2016). Business Model Innovation: The Effects of Exploratory Orientation, Opportunity Recognition, and Entrepreneurial Bricolage in an Emerging Economy. *Asia Pacific Journal of Management*, 33(2), 533 - 549.

Gupta, A. K., Smith, K., & Shalley, C. E. (2006). The Interplay Between Exploration and Exploitation. *Academy of Management Journal*, 49(4), 693 - 706.

Gurca, A., & Ravishankar, M. (2016). A Bricolage Perspective on Technological Innovation in Emerging Markets. *IEEE Transactions on Engineering Management*, 63(1), 53.

Helfat, C. E., & Peteraf, M. A. (2003). The Dynamic Resource-Based View: Capability Lifecycles. *Strategic Management Journal*, 24(10), 997 - 1010.

Jung, H., & Lee, J. (2016). The Quest for Originality: A New Typology of Knowledge Search and Breakthrough Inventions. *Academy of Management Journal*, 59(5), 1725 - 1753.

Kaish, S., & Gilad, B. (1991). Characteristics of Opportunities Search of Entrepreneurs versus Executives: Sources, Interests, General Alertness. *Journal of Business Venturing*, 6(1), 45 - 61.

Kaplan, S., & Vakili, K. (2015). The Double-Edged Sword of Recombination in Breakthrough Innovation. *Strategic Management Journal*, 36(10), 1435 - 1457.

Katila, R., & Shane, S. (2005). When Are New Firms More Innovative than Established Firms? *Academy of Management Journal*, 48(5), 814 - 829.

Kogut, B., & Zander, U. (1992). Knowledge of the Firm, Combinative Capabilities, and the Replication of Technology. *Organization Science*, 3(3), 383 - 397.

Laursen, K., & Salter, A. J. (2006). Open for Innovation: The Role of Openness in Explaining Innovative Performance among UK Manufacturing Firms. Strategic Management Journal, 27, 131 - 150.

Laursen, K. (2012). Keep Searching and You'll Find: What Do We Know About Variety Creation Through Firms' Search Activities for Innovation? *Industrial and Corporate Change*, 21, 1181 - 1220.

Lavie, D., Stettner, U., & Tushman, M. (2010). Exploration and Exploitation within and across Organizations. *Academy of Management Annals*, 4(1), 109 - 155.

Lee, K., & Lim, C. (2001). Technological Regimes, Catching-Up and Leapfrogging: Findings from the Korean Industries. *Research Policy*, 30(3), 459 - 483.

Levinthal, D. A., & March, J. G. (1993). The Myopia of Learning. *Strategic Management Journal*, 14(S2), 95 - 112.

Li, P. P. ( 2012a ). Toward an Integrative Framework of Indigenous Research: The Geocentric Implications of Yin-Yang Balance. *Asia Pacific Journal of Management*, 29( 4 ), 849 – 872.

Li, P. P. ( 2012b ). Exploring the Unique Roles of Trust and Play in Private Creativity: From the Complexity-Ambiguity-Metaphor Link to the Trust-Play-Creativity Link. *Journal of Trust Research*, 2( 1 ), 71 – 97.

Li, P. P. ( ed. ) ( 2013 ). *Disruptive Innovation in Chinese and Indian Businesses: The Strategic Implications for Local Entrepreneurs and Global Incumbents.* London: Routledge.

Li, P. P. ( 2014 ). Toward the Geocentric Framework of Intuition: The Yin-Yang Balancing between the Eastern and Western Perspectives on Intuition. In *Handbook of Intuition Research Methodology*, Sinclair, M. ( Ed. ), Chapter 3, 28 – 41. Cheltenham: Edward Elgar Publishers.

Li, P. P. ( 2016 ). Global Implications of the Indigenous Epistemological System from the East: How to Apply Yin-Yang Balancing to Paradox Management. *Cross Cultural & Strategic Management*, 23( 1 ), 42 – 77.

Li, P. P., Prashantham, S., Zhou, A. J., & Zhou, S. S. ( 2021 ). Compositional Springboarding and EMNE Evolution. *Journal of International Business Studies*, 53, 754 – 766.

Locke, E. A., & Latham, G. P. ( 2013 ). *New Developments in Goal Setting and Task Performance.* London: Routledge Academic.

Luo, Y., & Child, J. ( 2015 ). A Composition-Based View of Firm Growth. *Management and Organization Review*, 11( 3 ), 379 – 411.

Mahoney, J. ( 2000 ). Path Dependence in Historical Sociology. *Theory and Society*, 29( 4 ), 507 – 548.

March, J. G. ( 1991 ). Exploration and Exploitation in Organizational Learning. *Organization Science*, 2( 1 ), 71 – 87.

Mastrogiorgio, M. & Gilsing, V. ( 2016 ). Innovation Through Exaptation and Its Determinants: The Role of Technological Complexity, Analogy Making & Patent Scope. *Research Policy*, 45( 7 ), 1419 – 1435.

Miao, Y., Song, J., Lee, K., & Jin, C. ( 2018 ). Technological Catch-Up by East Asian Firms: Trends, Issues, and Future Research Agenda. *Asia Pacific Journal of Management*, 35( 3 ), 639 – 666.

Miron-Spektor, E., & Beenen, G. ( 2015 ). Motivating Creativity: The Effects of Sequential and Simultaneous Learning and Performance Achievement Goals on Product Novelty and Usefulness. *Organizational Behavior and Human Decision Processes*, 127, 53 – 65.

Mueller, D. ( 1997 ). First-Mover Advantages and Path Dependence. *International Journal of Industrial Organization*, 15, 827 – 850.

Nelson, R. ( 1990 ). US technological leadership: Where did it come from and where did it go? *Research Policy*, 19( 2 ), 117 – 132.

Ofek, E., Tao, T., Yin, E., & Dai, N. ( 2018 ). Huawei: How Can We Lead the Way? Harvard Business School Case Collection.

Prahalad, K. C. ( 2009 ). *The Fortune at the Bottom of the Pyramid* ( 5th ed. ). Upper Saddle River, NJ: Wharton School Publishing.

Ricart, J. E., Enright, M. J., Ghemawat, P., Hart, S. L., & Khanna, T. ( 2004 ). New Frontiers in International Strategy. *Journal of International Business Studies*, 35( 3 ), 175 – 200.

Rosenkopf, L., & Almeida, P. ( 2003 ). Overcoming Local Search through Alliances and

Mobility. *Management Science*, 49(6), 751 – 766.

Rosenkopf, L., & Nerkar, A. (2001). Beyond Local Search: Boundary-spanning, Exploration, and Impact in the Optical Disk Industry. *Strategic Management Journal*, 22 (4), 287 – 306.

Salunke, S., Weerawardena, J., & McColl-Kennedy, J. R. (2013). Competing through Service Innovation: The Role of Bricolage and Entrepreneurship in Project-oriented Firms. *Journal of Business Research*, 66(8), 1085 – 1097.

Sambamurthy, V., Bharadwaj, A., & Grover, V. (2003). Shaping Agility through Digital Options: Reconceptualizing the Role of Information Technology in Contemporary Firms. *MIS Quarterly*, 27(2), 237 – 263.

Sarasvathy, S. (2001). Causation and Effectuation: Toward a Theoretical Shift from Economic Inevitability to Entrepreneurial Contingency. *Academy of Management Review*, 26(2), 243 – 263.

Sarasvathy, S. (2008). *Effectuation — Elements of Entrepreneurial Expertise*. Cheltenham: Edward Elgar.

Senyard, J., Baker, T., Steffens, P., & Davidsson, P. (2014). Bricolage as a Path to Innovativeness for Resource-Constrained New Firms. *Journal of Product Innovation Management*, 31(2), 211 – 230.

Sitkin, S. B., See, K. E., Miller, C. C., Lawless, M. W., & Carton, A. M. (2011). The Paradox of Stretch Goals: Organizations in Pursuit of the Seemingly Impossible. *Academy of Management Review*, 36(3), 544 – 566.

Smith, W. K., & Lewis, M. W. (2011). Toward a Theory of Paradox: A Dynamic Equilibrium Model of Organizing. *Academy of Management Review*, 36(2), 381 – 403.

Sonenshein, S. (2017). Stretch: Unlock the Power of Less -and Achieve More Than You Ever Imagined. New York: Harper Business.

Tan, J., & Tan, D. (2005). Tan, J., & Tan, D. (2005). Environment-Strategy Co-Evolution and Co-Alignment: A Staged Model of Chinese SOEs Under Transition. *Strategic Management Journal*, 26(2), 141 – 157.

Teece, D. J. 2007. Explicating Dynamic Capabilities: The Nature and Microfoundations of (sustainable) Enterprise Performance. *Strategic Entrepreneurship Journal*, 28(13), 1319 – 1350.

Teece, D. J., Pisano, G., & Shuen, A. (1997). Dynamic Capabilities and Strategic Management. *Strategic Management Journal*, 18(7), 509 – 533.

Terjesen, S., & Patel, P. (2017). In Search of Process Innovations: The Role of Search Depth, Search Breadth, and the Industry Environment. *Journal of Management*, 43(5), 1421 – 1446.

Terziovski, M. (2010). Innovation Practice and Its Performance Implications in Small and Medium Enterprises (SMEs) in the Manufacturing Sector: A Resource-Based View. *Strategic Management Journal*, 31(8), 892 – 902.

The Economist. (2010). Special Report on Innovation in Emerging Markets: The World Turned Upside Down. April 15.

Tian, T., & Wu, X. (2015). *Will Huawei Be the Next One to Collapse?* Beijing, China: China Citic Press.

Van Den Bosch, F. A., Volberda, H. W., & De Boer, M. (1999). Coevolution of Firm Absorptive Capacity and Knowledge Environment: Organizational Forms and Combinative Capabilities. *Organization Science*, 10(5), 551 – 568.

Volberda, H. W., & Karali, E. (2015). Reframing the Compositional Capability: A Resource-Based View on "A Composition-Based View of Firm Growth". *Management and*

*Organization Review*, 11(3), 419 - 426.

Wells, J., & Ellsworth, G. (2017). Tencent. Harvard Business School Case Collection.

Welter, C., Mauer, R., & Wuebker, R. J. (2016). Bridging Behavioral Models and Theoretical Concepts: Effectuation and Bricolage in the Opportunity Creation Framework. *Strategic Entrepreneurship Journal*, 10(1), 5 - 20.

Wu, L., Liu, H., & Zhang, J. (2017). Bricolage Effects on New-Product Development Speed and Creativity: The Moderating Role of Technological Turbulence. *Journal of Business Research*, 70, 127 - 135.

Wu, X., Ma, R., & Shi, Y. (2010). How Do Latecomer Firms Capture Value from Disruptive Technologies? A Secondary Business-Model Innovation Perspective. *IEEE Transactions on Engineering Management*, 57(1), 51 - 62.

Wulf, J. (2010). Alibaba Group. Harvard Business School Case Collection.

Yin, R. K. (1994). *Case Study Research: Design and Methods* (2nd ed.). Newbury Park, CA: Sage.

Yu, D., & Hang, C. C. (2010). A Reflective Review of Disruptive Innovation Theory. *International Journal of Management Reviews*, 12(4), 435 - 452.

# 第七部分
# 创新能力转型与升级：构建包容和可持续的创新体系

# —— 第 7.1 章 ——
# 中国的绿色创新

黄平　拉斯马斯·列马

## 引　言

随着过去几十年工业化和城市化的快速发展，人们越来越关注当代中国与能源安全、资源匮乏和环境恶化有关的压力。作为回应，中国政府在经济发展的绿色化方面进行了大量投资。这种绿色转向在中国的政治话语和实践中都越来越明显。"生态文明"的概念现在已经成为社会主义现代化国家议程的一个重要组成部分。2018 年，"生态文明"战略被写入宪法，其中包括一系列向绿色和低碳经济转型和升级的部门和技术准则。

在可持续能源方面，2005 年的《中华人民共和国可再生能源法》已经启动了一系列关键的变革。这些新的政策重点本质上是植根于环境的需要。然而，它们引发了技术变革并改变了市场条件。因此，这些变化为经济结构变化和新的部门路径创造了"绿色机会窗口"（Lema, Fu & Rabellotti, 2020）。

因此，在一些新能源和可再生能源领域（如风力发电、太阳能和一些新兴能源），中国不仅在制造能力方面，而且更重要的是在创新能力方面取得了令人瞩目的成就，在某些领域更是处于领先地位。本章探讨这些可再生能源部门发展的机会窗口的起源和性质；此外，本章还研究了这些部门的创新路径，包括这些部门如何获得创新能力以及利用了哪些学习机制；基于对中国绿色创新经验的回顾，本章还对中国创新体系绿色化的未来方向提出了更广泛的见解，并对全球影响进行了讨论。①

## 中国的绿色转型

人们普遍认为，中国正在可持续能源生产和消费方面取得重大进展。实际上，可再生能源的消费增长速度超过了化石燃料能源的消费增长（Wu，Zhu & Zhu，2018），并且促进绿色转型的远大政策也已落实到位（Tyfield，Ely & Geall，2015）。在 2007 年至 2016 年的 10 年间，化石燃料在中国能源系统中的份额从 77% 下降到 64%，按照这一趋势的预测，再过 10 年该份额将低于 50%（Mathews & Tan，2017）。根据国家能源局的数据，在过去的十年里，基于化石燃料的发电量从 82% 下降到 72%，而太阳能光伏、风能和水能的发电量大幅增加（CEP，2018；NEA，2017a）。就产能而言，中国已成为世界上最大的风力涡轮机、光伏板生产国，以及自 2015 年以来，最大的电动汽车和公共汽车的生产国［Binz & Diaz Anadon，2016；中国风能协会，2016；经济合作与发展组织/国际能源机构（OECD/IEA），2016］。

此外，在过去几年中，中国一直是绿色技术研究和开发（R&D）的最大投资者（法兰克福学院-UNEP 中心/BNEF，2017）。因此，我们有理由认为，中国将成为绿色技术的领跑者。作为世界上人口和地理面积最大的国家之一，伴随着越来越大的国内生产总值（GDP），中国提供了一个允许各种绿色部门都得到发展的大型实验场地。

在绿色部门，公共政策干预、法规和融资水平已经远远超过了其他行业的水平，即使在中国也是如此。绿色技术创新路径的特点是政府创造需求（例如，以上网电价的形式提供补贴），为新技术路径创造合法性，以及供给方支持（Binz et al.，2017；Chen & Lees，2016；Liu & Liang，2013）。这些超越了一般的追赶政策，如技术监管和对外国现有者的市场准入障碍（Altenburg & Rodrik，2017；Zhang et al.，2017）。

在国际上，中国正走在绿色转型的前列。2016 年，中国在可再生能源电

---

① 对绿色转型的全面讨论需要对界定环境可持续性关键维度的地球界限保持全面理解 (Rockström et al.，2009)。在本章中，我们主要关注这样一个地球界限 (气候变化) 及其背后的技术—经济决定因素，特别是那些与可持续能源有关的因素。我们只涉及其他如与空气质量、淡水供应、土地使用和生物多样性有关的地球界限，因为这些与气候变化、绿色能源政策和技术相互关联。

力和燃料的年度投资中排名第一，其次是美国、英国、日本和德国（Appavou et al.，2017）。从技术上看，投资集中在太阳能和风能上，但也包括一系列不太成熟的可再生能源。[①]

### 可再生能源和可持续发展

全世界都在关注环境创新，概念和政治议程都集中在绿色增长、低碳发展和向可持续发展过渡。这些概念的核心是解决环境和现有的（不可持续的）经济制度之间的紧张关系。因此，实现绿色经济需要将经济增长与控制碳排放、提高能源和资源效率结合起来。这意味着将投资转向更绿色的产业和企业，这主要依赖于绿色技术创新和新部门的创建（Borel-Saladin & Turok，2013）。

向可持续发展的转型包括"长期的、多维的和基本的转型过程，通过这些过程从既定的社会技术系统转向更可持续的生产和消费模式"（Markard et al.，2012，956）。由于相对不成熟，这种转型通常依赖于绿色技术中创新"利基"的扩大（Geels，2007）。因此，绿色技术的推广通常涉及保护实验和学习空间，以培育和授权创新。在许多国家，可再生能源技术都遵循这样的路径，并作为现有的基于化石燃料的能源系统的可持续解决方案加以推广。

本章讨论向可持续能源过渡的问题和中国的创新解决方案，并展示中国对可持续挑战的回应是如何依赖于"硬"（技术）和"软"（制度）创新的。中国能源系统从黑色能源向绿色能源过渡的基石是可再生能源技术的推广。新古典经济学通常将"创新"和"扩散"明确分开，并将两者视为不同的过程，而本章植根于创新研究的习惯，没有采用这种区分。扩散本身就被视为一个创新过程。这并不是说绿色能源技术的开发和制造与绿色技术的部署中的问题和解决方案是一样的。[②] 然而，两者都是创新过程，都依赖于软硬创新。如本章所示，软硬创新的结合是中国在可持续能源生产和消费方面取得进展的关键。

本章的结构如下。本章的下一部分试图勾勒出一幅大的画面，强调环境挑

---

① 对风能和太阳能光伏的关注并不是中国特有的。　根据国际可再生能源机构（IRENA）最近的统计数据，2013 年至 2016 年，太阳能和风能的投资平均占私人投资总额的 90%（IRENA 和气候政策倡议，2018），表明太阳能和风能的市场成熟度比其他可再生能源技术更高。

② 相反，列马（Lema，2016）表明，可再生能源的制造部署存在独特的价值链和制度框架。

战和中央、省和城市政府发起的政策回应。之后，本章将重点放在可再生能源上，在概述之后，从关键的可再生能源技术的发展轨迹中得到了启示。最后一节讨论了中国在绿色技术方面不断提高的创新能力对全球的影响，包括全球合作和可再生能源的合作。

# 中国和绿色经济

本节介绍了中国绿色经济发展的背景。当前，中国生产和消费的可再生能源比世界上任何其他国家都多，水力、风力和太阳能发电共为电力系统提供了1.618 万亿千瓦时（中国电力企业联合会，2017），占 2017 年能源供应总量的11.7%。应该指出的是，目前 70% 的可再生能源电力是由水电提供的，占中国总电力供应的 8.3%，而其他可再生能源（太阳能、风能、生物燃料）提供3.4%。核电提供了另外 1.8% 的能源，几乎与水电除外的可再生能源一样多。碳基能源的份额一直在下降，但在 2017 年仍占该国能源总产量的 86.4% 以上（煤炭是主要来源）。根据英国石油公司对 2040 年的预测，碳基能源将下降到总量的 66%，可再生能源增长到总量的 18%，核能增长到 8%，水力下降到8%。在经历了最初基于化石燃料消费的快速增长期后，中国现在已经开始制定目标，并对低碳发展进行大量投资。无论是在中央政府层面还是在省级政府层面，这些都构成了以可持续发展为导向的创新系统的一部分（Altenburg & Pegels，2012；Lema，Iizuka & Walz，2015）。

### 绿色创新的动力和压力

在过去的十年里，中国在发展可再生能源方面取得了显著的成就。中国的"绿色"转向是对一些挑战的回应，这些挑战在经历了 30 年的快速经济增长和城市化之后变得越来越明显和尖锐。

自 1970 年代的经济改革以来，中国的首要任务是经济发展和扶贫，而环境问题则被轻视。由于长期和大规模地在工业生产中应用不太环保的技术，环境问题已严重到一定程度，无法再被中国政治家们和广大人民所忽视。例如，在北京和许多其他特大城市频繁出现的重度雾霾代表了严重的空气污染，如今最常见的是可吸入颗粒物（$PM_{10}$）和细颗粒物（$PM_{2.5}$）造成的区域大气环境问题（国务院，2013）。2016 年，中国 78.4% 的城市的空气质量不达标（国务院，2016）。土壤和水资源等其他自然资源的情况也类似。

能源安全是另一个问题。快速和大规模的城市化和工业化给国内能源供应带来了巨大压力。尤其是，中国多年来遵循的资源密集型增长路径在能源使用方面非常低效（Xu et al.，2018）。2010 年，中国超过了美国，成为世界上最大的能源消耗国和污染国。然而，国内能源资源远远不能满足该国巨大的能源需求。因此，其能源供应高度依赖外国进口。2017 年，中国的石油和天然气对外依存度分别达到 67.4% 和 39%（中石油经济技术研究院，2017）。考虑到全球地缘政治的变化，中国的战略能源资源高度依赖外国进口严重影响能源供应的稳定性和国家的能源安全。

此外，伴随着经济规模和重要性的增加，中国也在全球舞台上承担着更大的政治责任，并在多种国际事务中发挥着更积极的作用［气候组织（Climate-Group），2014］。这也是中国积极参与全球气候变化谈判的部分原因，尤其是在美国退出《巴黎协定》之后。中国在应对气候变化和减少温室气体排放方面做出了强有力的承诺，这与当前发展绿色经济和能源结构根本性转型的优先事项相一致。

总体而言，这些因素的综合作用使中国实现了"绿色"转型。为了促进这一进程，各级政府都提出了政策举措，以支持技术革新和制度创新。

**中央政策举措**

从中央政策战略的角度来看，从"十二五"期间（2011—2015 年）开始，加强国家创新能力建设成了一个战略基点。本手册第 1.1、2.1 和 2.2 章对这些举措进行了一定的描述。2013 年，《"十二五"国家自主创新能力建设规划》发布，这是中国第一个系统提升自主创新能力的国家规划和指导性文件。其主要目标是建设创新基础设施，建立创新伙伴关系，培养创新人才，完善创新环境。此战略政策强调的对创新能力的建设在《"十三五"国家科技创新规划》中得到进一步加强。具体而言，针对能源领域的绿色创新，两个重要文件得以颁布：2016 年 3 月发布的《能源技术革命创新行动计划（2016—2030 年）》，以及随后于 2016 年 12 月发布的《能源技术创新"十三五"规划》。这两个文件提出了推进能源领域技术创新的具体目标和举措。表 7.1.1 显示了行动计划中强调的 15 个技术创新领域。每个领域的创新都有明确的路线图，一般包括三个阶段，即研究解决关键问题，实验和示范，以及推广和应用。

**表 7.1.1　能源技术创新的 15 个重点领域**

| | |
|---|---|
| 1 | 煤炭无害化开采技术创新 |
| 2 | 非常规油气和深层、深海油气开发技术创新 |
| 3 | 煤炭清洁高效利用技术 |
| 4 | 二氧化碳捕集、利用与封存技术创新 |
| 5 | 先进核能技术创新 |
| 6 | 乏燃料后处理与高放废物安全处理技术 |
| 7 | 高效太阳能利用技术 |
| 8 | 大型风电技术创新 |
| 9 | 氢能与燃料电池技术创新 |
| 10 | 生物质、海洋、地热能利用技术 |
| 11 | 高效燃气轮机技术 |
| 12 | 先进储能技术 |
| 13 | 现代电网关键技术 |
| 14 | "能源互联网"技术 |
| 15 | 节能与能效提升技术 |

来源：《能源技术革命创新行动计划（2016—2030 年）》。

伴随着所有这些关于清洁能源技术的明确而有力的指导，大量的公共研发投资正流入这些领域。例如，中国的国家重点研发计划——新整合的国家研发计划（863 和 973 计划的重新整合）——一直专注于清洁煤、新能源汽车（NEVs）、绿色建筑和智能电网（最新投资支出见表 7.1.2）。

**表 7.1.2　中国的国家重点研发计划的清洁能源技术研发投资**

| 技　术 | 研发投资（人民币百万元） | |
|---|---|---|
| | 2017 | 2018 |
| 清洁煤 | 575 | 423 |
| 新能源汽车 | 1 120 | 900 |
| 绿色建筑 | 430 | 320 |
| 智能电网 | 486 | 463 |

除了创新能力的建设，中国还为促进可再生能源的部署做出了长期努力。中国可再生能源发展过程中的一个里程碑是 2005 年通过的《中华人民共和国可再生能源法》，该法建立了四个关键机制来促进中国可再生能源的发展，包括国家可再生能源目标和中央及地方可再生能源开发利用规划，强制接入和购

买政策，国家新能源补贴（FIT）系统，以及费用分担机制和可再生能源发展专项基金（Schuman & Lin，2012）。

根据《中华人民共和国可再生能源法》建立的制度体系，发展计划中规定了可再生能源的中长期目标。例如，2007 年，国务院发布了《可再生能源中长期发展规划》，目标是到 2010 年将可再生能源占到全部消费能源的比例提高到 10%，到 2020 年再提高到 15%。2017 年 1 月发布的《可再生能源发展"十三五"规划（2016—2020 年）》提供了最新的目标。表 7.1.3 概述了新发布的发展规划中所设定的目标。除了可再生能源总体规划，"十三五"期间还颁布了特定能源的发展规划，如图 7.1.1 所示。

**表 7.1.3　《可再生能源发展"十三五"规划（2016—2020 年）》中的可再生能源目标**

| 可再生能源 | 2020 年目标 | 2015 年水平 |
| --- | --- | --- |
| 可再生能源的年消耗量（百万吨标准煤） | 730 | 512.48 |
| 非化石燃料在一次能源消费中的百分比（%） | 15 | 12 |
| 水电装机容量（千兆瓦） | 340 | 319.54 |
| 并网风电的装机容量（千兆瓦） | 210 | 129 |
| 太阳能光伏发电的装机容量（千兆瓦） | 105 | 43.18 |
| 太阳能热水器的年消耗量（百万平方米） | 800 | 440 |

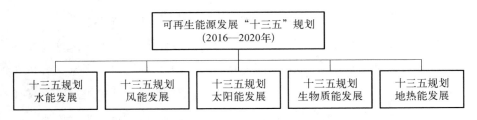

图 7.1.1　中国十三五期间可再生能源规划体系

为了实现 2020 年的预期目标，多级政府颁布了一系列的监管政策和财政激励措施，以推进可再生能源的应用。

新能源补贴政策是刺激对可再生能源投资的最常用的监管政策之一。FIT 要求电网公司以政府规定的某些价格从可再生能源发电机组购买电力［欧洲智能能源公司（Intelligent Energy Europe），2011］。这个计划确保更昂贵的可再生能源对投资者来说是有利可图的。中国已经为不同类型的可再生能源采取了 FIT 计划，包括风能、太阳能光伏和生物质能（Schuman & Lin，2012）。FIT 计划为投资者提供了大量的激励措施，在早期阶段促进了可再生能源的发展（Tang et al.，2018）。然而，随着可再生能源（尤其是风能和太阳能光伏）装机容量的快速增长，该政策未能有效引导可再生能源的消费，出现了严重的风能和太阳能缩减问题（He et al.，2015）。在此背景下，政府已开始考虑其他补充政策，如可再生能源电力配额制度［也称为可再生能源组合标准（RPS）］。

可再生能源电力配额制度要求发电商、电网公司和多级城市在使用可再生能源方面达到一定的目标。中国于 2007 年在上述《可再生能源中长期发展规划》中首次引入该制度，并于 2012 年在《可再生能源电力配额管理规定（征求意见稿）》中进一步明确该措施（Lo，2014）。后来的文件为中国 14 家最大的发电机组、四家电网公司（国家电网、南方电网、内蒙古电网和陕西省电网）和各省（包括四个省级市）提供了 2015 年的可再生能源电力指标（Schuman & Lin，2012）。不幸的是，这个征求意见稿遇到了许多省级政府的强烈反对。经过不同利益相关者之间漫长的谈判过程，政府于 2018 年 3 月发布了新的可再生能源配额调节草案，即《可再生能源电力配额和评估方法（征求意见稿）》。在这份文件中，2018 年和 2020 年的强制性省级可再生能源电力配额被分配给电网公司和电力零售公司等电力用户［中外对话（China dialogue），2018］。可再生能源电力配额制度于 2019 年正式生效。

除了监管政策，政府还提供了多种财政激励措施，包括赠款、补贴、公共投资和税收抵免。根据《中华人民共和国可再生能源法》，政府为支持可再生能源的发展，建立了可再生能源发展专项基金。2005 年 11 月，国家发展和改革委员会（NDRC）公布了《可再生能源产业指导目录》，其中规定了由政府补贴的六个领域的 88 个开发和制造项目，包括风能、太阳能、生物质能、地热能、海洋能和水能（Shen & Luo，2015）。伴随着 FIT 系统的运行，补贴是以政府支付的可再生能源电力附加费作为补贴的形式提供的。最初在 2006 年，国家发展改革委将可再生能源电力附加费定为 0.001 元／千瓦时（Lo，2014），在 2016 年上调为 0.019 元／千瓦时（NDRC，2015）。

直接补贴是通过示范项目等举措提供的。例如，为了支持太阳能光伏产业，2009 年启动了金太阳示范项目，为农村地区的并网系统提供总费用的 50%，为离网系统提供 70%（Lo，2014）。此外，税收优惠政策也适用于生物质能、风力发电和太阳能光伏。例如，对于太阳能光伏发电，财政部（MOF）于 2013 年发布了《关于光伏发电增值政策的公告》，其中规定，纳税人销售自己的光伏电站所发的电力，将获得 50%的增值税优惠（Shen & Luo，2015）。

## 城市能源转型的举措

省级政府也是能源转型的主要推动者，在生产和消费方面都是如此。在消费方面，由省级政府管辖的大城市是实现低碳和可持续转型的前沿阵地，它们作为实现可持续发展的"创新中心"拥有巨大的潜力（Castán Broto & Bulkeley，2013；Ernstson et al.，2010）。

最近几年，中国城市的城市实验不断增多。例如，众所周知的中新天津生态城于 2007 年初启动，被认为是一个相对成功的低碳城市发展模式（Chang et al.，2016）。这个城市的目标是让可再生能源至少占到所使用能源的 20%。随着可持续发展成为国家优先事项，七级政府为城市实验性举措提供了财政和制度支持。特别是地方政府，在上级政府的指示下，表现出强烈的动机，对许多新出现的技术持开放态度。然而，完成城市能源转型涉及一系列复杂的物质调整过程，这些调整的目的是确保新的治理安排适合于干预的实际情况（Castán Broto，2015）。

城市能源转型是一个多方面的过程，需要多个城市参与者的参与，并与当地的经济和社会空间背景密切互动。例如，一方面，城市发展的优先事项可能会确定地方政府关于转型路径的决定；另一方面，城市能源系统的去碳化将不可避免地重新配置城市基础设施，并重塑居民的社会习惯（Huang et al.，2018b）。因此，在中国的能源转型中，占主导地位的自上而下的方法可能会导致缺乏多样性、开放性和包容性的问题，而这些对于城市实验的蓬勃发展是必不可少的。一个典型的例子是强制实施建筑一体化太阳能热系统（BIST）。自 2005 年以来，在加速低碳能源转型的雄心壮志下，许多中国城市已经实施了 BIST 系统的强制安装政策。然而，结果是好坏参半。在许多城市，据报道，已安装的 BIST 系统被闲置，主要原因是当地环境（如建筑朝向和居民的能源使用习惯）与目标技术不匹配（Huang et al.，2018a）。这表明，自上而下的政策措施可能会带来更多转型失败的风险和更高的成本，而政治愿景必须符合当地的背景，以诱发真正的变化。从这个角度来看，地方政府需要在城市能源转型中发挥更积极的作用，因为它们有足够的信息来确定最适合当地环境的技术。同时，中央政府的国家战略如果给予地方政府更多的自主权，并允许其根据具体情况选择技术，可能会更加有效。

# 建立可再生能源的创新能力

在中国，绿色经济存在很大的压力和雄心勃勃的举措。上一节试图阐明动机和举措，而本节旨在说明这些动力和压力如何转化为可再生能源的实际推广。本节先从概述开始，然后再就可再生能源技术的具体领域进行分析。

### 中国在可再生能源方面的重要性

中国在可再生能源的消费和生产方面都取得了显著的成就，而且该国正致力于成为全球技术的领导者，特别是在美国宣布退出应对全球气候变化的《巴黎协定》的决定之后。国际能源署等国际组织预测，中国将继续引领世界可再生能源的发展［能源经济和金融分析研究所（IEEFA），2017a］。

在有影响力的政策举措下，财政资源已被输送到该行业中。如图 7.1.2 所示，2013 年中国对可再生能源的新投资超过了美国和欧洲。尽管 2016 年出现大幅下降，但中国的可再生能源投资仍然领先，占全球新增投资的 32.4%。中

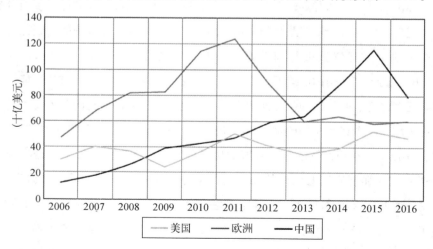

图 7.1.2　美国、欧洲和中国的可再生能源投资（2006—2016 年）

来源：彭博社新能源财经（Bloomberg New Energy Finance）。

国不仅是世界上最大的可再生能源国内投资者，而且还将自己定位为全球清洁能源投资的领导者，与"一带一路"倡议一起运作［能源经济和金融分析研究所（IEEFA），2017b］。

中国在全球可再生能源的增长中占主导地位。2016 年，它超过了美国，成为最大的可再生能源电力生产国。中国的可再生能源总装机容量达到 570 千兆瓦，其中水电 332 千兆瓦，风能 149 千兆瓦，太阳能光伏 77 千兆瓦，生物能源 12 千兆瓦（NEA，2017b）。2016 年，全球可再生能源总增量为 165 千兆瓦。中国的新装机量约为 68 千兆瓦，约占全球可再生能源总增量的 41%（IEEFA，2017a）。

图 7.1.3 显示了 2007 年至 2017 年的可再生能源发电量（包括风能、地热、太阳能、生物质能和废物）。中国在利用可再生能源方面取得了重大进展，从 2007 年的仅 350 万吨油当量（toe）到 2017 年的 1.067 亿万吨油当量（BP，2018）。中国在全球消费中的份额从 2007 年的 3.27% 增加到了 2017 年的 21.92%。

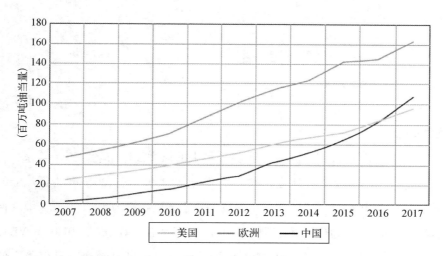

图 7.1.3　美国、欧洲和中国的可再生能源发电量（不包括水电）（2007—2017 年）

来源：世界能源统计年鉴（BP），2018。

统计数据显示，中国在可再生能源方面正日益发挥主导作用。可再生能源领域的快速发展不仅是政府大规模财政支持和广泛监管措施的结果，而且还依赖于中国在许多可再生能源技术方面不断增强的创新能力，如太阳能光伏和风能。自 2000 年以来，中国大量的科学和技术资金被投入可再生能源领域（Huang et al.，2012）。越来越多的清洁能源研究中心正在建立，更多的资金被提供给早期和高风险的新能源技术的研发。技术创新能力是提高中国的全球竞争力和确保中国在可再生能源技术领域的领先地位的关键。

随着政府对技术创新的大力推动，在过去的十年中，中国各种绿色行业的创新能力不断增强。表 7.1.4 显示了中国在四种可再生能源的专利申请中的首次申请份额。2005 年以前，中国在这四种技术的部门中拥有相对较弱的创新能力，而从 2006 年到 2011 年，中国的专利申请明显增加，成为拥有太阳能热能、风能和生物燃料专利最多的国家（Helm et al., 2014）。以生物燃料为例，在 2001 年之前，中国每年的生物燃料发明不到 10 项，然而在 2011 年，这个数字增加到 931 项（Albers et al., 2016）。

**表 7.1.4　中国在部分可再生能源首次专利申请的份额（1975—2011 年）**

| 技　术 | 百分比（%） | |
| --- | --- | --- |
| | 1975—2005 年 | 2006—2011 年 |
| 太阳能 | 18 | 57 |
| 太阳能光伏 | 2 | 23 |
| 风　能 | 9 | 41 |
| 生物燃料 | 8 | 46 |

来源：世界知识产权组织（WIPO）。

## 风力发电

自 2009 年以来，中国一直是世界上最大的风力发电市场。近十年来，它一直保持着装机量的领先地位。图 7.1.4 显示了 2006 年至 2016 年中国风能的新增和累计装机容量。2017 年，中国风电新增装机容量为 19 千兆瓦，继续保持世界风电的领先地位，累计风电容量为 188 千兆瓦（GWEC, 2016；WWEA, 2018）。图 7.1.5 显示了中国风能发电的趋势，其中可以看到明显而稳定的增长。

了解风能取得如此成就的原因，有助于观察中国如何能够增加其在全球市场的份额。在此，有必要单独区分风能竞争力的四个来源，但这个四个来源彼此之间也存在明显的互相促进的关系（Schmitz & Lema, 2015）。

首先是国内市场的实力。中国政府对能源安全的关注促进了可再生能源的生产。2005 年的《中华人民共和国可再生能源法》是核心立法。与其他补充

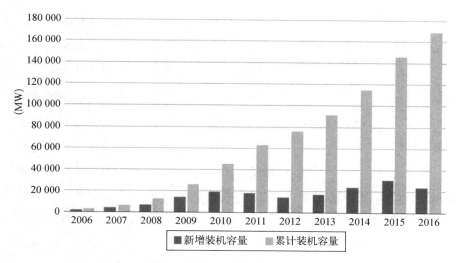

图 7.1.4　中国风电新增与累计装机容量（2006—2016 年）

来源：中国风能协会。

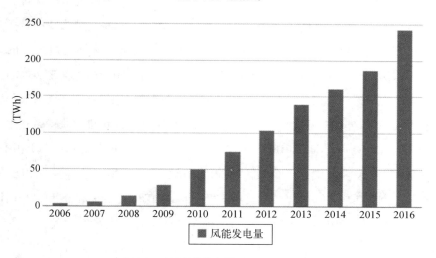

图 7.1.5　中国风能发电量（2006—2016 年）

来源：中国电力企业联合会。

政策一起，该法促进了一个迅速扩大的国内风电市场的形成。外国企业并没有被阻止参与这个市场的竞争，但相比之下中国企业受到了更多政府支持。这些支持有些表现得很明显（如 2005—2009 年期间实行的地方法规要求），有些则不太明显（如竞标国家资助的项目时遇到的困难）。由于中国市场庞大且增长迅速，该市场的成功对全球市场份额有重大影响（Lema, Sagar & Zhou, 2016）。

中国竞争力的第二个来源是生产者权力。中国市场的巨大规模和快速增长使中国涡轮机制造商能够采用面向规模经济的工业组织模式。涡轮机作为一个复杂的产品，通常由超过一万个零件组成。尽管欧洲风电行业的领军企业，如丹麦的维斯塔斯（Vestas）和德国的爱纳康（Enercon），倾向于自行生产大量零部件以追求设计与质量的持续优化，但他们的中国同行更依赖于从供应商那里购买零部件，而这些供应商也为其他涡轮机制造商供货，因此能够实现规模经济并降低成本。

竞争力的第三个来源是融资能力。这一点在文献中探讨得很少，但却越来越重要。最重要的一点是，中国企业可以提供卖方信贷，但这对西方企业来说则困难得多。这一点对它们的客户来说非常重要，因为风电场的投资要求很高，时间也很长。项目融资对于在出口市场的竞争可能变得特别重要。与西方同行相比，中国公司拥有雄厚的资金实力。例如，华锐风电从政府拥有的银行获得了 65 亿美元的信贷额度（Schmitz & Lema，2015）。中国进出口银行已经向金风科技和明阳科技注入资金，以支持其国外发展。这种支持为欧洲企业尚未直接利用的出口模式提供了可能性——风电场项目融资和涡轮机出口的结对。中国涡轮机企业在国外开展的许多新项目都是通过附带的融资来实施的。

竞争力的第四个来源是创新能力。中国在风能领域积累的创新能力的程度是有争议的，难以准确说明。一些分析家质疑中国从其涡轮机中获得高利用效率的能力（Physicsworld，2018），批评者指出，金风科技的永磁直驱（PMDD）技术等关键创新实际上是由金风科技的德国子公司文西斯（Vensys）发明的。尽管从专利分析中可以看出，中国涡轮机企业的创新能力不如欧洲和北美的同行（Zhou et al.，2016），但很明显，中国企业的学习速度是空前的，其在 10 年的时间跨度内完成了从生产到创新能力的跨越（Hansen & Lema，2019）。

### 太阳能光伏发电

在太阳能光伏产业，中国本土市场直到最近才变得重要起来。这个行业一开始是以出口为导向的行业，通过"从出口中学习"，中国生产商在很短的时间内做到了从供应部件到建造完整的太阳能电池板。到了 2000 年代末，他们压低了欧洲和美国生产商的价格，导致大量工作岗位流失，并引发了一场贸易战（Fischer，2012）。

中国对太阳能电池板行业造成了重大干扰，并推动了成本的下降，但其动态与风能行业的发展不同。在该行业，中国企业设法通过迎合世界市场来建立生产者权力；最初，国内市场和在国内减少温室气体排放所起的作用不大。太阳能光伏生产在行业起飞期间由出口驱动。出口使中国成为生产太阳能光伏设备的新领导者（取代欧盟）（Fischer, 2012；Lema, Fu & Rabellotti, 2020）。然而，与风能行业不同的是，中国制造商仍然主要为中国市场生产，中国光伏行业的出现部分是基于对中国以外的太阳能部署计划的政策支持，主要在欧洲。

中国光伏产业的发展起源于光伏电池和组件的生产。通过专注于这些元素，企业集中在光伏价值链的各个环节，由于劳动力成本低，再加上规模经济，以及适用于生产过程的环境标准相对较弱，他们拥有竞争优势。模块化和相对较低的运输成本也促进了中国光伏行业的发展和向主要市场的出口。

在中国，政府对这些活动的支持是出于地方经济的考虑，与地方政府对其他出口导向型产业的支持类似（Iizuka, 2015）。在全球金融危机期间，中国对光伏能源技术的使用和部署的支持计划不断发展，而当时以出口为导向的光伏电池和组件生产商面临着外部订单下降的困境，特别是在德国。因此，当中央政府在 2009 年开始支持中国的光伏能源使用时，中国的光伏产业已经具备了较强的生产能力和全球市场竞争力。图 7.1.6 和图 7.1.7 显示，自 2009 年前后，中国的太阳能光伏能源应用不断增加。

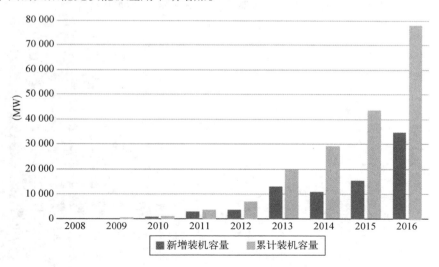

图 7.1.6　中国太阳能光伏新增和累计装机容量（2008—2016 年）

来源：欧洲光伏产业协会（European Photovoltaic Industry Association），中国国家能源局（National Energy Administration of China）。

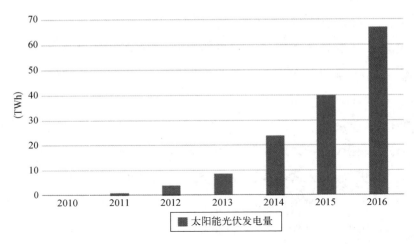

图 7.1.7　中国太阳能光伏发电量（2010—2016 年）

来源：中国电力企业联合会。

## 太阳能热能

　　中国在全球太阳能热能市场一直处于领先地位（Islam et al., 2013）。在 2009 年的哥本哈根会议上，时任总理温家宝提到中国在太阳能热水器的应用方面处于世界领先地位。2015 年，中国占世界总装机容量的 71%，其次是美国（4%）、德国（3%）和土耳其（3%）（Weiss et al., 2017）。图 7.1.8 显示了 1998 至 2016 年中国太阳能热水器的年产量和总安装面积。

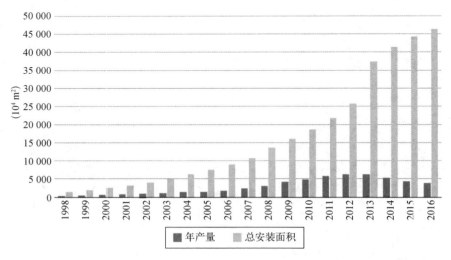

图 7.1.8　中国太阳能热水器年产量和总安装面积（1998—2016 年）

来源：太阳视觉（Solar Vision）。

中国在全球太阳能热能市场取得主导地位的背后驱动因素是多方面的。首先，在创建初期，关键的自主创新使太阳能热水器的大规模工业生产成为可能。结合国内巨大的热水使用需求，成功开辟了一个利基市场。1984年，清华大学的殷志强教授获得了全玻璃真空太阳能集热管的专利，标志着中国开始大规模工业化生产玻璃真空管太阳能热水器。此后，市场经历了稳步增长。

其次，太阳能热水器的龙头企业将技术创新作为其发展战略的核心，并将大量的财政和劳动力资源投入研发活动中。除了企业内部研发能力的构建外，与科研院所和大学的合作是培养创新能力的另一个重要机制。例如，2007年，中国领先的太阳能热能企业力诺瑞特公司与清华大学联合成立了一个研究中心。后来在2010年，力诺瑞特和上海交通大学联合成立了另一个太阳能研究机构。企业和大学之间的合作可以推进太阳能热能技术的研发。据估计，中国企业的专利占全球太阳能热水器技术的95%以上 ［中外对话（China dialogue），2014］。

第三，政府支持在中国农村和城市进一步部署太阳能热水器方面发挥了重要作用。2009年，太阳能热水器被纳入国家家电下乡计划，该计划旨在利用尚未开发的农村市场，通过为农村居民提供政府补贴的家电产品，抵消2008年全球金融危机带来的影响。在家电下乡计划下，一个庞大的农村市场被打开了。另一方面，从2005年开始，许多中国城市开始执行在建筑中安装太阳能热水器的强制性政策。该政策最初在低层或多层建筑中实施，后来扩展到高层建筑，这为太阳能热水器开辟了一个新的市场领域，即"建筑项目市场"（Huang et al.，2018b）。房地产开发商和制造商之间往往直接签订合同，为整个新建小区安装太阳能热能产品。强制性政策推动了该类产品在城市地区的市场扩张，然而，这也带来了许多问题。例如，为了满足政府的要求，同时控制建筑成本，许多房地产开发商选择购买低成本、低质量的太阳能热水器产品，导致用户体验不佳，从而危及整个行业的健康发展（Yu & Gibbs，2018）。

### 生物能源

生物能源是指从生物质中提取的固体、液体和气体产品转化产生的能源。生物质是可再生的有机物质，如来自动物或植物的原料以及来自城市和工业的有机废物（IEA，2017）。在中国，2005年《中华人民共和国可再生能源法》正式鼓励使用生物质资源。如今，生物能源已被应用于各个领域，包括发电、运输和供暖。目前，生物质发电产业和液体生物燃料（主要是生物乙醇和生物柴油）产业已达到相当规模，而生物质成型燃料等生物燃料产业仍处于早期发展阶段。

中国在生物燃料创新和利用方面有着悠久的历史。早在第八个五年计划期间（1991—1995年），一些研究机构就开始进行生物柴油的实验（Yuan et al.，2009）。后来，在第十个五年计划期间（2001—2005年），生物柴油技术被列入由科技部资助的中国国家高技术研究发展计划（863计划）。2006年，国家发展改革委在全国范围内建立了约30个生物能源技术的示范项目。在科技部发布的《生物技术十二五发展规划》和《生物技术创新十三五专项规划》中，生物能源技术被列为重点战略领域之一。重点是支持和促进非谷物燃料乙醇、生物柴油和沼气等关键生物能源技术的研发，以及生物能源产品生产工艺的专用设备的研发（Chen et al.，2016）。两个国家研发中心，即国家能源生物液体燃料研发中心和国家能源非粮生物质原料研发中心，分别于2010年和2011年成立。

2016年10月，国家能源局公布了《生物质能发展"十三五"规划》，为至2020年不同生物燃料的发展设定了具体目标（表7.1.5）。例如，生物质发电的总装机容量预计将达到15千兆瓦，液体生物燃料的年产量为600万吨。

**表 7.1.5 至 2020 年中国生物能源发展的目标**

| 生 物 能 源 | 2020 年目标 | 2015 年水平 |
| --- | --- | --- |
| 生物质发电装机容量（千兆瓦） | 15 | 10.3 |
| 生物质压块年消耗量（百万吨） | 30 | 8 |
| 生物乙醇年产量（百万吨） | 4 | 2.1 |
| 生物柴油年产量（百万吨） | 2 | 0.8 |

来源：《生物质能发展"十三五"规划》。

为了促进生物能源的应用，中国政府采取了各种政策手段，包括补贴和减税。例如，自2010年起，新的农业和林业生物质发电项目可以享受0.75元/千瓦时的上网电价。同样，生物乙醇生产也享受补贴。2012年，谷物乙醇和非谷物乙醇的补贴金额分别为 500 元/吨和 750 元/吨。政府的支持大大推动了生物能源技术的普及和生物燃料产业的发展。然而，仍然存在一些挑战，如生物质成型燃料和沼气技术的专业化和市场化程度低，缺乏综合标准，如测试和认证标准等。

### 新兴的可再生能源领域

除了传统的可再生能源，如风能和太阳能，中国也在探索其他新能源技术的新领域。

一个必须提及的技术是新能源汽车。根据中国国务院的规定，新能源汽车包括混合动力电动汽车、纯电动汽车和燃料电池电动汽车。早在第八个五年计划期间（1991—1995），中国中央政府就开始支持新能源汽车在中国的发展。从那时起，许多国家计划和战略都明确了新能源汽车产业的实施。从基础研发、应用研发到示范和商业化，每个阶段的技术发展都有目标。经过近三十年的发展，中国已经建立了一个相对完整的技术体系，拥有 3 000 多项专利和 30 个节能与新能源汽车技术创新平台（科技部，2012）。比亚迪等领先的新能源汽车企业的崛起表明中国的技术能力不断提高。如今比亚迪生产的新能源汽车已经遍布 48 个国家的 200 多个城市，包括日本、美国和英国（IEEFA，2017b）。

中国在智能电网发展方面也取得了重大进展。在中国《电力行业发展"十三五"规划》（2016—2020 年）中，一项主要任务就是加快智能电网的发展。智能电网也被列为《科技创新 2030》的重大项目之一。2011 年至 2015 年是由各大电网公司主导的智能电网的全面建设阶段［新三华集团（H$_3$C）2010］。截至 2014 年底，中国国家电网公司已经启动了 358 个智能电网项目，其中 305 个项目已经完成（国家电网，2017）。在下一阶段，中国的目标是进一步完善智能电网系统，包括发展智能输电和变电技术，改善大规模可再生能源的并网和集成技术（Han et al.，2017）。

建筑行业是另一个重点领域。在《国民经济和社会发展第十二个五年规划》中，首次正式提出了发展绿色建筑（Zhang et al.，2018）。2017 年，《建筑节能与绿色建筑发展"十三五"规划》发布，其中要求到 2020 年，50% 的城市新建建筑要通过绿色建筑认证。截至 2015 年底，中国绿色建筑总建筑面积超过 4.7 亿平方米。中国特别关注绿色建筑创新能力的提高，政府支持许多绿色建筑的科研项目。建筑节能技术也是《"十三五"国家科技创新规划》中的一个重点。并与美国等在该领域拥有更先进技术的国家建立了伙伴关系（住房和城乡建设部，2017）。

与其他技术相比，聚光太阳能发电（CSP）的发展在中国相对较新。聚光太阳能发电指的是"利用镜子将太阳光聚焦并集中到接收器上，由导热液体将强烈的热能输送到动力装置上发电"的技术（美国能源部，2014，34）。尽管聚光太阳能发电在《国家中长期科学和技术发展规划纲要（2006—2020年)》和《可再生能源中长期发展规划》中都被列为重点和优先发展的技术，但中国仍处于聚光太阳能发电商业化的早期阶段。截至 2012 年底，仅建成了 6 个聚光太阳能发电示范电站，3 个电站正在建设中，另有 14 个项目正在筹备中［国家电网能源研究院，2013］。

2016 年 9 月，国家能源局公布了《关于建设太阳能热发电示范项目的通知》。该通知标志着中国大规模建设聚光太阳能发电示范项目的开始，在第一轮中，有 20 个项目被选为国家示范项目。然而，这些项目的实施并不顺利，有四个项目最终被终止（《经济日报》，2018）。为了解决这种情况，2018 年 5 月，国家能源局进一步发布了《关于推进太阳能热发电示范项目建设有关事项的通知》，将示范项目的完成期限从 2018 年底延长到 2020 年底，并建立了补贴电价的回扣机制。总的来说，聚光太阳能发电的发展在中国仍处于早期阶段。国家示范项目的成功将是该技术商业化和引导私人财政资源使用的关键。

# 结论：中国的绿色创新

中国已经成为全球绿色转型的驱动者。本章旨在探讨中国绿色创新能力的建设，重点是可再生能源推广过程中的硬创新和软创新，以及它们在不断变化的制度框架中的成因。

第二部分研究了中央和省级的政策举措，这些举措对可再生能源的推广至关重要。主要的一点是，中国的绿色创新不仅仅是一种技术上的创新，同样甚至更重要的是为可再生能源的生产、分配和消费创造激励和机会的政策和法规。在需求方面，这些政策和法规包括补贴（上网电价）和强制购买条例；

在供应方面，它们包括可再生技术的专项研发资金，特别是通过国家资助计划，支持大学和研究机构在可再生能源开发和示范项目中的活动。

中国有独特的机会来实施高效的可持续性创新体系。毋庸置疑，中国版本的指导性资本主义在目前的情况下是一个优势，因为绿色转型取决于政府的行动，使新兴的可再生能源技术与化石燃料竞争。但是，正如中国的快速增长不能仅仅归功于国家资本主义（Fu，2015），最近在可再生能源扩散方面的进展也不能归功于国家资本主义。如本章所示，这个过程由多种驱动力共同促成了快速的进步；它们包括政府政策和投资，各种类型的企业（国有和私营，本地和全球）的投资，以及从本地和全球知识库中产生来获取知识。

第三部分证实了这些观点。它从部门经验中寻求启示，并表明（软）政策学习和创新是如何被企业的（硬）技术创新所抵制并与之相结合的。这导致了新产品和服务的开发，其基于内部的研发投资与外部的资源相结合，如许可、购买机器、咨询服务等。在本地技术努力和政府支持下，包括对在中国经营的外国公司的当地成分要求，本地公司已经成功地进入了这个行业，并随后进行了升级（Lema & Lema，2012）。然而，至关重要的是，这种硬创新能力不仅在核心技术层面（太阳能热水器、太阳能光伏板或风力涡轮机）得到落实，而且在更广泛的部署层面（即在安装、系统集成、运营和维护方面）也得到了落实。

换句话说，本章不仅强调了绿色能源部门的"创新"能力，也强调了将产出"扩散"到经济中的能力。对具体部门的讨论解释了当地需求的差异和由此产生的不同反应——受市场需求和政府政策的影响。从同一视角，本章还解释了创新的动力以及影响全国范围内扩散的因素。

总之，本章与本手册的其他章节一样，强调了中国的创新体系在发展创新能力方面的重要性。自 1970 年代末开放市场经济以来，供需之间的相互作用一直是创建中国全行业创新体系的关键力量。市场经济开放后，需求增长非常快，基于宏观和微观经济政策，政府一直是刺激需求的驱动者。政府首要关注的是建立一个以市场为基础、以创新为主导的经济，这有助于私营部门的快速发展，使企业能够对需求做出反应（Yip & McKern，2016）。它从根本上改变了中国的包括绿色部门在内的创新能力。

如本章所示，在绿色能源部门，这个系统包括公共和私营部门，硬性和软性基础设施，以及资源和知识的需求方和供应方的调动。中国式做法已经构建了强大的能力来重新应对本地环境压力，同时也形成了在一个新行业中领先全球的基础。

通过本章的分析，有关于更广泛的影响和教训，我们提出了三个需要进一步研究的问题：

首先，中国从一个低收入国家上升为世界第二大经济体的转型经验，以及其在发展过程中面临的环境挑战，可以为许多其他新兴国家在追求发展和绿色转型时提供重要的启示。中国的经验为研究新兴经济体的赶超提供了丰富多样的经验案例。但鉴于中国的特性（如，在国内市场规模或经济治理方面），其他发展中国家可以从中国的经验中学习什么？

第二，中国成为可再生能源的头号投资者（法兰克福学院-联合国环境规划署中心/BNEF，2016）。本章指出，这些投资正被有效地用于建立有竞争力的绿色部门。马修斯（Mathews）甚至认为，中国可能正在发展"工业资本主义的绿色模式"（Mathews，2013；Mathews & Tan，2017）。验证这一命题的实现情况，需要研究比较低碳产业与高碳产业的投资增长率，并比较支持低碳产业与高碳产业联盟的力量。

第三，很明显，由于中国进入可再生能源领域，降低了绿色技术的成本，全球利益正在显现。然而，较低的设备成本是否会加快绿色技术在世界其他地区的部署还不清楚。其他考量也影响着可再生能源的部署，特别是可靠性和能源产出。寿命成本和实际发电能力比前期成本和名义能力更重要，而这取决于不同市场的需求偏好。最大的未知数是新市场的偏好。那么，中国企业在降低能源成本和开辟新市场方面会有多大成效？

# 参考文献

Albers, S. C., Berklund, A. M., & Graff, G. D. (2016). The Rise and Fall of Innovation in Biofuels. *Nature Biotechnology*, 34(8), 814–821.

Altenburg, T., & Pegels, A. (2012). Sustainability-Oriented Innovation Systems – Managing the Green Transformation. *Innovation and Development*, 2(1), 5–22.

Altenburg, T., & Rodrik, D. (2017). Green Industrial Policy: Accelerating Structural Change towards Wealthy Green Economies. In T. Altenburg & C. Assmann (Eds.),

*Green Industrial Policy: Concept, Policies, Country Experiences* (pp.1 – 19). Geneva, Bonn: UN Environment; German Development Institute/Deutsches Institut für Entwicklungspolitik (DIE).

Appavou, F., Brown, A., & Epp, B. (2017). Renewables 2017 Global Status Report. Tech. Report. Renewable Energy Policy Network for the 21st Century (REN21).

Binz, C., & Anadon, L. D. (2016). Transplanting Clean-Tech Paths from Elsewhere: The Emergence of the Chinese Solar PV Industry. Circle Working Paper Series 2016/29.

Binz, C., Gosens, J., Hansen, T., & Hansen, U. E. (2017). Toward Technology-Sensitive Catching-Up Policies: Insights from Renewable Energy in China. *World Development*, 96, 418 – 437.

Borel-Saladin, J. M., & Turok, I. N. (2013). The Green Economy: Incremental Change or Transformation? *Environmental Policy and Governance*, 23(4), 209 – 220.

BP. (2018). BP Statistical Review of World Energy 2018.

Castán Broto, V., & Bulkeley, H. (2013). A Survey of Urban Climate Change Experiments in 100 Cities. *Global Environmental Change*, 23(1), 92 – 102.

Castán Broto, V. (2015). Contradiction, Intervention, and Urban Low Carbon Transitions. *Environment and Planning D: Society and Space*, 33(3), 460 – 476.

China Energy Portal (CEP). (2018). 2017 年全国电力工业统计快报数据一览表. Available at: https://chinaenergyportal.org/en/2017-electricity-energy-statistics/.

Chang, I. C. C., Leitner, H., & Sheppard, E. (2016). A Green Leap Forward? Eco-State Restructuring and the Tianjin – Binhai Eco-City Model. *Regional Studies*, 50(6), 929 – 943.

Chen, G. C., & Lees, C. (2016). Growing China's Renewables Sector: A Developmental State Approach. *New Political Economy*, 21(6), 574 – 586.

Chen, H., Xu, M. L., Guo, Q., Yang, L., & Ma, Y. (2016). A Review on Present Situation and Development of Biofuels in China. *Journal of the Energy Institute*, 89(2), 248 – 255.

China Electricity Council (CEC). (2017). 2017 年全国电力工业统计快报数据一览表. Available at: http://news.bjx.com.cn/html/20180207/879486.shtml.

Chinadialogue. (2014). 太阳能热水器：中国混合能源的重要角色. Available at: https://www. chinadialogue. net/article/show/single/ch/7580-Small-scale-solar-is-a-big-player-in-China-s-clean-energy-mix.

Chinadialogue. (2018). China is Planning Provincial Quotas for Clean Energy. Available at: https://www. chinadialogue. net/blog/10574-China-is-planning-provincial-quotas-for-clean-energy-/en.

Climate-Group. (2014). Eco-Civilization: China's Blueprint for a New Era. Beijing: Climate-Group.

CNPC Economics & Technology Research Institute. (2017). *Oil and Gas Industry Development Report at Home and Abroad in 2017*. Beijing: Petroleum Industry Press.

CWEA (Chinese Wind Energy Association). (2016). China Wind Power Industry Map. Available at: http://www.cwea.org.cn/industry_data_2016.html.

Economic Daily. (2018). 国家能源局：建立太阳能热发电电价退坡机制. Available at: http://energy.people.com.cn/n1/2018/0523/c71661-30007512.html.

Ernstson, H., Van der Leeuw, S. E., Redman, C. L., Meffert, D. J., Davis, G., Alfsen, C., & Elmqvist, T. (2010). Urban Transitions: On Urban Resilience and Human-Dominated Ecosystems. *Ambio*, 39(8), 531 – 545.

Fischer, D. (2012). Challenges of Low Carbon Technology Diffusion: Insights from Shifts in China's Photovoltaic Industry Development. *Innovation and Development*, 2(1), 131 –

146.

Fu, X. (2015). *China's Path to Innovation*. Cambridge: Cambridge University Press.

Geels, F. W. (2007). Analysing the Breakthrough of Rock "N" Roll (1930 – 1970): Multi-Regime Interaction and Reconfiguration in the Multi-Level Perspective. *Technological Forecasting and Social Change*, 74(8), 1411 – 1431.

Han, L., Chen, W., Zhuang, B., & Shen, H. (2017, May). A Review on Development Practice of Smart Grid Technology in China. In IOP Conference Series: Materials Science and Engineering (Vol. 199, No. 1, 012062). IOP Publishing.

Hansen, U. E., & Lema, R. (2019). The Co-Evolution of Learning Mechanisms and Technological Capabilities: Lessons from Energy Technologies in Emerging Economies. *Technological Forecasting & Social Change*, 140, 241 – 257.

He, Y., Pang, Y., Zhang, J., Xia, T., & Zhang, T. (2015). Feed-In Tariff Mechanisms for Large-Scale Wind Power in China. *Renewable and Sustainable Energy Reviews*, 51, 9 – 17.

Helm, S., Tannock, Q., & Iliev, I. (2014). Renewable Energy Technology: Evolution and Policy Implications — Evidence from Patent Literature. Global Challenges Report. Genève: WIPO.

Huang, C., Su, J., Zhao, X., Sui, J., Ru, P., Zhang, H., & Wang, X. (2012). Government Funded Renewable Energy Innovation in China. *Energy Policy*, 51, 121 – 127.

Huang, P., Broto, V. C., & Liu, Y. (2018b). From "Transitions in Cities" to "Transitions of Cities": The Diffusion and Adoption of Solar Hot Water Systems in Urban China. *Energy Research & Social Science*, 36, 156 – 164.

Huang, P., Broto, V. C., Liu, Y., & Ma, H. (2018a). The Governance of Urban Energy Transitions: A Comparative Study of Solar Water Heating Systems in Urban China. *Journal of Cleaner Production*, 180, 222 – 231.

Iizuka, M. (2015). Diverse and Uneven Pathways Towards Transition to Low Carbon Development: The Case of Solar PV Technology in China. *Innovation and Development*, 5(2), 241 – 261.

Intelligent Energy Europe. (2011). Renewable Energy Policy Country Profiles. Available at: http://www. reshaping-res-policy. eu/downloads/RE-SHAPING _ Renewable-Energy-Policy-Country-profiles-2011_FINAL_1.pdf.

Institute for Energy Economics and Financial Analysis (IEEFA). (2017a). China 2017 Review: World's Second-Biggest Economy Continues to Drive Global Trends in Energy Investment. Available at: http://ieefa. org/wp-content/uploads/2018/01/China-Review-2017.pdf.

Institute for Energy Economics and Financial Analysis (IEEFA). (2017b). China's Global Renewable Energy Expansion. Available at: http://ieefa. org/wp-content/uploads/2017/01/Chinas-Global-Renewable-Energy-Expansion_January-2017.pdf.

IRENA and Climate Policy Initiative. (2018). Global Landscape of Renewable Energy Finance. Abu Dhabi: International Renewable Energy Agency.

Islam, M. R., Sumathy, K., & Khan, S. U. (2013). Solar Water Heating Systems and Their Market Trends. *Renewable and Sustainable Energy Reviews*, 17, 1 – 25.

Lema, R., Fu, X., & Rabellotti, R. (2021). Green Windows of Opportunity: Latecomer Development in the Age of Transformation toward Sustainability. *Industrial and Corporate Change*, 29(5), 1193 – 1209.

Lema, R., Iizuka, M., & Walz, R. (2015). Introduction to Low-Carbon Innovation and Development: Insights and Future Challenges for Research. *Innovation and Development*,

5(2), 173 – 187.

Lema, R., & Lema, A. (2012). Technology Transfer? The Rise of China and India in Green Technology Sectors. *Innovation and Development*, 2(1), 23 – 44.

Lema, R., Sagar, A., & Zhou, Y. (2016). Convergence or Divergence? Wind Power Innovation Paths in Europe and Asia. *Science and Public Policy*, 43(3), 400 – 413.

Liu, H., & Liang, D. (2013). A Review of Clean Energy Innovation and Technology Transfer in China. *Renewable and Sustainable Energy Reviews*, 18, 486 – 498.

Lo, K.. (2014). A critical Review of China's Rapidly Developing Renewable Energy and Energy Efficiency Policies. *Renewable and Sustainable Energy Reviews*, 29, 508 – 516.

Markard, J., Raven, R., & Truffer, B. (2012). Sustainability Transitions: An Emerging Field of Research and Its Prospects. *Research Policy*, 41(6), 955 – 967.

Mathews, J. A. (2013). The Greening of Capitalism. In Mikler, J. (Ed.), *The Handbook of Global Companies* (pp.421 – 436). Oxford: John Wiley & Sons.

Mathews, J.A., & Tan, H. (2017). China's Continuing Green Shift in the Electric Power Sector: Evidence from 2016 Data. *Asia-Pacific Journal: Japan Focus*, 15(4), 1 – 11.

Frankfurt School-UNEP Centre/BNEF. (2017). Global Trends in Renewable Energy Investment. Available at https://wedocs.unep.org/handle/20.500.11822/33381.

Frankfurt School-UNEP Centre/BNEF. (2016). Global Trends in Renewable Energy Investment. Available at https://wedocs.unep.org/handle/20.500.11822/33389.

Ministry of Housing and Urban-Rural Development (MHURD). (2017). 住房城乡建设部关于印发建筑节能与绿色建筑发展"十三五"规划的通知. Available at: http://www.mohurd.gov.cn/wjfb/201703/t20170314_230978.html.

Ministry of Science and Technology (MOST). (2012). 关于印发电动汽车科技发展"十二五"专项规划的通知. Available at: http://www.most.gov.cn/tztg/201204/t20120420_93807.htm.

National Development and Reform Commission (NDRC). (2015). 关于降低燃煤发电上网电价和一般工商业用电价格的通知. Available at: http://www.ndrc.gov.cn/zwfwzx/zfdj/jggg/201512/t20151230_769630.html.

National Energy Administration (NEA). (2017a). 2016 年全社会用电量同比增长 5.0%. Available at: http://www.nea.gov.cn/2017-01/16/c_135986964.htm.

National Energy Administration (NEA). (2017b). 关于 2016 年度全国可再生能源电力发展监测评价的通报. Available at: http://zfxxgk.nea.gov.cn/auto87/201704/t20170418_2773.htm.

Organisation for Economic Co-operation and Development/International Energy Agency (OECD/IEA). (2016). Global EV Outlook 2016: Beyond One Million Electric Cars. Paris: International Energy Agency.

Physicsworld. (2018). Why Aren't China's Wind Farms Producing More Electricity? Available at: https://physicsworld.com/a/why-arent-chinas-wind-farms-producing-more-electricity/.

Rockström, J., Steffen, W., Noone, K., Persson, Å., Chapin, F. S., Lambin, E., Lenton, T.M., Scheffer, M., Folke, C., Schellnhuber, H. J., Nykvist, B., de Wit, C. A., Hughes, T., van der Leeuw, S., Rodhe, H., Sörlin, S., Snyder, P. K., Costanza, R., Svedin, U., Falkenmark, M., Karlberg, L., Corell, R. W., Fabry, V.J., Hansen, J., Walker, B., Liverman, D., Richardson, K., Crutzen, P., & Foley, J. (2009). Planetary Boundaries: Exploring the Safe Operating Space for Humanity. *Ecology and Society*, 14, 1 – 33.

Schmitz, H., & Lema, R. (2015). The Global Green Economy. In J. Fagerberg, S. Laestadius, & B. R. Martin (Eds.), *The Triple Challenge for Europe* (pp. 119 –

142). Oxford: Oxford University Press.

Schuman, S., & Lin, A. (2012). China's Renewable Energy Law and Its Impact on Renewable Power in China: Progress, Challenges and Recommendations for Improving Implementation. *Energy Policy*, 51, 89 – 109.

Shen, J., & Luo, C. 2015. Overall Review of Renewable Energy Subsidy Policies in China – Contradictions of Intentions and Effects. *Renewable and Sustainable Energy Reviews*, 41, 1478 – 1488.

State Council (SC). (2013). 国务院关于印发大气污染防治行动计划的通知. Available at: http://www.gov.cn/zhengce/content/2013-09/13/content_4561.htm.

State Council (SC). (2016). 关于印发"十三五"生态环境保护规划的通知. Available at: http://www.gov.cn/zhengce/content/2016-12/05/content_5143290.htm.

State Grid (SG). (2017). 构建全球能源互联网的基础是什么? Available at: http://www. sgcc. com. cn/html/sgcc _ main/col2017100808/2017-10/25/20171025135823 800109892_1.shtml.

State Grid Energy Research Institute (SGERI). (2013). 中国光热发电市场潜力研究. Available at: http://www. brightsourceenergy. com/stuff/contentmgr/files/0/ 27415a6c33ad1e9a4ac5a0dc8ff8129c/attachment/20131122.pdf.

Tang, N., Zhang, Y., Niu, Y., & Du, X. (2018). Solar Energy Curtailment in China: Status Quo, Reasons and Solutions. *Renewable and Sustainable Energy Reviews*, 97, 509 – 528.

Tyfield, D., Ely, A., & Geall, S. (2015). Low Carbon Innovation in China: From Overlooked Opportunities and Challenges to Transitions in Power Relations and Practices. *Sustainable Development*, 23(4), 206 – 216.

US Department of Energy. (2014). Concentrating Solar Power. Available at: https:// www.energy.gov/sites/prod/files/2014/08/f18/2014SunShotPortfolio_CSP.pdf.

Weiss, W., Spörk-Dür, M., & Faninger, G. (2017). Solar Heat Worldwide, Global Market Development and Trends in 2016, Detailed Market Figures 2015. IEA Solar Heating and Cooling Programme.

Wu, Y., Zhu, Q., & Zhu, B. (2018). Comparisons of Decoupling Trends of Global Economic Growth and Energy Consumption between Developed and Developing Countries. *Energy Policy*, 116, 30 – 38.

WWEA (World Wind Energy Association), (2018). Wind Power Capacity Reaches 546 GW, 60 GW Added in 2017. Available at: https://wwindea.org/2017-statistics/.

Xu, J., Zhou, M., & Li, H. (2018). The Drag Effect of Coal Consumption on Economic Growth in China during 1953 – 2013. *Resources, Conservation and Recycling*, 129, 326 – 332.

Yip, G.S., & McKern, B. (2016). *China's Next Strategic Advantage: From Imitation to Innovation*. MIT Press.

Yu, Z., & Gibbs, D. (2018). Encircling Cities from Rural Areas? Barriers to the Diffusion of Solar Water Heaters in China's Urban Market. *Energy Policy*, 115, 366 – 373.

Yuan, Z. H., Luo, W., Lv, P. M., Wang, Z. M., & Li, H. W. (2009). Status and Prospect of Biomass Energy Industry [in Chinese]. *Chemical Industry and Engineering Progress*, 28(10), 1687 – 1692.

Zhang, L., Sovacool, B.K., Ren, J., and Ely, A. (2017). The Dragon Awakens: Innovation, Competition, and Transition in the Energy Strategy of the People's Republic of China, 1949 – 2017. *Energy Policy*, 108, 634 – 644.

Zhang, Y., Kang, J., & Jin, H. (2018). A Review of Green Building Development in China from the Perspective of Energy Saving. *Energies*, 11(2), 334.

Zhou, Y., Li, X., Lema, R., & Urban, F. (2016). Comparing the Knowledge Bases of Wind Turbine Firms in Asia and Europe: Patent Trajectories, Networks, and Globalisation. *Science and Public Policy*, 43(4), 476 – 491.

# —— 第 7.2 章 ——
# 为穷人创新：中国的
# 包容性创新体系

吴晓波　　雷李楠

## 引　言

创新通过新的或改进的技术或新的商业模式带来经济增长。然而，在考虑社会增长时，创新可能会造成社会排斥，从而导致不平等（Hall，2012）。这一论点与中国的实践是一致的。几十年来，中国经历了前所未有的经济增长，同时也经历了许多发展问题。然而，中国的收入差距，特别是在农村地区或中国西部地区，经济发展不平衡的问题仍然很严重。

从传统的福利经济理论来看，贫困问题可以通过可持续的经济增长和有效的二次分配来解决［新西兰财政部（Treasury，New Zealand），2001］。然而，在发展中经济的背景下，制度环境更加复杂，金字塔底层的人们并没有从经济增长中受益。因此，一些关注发展中经济背景下的包容性创新实践的文献研究了这些特定社会的增长过程。越来越多的学者指出，社会排斥是导致贫困问题的最重要因素之一（Hart，2005；Wu & Jiang，2012）。社会排斥阻碍了一些人参与价值创造活动的机会。如果没有参与的机会，这些人将无法从经济增长中获益，他们可能会陷入贫困之中。

学者们指出，包容性是连接发展和平等的关键桥梁，包容性增长旨在通过减少不平等来实现社会和经济增长，应该成为发展的目标。许多国家的政府为实现包容性发展推行了各种政策。例如，中国政府投资于铁路建设，以减少农村地区的地理排斥现象。还有许多学者认为，包容性增长也可以通过组织甚至被剥夺权利的个人的参与社会创新来实现。包容性创新是减少经济增长与不平等之间的权衡的有效途径（Gerard et al.，2012）。一些跨国公司针对金字塔底层（BOP）市场启动了包容性创新，在追求利润的同时也追求扶贫成果。例如，通用电气医疗集团在印度市场推出了一款专门为农村人口设计的心电图机。通用电气的商业举措不仅为公司带来了可观的利润，而且还改善了农村地区的医疗保健。尽管将受排斥者视为消费者，一些学者强调了受排斥者与组织之间的长期互动关系。通过在被剥夺权利的个人和市场之间建立联系，受排斥者可以通过生产商品和服务创造价值。

本章将从综合视角介绍有关创新促进发展中经济体的包容性增长的文献。由于现有的创新模式通常是基于实践提出的，因此，从现有研究的原始概念化开始的概述将更有意义。本章余文安排如下：第二节描述包容性创新的概念框架及其在经济和社会增长方面的内涵；第三节总结中国的包容性创新体系；最后一节基于中国的情况，指出包容性创新在中国经济发展中的作用以及它所面临的挑战。

# 包容性创新的概念框架

在过去几年中，中国不断提高人民的生活水平，且在减贫方面取得了决定性的进展。从 2012 年到 2017 年，贫困人口减少了 6 800 多万，贫困发生率从 10.2% 降至 3.1%。改革开放四十年来，超过 7 亿中国人摆脱了贫困，占全球总数的 70% 以上。此外，家庭收入平均每年增长 7.4%，超过了经济增长速度，并使中国成为世界上人口最多的中等收入群体。

### 中国包容性创新的驱动力

#### 收入差距

##### 城乡收入差距

改革开放以来，中国的人均可支配收入持续增长，城市家庭从 343.4 元增至 36 396.2 元，农村家庭从 133.6 元增至 13 432.4 元。但是，从绝对值来看，城乡收入差距继续扩大，从 209.8 元急剧上升到 22 963.8 元（见图 7.2.1）。城乡收入差距过大限制了农村劳动力的水平。随着高效生产技术的发展，现代工业远比传统工业先进。由于农村居民的劳动力素质较低，很难从事现代产业的生产活动，这不仅导致现代产业的劳动力不足，也制约了生产效率的提高（Chao & Shen，2014）。同时，城乡收入差距通常会造成分配不公平，这将使如基础设施、教育、医疗、就业机会和住房方面的差距进一步扩大（Luo，2010）。

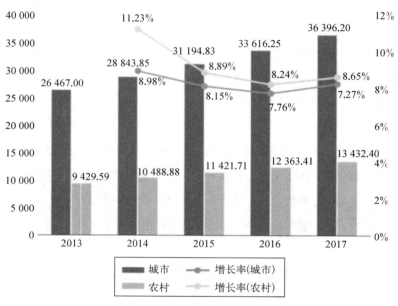

图 7.2.1　城乡家庭人均可支配收入（人民币）

来源:《中国统计年鉴》。

虽然近年来城乡收入比已从 2009 年的峰值 3.33 下降到了 2017 年的稳定点 2.71，但相比 1979 年时的 2.52，仍然相对较高（图 7.2.2）。一方面，城乡收入比的下降反映了国家对农村地区的支持政策；另一方面，这一结果可能被人口因素所迷惑。在城市化进程中，在高薪的诱惑下，大量的农村劳动力涌入城镇，导致城市人口过大，城市经济增长率下降（Tian et al.，2009）。由于这些转移到城镇的人口不能获得更高的收入，拉低了城镇家庭的人均可支配收入，从而使城乡收入比下降。

区域收入差距

尽管已经出台了越来越多的支持中西部地区的政策，不同地区之间仍然存在较大的差距和不平衡的发展。从国内生产总值（GDP）的角度来看，东部和西部的差距是相当明显的。

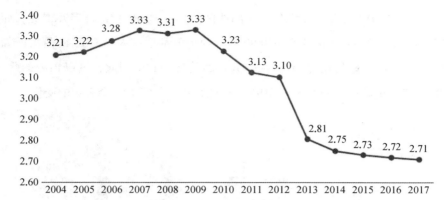

图 7.2.2　城乡家庭可支配收入比

来源：《中国统计年鉴》（2018 年）。

2017 年，西部地区的 GDP 总量为 16.86 万亿元，东部地区为 44.78 万亿元，约为西部地区的 2.7 倍（如图 7.2.3）。从 GDP 增长率来看，值得关注的是，西部地区从 2013 年的 11.46% 下降到 2015 年的 5.01%，下降了约 6%。虽然 2016 年 GDP 增长率回升到 8.14%，但仍低于东部地区的 GDP 增长率。此外，与 GDP 的巨大差距相比，西部地区 GDP 的增长速度并不明显。

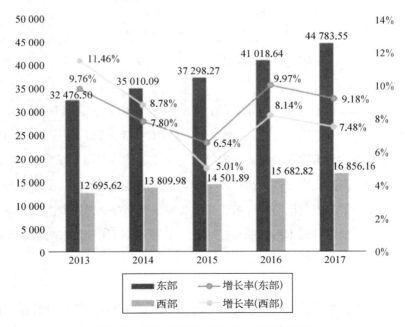

图 7.2.3　东西部国内生产总值（人民币十亿元）

来源：《中国统计年鉴》（2017 年和 2018 年）。

从人均 GDP 来看，2017 年，西部地区的人均 GDP 达到 44 717.22 元，而东部地区的人均 GDP 达到 83 920.90 元，约为西部地区人均 GDP 的两倍（如图 7.2.4）。增长率的趋势与近年来 GDP 的趋势一致。因此，可以预测的是，在短期内，东部和西部地区的 GDP 总量差距和人均 GDP 不会有大的变化。

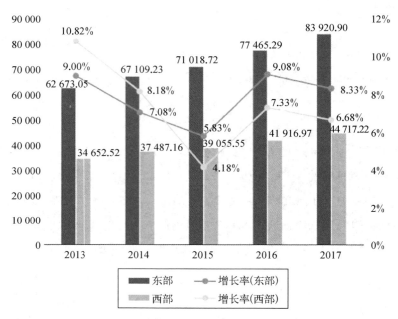

图 7.2.4　东西部人均国内生产总值（人民币元）
来源：《中国统计年鉴》（2017 年和 2018 年）。

就居民可支配收入而言，东部地区的居民可支配收入普遍高于西部地区（见图 7.2.5）。2017 年，北京、上海、浙江的居民可支配收入都超过了 4 万元，远远高于西部省份的水平。西部各省的人均可支配收入从 2.1 万元到 2.6 万元不等，其中最高的是内蒙古，达到 26 212.2 元，是西部地区唯一高于 2.5 万元的省份。这种情况不仅说明目前东西部地区的发展没有达到包容性的结果，也说明了东西部地区的资本占有率存在一定的差距，这可能导致东西部地区的经济差距扩大。

*行业间收入差距*

根据对城镇单位就业人员平均工资的调查，一些具有垄断性质的行业和高新技术行业的从业人员收入较高，而竞争激烈、产品附加值低、进入门槛低的劳动密集型行业的从业人员收入较低。前者主要包括信息传输、软件和信息技

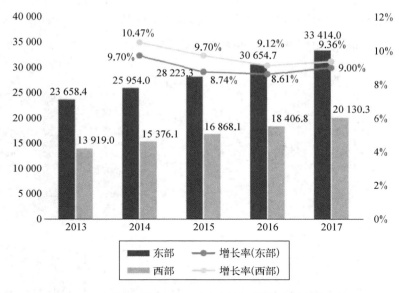

图 7.2.5　东部和西部地区全国家庭人均可支配收入（人民币元）

来源：《中国统计年鉴》（2017 年和 2018 年）。

术（IT）、金融中介、科学研究和技术服务，以及电力、热力、燃气和水的生产和供应。后者主要包括农业、林业、畜牧业和渔业、制造业、酒店和餐饮业、家庭服务业、维修和其他服务。根据 2017 年的数据，信息传输、软件和信息技术是平均工资最高的行业，达到 133 150 元，而农林牧渔业是平均工资最低的行业，只有 36 504 元。2017 年这两类行业的收入差距高达 96 646 元，收入比达到 3.65∶1。

综上所述，由于农村低收入群体较多，城乡之间、东西部地区和行业之间存在明显的收入差距。因此，有必要在实践中开展包容性创新。

产业升级

新时期经济发展的阶段性变化体现为：从低收入阶段到中等收入阶段（Ren，2018）。产业结构的优化和升级包括实现产业结构的升级和合理化（Zhang & Jiang，2016）。产业结构的低水平将导致一个国家被锁定在"中等收入陷阱"中。根据数据显示，中国的产业结构一直在进步。第一、第二和第三产业对 GDP 增长的贡献份额分别从 4.6%、46.4% 和 49.0% 变为 4.9%、36.3% 和 58.8%（如图 7.2.6）。然而，在大多数省份，第二产业仍然占主导地位，这表明中国的工业结构与发达国家的工业结构仍有差距。同时，中国的制造业一直处于全球产业价值链的低端，利润率低，升级困难。在研发、技术、专利、标准制定、品牌、销售等高附加值环节缺乏竞争力。

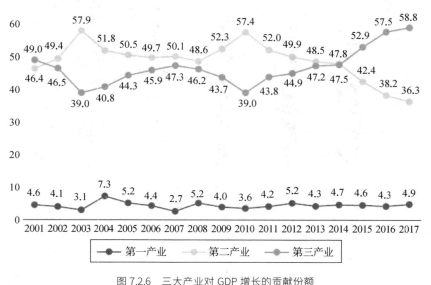

图 7.2.6　三大产业对 GDP 增长的贡献份额

注：三大产业对 GDP 增长的贡献份额是指各产业增加值的增长占 GDP 增长的比重。

来源：《中国统计年鉴》（2018 年）。

新的经济发展阶段有新的经济特点，需要有更合适的产业结构模式。考虑到国际产业结构的加速调整和世界科技的发展，中国迫切需要调整产业结构。从包容性创新的角度看，技术、市场、制度和组织的创新，在一定程度上可以实现从粗放型生产经营向集约型生产经营的转变，促进产业升级。

### 包容性增长与包容性创新

增长创造了新的机会，但这些机会在社会的不同部门之间分配不均。亚洲开发银行（ADB）于 2007 年首次指出，包容性增长旨在确保社会成员能够参与价值创造活动并从经济增长中受益。与其他类似的概念相比，包容性增长有两个明显的特点：一是广大人民群众应该有机会参与到增长的过程中，二是很大比例的人应该从增长的结果中受益，包括经济和社会方面（Klasen，2010）。为了提高包容性，应该创造更多的机会；换言之，可持续增长和提高生产力是包容性发展的基础（Ali & Son，2007）。关于包容性增长的研究大多集中在自上而下的公共政策设计上，而忽视了由组织和个人进行的自下而上的创新。例如，普拉哈拉德（Prahalad，2012）指出，许多来自金字塔底层（BOP）的创造性企业家通过在极其有限的条件下经商来提高包容性。此外，将被剥夺权利的社会成员与商业机会联系起来的组织也可以实现包容性增长。

早期关于包容性增长的研究总是与 BOP 有关。BOP 由低收入者和生活在贫困线以下的人群组成。因此，包容性增长的概念与扶贫研究非常相似。然而，由于 BOP 人口众多，包容性增长的概念更为广泛。

### 包容性增长和社会排斥的障碍

最早使用"社会排斥"这一概念的是法国学者拉诺尔（Lenoir，1974），意指那些没有受到社会保障的保护，同时贴上"社会问题"标签的人（Levitas，2006）。受社会排斥的个人通常很有可能逐渐失去参与正常经济和社会活动的能力，包括消费、生产和其他政治和社会活动（Gordon，2002）。在现有的研究中，包容性增长的制约因素可以通过社会排斥的角度进行分析，学者们通常将社会排斥与贫困结合起来。对于社会排斥与贫困之间的关系，人们普遍认为，贫困不仅是社会排斥的结果，也是社会排斥的原因（Gordon，2002；Silver，1994）。除了贫困之外，社会排斥还可能来自政治、地理和社会环境（Percy-Smith，2000）。

学者们通过将企业的自我利益与全球启蒙运动相结合来解决贫困和社会排斥的挑战。伦敦和哈特（London & Hart，2004）以及普拉哈拉德（Prahalad，2007）认为，工业化国家的成熟市场正变得日益饱和，因此，应该越来越多地在 BOP 市场上寻找新的商业机会，这些市场有相当大的需求，但由于收入太低，他们目前在全球市场体系中得不到服务。虽然适当的创新确实可以满足这部分人作为消费者的需求，但似乎包容性发展更持久的好处是使穷人能够更好地参与创业活动，从而提高他们的收入以及自己的福利。因此，卡纳尼（Karnani，2007）建议，应将贫困人口作为生产者而不是消费者来对待，从认知上转变他们的被动等待经济发展的角色到主动参与市场体系的角色中去。

然而，BOP 在创业活动中也面临着许多挑战，包括原材料资源、财政资源和生产资源的限制。此外，他们还面临着市场准入门槛低、市场力量弱和市场安全程度低的问题（London，Anupindi & Sheth，2010）。他们还有较低的风险容忍度，这使他们更依赖于宏观经济环境（Sinkovics，Sinkovics & Yamin，

2014）。除了外部因素，在开放的市场竞争中，BOP 企业家也因为自身的主观缺陷而受到限制，如缺乏技术、能力和信息，这限制了他们参与商业活动并从贸易中获益。根据社会排斥理论，排斥既是贫困的原因，也是贫困的结果。这就是说，减贫可以被看作是消除社会排斥的过程（Wu & Jiang，2012）。BOP群体的这些特点使得他们的创业行为具有一定的特殊性，在探索通过创业减少贫困的机制时，应该注意这一点。

**实现包容性增长的过程**

对包容性发展或包容性增长的理解，可以分为包容性和发展两个方面。包容性主张机会平等、平等参与和能够参与，以及平等分享经济增长。发展则与社会和经济利益以及实现可持续发展有关。包容性创新被定义为"开发和实施新的追求创造机会的构想，从而提高被剥夺权利的社会成员的社会和经济福利"（George，McGahan & Prabhu，2012：663）。福斯特和海克斯（Foster & Heeks，2013）指出了应该进一步探讨的定义的两个方面：第一是边缘化或被排斥群体的界限，第二是应该包括在哪方面的创新。我们更关注穷人，换句话说，就是 BOP 群体（Prahalad & Hammond，2002；London & Hart，2004；Sinkovics，Sinkovics & Yamin，2014）。与包容性发展的内容相对应，包容性创新有两个方面：过程创新和产品创新。与单纯追求经济发展相反，机会平等和参与平等与过程包容性创新有关，而产品包容性创新是指成果的平等分享。

尽管人们已经深入研究了由制度创新改良的包容性创新的静态观点（Padilla-Pérez & Gaudin，2014），但我们忽略了动态的包容性创新，它强调提升受排斥的社会群体和经济区域的能力（Lim，Han & Ito，2013；Silvestre & Silva Neto，2014）。因此，我们构建了一个包容性创新的概念框架（见图7.2.7），并通过一系列基于实践的实证研究来充实（Wu & Jiang，2013）。

来自 BOP 群体的企业通常没有必要的能力、知识储备和资源来进行自我创新。因此，考虑到资源有限的环境和能力的限制，BOP 生产者可能值得更多的关注，因为他们在市场体系中扮演着提供者的角色，但在整个参与过程中却面临着更多的障碍和挑战。为了适应快速变化的市场，这些生产者必须找到有效的路径来探索和增强他们的能力，以及组织他们的商业活动。虽然适当的创新也确实可以解决这部分人作为消费者的需求，但似乎包容性发展得更持久

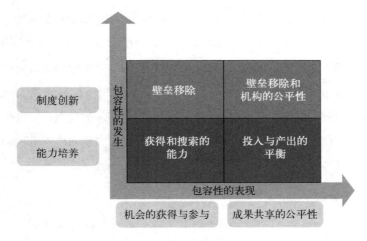

图 7.2.7　包容性创新的概念框架

的好处是使穷人能够更好地参与创业活动，提高收入以及福利。从而，一个效率更高的市场将使 BOP 的生产者从其产出中获得更大的价值，而投资于能力和生产力的提升将使 BOP 获得更多的机会。

　　制度被认为是发展的"深层原因"。正式和非正式的制度创新使整个社会能够支持包容性增长的发展，通过降低或消除 BOP 群体参与创新活动的障碍，鼓励广大民众参与包容性创新。制度还为学习、教育以及更普遍的组织和技术变革创造了激励和可能性，鼓励包容性。

　　包容性的表现强调基于过程的机会和参与，基于结果的分享，以及包容性的内容。为了权衡静态和动态的包容性，提高包容性的方式有两类：制度创新通过建立部门创新体系或提供社会保障来减少准入障碍；能力构建则通过感知、把握和转化能力来帮助降低能力门槛（Teece，2007）。本文提出的概念框架同时强调静态和动态的包容性创新，这在现有文献的模型中可能被忽视。

## 中国的包容性创新体系

　　创新体系的概念可以被视为设计创新政策的实用工具，但它也可以被视为学者们在理解创新方面所产生的分析结果的综合。在本节中，我们将展示中国的包容性创新体系（见图 7.2.8），然后研究 BOP 创业者、包容性创新机构、支持包容性创新的基础设施以及中国包容性创新的新兴治理等概念。中国的包容性创新体系经历了三次重大变化。在早期阶段，BOP 创业者在生产和市场的限制下遇到了价值创造和价值获取的挑战。尽管信息和通信技术（ICT）平台的出现有助于缓解这一问题，但如何利用新兴的 ICT 平台成为教育程度低下的 BOP 创业者的新障碍。幸运的是，一些非营利组织（NPO）或农村电子商务混合体在培训方面发挥了至关重要的作用，物流等基础设施以及其他配套的基础设施也有助于农村地区 ICT 平台的发展。但是，大学和研究机构的作用应在将来得到进一步发挥。

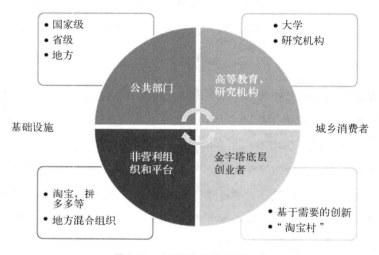

图 7.2.8　中国的包容性创新体系

## 中国的 BOP 创业者

BOP 指的是生活在世界经济金字塔底部的穷人（Prahalad，2009）。这些人在不同的经济和社会背景下经常面临不平等和排斥。通过创业，BOP 群体能够满足基本需求并积累资本和能力（Thurik et al.，2006）。换句话说，BOP 创业是一种为突破他们的社会排斥的主动行动。因此，创业被认为是一种减少贫困的方法，特别是当它与 BOP 群体有关时（Peredo & Chrisman，2006）。

BOP 的创业与普通创业不同，因为它发生在不同的金融和社会环境中。BOP 群体通常拥有较少的社会关系和教育，这使得他们很难在劳动力市场上找到工作。在这种情况下，创业是他们的选择，因为自营职业比他们在劳动力市场上的收入更有利（De Mel et al.，2008）。因此，BOP 创业更可能是基于生存而不是基于机会（Bradley et al.，2012）。与基于机会的创新相比，基于生存的创新更可能从事模仿而非创新，尤其是激进的创新（Matin et al.，2002）。此外，由于能力和资本的限制，BOP 创业更可能从事几个资本和技术密集度较低的特定行业。另外，与普通创业者相比，BOP 创业者通常会因为上述的社会排斥而面临严重的挑战。例如，伦敦（London，2010）指出了 BOP 创业者在价值创造和价值获取方面所面临的生产力和交易性限制。BOP 创业者必须在特殊条件下创业，其资源有限，如原材料、金融资源和其他生产资源（设备和储存空间）。此外，BOP 生产者还面临着市场准入、市场权力和市场安全方面的障碍，这使他们无法以合理的价格向消费者出售他们的商品和服务。总之，BOP 创业者在开始和扩大业务时面临更多的困难。

人们普遍认为，中国的数字经济促进了 BOP 创业的发展。麦肯锡全球研究院院长、全球资深管理合伙人乔纳森·沃泽尔（Jonathan Woetzel）说："中国已经站在了全球数字经济的中心。"[①] 中国的 BOP 创业者正逐渐抓住数字技术的机会窗口，消除社会排斥现象（Wu & Jiang，2013）。数字技术推动的电子商务增长促进了"淘宝村"的形成。"淘宝村"是指年电子商务交易总额不低于 1 000 万元人民币（160 万美元）的行政村；至少有 10% 的村户积极从事电子商务，村民至少开设了 100 家活跃的网店（Gao et al.，2014）。根据阿里巴巴在中国的"淘宝村"研究报告，截至 2019 年 6 月，中国已经出现了超过4 310 个淘宝村，[②] 一年内提供了超过 683 万个直接就业机会。2018 年，国家级贫困县实现网络销售额超过 630 亿元，其中有 100 多个贫困县获得了超过 1亿元的网络销售额。此外，拼多多作为中国最大的农产品上行平台之一，从2016 年到 2018 年，帮助农民销售农产品 109 亿斤，总交易额达 510 亿元，从而为 BOP 创业者创造了巨大的收入。根据中国国家统计局的数据，中国的农产品电子商务交易额将从五年前的 1 500 亿元增加到 2020 年的 8 000 亿元，年增长率为 39.8%。

农村电商为扶贫开辟了一条新路。除了 BOP 创业者的实践外，一些学者强调 BOP 创业中自上而下的政策设计和用政策干预来减少市场失灵造成的在

---

① 数字中国：推动经济走向全球竞争力——麦肯锡（Digital China: Powering the Economy to Global Competitiveness, McKinsey）。
② 阿里研究：中国的淘宝村突破 4 000 家——新华英文网（xinhuanet.com）。

创新推广和创业中的负面效应（Bergek et al.，2008）。有一种独特的观点在研究 BOP 创业所带来的社会创新。这种观点认为，BOP 创业本身伴随着制度和社会创新、商业模式创新以及基于市场机会的技术革新。由组织和 BOP 进行的社会创新可以减少经济增长和不平等之间的权衡，但它也比其他商业创新更加复杂和模糊，因为它必须满足更多利益相关者的需求（Lettice & Parekh，2010；Hall & Vredenburg，2003）。

### 中国的包容性创新机构

自 1970 年代以来，中国政府高度重视包容性创新，出台了相关政策和制度，以促进民生改善、农业和农村发展、区域发展、工业发展和中小企业成长（表 7.2.1）。它经历了三个阶段。

表 7.2.1　中国包容性创新的政策

| 项 目 | 起始年份 | 部 门 | 主 要 内 容 |
|---|---|---|---|
| 科技扶贫 | 1986 | 科学技术部 | 针对贫困地区的实际需求；包括促进农村贫困地区的科技特色产业的发展、科技信息扶贫、科技普及等。 |
| 星火计划 | 1986 | 科学技术部 | 向农村地区引进成熟、先进、适用的技术；开展对农民的技术培训；发展具有区域特色的产品和产业；促进乡镇企业的科技进步。 |
| 高新中小企业技术创新基金 | 1999 | 科学技术部财政部 | 以贷款贴息、免费补贴和资本投资等方式，为中小企业的技术进步和项目发展提供资金支持。 |
| 农村科技特派员制度 | 2002 | 科学技术部 | 每年选拔一批科技人员担任科技特派员，深入基层，开展科技创新创业服务，并与农民结成经济利益共同体。 |
| 科技富民强县专项行动计划项目 | 2005 | 科学技术部财政部 | 重点关注中部、西部和东部地区的欠发达地区；每年推出一批试点城市，实施落实一批重点科技项目，集成和推广 500 项左右先进适用技术。 |
| 科技惠民计划项目 | 2012 | 科学技术部财政部 | 实施一批重大科技民生科技项目，如国家卫生科技项目、公共安全科技项目、生态环境科技项目；通过科学研究和成果转化来提高人民生活质量。 |

来源：中华人民共和国科学技术部。

第一个阶段是从 1978 年到 1990 年代初。随着中国经济开始复苏，人们主要关注基础设施和生产的恢复，对包容性创新的关注有限。在这个阶段，政府主要依靠科技来初步探索扶贫。一方面，向农村引进成熟、先进、适用的技术，开展农业技术培训，增加农民收入；另一方面，积极培育乡镇企业，发展区域特色产品和产业，促进农村经济发展。

第二阶段是 1990 年代至 2002 年。在中国经济大幅增长的情况下，1993 年中国共产党第十四届中央委员会第三次全体会议审议通过《中共中央关于建立社会主义市场经济体制若干问题的决定》，提出建立效率优先、兼顾公平的收入分配制度。在这一阶段，政府将有限的资源和资金分配给重大的创新项目。

第三阶段是从 2002 年到现在。中国的经济进入了一个稳定而快速的增长期。在这个阶段，中央政府明确将科技创新作为促进民生的重要战略。在《国家科技发展中长期规划纲要（2006—2020 年)》（中国科学技术发展战略研究院课题组，2015）中，农业、环境、人口健康等与民生相关的项目被定为重点领域。

根据《"十三五"国家科技创新规划》，科技体系的完善要支持改善民生和可持续发展，突破资源、环境、医疗和公共安全等领域的瓶颈。该计划要求建立更加完善的区域协同创新机制，加大科技扶贫力度，增强基层工作活力。

**支持中国包容性创新的基础设施**

BOP 创业者创业的主要障碍是高交易成本，这是威廉森（Williamson，1975）提出的一个经典理论，用来解释发生一个特定的交易的原因。属于 BOP 社区的消费者和生产者都面临着高交易成本问题（Roxas & Ungson，2012；Prahalad，2012）。作为消费者，由于可获得性和/或支付能力（Karnani，2007），他们无法购买基本的和必需的商品、服务和消费替代品。他们通常受到运输和物流设施的影响（London et al.，2010），这意味着 BOP 消费者的成本比其他消费者高。通过生产商品和服务在非本地市场销售来创造价值的 BOP 生产者必须应对因价值创造和价值获取限制而产生的高交易成本（Ramachandran，Pant & Pani，2012）。

降低交易成本的一个里程碑是 ICT（信息和通信技术）的出现和部署，它支撑起了一个更有效的市场体系（Mendoza & Thelen，2008；Mair & Marti，2009）。作为一种承受得起的基础设施，ICT 可以通过减少四种类型的市场分割来缓解 BOP 问题：空间分割、时间分割、信息分割和金融分割（Tarafdar et al.，2013），这些都是困住 BOP 消费者和生产商的传统障碍（Prahalad & Hammond，2002）。具体来说，糟糕的交通设施给地理上分散的 BOP 创业者带来了巨大的压力，但 ICT 基础设施的发展有助于 BOP 群体通过减少空间上的分割从而更便利地获得产品和服务。时空分割意味着商品和服务的生产和消费在时间上是分离的，这对一些易腐烂的和季节性的商品来说是一个严峻的挑战。基于 ICT 的通信通过提高生产和消费数量之间的匹配速度和准确度来促进易腐产品的及时销售。由于 BOP 群体的教育水平较低和信息来源较窄，ICT 的产品和流程创新还可以提供有关产品的相关信息，以减少因消费者和生产者之间信息不对称而产生的信息分割。更重要的是，电子产品分销的低边际成本和共享服务成本使 BOP 创业者有可能解决财务分割的问题，这突出了 BOP 创业者的购买力不足。越来越多的基于 ICT 的创新被认为是促进 BOP 创业者壮大的因素（Futterman & Shuman，2010；Ali & Kumar，2011；Madan et al.，2016）。

ICT 可以增强个人或组织的能力，促进能力的扩展（Ali & Kumar，2011；Tarafdar，Singh & Anekal，2013）。基于能力要素法，穷人的信息能力差异意味着他们是否有能力将 ICT 技术转化为创业的机会。信息能力有四个组成部分：ICT 能力、信息素养、通信能力和内容能力（Gigler，2011）。此外，信息能力为其他能力奠定了基础，并为人类能力带来积极的"乘数效应"。为了适应快速变化的市场，这些创业者必须找到有效的方法来探索和发展自身的能力，以及组织商业活动。图鲁利亚和巴伊戈里奇（Turulja & Bajgorić，2016）应用 IT 能力回答了"为什么有些公司的表现持续优于其他公司？"企业的成功主要取决于 IT 能力，包括选择、接受、配置和实施 IT。

中国经历了计算机和移动电话等 ICT 基础设施建设普及的高潮。根据中国国家统计局的数据，[①] 截至 2017 年底，中国的互联网用户数量达到 771 980 人，比上一年增长了 5%。2017 年，每 100 人中有 115.91 部手机。ICT 方面取得了重大进展。阿里巴巴是中国最大的在线商务公司，也是中国最有价值的上市公司之一，它开发了尖端的信息通信技术。在 2018 年 11 月 11 日，即一年一度的光棍节，面对需求的巨大变化，阿里巴巴的支付平台每秒处理 49.1 万

---

① 见 https://data.stats.gov.cn。

笔交易，与上一年的数字相比，增长了51%。因此，在电子商务的成功中 ICT 发挥了极大的作用，特别是对于旨在扶贫的农村电子商务。

### 新兴的包容性创新治理

包容性创新的理想治理形式是将交易成本降到最低（Williamson，1975）。产品的成功营销曾经取决于将各种卖家集中在一起的传统作用，以及相关的配套服务，包括产品信息、定制、质量保证、售后服务和物流（Rangan & Maier，1992）。然而，ICT 平台的出现提供了一个更好的交易形式，促进了生产者和消费者之间的直接交流，形成规模经济，创造了"无摩擦"的市场，降低了效率和成本（Bakos，1998）。

ICT 平台的作用是整合买方需求或卖方产品，匹配买方和卖方，并提供信托和组织间市场信息（Bailey & Bakos，1997）。有时，一个 ICT 平台可能会聚合不同类型的中介，这可以帮助其他人使用 ICT（Majchrzak，Markus & Wareham，2016）。布朗和洛基特（Brown & Lockett，2004）认为，技术、企业和社区中介机构需要向电子信托平台提供服务，而在更复杂的电子商务应用中，概念化的角色需要向在线中小型企业聚合提供电子商务服务。技术中介的重点是托管和通信。企业中介重点是服务功能，如应用软件的咨询。社区中介则作为管理角色。

中介角色可以是组织，也可能是个人。例如，负责在企业之间传递信息的人被定义为中介（Hussler，Muller & Rondé，2010）。在伊库特（eKutir）案例中，微型企业主被视为中介，这是一个提供经济上可持续的解决方案的营利性社会企业集团。伊库特企业主给他们提供工具和培训，向印度农民提供农业服务。伊库特已经解决了小农户贫困的多个方面的问题，形成了一个自我维持的生态系统。除了正式的中介机构，还存在着容易被学者们忽视的非正式中介机构。他们也影响着 ICT 的使用及其结果。文卡塔斯等人（Venkatesh et al.，2016）通过在印度农村 10 个村庄建立一个电子健康亭和一个 ICT 干预来调查婴儿死亡率。作为非正式的中介，影响妇女使用电子健康亭意愿的朋友和家人也被做了调研。

当 ICT 使用的隐性要求被证明并不缺乏时，中介角色就会发展起来（Majchrzak，Markus & Wareham，2016）。梁等人（Leong et al.，2016）提出了数字赋权的概念，以研究阿里巴巴在中国偏远地区的遂昌和缙云淘宝（电子商务）村中不断演变的中介角色。尤其是遂昌，它在中国农村具有典型的 ICT 平台模式，已经获得了越来越多的学术关注。

作为中国最早探索农村电商的互联网平台，遂昌的电商扶贫模式将拉近与村民的关系。目前该模式是一个协会和两个公司三位一体的组合，即遂昌网店协会、遂昌遂网电子商务有限公司和浙江赶街电子商务公司，分别负责电子商务创业服务、农业电子商务服务和农村信息服务。遂昌网店协会是一个非营利性协会，免费为会员提供商业信息和专业培训；遂昌遂网电子商务有限公司通过整合 BOP 网店店主、产品供应商和服务提供商，建立了一个分销平台；赶街有自己的物流（电商服务站）和供应链（分销会员），分别支持消费品的下行和农产品的上行。如此，遂昌为中小农户创造了一条通过混合中介增收和脱贫的新途径。

# 中国背景下的包容性创新体系的挑战

通过上述分析，我们发现，中国的包容性创新体系正在从正式机构转向正式和非正式机构的相互渗透。由于正式机构在 BOP 群体中对实施差距的影响力较小，丰富的非正式机构体系塑造了这一群体内部和周边的行为，是对正式机构的补充。但是，随着中国经济和制度环境的动态发展，包容性创新在中国的背景下仍然存在一些挑战。

### 与质量有关的包容性创新的挑战

针对 BOP 市场的包容性创新往往是复杂和脆弱的，用户的需求并不明确，用户也更容易受到伤害。有鉴于此，关注这些群体的创新不仅阐明了企业利润的重要性，也阐明了对低收入群体的状况产生积极影响的重要性，这样才能使其全面发展并被接受。但是，追求"包容性创新"的企业很难平衡以低成本和高质量提供"可负担"产品的挑战，这导致一些企业通过降低产品质量来实现低价。

在 BOP 战略中讨论低收入终端市场的管理观点，对质量采取了最乐观的态度。这种观点认为，企业只有通过从头开始重建创新才能在低收入市场取得成功。这对于把成本节约融入符合低收入群体的价格需求是必要的，而且这个过程不会导致质量下降。正如普拉哈拉德（Prahalad，2012）所说，质量扣留会导致低成本创新的中断。因此，对于那些认识到有机会为穷人提供物美价廉的商品和服务的公司来说，成本绩效迅速成为必要的核心竞争力。

### 大学在包容性创新体系中缺失的角色

大学在社会转型中的作用包括经济、政治、社会和文化方面。尽管目前的包容性创新体系考虑到了包容性的性质和层面，但被边缘化的人不仅应该被视为潜在的客户，而且还应该被视为商业伙伴，以及知识生产者。随着新知识和先进技能越来越多地推动经济发展，大学被认为不仅是发达经济体企业学习和创新的关键来源，也是将受排斥者和穷人纳入发展中国家创新体系的关键来源。然而，目前大学在包容性创新体系中的作用却被忽视了。事实证明，大学可以增强区域包容性创新体系，而大学在包容性发展中的作用主要由基本的社会需求决定，包括创业教育、服务农村地区、研发合作和知识传播。

### 基于平台的包容性创新的机构

关于平台经济的讨论主要集中在其能够更有效地利用资源的潜力等话题上。基于平台的包容性增长的商业模式创新的出现，大大增加了交易方之间的信息沟通，降低了营销成本；平台的累积用户规模的属性也促进了买卖双方的交易匹配，同时也反过来降低了双方的搜索成本。此外，买方规模的扩大使得减少由信息不对称导致的交易风险和成本成为可能。

电子商务发生在网上空间，其交易行为与线下交易系统中的行为不同。正如商业史所证明的那样，许多技术都被用户拒绝了，或者被新兴的竞争者技术推翻了。因此，某些技术和企业是否被接受，可能取决于特定社会所期望的理论依据。因此，中国基于平台的包容性创新的发展需要合法性建设、愿景发展、平台组织和机构重构。

## 参考文献

Ali, I., & Son, H. H. (2007). Defining and Measuring Inclusive Growth: Application to the Philippines. *ERD Working Paper Series*, (98), 1–44.

Ali, J., & Kumar, S. (2011). Information and Communication Technologies (ICTs) and Farmers' Decision-making across the Agricultural Supply Chain. *International Journal of Information Management*, 31(2), 149–159.

Bailey, J. P., & Bakos, Y. (1997). An Exploratory Study of the Emerging Role of Electronic Intermediaries. *International Journal of Electronic Commerce*, 1(3), 7–20.

Bakos, Y. (1998). The Emerging Role of Electronic Marketplaces on the Internet. *Communications of the ACM*, 41(8), 35–42.

Bergek, A., Hekkert, M., & Jacobsson, S. (2008). Functions in Innovation Systems: A Frame-Work for Analysing Energy System Dynamics and Identifying Goals for System-Building Activities by Entrepreneurs and Policy Makers. In Foxon, T. J., Köhler, Jonathan, Oughton, C., & Elgar, E. (eds.), *Innovation for a Low Carbon Economy: Economic, Institutional and Management Approaches*. Edward Elgar.

Bradley, S. W., McMullen, J. S., Artz, K., & Simiyu, E. M. (2012). Capital Is not Enough: Innovation in Developing Economies. *Journal of Management Studies*, 49(4), 684–717.

Brown, D. H., & Lockett, N. (2004). Potential of Critical E-Applications for engaging SMEs in E-Business: A Provider Perspective. *European Journal of Information Systems*, 13(1), 21–34.

Chao, X., & Shen, K. (2014). Urban-Rural Income Gap, Labor Quality and China's Economic Growth. *Economic Research Journal*, 49(6), 30–43.

DeMel, S., McKenzie, D., & Woodruff, C. (2008). Returns to Capital in Micro Enterprises: Evidence from a Field Experiment. *Quarterly Journal of Economics*, 123(4), 1329–1372.

Foster, C., & Heeks, R. (2013). Conceptualising Inclusive Innovation: Modifying Systems of Innovation Frameworks to Understand Diffusion of New Technology to Low-Income Consumers. *European Journal of Development Research*, 25(3), 333–355.

Futterman, N. F., & Shuman, R. S. (2010, December). AppLab Question Box: A Live Voice Information Service in Rural Uganda. In Proceedings of the 4th ACM/IEEE International Conference on Information and Communication Technologies and Development, 13. ACM.

Gao, H., Wang, X., Chen, L., Sheng, Z., Zhang, R., & Jiang, Z. (2014). China Taobao Village Research Report of 2014 [中国淘宝村研究报告(2014)]. Available at: http//www.jianshu.com/p/f2c28a4f53a0 (Accessed June 5, 2017).

George, G., McGahan, A. M., & Prabhu, J. (2012). Innovation for Inclusive Growth: Towards a Theoretical Framework and a Research Agenda. *Journal of Management Studies*, 49(4), 661–683.

Gigler, B. S. (2011). Informational Capabilities: The Missing Link for Understanding the Impact of ICT on Development (December 19, 2011). Available at SSRN: https://ssrn.com/abstract=2191594 or http://dx.doi.org/10.2139/ssrn.2191594.

Gupta, S. (2002). Incentive-Based Approaches for Mitigating Greenhouse Gas Emissions: Issues and Prospects for India. MIT Joint Program on the Science and Policy of Global Change, No. 86.

Hall, A., & Vredenburg, H. (2003). The Challenge of Sustainable Development. *MIT Sloan Management Review*, 45(1), 61–68.

Hall, J., Matos, S., Sheehan, L., & Silvestre, B. (2012). Entrepreneurship and Innovation at the Base of the Pyramid: A Recipe for Inclusive Growth or Social Exclusion? *Journal of Management Studies*, 49(4), 785–812.

Hart, S. L. (2005). *Capitalism at the Crossroads: The Unlimited Business Opportunities in Solving the World's Most Difficult Problems*. Pearson Education.

Hussler, C., Muller, P., & Rondé, P. (2010). University Knowledge Networks in Space: Are Far-Reaching Scientists Also International Knowledge Brokers? *International Journal of Entrepreneurship and Innovation*, 11(4), 307–320.

Karnani, A. (2007). The Mirage of Marketing to the Bottom of the Pyramid: How the Private Sector Can Help Alleviate Poverty. *California Management Review*, 49(4), 90–111.

Klasen, S. (2010). Measuring and Monitoring Inclusive Growth: Multiple Definitions, Open Questions, and Some Constructive Proposals. Working Paper, Asian Development Bank, Sustainable Development Working Paper Series, No. 12.

Lenoir, R. (1974). *Les Exclus: un Français sur Dix*. Paris: Seuil.

Leong, C. M. L., Pan, S. L., Newell, S., & Cui, L. (2016). The Emergence of Self-Organizing E-Commerce Ecosystems in Remote Villages of China: A Tale of Digital Empowerment for Rural Development. *MIS Quarterly*, 40(2), 475–484.

Lettice, F., & Parekh, M. (2010). The Social Innovation Process: Themes, Challenges and Implications for Practice. *International Journal of Technology Management*, 51(1), 139–158.

Levitas, R. (2006). The Concept and Measurement of Social Exclusion. In Pantazis, C., Gordon, D., & Levitas, R. (eds.), *Poverty and Social Exclusion in Britain Poverty and Social Exclusion in Britain*. Policy Press.

Lim, C., Han, S., & Ito, H. (2013). Capability Building through Innovation for Unserved Lower End Mega Markets. *Technovation*, 33(12), 391–404.

London, T., Anupindi, R., & Sheth, S. (2010). Creating Mutual Value: Lessons Learned from Ventures Serving Base of the Pyramid Producers. *Journal of Business Research*, 63(6), 582–594.

London, T., & Hart, S. L. (2004). Reinventing Strategies for Emerging Markets: Beyond the Transnational Model. *Journal of International Business Studies*, 35(5), 350–370.

Luo, Y. (2010). Economic Effect Analysis of Infrastructure Gap Between Urban and Rural Areas in China: Based on Spatial Panel Econometric Model. Chinese Rural Economy, no. 3, 60–72.

Madan, P., Sharma, V., & Seth, P. (2016). Capability' Development through ICT Enabled Business Opportunity Development Model of E-Choupal. *Journal of Business Economics and Management*, 17(2), 314–330.

Mair, J., & Marti, I. (2009). Entrepreneurship in and around Institutional Voids: A Case Study from Bangladesh. *Journal of Business Venturing*, 24(5), 419–435.

Majchrzak, A., Markus, M. L., & Wareham, J. (2016). Designing for Digital Transformation: Lessons for Information Systems Research from the Study of ICT and Societal Challenges. *MIS Quarterly*, 40(2), 267–277.

Matin, I., Hulme, D., & Rutherford, S. (2002). Finance for the Poor: From Microcredit to Microfinancial Services. *Journal of International Development*, 14(2), 273–294.

Mendoza, R. U., & Thelen, N. (2008). Innovations to Make Markets More Inclusive for the Poor. *Development Policy Review*, 26(4), 427–458.

Padilla-Pérez, R., & Gaudin, Y. (2014). Science, Technology and Innovation Policies in Small and Developing Economies: The Case of Central America. *Research Policy*, 43(4), 749–759.

Percy-Smith, J. (2000). *Policy Responses to Social Exclusion: Towards Inclusion?* Open University Press.

Peredo, A. M., & Chrisman, J. J. (2006). Toward a Theory of Community-Based Enterprise. *Academy of Management Review*, 31(2), 309 – 328.

Prahalad, C. K. (2009). *The Fortune at the Bottom of the Pyramid: Eradicating Poverty through Profits* (revised and updated 5th anniversary ed.). FT Press.

Prahalad, C. K. (2012). Bottom of the Pyramid as a Source of Breakthrough Innovations. *Journal of Product Innovation Management*, 29(1), 6 – 12.

Prahalad, C. K., & Hammond, A. (2002). Serving the World's Poor, Profitably. *Harvard Business Review*, 80(9), 48 – 59.

Ramachandran, J., Pant, A., & Pani, S. K. (2012). Building the BoP Producer Ecosystem: The Evolving Engagement of Fabindia with Indian Handloom Artisans. *Journal of Product Innovation Management*, 29(1), 33 – 51.

Rangan, K. M. M., & Maier, E. (1992). Channel Selection for New Industrial Products: A Framework, Method, and Application. *Journal of Marketing*, 56, 69 – 82.

Ren, B. (2018). China's Economy in the New Era Has Shifted from High-Speed Growth to High-Quality Development: Theoretical Explanation and Practical Orientation. *Academic Monthly*, 50(3), 66 – 74.

Research Group of China Academy of Science and Technology Development Strategy. (2015). *China's Inclusive Innovation*. Shanghai Science and Technical Literature Press.

Roxas, S. K., & Ungson, G. R. (2012). Biogenesis: An alternative perspective for growth, development, and transformation. Indian Journal of Asian Affairs, 25(1/2), 1 – 19.

Silver, H. (1994). Social Exclusion and Social Solidarity: Three Paradigms. *International Labour Review*, 133(5 – 6), 531 – 578.

Silvestre, B. S., & Silva Neto, R. E. (2014). Are Cleaner Production Innovations the Solution for Small Mining Operations in Poor Regions? The Case of Padua in Brazil. *Journal of Cleaner Production*, 84(1), 809 – 817.

Sinkovics, N., Sinkovics, R. R., & Yamin, M. (2014). The Role of Social Value Creation in Business Model Formulation at the Bottom of the Pyramid — Implications for MNEs? *International Business Review*, 23(4), 692 – 707.

Tarafdar, M., Singh, R., & Anekal, P. (2013). Impact of ICT-Enabled Product and Process Innovations at the Bottom of the Pyramid: A Market Separations Perspective. *Journal of Information Technology*, 28(4), 279 – 295.

Teece, D. J. (2007). Explicating Dynamic Capabilities: The Nature and Microfoundations of (Sustainable) Enterprise Performance. *Strategic Management Journal*, 28(13), 1319 – 1350.

Thurik, R., Bhola, R., Verheul, I., & Grilo, I. (2006). Explaining Engagement Levels of Opportunity and Necessity Entrepreneurs. SCALES: Scientific Analysis of Entrepreneurship and SMES. EIM bv, Zoetermeer. Rotterdam, NL. http://hdl.handle.net/1765/9705.

Tian, X., Wang, S., & Yang, Y. (2009). The Change of Urban-Rural Income Gap and Its Impact on Economic Efficiency. *Economic Research Journal*, 44(1), 107 – 118.

Treasury, New Zealand. (2001). Human Capital and the Inclusive Economy. Wellington, New Zealand Treasury, Working Paper, no. 01/16.

Turulja, L., & Bajgorić, N. (2016). Innovation and Information Technology Capability as Antecedents of Firms' Success. *Interdisciplinary Description of Complex Systems: INDECS*, 14(2), 148 – 156.

Venkatesh, V., Rai, A., Sykes, T. A., & Aljafari, R. (2016). Combating Infant Mortality in Rural India: Evidence from a Field Study of eHealth Kiosk

Implementations. *MIS Quarterly*, 40(2), 353－380.

Williamson, O. E. (1975). *Markets and Hierarchies*. New York：Free Press.

Wu, X., & Jiang, Y. (2012). Where Inclusive Innovation Emerges：Conceptual Framework and Research Agenda. *Journal of Systems & Management*, 21(6), 736－747.

Wu, X., & Jiang, Y. (2013). The Emerging Pattern of Disruptive Innovation from the Bottom of the Pyramid. *Disruptive Innovation in Chinese & Indian Businesses*, 15(1), 68－82.

Zhang, Y., & Jiang, X. (2016). The Impact of Human Capital on the Optimizing and Upgrading of Industrial Structure：A Study Based on Spatial Panel Data Model. *Research on Financial and Economic Issues*, 2, 106－113.

# —— 第7.3章 ——
# 制造强国战略：先进制造业

约格尔·梅尔　孙会峰

## 引　言

　　自 1970 年代末以来的快速经济增长，推动中国在 2010 年成为世界第二大经济体，并使数百万公民摆脱了贫困。这一增长可以归功于劳动力参与度的提高和大规模的结构转型，这势必造成劳动力从农业向制造业和服务业的大规模转移。中国的发展轨迹是由侧重于投资驱动和出口导向型增长的政策，以及工业模仿和进口技术的采纳的支持来引导的。但是，严重依赖投资、出口和大量低成本劳动力的方法有其局限性，典型的就是许多发展中国家被困在发展阶梯的中间位置（如，Zhang & Cheng，2017）。

　　为了避免这种命运，中国已经开始实施一项新的、更加平衡的战略，从而让国内需求和本土创新能力的提高发挥更大作用，尤其是在工业部门。政府正在通过重点关注创新技术含量高的战略产业，在一系列产业政策工具和国有企业的支持下，推行这一新战略。这一战略的结果将是决定中国是否以及何时能够达到高收入水平的关键因素，对中国与发达国家的关系以及全球化和世界经济的未来形态也将具有重要意义。"制造强国战略"和"十三五"规划中的一系列关键政策举措，如"互联网+"，是中国以创新为重点的新产业政策的战略组成部分。

　　下一节介绍"制造强国战略"和其他近期关于自主创新的关键措施，并考察其中迄今已实施的内容；第三部分将该战略置于中国的发展轨迹和外部经济环境中；第四部分讨论西方和中国学者对"制造强国战略"的看法；最后一节是结论。

# 制造强国战略和其他创新的关键措施

一些观点认为，公开的产业政策是在 1970 年代末中国开始改革时才出现的（如，Heilman & Shih，2013）。相比之下，另一些观点（如，Chen & Naughton，2016）则同时考虑了早期的经济和空间规划形式，如表 7.3.1 所反映。

**表 7.3.1 中国产业政策：目标与目标产业**

| 时 期 | 目 标 与 政 策 | 目标产业 |
|---|---|---|
| 1950—1979 年 | 进口替代工业化 | 重工业 |
| 1980—1999 年 | 改革试验；经济特区 | 轻工业 |
| 1990—1999 年 | 社会主义市场经济；国有企业改制；外国直接投资激励措施；汽车业产业政策；出口导向型制造业 | 汽车、电子、机械、钢铁和石油化工业 |
| 2000—2009 年 | 加入世贸组织；本土创新计划；企业国际化；产业结构调整；解决产能过剩；出口导向型制造业；2008 年全球金融危机爆发后的反周期性政策 | 汽车，电子、机械、石油化工和生物制药业 |
| 2015 年至今 | 产业结构向高附加值和能源效率方向调整；更平衡的增长战略，旨在实现更好的经济、社会和生态可持续性；创新驱动发展战略 | 新能源汽车、航空航天、生物制药、高端数控机械、铁路输送，以及信息和沟通行业 |

来源：作者归纳整理，部分基于勃兰特、罗斯基和萨顿（Brandt, Rawski & Sutton, 2008），海尔曼和施（Heilmann & Shih, 2013），以及陈和诺顿（Chen & Naughton, 2016）。

后一种观点认为，中国产业政策的目标、手段和目标产业是随着时间的推移，根据中国国内经济和外部经济环境的具体时限条件，以务实和灵活的方式演变的。"制造强国战略"在这两个方面都面临着挑战，因为它处于中国发展道路的转折点。从内部看，该战略面临着重大的人口变化、环境挑战和经济增长放缓，因此其产业结构调整目标和创新政策比以前的任何战略都更加雄心勃勃；从外部来看，全球经济的结构性疲软增长提供了一个不那么有利的外部经济环境，老牌经济强国可能认为该战略的更大雄心是对其全球技术领导地位的挑战，使它们的反应不如过去那样合作。

"制造强国战略"提出了九大任务：提高国家制造业创新能力，促进信息化与工业化深度融合，增强工业基础能力，加强质量品牌建设，全面实施绿色制造，大力推进重点领域突破，深化制造业结构调整，积极发展服务型制造和生产者服务，提高制造业的国际化水平。与德国的"工业4.0"和美国的"先进制造业国家战略计划"相比，"制造强国战略"将根据中国制造业发展的基本国情和现实条件，着力提高制造业的创新能力和质量。它并没有把目标和任务定得过于"高端大气上档次"，而是更多地立足于对传统产业的改造和升级。根据上述任务，制定的具体措施如下：

1. 提高创新能力。具体措施包括加强核心技术攻关，提高创新设计能力，促进科技成果产业化，完善制造业创新体系，形成一批制造业创新中心，加强标准体系建设，强化知识产权运用等。中国若要放弃对传统道路的依赖，既要引进和利用国际先进的技术创新成果，又要重视自主创新技术成果的推广和产业化，形成全社会鼓励和重视创新的氛围。

2. 促进信息化与工业化的融合。具体措施包括发展智能装备和智能产品，推进生产过程智能化，培育新型生产方式，全面提高研发、生产、管理、服务的智能化水平。互联网与制造业融合，带动制造业向"数字化、网络化、智能化"转型升级，推动物联网+产业、云计算+产业、移动互联网+产业、网络众包+产业等加强融合。

3. 品牌建设。具体措施包括推广先进的质量管理技术和方法，加快提升产品质量，完善质量监管体系，引导企业制定品牌管理制度，提高产品质量，围绕研发创新、生产制造、质量管理、营销服务等全过程，打造品牌发展的坚实基础。

4. 实施绿色制造。具体措施包括加快推进绿色制造业升级，促进资源高效循环利用，构建绿色制造体系。中国应创建绿色产品、绿色工厂、绿色产业园区，建立绿色企业标准体系；还应开展绿色评价，加强绿色监管，完善节能、环保法律法规，加强节能环保监管，推行企业社会责任报告制度，引导所有生产者从事绿色生产。

此外，发展服务型制造和生产者服务，促进制造业国际化，加强产业基础，推进重点领域的突破，对于推进"制造强国战略"具有重要意义。在此基础上，行动纲领还提出了十大重点发展领域和五大重点工程。十大重点领域是：新型信息通信技术产业、高档数控机床和机器人、航空航天装备、海洋工程装备和高技术船舶、轨道交通装备、节能与新能源汽车、电力装备、新材料、生物医药和高性能医疗设备、农业机械装备。五大重点工程包括国家制造业创新中心建设、智能制造、工业强基、绿色制造、高端装备创新。同时，中国提出了推进"制造强国战略"的保障措施，包括深化管理体制改革，营造公平竞争的市场环境，完善多层次人才培养体系，完善中小企业政策，扩大制造业开放，完善组织实施机制等。

特别需要指出的是，在实施"制造强国战略"的过程中，中国应鼓励发展模式的创新，避免割喉式竞争，尤其要避免在国际市场上的价格倾销。"制造强国战略"任重道远，需要政府、市场主体、各领域人士的共同努力。

## 制造强国战略的背景

"制造强国战略"是对国家经济持续快速发展构成风险的国内和外部因素的应对。关于国内因素，金融部门的潜在动荡带来的宏观经济冲击，收入和财富不平等带来的干扰，和/或房地产价格的突然下降以及建筑和投资的急剧收缩，都可能构成短期风险。但可以说更大的和长期的担忧是所谓的中等收入陷阱（MIT），这促使创新驱动的发展成为首要任务。可能对中国持续快速发展构成挑战的外部因素包括：数字化和新技术革命，世界经济的结构性疲软增长，许多发达经济体对全球化力量的支持的下降（必将阻碍全球贸易和外国直接投资的流动）。此外，虽然中国的政策制定者可能认为，中国作为全球经济中的一个积极的利益相关者的出现是在塑造全球治理的议程，目的是维护多边主义和全球化的特点，这些特点在过去几十年中对支持中国的快速经济发展和维护全球经济的和平秩序起到了重要作用，但现有的经济大国可能会对中国更加坚定的立场产生抵触。

### 中国的发展战略和中等收入陷阱

在过去的四十年里，中国实现了显著的经济发展。1980 年至 2018 年期间，中国经济实际年均增长 9.5%，在 2007 年达到 14.2% 的峰值。此外，经济增长没有持续明显放缓，1980 年至 2010 年间，十年平均增长率徘徊在 10% 左右。因此，按 2011 年购买力平价计算的人均收入在 2018 年超过了 16 000 美元，这意味着在短短一代人的时间里，中国从最贫穷的国家之一过渡到了中等收入国家。

然而，最近，中国的经济增长率出现了稳定和可观的减速，从 2010 年的 10.6% 下降到 2015—2018 年期间的 7% 以下，即 1991 年以来的最低增长率。[①] 此外，2013—2030 年期间的平均增长率估计将下降到 6.4% 左右 [世界银行和中华人民共和国国务院发展研究中心（DRC），2013 年]，而国际货币基金组织（IMF）预测中国的增长将更加急剧放缓，到 2022 年下降到 6% 以下。这就提出了一个问题，即中国经济现在是否处于所谓的中等收入陷阱状态，以及要怎样才能使其增长速度重新加快。

中等收入陷阱是指在过去的半个世纪中，（1）快速的经济增长使许多发展中国家减少了绝对贫困的程度，但其中很少有国家能达到发达国家的高人均收入水平（如，世界银行和 DRC，2013）；（2）中等收入国家出现明显增长放缓的概率高于低收入或高收入国家（如，Aiyar et al.，2013）；（3）将 1950 年至 1980 年和 1980 年至 2010 年分割开来看，表明发展中国家在后一时期更难追赶，更容易落后（如，Eichengreen, Park & Shin, 2012），自 2007—2008 年开始的全球金融危机以来，全球经济结构性增长乏力，甚至以前充满活力的中等收入经济体也可能经历长期的缓慢增长（如，Zhuang, Vandenberg & Huang, 2012）；（4）当人均 GDP 达到 16 740 美元（按 2005 年价格计算）时，也就是与中国目前的人均收入水平接近的水平，经济增长放缓的概率最高（Eichengreen, Park & Shin, 2012）。[②]

同时，也有一系列研究并不支持中等收入陷阱的见解（如，Barro，2018）。这些研究认为，上述观点没有认识到不同的初始条件和政策反应往往会导致不同的增长轨迹。的确，一些中等收入经济体（大多位于亚洲）持续快速增长，而其他经济体（通常是拉丁美洲的经济体）则没有持续快速增长。但鉴于成功的亚洲经济体的规模比中国小得多，对亚洲中小经济体有效的方法是否也会对中国这个大经济体有效这一问题值得进一步探讨。这个问题也许特

---

① 除非另有说明，这里提到的所有数字都是根据国际货币基金组织的《世界经济展望》数据库（2019 年 5 月 23 日）计算出来的。

② 这里的部分讨论借鉴了最近关于中国和中等收入陷阱的特刊，载于《亚洲经济论文》，2012，11（1）；《中国与世界经济》，2016，24（5）；《新兴市场金融与贸易》，2018，54（6）；以及格劳和瓦格纳（Glawe & Wagner，2020）。

别重要，因为在一个相对较大的经济体中，迈向高收入阶段可能不太依赖大规模的出口，而更多地依赖国内消费。为了维持这一点，需要有一个相对较大的中产阶层，具有较高的消费倾向和橄榄型的收入分配（Li，2017），为其创造工资增长和促进大众消费的税收政策将是重要的步骤。

然而，发展文献指出，有理由认为，随着国家达到中等收入水平，增长可能确实会放缓。有一个论点与刘易斯（Lewis，1954）描述的"转折点"有关，当农业的剩余劳动力被现代工业部门完全吸收后，劳动力的萎缩和/或进一步的经济增长会使工资上升。关于工资增长和人口发展的证据表明，中国可能已经达到了刘易斯所描述的"转折点"，或者至少正在迅速接近这个"转折点"（如，Huang & Cai，2014）。如果工资增长没有伴随着至少同样快速的生产力增长，且如果出口是增长的主要动力，这就可能是个问题。在这种情况下，中等收入经济体将不再有能力竞争低工资的劳动密集型产品，但也尚未有能力出口高工资的技术密集型产品。出口收入的减少也将使其难以继续依赖从国外进口的先进技术，迫使经济向技术阶梯上移，自行开发创新技术。然而，在内部需求是重要增长动力的情况下，随着国内市场的扩大，工资增长可以提供新的销售机会，较高的生产成本不会成为中等收入经济体增长的决定性制约因素[如，联合国贸易和发展会议（UNCTAD），2016]。在那种情况下，加强国内创新能力（如，Kim & Park，2018）和技术密集型生产模式的措施，以及从依赖廉价劳动力的出口导向型增长战略向国内消费相对更重要的平衡增长战略过渡，将是成功导向高收入经济体过渡的关键。

不管人们是否赞同中等收入陷阱的提法，关键问题是中国要如何才能重新加快经济增长，从而达到高收入国家的地位。人们普遍认为，"为了在中等收入以上的阶段保持增长，中国将需要通过创新和升级来提高生产力。'从低成本到高价值'的转型是经济发展的一个关键要素"（Zhuang，Vandenberg & Huang，2012，viii）。这种转型需要涉及广泛的政策领域，例如确保宏观经济、政治和社会稳定，对基础设施和教育进行公共投资，一些观察家还建议加快结构改革，采取企业改革和要素市场自由化的措施，加强知识产权保护，扩大市场竞争，减少国家的作用（如，Woo，2012）。但无论如何，加强创新，包括通过有针对性的产业政策，可能是所需政策目标清单中的首要任务。

## 采用国外先进技术与加强本土创新之间的协同作用

关于中国自 20 世纪 70 年代末以来的技术发展轨迹，人们普遍认为：(1) 外国企业和对国外先进技术的采用，特别是在改革进程的初始阶段发挥了关键作用，(2) 技术转让的渠道随着中国自身技术基础的快速发展而演变，以及 (3) 本土创新能力已成为中国技术发展轨迹中越来越重要的来源。然而，学者们对于本土创新何时以及在多大程度上对中国的技术轨迹做出了重大贡献，存在着一些分歧。有些学者淡化了这一作用（如，Hu & Jefferson，2008；Brandt，Rawski & Sutton，2008），认为来自外国企业和进口技术的竞争促使中国企业提高研发支出和创新活动，以图生存；有些学者则强调这一作用（如，Fu，Woo & Hou，2016），认为因为需要一个适当的本土技术基础来减少实施滞后和提高进口技术的效率。

图 7.3.1 反映了上述后一种关于中国如何将获取的外国技术和本土创新相结合的观点。1970 年代末改革的开始标志着技术来源的多样化，从对苏联的依赖转向对西方国家和日本的重视，也从购买"交钥匙"工厂和设备转向更多地使用许可证、技术咨询、服务和合作生产。即使如此，国内的行动仍然限于学习如何使用进口技术。1980 年代中期，出现了通过引进外国直接投资进行技术转让的新重点，或以市场准入换取技术。1990 年代中期，则转向越来越关注本土科学和技术的更快速发展的新重点。这一新的重点的出现，是由于国家在 1980—2000 年期间启动的一系列大规模的科技计划，以期改善本土创新的基础设施，其中包括关键技术研发计划（1982 年）、星火计划（1986 年），国家高技术研究发展计划（1986 年）、火炬计划（1988 年）、科技型中小企业创新计划（1993 年）、"科教兴国"运动（1995 年）和国家重点基础研究计划，又称 973 计划（1997 年）（Hu & Jefferson，2008；Fu，Woo & Hou，2016）。

自主创新在 2005—2006 年成为一个战略重点。这体现在《中长期科学和技术发展规划纲要》（2005—2006 年）和《战略性新兴产业发展规划》（2010 年）中，也体现在对高技能移民回国的激励措施中，以及外国技术来源向参与国际创新合作和增加旨在收购外国技术公司的对外直接投资的转变上（如，Fan，2014）。

从 2000 年代中期开始，中国也大幅增加了对外直接投资，包括收购前沿技术。2016 年，中国在对外直接投资总额排名中位居第二，但在 2017 年回落

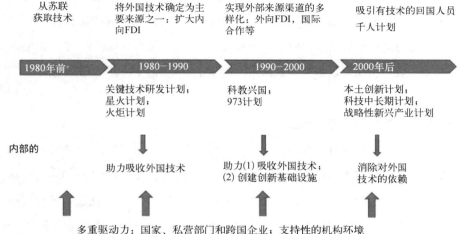

图 7.3.1 进口技术和本土创新之间的协同作用

来源：作者基于傅、吴和侯（2016）归纳整理。

到第三位。2017 年中国的对外直接投资总额为 1 250 亿美元，是 2003 年以来的首次逆转，且比 2016 年的总额下降了近三分之一。这种下降是在制定压制对外直接投资的政策之后发生的，以应对 2015—2016 年的大量资本外流，主要涉及房地产、酒店和娱乐领域（UNCTAD，2018）。现有证据表明，对外直接投资与以研发支出和新产品销售衡量的企业绩效之间存在正相关关系（Chen & Tang，2016）；这种积极影响在对发达国家的对外直接投资中最为显著，它是中国企业克服内部限制并跃升至技术前沿的"创新跳板"（Fu，Hou & Liu，2018）。

中国目前的创新能力水平可以通过观察衡量各国创新能力的综合指数来评估。其中一些指数显示，中国的创新能力水平正在迅速提高。在中国科学技术研究院对 40 个国家的排名中，中国的表现比 2013 年上升了 4 位，在 2017 年排名第 17。《欧洲创新记分牌》将中国在几个指标上的表现与欧盟（EU）的成员进行了比较。2018 年的报告的结论是，欧盟仍然领先于中国，但这种领先优势正在迅速缩减，因为自 2010 年以来，中国的进步速度几乎是欧盟的三倍。康奈尔大学、欧洲工商管理学院和世界知识产权组织根据创新投入和产出的指标对 127 个国家进行排名，发布了全球创新指数，中国从 2010 年的第 43 位上升到第 22 位。①

中国技术能力快速发展的这一经济范围内的证据得到了案例研究的支持（如，Fu，2015；Kang，2015；Zhang & Gallagher，2016），这些案例说明了本土创新能力对中国近期技术轨迹的重要性。这些案例研究还表明，华为、中兴和尚德等成功公司可以作为其他国内公司寻求更多创新的榜样。

### 全球发展背景下的制造强国战略

中国增长政策的有效性和经济的快速发展得益于一个有利的全球环境，其关键因素包括中国主要出口市场的稳定增长、基于规则和相对开放的多边贸易体制、相对稳定的货币环境、可观的外国直接投资流量，以及通过全球价值链组织不断增长的世界贸易份额，而运输、通信和信息管理成本的快速下降则为其提供了动力。

2007—2008 年全球金融危机的爆发，标志着这种支持性的外部环境日益解体，这对中国的政策，包括"制造强国战略"的实施产生了影响。大多数发达经济体的经济急剧放缓和 2008—2009 年的贸易大崩溃，促使中国的政策制定者在 2008—2009 年采取了一揽子经济刺激计划。这一揽子计划最初侧重于对基础设施的公共投资和现有生产结构的扩张，但后来的特点是越来越多并大幅扩大了具体部门和部门间的计划，以发展新的战略和创新产业，以及国有企业的大力参与。特别是国有企业在中国最近的产业政策议程中的大力参与，至少部分地与 2007—2008 年全球金融危机后西式市场体系的信用危机有关。这可能削弱了中国政策制定者的影响力，他们主张让竞争发挥更大的作用，政府和企业严格分离，并让企业有决策自主权。

当前的新工业革命，制造商通过机器人化对抗工资压力的相关机会，以及随之而来的对全球制造业地理格局的影响，也在影响着"制造强国战略"中关于将机器人使用量从 2015 年的水平提高两倍的目标。这是因为机器人化是雇主应对劳动力老龄化和中年工人稀缺的一种方式（如，Acemoglu &

---

① 关于各种指数，见 http://english. cas. cn/newsroom/china＿research/201708/t20170821＿182108. shtml；http://ec. europa. eu/growth/content/european-innovation-scoreboard-2018-europe-must-deepen-its-innovation-edge_en；https://www.globalinnovationindex. org/gii-2017-report。

Restrepo，2018）。这样做可以减少工资压力，遏制对中国陷入中等收入陷阱的担忧。在 2015 年的基础上将机器人产量提高两倍，将减少在出口收入下降的情况下扩大机器和设备进口可能产生的国际收支问题。同时，在这个新技术领域的早期存在面临较少的来自既定知识产权的障碍。

# 制造强国战略的评价

## 北美和西欧的评价

人们对中国不断上升的创新和技术能力非常感兴趣，特别是在那些担心其全球技术领先地位被削弱的发达经济体。在美国和欧盟，制造强国战略遭到了怀疑、误解甚至越来越多的对抗。

怀疑论的来源之一是认为缺乏实施和衡量的细节——例如关于政策评估、资金分配和人力资源管理——这进一步增加了衡量和评估技术进步和创新的方向和进程的困难（如，Tong & Kong，2017）。因此，中国创新举措的成功在很大程度上取决于政策制定者如何灵活而巧妙地应对实施过程中的各种成功和失败。一个挑战将是，不同的战略工业部门处于不同的发展水平，而它们的计划发展取决于所有部门的产业互补性统一的速度升级。这需要大量的产业政策协调，有人认为这可能是难以保证的（Kenderdine，2017），而其他人则认为，中国的政治体制已经形成了一个日益常规化和结构化的决策共识模式，可以有效地处理这些问题（Chen & Naughton，2016）。此外，中国改革时代的政策策略一般都是以相对不具体的一般准则为特征，结合政策的地方实践空间，在普及化和付诸法律之前进行调整和修改（Heilmann & Shih，2013）。

大多数怀疑论与对国家参与程度和政府规划以及国有企业和产业政策是创新的有效驱动力的怀疑有关。[①] 韦伯克等人（Wübbeke et al.，2016，8）预计该战略将允许创建一个小型但有影响力的全球智能制造领导者群体，但其有效性也将受到"政治优先事项和行业需求之间的不匹配、对量化目标的执着、资金分配的低效和地方政府的运动式超支的限制。缺乏自下而上的主动性和投资是中国制造 2025 的一个深刻弱点"。这种怀疑论是基于将苏联的技术开发的计

---

① 对于这种普遍的观点，可参见珀金斯和罗斯基（Perkins & Rawski，2008）以及张（Zhang，2017）。

划道路的失败推断到中国而产生的。世界银行和 DRC（2013，172）也表达了这一观点，指出领先的科技大国的创新体系依赖于公共部门仅仅发挥"促进作用，为具有长期回报的试验性研究提供种子，提供法律和监管机构支架，并建立可执行的标准。中国离这种开放的、世界性的、以市场为导向的创新体系模式还有一段距离"。其他人可能会认为，这种观点忽视了在美国，国防部、能源部、农业部和国防高级研究计划局（DARPA）等机构在促进创新方面发挥了核心作用，而这些创新创造了互联网和许多其他最新技术（如，Mazzucato，2013）。

误解与中国的道路不符合西方政治经济模式有关。这些人认为经济的成功与加速私有化和更多西式的开放社会和市场密切相关。这种观点在苏联解体后出现的历史终结观点中表述得最为清楚（Fukuyama，1992）。它认为，自我组织的资本主义体制更加强大，是唯一能够实现持续技术创新的系统。因此，人们普遍预期，至少随着对基于创新的增长的重视，中国将加速走向自由市场和开放社会（例如，世界银行和 DRC，2013）。然而，西方社会最近的经济问题以及社会和政治的紧张局势，使人们对自由主义政治和经济制度之间假定的相互依存关系以及它们在刺激创新方面假定的最高地位产生了怀疑。这些怀疑很可能会持续下去，直到西方政策制定者能够重振其制度的问题解决能力、社会凝聚力以及国际信誉和吸引力（如，Heilmann，2018）。

对中国政策战略的对抗最初主要与发现美国制造业就业率的急剧下降和2000 年给予中国永久正常贸易关系待遇（PNTRs）有关（Pierce & Schott，2016），而且美国当地劳动力市场在随后来自中国的进口竞争中经历了更大的增长，表现出更大的岗位转移和工资缩减（Autor, Dorn & Hanson，2013）。这种与贸易有关的岗位转移和工资缩减对传统的观点提出了质疑，即国际贸易在理论上可能会产生不利的分配效应，但在实践中是相对良性的，且很容易被纠正。这种观点在国家总体水平上可能成立，但事实证明，在面临国际竞争的经济部门集中的劳动力市场上，对调整压力和分配效应过于自满。然而，美国制造业就业率的下降是一个较长期的现象（如，Lawrence & Edwards，2013）。所观察到的与贸易有关的岗位转移可能是有时间限制的，因为它没有在更长的时间范围内观察到（Feenstra, Ma & Xu，2017），且它反映了贸易政策的突然逆转，引发了类似的突然调整（Pierce & Schott，2016）。给予中国永久正常贸易关系待遇似乎使美国整体受益（Handley & Limão，2017）。

但是，对"制造强国战略"的对抗，主要而且越来越多地涉及对美国和一般西方技术优势的感知威胁，特别是在汽车和机械部门（Wübbeke et al.，2016）。也许最重要的是，人们担心上述缺乏执行和衡量细节的情况反映出试图避免公开违反世界贸易组织（WTO）的义务，核心部件的自给自足配额通过内部和半官方文件传达给企业，而本地化目标则通过广泛和多样化的措施来实施，包括直接注资和优惠贷款，以及向外国企业关闭公共采购等［如，Wübbeke et al.，2016，20 - 21；中国欧盟商会（EUCCC），2017］。这被认为是与通过强制转让尖端技术和由政府担保的投资基金补贴的外国收购，在关键的高科技领域获得先进技术的激进战略相结合（例如，中国欧盟商会，2017）。

越来越多的迹象表明，"制造强国战略"将导致中国的贸易和投资伙伴在全球范围内的反击（如，Segal，2018），包括贸易保护主义和先发制人的技术政策。关于贸易，美国总统在 2017 年 8 月指示美国贸易代表署（USTR）确定中国的任何法律、政策、做法或行动是否可能损害美国知识产权、创新或技术发展。根据美国贸易代表署在 2018 年 3 月发布的报告（USTR，2018），[1] 特朗普总统要求中国停止"强迫"外国公司与中国企业分享核心技术；保护美国知识产权；取消对美国公司在中国的投资和活动的限制；减少国家对高科技产业的支持，放弃在高价值产业的关键技术和产品方面实现自给自足的目标，特别是与"制造强国战略"相关的技术和产品；控制中国公司为获得尖端技术和知识产权而进行的投资，以及涉嫌未经授权侵入和盗窃美国公司的计算机网络的行为。为了迫使这些变化的发生，并强调美国对中国的双边贸易逆差，美国政府指示对越来越多的中国商品逐步提高关税，并要求中国从美国进口更多的商品；[2] 加强对中国在美国科技公司的投资的控制；对几家中国科技公司实施进口管制，包括华为，一家主要的中国电信和网络设备制造商，旨在成为 5G 网络基础设施的供应商；并考虑在人工智能（AI）、生物技术、微处理器和机器人等领域控制对中国的技术出口。中国以针锋相对的方式回应了关税的增加，同时同意从美国购买更多的农产品，放宽对外国在华直接

---

① 对报告所提供的证据的批判性评估见，参见罗奇（Roach，2019）。

② 时间表见 https://piie.com/blogs/trade-investment-policy-watch/trump-trade-war-china-date-guide。

投资的所有权限制，并禁止"强制"技术转让。[1]

为了结束这些贸易摩擦，2018年12月两国启动了双边会谈。虽然达成了许多共识，但在如何实施和执行协议方面的分歧方面并未达成共识。两国在2019年5月谈判受挫，据美国称，原因是中国在先前商定的协议内容上突然出尔反尔，而据中国称，则是因为美国顽固地坚持中国认为会损害其主权的要求，包括：（1）如果美国认为中国违反了协议，可以单方面征收惩罚性关税，但中国不能用关税进行报复，也不能在世贸组织挑战这一行动，以及（2）中国要降低国家对国有企业的支持水平，并将协议措施转化为法律，而不是行政指令。[2]

同时，贸易摩擦已被归入技术优势的竞争中。[3] 2019年2月11日，特朗普总统签署了《维护美国在人工智能时代的领导地位》行政命令（也被称为美国人工智能倡议）。[4] 该倡议要求联邦资助机构（1）优先投资于人工智能研究；（2）通过向人工智能研究人员提供联邦数据、计算机模型和计算资源来创造资源；（3）制定技术标准，促进可靠、强大、可信、安全、便携和可互操作的人工智能系统的发展；（4）通过优先培养科学、技术、工程、数学（STEM）技能来培养人工智能劳动力；以及（5）参与国际事务，使人工智能的发展符合美国的价值观和利益。虽然该倡议被批评为缺乏直接行动和缺乏新的资金，但它依靠的是企业家精神，并给予私营部门在人工智能领域的领先地位。此外，这只是目前正在进行的一项政府人工智能倡议。[5] 例如，在行政命令发布的第二天，美国国防部（DOD）推出了自己的人工智能战略，[6] 据此，国防部持续投入资金——越来越多的资金集中在人工智能上——国防高级研究计划局

---

[1] 见美中贸易全国委员会：《中华人民共和国外国投资法》，2019年3月15日，https://www.uschina.org/sites/default/files/foreign_investment_law_of_the_peoples_republic_of_china_-_unofficial_translation.pdf。

[2] 见 https://www.cnbc.com/2019/05/27/china-is-digging-in-its-heels-on-protecting-a-state-run-economy.html。

[3] 关于美国和中国在人工智能竞赛中的地位的对比性评价，见沃尔夫（Wolf, 2019）。

[4] 见 https://www.whitehouse.gov/presidential-actions/executive-order-maintaining-american-leadership-artificial-intelligence/。

[5] 美国政府目前正在进行的人工智能倡议列在 https://www.whitehouse.gov/ai/。关于其他众多国家在2017—2018年采取的人工智能战略的总结，见 https://medium.com/politics-ai/an-overview-of-national-ai-strategies-2a70ec6edfd。

[6] 见美国国防部新闻，国防部公布其人工智能战略（DOD Unveils its artificial intelligence strategy），2019年2月12日，https://dod.defense.gov/News/Article/Article/1755942/dod-unveils-its-artificial-intelligence-strategy。

宣布启动"下一代人工智能"（AI Next）活动，将在未来数年内对现有的新设项目进行超过 20 亿美元的投资。[①]

　　欧洲也开始反思其对华政策，总体变化的主旨是紧跟美国。[②] 2019 年 3 月，欧洲国家元首就欧盟委员会的新战略文件进行辩论，该文件将中国描述为"追求技术领导地位的经济竞争者，以及促进其他治理模式的制度性对手"［欧盟委员会（European Commission），2019，1］。同样将中国称为"制度性竞争对手"，德国工业联合会已经呼吁对中国采取更强硬的态度，声称德国的开放模式与中国国家主导的经济的竞争日益激烈，需要更有效地自我保护来避免中国公司的影响［德国工业联合会（Federation of German Industries），2019］。部分是为了响应这一呼吁，德国经济部长于 2019 年 2 月 5 日公布了他的《国家工业战略 2030》［联邦经济和能源部（Federal Ministry for Economic Affairs and Energy），2019］。该战略的主要主张包括：（1）设立国家投资基金——在有限的时间内，在非常重要的情况下——收购德国大公司的股份，因这些公司的技术对德国未来在人工智能和电动汽车等关键新技术方面的能力至关重要，需要保护这些公司免遭外国收购；（2）放宽欧洲竞争法，允许"国家和欧洲冠军"更易于与非欧洲科技巨头竞争。德国还降低了筛选外国收购的门槛，如果交易引起国家安全问题，特别是为了保护数字经济的重要部分，如 5G 技术，免受中国公司的影响。[③] 虽然同意法国的观点，[④] 但新的国家工业战略是否会在德国获得支持尚不明确。许多人认为它偏离了二战以来德国经济政策所遵循的奥尔多自由主义原则。[⑤] 在这些原则中，工业和创新政策依赖于基础设

---

[①] 见国防高级研究计划局，下一代人工智能运动 （AI Next Campaign），https://www.darpa.mil/work-with-us/ai-next-campaign。

[②] 同时，尽管考虑禁止华为和中兴参与欧盟的 5G 网络建设，但欧盟和中国的 5G‐Drive 联合项目正在按计划进行（见 https://www.msn.com/en-sg/news/newstechnology/china-eu-5g-research-project-to-continue-despite-growing-concerns-about-huawei/ar-BTq0uf）。

[③] 见美国联邦经济和能源部，"Strengthening Our National Security via Improved Investment Screening"，2018 年 12 月 19 日，https://www.bmwi.de/Redaktion/EN/Pressemitteilungen/2018/20181219-staerkung-unser-nationalen-sicherheit-durch-verbesserte-investitionspruefung.html。

[④] 见 "Altmaier and Le Maire Adopt Joint Franco-German Manifesto on Industrial Policy"，https://www. bmwi. de/Redaktion/EN/Pressemitteilungen/2019/20190219-altmaier- and-le-maire-adpot-joint-franco-german-manifesto-on-industrial-policy.html。

[⑤] 《德国的新工业战略引起轩然大波》，路透社，2019 年 2 月 2 日，https://www.reuters.com/article/us-germany-industry/germanys-new-industrial-strategy-under-fire-idUSKCN1PQ5ZA。

施的提供，正常的竞争和精简的监管框架的保障，同时为创新提供激励，这些创新应该由私营中小型企业来推动，而不是由国家大力扶持的国家冠军。

综合来看，"制造强国战略"很可能标志着一个由历史终结观点塑造的（Fukuyama，1992）、以 WTO 管理的自由多边贸易体制为主要特征的时代的结束。只有时间可以告诉我们，"制造强国战略"所引发的对抗是否会迎来一个经济冷战的时代，分岔的、相互不兼容的技术供应链和双边贸易协定削弱处理贸易争端的多边框架，而世贸组织则是"附带损害"，还是允许建设性的竞争，提供下一个真正的通用技术，并转向包容性的贸易，使所有国家和所有公民受益，以及作为"附带利益"，改写多边贸易规则，当贸易威胁到削弱既定的劳工和环境标准时，提供一个补救机制，使各国有政策空间来追求适合其经济和社会的战略。

## 中国的评价

"制造强国战略"可以说是中国制造业转型升级的一个十年行动纲领。从"制造强国战略"的提出之日起，随着时间的推移，该文件一直处于充实完善的过程中，并衍生出更为全面和宏大的表述。中国学者认为，"制造强国战略"应该回归到发布时的定位，即对中国制造业的转型升级提供长期指导。但它在全球产业分工和价值链中并不处于主导地位。中国制造业面临的挑战是，整体技术水平不足，企业核心竞争力不强。

产业政策的有效性还需要进一步观察。产业政策涉及产业结构和产业组织理论等诸多领域。有学者将中国经济的转型升级描述为"弯道超车"。从机械化、自动化、信息化到智能化的各个阶段都是必不可少的。中国可能需要根据实际情况，在不同的产业领域以不同的方式推进自动化、信息化和智能化。先进制造业领域的创新具有很大的不确定性、风险性，甚至是偶然性。全面评估产业政策是加速了还是延缓了中国制造业的转型升级还不太容易。

中国需要关注西方国家对"制造强国战略"的感受和担忧。中国应该观察并找出欧美国家担忧的原因。对于发展道路，西方国家关心的是中国的经济是否加强了国家意志和"国家资本主义"。如果就发展道路的选择进行辩论，很可能会泛化为关于价值观、意识形态和独立发展权利的更激烈的辩论，这通常不会产生建设性的结果。西方国家担心政府补贴、知识产权保护，以及外资企业在中国的地位问题。这可能反映出他们并不担心中国制造业的促进和发展，以及日益增长的内需市场，而是担心一个更强大的中国能否为西方企业和产品提供更广泛、可靠的和可持续的机会。

# 结 论

"制造强国战略"是中国长期战略的关键要素，旨在缩小与发达经济体的技术差距，并从更高的基于本土创新的生产力中获得更多的增长动力。这两项成就将使中国经济能够克服所谓的中等收入陷阱，并获得高收入地位。最近本土创新能力的提高以及一些中国企业成为全球技术领导者，表明中国可以走上一条以创新和生产力为主导的增长道路。

这一转型的速度和"制造强国战略"的贡献将取决于几个因素。其一是中国的政策制定者如何处理微妙的选择：一方面是大规模推动经济结构调整和向创新经济过渡，另一方面是需要对现有产业结构进行反周期性刺激，以避免增长和投资过度减速，以及应对外部经济环境支持力度较弱所带来的短期经济挑战。另一个挑战是提供高等教育和职业培训，以便为创新提供足够数量的合适的技术工人。

也许最大的挑战是找到国家指导和私营部门参与之间的正确组合，包括使"制造强国战略"充分有效，同时解决来自中国贸易和投资伙伴的对抗。这种组合将努力（1）确保国有企业充分实现实物资产和人才供给的创新潜力，例如通过改进组织结构和激励措施，以及通过更好地整合研究、生产和营销活动（如，世界银行和 DRC，2013），同时（2）设立机构对企业家、科学家和研究机构提供激励，以刺激创新，如建立一个强大的知识产权机构、针对支持特别创新企业的创新基金以及信息支持系统（如，Fu，Woo & Hou，2016）。

虽然这些挑战涉及国家层面，但创新能力的区域差异将影响中国各地区的收入差距。为了解决分配问题，政策制定者可能需要考虑加强社会安全网，并采取旨在实现更平等的收入和财富分配的措施。这些措施将包括鼓励国内家庭消费增长的宏观经济政策，这反过来将积极推动满足中国公民需求和愿望的本土创新。

# 参考文献

Acemoglu, D., & Restrepo, P. (2018). Demographics and Automation (Working Paper No. 24421). National Bureau of Economic Research (NBER). http://www.nber.org/papers/w24421.

Aiyar, S., Duval, R., Puy, D., Wu, Y., & Zhang, L. (2013). Growth Slowdowns and the Middle-Income Trap (Working Paper 13/71). International Monetary Fund.

Autor, D., Dorn, D., & Hanson, G. (2013). The China Syndrome: Local Labor Market Effects of Import Competition in the United States. *American Economic Review*, 103(6), 2121–2168.

Barro, R. J. (2018). Economic Growth and Convergence, Applied Especially to the People's Republic of China. In J. Y. Lin, P. J. Morgan, & G. Wan (Eds.), *Slowdown in the People's Republic of China: Structural Factors and the Implications for Asia* (pp.19–43). Asian Development Bank Institute.

Brandt, L., Rawski, T. G., & Sutton, J. (2008). China's Industrial Development. In L. Brandt & T. G. Rawski (Eds.), *China's Great Economic Transformation* (pp.295–338). Cambridge University Press.

Chen, L., & Naughton, B. (2016). An Institutionalized Policy-Making Mechanism: China's Return to Techno-Industrial Policy. *Research Policy*, 45(10), 2138–2152.

Chen, W., & Tang, H. (2016). The Dragon is Flying West: Micro-Level Evidence of Chinese Outward Direct Investment. *Asian Development Review*, 31(2), 109–140.

Eichengreen, B., Park, D., & Shin, K. (2012). When Fast Growing Economies Slow Down: International Evidence and Implications for China. *Asian Economic Papers*, 11(1), 42–87.

European Commission. (2019). Joint Communication to the European Parliament, the European Council and the Council: EU-China — A Strategic Outlook. https://ec.europa.eu/commission/sites/beta-political/files/communication-eu-china-a-strategic-outlook.pdf.

European Union Chamber of Commerce in China (EUCCC). (2017). China Manufacturing 2025: Putting Industrial Policy Ahead of Market Forces. Beijing. http://docs.dpaq.de/12007-european_chamber_cm2025-en.pdf.

Fan, P. (2014). Innovation in China. *Journal of Economic Surveys*, 28(4), 725–745.

Federal Ministry for Economic Affairs and Energy. (2019). National Industrial Strategy 2030: Strategic Guidelines for a German and European Industrial Policy. https://www.bmwi.de/Redaktion/EN/Publikationen/Industry/national-industry-strategy-2030.html.

Federation of German Industries (BDI). (2019). Partner and Systemic Competitor — How Do We Deal with China's State-Controlled Economy? https://english.bdi.eu/publication/news/china-partner-and-systemic-competitor/.

Feenstra, R., Ma, H., & Xu, Y. (2017). US Exports and Employment (Working Paper No. 24056). National Bureau of Economic Research (NBER). http://www.nber.org/papers/w24056.

Fu, X. (2015). *China's Path to Innovation*. Cambridge University Press.

Fu, X., Hou, J., & Liu, X. (2018). Unpacking the Relationship between Outward Direct Investment and Innovation Performance: Evidence from Chinese Firms. *World Development*, 102, 111–123.

Fu, X., Woo, W. T., & Hou, J. (2016). Technological Innovation Policy in China: The Lessons, and the Necessary Changes Ahead. *Economic Change and Restructuring*, 49(2 – 3), 139 – 157.

Fukuyama, F. (1992). *The End of History and the Last Man*. Free Press.

Glawe, L., & Wagner, H. (2020). China in the Middle-Income Trap? *China Economic Review*, 60, 101264. https://doi.org/10.1016/j.chieco.2019.01.003.

Handley, K., & Limão, N. (2017). Policy Uncertainty, Trade, and Welfare: Theory and Evidence for China and the United States. *American Economic Review*, 107(9), 2731 – 2783.

Heilmann, S. (2018). *Red Swan: How Unorthodox Policy-Making Facilitated China's Rise*. Chinese University Press.

Heilmann, S., & Shih, L. (2013). The Rise of Industrial Policy in China, 1978 – 2012 (Harvard-Yenching Institute Working Paper). https://harvard-yenching.org/features/hyi-working-paper-series-sebastian-heilmann-and-lea-shih.

Hu, A. G. H., & Jefferson, G. H. (2008). Science and Technology in China. In L. Brandt & T. G. Rawski (Eds.), *China's Great Economic Transformation* (pp.263 – 294). Cambridge University Press.

Huang, Y., & Cai, F. (Eds.). (2014). *Debating the Lewis Turning Point in China*. Routledge.

Kang, B. (2015). The Innovation Process of Huawei and ZTE: Patent Data Analysis. *China Economic Review*, 36(December), 378 – 393.

Kenderdine, T. (2017). China's Industrial Policy, Strategic Emerging Industries and Space Law. *Asia & the Pacific Policy Studies*, 4(2), 325 – 342.

Kim, J., & Park, J. (2018). The Role of Total Factor Productivity Growth in Middle-Income Countries. *Emerging Markets Finance & Trade*, 54(6), 1264 – 1284.

Lawrence, R. Z., & Edwards, L. (2013). US Employment Deindustrialization: Insights from History and the International Experience (Policy Brief 13 – 27). Peterson Institute for International Economics.

Lewis, A. (1954). Economic Development with Unlimited Supplies of Labour. *Manchester School*, 22(2), 139 – 191.

Li, P. (2017). China's Path to Overcoming the Double Middle-Income Traps. *China & World Economy*, 25(6), 28 – 44.

Mazzucato, M. (2013). *The Entrepreneurial State: Debunking Public vs. Private Sector Myths*. Anthem Press.

Perkins, D. H., & Rawski, T. G. (2008). Forecasting China's Economic Growth to 2025. In L. Brandt & T. G. Rawski (Eds.), *China's Great Economic Transformation* (pp.688 – 716). Cambridge University Press.

Pierce, J. R., & Schott, P. K. (2016). The Surprisingly Swift Decline of US Manufacturing Employment. *American Economic Review*, 106(7), 1632 – 1662.

Roach, S. (2019). Reshaping the U.S.– China Economic Relationship. Address to the 20th Annual China Development Forum. https://yaleglobal.yale.edu/sites/default/files/files/Roach%20full%20paper%20April%202019.pdf.

Tong, S. Y., & Kong, T. Y. (2017). Made in China 2025: A Grand Strategy for Industrial Upgrading. In S. Y. Tong & J. Wan (Eds.), *China's Economy in Transformation under the New Normal* (pp.217 – 238). World Scientific.

UNCTAD. (2016). Trade and Development Report 2016. United Nations.

UNCTAD. (2018). World Investment Report 2018. United Nations.

USTR (Office of the United States Trade Representative). (2018). Findings of the

Investigations into China's Acts, Policies, and Practices Related to Technology Transfer, Intellectual Property, and Innovation under Section 301 of the Trade Act of 1974. https://ustr.gov/sites/default/files/Section%20301%20FINAL.PDF.

Wolf, M. (2019). China bBttles the US in the Artificial Arms Race. *Financial Times*. https://www.ft.com/content/7a9f84d6-5b9c-11e9-9dde-7d2e6a0a5b8e.

Woo, W. T. (2012). China Meets the Middle-Income Trap: The Large Potholes in the Road to Catching-Up. *Journal of Chinese Economic and Business Studies*, 10(4), 313 – 336.

World Bank & Development Research Center of the State Council, People's Republic of China. (2013). China 2030: Building a Modern, Harmonious, and Creative Society. World Bank.

Wübbeke, J., Meissner, M., Zenglein, M. J., Ives, J., & Conrad, B. (2016). Made in China 2025: The Making of a High-Tech Superpower and Consequences for Industrial Countries. Mercator Institute for China Studies. https://www.merics.org/sites/default/files/2017-09/MPOC_No.2_MadeinChina2025.pdf.

Zhang, F., & Gallagher, K. S. (2016). Innovation and Technology Transfer through Global Value Chains: Evidence from China's PV Industry. *Energy Policy*, 94(July), 191 – 203.

Zhang, J., & Chen, J. (2017). Introduction to China's New Normal Economy. *Journal of Chinese Economic and Business Studies*, 15(1), 1 – 4.

Zhuang, J., Vandenberg, P., & Huang, Y. (2012). Growing Beyond the Low-Cost Advantage: How the People's Republic of China can Avoid the Middle-Income Trap. Asian Development Bank.

# 第 7.4 章
# 应对中国科学和技术发展的未来

潘教峰　陈光华　鲁晓

面对全球经济从大流行中复苏、仍受贸易紧张局势影响的新形势，中国需要充分发挥科技创新在八大社会经济基础和战略体系中的支撑和引导作用：

1. 可持续能源与资源

2. 先进材料与智能绿色制造

3. 无所不在的信息网络

4. 生态高值农业和生物产业

5. 普惠健康保障

6. 生态与环境保育发展

7. 空天海洋

8. 国家与公共安全

中国致力于推进科技治理现代化，完善科技决策咨询机制，再造科技计划管理体制，优化科研项目和资金管理制度，促进科技资源开放共享，营造注重创新激励的深度融合的开放创新环境。

在全球科技发展的历史长河中，中国的科技发明在古代文明中早已脱颖而出，遥遥领先于欧洲一千年之久。在近代，由于各种原因，中国多次失去了与技术和工业革命同步的机会（Landes，1998），但新中国的成立标志着中国科学和技术的新时期的开始。1978 年，中国实施改革开放政策，迎来了"科学的春天"。此后，中国的科技创新体系发生了翻天覆地的变化。中国把科技创新作为国家战略核心，整体技术能力不断提高。今天，中国已经建立了全面系统的科研基础设施，成为世界上重要的科技大国。

在中华人民共和国的发展历程中，特别是改革开放和中国科技生态系统建设以来，中国突破壁垒，建立新体系，通过追赶和全面改进，最终实现了自主创新，并在关键领域跨越了竞争对手，塑造和引领了整个行业。现在，站在新的历史起点上，面对把中国建设成为世界一流科技强国的宏伟目标，我们必须着眼于全球发展趋势，规划中国的科技发展战略。正如本手册第 1.1 章所述，国家创新体系不仅包括发达的科学知识和技术体系，还包括"经济主体"，包括生产、投资、收入分配和结构变化的机制以及社会关系和制度体系，包括公共机构和政策。

本章分三部分系统地阐述了中国未来科技创新发展的目标和规划，中国科技发展的八大社会经济基础和战略体系，以及中国现代科技创新体系的组织和治理的要点和路径。

## 中国科技创新发展的未来前景

### 中国近年来的科技创新成就

中国政府一直把科技创新作为提高社会生产力和综合国力的战略支撑手段。它处于国家整体发展的核心位置，形成了一套从新思想、新战略到新纲要、新计划、新行动的创新理论体系和行动纲要。近年来，中国科技创新的主要成就体现在以下几个方面：

第一，实施创新驱动发展的顶层设计。全国科技创新大会发出了把中国建设成为创新型国家和世界科技强国的号召，并颁布实施了《国家创新驱动发展战略纲要》,[①] 确立了创新驱动发展的"三步走"战略目标。在国家层面制定并实施了全面的科技创新规划——《"十三五"国家科技创新规划》。[②]

第二，持续加大科技创新投入。2017 年，全年研究与试验发展支出为 1.76 万亿元，比上年增长 12.3%，占国内生产总值（GDP）的 2.13%；民营企业占研究与发展（R&D）支出总额的 77.6%（国家统计局，2017a）。共建成

---

① 2016 年 5 月，中共中央、国务院印发了《国家创新驱动发展战略纲要》，这代表了创新驱动发展战略的顶层设计。

② 2016 年 8 月，国务院印发了《"十三五"国家科技创新规划》，http://www.most.gov.cn/mostinfo/xinxifenlei/gjkjgh/201608/t20160810_127174.htm。

488 个国家重点实验室、131 个国家工程研究中心、194 个国家工程实验室和
1 276 个国家企业技术中心（国家统计局，2017b）。

第三，创新驱动发展取得显著成效。2017 年，中国科技进步对经济增长
的贡献率提高到 57.5%，高新技术产业增加值占规模以上工业企业增加值的
12.7%。高速铁路、水电设备、特高压输变电、杂交水稻、对地观测卫星、北
斗卫星导航系统、电动汽车等重大科技成果的产业化取得突破性进展。

第四，在科技创新的关键领域取得突破。在接近国际科技前沿的同时，
中国在量子通信与计算、高温超导、中微子振荡等基础研究和应用基础研究
领域取得了一批重大原创成果。在主要经济领域，国家重大科技专项实现了
一系列技术和工程突破，包括移动通信领域从"2G 跟随"到"5G 引领"
的多次跨越；C919 大型客机试飞成功；中国的触角延伸到深空、深海、地
下、网络空间和其他战略领域。中国创造了一批具有国际影响力的标志性科
技创新成果。

第五，中国的国际影响力得到极大提升。在过去的五年中，中国的创新指
数和竞争力排名大幅跃升。中国的发明专利申请量、科技企业商标申请量、研
发人员总数均居世界第一，科技论文产出、研发投入、高技术制造业增加值均
居世界第二（中国国家科学基金会，2018）。

第六，区域创新发展新高地加快形成。北京、上海科技创新中心建设全面
启动，8 个全面创新改革试验区深入推进，168 个国家高新区保持快速发展，
民营经济中涌现出一批国际知名的"独角兽"企业。

## 中国未来科技创新的战略目标

2016 年，中共中央、国务院印发了《国家创新驱动发展战略纲要》（以下
简称《纲要》），并召开了全国科技创新大会、两院院士大会、中国科协第九
次全国代表大会。它还提出了中国科技发展的"三步走"战略目标。"三步
走"中的第一步是"到 2020 年进入创新型国家行列"，即基本建成中国特色国
家创新体系，有力支撑全面建成小康社会目标的实现。根据《纲要》，"第一
步"的目标包括：

● 创新型经济格局初步形成。若干重点产业进入全球价值链中高端，成
长起一批具有国际竞争力的创新型企业和产业集群。科技进步贡献率提高到

60%以上,① 知识密集型服务业增加值占国内生产总值的 20%。

- 自主创新能力大幅提升。形成面向未来发展、迎接科技革命、促进产业变革的创新布局,突破制约经济社会发展和国家安全的一系列重大瓶颈问题。《纲要》指出,我国一些核心技术长期依赖外国技术,这种状况有望在第一步内得到初步扭转,在若干战略必争领域形成独特优势,为国家繁荣发展提供战略储备、拓展战略空间。研发经费支出占国内生产总值比重达到 2.5%。

- 创新体系协同高效。《纲要》预计,在第一步中,科学、技术和经济融合将更加顺畅,创新主体充满活力,创新链条有机衔接,创新治理更加科学,创新效率大幅提高。

- 创新环境更加优化。应建立更健全的激励创新的政策法规和更严格的知识产权保护,形成崇尚创新创业、勇于创新创业、激励创新创业的价值导向和文化氛围。

第二步是到 2030 年跻身创新型国家前列,发展驱动力实现根本转换,经济社会发展水平和国际竞争力大幅提升,为建成经济强国和共同富裕社会奠定坚实基础。根据《纲要》,"第二步"的目标包括:

- 主要产业要进入全球价值链中高端。不断创造新技术和新产品、新模式和新业态、新需求和新市场,实现更可持续的发展、更高质量的就业、更高水平的收入和更高品质的生活。

- 总体上扭转科技创新以跟踪为主的局面。在若干战略领域由并行走向领跑,形成引领全球学术发展的中国学派,产出对世界科技发展和人类文明进步有重要影响的原创成果。攻克制约国防科技的主要瓶颈问题。研发经费支出占国内生产总值比重达到 2.8%。

- 国家创新体系更加完备。实现科技与经济深度融合、相互促进。

- 创新文化氛围浓厚,法治保障有力,全社会形成创新活力竞相迸发、创新源泉不断涌流的生动局面。

---

① 在 2018 年全国科技工作会议上,科技部部长宣布,科技进步贡献率已达到 57.5%。根据《纲要》第一步的目标,预计到 2020 年这一数字将上升到 60%。根据《中国科技统计年鉴》,"科技进步贡献率"是衡量某年科技发展对经济增长贡献率的指标。该指数中推动经济增长的另外两个要素是资本和劳动投入。

第三步是到 2050 年建成世界科技创新强国，成为世界主要科学中心和创新高地，为我国建成富强、民主、文明、和谐的社会主义现代化国家、实现中华民族伟大复兴中国梦提供强大支撑。根据《纲要》，"第三步"的目标包括：

- 科技和人才成为国力强盛最重要的战略资源，创新成为政策制定和制度安排的核心因素。

- 劳动生产率、社会生产力的提高主要依靠科技进步和全面创新，经济发展质量高、能源资源消耗低、产业核心竞争力强。国防科技达到世界领先水平。

- 拥有一批世界一流的科研机构、研究型大学和创新型企业，涌现出一批重大原创性科学成果和国际顶尖水平的科学大师，成为全球高端人才创新企业的重要聚集地。预计这一目标将通过建设世界一流大学和世界一流学科来实现，这也是党中央、国务院在 2015 年做出的重大决策之一。

- 创新的制度环境、市场环境、文化环境更加优化，尊重知识、崇尚创新、保护产权、包容多元成为全社会的共同理念和价值导向。

"三步走"战略目标是中国面向未来、面向现代化的重大战略选择。它概述了中国通过创新支持和引领现代化建设及中华民族伟大复兴的路径和计划。

### 中国未来科技创新发展规划

科技规划应以科技发展战略为指导，以对科技创新过程的理解为基础，根据科技发展的现状进行管理。规划纲要应包含科技活动的综合性、方向性、原则性安排，根据总体规划纲要制定配套规划和具体实施细则，形成由中长期、中短期科技规划和总体规划到具体规划的规划体系。中国迄今为止的实践和科技发展表明，《国家中长期科学和技术发展规划纲要（2006—2020 年）》[①] 和《国家创新驱动发展战略纲要》等国家层面的中长期发展规划，对指导和推动科技创新具有重要意义。

今后，通过对《国家中长期科学和技术发展规划纲要（2006—2020 年）》的实施和评估，可以启动两个 15 年的科技创新长期发展规划（2021—2035 年，2036—2050 年），并陆续实施。但是，技术的突破往往是出乎意料和不确

---

① 2005 年，国务院印发了《国家中长期科学和技术发展规划纲要（2006—2020 年）》。

定的，所以计划的制订和实施也应根据新的科技发展动态调整。

# 中国的八大社会经济基础和战略体系

2007 年至 2013 年，中国科学院对中国 2020 年和 2050 年的科技发展进行了战略研究，先后发布了《创新 2050：科学技术与中国的未来》系列战略研究报告，包括《科技革命与中国的现代化：关于中国面向 2050 年科技发展战略的思考》（中国科学院，2009）。还发布了题为《科技发展新态势与 2020 年的战略选择》的研究报告（中国科学院，2013），围绕能源、水资源、矿产资源、海洋、油气资源、人口健康、农业、生物质资源、生态和环境、区域发展、空间、信息、先进制造、先进材料、纳米技术、重大科技基础设施、重大交叉前沿、国家安全等 18 个领域开展了发展路线图的战略研究。

该研究报告认为，中国的现代化是与对外开放同时进行的政治、物质、社会、精神和生态文明的全面现代化。在实现这一宏伟愿景的历史进程中，中国既面临着新的科技革命带来的机遇，也面临着能源资源、生态环境、人口健康、空气和海洋、传统和非传统安全等方面的严峻挑战。中国必须依靠科技创新来建立八大社会经济基础和战略体系，以支持中国建设社会主义小康社会和实现现代化。

这些基础是可持续能源与资源体系、先进材料与智能绿色制造体系、无所不在的信息网络体系、生态高值农业和生物产业体系、普惠健康保障体系、生态与环境保育发展体系、空天海洋能力新拓展体系、国家与公共安全体系，它们共同致力于解决影响中国现代化进程的一系列战略性科技问题（中国科学院，2009）。接下来我们逐一进行讨论。

## 可持续能源与资源体系

中国的可持续能源与资源体系主要包括可持续能源系统、矿产资源开发与循环利用体系、水资源保护与高效利用体系。其总体建设目标是有效保障中国现代化进程各个阶段能源与资源的有效供给和高效利用。到 2020 年前后，将有效缓解制约中国发展的能源与资源的瓶颈问题；到 2030 年前后，将能够基本依靠中国能源和资源的自主创新能力，保障中国安全渡过资源与能源需求高峰；到 2050 年前后，形成以自主创新为主体的中国特色可持续能源与资源体系，能源与资源产业具有国际竞争力，科技创新能力进入国际先进水平。

在中国建立可持续的能源和资源体系，必须大力提高能源和资源的利用效率，开发大陆架和深地勘探开发的战略资源，发展新能源、可再生能源和替代能源资源。

重点瞄准 10 个重要技术方向，包括高效非化石燃料地面交通技术、煤的洁净和高附加值利用技术、电网安全稳定技术、生物质制取液体燃料和原材料技术、可再生能源规模化发电技术、深层地热工程化（EGS）技术、氢能利用技术、天然气水合物开发与利用技术、新型核电和核废料处理（ADS）技术、① 具有潜在发展前景的能源技术（包括海洋能、新型太阳能电池和核聚变）。着力突破关键技术，推进相关技术集成、试验示范及其商业化应用。

对于 2050 年固体矿产资源技术的发展，中国的路线图是建立在系统认知对中国岩石圈独特演化历史的基础上的，重点解决三大科学问题：巨量成矿物质聚集过程、矿床的时空分布规律、成矿模型和找矿模型的关系。路线图还重点突破深部矿产资源探测、矿产资源高效清洁利用、重要紧缺矿产替代资源、矿产资源循环利用等四个重要技术方向，加强相关技术的集成、试验示范和应用。

就石油和天然气而言，中国至 2050 年的资源科技发展路线图是建立在系统认知中国油气复杂构造背景和叠合盆地独特演化历史的基础上的。它旨在深化认识油气富集规律，开拓油气勘探新领域、新层系，发展油气分布预测技术，大幅度提高油气采收率，突破一系列油气勘探开发关键技术，研发拥有自主知识产权的先进仪器装备和软件技术。

同时，在水资源、水环境、水生态、水灾害、水管理等方面系统认知的基础上，解决科学问题，突破关键技术，建成综合集成平台。

### 先进材料与智能绿色制造体系

先进材料与智能绿色制造体系主要包括先进材料、先进制造和绿色过程三个方面。其总体建设目标是：经过四十多年的努力（从 2010 年到 2050 年），

---

① ADS 技术是一种拟议的工艺，通过高能粒子加速器将长寿命的放射性废物从用过的核燃料中分离出来，并将其转化为寿命较短的放射性核素，可以减少放射性废物，并回收额外的能量。

完成制造业智能化、绿色化全面升级。其目的是实现综合考虑能源资源和环境因素，材料全寿命低成本设计和应用，实现资源能源高效清洁循环利用与环境影响的最小化，实现制造系统由人机和谐向以机器为主体的自主运行时代过渡，有效保障中国现代化进程材料与装备的有效供给和高效利用，建立资源节约型、环境友好型社会。构建中国先进材料与智能绿色制造体系，需要加快实施材料和制造技术的绿色、智能、可再生循环利用；推动中国材料和制造产业结构的战略性调整和升级；保障现代化进程中材料与装备的供给和高效、清洁、可再生利用。

到 2050 年，中国在该领域的科技发展路线图将重点关注六个方面的技术突破，其中包括传统材料升级和新型材料研制应用、材料绿色制备加工、材料结构和使役行为的精确设计与控制、材料高效循环利用、材料结构功能一体化以及材料分析检测与表征。[①] 这些将形成一个综合考虑资源、能源和环境因素的材料全寿命低成本设计与应用体系。

中国至 2050 年智能制造和绿色过程领域科技路线图将重点解决物质高效转化和工程放大、海量制造信息处理模式和智能制造方法这两个核心科学问题，突破资源高效清洁循环利用、绿色产品设计、重大装备设计与制造、智能控制这四个方面的关键技术。

**无所不在的信息网络体系**

无所不在的信息网络体系主要包括信息技术普及度、网络能力和信息服务能力。其总体建设目标是使中国全面进入信息社会，社会信息化总体上接近当时的发达国家水平。为了建设中国无所不在的信息网络体系，必须发展和升级智能宽带无线网络、网络超级通信、先进的传感和显示以及先进可靠的软件技术，消除数字鸿沟，从而为公民创造一个普遍受益、可靠和低成本的信息途径。

中国至 2050 年的信息科技发展路线图将需要在无所不在的信息科学技术的四个层面进行战略安排：无处不在的网络信息技术，信息基础设施升级换代，信息设备、器材和软件的变革性突破，以及新信息科学与前沿交叉科学。

---

① 表征，在材料科学中使用时，指的是对材料的结构和性能进行探测和测量的广泛、一般的过程。

2020 年前后，突破低成本器件和系统设计技术、物理世界的新型感知机制、语义检索和分析技术等。2035 年前后，突破网络信息理论、网络算法理论和网络计算模型等。2050 年前后，建立普适的信息科学，计算成为自然系统、人造系统、社会系统领域的基本思维方式；构建可持续发展的计算基础设施和应用服务；继计算与网络融合、计算与物理系统融合之后，脑科学和认知科学正取得重大突破，实现计算与智能的融合，形成较成熟的信息科学。

## 生态高值农业和生物产业体系

生态高值农业和生物产业体系主要包括四个方面：农产品安全、可持续农业、智能农业和高值农业。其总体建设目标是不断满足国内日益增长的农产品总量需求、质量、安全和多功能需求。经过四十多年的努力，全面实现农产品优质化、营养化、功能化，[①] 实现农业的信息化、数字化、精准化，建成农业高值转化的产业体系，形成生态系统持续良性循环、景观优美、功能多样、城乡一体的新型农业。要建立这一体系，需要提升中国的农业产业结构，发展高产、优质、高效、生态良好的农业，以及相关的生物产业，确保食品和农产品的安全。

中国至 2050 年农业和生物产业科技发展路线图的重点围绕动植物种质资源和现代育种、资源节约型农业、农业生产与食品安全、智能化农业和试验示范应用。2020 年前后，建立动植物生态群落、种质资源和特殊资源数据库共享平台，完成农业信息多功能网络平台，实现农业信息服务的网络化。2030 年前后，绘制各类动植物资源分布和种群动态预测图，突破动植物分子设计育种技术和动物克隆技术，实现主要区域的农业信息服务网络化、生产数字化管理，达到智能化精准管理。2050 年前后，通过分子设计育种技术和基因组信息技术的交叉，实现对个体实行全基因组优化组装，实现农业资源管理的数字化、网格化和动植物生产过程精准管理。然而，值得注意的是，一些研究表明，消费者对转基因食品有一定的抵触情绪，公众对转基因食品持怀疑态度。例如，当调查中国消费者对转基因食品的认识、知识和意见时，调查结果显示，分别有 11.9%、41.4% 和 46.7% 的受访者对转基因食品持积极、中立和消

---

① 农产品功能化是指通过生物营养强化或其他生物技术手段保留农产品的健康功能。

极的看法（Cui & Shoemaker，2018）。欧洲在引进转基因食品问题上也出现了类似的反应。

## 普惠健康保障体系

普惠健康保障体系的主要目的如下：以预防和控制重大慢性病为核心，将抗击疾病的重心前移，推动医学模式由疾病治疗为主向预测干预为主转变，由单一的生物医学模式向"生物—环境—心理—社会"的会聚医学模式转变，形成世界先进水平的生物安全、食品安全、健康营养生活方式的科技保障系统，建立中国特色突发公共卫生事件及生物防范体系，实现全民身体健康进而达到身心的全面健康。形成以创新药物研发和先进医疗设备制造为龙头的规模化医药研发产业链，大幅提升我国生物医药产业的国际竞争力，成为生物医药产业强国。要建立满足中国 10 多亿人口需求的普惠健康保障体系，就必须推动医学模式由疾病治疗为主向预测干预为主转变，将当代生命科学的前沿与中医药的优势相结合，使我国的健康科学走在世界前列。

在中国至 2050 年人口健康科技发展路线图中，普惠健康保障体系的核心任务是建设生物医学研究体系，解决四个重大科学问题，突破若干个关键技术。这些重大科学问题包括重大慢性病的遗传与环境因素相互作用、重大传染性疾病的传播和感染机制，个体发育过程的分子和细胞调控机制，以及脑和行为的基本过程和认知障碍。2020 年前后，基本建成基础研究和临床应用研究整合的转化型研究体系。2030 年前后，基本建成现代生命科学与中国传统医学融合的系统生物医学体系。2050 年前后，建成"生物—环境—心理—社会"相融合的会聚医学体系。重点解决脑与行为的基本过程与认知障碍等重大科学问题，建立集先进器械技术、纳米生物医学技术、微创技术、器械与药物组合技术等的新一代生物医疗技术体系。

## 生态与环境保育发展体系

生态与环境保育发展体系主要包括四个方面：全球气候变化应对、流域环境质量、城市环境质量、生物多样性和生态系统。其建设目标是：2020 年前后基本遏制中国的生态与环境退化的趋势；2030 年前后实现典型退化生态系统的恢复和污染环境的修复；2050 年前后实现环境优美、生态健康，达到发达国家中等水平。构建人与自然和谐相处的生态与环境保育发展体系，必须系统认识环境变化规律，提高中国生态环境监测、保护、抵御和应对全球气候变化的能力，提高中国预测自然灾害的能力，提高预测、防灾、减灾能力，不断开发相关技术、方法和手段，提供系统的解决方案。

中国至 2050 年生态与环境科技发展路线图将重点关注以下四个方面：在不同时间和空间尺度上认知环境质量演变规律，发展生态系统修复和污染控制技术，建立生态系统与环境质量演变的立体监测网络，系统布局典型实验示范保育区。2020 年前后，初步建立中国的地球系统模式和气候变化的预测和预估系统，揭示城市群大气复合污染机制及流域水体污染过程。2030 年前后，进一步完善地球系统模式，开发流域生态系统生物地球化学过程与城市代谢调节技术。2050 年前后，建立一套成熟的气候变化预测与预估系统，完善水环境风险控制与风险管理的理论与技术体系。

## 空天海洋能力新拓展体系

建设中国空天海洋能力新拓展体系的核心是五个方面：海洋探测与应用能力；海洋开发利用能力；空天科学与探测能力；空天技术能力；对地观测与综合信息应用能力。

在科学方面，针对黑洞、暗物质、暗能量和引力波的直接探测，太阳系的起源和演化，太阳活动对地球环境的影响及其预报和地外生命探索四大科学问题，实施空间科学卫星和探测计划。在对地观测与综合信息应用方面，发展先进的地球系统综合要素观测系统，构建数字地球科学平台与地球系统网络模拟平台。在空间技术方面，围绕超高分辨能力、超高精度时空基准、临近空间飞行、深空超高速与自主航行、空间高速通信、人类空间生存和活动能力等六个重要领技术方向，突破关键和瓶颈技术。

聚焦海洋资源开发和保障海洋环境安全两个领域，在物理海洋、海洋地质、海洋生物和海洋生态这四个重要学科方向上，将重点关注三大重要技术：海洋监测、海洋生物和海洋资源开发与利用。

## 国家与公共安全体系

中国的国家与公共安全体系主要包括空间安全、海洋安全、生物安全和信息网络安全。其战略目标是：保证中国有效进入与和平利用空间，保护海洋产业与海洋运输战略通道安全，有效防范对人民生命和生态环境的生物威胁，维护信息与网络空间安全，拓展国家利益，维护国家主权，保障社会稳定。为建设中国的国家与公共安全体系，必须发展传统和非传统的安全技术，提高监测、预警和应急能力。

在空间安全领域，其核心是发展自由快速进出空间能力，精确导航定位能力，高效信息获取、传输与应用能力，空间飞行器预警与规避能力。

在海洋安全领域，其核心是发展健全的海洋环境信息获取与传输能力，海洋灾害性气候预警与突发事件监测能力，先进的海洋平台系统与安全运载能力，以及保障中国领海、海洋经济专属区的防卫能力和海洋战略运输通道的安全进出能力。

在生物安全方面，针对新发和再发传染病不断出现对人类健康和社会稳定造成的巨大威胁，外来物种入侵对生态环境和经济发展带来的现实和潜在危害，生物恐怖和新型生物制剂对群体、社会乃至种族生存构成巨大的潜在威胁，主要致力于研发重要烈性病原检测技术，建立新发传染病和烈性病原监测体系，建立外来生物物种、新型生物制剂和生物新技术应用的安全评估体系，发展各类传染病和生物恐怖制剂的预防和控制方法。

在信息网络安全方面，随着网络信息传播规模和速度的不断提高，个人和少数团体的行为可以在短时间内以低成本、灵活机动和非常规的方式，引发社会动乱或损坏公共基础信息设施，甚至组织恐怖袭击，对社会造成冲击性甚至灾难性的影响。因此，必须加快建设基于网络信息的社会态势预警、分析、监控和应急体系。

# 中国的现代科技创新治理体系

除上述具体的科技领域外，中国政府还注重深化科技体制改革，推动以科技为核心的全面创新，促进科技治理体系和能力的现代化，营造有利于创新驱动发展的市场和社会环境。政府还注重激发大众创业（见第3.3章），点燃对创新潜力的热情，并为发展动力的根本转变奠定制度基础。接下来将讨论这些目标。

**完善科技决策咨询**

在国家科技领导小组和国家科技体制改革与创新体系建设领导小组的引导下，建立科技、生态、社会事务协调决策机制。建立部门创新沟通协调机制，加强创新规划、任务重点、项目实施等方面的协调能力和国家科技创新决策机制。建立咨询机制，让科技界和智库在创新决策中发挥辅助作用，建立国家科技创新咨询委员会，定期向党中央、国务院报告国际发展趋势。进一步明确中央和地方科技管理部门的权限和职能，并建立创新政策调查和评估制度。定期对政策执行情况进行跟踪分析，以便及时调整和改进。

**科技计划管理体制改革**

推进中央财政科技计划（专项、基金等）管理改革，优化整合现有科技计划，建立国家五大类科技计划，即国家自然科学基金、国家科技重大专项、国家重点研发计划、技术创新引导专项（基金）、基地和人才专项。这些项目将根据其分类予以实施、管理和支持。

建立统一的国家科技管理平台，同时建立国家科技计划（专项、基金等）管理部际联席会议制度。在国家科技体制改革和创新体系建设领导小组下，成立战略咨询和综合评审委员会。这将包括制定议事规则，改进运行机制，并就重大问题进行全面协调。同时建立专业的项目管理机制，加强对科技项目和计划的第三方评估。

**优化科研项目和基金管理制度**

建立涵盖各类经费的五类科技计划管理和经费制度。制定和修订相关计划管理办法和经费管理办法，完善和规范项目管理流程，监督和提高资金使用效率。完善科研项目的间接费管理制度。制定加强基础研究的指导性政策，切实加大对基础研究的支持力度。研究经费的分配不仅要以科学家个人和研究机构的竞争性申请为基础，而且要包括部分稳定性的经费，即对一些关键研究项目或对个别研究人员或机构的相对长期的资助。为了刺激基础研究的突破，创新的甚至是看似"怪异"的想法和课题也会得到资助。建立涵盖项目决策、管理和实施的信用管理制度、评估问责机制和责任审查制度，以提高科研诚信度，防止不端行为。一个能最大限度地鼓励创新和基础研究的制度环境是最基本的激励措施。

## 促进科技资源开放共享

建立全国统一的科技计划管理信息系统和中央财政科研项目数据库，对科技计划实行全过程可追溯管理。全面建立国家科技报告制度，建立科技报告共享机制，将科技报告的提交和共享作为项目负责人后续支持的基础。全面推进国家创新调查制度建设，发布国家、区域、高新区、企业创新能力的监测和评价报告。建立统一开放的国家科研设施和仪器网络管理平台，将所有符合条件的科研设施和仪器都纳入平台进行管理，建立全国开放的共享体系，包括大型科研仪器开放共享体系和补贴机制。

## 构建深度融合的开放创新环境

在更高标准、更广范围、更多层次上开展国际科技合作。支持大学、研究机构和企业扩大开放和全球化。允许外国科学家参与实施国家科技计划项目的试点项目。在基础研究和涉及全球问题的研究领域，启动重大国际科学研究计划和项目，并积极参加大型国际科技合作项目。吸引国际知名研究机构来到中国，形成国际科学中心的一部分。鼓励和支持中国科学家在国际科技组织中任职。

值得注意的是，中国的大学、研究机构和企业已经在以终身或临时的方式聘用外国科学家。为吸引外国人才，应制定外国人永久居留管理规定，加快通过有关外国人永久居留的立法，规范和放宽有技术才能的外国人获得永久居留证的条件。中国应探索建立技术移民制度，在创新活动如创办科技型企业中，对持有永久居留证的外籍高层次人才给予与中国公民同等的待遇。加快制定外国人在华工作条例，为符合条件的外国人提供工作许可，并为符合条件的外国人及其随行家属提供签证和居留许可。取消符合一定条件的外国科学家和技术专家在中国的工作许可的年龄限制。

鼓励企业建立国际创新网络，进一步改善与主要国家的对话，并积极争取企业的参与。在技术标准、知识产权、跨国并购等方面，建立企业研发合作的交流和对话平台。完善综合协调机制，支持国内技术、产品、标准、品牌走出国门，支持企业在海外设立研发中心，参与国际标准制定，鼓励创新成果跨国流动。

**营造鼓励创新的环境**

积极营造公平、开放、透明的市场环境，促进创业和创新。加强知识产权保护，促进管理和产业体系中对新技术、新产品、新商业模式的采用，加快垄断行业的改革，在没有要素价格的地方建立市场化的决定机制，政策导向上要创造有利于转型升级、鼓励创新的产业环境，营造勇于探索、鼓励创新、宽容失败的文化和社会氛围。

实施严格的知识产权保护制度，鼓励创业，保护创新者。完善知识产权保护的相关法律，研究降低刑事责任门槛，降低可获赔偿的损失标准，探索实施惩罚性赔偿。完善对权利人的权利保护机制。完善商业机密保护的法律制度，明确商业机密和侵权行为的定义，研究制定相关保护措施，探索建立审前保护制度。研究知识产权保护措施，特别是对新的商业模式进行保护。

打破限制创新的行业垄断和市场分割，刺激创新市场。加快垄断行业的改革，开放自然垄断行业，引入竞争，建立统一、透明、有序、规范的鼓励创新的市场环境。切实加强反垄断执法，及时发现和制止寡头垄断、滥用市场支配地位等垄断行为，扩大中小企业的生存和发展空间。

完善市场准入和监管，完善活跃市场、激励创新的产业技术政策。改革市场准入制度，制定和实施行业准入负面清单。清除对限制新技术、新产品和新商业模式发展的不合理壁垒。建立药品、医疗器械等创新产品便捷高效的监管模式，深化审批制度改革，加大对各种渠道资源的评估力度，实现流程优化，缩短开发周期，支持新型组织模式如委托生产的发展。重视信息网络技术、干细胞技术、生物制品技术等新技术研究和应用的立法工作，完善相关法律，防范伦理风险，为科研和新兴产业的健康发展提供保障。

# 结　论

本章分析了中国科技创新的成就和至 2050 年科技创新的战略安排，并总结了其八大社会经济基础。我们知道，现代社会的每一次重大变革都与科技的革命性突破密切相关。这种变革深刻地改变了世界秩序，改变了大国的兴衰，改变了各国的命运。中华人民共和国的成立标志着中国进入了一个新的历史时期，在这个时期建立了现代科学技术体系。1978 年，中国的改革开放政策迎来了"科学的春天"。此后,科学技术的整体能力不断提高,建立了全面系统的科研体系。随着《国家创新驱动发展战略纲要》的出台,中国正在加大对重大科研领域的探索力度,加快构建现代科技治理体系,为世界科技知识贡献力量。

尽管取得了进展,但中国的科技能力仍处于追赶阶段,发展受到一定制约。例如,中国的科技部门和商业部门之间仍然存在着脱节。一些长期困扰中国科技发展的体制性问题还没有得到根本解决。例如,中国的基础研究经费相对较少,缺乏重大的原创性科技成果;企业界对基础研究的投资动力仍然不足;中国的研发和核心技术对产业发展的作用不够。制度安排的有效性有待提高,科研组织系统的改革滞后。在微观层面上,中国的人才发展体系仍然表现不佳。对个人和组织的评价仍以《科学引文索引》论文为主要依据,激发人才创新和创造活力的激励机制被扼杀,顶尖人才和团队相对匮乏。

为实现创新导向型国家和科技强国的战略目标,有必要进一步关注"突破瓶颈制约、攻克关键技术、提升原创能力、抢占科技前沿"(中共中央,2016)。这意味着要规划、优化和系统地构建现代新技术体系,其中包括国家实验室和科技创新基地的建设。所需的制度安排意味着创造新的机制和结构来组织科学和技术研究。在中观和微观层面,这意味着优化中央和地方政府制订的各种科技计划和项目;进一步关注关键技术的发展;为科学家和工程师的聘用、晋升和奖励建立透明和公平的评估机制;为基础研究和商业部门建设创新文化和环境。

# 参考文献

China Office of the State Council. (2015). Implementation Plan for Deepening the Reform of Science and Technology Systems. *People's Daily*, September 25.

Chinese Academy of Sciences. (2009). *Technology Revolution and China's Modernization: Considerations for China's Technology Development Strategy for 2050*. Beijing: Science Press.

Chinese Academy of Sciences. (2013). *New Trends in World Science and Technology Development and Strategic Choices for 2020*. Beijing: Science Press.

Cui Kai, Sharon P. Shoemaker. (2018). Public Perception of Genetically-Modified (GM) Food: A Nationwide Chinese Consumer Study. *NPJ Science of Food*, 2(10), 1-8.

Landes David. (1998). *The Wealth and Poverty of Nations: Why Some Are So Rich and Some So Poor.* New York：W.W. Norton.

National Bureau of Statistics. (2017a). Statistical Bulletin of National Science and Technology Funds Input in 2017. Available at http://www.stats.gov.cn/tjsj/tjgb/rdpcgb/qgkjjftrtjgb/201810/t20181012_ 1627451.html.

National Bureau of Statistics. (2017b). Statistical Bulletin on National Economic and Social Development of the People's Republic of China 2017. Available at http://www.stats.gov.cn/tjsj/zxfb/201802/t20180228_1585631.html.

National Science Foundation of China. (2018). Science and Engineering Indicators 2018. https://www.nsf.gov/statistics/seind/.

第八部分

# 结论及政策建议

# —— 第 8.1 章 ——
# 中国的创新：过去、现在和未来前景

傅晓岚　布鲁斯·麦克恩
陈劲　尹西明

## 引　言

创新是产业升级、经济长期增长和可持续发展的最重要驱动力之一。自 19 世纪中叶以来，全球技术领先中心已从欧洲转移到美国，而如今，由于新兴经济体（尤其是中国）的崛起，世界创新格局正在重新构建。在过去的十年，世界见证了中国创新能力的稳步提升（Huang & Sharif，2016；Someren & Someren-Wang，2014；WIPO，2019）。中国最初通过进口替代，从 1978 年以来，又以促进出口、开放战略和外商投资等途径，在提升技术能力方面做出了巨大努力。2006 年以来，中国将创新作为发展战略的核心，以转变为创新驱动型经济体为目标（Fu，2015；Yip & McKern，2016；J. Chen，Yin & Mei，2018；Fu，Woo & Hou，2016）。

本手册在 60 多位该领域顶尖学者的努力下，尝试对中国创新领域的知识现状进行当代的、权威的和批判性的评估，该评估从宏观经济政策、制度、微观经济政策和管理举措的角度考虑了中国的过去、现在和未来前景。此外，学者们还研究了国家和私营部门以及国内和国际参与者所扮演的角色。

本章根据每一章的观点总结了本手册的主要发现，讨论对中国和其他国家的政策影响，并确定未来研究领域。在下文中，我们将研究结果分为七个主题，它们是：

基于这些分析，本章探讨了中国是否会成为全球创新超级大国的问题。

## 8.1.1 中国创新的成果及其在发展中的作用

发展、追赶和实现全球领先取决于与国家转型相关的技术、制度和政策动态。这样的"大转型"始于 1980 年代初的中国，无论是个人层面还是组织层面都需要基本的知识和能力积累过程。反过来，追赶过程中知识积累速度和方向及随后对生产和贸易模式的影响是由转型过程中的经济和制度框架决定。因此，正如多西和于晓丹所论证的（第 1.1 章），转型是一个协同进化的过程。

技术能力是中国创新成功的关键因素之一。在国家工业化之初，最低程度的技术能力对于帮助国内公司吸收外国知识至关重要。后来，积累的能力使国家能够走上自主创新的道路，并得到进一步发展。多西和于晓丹（第 1.1 章）表明"中国奇迹"的经验是，在能力培育和产业发展方面，产业政策和制度建设的"组合"至关重要，是实现世界产业领先的基础。

技术创新和科学进步是帮助中国避免中等收入差距和向高收入经济转型的关键力量（林毅夫和周建军，第 1.2 章）。在这一大变革中，根据世界知识产权组织（WIPO）发布的全球创新指数，中国在 2018 年跻身全球最具创新力的 20 个国家之列，2019 年进一步上升至第 14 位（WIPO，2019）。

这里简要列举四点说明中国创新取得进步的指标：

● 中国已成为全球第二大研发投资国，仅次于美国。

● 2016 年，中国在斯高帕斯（Scopus）数据库中的论文发表量占 18.6%，在国际科学期刊居世界前列［《自然》（*Nature*），2018］（Xie 和 Freeman 在

2019 年对测算缺陷进行调整，结果显示，中国目前占世界出版物的 36%，引文的 37%）。

- 2012 年中国专利申请总量超过美国。

- 自 2015 年，中国的专利授权数量超过日本和美国〔尽管在专利申请和授权的数量上取得了这些成就，但中国仍有提高专利质量的空间，[1] 因为 2016 年实用专利授权（几乎不需要新颖性）是发明专利授权数量的两倍多[2]（Santacreu & Zhu，2018）〕。

杰斐逊和蒋仁爱（第 1.4 章）利用大量资料，对中国的专利活动进行了详细审查。他们的有趣结论之一是："虽然政府补贴促进中国专利增长，但补贴通常扭曲激励机制且损害专利质量。"他们建议，对精心策划的补贴计划的研究可能会更有研究价值。尽管如此，作者得出结论，尽管许多非沿海地区的专利创新得到发展，但以专利衡量创新产出的地区差异仍然存在。他们认为，沿海地区的持续增长限制了区域融合的前景。

穆荣平、陈劲和吕文晶（第 1.3 章）（研究中国创新研究发展的研究人员）发现，虽然传统的技术变革理论有助于解释中国如何通过创新实现经济增长，但也需要融入新概念。例如，创新不仅可以创造新颖的产品或服务，还可以将现有的想法和技术传播到以前没有服务过的市场中（Fu et al.，2016）。1960 年代日本和亚洲四小龙及 1980 年代中国的经验表明，比较优势不一定是静态的，技术变革可以创造比较优势并加速增长。正如中国（所证明的），政府可以通过建造基础设施、提高教育水平、改善生活条件、创建国有企业等方式，在创造比较优势并投资于科技（S&T）方面发挥重要作用（尽管角色可能会随时间发生改变）。

前面引用的经验也暗示了对理论方法的修改，例如波特（Porter）关于先进工业国家之间竞争的开创性研究（Porter，1990）。虽然波特的"钻石"模型承认了政府的作用，但它主要是为竞争激烈的工业格局和对教育和基础设施的支持而设定的背景之一。在对他作品的批评中（Davies & Ellis，2000），尽

---

[1]　https://research.stlouisfed.org/publications/economic-synopses/2018/05/04/what-does-chinas-rise-in-patents-mean-a-look-at-quality-vs-quantity.

[2]　https://research.stlouisfed.org/publications/economic-synopses/2018/05/04/what-does-chinas-rise-in-patents-mean-a-look-at-quality-vs-quantity.

管与发展中国家相关，但政府在创造创新能力方面的作用没有得到足够重视。

波特淡化的另一个因素是民族文化。尽管很难通过严格的实证分析证明其与发展的联系，但文化似乎与亚洲经济体崛起息息相关。在这种情况下，文化既可以从传统的民族认同、价值观和行为概念的角度来考虑，也可以从政府和企业对增长、企业家精神和长期战略的态度来考虑。陈劲和吴庆前（第4.6章）描述了中国传统文化中的创新禀赋，这为中国未来发展提供潜在优势。在关于中国公司创新的研究中，伊普和麦克恩（Yip & McKern, 2016）提出了一个框架，其中包括波特模型的元素，但也包括政府和公司的民族文化。

以上例子表明，对寻求丰富发展研究领域的学者，中国是一个有趣的案例研究对象。尽管有人认为中国在某些方面是个例外（见第六部分），但此处包含的章节应为其他寻求提高其技术能力的发展中国家提供指导。

# 8.1.2 培养创新能力

自1978年以来，中国发展创新能力的过程一直是政府与新兴私营部门之间的互动之一，在建立现代国家过程中动态调整各自角色。从1994年开始，政府采取改革替代中央计划，市场指导生产资源配置。

最初的改革是邓小平意识到克服阻碍国家增长惯性的必要条件是采用与资本主义相关的私营部门战略和制度。"社会主义市场经济"改革在不放弃国有企业中心地位的情况下，采用了"中国特色资本主义"的新国家角色观。这种观点接受建立一个由私人利益驱动的生产部门的必要性，该部门采用资本主义原则。

在微观经济改革中，乡镇企业生产消费品和工业品；在农业方面，公社制度结束，家庭农业成为常态，农业产量和生产力得到提高；允许国有企业保留部分利润用于再投资等目的，同时降低设立民营企业的门槛，优先在全国范围内设立研发机构。

早期阶段，几乎没有产品创新。创新在于学习新的组织形式和实践，复制国外技术和商业模式，提高流程效率和产品质量。尽管如此，中国公司从一开始就学会了了解客户需求并迅速适应，发展使用技术的能力，并适时进行技术创新。

薛澜、李代天和余振（第 2.1 章）详细记录了中国国家和区域创新体系在四个大时代的演变，从革命后早期强调国有企业和重工业到 1978 年至今的重大改革。他们在咨询和研究过程中解释了对科技在国家未来发展中的重要地位的早期认识以及多年来在研究和商业化的组织和资助方面发生的深刻变化。

他们解释说："在四十年的科技改革过程中……中国遵循渐进主义哲学……改革通常从试错法开始……被进一步修改或补充，或被新的法律完全取代。"他们认为，承认创新的系统性及国家创新体系的必要性是关键一步，不仅包括基础研究机构，还包括教育部门、私营企业以及面向商业化的机构和激励措施。本手册中的许多作者都强调了对国家创新体系的系统性观点，这奠定了他们对过去成功和当下挑战的看法。

虽然许多新兴私营公司最初都是小型的本地公司，但通过提供以前无法获取的商品和服务而迅速发展。有许多在改革初期成立的小公司成功转型为大型公司的例子，这些公司如今已家喻户晓（Yip & McKern，2016）。

陈劲和王黎萤（第 2.3 章）概述了政府为促进中小企业（SME）的建立而采取的举措，其中包括税收、信用信息改革及知识产权保护，这些举措有效刺激了中小企业成长。另一个相关举措是创建小企业集群，这与政府近期计划相一致，即在全国主要城市群中大幅增加小企业集中度（另见李拓宇和魏江，第 4.1 章）。

近来重点是鼓励中小企业进入数字经济和智能制造。根据陈劲和王黎萤（第 2.3 章）的说法，如今中小企业拥有 65% 的国内发明专利和 80% 的新产品。尽管如此，作者得出的结论是，数字经济对中小企业的渗透仍然相对较弱，企业在融资和人才方面都受到影响（余江和张越在第 6.4 章中更详细地讨论了数字经济创新）。

财务是创新型企业的关键因素，但传统金融机构对创新型新企业的融资风险偏好有限。正如赵昌文和蒋希蘅在第 2.4 章中指出的，金融创新历来与技术创新齐头并进。在中国，新企业的金融支持体系最初是由政府通过国家资助计划和税收支持政策提供的。1985 年国家风险投资机构成立，随后成立了国内外的私募股权公司，这些公司已成为新金融部门不可或缺的一部分。现在有大约两万家活跃的风险投资和私募股权公司，作者指出，它们投资的 3.6 万亿元人民币中有三分之二进入了中小企业。

作者用具体例子描述了中国出现的各种新型融资机制，包括微贷、知识产权（IP）质押贷款，以及将股债结合的新模式，如银保贷、投贷联动贷款等。另一个重大发展是由蚂蚁金服、腾讯和百度等大公司创建的金融服务平台，这些平台提供包括保险在内的一系列金融产品，这形成了一个多层次的资本市场，包括上海和深圳证券交易所、中小企业板、创业板和全国中小企业股份转让系统（新三板）和区域场外交易市场。然而，作者担心数字金融巨头的潜在垄断权力以及有限准入的中小企业仍需从资本市场获得融资。

早期市场导向的一个关键特征是向国际贸易开放。到 2005 年，中国的年出口已达到国内生产总值（GDP）的 36%（大大高于今天的 19.5%）。同样，外国资本也可以做出重要贡献。最初，外商直接投资（FDI）来自香港和台湾的海外华人企业，但在有利的激励下，来自美国和欧洲企业的外商投资增长迅速。这些公司在中国各地建立研发中心，并通过溢出和模仿为中国技术基础和本土能力做出了贡献（麦克恩、伊普和乔力，第 5.1 章）。

与许多的中国政治经济发展一样，这些改革谨慎且务实，在思想实践中，采纳成功的，拒绝失败的。其广泛影响众所周知，但对本土创新的影响却没那么明显。

早在 1993 年，改革对价格的影响就很大，到 2005 年，大多数商品 95% 以上的价格是由市场而非政府决定。但一些研究人员对近年来创新能力的提高更为乐观。默弗里和布列兹尼茨（第 6.2 章）详细解释了嵌入全球价值链（GVC）的中国分包商公司获取和改进此类能力的过程。

李应芳（第 2.5 章）也看到了变革的必要性，尤其是教育变革，这是提升创新创业活动对后代中国人的吸引力的关键因素。在对创造力和创业教育的评估中，她从该角度评估了中小学学校教育和大学高等教育，其结论是，父母和整个社会都需要接受一种支持创业教育和创业的文化，然而这种文化转变在现实中面临阻碍，其中包括父母为孩子教育做出的巨大牺牲，以及不愿将他们转移到与经济成功没有明显关系的主题上。在大学层面，职业教育面临较大的压力，但创业被认为有风险，可能会使学生从更有价值的工作中分流。这些担忧并非中国独有，但李应芳认为这需要对整个中国社会文化进行重大改革。

纵观中国创新能力建设的讨论，政府的作用至关重要。然而，问题是中国是否可能在政府干预较少的情况下快速发展创新能力。这是中国在未来实现全球创新领先地位的一个重要政策问题，也是勃兰特和图恩在第 2.2 章中讨论的问题。国家干预程度较低的行业催生了竞争激烈且具有创新能力的公司，而在政府干预和保护力度大的行业，企业发展竞争优势的动力并不强。他们对特定行业如重型建筑设备和汽车行业的分析表明，应用于行业不同领域的政府力量是不同的，政府干预对当地公司的竞争实力产生了重大影响。尽管作者承认中国政府干预有理由为经济效率以外的目的服务，但也很清楚这是以实现创新和全球领导力的目标为代价。

## 8.1.3　激励措施和制度

正如许多专家学者（如 Someren & Someren-Wang，2014；第 1.1 章中的多西和于晓丹；第 2.2 章中的勃兰特和图恩；第 4.2 章中的李纪珍、尹西明和沈）所讨论的，中国过去几十年在微观层面实施的改革和政策，尤其是改革开放以来，科技管理体制推动了中国科技创新（STI）的进步。这些改革取得了实质性突破，但胡志坚、李哲和林娴岚（第 3.1 章）认为，中国科技基础仍然薄弱，科技创新能力有待提高。因此，中国的改革进程需要加快并承担未来的关键任务，特别是科研机构管理。

体制改革带来的激励不仅会推动中国科技创新（胡志坚、李哲和林娴岚，第 3.1 章），而且能为多层次参与者参与创业创造更好的生态系统。正如其他的管理和战略研究发现的那样，创业是基于情境（Meyer，2015）；社会经济和文化环境都会影响创业活动。尽管中国的经济结构自开放以来逐渐转变为市场经济，但直到 1988 年才承认私营企业的合法性。根据全球创业观察（GEM）的研究，在过去的 15 年，中国的创业活动更为显著，创业质量有所提高。创业和创新需要制度和社会的支持，但正如李应芳之前提到的（第 2.5 章），中国社会对创业和创新的态度仍然相对薄弱。为了通过下放权力为企业和个人创造更好的环境，中国时任国务院总理李克强在 2014 年夏季达沃斯论坛提出了"大众创业、万众创新"的理念。大众创业、万众创新旨在激发广大群众的商业发展和创业精神，帮助扩大就业机会，促进社会和经济流动。高建和牟睿（第 3.2 章）全面阐述了对中国的大众创业万众创新的理解，他们认为，体制机制、资金、智力资本、服务和支持一直是建立新企业的最重要因素。尽管他们认为这些政策全面且有效，但其中大多数都是以供给为导向，这种强调忽略了新创业企业面临的限制和困难，他们提倡基于创业公司及创业生态系统中其他参与者的具体需求制定政策。

如果说创新创业是经济增长的双引擎，那么金融因素必然是引擎运转的动力。对于新兴经济体而言，需要一个由风险投资（VC）、天使投资、首次公开募股（IPO）和其他金融机制组成的多层次创新金融体系来支持科技创新和大众创业。作为典型的新兴经济体，中国目前的市场和金融环境并不发达。金融行业的低资源配置效率和资源错配限制了初创企业（Yin, Hai & Chen, 2019b）。在第 4.4 章中，林琳关注非银行金融机构的发展，尤其是风险投资，以及它们在为初创企业提供资金方面的作用。作者总结说，尽管中国在为风险投资支持的 IPO 和并购（M&A）退出营造有利的监管环境方面取得了进展，但股票市场仍然存在阻碍风险投资行业发展的制度性障碍。与赵昌文和蒋希蘅（第 2.4 章）相比，他们认为进一步开拓中国风险投资市场需要更广泛的复杂机构，包括稳健的股票市场、活跃的并购市场、成熟的金融中介机构、健全的投资者保护和法院的有效争议解决。

知识产权（IPR）保护是另一项对鼓励创新至关重要的制度安排。黄灿和沙里夫（第 4.5 章）讨论了中国知识产权保护的发展及其在刺激本土公司创新中的作用，以及它对跨国公司（MNC）向中国转移知识的影响。尽管"创新驱动"发展战略言辞有力，但中国在实施方面仍面临诸多严峻挑战。最令人烦恼的是，人们普遍认为知识产权保护不足，专利侵权猖獗。中国大学和公共研究机构在将其产生的技术转化为工业和商业应用方面也面临法律障碍（与第 4.2 章和第 5.2 章中的讨论一致）。作者得出结论，需要进一步研究评估中国知识产权保护政策和立法对研究人员、公司、大学和公共研究组织行为的影响，此类研究发现将有助于政策制定者及公司和大学管理人员制定更有效的知识产权管理战略。

产业集群在中观层面支持社区创新方面也发挥着重要作用。集群创新系统被定义为位于狭窄工业区的创新者本地网络。知识服务组织、地方政府、基础设施和其他相关机构等支持系统的互惠互利效应是通过正式或非正式互动促进集群内知识生成、探索、传播和应用的关键（李拓宇和魏江，第 4.1 章）。李拓宇和魏江采用实证研究和案例研究来捕捉促进集群成功的力量和功能集群创新系统的主要特征。他们发现技术追随者未能从集群内的知识传播中受益，因此，需要一个支撑体系来提升集群企业的学习能力。他们还解释说，知识密集型商业服务促进了集群网络公司之间的知识流动，影响了本地和非本地研究之间的平衡。他们还认为，产业价值链不同要素之间创新能力的不平衡会降低整个产业集群的技术竞争力。例如，集群内部往往缺乏快速引入"突破瓶颈"技术的研发机构。因此，企业需要与集群外最好的研发机构合作，通常是在国家层面。作者通过提出集群创新系统的概念框架来结束本章。

如前所述，对来自世界各地的创新者和投资者而言，中国已成为越来越有吸引力的创新目的地（世界知识产权组织，2018）。厄恩斯特（Ernst，2011）、李华（Li-Hua，2014）和理查德（Richard，2017）认为，出于全球可持续发展的目标，中国在全球创新版图中的崛起和进步不应被视为对西方世界的威胁；相反，它应该被视为一个有希望的潜在选择模式，特别是对于新兴市场的创新发展而言（Chen，Yin & Mei，2018；Fu & Gong，2011；Lee et al.，2017；X. Li，2009；WIPO，2018）。李纪珍、尹西明和沈（第 4.2 章）讨论了这个问题，他们对中国在全球范围内的创新绩效进行了比较概述，包括投入、产出、绩效和排名，以及典型的公司和行业案例。此外，他们概述了中国技术转移机制，重点关注大学技术转移和政策变化，还对中国将来在这些问题上面临的机遇和挑战进行了简短而全面的分析，并指出了推动商业化的五个主要驱动因素。他们认为，由于对研究人员的激励措施存在缺陷、大学对商业化的关注不足以及转移渠道的模糊性，大学部门的商业化仍然相对薄弱。因此，他们得出结论，未来中国需要在国家创新战略的指导下继续投资基础研究，尤其是引领颠覆性创新的基础研究（正如第 3.1 章中的胡志坚、李哲和林娴岚；和 5.1 章中的麦克恩、伊普和乔力；以及第 7.4 章中的潘教峰、陈光华和鲁晓所强调的）。

为支持创新，特别是新技术商业化而开发的一个相对较新的机构是科技园和高新区（SPHZ）。科技园从一开始就被设想为一股经济发展力量，旨在为受过高等教育的劳动力提供就业机会。中国从日本到西欧等更先进国家实施的这一政策的成功中吸取经验，并开始了自己的现代化进程。在第 4.3 章中，沃尔科特回顾了中国 SPHZ 的发展，重点关注其对国家和区域创新的影响。她认为，评估 SPHZ 政策的成功必须在 1970 年代后期旨在启动中国现代化的一系列政策框架内看待，涵盖这一转型的各个步骤。（相关方面的详细讨论，请参阅第 1.3、1.4、2.1、6.2 和 6.3 章）。她总结了一些未来研究的关键领域。例如，SPHZ 政策成功的衡量标准仍然存在争议，几乎没有可靠的数据来支持充分证实的评估。此外，中国政府由于高度重视推动经济发展的科学创新，导致扭曲了公正的评价。然而，沃尔科特注意到 SPHZ 对中国出口增长的贡献在 2016 年达到 28%，并认为它们是中国发展的成功因素。最后，她建议研究高科技公司在替代能源商业化和减轻污染方面的作用。

正如高建和牟睿在第 3.2 章中提到的，文化、标准和自我认知是影响创新创业的社会支持和动力的重要因素。长期以来，人们对中国未来创新的担忧之一是如何应对以集体为导向的规避风险的传统文化，以鼓励企业家愿意承担风险。在第 4.6 章中，陈劲和吴庆前对中国传统文化和哲学进行了深思熟虑的审视，确定了可以更适应变化的创新元素。

他们认为，一方面，中国文化具有活力、平衡、全面和整体的特点；另一方面，当代西方科学思维是片面的、静态的、分析的和还原的。他们将定义西方科学方法的西方文化元素与影响思维模式的中国文化进行对比，在他们看来，中国文化体现了思维方式、理想信念、组织制度等方面的创新要素。现代化不一定意味着与中国传统文化割裂，因为现代化的道路是多样的，传统的"文化基因"具有持久而深远的影响。他们认为，这些独特的特点将激发中国对现代化的追求，并在未来产生更积极的影响。中国传统文化和西方文化都可以为中国社会未来的创造性转变和进步作出贡献。

## 8.1.4　先进技术的开放与获取

获得先进技术是创新的重要来源，尤其是对发展中国家而言。毫无疑问，外部获取在中国的追赶中发挥了重要作用，并帮助该国建立了本土技术能力。获取国外先进技术的重要传统渠道主要有对外贸易开放、外商直接投资和跨境高技能劳动力流动。近年来，创新日益成为开放、协作的事业，国际合作已成为创新和知识共生的重要模式。本手册专门研究了中国的四种创新渠道，如下文所述。

## 外商直接投资、进口和技术转让

　　众所周知，跨国公司的存在对中国智力资本的创造做出了重大贡献。中国作为最初缺乏技术基础的国家，尽管在最初取得了显著成就，但如今寻找国外先进技术是明智的，尤其是在市场开放后，外商直接投资（FDI）被认为是吸引技术和创新的关键工具。我们的作者在几个章节中指出，建立自主创新能力不仅仅涉及获取知识产权：它需要一个由相关要素组成的成熟生态系统，以增强吸收能力（例如，麦克恩、伊普和乔力，第 5.1 章）。同时，通过参与贸易，高度开放和融入全球经济，中国企业能够获得有形和无形的知识资产，最终带动国家产业升级和技术进步。中国模式的战略经验是，依靠双重来源（本土创新和获取外国知识）使发展中国家利益最大化（傅晓岚和侯俊，第 5.2 章）。

## 对外直接投资与研发国际化

　　为了实现可持续增长，中国积极投资发达经济体，以获取关键战略资产、资源和前沿技术（Liu & Buck，2007；Luo & Tung，2007）。中国对外直接投资（OFDI）的快速增长是 OFDI 对创新影响的一个有力案例。作为一种既定的国际知识获取机制（尽管在发展中国家中是新的）OFDI 越来越多地被用作中国公司追求创新技术升级的途径（阿门多拉金、傅晓岚和拉贝洛蒂，第 5.4 章），这反映在中国对发达国家的 OFDI 增加以及中国跨国公司在欧洲和美国收购科技公司的数量不断增加。在第 5.4 章中关于发达国家 OFDI 的目标，其重要性得到了公司层面调查结果的支持。中国企业在通过海外投资寻求新知识时也采用了明确的战略方向，特别是在中国境外建立研发中心（伊普和麦克恩，2016年）。然而，尽管中国研发国际化程度在规模和范围上有所上升（泽德维茨和权，第 5.5 章），但迄今为止关于该现象的文献有限，且几乎没有获得理论见解。

## 移民

　　过去十年里，移民作为另一个积极的学习渠道，全球人才通过国际移民流动越来越成为推动中国创新的重要来源。作为外国出生人口占全国人口比例最低的国家之一，中国有必要修改其国际移民方式，重点是制定全面有效的政策，以鼓励回国人员以及吸引急需的外国人才（王辉耀，第 5.3 章）。高技能海归在中国的发展中发挥了重要作用，其中许多人为高科技领域和新兴产业（如光伏产业）中一些最具活力的私营企业的成长做出了贡献。因此，中国需要在国际论坛上为建立以人为本的全球移民治理方式发挥更大作用，并如王辉耀提出的建议，在中国境内外的关键决策机构中宣传对内移民的好处（王辉耀，第 5.3 章）。

### 协作与开放式创新

毫无疑问，国际创新合作和开放式创新框架为提升中国创新能力带来了显著好处，它们是企业适应全球化、抓住机遇的必然选择。国际创新合作不仅可以降低风险，还可以帮助中国建立和扩大跨境创新网络。陈凯华、冯泽和傅晓岚在第 5.6 章中断言，科学家和研究人员通过研发活动的自发协作应该成为创新活动的生力军，此外，它还应该是超越政府主导水平的最具活力的创新来源，例如，在已经有大量合作的大学中。

经过几十年的积累，中国企业整合国外创新资源的能力越来越强，并有很多企业开始"走出去"，更大规模地获取全球资源。以整合全球研发资源和市场为愿景，中国企业的创新能力大幅提升。此外，在中国国家创新体系的支持下，中国企业通过不断积累技术能力，正在成长为跨国公司。与此同时，随着中美贸易关系紧张，挑战也随之而来（陈劲和陈钰芬，第 5.7 章），尤其是高校技术交流面临的挑战更加突出。

# 8.1.5 中国的"例外论"

自 1978 年以来，在国家经济发展道路上，中国的做法产生了一个耐人寻味的问题：中国的发展经验在多大程度上是因其固有因素而特有的？由于创新成本高、风险大和路径依赖的性质，迫使部分中国制造企业选择与西方企业不同的创新方法。在本手册的这一部分，我们试图通过考察其经验的几个方面来解决该问题。我们首先处理低成本创新的概念，曾和威廉森（Zeng & Williamson，2007）将其描述为"成本创新"。

在大转型初期，中国中小企业受到国内潜在市场需求的刺激，积极采取低成本创新方式，即所谓的山寨现象。早期分包公司通过参与全球价值链和全球专业化生产网络促进了这种创新，这使他们能够迅速响应客户的需求（默弗里和布列兹尼茨，第 6.2 章）。早期的中国信息和通信技术（ICT）通过学习和模仿活动有效地让公司积累了技术能力，帮助他们实现加速创新，最终走向数字业务的前沿。

以低成本和"足够好"的产品为特征的山寨现象在中国比较流行，特别是在中小企业中。这种新型替代创新之所以在中国取得成功，是因为它将以前买不起的商品转变为负担得起的产品，以满足国内市场需求（威廉森，第 6.1 章）。其他地方也出现了类似的创新方法，特别是在印度，*Jugaad* 或"节俭创新"为其贫困群众创造了非常低成本的产品（Radjou，Prabhu & Ahuja，2012）。就中国而言，日益繁荣的经济鼓励低成本创新者满足消费者对更高质量和更复杂产品的需求。山寨创新者的早期经验和他们对客户的理解帮助他们发展了实质性的创新能力和运营方式。这种能力将一些更成功的中国公司与西方同行区分开来，似乎表明了中国特有的方法（伊普和麦克恩，2016）。李平、周诗豪和杨政银（第 6.6 章）提供了几个案例，为所有初创企业面临的资源有限问题提出了一个具有中国特色的解决方案。解决方案就是他们所说的"拼凑"。虽然样本太小，无法对初创公司或老牌公司得出确切的结论，但该概念将受益于对更广泛样本的调查。

尚不清楚的是，这些特征是否代表了一种特定的中国管理哲学，正如陈劲和吴庆前（第 4.6 章）关于文化的讨论中所透露的，如果是这样，它们是否会随着公司的成长、多样化和变得更加国际化而持续存在，还是在寻找更复杂环境中管理的方法的过程中，可能会丢失特殊特征。

随着自主创新的大力投入，中国的主要创新战略逐渐从低成本劳动力转向"成本创新"，不仅基于低成本劳动力，且基于节俭思维，这是山寨现象的一部分，导致当前的"加速创新"阶段（威廉森，第 6.1 章）。在转型过程中，参与全球价值链推动了知识转移和能力升级，并为创新提供了动力（默弗里和布列兹尼茨，第 6.2 章）。例如，在数字领域，中国已经利用有利的环境和广阔的需求成为许多新技术的世界领导者（余江和张越，第 6.4 章）。正如默弗里和布列兹尼茨（第 6.2 章）所解释的那样，虽然中国的"结构性不确定性"环境对新公司产生了一些负面影响，例如短期前景，但也迫使它们变得敏捷和响应迅速。全球价值链网络中的能力使中国企业更具竞争力，能够更好地抵御国内外冲击（默弗里和布列兹尼茨，第6.2章）。

谈到中国企业创新活动的市场需求和消费者特征，中国缺乏一致且完善的需求侧研究创新方法，这是创新和管理学者的一个重要研究空白（朱恒源和王清，第6.3章）。然而，成功的创新取决于公司将技术进步与市场机会联系起来的能力，以及对技术不连续程度、市场增长率和需求变化性质等因素的反应能力。因此，仅靠政府干预和技术能力建设并不能完全解释中国企业创新能力的提升。

朱恒源和王清（第6.3章）将需求视为中国转型的主要驱动力。他们确定了中国消费者需求的三个独特特征：规模性、异质性和动态性，并详细分析了这三个特征对中国企业创新能力的影响。

他们得出的结论是，在如此庞大而充满活力的市场中，即使公司拥有的是普通资源，基于消费者异质性战略也可以带来竞争优势，这些优势是消费者驱动的，而不是资源或技术驱动的。[①] 作者的研究对现有的先进跨国公司（MNE）企业特定优势理论适应新兴市场跨国公司（EMNE）的理论提供了有效论证。论据表明，EMNE 的公司特定优势更多地与特定环境优势（CSA）相关，而不是所有权优势，后者是 MNE 竞争优势的传统来源。巴克利（Buckley）断言，EMNE 现象可以适应基于内化理论的框架（Buckley，2018）。他总结了四种现有的研究 EMNE 理论的方法：国际投资策略、国内市场不完善、国际网络和国内机构。他将这些方法中的每一种都应用于三个 EMNE 案例——中国的对外直接投资、印度的外国收购以及 EMNE 在避税天堂的投资。他得出结论，内化理论在所有四种研究方法中都起着至关重要的作用。正如朱恒源和王清所建议的（第6.3章），未来的需求侧工作可能会产生对学者和管理者有用的新知识，并对创新和国际商业理论的需求侧研究具有更广泛的理论意义。

创新除了成为中国制造业发展的主要动力外，服务业也发生了许多创新。过去四十年来，中国金融业作为中国从中央计划经济向现代市场经济转型的一部分发生了重大创新。在数字技术的推动下，金融创新对中国的经济效率、金融稳定和社会平等产生了深远的影响，并激发了更广泛的金融工具和服务，其中一些是积极的，而另一些则是相对消极的（张礼卿，第6.5章）。

---

① 见伊普和麦克恩（Yip & Mckern, 2016）：需求是解释中国创新发展的四个关键因素之一。

# 8.1.6　中国面向未来发展的创新战略

经济增长并不是将创新视为发展政策议程核心问题的唯一原因。创新不仅有助于提高经济绩效，还可以塑造增长的性质和轨迹。过去几十年里，中国经济的快速增长大大减少了贫困人口，但也带来了新的挑战，例如环境可持续性、收入不平等和中等收入陷阱（Lewin，Kenney & Murmann，2016）。这些挑战导致人们越来越关注创新在多大程度上能够包含更公平、包容和可持续性的增长和发展形式的概念。本手册通过讨论绿色创新、包容性创新、先进制造和面向未来的科技来回应这一担忧。

## 绿色创新

中国已成为全球"绿色"转型的主要参与者。政府将重点放在建立以市场为基础和以创新为主导的经济体上，这从根本上改变了中国的创新能力，包括在绿色领域。中国的经验表明，创新在多大程度上有助于应对可持续发展的挑战，取决于"硬"（技术）和"软"（制度）创新，以及将创新成果扩散到经济中的程度。黄平和列马（第 7.1 章）拒绝将"创新"和"扩散"作为不同的过程进行新古典主义的分离；在传统的创新研究中，他们认为两者都是创新过程的特征。作者认为，中国的转型经验及其在发展过程中面临的环境挑战，为许多其他面临全球变暖和可能更广泛地部署绿色技术等问题的新兴国家提供了重要见解。

## 包容性创新

可持续发展的另一个方面涉及增长的包容性，即它包含大量人口的程度。在本手册中，吴晓波和雷李楠（第 7.2 章）讨论了包容性创新的概念框架，其中包括流程和绩效。他们认为，包容性创新体系具有以下四个支撑要素：金字塔底层（BOP）企业家、机构、基础设施和国家治理体系（吴晓波和雷李楠，第 7.2 章）。鉴于正式制度不是为帮助 BOP 群体而设计的，非正式制度体系需要塑造该群体的行为并与正式制度相辅相成。但在中国的环境下，包容性创新仍面临三大挑战：首先是"质量相关挑战"——提供价格低廉但质量令人满意的产品。虽然中国山寨企业在这方面表现出色，但对于新的 BOP 企业来说，这种平衡很难实现。其次是大学的作用缺失，作者认为大学可以通过创业教育、服务农村（Yin，Cheng & Li，2019）、研发合作和知识传播来发挥更重要的社会作用。第三个挑战是扩大基于平台的创新，这基于 ICT 技术平台在促进小型在线企业创建方面的成功。数字技术降低了 BOP 企业家的交易成本和信息不对称性，但障碍依然存在（吴晓波和雷李楠，第 7.2 章）。

## 先进制造

中国由劳动密集型向技术密集型增长转变，旨在避免"中等收入陷阱"，要求国家提高技术密集度和制造业能力。"制造强国战略"是中国长期战略的关键要素，旨在缩小与发达经济体的技术差距，并从基于自主创新的更高生产率增长中获得更多。这一转变的速度将取决于国家指导和私营部门参与之间的正确组合，包括来自中国贸易和投资伙伴的对抗挑战。这将需要"在一方面大规模推动经济结构调整和向创新经济转型，另一方面需要对现有产业结构进行逆周期刺激之间做出微妙选择"（梅尔和孙会峰，第 7.3 章）。

## 面向未来的科技

中国现在已经从模仿技术的后来者转变为创新驱动型经济体。中国提出：第一步，到 2020 年进入创新型国家行列；第二步，到 2030 年跻身创新型国家前列；第三步，到 2050 年成为世界科技创新强国。政府还提出了 2050 年科技创新状况和未来现代科技创新体系组织和治理的纲要。尽管如此，中国的科技能力仍处于赶超阶段，发展受到一定制约。为实现其目标，要进一步聚焦"突破瓶颈、攻克核心技术、提高原创性、抢占科技前沿"。这些目标要求更加注重构建现代技术体系，创造组织科技研究的新机制和新结构。其中包括建立透明和公平的科学家和工程师的聘用、晋升和奖励的评估机制，以及为基础研究和商业部门建设创新环境（潘教峰、陈光华和鲁晓，第 7.4 章）。正如几位作者在本手册中指出的那样，在外部不确定性相当大的时期，实现这些雄心勃勃的目标将需要大量的国家层面的努力，包括经济和社会方面。

# 8.1.7　中国向创新强国演进的主要挑战

　　展望未来，中国正在进入一个新的大变革时期，这是从追赶到争夺并获得全球创新领先地位的重大转变。正如多西和于晓丹在第 1.1 章，潘教峰和鲁晓在第 7.4 章以及本手册中的许多其他作者所述，一旦中国加入"创新者俱乐部"，共同进化过程，以及制度设计和产业政策，都必将发生深刻变化。赶超与保持和利用技术领先地位完全不同。制度和它们之间的关系也必然会发生变化，在科学、技术和工业之间，以及支配收入分配的机制。

　　许多学术著作一致认为，中国已经开始摆脱对进口技术和设备的依赖，转向利用本土研发努力为未来的市场经济进行创新（Clarke，Chelliah & Pattinson，2018；Guan，Yam，Tang & Lau，2009；Van Someren & Van Someren-Wang，2014）。显然，中国在实施国家创新驱动战略和制造强国升级战略时，面临着各个层面的政策挑战。正如本手册中的许多作者所讨论的那样，中国在这一旅程中面临的挑战从宏观经济到微观经济再到个人层面各不相同。正如克拉克等人（Clarke et al.，2018，p.1）指出："虽然亚洲经济体取得了快速的工业进步，但随着到达全球技术前沿，它们需要发展新的制度能力以保持国际竞争力。包括教育、研究、法律和金融在内的基础机构需要围绕连贯的国家创新系统进行协调，以维持对创新产品和流程的承诺。"

　　根据本手册作者的观点，以及他们对中国当前社会经济形势的分析，再结合全球趋势和其他学术见解，我们确定了中国为实现成为最具创新精神的国家而必须应对的七大挑战，并在本章的以下部分对此进行了总结。在手册的最后一章第 8.2 章中，我们概述了对政策制定者和研究人员的一系列影响。

### 鼓励世界一流的基础研究和原创性创新

　　基础研究被视为所有其他技术发展的基础，但不同的是，大多数中国企业都参与了应用研究（Sabir & Sabir，2010）。这在包括最发达经济体在内的经济体中并不罕见。中国原创性创新能力显著提高，在基础性、前沿性、战略性技术以及先进应用技术等方面产生了许多有影响的研究成果。然而，与美国在创新方面的记录相比，中国在基础研究方面存在竞争劣势（正如作者在第 1.5、3.1、4.2、4.3、4.5 章，尤其是第 7.3 和 7.4 章中所讨论的）。中国将依赖其他国家视为与其创新领导目标背道而驰的弱点。

### 吸引世界各地最优秀的人才和创意

政府对"自主创新"的号召，推动中国科技创新政策取得重大进展（如星火 863 项目、211 项目、火炬计划和 973 项目）以及建立了研究机构与产业之间的合作关系（Lu & Etzkowitz，2008），但中国仍然缺乏足够的技能人力资源，特别是在中小企业中（Sabir & Sabir，2010）。自主创新的核心要素是人才，人才可以来源于国内外。因此，一个关键的挑战是吸引来自世界各地的人才和人力资源（另请参见第 2.4、5.3 和 7.3 章中的讨论），这一目标对开放具有重要意义。

### 解决开放创新与本土创新的悖论

中国能否采用将自身能力建设与从世界各地获取知识相结合的双重模式（如本手册第五部分作者的观点所述）？

开放式创新理念得到了广泛关注（Bogers et al.，2017；Chesbrough，2003；Kankanhalli，Zuiderwijk & Tayi，2017；Lichtenthaler，2011），许多公司已经实施了此类活动（Lichtenthaler，2011）。然而，矛盾的是，创新的创造往往需要开放，而创新的商业化则需要一定程度的保护（Laursen & Salter，2014）。在先进的西方国家，技术在国内外的流动，都能得到知识产权的支持，能够为创新者提供保护和获得回报的机会。但从来没有完美的平衡，因为知识产权的流出取决于一个国家的国内创新能力。此外，政府对敏感技术的出口施加限制，特别是用于民用和国防需求的两用技术。与其他商品和服务一样，知识产权国际贸易提供了使各方受益的机会，但成本和收益的分配仍然是一个需要谈判的问题。

### 构建以核心能力为基础的创新生态系统

本手册包括对涉及中国国家创新生态系统所有要素的研究的讨论。学术界和从业者普遍认为，在竞争激烈的当代世界中，如果没有能够构建核心竞争力

的基础科学和技术组合，无论是国家还是企业都无法生存或获得竞争优势
（Fu，2015；Gu & Lundvall，2006；Chen，2017；Prahalad & Hamel，1990）。从
创新生态系统的角度来看，建立可持续的创新方法并获得生态系统优势的最佳
途径是制定全面的创新战略（J. Chen & Yin，2019；J. Chen et al.，2018）。这
意味着建立一个基于国家目标和核心竞争力的生态系统，旨在加强和充分利用
生态系统内外的参与者，同时保护焦点实体的权利和地位——企业或国家
（Adner，2017；Euchner，2014）。公司和政府需要使内部进程与外部环境保持
一致，他们需要合理配置公司资源以成功吸收知识（Cohen & Levinthal，1990；
Gkypali，Arvanitis & Tsekouras，2018；Martinkenaite & Breunig，2016；Todorova &
Durisin，2007；Zahra & George，2002）。图 8.1.1 显示了生态系统的相互关联的
元素。

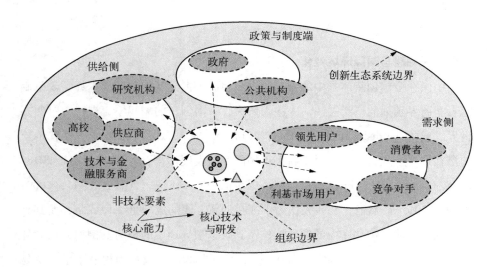

图 8.1.1　基于核心能力的创新生态系统框架

来源：陈劲（Chen, 2017）。

因此，这种方法带来的挑战是：中国如何在现有创新能力的基础上发展未
来的核心竞争力，促进知识创造和知识商业化？

**实现减贫创新和社会发展目标**

正如吴晓波和雷李楠在第 7.2 章中提到的，提高大量尚未进入中产阶层的
中国人口的收入是中国的一个重要优先事项，习近平主席在几次会议中也强调

了这一点，包括在 2019 年 3 月召开的十三届全国人民代表大会第二次会议上的讲话。在 1980 年代和 1990 年代，政治和经济议程主要关注增长、财富创造、生产力和效率，其中关键的衡量标准是 GDP 和 GDP 增长。但 GDP 衡量的是"除了让生活有价值的东西之外的一切"（McGregor & Pouw，2017，p.1125）。GDP 忽略了社会成本、环境影响等外部因素和收入不平等（Costanza et al.，2014）。中国今后将面临更加严峻的挑战，包括污染和环境破坏，以及消除贫困。中国贫困人口总数从 2012 年的 1 亿减少到 2018 年底的 1 660 万。① 尽管取得如此非凡的成就，2018 年仍有 3.73 亿人的年收入低于 2 000 美元（世界银行，2019）。政府需要一种新的范式或反贫困理论，将创新的作用纳入贫困社区的本土发展。与此同时，中国必须将增长模式转变为以创新为福祉，融入对社会负责的创新，为实现广泛的可持续目标作出贡献（Yin，Chen & Li，2019）。

### 中国创新崛起与国际环境变化

中国在全球创新体系中的崛起和进步引起了世界其他地区学术界、政策制定者和商界领袖的广泛关注。一些人认为，中国创新的崛起不应被视为对西方世界的威胁（Ernst，2011；Li-Hua，2014；Richard，2017），而是一个有希望的潜在选择模式，特别是对于新兴市场的创新发展而言（J. Chen et al.，2018；Fu & Gong，2011；Fu，2015；Lee，Chen，Li & Kim，2017；X. Li，2009；WIPO，2019）。然而，一些人认为中国在创新方面的成功是一种威胁，尤其是对美国在全球经济秩序中的领导地位及其技术领导地位的威胁。例如，正如外交关系委员会最近的一篇文章所述，"中国制造 2025"被视为规避了世界贸易组织关于补贴和强制技术转让的规则（McBride and Chatzky，2019）。

将中国崛起归因于窃取知识产权、强制技术转让及其在某些技术（如 5G）方面的保护主义抬头，导致了政策的战略转变，尤其是在美国。正如帕特森（Paterson，2018）所断言的那样，越来越多的人认为中国和美国将经历经济"脱钩"。中美贸易战和禁止向一些中国公司提供关键零部件就是这些担忧的表现。其他行动包括禁止与一些中国高科技公司合作，以及限制两国间有才华

---

① 中国国家统计局，《中华人民共和国关于 2018 年国民经济和社会发展的统计公报》，2019 年 2 月 28 日。

的科学家和工程师的交流。国际环境发生显著变化，逆转了全球化方向，对中国提出了重大挑战。中国进一步追求创新目标，需要对中国创新政策和国际外交方面做出回应和调整。

### 中国的第四次工业革命、伦理和科技创新治理

进入 21 世纪，世界正在见证"第四次工业革命"的到来，有人认为，这将对人类社会产生前所未有的影响（Schwab, 2015）。例如，生命科学和人工智能领域的技术进步极大地造福了人们的生活，但也伴随着许多社会挑战，如工作替代、安全问题、社会不平等和隐私等道德困境。

正如薛澜、李代天和余振（第 2.1 章）所指出的，与过去工业革命中中国被甩在后面、奋力追赶的情况不同，中国在第四次工业革命中处于领先地位，因此，由此产生的中国面临的问题将是世界的前沿问题，中国可以向其他国家学习的经验将很少。中国在新兴技术的治理上必须"摸着石头过河"。在这种情况下，中国迫切需要接受负责任的创新理念（Stilgoeetal, 2013），并建立一个国家创新体系，该体系不仅关注创新的技术可行性（或进步）而且关注创新对整体经济发展及其伦理和社会层面的影响。中国的国家创新体系应建立公众参与决策的机制，使政策能够反映和吸收社会各方面的意见。应该期望并鼓励大学、研究机构和企业在其研究活动中纳入更多的道德规范。

未来几十年，从国内社会和经济优先事项到应对更加困难的国际环境，中国在追求创新领导力方面将面临诸多挑战。在本手册中，我们汇集了对中国经济、社会和政治发展及其对创新的影响有着深刻理解的不同学者群体的研究结论和有见地的观点。我们相信这些想法将帮助读者对全球创新至上的竞争以及如何实现国家之间的建设性参与做出深思熟虑的判断。

### 参考文献

Adner, R. (2017). Ecosystem as Structure: An Actionable Construct for Strategy. *Journal of Management*, 43(1), 39-58. https://doi.org/10.1177/0149206316678451.

Bogers, M., Zobel, A.-K., Afuah, A., Almirall, E., Brunswicker, S., Dahlander, L., ... Wal, A. L. J. T. (2017). The Open Innovation Research Landscape: Established Perspectives and Emerging Themes across Different Levels of Analysis. *Industry and Innovation*, 24(1), 8-40. https://doi.org/10.1080/13662716.2016.1240068.

Buckley, P. J. (2018). Internalisation Theory and Outward Direct Investment by Emerging Market Multinationals. *Management International Review*, 58(2), 195-224.

Chen, J. (2017). *Theory of Firm Innovation System* (in Chinese) (1st ed.). Science Publisher.

Chen, J., & Yin, X. (2019). Connotation and Types of Innovation. In J. Chen, A. Brem, V. Eric, & W. P. Kam, *The Routledge Companion to Innovation Management* (1st ed., pp.26-54). Routledge.

Chen, J., Yin, X., & Mei, L. (2018). Holistic Innovation: An Emerging Innovation Paradigm. *International Journal of Innovation Studies*, 2(1), 1-13. https://doi.org/10.1016/j.ijis.2018.02.001.

Chesbrough, H. W. (2003). The Era of Open Innovation. *MIT Sloan Management Review*, 44(3), 35-41.

Clarke, T., Chelliah, J., & Pattinson, E. (2018). National Innovation Systems in the Asia Pacific: A Comparative Analysis. In T. Clarke & K. Lee (Eds.), *Innovation in the Asia Pacific* (pp.119-143). Springer. https://doi.org/10.1007/978-981-10-5895-0_6.

Cohen, W. M., & Levinthal, D. A. (1990). Absorptive Capacity: A New Perspective on Learning and Innovation. *Administrative Science Quarterly*, 35(1), 128-152. https://doi.org/10.2307/2393553.

Costanza, R., Kubiszewski, I., Giovannini, E., Lovins, H., McGlade, J., Pickett, K. E., ... Wilkinson, R. (2014). Development: Time to Leave GDP Behind. *Nature News*, 505(7483), 283. https://doi.org/10.1038/505283a.

Davies, H., & Ellis, P. (2000). Porter's Competitive Advantage of Nations: Time for the Final Judgement? *Journal of Management Studies*, 37(8), 1189-1214.

Ernst, D. (2011). China's Innovation Policy Is a Wake-Up Call for America (SSRN Scholarly Paper No. ID 2770063). Retrieved from Social Science Research Network website: https://papers.ssrn.com/abstract=2770063.

Euchner, J. (2014). Innovation Ecosystems: An Interview with Ron Adner. *Research Technology Management*, 57(6), 10-14. http://dx.doi.org/10.5437/08956308X5706003.

Fu, X. (2015). *China's Path to Innovation*. Cambridge University Press.

Fu, X., & Gong, Y. (2011). Indigenous and Foreign Innovation Efforts and Drivers of Technological Upgrading: Evidence from China. *World Development*, 39(7), 1213-1225. https://doi.org/10.1016/j.worlddev.2010.05.010.

Fu, X., Woo, W. T., & Hou, J. (2016). Technological Innovation Policy in China: The Lessons, and the Necessary Changes Ahead. *Economic Change and Restructuring*, 49(2-3), 139-157. http://dx.doi.org.proxy.library.cornell.edu/10.1007/s10644-016-9186-x.

Gkypali, A., Arvanitis, S., & Tsekouras, K. (2018). Absorptive Capacity, Exporting Activities, Innovation Openness and Innovation Performance: ASEM Approach towards a Unifying Framework. *Technological Forecasting and Social Change*, 132, 143-155. https://doi.org/10.1016/j.techfore.2018.01.025.

Gu, S., & Lundvall, B.-Å. (2006). Introduction: China's Innovation System and the Move towards Harmonious Growth and Endogenous Innovation. *Innovation*, 8(1-2), 1-26. https://doi.org/10.5172/impp.2006.8.1-2.1.

Guan, J. C., Yam, R. C. M., Tang, E. P. Y., & Lau, A. K. W. (2009). Innovation

Strategy and Performance during Economic Transition: Evidences in Beijing, China. *Research Policy*, 38(5), 802 – 812. https://doi.org/10.1016/j.respol.2008.12.009.

Huang, C., & Sharif, N. (2016). Global Technology Leadership: The Case of China. *Science and Public Policy*, 43(1), 62 – 73. https://doi.org/10.1093/scipol/scv019.

Kankanhalli, A., Zuiderwijk, A., & Tayi, G. K. (2017). Open Innovation in the Public Sector: A Research Agenda. *Government Information Quarterly*, 34(1), 84 – 89. https://doi.org/10.1016/j.giq.2016.12.002.

Laursen, K., & Salter, A. J. (2014). The Paradox of Openness: Appropriability, External Search and Collaboration. *Research Policy*, 43(5), 867 – 878. https://doi.org/10.1016/j.respol.2013.10.004.

Lee, K., Chen, J., Li, J., & Kim, J. H. (2017). Better Innovation, Better Future: Working Together for Innovating Asia. *Asian Journal of Technology Innovation*, 25(1), 1 – 4. https://doi.org/10.1080/19761597.2017.1302396.

Lewin, A. Y., Kenney, M., & Murmann, J. P. (2016). *China's Innovation Challenge: Overcoming the Middle-Income Trap*. Cambridge University Press.

Li, X. (2009). China's Regional Innovation Capacity in Transition: An Empirical Approach. *Research Policy*, 38(2), 338 – 357. https://doi.org/10.1016/j.respol.2008.12.002.

Lichtenthaler, U. (2011). Open Innovation: Past Research, Current Debates, and Future Directions. *Academy of Management Perspectives*, 25(1), 75 – 93. https://doi.org/10.5465/AMP.2011.59198451.

Li-Hua, R. (2014). Embracing Contradiction. In R. Li-Hua (Ed.), *Competitiveness of Chinese Firms* (pp.87 – 104). Palgrave Macmillan. https://doi.org/10.1057/9781137309303_5.

Liu, X., & Buck, T. (2007). Innovation Performance and Channels for International Technology Spillovers: Evidence from Chinese High-Tech Industries. *Research Policy*, 36(3), 355 – 366.

Lu, L., & Etzkowitz, H. (2008). Strategic Challenges for Creating Knowledge-Based Innovation in China: Transforming Triple Helix University-Government-Industry Relations. *Journal of Technology Management in China*, 3(1), 5 – 11. http://dx.doi.org.proxy.library.cornell.edu/10.1108/17468770810851476.

Luo, Y., & Tung, R. L. (2007). International Expansion of Emerging Market Enterprises: A Springboard Perspective. *Journal of International Business Studies*, 38(4), 481 – 498.

Martinkenaite, I., & Breunig, K. J. (2016). The Emergence of Absorptive Capacity through Micro-Macro Level Interactions. *Journal of Business Research*, 69(2), 700 – 708. https://doi.org/10.1016/j.jbusres.2015.08.020.

McBride, J., & Chatzky, A. (2019). Is "Made in China 2025" a Threat to Global Trade? Council on Foreign Relations Backgrounder, July. Retrieved from https://www.cfr.org/backgrounder/made-china-2025-threat-global-trade.

McGregor, J. A., & Pouw, N. (2017). Towards an Economics of Well-Being. *Cambridge Journal of Economics*, 41(4), 1123 – 1142. https://doi.org/10.1093/cje/bew044.

Meyer, K. E. (2015). Context in Management Research in Emerging Economies. *Management and Organization Review*, 11(3), 369 – 377. https://doi.org/10.1017/mor.2015.36.

Nature. (2018). China Declared World's Largest Producer of Scientific Articles. Retrieved from https://www.nature.com/articles/d41586-018-00927-4.

Paterson, S. (2018). *China, Trade and Power: Why the West's Economic Engagement Has*

*Failed.* London Publishing Partnership.

Porter, M. E. (1990). *The Competitive Advantage of Nations.* Free Press.

Prahalad, C. K., & Hamel, G. (1990). The Core Competence of the Corporation (SSRN Scholarly Paper No. ID 1505251). Retrieved from Social Science Research Network website: https://papers.ssrn.com/abstract=1505251.

Prabhu, J., Ahuja, S., & Radjou, N. (2012). Jugaad Innovation: Think Frugal, Be Flexible, Generate Breakthrough Growth. *Stanford Social Innovation Review.* https://doi.org/10.48558/DRY4-EN85.

Richard, L.- H. (2017, May 11). China's Embracing Innovation Leads to Its Peaceful Rise. China Policy Institute: Analysis. Retrieved from https://cpianalysis.org/2017/05/11/chinas-embracing-innovation-leads-to-its-peaceful-rise/.

Sabir, R. I., & Sabir, R. M. (2010). Managing Technological Innovation: China's Strategy and Challenges. *Journal of Technology Management in China*, 5(3), 213 – 226. http://dx.doi.org. proxy.library.cornell.edu/10.1108/17468771011086238.

Santacreu, A. M., & Zhu, H. (2018). What Does China's Rise in Patents Mean? A Look at Quality vs. Quantity. Economic Synopses No. 14. Federal Reserve Bank of St. Louis. Retrieved from https://research. stlouisfed. org/publications/economic-synopses/2018/05/04/what-does-chinas-rise-in-patents-mean-a-look-at-quality-vs-quantity.

Schwab, K. (2015). The Fourth Industrial Revolution: What It Means and How to Respond. Foreign Affairs. https://www. foreignaffairs. com/articles/2015-12-12/fourth-industrial-revolution.

Stilgoe, J., Owen, R., & Macnaghten, P. (2013). Developing a Framework for Responsible Innovation. *Research Policy*, 42(9), 1568 – 1580. https://doi.org/10.1016/j.respol.2013.05.008.

Todorova, G., & Durisin, B. (2007). Absorptive Capacity: Valuing a Reconceptualization. *Academy of Management Review*, 32(3), 774 – 786.

Van Someren, T. C. R., & Van Someren-Wang, S. (2014). *Innovative China: Innovation Race between East and West.* Springer Science & Business Media.

WIPO. (2018). Global Innovation Index 2018. Retrieved from http://www. globalinnovationindex. org/Home.

WIPO. (2019a). Global Innovation Index 2019. Retrieved from https://www. wipo. int/global_innovation_index/en/2019/.

WIPO. (2019b). World Intellectual Property Indicators 2019. World Intellectual Property Organization.

World Bank. (2019). World Bank in China: Overview. IBRD and IDA. Retrieved from https://www.worldbank.org/en/country/china/overview#1.

Xie, Q., & Freeman, R. B. (2019). Bigger Than You Thought: China's Contribution to Scientific Publications and Its Impact on the Global Economy. *China & World Economy*, 27(1), 1 – 27.

Yin, X., Chen, J., & Li, J. (2019). Rural Innovation System: Revitalize the Countryside for a Sustainable Development. *Journal of Rural Studies.* https://doi. org/10. 1016/j.jrurstud.2019.10.014.

Yin, X., Hai, B., & Chen, J. (2019b). Financial Constraints and R&D Investment: The Moderating Role of CEO Characteristics. *Sustainability*, 11(15), 4153. https://doi.org/10.3390/su11154153.

Yip, G. S., & McKern, B. (2016). *China's Next Strategic Advantage: From Imitation to Innovation* (1st ed.). MIT Press.

Zahra, S. A., & George, G. (2002). Absorptive Capacity: A Review, Reconceptualization, and Extension. *Academy of Management Review*, 27（2）, 185 – 203. https：//doi. org/ 10.2307/4134351.

Zeng, M., & Williamson, P . J. （2007）. *Dragons at Your Door: How Chinese Cost Innovation Is Disrupting Global Competition*. Harvard Business School Press.

# —— 第 8.2 章 ——
# 对中国和其他国家的
# 政策和管理意义

傅晓岚　布鲁斯·麦克恩　陈劲

## 引　言

在最后一章中，编者提出了一系列从手册分析和其他研究中产生的观点，得出中国和其他国家积极发展创新的影响及建议政策和举措，讨论了对政府和企业的影响，并确定了未来研究领域。本章将本手册中汇编的研究影响按主要利益相关者群体归为三个方面。

### 对中国和其他国家的政策意义

中国经济发展的成就、经验和挑战，对中国自身和其他发展中国家都具有重要意义（林毅夫和周建军，第1.2章）。在计划经济向市场经济的转型过程中，合理的发展政策和改革帮助中国将转型损失和风险降至最低，并促成了今天的成就。然而，由于全球化是世界大部分地区的普遍经济模式，尽管近期面临一些挑战，中国在持续转型中仍会面临许多问题。因此，贸易和意识形态层面的思想和知识交流将对发展中国家实现繁荣具有重要意义（林毅夫和周建军，第1.2章）。这仍将是中国和许多其他国家的首要任务。

在本节中，我们将讨论七个主题，如下所示：

- 开放的国家创新体系
- 国家和市场的作用

- 发展绿色技术和包容性发展的技术能力
- 下一阶段中国科技创新（STI）政策的战略重点
- 从技术创新战略到科技创新战略
- 加强科技创新治理，促进人类发展
- 新兴的创新范式

**开放的国家创新体系**

傅晓岚和侯俊在第 5.2 章；麦克恩、伊普和乔力在第 5.1 章；阿门多拉金、傅晓岚和拉贝洛蒂在第 5.4 章；陈凯华、冯泽和傅晓岚在第 5.6 章以及王辉耀在第 5.3 章指出，中国在技术和创新方面的追赶极大地受益于贸易、内外直接投资、海归、高技术移民和侨民、国际创新带来的技术转移和溢出效应以及改革开放后的国际创新合作。

与此同时，中国政府在研发、鼓励产学研合作和大众创业万众创新方面持续投入大量资金（Fu，2015；勃兰特和图恩，第 2.2 章；胡志坚、李哲和林娴岚，第 3.1 章；陈劲和王黎萤，第 2.3 章；高建和牟睿，第 3.2 章）。政府最近在发展中国制造能力方面的努力也反映了通过自上而下的方式提供大力支持（梅尔和孙会峰，第 7.3 章）。这种公私对话是中国创新方式的一个显著特征，是一个非常有趣的概念。虽然关于国家和市场在中国创新中的作用的争论一直在进行，包括市场和企业家精神是创新的真正驱动力的观点，但有证据表明，政府投资尽管存在效率低下的问题，但其一直是推动中国创新发展的积极因素（Fu，2015）。

总体而言，正如傅（2015）的论证，薛澜、李代天和余振在第 2.1 章中的总结以及《手册》中报告的证据表明，自 1980 年代改革开放以来，中国一直走在开放的国家创新体系（ONIS）的道路上，ONIS 是向国际知识、资源和市场开放的国家创新体系。

中国的经验表明，为了最大限度地从创新中获益并加速追赶，明确和有重点地鼓励自主创新必须与获取外国知识同时进行（Fu & Gong，2011）。无论是自主创新还是依赖外国直接投资（FDI）的战略都不能单独使用（Lall，2003；Pietrobel-li，2000）。如何在不同发展阶段、针对不同国家和行业选择和塑造最佳组合是未来研究的重点问题（Fu，2015；傅晓岚和侯俊，第 5.2 章）。

在行业层面，通过考察中国在绿色技术方面的经验，黄平和列马在第 7.1

章中认为，中国的定向资本主义在当前形势下具有优势，在这种情况下，采用绿色技术依赖于政府对新兴可再生能源技术发展的补贴，帮助他们发展以与化石燃料竞争。但正如中国的快速增长不能仅仅归因于国家资本主义（Fu, 2015），最近在可再生能源扩散方面的进展也不能。如本章所示，该过程有多个驱动因素，包括政府政策、各类企业（国有和私营、地方和全球）的投资，以及来自本土和全球知识库的知识生成和采购（黄平和列马，第7.1章）。

开放的概念需要考察跨国企业（MNE）在技术转让中的作用。正如麦克恩、伊普和乔力在第5.1章中所说，FDI一直是中国和其他发展中国家在技术采购方面的一项重要政策。虽然每个国家都有权制定FDI政策，这些政策在实践中的执行力度也从宽松到严格不等，但重要的是政策要考虑如何确保适当水平的技术转让。然而，实现这一目标需要我们从多个角度进行考量。

对于希望鼓励跨国公司与东道国经济体之间的技术转让和知识密集型互动的发展中国家来说，跨国公司（MNC）需要做更多的工作来维持其合法的知识产权地位。这一政策含义与巴西的研究一致，即如曼斯菲尔德（Mansfield, 1994）所报告的，当知识产权得到强有力的保护时，跨国公司将更多地参与同当地合作伙伴的研发活动。中国最近对有关外国直接投资的法律修订，将为中国试验以市场为导向的技术转让制度提供有益的机会。

近期中美之间的紧张关系表明，包括从国外采购技术在内的开放式创新体系必须尊重外国知识产权的所有权。真正的知识产权双向流动是一个理想的目标，这需要一个可接受的国际知识产权来源制度，包括防止强制技术转让的保证。希望在中国环境下的跨国公司在未来实践中变得更加受欢迎，进一步融入当地创新生态系统。

国家和市场的作用

政府与市场的关系、国有企业与民营企业的关系一直是中国经济改革的核心问题。中国政府认为市场在配置资源和刺激创新方面应发挥重要作用，同时政府支持有风险但具有积极公共溢出效应的活动，例如基础研发。在学术上，关于争论国家和市场在创新中的作用一直在进行。例如，马尔库佐（Marcuzzo, 2013）将美国许多有用的创新归功于政府。在中国，直到最近几年才对市场的作用达成了一些共识。林毅夫和周建军在第1.2章认为，"中国政府最近明确表示，必须让市场在经济活动中起决定性作用，而政府发挥政策作用"。

勃兰特和图恩在对国家和市场的作用评估中发现，"许多行业未能培养出充满活力的国家冠军……这些失败是过度监管和偏袒国有企业的结果，两者都扭曲了激励制度并抑制了创新和升级的动力"（勃兰特和图恩，第 2.2 章）。

因此，对中国和其他国家而言，政策的意义是市场和国家都在支持创新方面发挥作用。但是，对于国家应该在哪里提供强有力的支持以及如何向行业提供这种支持，尤其是财政支持，需持谨慎态度。政府政策和财政支持应侧重于存在市场失灵的高风险和高成本的研发活动。在创新的低风险商业化阶段，国家应适度收缩其作用，以市场和自由竞争为主要资源配置机制。在竞争激烈的行业中，国家支持不会产生国家冠军或全球领导者。

尽管如此，中国政府支持创新的努力引起了其国际竞争对手或潜在竞争对手的高度关注。正如梅尔和孙会峰（第 7.3 章）所指出的："中国需要关注西方国家对'制造强国战略'的感受和担忧，但从逻辑上讲这并不意味着西方国家担心的是中国应该采取什么行动；而是担心政府补贴、知识产权保护以及外资企业在中国的地位。这或许反映了他们不太担忧中国制造业的发展以及日益增长的国内需求，而是担忧更强大的中国能否为西方企业和产品提供更广泛、可靠和可持续的机会。"

对中国而言，找到国家指导和私营部门参与之间的正确组合至关重要，包括如何使制造强国战略有效，同时解决来自中国贸易和投资伙伴的对抗。这种组合将确保国有企业在更好的组织结构和激励机制下运作，实现研究、生产和营销活动的更好整合，并且针对企业家、科学家和研究机构精心设计激励措施，以刺激创新（例如，Fu，Wu & Hou，2016；梅尔和孙会峰，第 7.3 章）。

### 发展绿色技术和包容性发展的技术能力

中国在发展绿色技术能力方面的经验表明，绿色创新不仅仅是技术创新。同样甚至更重要的是为可再生能源的生产、分配和消费创造激励和机会的政策和法规。在需求方面，这些措施包括补贴（上网电价）、强制性采购规定和消费者金融激励措施；在供给方面，其中包括用于可再生技术的专项研发基金，尤其是通过大学和研究机构的国家资助计划和示范项目。因此，为了有效发展一个国家的绿色技术能力，需要一套系统全面的政策，不仅涵盖技术创新，还包括与市场相关的供求政策。

中国的技术创新在包容性发展中扮演了有争议的角色。在收入分配方面，偏向资本和熟练劳动力的技术进步，扩大了熟练人员与非熟练人员之间的收入差距，以及技术能力和创新人力较高和较低地区之间的收入差距，例如中国沿海地区与内陆地区之间的差距。另一方面，在弥合社会差距方面，中国世界级的数字基础设施以及数字技术和技能的广泛传播做出了巨大贡献。这不仅表现在收入方面，还表现在获得金融、教育和信息资源以及一些设施方面，如交通、住房等方面。当然，收入差距扩大不仅在中国是一个问题，在许多其他国家也是如此（Yin, Chen & Li, 2019）。补充性的社会和区域政策以及发展数字基础设施和技能的政策是必要的。作为对 2017 年 10 月启动的国家乡村振兴战略的回应，尹、陈和李（Yin, Chen & Li, 2019）提出了乡村创新系统的理论视角；比较城乡创新系统的异同；并提出了基于中国乡村创新实践的结构框架，以促进包容性发展。

正如梅尔和孙会峰所说，"创新能力的地区差异将影响中国各地区的收入差距。为了解决分配问题，政策制定者可能需要考虑加强社会安全网，并采取旨在实现更平等的收入和财富分配的措施。这些措施将包括鼓励国内家庭消费增长的宏观经济政策，这反过来也会积极影响满足中国公民需求和愿望的自主创新"（梅尔和孙会峰，第 7.3 章）。

减少国家之间的收入不平等是包括中亚国家在内的国际社会面临的另一项重大挑战。在"一带一路"倡议下，中国政府启动了数字丝绸之路，建设了大量基础设施，并在中亚和其他地区开展了科技创新合作计划。这些政策举措应该受到欢迎，但要取得成功，中国需要加强与"一带一路"沿线国家的沟通，推进科技创新基地建设，利用技术合作平台和联合研究中心，扩大应用技术培训。中国应"启动'一带一路'科技园合作、技术转移合作和联合实验室，与'一带一路'沿线国家共同推进科技创新的国际产能合作"（陈凯华、冯泽和傅晓岚，第 5.6 章）。

下一阶段中国科技创新（STI）政策的战略重点

展望未来，尽管毫无疑问，中国的创新绩效已经显著提高，尤其是在 2000 年之后，鉴于我们在本文前面讨论过的挑战，中国应该继续使用我们之前讨论过的 STI 的五个来源，继续向创新型国家迈进。然而，要实现全球创新领先，中国需要一套新的视角和战略来实现这一转变。

除了前面讨论的五个挑战，正如傅、吴和侯（2016）所指出的，中国的创新能力还存在两个瓶颈。一个是创造力，因为中国的教育体系强调对现有知识和学说的尊重和关注，而不是培养批判性思维和挑战现有极限。另一个是获取创新资源的机会不平等以及需要加大对中小企业的支持。此外，对于中国高技术集群而言，部分领域竞争过度，缺乏创新赋能环境，包括缺乏信任与合作，导致交易成本较高。这阻碍了许多公司发展创新生态系统或与研究机构合作（Sabir & Sabir, 2010）。因此，中国科技创新政策在下一个发展阶段的战略重点需要多方面的政策努力，其中包括以下方面：

1. 制定创新政策支持，确保所有企业平等获得创新资源，加大对中小企业的支持。

2. 继续加强知识产权保护。

3. 确保具有高度诚信的世界级研究环境。

4. 大力培养社会创造力，鼓励自由思考，尊重和保护知识产权。

5. 出台政策，进一步加强科技创新双螺旋。

6. 支持科技创新工作的重点和方向，以促进包容性和可持续发展。

7. 发展中国与全球合作伙伴的双向共赢互动，并为各方所接受。

**从技术创新战略到科技创新战略**

基于中国科技创新政策面临的挑战和战略目标，中国的关键战略重点是将创新政策的重点从技术创新转向科技创新。前者是以企业和产学研合作为核心的体系，后者是龙头企业、高校、科研院所为一体的多维新体系，其中基础科学是核心部分。

公司是国家创新体系中最具活力和最强大的维度（Clarke et al., 2018）。培育世界一流的创新企业，政府应鼓励行业龙头企业组建高水平研究机构，构建与高校合作的组织研发体系，汇聚顶尖创新人才。更重要的是，政府需要激励龙头企业与中小企业和科研院所合作，拓展创新链，为产业提供科学全面的技术解决方案。三是培育一批核心技术能力突出，能够引领主要工业发展的创新型企业。同时，更多的中国企业需要努力跻身世界创新型企业 100 强。这意味着企业在研究、开发以及使用开放式创新的合作意愿方面加大投资。

在产业层面，科技创新政策有两大抓手，进一步促进经济转型和产业升级。第一大抓手是以开发为导向，通过精益创新和适应性研发，帮助深耕传统产业。第二大抓手更偏向探索，侧重于科学发现和新兴产业（如人工智能、物联网）的探索，通过基础研究和应用研究相结合，实现原创性和颠覆性创新（表 8.2.1）。

表 8.2.1　促进经济转型和产业升级的两大抓手

| 属　性 | 第一大抓手——开发 | 第二大抓手——探索 |
|---|---|---|
| 1 | 深耕传统产业 | 新兴产业探索 |
| 2 | 精益创新，持续改进 | 原创性和颠覆性创新 |
| 3 | 适应性研发 | 基础和应用研究 |

在教育方面，科技创新政策应鼓励建设世界一流大学、一流学科和世界一流研究机构，创造更多原创和颠覆性的知识。更具体地说，科技创新政策需要引导大学加强基础研究和追求学术卓越；建立全面的跨学科团队；形成一批学科群和高水平科技创新基地；提升经济社会服务原始创新能力；推动一批高水平大学和学科进入世界一流水平。

未来可能有四种不同类型的大学：教学型大学、教学研究型大学、研究型大学和创业型大学，但所有这些大学都应以成为创新机构为目标。

除了企业创新体系、教育体系和研究体系之外，建立国家技术转移体系同样重要（如果不是更重要的话）。一个更具生产力的生态系统不仅应该包括大学、产业和政府，还需要包括一个知识转移的链接系统，有助于提高知识流动和知识商业化的效率和功效。在三螺旋"生态系统"（大学、产业和政府三重要素）的幌子下，互动是知识经济中区域经济增长的核心要素（Leydesdorff，2012）。但是，如果缺乏金融服务和业务运营（如品牌、知识产权保护和技术转移平台），知识无法在三方之间有效转移。因此，科技创新政策不仅应该强调知识产权的创造，还应该强调知识产权的商业运营和商业化，从论文和专利到产品和销售。

*加强科技创新治理，促进人类发展*

第四次工业革命可能对人类社会产生前所未有的影响（Schwab，2016）。正如薛澜、李代天和余振（第 2.1 章）所指出的，应该更加重视人工智能在隐私和人类尊严等领域的伦理挑战和潜在的社会风险。中国迫切需要接受可靠的创新理念（Stilgoe et al.，2013），并建立一个不仅关注技术可行性（或进步）

而且关注技术对经济发展的影响的国家创新体系。它还应考虑道德和社会层面。大学、研究机构和企业应该在研究活动中纳入更多的伦理规范。这些政策将需要发展公众参与决策的机制，以便政策反映并纳入社会各界的意见。

此外，中国需要更多地参与国际科技合作，在全球创新体系中发挥更重要的作用。在逆全球化势力抬头的背景下，大国之间，尤其是美国、欧盟和中国，加强科技合作以应对重大挑战是至关重要的，如气候变化、环境退化、减贫、食品安全、传染病和公共卫生等。过去四十年来，中国从国际科技合作中受益匪浅。今后要积极参与科技创新的全球治理，在科技发展、风险防范、伦理规范制定等方面发挥更加积极的作用，推动发展，共创美好未来。

### 新兴的创新范式

基于东方智慧和最佳创新实践，陈劲、尹和梅（J. Cheng，Yin & Mei，2018）提出了一种新型创新范式，他们称之为整合式创新（HI）。HI 是一个由战略愿景驱动的协作创新过程。这种新型创新范式是战略创新、协同创新和开放创新的螺旋，作者认为这反映了中国情境和东方文化的智慧（Andrews & Wall，2017；Chen & Yin，2019；Chen & Miller，2010；Edquist，2018）。其宗旨是在开放创新的背景下，以全球视野推动企业技术创新管理。

他们认为，创新政策应由战略设计驱动，兼顾科技、教育、经济、文化和生态，促进协同创新。目标是系统升级创新体系和技术转移过程，为国家提供重大技术领域、战略产业和企业的技术实力，实现全球创新领先。整合式创新还不是一套政策：它更像是一种愿望的描述。因此，作者的建议是让中国政府和企业考虑这一想法的优点，以及如果要实施该想法，需要采取哪些政策和行动。

## 对私营部门的管理影响

### 开放式和内部创新

正如我们在第 5.7 章中所见，开放式创新对于全球公司来说是一个越来越有用的过程。许多拥有先进技术能力的公司发现，他们现有的思维方式限制了开发激进想法的创造潜力。企业已经意识到"创新者的困境"（Christensen，1997），而开放式创新是解决该问题的一种方式。创新解决方案通常可能来自公司传统专业知识之外的领域，特别是在数字化颠覆司空见惯的世界中，一些大型中国公司已成为这种新方法的坚定支持者（例如家电公司海尔）。公司必须面对的挑战是平衡外部创新的价值与公司内部创新组织的既得利益。中国企业的经验是，领导层需要将开放式创新作为战略重点，并制定激励措施鼓励高管寻求开放式创新。

### 吸收能力的重要性

日本、中国和亚洲四小龙的经验表明，资源禀赋和比较优势都可以发展。学习能力已成为实现这种转变的最重要的调整来源之一。具备良好的学习能力，政府和企业可以利用现有的要素禀赋，将潜在的比较优势转化为现实优势。企业的学习能力取决于前面章节中描述的一系列因素，包括对客户和竞争对手的深刻理解。它还取决于政府可以在其中发挥关键作用的技术环境。在全球竞争环境中改变比较优势的基础需要采用系统性方法。

### 跨国公司的战略

近年来，跨国公司在中国的地位越来越不稳定，并引发了长期承诺的问题。如前所述，外国跨国公司在中国的发展中发挥了重要作用，尤其是在中国从中央计划经济向市场经济大转型的时期。从中国的角度来看，中国不断增长的跨国公司数量和规模不仅提供了金融资本，还提供了通过本土研发、绿地投资和合资企业获得的关键的有形和无形技术资源，这些已被证明是长期经济增长的关键驱动力（Romer，1986；麦克恩、伊普和乔力，第5.1章）。

从国外跨国公司的角度来看，建立本土研发中心不仅使跨国公司能够实施其中国战略并扩大其在经济中的嵌入，而且还可以创造新产品和知识产权，以增强其在全球市场的竞争优势，即所谓的反向创新（Immelt et al.，2009）。麦克恩、伊普和乔力（第5.1章）回顾了跨国公司在中国创造外国智力资本及其向中国转移中的作用，包括对本土创新的激励措施和政策影响。他们认为，对于最初缺乏技术基础的中国来说，在市场开放后将FDI作为吸引技术和创新的关键工具是明智的。为了与中国尝试不同试验、吸取经验、适应结果的务实做法保持一致，中国的政策已经演变为更加重视技术转让。

中国越来越重视知识产权保护，并调整知识产权制度以适应技术转让（如黄灿和沙里夫所讨论的，第4.5章）。其自主创新能力和吸收能力的显著发展表明，跨国公司在中国的研发和运营具有更好的知识产权和FDI投资环境的潜力。正如伊普和麦克恩（Yip & Mckern，2016）所建议的那样，只要跨国公司能够保护自己的知识产权，它们就可以从成为中国创新生态系统的一部分中学到很多东西。然而，跨国公司未来也必须调整其战略，以与华为和阿里巴巴等全球中国巨头的强大研发资源竞争。那些在中国未能成功实施全球战略的外国跨国公司，如亚马逊和 eBay，在不久的将来将面临在中国和全球范围内的持续竞争（Li，2019）。

现有公司的数字化转型和可持续性

中国企业（以及在华外国企业）应利用中国世界一流的数字基础设施、市场对数字化生产线、销售平台和服务交付的接受度，以及中国庞大的信息技术（IT）人才库，加速数字化转型。

人们对制定标准也越来越感兴趣。尽管担心潜在的安全问题，但中国在 5G 电信技术方面处于领先地位，并被许多国家视为标准制定者。正如余江和张越在电信方面所指出的那样，"随着技术动态和相关竞争格局的变化，我们可以观察到国家层面的产业升级，也可以观察到政策转向'走出去'战略，以重新定位其在全球产业体系中的作用"（余江和张越，第 6.4 章）。

## 未来研究领域

《手册》前几章对中国创新领域的现状进行的评估也突出了未来研究的一些领域。我们在这里概述其中的几个。

对国家在中国技术追赶中的作用及其对其他国家的意义进行严谨而科学的评估

正如该手册的许多作者所详述的，中国自 1980 年代以来的显著发展，以逐步引入市场体系而著称，政府支持旨在构建具有本土技术能力的创新生态系统。与其他在战后迅速发展的国家相比，中国的经验显得与众不同，但尚不完全清楚这种经验的差异化特征是什么。这种成功在多大程度上是由于政府在供给侧方面的产业和技术政策的推动，还是主要是由于潜在的市场需求和市场的采用极大地刺激了私营部门？政府的使命感和政策在多大程度上与新兴的企业家精神巧合，或者政府的愿景和政策行动是为企业家的能量提供自由发挥的关键因素？中国的经济成功之路在多大程度上暗示了华盛顿共识所示范模式的替代经济？

正如手册中的章节所示，这仍然是一个争论的领域。何时、何地以及如何使用强有力的政府政策来支持创新，以及中国的经验可以为世界提供什么，这些都是未来研究和政策建议的重要问题。

虽然中国政府对研发的大力投入为创新提供了关键资源，但中国创新效率低下是一个备受关注的问题。资源获取不均可能造成的扭曲已成为中国创新的重要瓶颈（Fu et al.，2016；European Commission，2019）。中国如何确保公共资金被有效和公平地用于促进创新？应该使用哪些类型的政策工具，包括资金类型、对国有企业的支持、分配机制、资金管理和项目评估体系？中国和其他处于类似发展阶段的发展中国家应该对现有政策进行哪些改革？在运用西方国家的政策工具时，应考虑中国的哪些特点？竞争中立原则等西方政策是否应该严格执行？

地方政府之间的竞争一直是中国经济增长的重要动力。然而，它们之间缺乏协调也成为中国重复投资甚至过度投资的根源。需要进行哪些体制改革来克服这一问题，同时确保国内市场的竞争弹性？

中国通过国家创新体系（ONIS）发展了其创新能力。ONIS 是一个动态系统，需要随着国家发展阶段的进展而演变（Fu，2015）。但这种演变导致了与外国在知识产权和技术转让方面的紧张关系。中国必须允许其以符合各方愿景的方式发展，事实上，政府已表明其对"更高水平的开放"的承诺。然而，全球经济和政治环境发生了显著变化。这对全球资本、人才和知识交流以及科技创新合作产生了强烈影响。不断变化的国际环境对中国和世界其他地区的创新有何影响？为了促进人类社会的创新和知识创造，包括中国在内的国际社会应采取哪些政策应对措施？现在在多大程度上可以就共享新的有益技术达成全球共识？中国应该以更高的开放水平发展创新能力，还是越来越依赖自主创新？这应该是其他国家的政策吗？

另一方面，无论是发展中国家还是发达国家，中国的创新崛起对世界其他地区有何影响？中国采用的产业政策以什么方式以及在多大程度上影响了其他国家的公司？对中国和其他国家有何政策意义？

国际创新合作的政策与管理

在过去十年中，创新日益成为一项开放和协作的事业。虽然开放似乎可能在国家内部继续存在，但国家之间的开放创新似乎越来越受到保护主义和反全球化运动的威胁。由于这是一个新兴的研究领域，未来的研究需要解决一系列问题。正如陈凯华、冯泽和傅晓岚在第 5.6 章中所讨论的，这些包括：

1. 国际创新合作领域研究

2. 不同国家国际科研合作效益差异的原因探究

3. 国际科研合作产出的影响因素和机制分析

4. 国际科研合作与高质量产出的因果关系揭示

5. 国际科研合作与国际技术合作的差异比较

6. "一带一路"国际创新合作模式研究

7. 国际创新合作风险问题及对策研究

8. 中国国家科技计划进一步开放研究

**对外直接投资的政策和管理，以最大限度地提高母国、跨国公司和东道国的创新利益**

作为中国成为创新型国家目标的一部分，以及在与工业化国家接轨的过程中，对外直接投资一直并将继续是一个重要工具。由于来自新兴经济体的跨国公司仍然是一种新现象，因此有一系列问题特别需要今后进行研究（阿门多拉金、傅晓岚和拉贝洛蒂，第 5.4 章）。

首先，对中国对外直接投资（OFDI）的创新影响做出结论性评估还为时过早，因为这是一个最近才出现的现象。

其次，需要对 OFDI 与投资公司创新能力之间的因果关系进行更多的实证研究，包括控制面板数据和工具变量的识别问题。

再次，我们对发展中国家对外直接投资过程、促进变量以及对外直接投资对创新和能力建设的影响的理解仍然有限。应该对东道国环境与跨国公司子公司和总部以及母国之间的过程、条件和动态相互作用进行更深入的案例研究，以更全面地了解区位优势和企业特定优势。

最后，中国对外直接投资对东道国创新体系的影响是一个重要且研究不足的领域。未来的研究应该探索这一重要领域，以及它对东道国经济包容性和可持续发展的影响。

**创新创业中的技能、创造力和教育**

创造力是中国和许多其他国家创新的关键瓶颈之一。根据李应芳的说法（第 2.5 章），关于创新创业的教育和培训，重要的是了解以下内容：

1. 创造力和创业技能在哪里以及如何得到最好的发展？学校在培养创造

力方面应该扮演什么角色？大学毕业生是否应该作为企业家进入个体经营企业？这是对国家资源最有效地利用吗？

2. 对于进入企业就业的人，为了更好地发挥毕业生的创造力，企业人力资源管理（HRM）在促进教育和就业之间的平稳过渡方面的作用是什么？

3. 中国的职场和管理者是否做好了充分的准备，帮助毕业生从教育到工作的过渡，以使其创造力不流失？哪些人力资源管理实践有利于激发员工的创新性和创造力？

4. 哪些分析技术可用于管理创新？在塑造员工的期望和创新或创造性行为方面可能存在哪些人口统计学差异（例如，性别、年龄、教育和家庭背景）？

5. 对于个人、组织和社会而言，创新和创造力的"阴暗面"可能是什么？如何减轻这些影响？

6. 国家支持的教育培训如何有效和高效地进行，以加强创业精神？

文化与创新

一方面，中国传统文化在思维方式、理想信念、组织制度、工具和技术等方面体现了创新元素（Chen & Miller，2010；陈劲和吴庆前，第4.6章）。另一方面，也有人认为，尊重和服从的儒家文化，加上中国传统的集体文化，可能会阻碍中国个人的不同思维和打破现有的科技规范。文化对中国创新有何影响？培养个人主义文化是有益的还是可取的？正如高建和牟睿所讨论的大众创业概念（第3.3章）所暗示的那样，这是实现向创新型国家转型的一个非常重要的问题。

金融创新

未来的研究应从五个重要领域来了解中国的金融创新（张礼卿，第6.5章）。

1. 从金融创新的速度、规模、驱动力和影响力来看，中国与其他国家（尤其是发达国家）相比有多大差异？我们如何解释差异并评估中国政府在这方面的作用？

2. 虽然政府干预可能是金融创新的动力，但难道不应该鼓励市场化改革和制度创新吗？如果是这样，应该如何实现？

3. 2013年以来影子银行和互联网金融的快速发展表明，金融创新可能导致金融不稳定甚至混乱。中国应如何平衡金融监管与市场力量的作用，鼓励有益的金融创新？

4. 对中国金融创新的经济后果以及中国是否可能像一些发达国家一样面临金融对其经济的过度支配进行深入的研究，无论是理论上还是实证上，都将是有趣和有价值的。

绿色创新

绿色创新是一个具有全球意义和重要性的话题。黄平和列马根据第 7.1 章中的分析提出了几个需要进一步研究的问题。

首先，中国的转型经验可能会为许多在同时追求经济发展和绿色转型的其他新兴国家提供重要启示。但鉴于中国的独特性（如国内市场规模或经济治理方面），其他发展中国家可以从中国的经验中学到什么？

其次，黄平和列马（第 7.1 章）认为，中国在环境技术方面的大量投资正被有效地用于建立具有全球竞争力的绿色产业，这与创造比较优势的概念相一致。马修斯甚至暗示中国可能正在发展"绿色产业资本主义模式"（Mathews，2013；Mathews & Tan，2017）。未来的研究应该通过比较低碳和高碳产业的投资增长率以及支持低碳和高碳产业的联盟的实力来检验这一命题的现实性。

最后，全球效益可能正在显现，因为中国进入可再生能源正在降低绿色技术的成本。考虑到可能影响低成本绿色技术全球部署的各种因素，中国企业在降低能源成本和开拓新市场方面的效果如何？绿色贸易和 FDI 的收益将如何在中国和客户之间分配？

数字技术与包容性发展

鉴于数字技术将在第四次工业革命中发挥核心作用，并对包容性发展产生深远影响，未来还有另外三个问题需要研究。

1. 包容性创新的质量挑战。追求"包容性创新"的企业在服务于金字塔底层（BOP）市场时，往往难以平衡可负担性和质量要求。公司如何培养能力，为穷人提供负担得起的优质商品和服务？过去，中国企业通过管理这种平衡实现了快速增长。随着中国中产阶层的壮大，这将成为许多公司需要解决的核心问题（吴晓波和雷李楠，第 7.2 章）。

2. 大学在包容性创新体系中的角色缺失。大学在社会转型中的作用包括经济、政治、社会和文化方面。然而，目前大学在包容性创新中的作用在很大程度上被忽视了。大学如何在国家和地区层面为包容性创新发挥更大作用并作出更多贡献？应该出台哪些政策以及在哪些重点领域让大学参与包容性创新（吴晓波和雷李楠，第7.2章）？

3. 平台型包容性创新机构。过去对平台经济的讨论主要集中在效率、成本和新应用或商业模式等主题上。基于平台的商业模式创新的出现，可能对促进包容性发展发挥巨大作用，减少贫困人口进入商业的门槛，并提供教育、住房的低成本方案、服务、信息网络、通信和金融。基于平台的包容性创新的出现是否需要新的理论发展来更好地理解这一现象、其决定因素及其影响？这些数字商业模式创新对包容性发展有何影响？传递机制有哪些？应引入哪些监管和政策变革，以最小化其潜在的负面影响并最大化地提高发展效果？

*技术革命、研究伦理和人类发展*

新兴技术的快速突破，特别是机器人技术、人工智能、大数据、基因工程、分子生物学和生命科学，具有造福人类生活的巨大潜力，但也引发了有关研究伦理和治理的重大问题。技术进步最终应该为谁服务？谁应该控制具有如此深远影响的技术变革？政策和法规在这场技术革命中的作用是什么？尽管科学发现与其应用之间一直存在紧张关系，但这些新问题对人类的未来至关重要，并且才刚刚开始在全球范围内得到考虑。这些问题很紧迫，必须加以研究。

# 致　谢

作者感谢尹西明提供的宝贵编辑协助。

# 参考文献

Andrews, P., & Wall, K. J. (2017). Holistic Innovation: The New Driver for Excellent Enterprises. CreateSpace Independent Publishing Platform.

Chen, J., & Yin, X. (2019). Connotation and Types of Innovation. In J. Chen, A. Brem, V. Eric, & W. P. Kam, *The Routledge Companion to Innovation Management* (1st ed., pp.6 – 54). Routledge.

Chen, M.-J., & Miller, D. (2010). West Meets East: Toward an Ambicultural Approach to Management. *Academy of Management Perspectives*, 24(4), 17 – 24.

Christensen, C. (1997). *The Innovator's Dilemma: When New Technologies Cause Great Firms to Fail*. Harvard Business Review Press.

Clarke, T., Chelliah, J., & Pattinson, E. (2018). National Innovation Systems in the Asia Pacific: A Comparative Analysis. In T. Clarke & K. Lee (Ed.), *Innovation in the Asia Pacific* (pp.119 - 143). Springer. https://doi.org/10.1007/978-981-10-5895-0_6.

Edquist, C. (2018). Towards a Holistic Innovation Policy: Can the Swedish National Innovation Council Serve as a Role Model? Lund University, CIRCLE-Center for Innovation, Research and Competences in the Learning Economy.

European Commission. (2019). China: Challenges and Prospects from an Industrial and Innovation Powerhouse. EC Joint Research Centre. Retrieved from https://op.europa.eu/en/publication-detail/-/publication/c89434b2-88cd-11e9-9369-01aa75ed71a1/language-en.

Fu, X. (2015). *China's Path to Innovation*. Cambridge University Press.

Fu, X., & Gong, Y. (2011). Indigenous and Foreign Innovation Efforts and Drivers of Technological Upgrading: Evidence from China. *World Development*, 39(7), 1213 - 1225.

Fu, X., Pietrobelli, C., & Soete, L. (2011). The Role of Foreign Technology and Indigenous Innovation in the Emerging Economies: Technological Change and Catching-up. *World Development*, 39(7), 1204 - 1212.

Fu, X., Woo, W. T., & Hou, J. (2016). Technological Innovation Policy in China: The Lessons, and the Necessary Changes Ahead. *Economic Change and Restructuring*, 49(2 - 3), 139 - 157.

Immelt, J. R., Govindarajan, V., & Trimble, C. (2009). How GE Is Disrupting Itself. *Harvard Business Review*, October.

Lall, S. (2003). Indicators of the Relative Importance of IPRs in Developing Countries. *Research Policy*, 32(9), 1657 - 1680.

Leydesdorff, L. (2010). The Triple Helix, Quadruple Helix, ..., and an N-Tuple of Helices: Explanatory Models for Analyzing the Knowledge-Based Economy? *Journal of the Knowledge Economy*, 3(1), 25 - 35.

Li, F. (2019). Why Have All Western Internet Firms Failed in China? A Phenomenon-Based Study. *Academy of Management Discoveries*, 5(1), 13 - 37.

Mansfield, E. (1994). Intellectual Property Protection, Foreign Direct Investment, and Technology Transfer. International Finance Corporation discussion paper; No. IFD 19. World Bank.

Marcuzzo, M. (2013). *The Entrepreneurial State: Debunking Public vs. Private Sector Myths*. Anthem Press.

Mathews, J. A. (2013). The Greening of Capitalism. In Mikler, J. (Ed.). *The Handbook of Global Companies* (pp.421 - 436). Wiley.

Mathews, J. A., & Tan, H. (2017). China's Continuing Green Shift in the Electric Power Sector: Evidence from 2016 Data. *The Asia-Pacific Journal: Japan Focus*, 15(4).

Romer, P. M. (1986). Increasing Returns and Long-Run Growth. *Journal of Political Economy*, 94(5), 1002 - 1037.

Sabir, R. I., & Sabir, R. M. (2010). Managing Technological Innovation: China's Strategy and Challenges. *Journal of Technology Management in China*, 5(3), 213 - 226.

Schwab, K. (2015). The Fourth Industrial Revolution: What It Means and How to Respond. Foreign Affairs. https://www.foreignaffairs.com/articles/2015-12-12/fourth-industrial-revolution

Stilgoe, J., Owen, R., & Macnaghten, P. (2013). Developing a Framework for

Responsible Innovation. *Research Policy*, 42(9), 1568 – 1580.

Yin, X., Chen, J., & Li, J. (2019). Rural Innovation System: Revitalize the Countryside for a Sustainable Development. *Journal of Rural Studies*.

Yip, G. S., & McKern, B. (2016). *China's Next Strategic Advantage: From Imitation to Innovation* (1st ed.). MIT Press.